商法概論
(上)

商法槪論

(上)

나승성 지음

한국학술정보

서문

『상법개론』은 필자가 상법에 입문한 학생이나 경상계열의 학생들에게 강의를 하면서 상법의 입문서라는 시각에서 복잡하고 난해한 학설 위주의 설명은 생략하고 법령과 판례를 중심으로 하여 나름대로 간략하게 구성한 상법의 입문서이다. 따라서 중요한 내용을 위주로 간단하게 구성하기 위하여 불필요한 학설의 논쟁은 최대한 억제하였고, 학설을 인용하는 경우에도 다수설이나 통설을 위주로 하여 상법 전체의 흐름을 이해하기 쉽게 쓰려고 했다. 이렇듯 상법 법령과 판례를 중심으로 구성하다 보니 내용이 간결하고 명쾌한 점은 있지만 그 내용이 풍부하지 못한 단점이 있으나 『상법개론』은 이와 같은 취지로 간단하게 집필하고 앞으로 계속 연구를 하여 본 서와는 다른 상법강의에 좀 더 깊은 내용으로 반영할 계획을 가져본다.

본 서는 「상법총칙·상행위법」, 「회사법」, 「어음·수표법」, 「보험법」, 「해상법」, 「항공운송법」의 내용을 담고 있다. 최근 회사법의 대폭적인 개정이 이루어졌고, 항공운송이 상법 제6편에 새로이 신설되는 등 많은 변화가 있었다. 이에 관한 법조문을 충실히 분석하여 반영하도록 노력하였고, 해상법도 내용에는 큰 변화가 없었으나 2007년도 체계를 새로이 하는 등의 변화가 있어서 이를 반영하였다. 뿐만 아니라 IT기술의 발전에 따른 전자어음법의 제정이 있었으며, 최근에 개정된 전자어음에 관한 내용도 반영하였다. 아울러 2012년 5월까지의 대법원 판례도 반영하였다.

필자가 처음에는 능력 부족과 학기에 맞추다 보니 「상법총칙·상행위법」, 「회사법」, 「어음·수표법」, 「보험법」, 「해상법」을 각 개설서로 나누어 집필하였으나, 각 분야가 완성된 후에는 필요부분만 발췌하여 다시 『상법개설(상/하)』로 엮었다. 이번에는 최근에 관련 법 개정내용을 반영하여 내용을 수정하거나 보태어 상법의 체계에 맞게 구성하여 『상법개론』이라는 단행본으로 묶어서 발간하게 되었다. 앞으로는 이 단행본으로 꾸준히 상법개정 내용을 반영하여 독자분들께 제공하고자 한다.

본 서는 상법을 법조문 및 판례를 토대로 간략하면서도 명쾌하게 살펴보는 것을 목표로 하였기 때문에 상법을 처음 접하는 학생이 중요한 핵심을 쉽게 접할 수 있는 교재이기를 희망해 본다. 부족한 부분은 필자가 계속 연구하면서 보충하고 독자들의 질정을 반영하여 계속 질적 제고를 위하여 노력하고자 한다.

2014년 2월

나승성

CONTENTS

제1편 상법총칙

1.1. 서 론

1.1.1. 상법의 의의

상법은 형식적 의의의 상법과 실질적 의의의 상법으로 구별된다. 형식적 의의의 상법이란 '상법'이라는 이름으로 제정된 성문법전을 의미하고, 실질적 의의의 상법이란 상사에 관한 내용을 규율하는 법을 말한다.

1.1.1.1. 형식적 의의의 상법

형식적 의의의 상법인 상법전은 제1편 총칙, 제2편 상행위, 제3편 회사, 제4편 보험, 제5편 해상으로 구성되어 있다.

1.1.1.2. 실질적 의의의 상법

실질적 의의의 상법은 상적 생활관계를 규율하는 법이라고 할 수 있는데, 이러한 실질적 의의의 상법의 기준이 되는 상적 생활관계를 어떻게 정의하느냐에 따라 상법의 대상 및 적용범위가 결정된다.

일반적으로 상법을 기업(회사)에 관한 법으로 이해하는 것이 일반적이다(기업법설, 통설). 즉 상법의 적용범위는 상인이 하는 상행위라고 할 수 있을 것인데, 이러한 상인에는 상행위를 하는 자연인보다는 영리활동을 하는 기업이 더 일반적이다. 따라서 상법은 원시생산업이나 변호사·의사 등과 같은 자유업이 상법의 적용대상이 되는가에 대해 기업의사를 객관적으로 인식할 수 있게 하는 기업적인 설비와 방법에 의하여 운영되면 상법의 적용대상이 된다는 견해와 상법 제5조의 경영설비요건을 갖추지 않은 원시생산업·의사·변호사 등은 상법의 적용을 받지 않는다고 하는 견해로 나뉘어져 있다.

판례는 변호사의 영리추구 활동을 엄격히 제한하고 그 직무에 관하여 고도의 공공성과 윤리성을 강조하는 변호사법의 여러 규정에 비추어 보면, 위임인·위촉인과의 개별적 신뢰관계에 기초하여 개개 사건의 특성에 따라 전문적인 법률지식을 활용하여 소송에 관한 행위 및 행정처분의 청구에 관한 대리행위와 일반 법률사무를 수행하는 변호사의 활동은, 간이·신속하고 외관을 중시하는 정형적인 영업활동을 벌이고, 자유로운 광고·선전활동을 통하여 영업의 활성화를 도모하며, 영업소의 설치 및 지배인 등 상업사용인의 선임, 익명조합, 대리상 등을 통하여 인적·물적 영업기반을 자유로이 확충하여 효율적인 방법으로 최대한의 영리를 추구하는 것이 허용되는 상인의 영업활동과는 본질적으로 차이가 있다 할 것이라고 하여 상인성을 부정하고 있으며, 상호에 관한 권리도 부정된다.[1] 법무사에 관한 것도 같다.[2]

1.1.1.3. 상법의 대상론

이러한 실질적 의의의 상법 기준이 되는 상적 생활관계를 어떻게 정의하느냐에 따라 상법의 대상 및 적용범위가 결정되게 되는데, 이와 관련하여 논의되는 것이 상법의 대상론이다. 상법의 대상론에 관한 학설은 다음과 같이 다양하다.[3]

(1) 실증설

상법은 경제상의 상에 필요한 여러 법률제도를 모아 놓은 것에 불과하다고 보는 것으로 이 실증설에 따르게 되면 실질적 의의의 상법을 부인하는 결과가 된다.

(2) 생활관계의 내용으로 상법을 통일적으로 파악하려는 견해
① 발생사적 관련설: 발생사적으로 재화의 전환을 매개하는 경제상의 상으로부터 분리·발전한 영업의 총체로 보는 견해이다.

---

1) 大判 2007.07.26, 2006마334.

2) 大判 2008.06.26, 2007마996.

3) 자세한 설명은 정동윤, 상법(上), 법문사, 2008, 7~8면 참조.

② 매개행위본질설: 상은 본질적으로 매개행위에 불과하다고 보는 견해이다.

(3) 생활관계의 성격으로부터 접근하는 견해

① 집단거래설: 상법은 집단으로 이루어지는 거래나 경영에 대해 규율하는 법으로 보는 견해이다.
② 상적 색채설: 상법은 일반 사법생활 관계에서 상적 색채를 띠는 것을 규율하는 법으로 보는 견해이다.

(4) 생활관계의 내용과 성격을 종합적으로 고려하는 견해

① 기업법설(통설): 상법을 기업(회사)에 관한 법으로 이해하는 견해이다.
② 상인법설: 상법은 상인이 관련된 생활관계를 규율하는 보는 견해이다.

1.1.1.4. 실질적·형식적 의의의 상법

실질적 의의의 상법은 법령의 존재형식 등을 떠나 상법과 관련된 내용을 종합적으로 상법의 영역으로 이해하므로 상법전의 존재를 전제로 하는 형식적 의의의 상법보다 더 넓다고 할 수 있으며, 상법전 내용 중 순수하게 상행위와 관련 없는 형벌 규정 등은 실질적 의의의 상법이 아니라고 보는 것이 일반적이다.

1.1.2. 상법의 지위

상법도 다른 법들처럼 일상생활을 둘러싸고 있는 여러 법 영역 중 한 부분이다. 따라서 일상의 생활이 하나의 법 영역에만 머무르지 않고 여러 법 영역에 걸쳐서 형성되는 경우 적용되는 법규에 따라 결론이 달라질 수 있다. 그러므로 상법의 지위를 다른 법들과 비교하여 검토하는 것은 상법의 적용여부 및 그 법적 효과 등을 이해하는 데 필요하게 된다. 따라서 이하에서는 다른 법들과의 비교를 통한 상법의 법적 지위에 대해서 검토하기로 한다.

1.1.2.1. 상법과 민법과의 관계

민법이나 상법은 개인이나 법인들의 사법적 생활관계에 적용되는 법들이라는 점에서는 공통점을 가진다. 따라서 이러한 사법적 생활관계를 규율하는 민법과 상법을 별도로 분리하여 인정하지 말고, 민법과 상법을 통일하여 하나의 법체계로 하자는 논의가 민·상법 통일론이다. 그러나 민법은 일반적인 생활관계를 바탕으로 하나, 상법은 상인이라는 특별한 신분에 일정한 행위(상행위)만을 규율대상으로 한다는 점에서 두 법의 구별이 의미 있다고 할 것이다.

반면에 민법과 상법이 서로 영향을 미치고 서로 접근하는 경향도 생겨나서 두 법이 명확하게 구별되지 못하는 민법의 상화현상이 생겨날 수 있다. 그러나 상법은 영리추구를 목적으로 하는 상인들의 상행위와 관련한 내용을 다루는 법이기 때문에 그 내용이 개별적이고 시대변화에 빠르게 적용하기 위한 제도들이 새롭게 생겨나게 마련이다. 따라서 상법은 상행위 내지 기업적 생활관계를 규율하고 부단히 발전하는 특성상 새로운 규범에 대한 수요로 인하여 상법은 민법보다 빠른 속도로 새로운 법질서를 창조해 나가는 점에서 민법이 상법의 내용을 흡수해 가는 민법의 상화현상과는 구별되는 점이 있다.

☞ 민법의 상화로서의 제도

민법원칙 변경 또는 보충	법정이율, 유질계약허용, 상사유치권, 금전소비대차, 수임자의 보수, 시효 등
민법제도를 특수화한 제도	상인(人), 상업사용인(대리), 운송계약(도급계약), 회사(법인)
민법에 없는 특수한 제도	상호, 상업장부, 상업등기, 상호계산, 보험, 공동해손, 해난구조.

1.1.2.2. 상법과 노동법과의 관계

상법이 기업을 대상으로 하는 경우에는 기업조직의 특성에서 비롯되는 고용관계나 그 고용인의 제3자에 대한 대표관계 등의 문제가 생기게 된다. 고용관계에 관한 것이 노동법적 문제이고, 상행위의 영위와 관련하여 제3자에 대한 회사와 그 사용인의 대표성이나 책임문제 등은 상법의 문제이다. 최근에는 양자가 접목하려는 시도가 나타나는데, 프랑스의 노동주, 독일의 공동결정제도, 종업원지주제도 등이 그 예이다.

1.1.2.3. 상법과 경제법과의 관계

상법이나 경제법 모두 기업을 대상으로 하는 점에서는 유사점이 있다. 그러나 경제법은 자본주의의 고도화에 따른 폐단을 시정하고자 하는 법임에 반하여, 상법은 기업활동에 관한 자유의사결정을 원칙으로 하고 기업의 외적 규율을 목적으로 하지 않고 있다. 따라서 상법은 개개 경제 주체의 이익을 기초로 하여 이들 상호간의 이익조정을 목적으로 하는 데 반하여, 경제법은 국민경제 전체의 이익의 실현을 기초로 하여 개개 경제 주체의 이익을 초월하여 전체적인 이익을 목적으로 한다.

상법과 경제법의 관계에 대해 양자는 다른 이념과 원리 하에 존재하는 법이므로 상법과 경제법은 전혀 별개의 법이라는 학설(분리설, 대립설)이 다수설이다. 반면에 소수설인 합일설(통합설)은 상법의 이념은 입법정책에 따라 달라질 수 있는 것이고, 상법이 발전함에 따라 경제법의 통제주의적 정책은 상법의 이념에 포함되어 경제법이 상법에 흡수·통합된다는 설이다(소수설).

1.1.2.4. 상법과 어음법·수표법과의 관계

어음·수표는 상행위에 관한 대금의 결제수단으로서 주로 기업에 의하여 이용되고 있는 점에서, 상법 역시 상행위와 관련한 법이라는 점에서 모두 상행위와 관련성을 갖는다는 점에서는 비슷하다. 그러나 어음·수표는 지급수단이라는 점에서 실체적인 내용을 규율하는 상법과 차이가 있을 뿐만 아니라, 어음·수표가 상인이 아닌 경우에도 이용되고 있다는 점에서는 구별된다.

1.1.3. 상법의 이념과 특성

1.1.3.1. 상법의 이념

상법의 이념은 기업을 유지·강화하고 기업활동을 왕성하게 하며, 거래를 보호하는 데 있다.

1.1.3.1.1. 기업의 유지·강화

상법은 기업의 유지·강화를 위하여 기본적으로 영리성을 보장하고, 인력보충과 자본의 집중을 용이하게 하되, 소유와 경영을 분리시킴으로써 위험을 분산시키고 기업의 해소를 방지함으로써 기업의 유지를 강화하고 있다.

(1) 영리성의 보장

상법은 영리성을 보장하기 위하여 상인의 보수청구권과 상인이 상인에게 금전을 대여한 때 또는 타인을 위하여 대신 금전을 지급한 때에는 그 상인은 법정이자를 청구할 수 있다는 규정을 두고 있다. 민사 법정이율이 연 5%임에 비하여 상사법정이율은 연 6%인 것도 같은 취지이다.

(2) 자본의 조달과 집중

기업이 영업에 소요되는 자금을 원활하게 조달하게 하기 위하여 상법은 소규모 기업에 적합한 익명조합제도를 두어 익명조합원은 출자만 하고 영업자는 영업만 담당하도록 하고 있다. 뿐만 아니라 주식회사는 주식과 사채의 증권화로 유통성을 보장함으로써 대규모 자본의 조달이 용이하며 더 나아가 필요한 경우에는 합병도 자유롭게 할 수 있도록 하고 있는데, 이것은 자본의 조달과 집중을 용이하도록 하는 제도이다.

(3) 노무의 보충

기업이 필요한 노동력의 공급을 위해 상법은 상인에게 종속한 보조자인 상업사용인과 독립한 상인으로서 보조적 활동을 영업으로 하는 대리상, 중개인, 위탁매매인 등에 관한 규정을 두고 있으며, 합명회사 사원에게는 당연기관의 지위를 부여하여 경영에 참여할 수 있도록 하고 있다.

(4) 위험부담의 완화

기업에 출자한 자들의 위험분산과 유한책임은 기업을 유지하는 데 매우 중요하여 출자자는 보험제도 등을 이용하여 위험을 분산할 수 있으며, 주식회사나 유한회사 사원의 유한책임제도 역시 회사투자자의 위험부담을 완화시키기 위한 제도이다. 또한 운송인의 책임과 관련하여 고가물에 대한 특칙을 두거나 정액배상주의를 택한 것도 같은 취지이다.

(5) 기업소멸의 방지

설립된 기업이 쉽게 소멸하는 것을 방지하기 위하여, 상법은 ① 영업이 양도되어도 그 동일성을 유지하도록 하는 영업양도에 관한 규정 ② 상호는 영업과 함께 양도하여야 한다는 상호만의 양도제한 ③ 본인이 사망하여도 영업이 존속하는 한 상사대리권은 존속한다는 특칙 ④ 회사의 합병, 계속, 조직변경, 분할 및 분할합병, 주식교환 및 주식이전에 관한 규정 등을 두고 있다. 이 외에도 주식회사의 1인회사 인정, 회사설립의 무효와 취소는 소에 의해서만 할 수 있으며, 소의 심리 중 하자의 보완을 인정하고 법원의 재량권에 의한 소의 기각도 인정한다. 설립에 관여한 발기인이나 회사성립 후에 신주를 발행하는 경우에 이사는 자본충실책임을 진다.

(6) 기업의 강화

1) 독립성의 보장

회사의 법인성을 인정한 것은 회사가 구성원의 사망, 능력에 따라 법률적으로 영향을 받지 않도록 하기 위한 것인데, 특히 개인기업의 독립성을 보장하기 위하여 다음과 같은 규정을 두고 있다. 또한 본인 사망 시 상사대리권이 존속하는 것도 기업은 자연인으로부터 독립한 것임을 나타내고자 한 것이다.

상호제도는 기업주와 기업을 구별하고, 상업장부제도는 기업재산과 사용재산을 구별하고, 상업사용인제도는 기업의 사용인과 가사 사용인을 구별하고 영업소는 기업의 주소로서 개인의 주소와 구별하는 개념이다.

2) 기업경영의 전문화

기업경영의 전문화는 기업의 소유와 경영의 분리에서 찾을 수 있는데 회사에서는 기관자격과 사원자격을 분리하는 경우가 그렇다. 이러한 기업경영의 전문화에 해당되는 제도에는 주식회사의 이사회제도, 인적 회사의 업무집행사원제도가 있으며, 지배인, 익명조합, 영업의 임대차 및 경영위임 등이 이에 속한다.

☞ 기업의 유지·강화제도

1. 기업존립의 기반형성	
영리성의 보장	영리성을 전제로 하는 상인·상행위·회사개념(46, 169), 유상성을 인정하여 상사법정이율의 인상(54; 민379), 상인 간의 소비대차 및 체당금의 이자청구권(55), 상인의 보수청구권(61)
자본집중의 촉진	익명조합제도(78), 합병제도(174~175), 주식회사제도(288 이하), 수권자본제도(289), 주권제도(355), 주주유한책임(331), 상환주식·전환주식·전환사채·신주인수권부사채; 선박공유(753 이하) 등
인력의 보충	상업사용인·대리상·중개인·위탁매매인·합명회사 제도 등
위험부담의 완화	① 기업위험의 분산: 회사제도, 보험제도, 공동해손제도 등 ② 기업담당자의 유한책임: 합자회사 유한책임사원·주주 및 유한회사의 사원의 유한책임, 선박소유자 등의 책임제한(746), 공동해손 분담 의무자의 책임제한(835), 해난구조료 지급 의무자의 책임제한(852) 등

2. 기업활동의 보장	
기업의 독립성 보장	상호, 상업장부, 본인의 사망 시 대리권의 불소멸, 회사의 법인격 부여
기업경영의 합리화	기업의 소유와 경영의 분리, 이사회, 기업의 임대차·기업의 경영위임

3. 기업해소의 방지
영업양도, 회사의 조직변경, 회사계속제도, 합병제도, 분할제도, 주식교환·주식이전, 정리제도, 회사설립무효의 소의 제소의 제한 등

1.1.3.1.2. 기업활동의 원활도모와 거래의 안전보호

상법은 기업활동의 원활을 도모하면서도 기업의 활동과정에서 비롯되는 거래의 안전을 보호하고 있다. 예컨대, 기업에 각종의 공시의무를 부여하여 외관을 존중하며 책임을 가중하고 있는 경우 등이 그러한데, 이는 민법에서는 거래의 실체적 진실에 중점을 두는 것에 비해 기업활동에 있어서는 거래의 정형화 및 거래를 신속하게 처리함으로써 거래를 보호하고자 하는 것이다.

(1) 거래객체의 유가증권화

운송물에 대한 권리를 유가증권화한 화물상환증($\frac{상}{128}$)과 선하증권($\frac{상}{813}$), 임치물에 대한 권리를 증권화한 창고증권($\frac{상}{156}$), 주식과 관련한 주권($\frac{상}{335}$), 신주인수권증서, 신주인수권증권, 그리고 사채권($\frac{상}{478}$)에 관한 규정을 두고 있다.

(2) 간이·신속주의

기업활동은 동종의 행위가 반복적으로 행하여지는 것이므로 편리하고 신속하여야 한다는 취지에서 다음과 같은 규정을 두고 있다.

① 상행위의 대리: 민법은 본인을 위한 것임을 대리인이 표시하여야 본인에게 대리의 효력이 발생하나(현명주의), 상행위에서는 대리인이 본인을 위한 것임을 표시하지 아니하여도 본인에게 법률효과가 귀속되도록 하여(비현명주의) 거래의 신속함을 도모하고 있다.

② 상사계약의 청약의 효력: 상법상 대화자 간의 청약의 효력은 민법과 동일하게 상대방의 즉시승낙이 필요하다. 그러나 격지자 간에는 승낙기간을 정하지 않은 청약을 받은 자는 승낙의 통지(상당한 기간 내)를 하여야 청약의 효력이 발생하고 승낙의 통지가 없으면 실효한다. 민법은 도달주의를 취하여 거래의 안전을 중시한 반면에, 상법은 발신주의를 취하여 빠른 거래의 효력을 발생시키고자 한다. 지연된 승낙은 청약의 효력이 발생하는 것이 아니라 새로운 청약으로 의제된다.

③ 상시거래관계가 있는 경우 계약의 청약에 대한 상인의 승낙여부 통지의무: 격지자 간에 승낙기간을 정하지 않은 경우 청약을 받은 자가 상인인 경우에는 지체 없이 낙·부의 통지를 하여야 한다. 이를 해태하면 청약을 승낙한 것으로 본다(민법은 통지의무가 없음).

④ 상인 간의 매매 시 매도인의 공탁 및 경매권: 매수인이 목적물의 수령을 거부하거나 이를 수령할 수 없는 때에 매도인이 선택적으로 행사한다. 민법상 매도인은 이러한 권리가 없다.

⑤ 상인 간의 매매 시 확정기 매매의 해제권: 당사자 일방이 이행시기를 경과한 때 상대방이 즉시 청구하지 않으면 계약은 해제된 것으로 보나 민법의 확정기 매매는 계약해제 시에 의사표시가 필요한 점에서 차이가 있다.

⑥ 상인 간의 매매 시 매수인의 목적물검사·하자통지의무: 매수인이 목적물을 수령한 때 지체 없이 이를 검사하고 하자 또는 수량부족이 있음을 발견한 때에는 즉시 매도인에게 통지를 발송하지 아니하면 대금감액, 계약해제 또는 손해배상 청구권을 상실한다. 의무를 위반하면 매도인에게 하자담보책임을 묻지 못한다. 그러나 민법은 매수인이 6월 내에 발견하면 된다.

⑦ 상사채권의 소멸시효: 상사채권의 소멸시효는 5년으로(상64) 민사채권의 소멸시효인 10년에 비하여 단기로 상거래의 종결을 신속히 하였으며, 유가증권을 상실한 때에

는 제권판결에 의하여 증권의 효력을 상실시키도록 ($^{365}_{제 521}$) 하고 있는 것도 역시 거래의 신속을 도모하기 위한 것이다.

☞ 거래의 원활과 안전을 위한 상법상의 제도

1. 거래의 원활화		
(1) 계약자 유주의	유질계약의 허용(95) 등	
(2) 간이신 속주의	① 계약체결의 간이신속	상행위의의 대리(48), 계약체결의 효과(51, 52), 계약청약에 대한 낙부통지의무(53) 등
	② 계약이행의 간이신속	매도인의 공탁 및 자조매각권(67), 운송인의 운송물공탁경매권(142, 143)
	③ 계약관계 처리상의 간이신속	확정기매매의 해제(68), 매수인의 목적물검사 및 하자통지의무(69), 상사채권의 단기소멸시효 등
	④ 대금지급의 간이신속	상호계산(72 이하), 어음교환제도 등
	⑤ 채권양도 추심의 간이신속	주권, 화물상환증 등 각종의 유가증권제도
	⑥ 거래방식의 정형화	주식과 사채의 청약서 제도, 보통거래약관

2. 거래의 안전		
(1) 공시 주의	① 등기제도	상업등기제도(34 이하), 선박등기(743) 등
	② 공고제도	상업등기의 공고, 정관에 의한 공고방법의 확정(289①)
	③ 열람제도	재무제표 등 서류의 비치 및 열람제도(448) 등
(2) 외관 주의		표현지배인(14), 명의대여자의 책임(24), 부실등기에 의한 책임(37), 상호속용 양수인의 책임(42), 자칭사원의 책임(215), 유사발기인의 책임(327), 표현대표이사의 행위에 대한 회사의 책임(395), 사실상의 회사제도(190, 328, 562 등), 유가증권의 문언성(131, 157)
(3) 엄격 책임 주의	① 주의의무 가중	상인의 목적물보관공탁의무(60, 70, 71), 매수인의 목적물검사 및 하자통지의무(69), 해상운송인의 감항능력주의의무(787)
	② 무과실 책임	공중접객업자의 수하물에 관한 책임(152) 발기인의 자본충실책임(321)
	③ 연대책임	다수당사자 간의 채무의 연대책임(57①), 순차운송인의 연대손해배상책임(138①), 이사감사의 책임(399①, 401①, 414) 등
	④ 이행담보책임	중개인의 개입의무(99), 위탁매매인의 이행담보책임(105) 등

1.1.3.2. 상법의 특성

상법은 민법에 비하여 경제의 발전에 대응하기 위하여 매우 유동적이고 진보적이며, 국가 간 교역에 의한 국가 간 제도의 절충으로 세계적으로 통일화되는 경향이 있다. 즉 상법은 지역적·민족적 특성에 의하여 영향을 받는 것이 아니라 합리적인 이해관계에 따라 정해지는 세계보편적인 것이라 할 수 있을 것이다.

상법의 특성으로 영리성, 기업의 유지의 이념, 거래의 원활과 안전(공시주의, 외관주의), 국제성(세계통일적 경향), 진보성 등이 있다.

1.1.4. 상법의 법원과 효력

1.1.4.1. 상법의 법원

법원(法源)이라 함은 법의 존재형식을 말한다. 즉 법원은 법의 존재형식 내지는 자료를 의미하므로 상법의 법원이라 함은 상사에 관한 법의 존재형식 내지는 법의 인식근거로서 실질적 의의의 상법과 범위가 같다. 상법 제1조의 "상사"의 의미는 실질적으로는 기업생활과 관련된 모든 재산법적 생활관계를 의미하며, 형식적으로는 상법전이 규정하여야 할 모든 사항을 말한다.

그 법의 존재 형식은 제정법 또는 관습법, 판례 등의 형태로 존재하는데, 상법의 법원이라고 할 수 있는 것에는 상사제정법, 상관습법, 상사자치법이 있다. 그러나 보통거래약관, 판례, 학설, 조리의 상법의 법원성에 대해서는 의견이 나뉘어 있다.

1.1.4.1.1. 상사제정법

상사제정법이란 국가가 그 입법권에 근거하여 성문의 형식으로 제정한 법으로 상사제정법에는 상법전, 상사특별법, 국제상사조약이 있다. 상사특별법령에는 상법시행 내지는 그 부속특별법령이 있으며 독립한 상법의 특별법령이 있다. 상법전 시행에 관한 특별법령으로 상법시행법이 있으며, 상법전에 부속된 특별법령으로는 상법의 일부 규정의 시행에 관한 규정, 선박소유자 등의 책임제한에 관한 법률, 상업등기처리규칙, 외국인의 서명날인에 관한 법률 등이 있다. 독립한 특별법령으로는 은행법, 상표법, 부정경쟁방지법, 약관규제에 관한 법률 등이 있다. 국제상사조약 및 일반적으로 승인된 국제법규는 국내법과 같은 효력을 가지므로 상법의 중요한 법원이 된다.

(1) 상법전

가장 기본적인 상법의 법원인 상법전($^{\text{법}}_{\text{제1000호}}$)은 1962년 1월 20일 공포되고 1963년 1월 1일부터 시행되고 있다. 그 후 상법은 1984년($^{\text{법 제3724호, 1984.4.10.}}_{\text{공포, 1984.9.1 시행}}$), 1991년($^{\text{법 제4770호, 1991.12.13.}}_{\text{공포, 1993.1.1 시행}}$), 1995년($^{\text{법 제5053호, 1995.12.29}}_{\text{공포, 1996.10.1 시행}}$), 1998년($^{\text{법 제5591호, 1998.12.28.}}_{\text{공포, 1998.12.28 시행}}$), 1999년($^{\text{법 제6086호, 1999.12.31.}}_{\text{공포, 1999.12.31 시행}}$), 2001년($^{\text{법 제6488호,2001.7.24.}}_{\text{공포, 2001.7.24 시행}}$), 2007년($^{\text{법 제8582호,}}_{\text{2007.8.3 공포}}$), 2010년($^{\text{법 제10366호,20010.6.10}}_{\text{공포, 2012.6.11 시행}}$)에 개정되었다.

(2) 상사특별법령

상사특별법령은 상법전의 규정을 시행하거나 구체적인 세목을 정하는 부속특별법령과 상법전의 규정을 보충하거나 변경하는 독립상사특별법령으로 나뉜다. 상법전에 부속된 상사특별법령으로는 상법시행법($^{1962.12.12,}_{\text{법 제1213호}}$)・상법의일부규정의시행에관한규정($^{1984.8.16, \text{ 대통}}_{\text{령령 제11485호}}$)・선박소유자등의책임제한절차에관한법률($^{1991.12.31,}_{\text{법 제4771호}}$)・선박의속구목록에관한규정($^{1970.1.19, \text{ 대통}}_{\text{령령 제4532호}}$)・상업등기처리규칙($^{1962.1.20, \text{ 대법}}_{\text{원규칙 제99호}}$) 등이 있다.

상법전과 독립한 상사특별법령으로는 은행법・자본시장과 금융투자업에 관한 법률($^{2011.7.25, \text{ 법}}_{\text{률 제10924호}}$)・보험업법($^{1980.12.31,}_{\text{법 제3340호}}$)・독점규제및공정거래에관한법률($^{1980.12.31,}_{\text{법 제3320호}}$)・주식회사의외부감사에관한법률($^{1980.12.31,}_{\text{법 제3297호}}$)・약관의규제에관한법률($^{1986.12.31,}_{\text{법 제3922호}}$)・소비자기본법($^{2006.9.27,}_{\text{법 제7988호}}$)・신용카드업법($^{1987.5.30,}_{\text{법 제3928호}}$) 등이 있다.

(3) 상사관계 조약 및 국제법규

조약은 국내법과 동일한 효력을 가지는데($^{\text{헌법}}_{6 ①}$), 국제조약은 주로 해상법과 국제 항공운송과 관련하여 발달되어 있다.

1.1.4.1.2. 상관습법

관습법이란 성문법령의 형식을 갖추고 있지는 않지만 인간의 행동을 규율하는 법적 규범인 관습률을 의미하며 상관습과는 다르다. 상관습은 상인 간의 거래에 있어서 보편화된 관행으로서 상거래의 특수성에 따라 일반적으로 또는 지역적으로 특정분야에서 형성되는 것이고, 상관습법은 상관습으로부터 더 나아가 법적 확신을 얻어 기업에 관한 법으로서 인정되는 상법의 원칙이다.

상관습법으로 인정된 것 중 중요한 것으로는 백지어음의 유효성($^{\text{어}}_{10}$) 등이 있었으나 성문화되었고, 현재로는 국제무역과 관련된 상업신용장에 관한 관습, 해상화물운송에 있어서의 보증도 등이 있다.

판례도 국제상거래에 있어서 일방당사자의 채무불이행에 관하여는 일반적으로 승인된 적절한 국제 금리에 따른 지연손해금의 지급을 명함이 관행이라 할 것인데, 영국 런던중재법원이 일반적으로 적용되는 국제금리인 미국은행 우대금리에 따른 지연손해금의 지급을 명한 것은 상당하므로 우리나라의 공공질서에 반하지 아니한다고 판시함으로써 국제적인 관습을 인정하고 있다.[4]

☞ **관습법**

관습법이라 함은 사회생활 속에서 관습이 반복하여 행하여짐으로써 일반인의 법적 확신을 얻은 불문형식의 법을 말한다. 관습법은 사회생활 가운데 단순한 사회적 사실로서 존재하며 법적 확신의 단계에까지 이르지 못한 사실인 관습과 다르다. 관습이 관습법이 되기 위해서는 다음의 요건을 갖추어야 한다. ① 같은 행위가 다수인에 의하여 반복, 계속되는 사실적인 관습이 존재하여야 한다. ② 관습이 법적 확신을 얻어야 한다. ③ 관습이 공공의 질서와 선량한 풍속인 공서양속에 반하지 않아야 한다. ④ 관습이 법령의 규정에 의하여 인정되거나 또는 원칙적으로 법령에 규정이 없는 사항에 관한 것이라야 한다. 관습법과 성문법과의 관계에 대해서 관습법은 성문법에 대하여 보충적 효력을 갖는 것이 원칙이나 예외적으로 법률을 개폐하는 법률변경적 효력을 갖기도 한다.

1.1.4.1.3. 상사자치법

상사자치법은 회사 또는 단체가 조직 및 구성원에 관한 사항을 스스로 제정한 자치법규를 말하는데, 회사의 정관이나 어음교환소 또는 한국거래소의 업무규정이 이에 속한다. 회사의 정관은 회사의 조직 및 구성원에 관하여 법규로서의 효력을 갖는다. 판례도 정관을 자치법규로 인정한다.

1.1.4.1.4. 보통거래약관

약관이라 함은 그 명칭이나 형태 또는 범위를 불문하고 계약의 일방당사자가 다수의 상대방과 계약을 체결하기 위하여 일정한 형식에 의하여 미리 마련한 계약의 내용이 되는 것을 말한다(약관의규제에관한 법률 2 ①). 이러한 보통거래약관에 의한 계약에서는 그 약관의 적용에 관하여 당사자가 구체적이고 명시적으로 개별적 합의를 하지 않더라도 일반적으로 그 약관은 당사자를 구속한다. 이를 부합계약이라 한다.

---

4) 大判 1990.4.10, 89다카20252.

약관이 상법의 법원이 되는가 여부에 대하여 크게 약관의 법원성을 긍정하는 견해와 부정하는 견해로 나누어진다. 약관의 규범성을 부정하는 의사설에 의하면 보통보험약관은 법원성이 부정되지만 법적 구속력을 갖는 것은 계약당사자가 약관의 내용을 법률행위의 내용으로 하려는 의사가 있기 때문에 구속력이 인정되는 것이라고 한다. 약관의 규범성을 긍정하는 규범설에 의하면 보통보험약관은 상관습 또는 자치법이기 때문에 구속력이 인정된다는 것이다.

판례[5]는 보통보험약관이 계약당사자에 대하여 구속력을 갖는 것은 그 자체가 법규범 또는 법규범적 성질을 가진 약관이기 때문이 아니라 보험계약당사자 사이에서 계약내용에 포함시키기로 합의하였기 때문이라고 볼 것인바, 일반적으로 당사자 사이에서 보통보험약관을 계약내용에 포함시킨 보험계약서가 작성된 경우에는 계약자가 그 보험약관의 내용을 알지 못하는 경우에도 그 약관의 구속력을 배제할 수 없는 것이 원칙이나, 다만 당사자 사이에서 명시적으로 약관에 관하여 달리 약정한 경우에는 위 약관의 구속력은 배제된다고 판시함으로써 의사설을 취하고 있다.

약관은 일반적으로 경제적 강자에 의하여 유리하게 작성되므로 약관을 해석할 때에는 ① 개별약정 우선의 원칙 ② 신의성실의 원칙 ③ 객관적 해석의 원칙 ④ 작성자 불리해석의 원칙 등에 따라야 한다.

1.1.4.1.5. 상사판례법

판례의 법원성에 대해 학설은 긍정설과 부정설로 나뉘나 부정설이 다수설이다.

1.1.4.1.6. 학 설

학설은 학자들의 견해로서, 이는 판사들이 법을 적용하기 위하여 법을 해석함에 있어서 참고하는 자료가 될 수 있기 때문에 간접적으로 영향을 미칠 뿐 현실적으로 법적 구속력을 갖는 것은 아니라고 할 것이다.

---

5) 大判 1985.11.26, 84다카2543; 大判 1986.10.14, 84다카122; 大判 1989.3.28, 88다4645; 大判 1989.11.14, 88다카29177; 大判 2001.11.27, 2000다66492.

1.1.4.2. **법규의 적용순서**

1.1.4.2.1. 상법전과 상관습법

상법 제1조는 상사에 관하여 상법전에 규정이 없으면 상관습법을 적용하고 상관습법이 없으면 민법의 규정에 의한다고 규정하고 있다. 상관습법은 상법전이 발전하는 기업관계에 적응하지 못하여 새로운 상관습이 생기게 되면 이에 의하자는 것으로 상관습법이 상법의 법원이 됨을 인정한 것이다.

1.1.4.2.2. 상관습법과 민법전

상사에 관하여 상법전에 규정이 없고 상관습법도 없는 경우에는 민법을 적용한다(^상). 이것은 상사에 관하여 상법전과 더불어 기술적이며 합리적인 상관습법의 적용을 일반인의 생활관계를 대상으로 하여 고정적이며 전통적인 민법전의 적용보다 우선시킨 것이다. 상법 제1조는 관습법인 상관습법이 제정법인 민법보다 우선하는 특징을 보이고 있다.

☞ **상사관계의 상법 적용순서**

상사자치법(정관) → 상사특별법령·상사조약 → 상법 → 상관습법 → 민사자치법 → 민사특별법령·민사조약 → 민법전 → 민사관습법 → 조리

1.1.4.3. **상법의 효력**

상법의 효력은 시·장소·인 및 사항에 의한 제한을 받는다. 즉 상법의 효력은 때, 장소, 사람에 관하여 상법의 적용상 일정한 제한을 받는데 그 범위 내에서 상법의 특수성과 관련하여 상사에 관한 사항에 한정하여 효력이 발생한다.

1.1.4.3.1. 시에 관한 효력

법이 개정된 경우에 구법과 신법과의 적용순서에 관하여 어느 법을 우선 적용할 것인가 문제될 수 있다. 이 경우 동 순위의 법에는 신법은 구법을 변경하는 것이 원칙이므로 신법이 우선 적용되지만, 보통법과 특별법의 관계에 있는 경우에는 보통법의 신법은 특별법의 구법을 변경하지 않는다(^{상법시행}_{규칙 3}). 즉 신상법은 동 순위의 구상법을 변경하나 신상법은 상사특별법을 변경하지 않는다.

상법에서도 법적 안정성과 기득권 존중이라는 차원에서 법률불소급의 원칙이 적용되므로, 신상법은 그 시행 후에 발생한 사항만을 지배하고 그 시행 전에 발생한 사항에는 효력이 미치지 않는 것이 원칙이다. 다만 소급적용이 기득권을 침해하지 않고 당사자에게 이익이 되며 법률적용의 통일성을 기하는 경우에는 소급 적용한다.

1.1.4.3.2. 장소에 관한 효력

상법은 국내법이므로 한국 내에서 적용된다. 따라서 외국법인도 국내에서 영업을 하는 한 상법의 적용을 받는다. 다만 예외적으로 국제사법에 의한 준거법에 의하여 우리 상법이 한국 외에서 적용되는 일도 있고, 이와 반대로 외국상법이 한국 내에서 적용되는 경우도 있다.

1.1.4.3.3. 인에 관한 효력

상법은 속인법주의에 따라 한국인에게 적용된다. 그러나 예외적으로 국제사법상 특정한 경우에는 우리 상법이 외국인에 대하여 적용되는 경우가 있고, 반대로 외국 상법이 한국인에게 적용되는 경우가 있을 수 있다. 그리고 소상인에게는 지배인, 상업등기, 상호, 상업장부에 관한 규정이 적용되지 아니한다.

1.1.4.3.4. 사항에 관한 효력

상법은 상사에 관한 사항에 대해서만 적용된다. 어음·수표행위를 포함하여 거래행위와 관련하여 일정한 사항이 발생한 때에 당사자 일방에게만 상행위가 되는 행위를 일방적 상행위라 하고, 당사자 쌍방 모두에게 상행위가 되는 행위를 쌍방적 상행위라 하는데, 상법이 적용되기 위해서 모든 당사자가 상사에 관한 행위를 하여야 하는 것은 아니고 당사자 중 그 1인의 행위가 상행위인 때에는 전원에 대하여 상법을 적용한다($\frac{상}{3}$). 일방적 상행위는 당사자 일방에게는 상행위이지만 다른 당사자 일방에게는 상행위가 아니나 법률관계를 간명하고 신속하게 해결하기 위하여 당사자 쌍방 모두에게 상법을 적용하고 또 당사자 일방이 수인인 경우에 그 1인을 위한 상행위인 경우에도 그 전원에게 상법을 적용한다. 또한 당사자 쌍방이 모두 상인이며 이들에게 상행위가 되는 쌍방적 상행위에만 적용하는 규정도 있다. 공법인의 상행위는 법령에 다른 규정이 없는 경우에 한하여 상법이 적용된다($\frac{상}{2}$).

1.2. 상 인

1.2.1. 상인의 의의

1.2.1.1. 총 설

1.2.1.1.1. 상인의 의의

상인이란 영리행위를 하는 주체이다. 즉 상인이란 권리의무를 이행하기 위한 법적 주체이다. 영리행위를 개인이 하는 경우에는 자연인 그 자체가 상인이 되지만, 법인이 하는 경우에는 상인인 법인을 대표하여 법률행위를 할 주체가 필요하게 된다. 이처럼 상인은 형식적으로는 기업생활관계에서 발생하는 권리의무의 귀속의 주체이고, 실질적으로 보면 기업에 내재하여 기업활동을 영위하는 자라고 할 것이다. 하지만 반드시 실질적으로 경영활동의 담당자가 되어야 하는 것은 아니다. 개인기업의 경우에는 영업주가 상인이지만, 회사기업의 경우에는 회사 그 자체가 상인이 된다.

1.2.1.1.2. 상인에 관한 입법주의

상법은 양 당사자가 모두 상인인 경우뿐만 아니라 당사자의 일방만이 상인인 경우에도 그 전원에게 상법이 적용되므로 상법의 적용범위를 명확히 하기 위하여 상인의 개념을 정해야 한다. 그 상인의 개념을 정하는 방법에는 세 가지의 입법주의가 있다.

(1) 실질주의(상행위법주의 · 객관주의 · 상사법주의)

이는 실질적으로 특정한 행위를 상행위로 정하고 이러한 상행위를 영업으로 하는 자를 상인으로 보는 입법주의로 상행위의 개념을 전제로 하여 상인의 개념을 끌어내는 입법주의이기 때문에 상행위법주의라고도 한다.

(2) 형식주의(상인법주의 · 주관주의)

실질주의와는 달리 행위의 실질적인 내용을 구별하지 않고 어떠한 행위든지 일정한 형식을 갖추고 상인적 방법으로 영업을 하는 자를 상인으로 하는 입법주의로 상행위의 개념을 전제로 하지 않고 상인의 개념을 끌어내는 입법주의이기 때문에 상인법주의라고도 한다.

(3) 절충주의

이는 실질주의와 형식주의를 절충하여 상행위를 영업으로 하는 자뿐만 아니라 일정한 형식을 갖추고 상인적 방법으로 영업을 하는 자도 상인으로 인정하는 입법주의이다.

1.2.1.1.3. 상법의 입법주의

상법은 제4조에서 기본적 상행위를 전제로 하여 당연상인을 규정하고 있고, 제5조에서 상행위를 전제로 하지 않은 의제상인을 규정하고 있다. 당연상인은 상행위를 전제로 하여 상인개념을 정하고 있는 점에서는 실질주의의 입법이나 의제상인은 상행위를 전제로 하지 않고 상인개념을 정하고 있으므로 이는 형식주의의 입법이다. 따라서 우리 상법은 어느 입법주의를 취하고 있는지에 대해, 대체로 절충주의의 입법으로 보는 견해, 형식주의 입법으로 보는 견해, 형식주의에 가까운 절충주의의 입법이라는 견해 등으로 나뉜다.

형식주의설은 상법 제4조의 당연상인은 영업적 상행위를 기초로 하고 있는데, 이때의 영업적 상행위는 영업의 주체인 상인과의 관련에서만 그 상행위성이 인정되므로, 결국 우리 상법은 형식주의라는 견해이고, 절충주의설은 상법 제4조의 당연상인은 영업적 상행위를 기초로 해서 상인개념을 정하고 있고, 의제상인은 상행위와는 무관하게 상인개념을 정하고 있어, 전체적으로 절충주의라는 견해이며, 형식주의에 가까운 절충주의설은 절충주의의 특색으로 절대적 상행위의 존재를 강조하면, 우리 상법이 절대적 상행위를 인정하고 있지 않기 때문에 형식주의라고 볼 수 있으나, 순수한 형식주의가 아니기 때문에 형식주의에 가까운 절충주의라는 견해이다.

1.2.1.2. **당연상인**

1.2.1.2.1. 의 의

당연상인이란 자기명의로 상행위를 하는 자를 말한다($^{상}_{4}$). 이는 상인에 관한 실질주의 입법에 의한 상인이라 할 수 있다.

① 자기명의는 자기의 계산으로와 구별된다. 자기명의로 한다는 것은 자기가 그 상행위의 권리와 의무의 주체가 된다는 뜻이지 계산을 자기가 해야 한다는 것은 아니다. 또한 자기 계산으로 한다는 것은 경제적 이익을 자기에게 귀속한다는 것을 의미하나 당연상인에 있어서는 자기계산으로 할 필요는 없으므로 자기가 이익귀속의 주체가 될 필요는 없다.

② 자기명의는 영업행위의 담당자와 구별된다. 자기의 명의로 하는 이상 스스로 영업행위를 하지 않고 대리인을 통하여 상행위를 하여도 무방하다.

③ 자기명의는 기업을 소유하는 것이나 기업위험을 부담하는 것과 구별된다. 즉 기업을 소유하지 않는 경우나 또는 기업위험을 부담하지 않는 경우에도 상인이 된다.

④ 자기명의는 행정관청에 대한 신고명의인이나 납세명의인과 구별된다. 즉 행정관청에 대한 신고명의인이나 납세명의인과 반드시 일치할 필요는 없다. '자기 명의'란 상행위로부터 생기는 권리의무의 귀속주체로 된다는 뜻으로서 실질에 따라 판단하여야 하므로, 행정관청에 대한 인·허가 명의나 국세청에 신고한 사업자등록상의 명의와 실제 영업상의 주체가 다를 경우 후자가 상인이 된다.[6]

⑤ 자기명의는 타인의 명의로 영업을 하는 경우에 그 명의인과 구별된다. 자기명의라고 하는 것은 형식적으로 이름을 쓰는 것을 의미하는 것이 아니라 타인명의를 쓰더라도 상행위를 하는 자에, 즉 실제 권리·의무의 주체가 되는 자가 당연상인이 된다. 따라서 명의대여가 있는 경우에는 명의대여자는 상인이 되지 못하고 명의차용자가 상인이 된다.

상행위라는 것은 상법 제46조에 열거된 기본적 상행위를 말한다(한정적 열거). 이 상행위를 영업으로 하여야 하는데, 영업으로 한다는 것은 영리의 목적을 가지고 동종행위를 반복하여 계속하는 것을 의미한다. 다만 특별법상의 상행위는 영업으로 하지 않아도 상행위가 될 수 있다.

상행위가 되기 위해서는 영업으로 하여야 하므로 가령 약 5,000평의 사과나무 과수원

---

6) 大判 2008.12.11, 2007다66590.

을 경영하면서 그중 약 2,000평 부분의 사과나무에서 사과를 수확하여 이를 대부분 대도시의 사과판매상에 위탁판매 한다면 이는 영업으로 사과를 판매하는 것으로 볼 수 없으니 상인이 아니다.[7] 그리고 영업에는 영리성이 요구되므로 농업협동조합법에 의하여 설립된 조합이 영위하는 사업의 목적은 조합원을 위하여 차별 없는 최대의 봉사를 함에 있을 뿐 영리를 목적으로 하는 것이 아니므로, 동 조합이 그 사업의 일환으로 조합원이 생산하는 물자의 판매사업을 한다 하여도 동 조합을 상인이라 할 수는 없다. 수산업협동조합도 같다.[8]

의사, 변호사, 화가, 음악가 등의 자유직업인은 상인으로 보지 아니하는데, 이는 그들의 업무의 성질이 고도의 기능이 필요하고 개성적이고 공익성 때문이라 한다.

종합하건대, 당연상인의 요건으로는 ① 자기명의로 ② 46조의 상행위를 ③ 영업으로(영리목적 + 계속성) 하여야 한다. 또는 자기명의로 특별법상의 상행위를 하여야 한다.

1.2.1.2.2. 당연상인의 상행위

당연상인이 되기 위한 상행위는 상법 제46조에 규정된 기본적 상행위를 말한다. 상행위란 상법 제46조에 열거된 기본적 상행위와 특별법에서 상행위로 인정한 것으로 상법 제46조의 기본적 상행위가 되기 위해서는 영업성과 기업성이라는 요건이 필요하다. 영업성이란 영리성, 계속성 및 영업의사를 그 요건으로 한다.

① 영리성: 이익을 추구하려는 의도가 있어야 한다.

② 계속성: 동종의 행위를 계속적으로 하려는 의도가 있어야 한다.

③ 영업의사의 객관적 인식 가능성: 행위가 대외적으로 인식될 수 있어야 한다.

기업성이 있어야 하므로 오로지 임금을 받을 목적으로 물건을 제조하는 자는 기업성이 없으므로 상행위에서 제외된다.

(1) 기본적 상행위

영업으로 하는 다음의 행위를 기본적 상행위라 한다. 그러나 오로지 임금을 받을 목적으로 물건을 제조하거나 노무에 종사하는 자의 행위는 그러하지 아니하다(상46). 기본적 상행위는 열거된 것에 한하며, 열거되지 아니한 것을 기업형으로 하더라도 상행위가 되지 않는다(열거주의, 한정주의).

---

7) 大判 1993.6.11, 93다7174, 7178(반소).

8) 大判 2000.2.11, 99다53292; 大判 2001.1.5, 2000다50817; 大判 2006.2.10, 2004다70475.

1) 동산, 부동산, 유가증권 기타의 재산의 매매($상^{46}_i$)

2) 동산, 부동산, 유가증권 기타의 재산의 임대차($상^{46}_{ii}$)

3) 제조, 가공 또는 수선에 관한 행위($상^{46}_{iii}$)

4) 전기, 전파, 가스 또는 물의 공급에 관한 행위($상^{46}_{iv}$)

5) 작업 또는 노무의 도급의 인수($상^{46}_v$)

6) 출판, 인쇄 또는 촬영에 관한 행위($상^{46}_{vi}$)

7) 광고, 통신 또는 정보에 관한 행위($상^{46}_{vii}$)

8) 수신・여신・환 기타의 금융거래($상^{46}_{viii}$)

9) 객의 집래를 위한 시설에 의한 거래($상^{46}_{ix}$)

10) 상행위의 대리의 인수($상^{46}_x$)

11) 중개에 관한 행위($상^{46}_{xi}$)

- 부동산 중개업무는 상법 제46조 제11호에서 정하고 있는 '중개에 관한 행위'로서 기본적 상행위에 해당하고, 상인이 영업을 위하여 하는 행위는 상행위이며, 상인의 행위는 영업을 위하여 하는 것으로 추정된다.[9]

12) 위탁매매 기타의 주선에 관한 행위($상^{46}_{xii}$)

13) 운송의 인수($상^{46}_{xiii}$)

14) 임치의 인수($상^{46}_{xiv}$)

15) 신탁의 인수($상^{46}_{xv}$)

16) 상호부금 기타 이와 유사한 행위($상^{46}_{xvi}$)

17) 보험($상^{46}_{xvii}$)

18) 광물 또는 토석의 채취에 관한 행위($상^{46}_{xviii}$)

19) 기계・시설 기타 재산의 물융에 관한 행위($상^{46}_{xix}$)

20) 상호・상표 등의 사용허락에 의한 영업에 관한 행위($상^{46}_{xx}$)

21) 영업상 채권의 매입・회수 등에 관한 행위($상^{46}_{xxi}$)

(2) 특별법상 상행위

특별법상의 상행위로는 담보부사채신탁법에 의한 사채총액의 인수($동법^{②}_{23}$)・신탁법에 의한 신탁의 인수($동법_4$)가 있다. 담보부사채라 함은 사채권의 담보를 위하여 물상담보가 붙여진 사채인데, 신탁회사는 사채발행회사와의 신탁계약에 의하여 자기에게 신탁적으로 귀

---

9) 大判 2008.12.11, 2007다66590.

속된 담보권을 피사채권자를 위하여 보존·실행할 의무를 부담한다. 신탁법 제4조는 신탁의 인수를 업으로 하는 때에는 이를 상행위로 한다고 규정하고 있으나, 이는 상법 제46조 제15호에 의하여 이미 기본적 상행위로 인정받고 있으므로 무의미하다.

1.2.1.3. 의제상인

1.2.1.3.1. 서

상법에 한정적으로 열거된 상행위와는 관계없이 그 상인적 설비와 상인적 방법에 의하여 상인을 정한 것이 의제상인이다. 의제상인이 되기 위하여는 상법이 열거한 상행위 이외의 행위를 반드시 '영업으로' 하여야 함을 요한다. 이렇게 의제상인 규정을 두고 있는 것은 기본적 상행위에 포함되지 않는 행위를 일정한 경우에 상법의 적용을 받도록 하기 위함이다. 의제상인에는 설비상인과 민사회사가 있는데, 설비상인이란 점포 기타 유사한 설비에 의하여 상인적 방법으로 영업을 하는 자를 상행위를 하지 아니하더라도 상인으로 보는 것이고(⅘), 민사회사는 회사가 상행위를 하지 아니하더라도 상인으로 보는 것이다(⅘). 의제상인의 행위에는 상행위편 통칙의 규정이 준용되며, 의제상인의 행위를 준상행위라 한다.

1.2.1.3.2. 설비상인

설비상인이란 점포 기타 유사한 설비에 의하여 상인적 방법으로 상행위 이외의 영업 예컨대, 농업, 임업, 수산업 등과 같은 원시산업이나 새로운 유형의 영업을 하는 자를 말한다(⅘). 이러한 설비상인은 ① 상인적 설비인 점포 기타 유사한 설비와 ② 상인적 방법의 두 가지 요건을 요한다.

상인적 설비란 물적 설비뿐만 아니라 인적 설비를 포함한다고 본다. 예를 들어 농산물을 행상하는 자는 의제상인이 될 수 없으나 농산물을 점포 기타 유사한 설비에 의하여 판매하는 자는 의제상인이 될 수 있다.

상인적 방법이란 당연상인이 기업을 경영함에 있어서 보통 필요로 하는 설비를 갖추고 당연상인과 같은 방법으로 영업하는 것을 말한다.

위의 사례(1.2.1.2.1.)에서 보았듯이 약 5,000평의 사과나무 과수원을 경영하면서 그중 약 2,000평 부분의 사과나무에서 사과를 수확하여 이를 대부분 대도시의 사과판매상에 위탁판매한 경우에 당연상인이라고 할 수 없고, 점포 기타 유사한 설비에 의하여 상인적 방법으로 영업을 하지도 않았으므로 의제상인에도 해당하지 않는다.[10] 그러나 만약 도로변에 원두막을 설치하여 팔았다면 의제상인에 해당한다.

계주가 여러 개의 낙찰계를 운영하여 얻은 수입으로 가계를 꾸려 왔다 할지라도 계주가 상인적 방법에 의한 영업으로 계를 운영한 것이 아니라면 계주를 상법 제5조 제1항 소정의 의제상인이나 같은 법 제46조 제8호 소정의 대금, 환금 기타 금융거래를 영업으로 운영한 것에 해당한다고 볼 수 없다.[11]

1.2.1.3.3. 민사회사

민사회사란 상행위 이외의 행위를 영리의 목적으로 하는 회사를 말한다($\frac{상}{5}$). 회사($\frac{상}{169}$)에는 상사회사와 민사회사가 있는데, 상행위($\frac{상}{46}$)를 영리의 목적으로, 즉 영업으로 하는 회사가 상사회사(당연상인)이고, 상행위 이외의 행위를 영리의 목적으로 하는 회사가 민사회사(의제상인)인 점에서 양자는 차이가 있다.

민사회사도 상사회사의 설립의 조건에 따라 설립되고($\frac{민}{①}$ 39), 또한 민사회사에도 모두 상사회사에 관한 규정이 준용되므로($\frac{민}{②}$ 39), 양자는 모두 상법의 적용 면에서는 같으므로 구별할 실익은 없다. 이러한 민사회사의 대표적인 예는 농업·축산업·수산업 등 원시산업을 목적으로 하는 회사를 들 수 있다.

1.2.1.4. 소상인

상인은 영업규모를 기준으로 하여 완전상인과 소상인으로 구분할 수 있는데, 소상인이란 자본금이 1,000만 원 미만으로 회사가 아닌 자를 말한다($\frac{상법의 일부규정의}{시행에 관한 규정 2}$). 자본금은 단순히 '영업재산의 현재가격'으로서 자기사본뿐만 아니라 타인자본도 포함한다. 상법상 회사의 종류 중 합명회사와 합자회사는 자본금이 없으므로 소상인에 해당될 수는 있으나 소상인이 되기 위해서는 회사가 아니어야 하므로 모든 회사는 소상인이 되지 않는다.

지배인, 상호, 상업장부와 상업등기에 관한 규정은 소상인에게 적용하지 아니한다($\frac{상}{9}$). 적용되지 않는다는 뜻은 소상인이 그러한 제도를 이용하여야 할 상법상의 의무가 없다거나 또는 소상인이 그러한 제도를 이용하더라도 상법상 보호받지 못한다는 의미이다. 그

---

10) 大判 1993.6.11, 93다7174, 7178(반소).

11) 大判 1993.9.10, 93다21705.

러나 소상인도 지배인이나 상업사용인을 둘 수 있고, 상호를 사용한다고 하더라도 상법이 적용되지 않으므로 상법상의 상호는 아니나 상호의 개별규정은 적용될 수 있다. 소상인은 또한 상업장부를 작성할 수 있으나 상법이 적용되지 않고 상업등기는 근본적으로 적용될 수 없다.

1.2.2. 상인자격의 득실

1.2.2.1. 서설

상인으로 존속하는 동안은 그의 행위에 대하여 상법이 적용되므로 언제 상인이 되고 언제 상인자격을 상실하느냐는 것은 상법의 적용범위를 정하는 또 하나의 중요한 표지이다.

민법상 권리능력자는 상인능력이 있으며, 이러한 상인능력자 중 상법상 상인자격에 요구되는 요건을 갖추어 상인이 된다. 다만 자연인이냐 법인이냐에 따라 그 성질상 차이가 있다.

1.2.2.2. 자연인의 상인자격

1.2.2.2.1. 상인자격의 취득

(1) 자연인

자연인은 생존한 동안 권리능력이 있으므로, 생존한 동안 원칙적으로 아무런 제한 없이 자기의 의사에 기하여 상법 제4조 또는 제5조의 요건을 구비하여 상인자격을 취득하게 된다.

(2) 회사

회사는 설립등기를 할 때 법인격과 상인자격을 취득하는 태생적 상인이다.

(3) 회사 이외의 법인·자연인

회사 이외의 법인 또는 자연인은 영업 준비행위(점포의 임차, 사용인의 고용 등)가 객관적으로 인정될 때 상인자격을 취득하게 된다. 이때의 영업의 준비행위는 보조적 상행위가 된다.

상인이 되는 구체적인 시기에 대해 판례는 영업의 목적인 기본적 상행위를 개시하기 전에 영업을 위한 준비행위를 하는 자는 영업으로 상행위를 할 의사를 실현하는 것이므로 그 준비행위를 한 때 상인자격을 취득함과 아울러 이 개업 준비행위는 영업을 위한 행위로서 그의 최초의 보조적 상행위가 되는 것이고, 이와 같은 개업 준비행위는 반드시 상호등기·개업광고·간판부착 등에 의하여 영업의사를 일반적·대외적으로 표시할 필요는 없으나 점포구입·영업양수·상업사용인의 고용 등 그 준비행위의 성질로 보아 영업의사를 상대방이 객관적으로 인식할 수 있으면 당해 준비행위는 보조적 상행위로서 여기에 상행위에 관한 상법의 규정이 적용된다고 한다.[12]

1.2.2.2.2. 상인자격의 상실

(1) 자연인
자연인의 상인자격은 영업의 종료로써 소멸한다. 즉 자연인의 상인자격은 영업의 종료와 영업을 양도할 때에 상인자격을 상실한다. 영업을 종료한 후 영업 중의 거래에 관한 잔무를 처리하는 범위에서는 상인자격을 유지한다고 할 것이다. 영업종료의 원인은 의사에 의한 것이든, 법률에 의한 것이든 불문한다.

(2) 회사
회사는 청산절차의 종결로 법인격이 소멸하게 된다. 사법인 중 영리회사인 경우에는 청산을 사실상 종결한 때에 법인격의 소멸과 함께 상인자격을 상실하게 되고, 사법인 중 공공법인 및 일반 공법인이 부수적으로 영업을 함으로써 상인자격을 취득하는 경우 그 상인자격의 상실시기는 자연인인 상인의 경우와 같다.

(3) 회사 이외의 법인·자연인
회사 이외의 법인 또는 자연인의 경우에는 영업폐지 등 기업활동을 사실상 종결한 때에 상인자격을 상실한다.

---

12) 大判 1999.1.29, 98다1584.

	취득	상실
자연인	개업준비행위	영업폐지(파산, 사망, 영업양도)
법인	설립등기	실질적 청산 종결 시(파산)

1.2.2.3. 법인의 상인자격

법인은 자연인의 경우와는 달리 일정한 목적을 중심으로 하여 권리능력이 인정되어 있으므로 그 본래의 목적에 의하여 제약을 받는다. 뿐만 아니라 법인의 종류에 따라 상인이 될 수 있는 것과 그렇지 않은 것이 있다.

1.2.2.3.1. 법인의 상인자격의 취득

(1) 사법인

1) 영리법인

영리법인은 회사이며 회사에는 상행위를 목적으로 하는 상사회사와 상행위 이외의 영리를 목적으로 하는 민사회사가 있는데, 상사회사는 당연상인이고 민사회사는 의제상인이다. 이러한 회사의 상인자격은 회사의 성립에 의하여 취득하게 되고, 청산의 종결에 의하여 상인자격을 상실한다. 따라서 회사의 성립은 설립등기 시에 이루어지므로 회사의 상인자격의 취득은 설립등기 시이다. 회사는 법인격을 취득하기 이전에는 설립 중의 회사로서 여러 가지 설립준비행위를 하게 되는데, 이러한 설립 중의 회사의 행위를 보조적 상행위로 인정하고 있다.

2) 비영리법인

비영리법인 예컨대, 공익법인은 비영리법인 중에서 학술·종교·자선 등과 같은 공익사업을 목적으로 하는 단체인데, 공익법인은 그 본래의 목적이 비영리사업이므로 이와 관련해서는 상인이 될 수 없다. 다만 공익법인도 공익을 달성하는 데 필요한 또는 유익한 수단으로서 영업을 하는 경우에는 그 범위 내에서는 상인자격을 취득한다고 본다(통설).

3) 중간법인

중간법인(협동조합, 새마을금고, 신용조합)은 조합의 성질을 가지고 있어서 원칙적으로 상인자격이 인정되지 않는다. 따라서 여신행위를 회원에게 하는 경우에는 상인이 안 된다. 그러나 이러한 조합이 비회원에 대한 신용사업을 영위하는 경우에는 그 범위 안에서 상인이 된다고 본다.

(2) 공법인

국가나 지방자치단체와 같은 일반공법인은 그 목적이나 활동에 제한이 없으므로 상인 능력이 있고, 따라서 상인자격을 취득할 수 있다($\frac{1}{2}$). 그러나 특별법에 의하여 설립되는 특별공법인(농지개량조합법에 의한 농지개량조합)은 각각의 법률에 의하여 법인격 부여의 목적이 비영리적인 특정사업에 한정되어 있고 이외의 사업은 할 수 없으므로 상인자격을 취득할 수 없다.

1.2.2.3.2. 상인자격의 상실

사법인 중 회사는 청산을 사실상 종결한 때에 법인격의 소멸과 함께 상인자격을 상실한다. 즉 회사의 상인자격 상실은 해산한 때가 아니라 청산의 종결로 이루어지게 되는데, 반드시 청산등기 시에 이루어지는 것은 아니다. 사법인 중 공익법인 및 일반 공법인이 부수적으로 영업을 함으로써 상인자격을 취득하는 경우, 그 상인자격의 상실시기는 영업을 종료하거나 영업을 양도하는 경우 상인자격을 상실한다.

1.2.3. 영업능력

1.2.3.1. 서

상인이 유효한 영업행위를 할 수 있는 능력인 영업능력은 법인이 상인인 경우에는 기관을 통하여 영업행위를 하므로 영업능력이 문제되지 않는다. 다만 농지개량조합, 상호보험회사, 협동조합과 같은 특수공법인이나 특수사법인은 영업능력이 제한된다.

상인이 자연인 경우에는 그 상인의 영업능력은 그 자연인의 행위능력과 관련된다. 즉 민법상 행위무능력자는 상법상 영업무능력자로서 일정한 제한을 받는다. 다만 상법은 집단성·반복성·거래안전 등과 같은 영업행위의 특수성으로 인하여 약간의 특별규정을 두고 있다.

1.2.3.2. 미성년자

1.2.3.2.1. 법정대리인의 허락을 얻어서 영업을 하는 경우

미성년자는 상인자격을 취득하여도 원칙적으로 스스로 유효한 영업을 할 수 없고, 법정대리인의 허락을 얻은 경우에만 유효하게 영업행위를 할 수 있다. 미성년자가 법정대리인으로부터 허락을 얻은 특정한 영업에 관하여는 성년자와 동일한 영업능력이 있다. 법정대리인은 위의 허락을 취소 또는 제한할 수 있으나 선의의 제3자에게 대항하지 못한다($민_8$). 미성년자 또는 한정치산자가 법정대리인의 허락을 얻어 영업을 하는 때에는 등기를 하여야 한다($상_6$).

1.2.3.2.2. 법정대리인이 미성년자의 영업을 대리하는 경우

법정대리인이 미성년자를 위하여 영업을 하는 때에는 등기를 하여야 한다($상^8_①$). 법정대리인의 대리권에 대한 제한은 선의의 제3자에게 대항하지 못한다($상^8_②$). 법정대리인이 미성년자를 대리하여 영업을 할 수 있는데, 이 경우에는 미성년자가 상인이 되는 것이지 법정대리인이 상인이 되는 것은 아니다.

1.2.3.2.3. 미성년자가 인적 회사의 무한책임사원인 경우

미성년자 또는 한정치산자가 법정대리인의 허락을 얻어 회사의 무한책임사원이 된 때에는 그 사원자격으로 인한 행위에는 능력자로 본다($상_7$). 사원자격으로 인한 행위란 출자의무의 이행, 지분의 양도, 의결권의 행사와 같은 내부관계를 말하고 대표행위를 포함하지 않는다.

1.2.3.3. 한정치산자

한정치산자의 영업능력은 미성년자의 능력과 같다($민^{10}_{5-8}$). 다만 미성년자의 법정대리인에는 친권자와 후견인이 있으나, 한정치산자의 보호기관은 후견인이라는 점이 다르다.

1.2.3.4. 금치산자

금치산자는 영업능력이 인정되지 않으므로, 허락을 얻든 얻지 아니하든 자신이 직접 영업행위를 하지 못하므로, 항상 법정대리인이 대리하여 영업을 하여야 한다. 이 경우에 미성년자 또는 한정치산자의 경우와 같이 법정대리인(후견인)이 이를 등기하여야 한다(상⑧). 이 경우에 법정대리인의 대리권에 대한 제한은 선의의 제3자에게 대항하지 못한다(상⑧).

1.3. 상업사용인

1.3.1. 상업사용인제도 총설

1.3.1.1. 상업사용인의 의의

기업은 인적 설비와 물적 설비의 결합으로 이루어지는데, 기업의 경영 규모가 커질수록 경영자(상인) 혼자서 모든 영업행위를 할 수가 없으므로 이들 영업행위와 관련한 업무를 보조할 자가 필요하게 되어 이용되는 자가 상업사용인이다. 이 상업사용인은 특정상인(영업주)에 종속하여 그 대외적인 영업활동을 보조하는 자이다.

이러한 상업사용인은 일반적으로 기업 내부의 조직에 속하면서 기업 경영자를 보조하는 자이므로 기업 외부에서 독립적으로 영업행위를 하면서 영업상 보조하는 관계인 대리상·중개인·위탁매매인·운송주선인·운송인·창고업자 등과 구별되며, 이사·감사 등과 같은 회사의 기관을 이루는 자는 상인인 회사조직의 일부가 되는 것으로 회사에 종속하는 것이 아니므로 상업사용인이 아니다. 또한 상업사용인은 영업활동과 관련하여 대외적으로 활동하는 보조자이므로 외부적 영업활동과 관계없는 내부적 활동보조자 예컨대, 근로자 등은 상업사용인이 아니다.

상업사용인과 영업주와의 사이에 반드시 고용계약이 있어야 하는 것은 아니며, 상업사용인은 영업주의 영업활동을 보조하는 자이므로 자연인에 한한다.

상업사용인은 상인(영업주)을 위하여 외부적 영업활동을 하기 위해서는 대리의 법리에 의하게 된다. 상업사용인의 영업행위는 거래의 안전 및 이해관계자를 보호하기 위하여 강행법규로 규율하고 있다.

1.3.1.2. 상업사용인의 종류

상업사용인은 대리권의 범위에 따라 포괄적 대리권을 가지는 ① 지배인 ② 부분적 포괄대리권을 가진 상업사용인 ③ 물건판매점포사용인(의제상업사용인) 등 세 가지가 있다.

1.3.2. 지배인

1.3.2.1. 지배인의 의의

지배인은 영업주에 갈음하여 그 영업에 관한 재판상 또는 재판 외의 모든 행위를 할 수 있는 상업사용인이다(§ 11). 대리권의 범위는 구체적인 범위에 한하는 것이 아니라 영업에 관한 한 모든 행위를 할 수 있으므로 포괄적이다. 지배인에 해당하는지 여부에 대해서는 그 명칭에 관계없이 포괄적인 대리권을 수여받고 있는지의 여부(지배권기준설)에 따라 결정하여야 할 것이다.

판례도 회사원이 회사 지점에서 자금과장으로 호칭되고 지점장 바로 다음 직위에 있으며, 그 회사원이 지점장 명의로 은행지점에 개설된 회사의 보통예금계좌에서 예금을 인출하거나 또는 이에 입금한 사실이 있었다 하여 이 사실만으로 바로 회사원이 회사로부터 회사지점장 명의의 예금계좌에서 예금을 인출할 수 있는 권한을 포괄하여 위임받은 상업사용인이라고는 할 수 없다[13]고 판시하고 있다.

1.3.2.2. 지배인의 선임·종임

1.3.2.2.1. 선임

(1) 선임권자

상인 또는 그 대리인은 지배인을 선임할 수 있다(§ 10). 선임권자로 대리인의 범위에 대

---

13) 大判 1987.6.23, 86다카1418.

해 법정대리인만이 지배인을 선임할 수 있다는 견해와 임의대리인도 지배인을 선임할 수 있다는 견해로 나뉘어 있다. 상인이 법인인 경우에는 회사의 유형에 따라 선임권자가 다르다. 즉 합명회사와 합자회사는 무한책임사원의 과반수로 선임하게 되고, 주식회사는 이사회의 결의, 유한회사의 경우에는 이사회 과반수나 사원총회의 결의로 선임하게 된다.

지배인은 다른 지배인을 선임할 수 없다. 따라서 상인으로부터 선임받은 지배인은 지배인이 아닌 점원 기타 사용인을 선임 또는 해임할 수 있을 뿐이다($^{상\,11}_{⑧}$).

(2) 자격

지배인은 자연인에 한할 뿐 반드시 행위능력자일 필요도 없고($^{민}_{117}$), 특별한 자격을 갖고 있을 필요도 없다. 다만 직무의 성질상 감사와의 겸임은 허용되지 않으나 ($^{상\,411}_{570}$), 이사는 지배인을 겸할 수 있다. 즉 주식회사의 기관인 상무이사도 동 회사의 사용인을 겸임할 수 있다.[14]

(3) 선임방식 성질

선임방식에는 특별한 제한은 없지만 포괄적 대리권을 수여하므로 어느 정도는 명시적인 방법에 의하여야 할 것이다. 선임행위의 성질은 지배권의 수여행위로 고용계약이나 위임계약과의 결합일 필요는 없다고 보는 견해와 대리권 수여행위와 결합한 고용계약 또는 위임계약으로 보는 견해로 나뉜다.

1.3.2.2.2. 종임

지배인은 그 선임계약에 의한 종료사유 또는 대리권의 소멸사유에 의하여 종임된다($^{민\,127,\,128,}_{689,\,690}$). 이러한 대리권 소멸사유로는 지배인의 사망, 금치산 또는 파산, 영업주 또는 지배인의 상호간의 위임계약의 해지, 영업주의 파산 등이다. 다만 민법상 본인의 사망은 대리권의 소멸사유이나 상행위의 위임에 의한 대리권은 본인의 사망으로 인하여 소멸하지 아니하므로($^{상}_{50}$), 영업주의 사망은 지배인의 대리권의 소멸원인이 되지 않는다. 이는 기업의 유지를 위해서 인정되는 제도이다.

---

14) 大判 1968.7.23, 68다442.

1.3.2.2.3. 등기

상인은 지배인의 선임과 그 대리권의 소멸에 관하여 그 지배인을 둔 본점 또는 지점소 재지에서 등기하여야 한다. 공동지배인에 관한 사항과 그 변경도 같다($\frac{\text{상}}{13}$). 지배인의 선임 과 종임은 등기사항이나 대항요건에 불과하므로 등기하지 않아도 선임 또는 해임의 사실 만으로 즉시 지배권이 발생 또는 소멸되는 효력 발생한다. 그리고 지배인의 대리권 제한 은 등기사유가 아니므로 등기할 수 없다.

1.3.2.3. 지배인의 권한

1.3.2.3.1. 지배권의 특성·내용

지배인의 대리권(지배권)의 범위는 영업에 관한 재판상·재판 외의 모든 행위에 미친 다는 점($\frac{\text{상}}{11}$)에서는 포괄성과 정형성을 가지며 그 범위에 대한 제한이 없다(불가제한성). 따라서 지배인은 영업주에 갈음하여 그 영업에 관한 재판상 또는 재판 외의 모든 행위를 할 수 있고, 지배인의 대리권에 대한 제한은 선의의 제3자에게 대항하지 못한다($\frac{\text{상}}{11}$). 제3 자의 악의 또는 중대한 과실에 대한 주장·입증책임은 영업주가 부담한다.[15] 재판상의 행위라 함은 소송행위와 관련하여 지배인이 소송대리인이 되거나 소송대리인을 선임할 수 있는 경우를 말하고, 재판 외의 행위라 함은 영업에 관한 모든 적법행위를 말한다.

지배인의 어떤 행위가 영업주의 영업에 관한 것인지의 여부는 지배인의 행위 당시의 주 관적인 의사와는 관계없이 그 행위의 객관적 성질에 따라 추상적으로 판단되어야 한다.[16]

지배인의 대리권은 영업과 관련하여서만 인정되는 것이므로 영업을 넘어서는 정관의 변경 등과 같은 기본적 행위와 영업과 관련이 없는 영업주의 일신전속적 성질의 것은 지 배권의 범위에 포함되지 않는다. 영업주와 지배인 간에는 인적 신뢰를 바탕으로 하고 있 으므로 지배인의 대리권은 양도할 수 없다.

1.3.2.3.2. 지배권의 제한

(1) 서

지배인의 대리권은 포괄적이고 정형화되어 있으므로 원칙적으로 제한이 없지만 영업주

---

15) 大判 1997.8.26, 96다36753; 大判 1987.3.24, 86다카2073.
16) 大判 1987.3.24, 86다카2073.

의 특정한 영업에 한한다는 점에서 제한이 있다. 따라서 일반적으로 상업사용인은 상인의 영업범위 내에 속하는 일에 관하여 그 상인을 대리할 수 있고 영업과 관계없는 일에 관하여서는 특별한 수권이 없는 한 대리권이 없다. 그러므로 상업사용인이 권한 없이 상인의 영업과 관계없는 일에 관하여 상인의 행위를 대행한 경우에 특별한 수권이 있다고 믿을 만한 사정이 없는 한 상업사용인이라는 이유만으로 그 대리권이 있는 것으로 볼 수 없다.[17]

물론 지배인의 행위가 그 객관적 성질에 비추어 영업주의 영업에 관한 행위로 판단되는 경우에도 지배인이 자기 또는 제3자의 이익을 위하여 대리행위를 한 경우 또는 그 대리권 제한에 위반하여 한 행위에 대하여는 그 상대방이 악의인 경우에 한하여 영업주는 그러한 사유를 들어 상대방에게 대항할 수 있다.[18] 나아가 제3자가 대리권의 제한 사실을 알지 못한 데에 중대한 과실이 있는 경우에도 영업주는 그러한 사유를 들어 상대방에게 대항할 수 있다. 이러한 제3자의 악의 또는 중대한 과실에 대한 주장·입증책임은 영업주가 부담한다.[19] 즉 지배인의 대리권 제한을 대항할 수 없는 선의의 제3자란 과실 있는 제3자를 포함하지만 중과실 있는 제3자를 포함하지 않는다. 어음행위와 관련하여 제3자의 범위에는 어음을 취득한 상대방뿐만 아니라 그로부터 어음을 다시 배서양도받은 제3취득자도 포함한다.[20]

이렇게 제한되는 지배인의 대리권은 특정한 영업에 한정되지 않는 대표권과 구별된다. 그러므로 수 개의 영업이 있는 경우에는 각 영업마다 지배권이 성립하기도 하고, 지배인이 여러 개의 영업에 관한 지배권을 가질 수도 있고, 하나의 영업에 대해 공동으로 지배권을 행사할 수 있도록 할 수도 있다.

(2) 공동지배인

1) 의 의

공동지배인이란 수인의 지배인이 영업에 대하여 공동으로 지배권을 행사하는 것을 말한다. 이 공동지배인은 주식회사의 공동대표이사제도처럼 지배인의 대리권 오용이나 남

---

17) 大判 1984.7.10, 84다카424, 425.

18) 大判 1987.3.24, 86다카2073.

19) 大判 1997.8.26, 96다36753.

20) 大判 1997.8.26, 96다36753.

용을 방지하기 위한 것이다.

2) 능동대리의 경우

상인은 수인의 지배인에게 공동으로 대리권을 행사하게 할 수 있다($\frac{\$}{\oplus}$ 12). 따라서 공동지배인이 능동대리를 하는 경우에는 공동으로 하여야만 그 법률효과가 발생한다. 공동지배인의 능동대리에 있어서 문제가 되는 것은 공동지배인 중의 일부가 다른 공동지배인에게 지배권을 위임할 수 있는지 여부이다.

지배권의 포괄적 위임은 명백히 공동지배인제도의 입법취지에 반하므로 인정될 수 없다고 할 수 있으나, 특정한 사항에 관한 지배권의 개별적 위임은 공동지배인 제도의 입법취지에 반한다고 볼 수 없다는 이유로 이를 긍정하는 견해와 부정하는 견해로 나뉜다. 개별적 위임은 허용하여야 할 것이다. 판례도 주식회사의 공동대표제도의 경우에 공동대표이사의 1인이 일반적, 포괄적으로 위임함은 허용되지 아니하나 그 대표권의 행사를 특정사항에 관하여 개별적으로 다른 공동대표이사에게 위임할 수도 있다고 판시하고 있다.[21]

3) 수동대리의 경우

공동지배인이 수동대리를 하는 경우에는 그중 1인에게만 하여도 그 법률효과가 발생한다. 즉 공동지배인의 경우 지배인 1인에 대한 의사표시는 영업주에 대하여 그 효력이 있다($\frac{\$}{\oplus}$ 12). 이는 공동지배인의 취지가 대리권의 남용으로 인한 영업주의 불이익을 방지하기 위한 것이므로, 단순히 상대방으로부터 의사표시를 수령하는 수동대리의 경우에는 영업주의 이익이 침해되지 않기 때문에 공동지배인 각자가 대리권을 행사할 수 있도록 한 것이다.

4) 등 기

공동지배인 제도는 그와 거래하는 상대방에게 이해관계가 크므로 공시할 필요가 있다. 따라서 영업주가 공동지배인을 둔 경우에는 이에 관한 사항과 그 변경 또는 소멸에 관하여 등기하여야 한다($\frac{\$}{\textcircled{3}}$).

---

21) 大判 1989.5.23, 89다카3677.

1.3.2.3.3. 지배권의 남용

지배권의 남용이란 지배인이 객관적으로는 대리권의 범위 내에 속하지만, 주관적으로 자기 또는 영업주 이외의 제3자의 이익을 꾀하기 위하여 대리행위를 하는 것을 말한다. 지배권 남용행위의 효력에 대해 ① 원칙적으로 유효하나 상대방이 지배인의 대리권의 남용을 알았거나 알았을 경우에는 무효로 하는 심리유보설 ② 원칙적으로 유효하지만 상대방이 지배권남용행위를 안 경우에는 영업주에 대한 권리행사는 허용되지 않는다는 권리남용설 ③ 원칙적으로 유효하나 제3자가 알았거나 알지 못한 데 중대한 과실이 있는 경우에만 그에게 무효를 주장할 수 있다는 대리권제한설 ④ 지배권남용행위는 영업주의 이익을 침해하여 지배인의 의무에 반하므로 원칙적으로 무효이나 상대방이 중대한 과실 없이 그 사정을 모른 경우에는 상대방의 이익을 보호하기 위하여 무효를 주장할 수 없다는 이익형량설로 나뉘어 있다.

1.3.2.4. 표현지배인

1.3.2.4.1. 의의

표현지배인이란 외관상 지배인의 권한이 있는 것처럼 보이는 본점 또는 지점의 본부장, 지점장, 그 밖에 지배인으로 인정될 만한 명칭을 사용하는 상업사용인으로 실질적으로는 지배인의 권한이 없는 자를 말한다. 이러한 표현지배인은 재판상의 행위를 제외하고는 본점 또는 지점의 지배인과 동일한 권한이 있는 것으로 본다(상14).

1.3.2.4.2. 요건

표현지배인이 되기 위해서는 ① 영업주임 등 표현지배인을 나타내는 명칭을 사용할 것 ② 본점 또는 지점의 실질을 갖출 것(다수설·판례) ③ 영업주의 표현명칭 사용에 대한 명시적·묵시적인 허락(귀책사유) ④ 지배인의 권한 내의 행위(재판행위와 불법행위는 적용 안 됨) ⑤ 상대방의 선의 및 중과실이 없어야 하는 등의 요건을 갖추어야 한다.

(1) 표현지배인을 나타내는 명칭을 사용할 것

표현지배인을 나타내는 명칭에는 본부장, 지점장 등이 있다. 이러한 본부장이나 지점장은 예시에 불과하고, 기타 영업부장, 지점장 등이 표현지배인의 범주에 포함될 수 있다. 그러나 보험회사의 영업소장, 지점장 차장, 증권회사의 지점장 대리는 그 명칭 자체

로서 상위직의 사용인의 존재를 추측할 수 있게 하는 것이므로 표현지배인에 해당되지 않는다.[22]

① 지점장, 영업부장, 상무(判例): 지배인을 지칭하는 명칭

② 지점차장(判例), 지점장대리, 영업소주임: 명칭 자체로 표현지배인 불가. 명칭자체로서 상위직의 사용인의 존재를 추측할 수 있게 하는 것이며 표현지배인이 아님

③ 지사장, 영업소장: 보험회사의 경우 부정됨(判例)

④ 건설회사 현장소장: 특정된 건설현장에서 공사의 시공에 관련된 업무만을 담당하는 자이므로 특별한 사정이 없는 한 표현지배인이라고 할 수 없음(判例). 부분적 포괄대리권을 가진 상업사용인으로 봄.

⑤ 기타 유사명칭 사용(영업주임): 지점차장은 유사명칭 아님(판례)

(2) 본점 또는 지점의 실질을 갖출 것(다수설・판례)

영업소의 실질여부에 관한 학설에는 영업소의 외관만 있으면 충분하다는 형식설과 영업소로서의 실질을 갖추어야 한다는 실질설(다수설, 판례)로 나뉘어 있다.

표현지배인이 성립하려면 당해 사용인의 근무 장소가 상법상의 영업소인 '본점 또는 지점'의 실체를 가지고 어느 정도 독립적으로 영업 활동을 할 수 있는 것임을 요하고, 단순히 본・지점의 지휘감독 아래 기계적으로 제한된 보조적 사무만을 처리하는 영업소는 상법상의 영업소라 볼 수 없으므로 동 영업소의 소장은 표현지배인이 아니다.[23]

(3) 영업주의 표현명칭 사용에 대한 명시적・묵시적인 허락(귀책사유)

영업주가 제3자의 영업주의 명칭사용 사실을 알지 못하고, 또 사용을 제지하지 못한 점에 과실이 있다고 하더라도 영업주는 그 자의 행위에 대해 책임이 없다.

(4) 지배인의 권한 내의 행위

표현지배인이 성립되기 위해서는 제3자의 지배인의 행위가 지배인의 권한 내의 행위로 보여야 한다. 다만 재판행위와 불법행위는 적용 안 된다.

---

22) 大判 1983.10.25, 83다107; 大判 1993.12.10, 93다36974; 大判 1994.1.28, 93다49703.

23) 大判 1978.12.13, 78다1567; 大判 1998.8.21, 97다6704; 大判 1998.10.13, 97다43819.

(5) 상대방의 선의 및 중과실이 없을 것

지배인의 행위가 영업주의 영업에 관한 것인가의 여부는 지배인의 행위 당시의 주관적인 의사와는 관계없이 그 행위의 객관적 성질에 따라 추상적으로 판단하여야 할 것이다. 예컨대, 지배인이 영업주 명의로 한 어음행위는 객관적으로 영업에 관한 행위로서 지배인의 대리권의 범위에 속하는 행위라 할 것이므로 지배인이 개인적 목적을 위하여 어음행위를 한 경우에도 그 행위의 효력은 영업주에게 미친다 할 것이다.[24] 악의 여부는 거래 시를 기준으로 판단한다. 악의의 증명책임은 영업주가 부담한다.

1.3.2.4.3. 효과

표현지배인의 행위는 본점 또는 지점의 지배인과 동일한 권한이 있는 것으로 본다. 따라서 영업주는 상대방에 대하여 책임을 진다. 그러나 재판상의 행위에 관하여는 그러하지 아니하다(상 ¹⁴). 다만 상대방이 악의인 경우에는 적용하지 아니한다(상 ¹⁴).

1.3.3. 부분적 포괄대리권을 가진 상업사용인

1.3.3.1. 의의

부분적 포괄대리권을 가진 상업사용인이란 영업의 특정한 종류 또는 특정한 사항에 관하여 재판 외의 모든 행위를 할 수 있는 권한을 위임을 받은 사용인을 말한다. 보통 회사의 부장·과장·계장·대리 등의 명칭을 가진 상업사용인이 이에 해당한다.

① 회사의 경영부장과 과장대리가 거래선 선정 및 계약체결, 담보설정, 어물구매, 어물판매, 어물재고의 관리 등의 업무에 종사하고 있었다면 비록 상무, 사장 등의 결재를 받아 그 업무를 시행하였더라도 상법 제15조 소정의 "영업의 특정한 종류 또는 특정한 사항에 대한 위임을 받은 사용인"으로서 그 업무에 관한 부분적 포괄대리권을 가진 사용인이라 할 것이다.[25]

---

24) 大判 1998.8.21, 97다6704.

25) 大判 1989.8.8, 88다카23742.

② 도로공사를 도급받은 회사에서 그 공사의 시공에 관련한 업무를 총괄하는 현장소
장의 지휘 아래 노무, 자재, 안전 및 경리업무를 담당하는 관리부서장은 그 업무에
관하여 부분적 포괄대리권을 가지고 있다고 할 것이지만, 그 통상적인 업무가 공사
의 시공에 관련된 노무, 자재, 안전 및 경리업무에 한정되어 있는 이상 일반적으로
회사의 부담으로 될 채무보증 또는 채무인수 등과 같은 행위를 할 권한이 있다고
볼 수는 없다.[26]

③ 일반적으로 주식회사의 경리부장은 경상자금의 수입과 지출, 은행거래, 경리장부의
작성 및 관리 등 경리사무 일체에 관하여 그 권한을 위임받은 것으로 봄이 타당하
고 그 지위나 직책, 회사에 미치는 영향, 특히 회사의 자금차입을 위하여 이사회의
결의를 요하는 등의 사정에 비추어 보면 특별한 사정이 없는 한 독자적인 자금차
용은 회사로부터 위임되어 있지 않다고 보아야 할 것이므로 경리부장에게 자금차
용에 관한 상법 제15조의 부분적 포괄대리권이 있다고 할 수 없다.[27]

1.3.3.2. 선임 · 종임

부분적 포괄대리권을 가진 사용인의 선임 · 종임은 지배인의 경우와 비슷하나 다른 점
은 영업주(상인)뿐만 아니라 지배인도 부분적 포괄대리권을 가진 사용인을 선임할 수 있
으며, 지배인의 선임 · 종임은 등기사항이지만 부분적 포괄대리권을 가진 상업사용인의
선임과 종임은 등기사항이 아니라는 점이다.

1.3.3.3. 권한

부분적 포괄대리권을 가진 상업사용인은 영업의 특정한 종류 또는 특정한 사항에 대한
재판 외의 모든 행위를 할 수 있다($\frac{상}{15}$). 부분적 포괄대리권을 가진 상업사용인은 ① 그
대리권이 특정사항에 관하여만 포괄성과 정형성을 갖는 점 ② 그 대리권은 재판상의 행
위에는 미치지 않는 점 ③ 지배인이 선임할 수 있는 점 ④ 등기사항이 아닌 점 등에서
지배인과 구별된다. 다만 부분적 포괄대리권을 가진 상업사용인도 위임받은 사항에 대해
서는 포괄적인 대리권을 가지고 있고(포괄성), 대리권을 제한하여도 선의의 제3자에게 대

---

26) 大判 1999.5.28, 98다34515.
27) 大判 1990.1.23, 88다카3250.

항할 수 없는 점(정형성, 불가제한성)은 지배인과 같다.

부분적 포괄대리권을 가진 상업사용인은 그가 수여받은 영업의 특정한 종류 또는 특정한 사항에 관한 재판 외의 모든 행위를 할 수 있으므로 개개의 행위에 대하여 영업주로부터 별도의 수권이 필요 없으나, 어떠한 행위가 위임받은 영업의 특정한 종류 또는 사항에 속하는가는 당해 영업의 규모와 성격, 거래행위의 형태 및 계속 반복 여부, 사용인의 직책명, 전체적인 업무분장 등 여러 사정을 고려해서 거래통념에 따라 객관적으로 판단하여야 한다.[28]

부분적 포괄대리권을 가진 상업사용인은 특정한 영업이나 특정된 사항에 대하여 권한이 있기 때문에 특정한 영업이나 특정된 사항에 속하지 않는 행위를 한 경우 영업주에게 그 책임을 부담 지우기 위해서는 민법상의 표현대리의 법리에 의하여 그 상업사용인과 거래한 상대방이 그 상업사용인에게 그 권한이 있다고 믿을 만한 정당한 이유가 있어야 한다.[29]

1.3.4. 물건판매점포사용인

물건판매점포사용인은 물건판매에 관한 모든 대리권이 있는 것으로 보는 자를 말한다. 물건을 판매하는 점포의 사용인은 비록 영업주로부터 판매에 관한 위임을 받지 않은 경우라도 그 판매에 관한 모든 권한이 있는 것으로 본다(상 16). 이는 물건판매점포사용인이 그 점포에 있는 물건의 판매에 대한 대리권이 있는 것과 같은 외관이 있으므로 그 외관을 믿고 거래한 자의 거래의 안전을 위하여 인정된 것이다. 물건판매점포사용인의 대리권의 의제는 악의의 제3자에게는 적용되지 않는다(상 16).

이러한 물건판매점포사용인의 권한이 인정되기 위한 요건으로는 ① 점포 내이어야 하고 ② 물건을 판매하는 것이고 ③ 구매자(제3자)가 선의이어야 한다. 점포 내이어야 하므로 점포 외에서 판매하거나 대금을 수령하는 것은 원칙적으로 할 수 없으며,[30] 같은 취지에서 백화점의 외무사원이 점포 외에서 물건을 판매하는 행위에 대해서는 물건판매점포사용인에 관한 상법의 규정이 적용되지 않는다.[31]

---

28) 大判 2009.05.28, 2007다20440, 20457
29) 大判 1999.7.27, 99다12932.
30) 大判 1971.3.30, 71다65.

1.3.5. 상업사용인의 의무

1.3.5.1. 서설

영업주와 상업사용인 간에는 인적 신뢰가 깊고, 상업사용인은 영업주의 영업에 관한 기밀에 접근하기 쉽기 때문에 상업사용인에게 일정한 의무를 부과하지 않는다면 이 정보를 이용함으로써 영업주에게 손해를 입히게 되고, 또한 인적 신뢰관계를 훼손할 수 있으므로 상법은 상업사용인에게 일정한 의무를 부과하고 있다. 상법은 상업사용인 이외에도 영업양도인, 대리상, 합명회사 사원, 합자회사 무한책임사원, 물적 회사의 이사에게도 이와 유사한 의무를 부여하고 있다.

1.3.5.2. 의무의 내용

상법은 상업사용인의 부작위의무로 경업금지의무와 겸직금지의무를 규정하고 있다.

1.3.5.2.1. 경업금지의무

(1) 의의

상업사용인은 영업주의 허락 없이 자기 또는 제3자의 계산으로 영업주의 영업부류에 속한 거래를 할 수 없다($\frac{\dot{\delta}}{\mathbb{I}}$ 17). 영업주의 허락은 방법을 묻지 않으며, 계산으로 한다는 것은 거래로 인한 경제적 효과의 주체가 된다는 뜻이며, 영업주의 영업부류에 속하는 거래란 영업주의 영업목적인 거래를 말한다.

(2) 경업금지의무위반의 효과

1) 탈취권(개입권)
지배인이 경업금지의무위반의 규정에 위반하여 거래를 한 경우에 그 거래가 자기의 계

---

31) 大判 1976.7.13, 76다860.

산으로 한 것인 때에는 영업주는 이를 영업주의 계산으로 한 것으로 볼 수 있고, 제3자의 계산으로 한 것인 때에는 영업주는 사용인에 대하여 이로 인한 이득의 양도를 청구할 수 있다(상17). 이를 탈취권 또는 개입권이라 한다.

탈취권은 영업주가 지배인에 대하여 일방적 의사표시로 행하는 형성권이며, 이러한 권리는 영업주가 그 거래를 안 날로부터 2주간을 경과하거나 그 거래가 있은 날로부터 1년을 경과하면 소멸한다(상17). 이 기간은 제척기간이다.

2) 계약해지권·손해배상청구권

영업주는 사용인에 대한 계약의 해지 또는 손해배상을 청구할 수 있다(상17). 이러한 권리는 영업주가 그 거래를 안 날로부터 2주간을 경과하거나 그 거래가 있은 날로부터 1년을 경과하면 소멸한다(상17). 이 기간은 제척기간이다.

1.3.5.2.2. 겸직금지의무

(1) 의의

상업사용인은 영업주의 허락 없이 다른 회사의 무한책임사원, 이사 또는 다른 상인의 사용인이 되지 못한다(상17).

(2) 겸직금지의무위반의 효과

겸직금지의무위반의 경우 그러한 지위에 취임한 행위 그 자체는 유효하고, 영업주는 그 상업사용인에 대하여 계약을 해지하거나 또는 손해배상을 청구할 수 있을 뿐(상17), 탈취권의 행사는 인정되지 않는다.

1.4. 상 호

1.4.1. 상호의 의의

상호란 상인이 영업상 다른 상인과 식별되고 자기를 표시하기 위하여 사용하는 명칭이다. 상호는 명칭이므로, 문자로 표시되고 발음될 수 있는 것이어야 하므로 기호·도안 등은 상호가 될 수 없다. 또한 상호는 영업상의 명칭이므로 영업과는 관계없이 자연인을 표시하는 성명·아호·예명 등은 상호가 아니다. 외국문자로 된 상호는 법률상 등기할 수 없으므로 외국어는 그 발음을 한자 또는 한글로 표시하는 경우에만 등기할 수 있는 상호로 인정된다. 상호는 상인의 명칭이므로 상인이 아닌 상호보험회사 또는 협동조합이 사용하는 상호는 상법상의 상호가 아니다. 소상인이 그의 영업을 위하여 특별한 명칭을 사용하더라도 소상인에게는 상호에 관한 규정을 적용하지 않기 때문에 상호가 아니다(상 9 조).

상호는 상인이 다른 상인과 식별되기 위한 것이므로, 상호는 곧 상인의 신용 등을 나타내어 중요한 경제적 가치를 갖게 된다. 따라서 상호를 보호할 이유가 있게 된다. 이러한 상호는 인격권적 성격(성명권 같은 지배권적인 성격)을 갖는 재산권(향수하는 이익, 양도성)으로서의 성질을 가지고 있다. 이러한 상호를 보호하기 위한 법으로는 상법 이외에도 부정경쟁방지 및 영업비밀보호에 관한 법률, 상표법 등이 있다.

1.4.2. 상호의 선정

1.4.2.1. 상호 선정에 관한 입법주의

상호와 영업의 실체를 어느 정도 일치시킬 것인가에 대하여 입법례는 상호자유주의, 상호진실주의, 절충주의가 있다. 상호자유주의란 상호를 영업의 실체적 내용과는 관계없이 아무렇게나 쓸 수 있다는 주의이며, 상호진실주의란 상호를 영업의 실체와 합치되게끔 사용하여야 한다는 주의이다. 절충주의는 상호선정 시에는 영업의 실체와 부합하게 함으로써 상호진실주의를 기초로 하지만 영업의 양도나 상속에 있어서는 종전 상호의 속용을 인정하는 주의이다. 상법은 상호의 선정에 관하여 특별한 제한을 두지 않는 것을 원칙으로 하면서, 회사 등 특별한 경우에 그 예외를 인정하고 있으므로 절충주의를 취하고 있다고 할 수 있다.

1.4.2.2. 상법상의 상호선정 자유와 예외

1.4.2.2.1. 원칙: 상호선정 자유주의

상인은 그 성명 기타의 명칭으로 상호를 정할 수 있다(상18)고 함으로써, 상법은 상인으로 하여금 상호를 자유롭게 정할 수 있도록 함으로써 상호자유주의를 채택하고 있다. 따라서 상호에는 자기의 이름뿐만 아니라 타인의 이름을 사용하는 것도 가능하며, 타인의 사용과 구별되는 용어가 아닌 통속적인 용어로 쓰이는 경우에는 무한대로 사용할 수 있다. 즉 상인의 실체와 상호가 반드시 일치하여야 하는 것이 아니기 때문에 박사도 아닌 사람이 박사라는 상호를 사용해도 무방하다. 상호는 발음이 가능한 문자로 표시될 수 있어야 한다.

1.4.2.2.2. 예외

(1) 서

상호는 상인을 다른 상인과 식별하는 표지의 역할을 함으로써 그 상인의 신용 등의 경제적 효과가 있으므로 이를 악용하는 것을 막기 위하여 일정한 제한을 가하고 있다. 상법은 회사의 상호, 회사상호의 부당사용 금지, 주체를 오인시킬 상호의 사용금지, 명의대여자의 책임 등을 규정하고 있다.

(2) 회사상호의 예외

회사의 상호에는 그 종류에 따라 합명회사, 합자회사, 유한책임회사, 주식회사 또는 유한회사의 문자를 사용하여야 하며($^{\text{상}}_{19}$), 회사가 아니면 상호에 회사임을 표시하는 문자를 사용하지 못한다. 회사의 영업을 양수한 경우에도 같다($^{\text{상}}_{20}$).

(3) 부정목적의 타인상호사용금지

누구든지 부정한 목적으로 타인의 영업으로 오인할 수 있는 상호를 사용하지 못한다($^{\text{상}}_{①\ 23}$). 부정한 목적이란 "어느 명칭을 자기의 상호로 사용함으로써 일반인으로 하여금 자기의 영업을 그 명칭에 의하여 표시된 타인의 영업으로 오인시키려고 하는 의도"를 말한다.[32] 타인이 영업으로 오인할 수 있는 상호에는 ① 그 타인의 영업과 동종 영업에 사용되는 상호 ② 각 영업의 성질이나 내용, 영업방법, 수요자층 등에서 서로 밀접한 관련을 가지고 있는 경우 ③ 타인의 상호가 현저하게 널리 알려져 있어 일반 수요자들로부터 기업의 명성으로 인하여 절대적인 신뢰를 획득한 경우 등이 있다.

판례도 타인의 영업으로 오인할 수 있는 상호는 그 타인의 영업과 동종 영업에 사용되는 상호만을 한정하는 것은 아니고, 각 영업의 성질이나 내용, 영업 방법, 수요자층 등에서 서로 밀접한 관련을 가지고 있는 경우로서 일반 수요자들이 양 업무의 주체가 서로 관련이 있는 것으로 생각하거나 또는 그 타인의 상호가 현저하게 널리 알려져 있어 일반 수요자들로부터 기업의 명성으로 인하여 절대적인 신뢰를 획득한 경우에는, 영업의 종류와 관계없이 일반 수요자로 하여금 영업 주체에 대하여 오인·혼동시킬 염려가 있는 것에 해당한다고 판시하고 있다.[33] 그러나 '주식회사 천일약방'과 '천일한약주식회사'라는 2개의 상호는 상법상 동일상호로 볼 수 없다.[34] 부정목적의 타인상호 사용금지는 가등기 상호뿐만 아니라, 미등기 상호의 부정한 사용도 방지하기 위한 것으로, 부정한 목적으로 사용하는 이상 그 상호가 현실로 타인의 상호인지 아닌지, 그것이 상호로서 등기되어 있

---

32) 大判 1995.9.29, 94다31365, 31372(반소); 大判 2004.3.26, 2001다72081.
33) 大判 1996.10.15, 96다24637.
34) 大判 1970.9.17, 70다1225, 1226.

는지 어떤지 묻지 않는다.

이에 위반하여 상호를 사용하는 자가 있는 경우에 이로 인하여 손해를 받을 염려가 있는 자 또는 상호를 등기한 자는 그 폐지를 청구할 수 있다(상§23③). 이 경우 손해가 있으면 손해배상을 청구할 수 있다(상§23③). 동일한 특별시·광역시·시·군에서 동종 영업으로 타인이 등기한 상호를 사용하는 자는 부정한 목적으로 사용하는 것으로 추정한다(상§23④).

1.4.2.2.3. 상호의 단일성

(1) 상인의 경우

동일한 영업에는 단일상호를 사용하여야 한다(상§21①). 이를 상호단일의 원칙이라 한다. 동일한 영업에 대한 상호 단일의 원칙을 명문화한 것은 소비자를 보호하고 타인의 상호 선정 자유의 부당한 제약을 방지하고자 하는 데 있다.[35] 하나의 영업에 관하여 수 개의 영업소를 가지고 있더라도 하나의 상호밖에 가질 수 없다. 지점의 상호에는 본점과의 종속관계를 표시하여야 한다(상§21③).

(2) 회사기업의 경우

회사의 상호는 회사의 전인격을 표시하는 유일한 명칭으로서 하나만이 있으므로, 회사가 수 개의 영업을 하더라도 한 개의 상호만을 사용할 수 있다. 이 경우 영업소에는 본점과의 종속관계를 표시하여야 한다(상§21③).

1.4.2.2.4. 상호의 등기·가등기

(1) 상호의 등기

상호는 상인과 그 거래상대방인 일반대중에게 큰 이해관계가 있으므로 법률은 상호를 공시하기 위하여 상호등기제도를 마련하고 있다. 개인상인의 경우에는 상업등기부에 자유로이 할 수 있고, 회사의 경우에는 회사등기부에 반드시 등기하여야 한다. 상호를 선정한 경우뿐만 아니라 상호를 변경 또는 폐지한 경우에도 이를 등기하여야 한다. 상호를 등기하면, 동일상호의 등기배척 및 부정목적의 사용이 추정되는 효과가 있다. 즉 타인이

---

35) 제주지법 1998.4.23, 97가합3244.

등기한 상호는 동일한 특별시·광역시·시·군에서 동종 영업의 상호로 등기하지 못한다($\frac{상}{법}\frac{22}{}$). 상호등기에 관한 자세한 규정은 상업등기법 제2절 상호의 등기 제30조 이하에서 상세하게 규정하고 있다.

(2) 상호의 가등기

주식회사 또는 유한회사를 설립하고자 할 때에는 본점의 소재지를 관할하는 등기소에 상호의 가등기를 신청할 수 있다($\frac{상}{법}\frac{22}{①}$). 회사는 상호나 목적 또는 상호와 목적을 변경하고자 할 때에는 본점의 소재지를 관할하는 등기소에 상호의 가등기를 신청할 수 있다($\frac{상}{법}\frac{22}{②}$). 회사는 본점을 이전하고자 할 때에는 이전할 곳을 관할하는 등기소에 상호의 가등기를 신청할 수 있다($\frac{상}{법}\frac{22}{③}$). 상호의 가등기가 행해지면 타인의 그 가등기된 상호를 동일한 특별시·광역시·시·군에서 동종영업의 상호로 등기하지 못한다($\frac{상}{법}\frac{22}{④}$).

1.4.3. 상호권

1.4.3.1. 상호권의 의의

상인이 상호를 사용하게 되면 일정한 권리, 즉 상호권이 발생하는데, 이러한 상호권에는 상호사용권과 상호전용권이 있다. 상호사용권은 상인이 적법하게 선정한 상호를 타인의 방해를 받지 않고 사용할 수 있는 권리이고, 상호전용권은 타인이 부정한 목적으로 자기가 사용하는 상호와 동일 또는 유사한 상호를 사용하는 경우에 이를 배척할 수 있는 권리를 말한다.

1.4.3.2. 상호권의 법적 성질

상호는 상인을 나타내는 명칭이므로 명예권 등과 관련하여 인격권적 성질을 가지고 있으며, 아울러 상호를 양도함으로써 재산적 이익을 얻을 수도 있으므로 재산권적 성질도 아울러 갖고 있다(겸유설, 다수설).

1.4.3.3. 상호권의 내용

1.4.3.3.1 상호사용권

상호사용권은 상인 자신이 적법하게 선정한 상호를 타인의 방해를 받지 않고 사용할 수 있는 권리이다. 상호사용권은 다른 상인이 동일상호로 등기한 경우에도 사용폐지를 요구받지 아니할 뿐만 아니라 손해배상청구를 받지 않고 계속해서 자기의 미등기상호를 계속하여 사용할 권리를 갖는다.

1.4.3.3.2. 상호전용권

상호전용권이란 상인이 상호를 전용하여 배타적으로 사용할 수 있는 권리이다. 이 상호전용권은 등기여부에 관계없이 인정되는 권리이지만(통설), 등기에 의하여 상호전용권의 배타성이 더욱 강화된다.

(1) 등기전의 상호전용권

1) 사용폐지청구권

사용폐지청구권이란 상호사용자가 다른 상인이 사용하는 자기의 상호사용을 못 하게 하는 권리이다. 즉 누구든지 부정한 목적으로 타인의 영업으로 오인할 수 있는 상호를 사용하지 못하는데(§ 23), 이에 위반하여 상호를 사용하는 자가 있는 경우에는 이로 인하여 손해를 받을 염려가 있는 자 또는 상호를 등기한 자는 그 폐지를 청구할 수 있다(§ 23).

등기 전의 상호사용권은 타인의 영업으로 오인시킬 의도가 없다면 누구든지 지역에 관계없이 사용할 수 있다. 다만 타인이 자기로 오인시키고자 부정한 목적으로 상호를 사용하는 경우에는 그 상호권자가 타인의 부정한 목적에 대해 입증을 하여야 한다. 이는 등기되어 있지 않기 때문에 입증책임이 상호권자에게 있는 것이다. 그리고 상호는 반드시 동일할 필요는 없지만 적어도 인식가능한 유사한 상호이어야 한다.

부정한 목적이란 "어느 명칭을 자기의 상호로 사용함으로써 일반인으로 하여금 자기의 영업을 그 명칭에 의하여 표시된 타인의 영업으로 오인시키려고 하는 의도"를 말한다.[36] 판례를 보면 '허바허바칼라' 상호 양도 후 '새허바허바칼라' 사건에서는 부정목적을 인정

---

36) 大判 1995.9.29, 94다31365,31372(반소).

하였으나 마산의 '고려당'에 서울의 '고려당 마산분점' 사건과 '수원의 보령약국'의 서울의 '보령제약'과 오인할 가능성에 관한 사건에는 부정목적을 부인하였다.

그리고 타인의 영업으로 오인할 수 있는 상호는 그 타인의 영업과 동종 영업에 사용되는 상호만을 한정하는 것은 아니라고 할 것이나, 어떤 상호가 일반 수요자들로 하여금 영업 주체를 오인·혼동시킬 염려가 있는 것인지를 판단함에 있어서는, 양 상호 전체를 비교 관찰하여 각 영업의 성질이나 내용, 영업방법, 수요자층 등에서 서로 밀접한 관련을 가지고 있는 경우로서 일반 수요자들이 양 업무의 주체가 서로 관련이 있는 것으로 생각하거나 또는 그 타인의 상호가 현저하게 널리 알려져 있어 일반 수요자들로부터 기업의 명성으로 인하여 절대적인 신뢰를 획득한 경우에 해당하는지 여부를 종합적으로 고려하여야 한다.[37]

2) 손해배상청구권

상호의 부정사용자에 대하여 상호권자는 위의 상호사용폐지청구권을 행사할 수 있음은 물론 손해배상을 청구할 수 있다($\frac{\text{상}}{3}$ 23). 동일한 특별시·광역시·시·군에서 동종 영업으로 타인이 등기한 상호를 사용하는 자는 부정한 목적으로 사용하는 것으로 추정한다($\frac{\text{상}}{4}$ 23).

이 손해배상청구권 규정을 민법상의 불법행위에 기한 손해배상청구권을 주의적으로 규정한 것이라고 하는 견해와 민법상의 불법행위에 기한 손해배상청구권을 특수화하여 규정한 것이라고 보는 견해가 있다. 후자의 견해에 따르면 상호권자는 불법행위의 요건을 전부 입증할 필요는 없고 상호의 부정사용으로 인하여 실제로 손해가 발생하였음을 입증하면 된다.

3) 과태료의 제재

타인의 상호를 부정 사용한 자는 200만 원 이하의 과태료에 처한다($\frac{\text{상}}{28}$).

(2) 등기 후의 상호전용권

상호를 등기하면 첫째 상호사용폐지청구권의 요건이 완화되고, 둘째 유사상호의 등기 배척권이 발생하는 등 상호권이 강화된다.

상법은 부정 상호에 관한 규정에 위반하여 상호를 사용하는 자가 있는 경우에 이로 인하여 손해를 받을 염려가 있는 자 또는 상호를 등기한 자는 그 폐지를 청구할 수 있다

---

37) 大判 2002.2.26, 2001다73879.

($\frac{\mathcal{V}}{2}^{23}$)고 규정함으로써 상호전용권의 배타성을 인정하고 있다. 즉 상호를 등기한 경우에는 동일한 서울특별시・광역시・시・군에서 동종 영업으로 타인이 등기한 상호를 사용하는 자는 부정한 목적으로 사용하는 것으로 추정되기 때문에($\frac{\mathcal{V}}{4}^{23}$) 이 경우에는 가해자가 부정목적이 아니라는 점을 입증해야 하고, 피해자가 등기상호권자인 경우에는 상호의 부정사용으로 인하여 손해를 받을 염려가 있음을 입증하지 않아도 당연히 상호전용권을 행사할 수 있다($\frac{\mathcal{V}}{2}^{23}_{\bar{\mathcal{P}}\mathcal{E}}$). 따라서 상호권자가 등기를 하지 않았을 경우에는 손해의 염려가 있다는 것을 입증하여야 하나, 상호를 등기한 자는 입증하지 않아도 되므로 등기하지 아니한 자에 비하여 쉽게 상호폐지를 청구할 수 있다.

1.4.3.4. 등기상호권자의 사전등기배척권

타인이 등기한 상호는 동일한 특별시・광역시・시・군에서 동종 영업의 상호로 등기하지 못한다($\frac{\mathcal{V}}{22}$). 이를 등기상호권자의 사전등기배척권이라 한다. 이 규정의 취지는 일정한 지역 범위 내에서 먼저 등기된 상호에 관한 일반 공중의 오인・혼동을 방지하여 이에 대한 신뢰를 보호함과 아울러, 상호를 먼저 등기한 자가 그 상호를 타인의 상호와 구별하고자 하는 이익을 보호하는 데 있다.[38] 선등기자가 후등기자를 상대로 상호 등기의 말소를 청구할 수 있는 효력 범위는 먼저 등기된 상호와 동일한 상호에 한정되는데, 먼저 등기한 상호인 '동부주택건설 주식회사'와 나중에 등기한 상호인 '동부건설 주식회사', '주식회사 동부', '동부디엔씨 주식회사', '동부부산개발 유한회사'가 동일하지 않음이 외관・호칭에서 명백하므로, 동부주택건설 주식회사에 상법 제22조의 등기말소청구권이 없다.[39]

회사의 경우는 ① 주식회사 또는 유한회사를 설립하고자 할 때($\frac{\mathcal{V}}{22}_{①}$) ② 회사의 상호나 목적 또는 상호와 목적을 변경하고자 할 때($\frac{\mathcal{V}}{22}_{②}$) ③ 회사의 본점을 이전하고자 할 때($\frac{\mathcal{V}}{22}_{③}$)에는 가등기를 할 수 있는데, 이때의 상호의 가등기는 상호등기로 보므로($\frac{\mathcal{V}}{22}_{④}$) 이러한 경우에도 등기상호권자는 타인에 대한 사전등기배척권을 갖는다($\frac{\mathcal{V}}{22}$). 가등기와 관련한 특징으로는 회사설립 시에는 주식회사와 유한회사의 경우에만 가등기를 할 수 있다는 점이다.

---

38) 大判 2004.3.26, 2001다72081.

39) 大判 2011.12.27, 2010다20754

상호전용권	등기 전	등기 후	비고
① 상호사용폐지청구권 　손해배상청구권	절반 있음 (상호권자가 등기 전에는 부정목적 손해를 입증해야 함)	있음	
② 등기배척권	없음	있음	
③ 등기말소권	없음	있음	① 의 청구권과 경합

1.4.4. 상호의 이전과 폐지

1.4.4.1. 상호의 이전

1.4.4.1.1. 상호의 양도

(1) 원칙

상호의 양도란 상호권자가 상호권을 타인에게 양도하는 것을 말한다. 상법은 영업을 폐지하는 경우와 영업을 양도하는 경우에만 상호를 양도할 수 있는 것으로 하였다(商 25). 상호는 재산적 가치가 있으므로 이를 양도할 수 있도록 한 것이다. 영업과 분리하여 상호만을 양도하는 것은 영업의 폐지의 경우에 한하여 인정되는데, 이는 양도인의 영업과 양수인의 영업과의 사이에 혼동을 일으키지 않고 또 폐업하는 상인이 상호를 재산적 가치물로서 처분할 수 있도록 하기 위한 것이다. 여기에서 영업의 폐지란 정식으로 영업폐지에 필요한 행정절차를 밟아 폐업하는 경우에 한하지 아니하고 사실상 폐업한 경우도 이에 해당한다.[40]

(2) 양도방법

상호는 당사자 간의 합의에 의하여 양도를 할 수 있으며, 특별한 방식을 요하지 않는다. 다만 등기된 상호의 양도는 등기하지 아니하면 제3자에게 대항하지 못하도록 하고 있다(商 25). 이에 대하여 미등기 상호의 양도도 상호의 양수인이 새로이 상호등기를 하여야 제3자에게 대항할 수 있다는 견해가 있다. 그 이유는 이렇게 해석하지 않으면 미등기

---

40) 大判 1988.1.19, 87다카1295.

상호의 양수인이 등기상호의 양수인보다 더 두텁게 보호받는 결과가 되어 부당하다는 것이다. 이러한 상호양도의 변경등기의 대항력은 제3자의 선의·악의를 불문하고 발생하는 것으로서 상호등기의 일반적 효력으로서의 대항력($\frac{\text{상}}{37}$)과는 그 취지를 달리한다.

1.4.4.1.2. 상호의 상속

상호는 재산권적 성질을 가지므로 양도와 함께 상속도 가능하다. 상호상속의 등기는 상호양도의 등기와는 달리 상호이전의 대항요건이 아니다(통설). 등기상호를 상속한 경우에 상속인 또는 법정대리인이 등기신청을 해야 한다.

1.4.4.2. 상호의 폐지·변경

상인은 상호자유의 원칙의 범위 내에서 자유로이 상호를 변경하거나 자유로이 폐지할 수 있다. 상호를 등기한 자가 그 상호를 폐지 또는 변경하였을 때, 즉 등기한 사항에 변경이 있거나 그 사항이 소멸한 때에는 지체 없이 변경 또는 소멸의 등기를 하여야 한다($\frac{\text{상}}{40}$). 상호를 변경 또는 폐지한 경우에 2주간 내에 그 상호를 등기한 자가 변경 또는 폐지의 등기를 하지 아니하는 때에는 이해관계인은 그 등기의 말소를 청구할 수 있다($\frac{\text{상}}{27}$). 상호를 등기한 자가 정당한 사유 없이 2년간 상호를 사용하지 아니하는 때에는 이를 폐지한 것으로 본다($\frac{\text{상}}{26}$).

1.4.5. 명의대여자의 책임

1.4.5.1. 의의

타인에게 자기의 성명 또는 상호를 사용하여 영업할 것을 허락한 자는 자기를 영업주로 오인하여 거래한 제3자에 대하여 그 타인과 연대하여 변제할 책임이 있다($\frac{\text{상}}{24}$). 즉 타인에 대하여 자기사업을 자기이름으로 대행할 것을 허용한 사람은 그 사업을 대행한 사람 또는 그 피용자가 그 사업에 관하여서 한 법률행위에 관하여 제3자에게 책임이 있다.[41] 이는 그 명의를 믿고 거래한 외부의 제3자를 보호하기 위한 것으로 외관주의와 금반언의 원칙을 명문화한 것이다.

1.4.5.2. 요건

명의대여자의 책임이 인정되기 위해서는 ① 외관의 존재(명의차용자의 성명 또는 상호 사용) ② 명의대여자의 명시적 또는 묵시적 사용허락 ③ 제3자의 선의(중과실의 경우에는 명의대여자 면책)의 요건을 갖추어야 한다.

(1) 외관의 존재(명의차용자의 성명 또는 상호 사용)

명의차용자가 명의대여자의 성명 또는 상호를 사용하여야 한다. 명의대여자로 인정됨에는 상호는 물론 명의를 대여한 경우도 포함되므로 명의대여자가 상인임을 요하지 않으며, 국가나 지방자치단체 기타 공공기관도 명의대여자가 될 수 있다.그러나 명의차용자는 상인이어야 한다. 다만 명의차용자의 영업은 상행위가 아니어도 무방하다.[42] 명의차용자가 그 빌린 성명 또는 상호를 영업상 사용하여야 하고 아울러 동종의 영업에 사용하여야 한다.

(2) 명의대여자의 명시적 또는 묵시적 사용허락

명의대여자가 자기의 성명 또는 상호를 사용하는 것을 허락하였어야 하는데, 그 허락은 명시적인 방법이든 묵시적인 방법이든 묻지 않는다. 묵시적 명의대여자의 책임을 인정하기 위해서는 영업주가 자기의 성명 또는 상호를 타인이 사용하는 것을 알고 이를 저지하지 아니하거나 자기의 성명 또는 상호를 타인이 사용함을 묵인한 사실 및 제3자가 타인의 성명 또는 상호를 사용하는 자를 영업주로 오인하여 거래를 한 사실이 인정되어야 할 것이다.[43] 타인의 사용을 저지하여야 하므로 단순히 사용사실만을 아는 경우에는 단순 부작위로서 묵시적 허락이 되지 않는다.

명의자가 타인과 동업계약을 체결하고 공동 명의로 사업자등록을 한 후 타인으로 하여금 사업을 운영하도록 허락하였고, 거래 상대방도 명의자를 위 사업의 공동사업주로 오인하여 거래를 하여온 경우에는, 그 후 명의자가 동업관계에서 탈퇴하고 사업자등록을

---

41) 大判 1970.9.29, 70다1703.

42) 大判 1987.3.24, 85다카2219.

43) 大判 1982.12.28, 82다카887.

타인 단독 명의로 변경하였다 하더라도 이를 거래 상대방에게 알리는 등의 조치를 취하지 아니하여 여전히 공동사업주인 것으로 오인하게 하였다면 명의자는 탈퇴 이후에 타인과 거래 상대방 사이에 이루어진 거래에 대하여도 명의대여자로서의 책임을 부담한다.[44]

(3) 제3자의 선의(중과실의 경우에는 명의대여자 면책)

명의대여자의 책임은 명의자를 영업주로 오인하여 거래한 제3자를 보호하기 위한 것이므로 거래 상대방이 명의대여사실을 알았거나 모른 데에 대하여 중대한 과실이 있는 때에는 명의대여자는 책임을 지지 않는다.[45] 거래의 상대방이 명의대여사실을 알았거나 모른 데 대한 중대한 과실이 있었는지 여부에 대하여는 면책을 주장하는 명의대여자가 입증책임을 부담한다.[46]

거래가 아닌 불법행위의 경우에는 설령 피해자가 명의대여자를 영업주로 오인하고 있었더라도 그와 같은 오인과 피해의 발생 사이에 아무런 인과관계가 없으므로 명의대여자는 책임이 없다.[47]

1.4.5.3. 효과

명의대여자는 자기를 영업주로 오인하여 거래한 제3자에 대하여 명의차용자와 연대하여 변제할 책임이 있고, 이 경우 명의대여자와 명의차용자의 책임은 부진정 연대책임관계에 있게 된다. 명의대여자와 명의차용자의 책임은 동일한 경제적 목적을 가진 채무로서 서로 중첩되는 부분에 관하여 일방의 채무가 변제 등으로 소멸하면 타방의 채무도 소멸하는 이른바 부진정연대의 관계에 있다. 이와 같은 부진정연대채무에 서는 채무자 1인에 대한 이행청구 또는 채무자 1인이 행한 채무의 승인 등 소멸시효의 중단사유나 시효이익의 포기가 다른 채무자에게 효력을 미치지 아니한다.[48]

명의대여자가 제3자에게 변제한 경우에는 명의 차용자에게 구상할 수 있다. 다만 책임 범위는 영업 범위 내, 즉 명의대여자는 명의차용자가 부담한 영업상의 거래로 인한 책임을 진다. 영업상의 거래로 인한 책임에는 거래상의 이행책임, 목적물에 대한 담보책임,

---

44) 大判 2008.01.24, 2006다21330.
45) 大判 1991.11.12, 91다18309.
46) 大判 2008.01.24, 2006다21330.
47) 大判 1998.3.24, 97다55621.
48) 大判 2011.04.14, 2010다91886.

불이행 시의 손해배상책임, 계약해제 시의 원상회복의무에 대한 채무도 책임의 범위에 포함된다는 것이 판례의 입장이다.

명의대여자가 명의차용자의 불법행위로 인한 손해배상채무도 변제할 책임이 있는가에 대해 통설과 판례는 부정하고 있으나 경우에 따라서는 대법원은 명의대여자에게 사용자책임을 묻는 경우가 많다. 즉 명의사용을 허가받은 사람이 업무수행을 함에 있어 고의 또는 과실로 다른 사람에게 손해를 끼쳤다면 명의사용을 허가한 사람은 민법 제756조에 의하여 그 손해를 배상할 책임이 있으며, 그 명의대여로 인한 사용관계의 여부는 실제적으로 지휘·감독하였느냐 여부에 관계없이 객관적으로 보아 사용자가 그 불법행위자를 지휘·감독할 지위에 있었느냐 여부를 기준으로 결정하여야 한다고 판시하고 있다.[49] 즉 객관적으로 보아 명의대여자가 명의차용자를 지휘·감독할 지위에 있었으면, 명의대여자는 명의차용자의 불법행위에 대하여 민법 제756조의 사용자배상책임을 진다.

명의대여자가 자기의 명의를 사용하여 영업을 할 것을 허락한 경우에 명의차용자가 그 영업과 관련하여 명의대여자의 이름으로 어음행위를 한 때에는 상법 제24조가 당연히 적용된다. 그러나 명의대여자가 특정한 어음행위에 대해서만 명의대여를 한 경우에 관하여는 양자의 연대책임을 인정하는 견해(다수설)와 부정하는 견해로 나뉜다.

---

49) 大判 1996.5.10, 95다50462.

1.5. 상업장부

1.5.1. 상업장부의 의의

　상업장부란 상인이 영업활동과 관련하여 그 영업상의 재산 및 손익의 상황을 명백하게 하기 위하여 상법상 작성이 강제되는 장부이다. 즉 상법은 상인이 영업상의 재산 및 손익의 상황을 명백히 하기 위하여 회계장부 및 대차대조표를 작성하도록 하고 있는 것이다(상 29). 상인이 아닌 상호보험회사나 각종의 협동조합이 작성하는 장부나 상법상 상업장부 작성의무가 없는 소상인이 작성하는 상업장부는 상법상의 상업장부가 아니다. 또 상인이 임의로 작성하는 장부도 상업장부는 아니다.

　상업장부와 구별되는 것에 재무제표가 있는데, 둘 다 상법상의 의무로서 작성되는 점에서는 같지만 종류 등에 있어서 차이가 있다. 즉 대차대조표는 상업장부와 재무제표에 모두 포함되지만, 회계장부는 상업장부이지만 재무제표가 아니다. 그 밖의 손익계산서·이익잉여금처분계산서, 결손금처리계산서는 재무제표이지만 상업장부가 아니다.

---

50) 자산평가방법은 삭제되었다. 참고로 폐지전의 자산평가 방법은 다음과 같다.

	상업장부(제31조)	재무제표(제452조)
자산평가방법	① 유동자산의 평가: 원가주의, 시가주의, 저가주의(삼원주의) ② 고정자산의 평가: 원가주의, 통상감가상각, 우발감가상각	① 유동자산의 평가: 원가주의, 저가주의(이원주의) 　(상 452조) ② 고정자산의 평가: 원가주의, 통상감가상각, 우발감가상각 ※ 특칙(무형의 영업권 평가): 상 452 vi, 583

☞ 상업장부와 재무제표의 이동(異同)[50]

	상업장부	재무제표
공통점	① 상인이 작성하는 장부이다. ② 상법상의 의무로서 작성한다. ③ 대차대조표는 상업장부와 재무제표에 다 같이 포함된다.	
종류	① 대차대조표 ② 회계장부	① 대차대조표 ② 손익계산서 ③ 이익잉여금처분계산서 또는 결손금처리계산서 ④ 현금흐름표(기업회계기준)
차이점	① 모든 상인에게 적용된다. ② 법원에 제출의무가 있다. ③ 후일의 분쟁에 대비하기 위한 것	① 주식회사·유한회사에만 적용된다. ② 감사에게 제출의무가 있다. ③ 모든 이해관계인의 이익을 보호하기 위한 것

1.5.2. 상업장부의 종류

상법상 상업장부의 종류에는 회계장부와 대차대조표가 있다(상 $\frac{1}{8}$ 29).

1.5.2.1. 회계장부

회계장부란 상인의 영업상의 거래 기타 기업재산의 일상의 동적 상태를 기록하기 위한 장부이다. 따라서 회계장부에는 거래와 기타 영업상의 재산에 영향이 있는 사항을 적어야 한다(상 $\frac{1}{8}$ 30). 이러한 회계장부에는 매일매일의 거래를 기재하는 전표(입금·출금·대체), 이를 거래의 발생순서 또는 거래의 유형 등에 따라 작성하는 분개장, 종합하여 기재하는 (총계정)원장 등이 있다.

1.5.2.2. 대차대조표

대차대조표란 특정시점의 재무상태를 나타내는 정태적 재무제표로서 특정시점의 자산·부채 및 자본을 일목요연하게 표시한 것을 말한다. 상인은 영업을 개시한 때와 매년 1회 이상 일정시기에, 회사는 성립한 때와 매결산기에 회계장부에 의하여 대차대조표를 작성하고, 작성자가 이에 기명날인 또는 서명하여야 한다($\frac{상}{회}$30). 대차대조표에 기재할 재산은 동산, 부동산, 채권 기타의 재산이다. 채무도 소극재산으로 적어야 한다.

1.5.2.3. 상업장부에 관한 의무

1.5.2.3.1. 작성의무

소상인을 제외한 모든 상인은 상업장부를 작성할 의무를 부담한다($\frac{상}{①}\frac{29}{9}$). 상인은 영업을 개시한 때와 매년 1회 이상 일정시기에, 회사는 성립한 때와 매 결산기에 회계장부에 의하여 대차대조표를 작성하고, 작성자가 이에 기명날인 또는 서명하여야 한다($\frac{상}{회}$30). 상업장부의 작성의무는 상인자격을 상실한 때에 종료한다.

상업장부의 작성에 관하여 상법에 규정이 없는 것은 일반적으로 공정타당한 회계관행에 의하여 작성하여야 한다($\frac{상}{①}$29). 상법에 있는 규정으로는 상법장부($\frac{상}{~}\frac{29}{33}$) 및 회사편의 주식회사와 유한회사의 계산규정 등이다. 공정타당한 회계관행은 기업회계기준이라 할 수 있다. 개인상인의 경우에는 회계장부를 작성하는 것으로 확정되지만, 회사의 경우에는 별도의 확정절차가 따로 규정되어 있다.

1.5.2.3.2. 제출의무

법원은 신청에 의하여 또는 직권으로 소송당사자에게 상업장부 또는 그 일부분의 제출을 명할 수 있다($\frac{상}{32}$). 제출의무를 부담하는 자는 상인 또는 상업장부의 보존의무를 지는 자로서 소송당사자이다.

1.5.2.3.3. 보존의무

상법은 후일 분쟁에 대비해 상인으로 하여금 상업장부와 영업에 관한 중요서류를 보존하도록 하고 있다. 이에 따르면 상인은 10년간 상업장부와 영업에 관한 중요서류를 보존하여야 한다($\frac{상}{①}$33). 다만, 전표 또는 이와 유사한 서류는 5년간 이를 보존하여야 한다($\frac{상}{①}$33). 기간은 상업장부에 있어서는 그 폐쇄한 날로부터 기산한다($\frac{상}{①}$33). 위 장부와 서류는 마이크로필름 기타의 전산정보처리조직에 의하여 이를 보존할 수 있다($\frac{상}{①}$33). 이 규정에 의하여 장부와 서류를 보존하는 경우 그 보존방법 기타 필요한 사항은 대통령령으로 정한다($\frac{상}{①}$33).

1.5.2.3.4. 제재

상업장부의 작성·보존의 해태 또는 부실기재에 대한 상법상의 일반적 제재는 없으므로 불완전 의무이다. 그러나 회사에 있어서는 그 부정작성 또는 부실기재에 대하여 업무집행사원·이사·감사·검사인·청산인·지배인 등은 500만 원 이하의 과태료의 제재를 받는다. 다만 그 행위에 대하여 刑이 과해진 때에는 과태료의 제재를 받지 않는다 (상 ① ⑤⁵ ⅸ). 파산의 경우에는 개인상인이라도 상업장부 등을 작성하지 않거나 부실기재를 하는 등의 일정한 경우에는 형사적 제재를 받을 수 있다.

1.6. 영업소

1.6.1. 영업소의 의의

영업소라 함은 상인의 영업활동의 중심지로서 자연인의 주소에 대응되는 개념이다. 이러한 영업소는 영업활동이 지속적으로 이루어지는 일정한 장소로서 영업에 관한 중심지로서 영업활동의 지휘나 명령이 이루어지고, 그 영업활동의 결과가 귀속되는 장소이다. 영업소인지의 여부는 영업활동의 실질에 의하여 객관적으로 결정된다(통설).

영업소의 속성 내지 개념적 징표에는 다음과 같은 세 가지가 있다.

① 기업활동의 장소적 중심지: 영업소는 영업활동이 지속적으로 이루어지는 일정한 장소로서 영업에 관한 중심지이다. 따라서 이러한 결정 또는 명령에 따라 구체적으로 거래를 기계적으로 하거나 사실행위를 하는 데 불과한 공장·창고 등은 영업소가 아니다. 또한 영업소는 주소의 경우와 같이 단순히 공간적 내지 장소적 관념이므로, 특정한 장소에 있는 점포 기타의 물적 설비를 뜻하는 것이 아니다.

② 계속성: 영업소는 어느 정도 시간적 계속성을 요하므로 일시적인 매점 등은 영업소가 될 수 없다.

③ 단위성: 영업소는 인적 조직과 물적 조직에 의한 하나의 단위이다.

1.6.2. 영업소의 종류

　상법상의 영업소의 종류는 본점과 지점이다. 본점은 영업활동 전체의 지휘명령의 중심점으로서의 지위를 가진 영업소를 말하고, 지점은 본점의 지휘를 받으면서 부분적으로는 독립된 기능을 하는 영업소를 말한다. 어떠한 영업장소가 상법상 지점으로서의 실체를 구비하였다고 하려면 그 영업장소가 본점 또는 지점의 지휘·감독 아래 기계적으로 제한된 보조적 사무만을 처리하는 것이 아니라, 일정한 범위 내에서 본점 또는 지점으로부터 독립하여 독자적으로 영업활동에 관한 결정을 하고 대외적인 거래를 할 수 있는 조직을 갖추어야 한다.[51] 그러므로 독립적인 결정권이 없는 보험회사의 지사는 영업소가 아니다.

1.6.3. 영업소의 법적 효과

1.6.3.1. 일반적 효과

　자연인의 주소에 해당하는 법적 효과를 가진 영업소는 ① 상행위로 인한 채무이행의 장소이고($\frac{상}{467}\frac{56,}{②}$ $\frac{민}{}$) ② 어음상의 권리의 행사 또는 보존의 장소가 되며 ③ 등기소 및 법원의 관할결정의 표준이 되며($\frac{상}{조 4}\frac{34,}{·10}$ $\frac{민}{}$) ④ 서류송달의 장소가 된다($\frac{민소}{170}$ ①).

1.6.3.2. 지점의 법률상의 효과

　지점은 독립한 영업소로서 ① 지점만을 독립적으로 영업양도의 대상으로 할 수 있고(통설) ② 지점영업만을 위하여 지배인을 선임할 수 있고($\frac{상}{13}$ 10) ③ 상업등기의 대항력을 결정하기 위한 독립적 단위가 되며($\frac{상}{38}$ 34) ④ 본점소재지의 등기사항은 원칙적으로 지점소재지에서도 등기하여야 하며($\frac{상}{35}$) ⑤ 표현지배인의 여부를 결정하는 표준이 된다.

---

51) 大判 1998.8.21, 97다6704.

1.7. 상업등기

1.7.1. 상업등기의 의의

　상업등기란 일정한 사항을 공시할 목적으로 상법의 규정에 의하여 등기할 사항을 법원의 상업등기부에 하는 등기를 말한다(상34). 즉 "상업등기" 또는 "등기"란 「상법」 및 기타 법령에 따라 상인에 관한 일정한 사항을 등기부에 기록하는 것 또는 그 기록 자체를 말한다(상업등기법 2).

　상법이 상업등기에 관하여 규정하는 것은 상업등기의 실체적 법률관계 및 중요한 절차사항이며, 절차관계의 상세한 것은 비송사건절차법, 상업등기법 및 상업등기규칙에서 규정하고 있다. 상업등기부에는 상호·무능력자·법정대리인·지배인·합명회사·합자회사·주식회사·유한회사·외국회사에 관한 아홉 가지가 있다(상업등기법 3). 그 후 상법개정으로 합자조합과 유한책임회사가 도입되어 이에 관한 등기인 합자조합등기부와 유한책임회사 등기부가 추가되었다(상업등기규칙 11).

　상업등기는 상호등기를 제외하고는 일정한 사실의 등기라는 점에서 권리등기인 부동산등기와 구별되며, 상업등기는 상법의 규정에 의하여 등기할 사항을 등기하는 제도라는 점에서 민법에 의한 부동산등기나 법인등기에 의한 상호회사의 등기, 특별법에 의하여 설립되는 법인의 등기 등은 상업등기가 아니다. 상업등기는 법원이 관할하는 상업등기부에 하는 등기이다. 따라서 행정관청이 취급하는 특허권, 상표권 등의 등록과도 구별된다.

1.7.2. 상업등기의 목적

상업등기제도는 기업 공시제도의 하나로 기업에 관한 중요 사항을 일반인에게 공시함으로써 기업의 신용을 증대하고 기업과 거래하는 제3자를 보호하는 데에 그 목적이 있다. 어떠한 사항을 등기사항으로 할 것인가는 입법정책상의 문제이다. 등기사항이 너무 간단하면 기업공시의 목적을 달성할 수 없고, 그렇다고 너무 상세하면 기업의 기밀을 폭로하는 결과가 된다. 따라서 등기사항은 기업의 신용유지와 제3자의 보호에 관한 사항으로 상법에 일일이 개별적으로 규정되어 있다. 그러므로 상법에 등기사항으로 규정된 것이 아닌 사항은 등기할 수도 없고, 잘못하여 등기가 된 경우에도 등기의 효력이 발생하지도 않는다.

1.7.3. 등기사항

상법상 등기사항은 분류기준에 따라 ① 상인 일반에 관한 사항, 개인상인에 관한 사항, 회사에 관한 사항 ② 반드시 등기하여야 하는 절대적 등기사항과 상대적 등기사항 ③ 법률관계의 창설에 관한 설정적 사항과 법률관계의 해소·면책에 관한 면책적 사항 등으로 분류된다.

상법총칙은 지점소재지에서의 등기사항에 관하여 특별히 규정하고 있다. 즉 본점소재지에서의 (절대적)등기사항은 다른 규정이 없으면 지점소재지에서도 등기하여야 하나($\frac{\text{상}}{35}$), 지배인은 선임된 본점 또는 지점에서만 등기하면 된다($\frac{\text{상}}{13}$). 만일 등기할 사항을 지점소재지에서 등기하지 않으면 그 지점의 거래에 관하여 선의의 제3자에게 대항하지 못한다($\frac{\text{상}}{38}$). 등기한 사항에 변경이 있거나 그 사항이 소멸한 때에는 당사자는 지체 없이 변경 또는 소멸의 등기를 하여야 한다($\frac{\text{상}}{40}$).

1.7.4.1. 신청주의

상법에 의하여 등기할 사항은 당사자의 신청에 의하여 영업소의 소재지를 관할하는 법원의 상업등기부에 등기한다(상34). 당사자라 함은 기업의 법적 주체인 상인이라는 뜻이 아니고 '등기사항의 관계자'를 의미한다. 상업등기의 신청은 서면의 신청서로 하여야 하는데, 이 신청서에는 일정한 사항을 기재하고 신청인 또는 그 대표자나 대리인이 기명날인하여야 한다(상업등기법19 ①).

상업등기는 법령에 다른 규정이 있는 경우를 제외하고는 당사자의 신청 또는 관공서의 촉탁이 없으면 하지 못한다(상업등기법17 ①). 다만 회사의 등기는 법령에 다른 규정이 있는 경우를 제외하고는 그 대표자가 신청한다(상업등기법17 ②). 등기의 신청은 당사자나 대리인의 출석으로 하되 변호사나 법무사를 통하여 신청할 수 있다(상업등기법18 ①). 등기의 신청은 서면 또는 대법원규칙으로 정하는 바에 따라 전산정보처리조직을 이용한 전자문서로 할 수 있다(상업등기법18 ②). 상업등기사무는 등기사무는 전산정보처리조직에 의하여 처리하여야 한다(상업등기법6 ①). 따라서 전산정보처리조직에 의하여 처리할 때의 "등기부"란 등기기록을 저장한 보조기억장치(자기디스크, 자기테이프, 그 밖에 이와 유사한 방법에 의하여 일정한 등기사항을 기록·보관할 수 있는 전자적 정보저장매체를 말한다(상업등기법2 ⅲ).

1.7.4.2. 등기소의 심사권

등기공무원은 신청사항이 등기사항이 아닌 경우 등에는 이유를 기재한 결정으로써 신청을 각하하여야 하는데(상업등기법27), 이때 등기공무원은 등기신청사항의 적법성에 관하여 어느 정도의 심사권을 갖는가에 대하여 학설은 ① 등기소는 그 신청이 형식상 적법한가 예컨대, 신청권한이 있는 자의 신청인가, 신청서가 그 방식에 적합한가, 신청사항이 상법의 규정에 의한 등기사항인가, 신청사항이 관할등기소에 속하는가 등과 같은 것을 심사할 권한과 의무가 있을 뿐이라는 형식적 심사주의 ② 등기소는 신청한 등기사항의 형식적 적법성을 심사할 권한과 의무가 있을 뿐 아니라, 신청사항의 진위에 관한 내용적·실질적 진실성의 문제도 심사할 권한과 의무가 있다는 실질적 심사주의 및 ③ 절충주의(수정형식심사주의·수정실질심사주의)로 나뉘어 있다. 절충주의 중 수정형식심사주의에 의하면 형식적 심사주의를 기본으로 하고 등기소는 등기신청사항의 진실성에 관하여 의심할 여지가 있는 경우에만 조사할 권한이 있다는 주의이다. 수정실질심사주의는 현저한 의문이 없는 한 심사할 의무가 없다고 보는 입장이다.

등기공무원은 기록관에 불과하므로 신청사항의 실체적 진실성까지 심사할 수 없는 점에서 보면 형식적 심사주의의 면이 있으나, 등기공무원은 등기한 사항에 관하여 보정할 수 있는 경우에 이를 보정시킬 수 있다는 점(상업등기법 27 단서)에서 보면 실질적 심사주의 면도 있다. 따라서 우리나라의 비송사건절차법상 상업등기에 관한 등기공무원의 심사권은 절충주의의 입장이라고 할 수 있다. 그러므로 등기공무원은 신청된 등기사항의 진실성에 대하여 의문이 있는 경우에는 이를 심사할 권한이 있으나, 그렇지 않은 경우에는 이를 적극적으로 심사할 권한이 없다고 할 것이다.

1.7.4.3. 등기의 공시

상업등기의 공시방법에는 등기부를 열람하고 그 등·초본의 교부를 청구할 수 있게 하는 방법에 의한 개별적공시만 인정하고 있다.

1.7.5. 상업등기의 효력

상업등기의 효력에는 모든 상업등기에 공통된 효력인 일반적 효력(상37), 특수한 등기사항에 관하여 등기 자체에 따르는 효력인 특수적 효력 및 공신력이 인정되는 부실등기의 효력(상39)이 있다.

1.7.5.1. 일반적 효력

1.7.5.1.1. 등기 전의 효력(소극적 공시력)

등기할 사항은 이를 등기하지 아니하면 선의의 제3자에게 대항하지 못한다(상 37). 이를 소극적 공시의 원칙이라 한다. 선의의 제3자라 함은 대등한 지위에서 하는 보통의 거래관계의 상대방을 말한다.[52] 대항하지 못한다는 의미는 선의의 제3자가 등기사항인 사실의 존재를 부인할 수 있다는 뜻이며, 제3자 측에서 이 사실을 인정하여 당사자에게 주장하는 것은 무방하다.

1.7.5.1.2. 등기 후의 효력

(1) 원칙

등기사항에 관하여 등기가 있으면 제3자에게 대항할 수 있게 된다(상 37 ①의 반대해석). 즉 선의의 제3자에게도 대항할 수 있다. 이것을 등기의 적극적 공시의 원칙이라고 한다. 이러한 등기의 적극적 공시의 원칙은 제3자의 악의를 의제하므로(통설) 등기의무자가 보호된다.

(2) 예외

등기한 후라도 제3자가 정당한 사유로 인하여 이를 알지 못한 때에는 선의의 제3자에게 대항하지 못한다(상 37). 정당한 사유란 등기부의 소실 등으로 등기부의 열람 또는 등·초본의 교부청구가 불가능한 경우 등 객관적 사유를 가리킨다. 제3자의 주관적 사유는 이에 해당하지 않는다.

(3) 외관보호규정과의 관계

등기를 하면 일단 제3자의 악의가 의제되는 상법 제37조 제2항과 외관법리에 기한 민·상법상의 여러 제도, 즉 표현대리, 표현지배인, 표현대표이사 등의 경우에는 제3자의 악의가 의제되지 않고 선의의 제3자에 대해서는 대항할 수 없도록 하여 상업등기의 적극적 공시의 효력과 상반된다. 이렇게 상업등기의 적극적 효력에 관한 제37조의 규정에 우선해서 표현책임에 관한 규정(상 14)이 먼저 적용되는 것에 대해 학설은 상법 제14조가 상법

---

52) 大判 1978.12.26, 78누167; 大判 1990.9.28, 90누4235.

제37조의 예외라고 보는 예외설, 제14조가 제37조에서 규정한 정당한 사유라고 보는 정당사유설, 제14조와 제37조는 차원을 달리하는 규정이라는 이차원설 등이 대립하고 있다.

1.7.5.1.3. 일반적 효력이 미치는 범위

사법적 거래관계에서는 적용되나 공법적 거래관계에서는 적용되지 않는다.

(1) 비거래관계

비법률행위 예컨대, 불법행위·부당이득·사무관리와 같은 법률관계에도 상업등기의 일반적 효력이 미치는가에 대하여 학설은 부정설(다수설), 수정부정설(소수설) 및 긍정설(소수설)로 나뉘어 있다. 부정설에 의하면 상업등기제도는 거래의 안전과 원활을 위한 것이므로 불법행위에 의한 손해배상청구권과 같은 것은 등기·공고의 유무에 따라 제3자의 보호가 좌우될 것이 아니라는 것이다. 수정부정설은 원칙적으로 부정설을 취하면서, 예외적으로 불법행위 등이 거래관계와 불가분의 관계가 있는 경우에는 상법 제37조가 적용된다고 본다.

(2) 상호양도

상호의 양도는 등기하지 아니하면 제3자에게 대항하지 못한다(상25). 이러한 상호양도의 변경등기의 대항력은 제3자의 선의·악의를 불문하고 발생한다. 따라서 상호의 양도는 상업등기의 일반적 효력에 대한 예외규정으로 보는 견해(다수설)와 상호양도와 상업등기는 각각 적용되는 경우가 다를 뿐 예외규정으로 볼 수 없다는 견해(소수설)로 나뉜다.

(3) 지점거래

영업소가 본점·지점 등 수 개 있을 때에는 본점소재지에서 등기할 사항은 다른 규정(상13)이 없으면 지점소재지에서도 등기하여야 하며(상35), 지점소재지에서 이를 등기하지 않으면 본점소재지에서의 등기사항은 그 지점의 거래에 관하여는 일반적 효력이 미치지 않는다(상38). 따라서 등기할 사항을 본점에서만 등기하고 지점에서는 등기를 하지 않았다고 한다면 지점의 거래에 있어서는 그 사항을 가지고 선의의 제3자에 대항하지 못한다.

1.7.5.2. 특수적 효력

상업등기 중 일정한 사항에 대하여 제3자의 선의·악의를 불문하고 등기 그 자체만으로 효력이 발생하는 경우를 상업등기의 특수적 효력이라고 한다.

1.7.5.2.1. 창설적 효력

창설적 효력이란 등기에 의하여 비로소 법률관계가 형성 또는 설정되는 효력을 말한다. 창설적 효력은 제3자의 선의·악의에 관계없이 발생하므로 제37조는 적용되지 않는다. 창설적 효력에 관한 예는 다음과 같다.

① 상호양도등기로 특별한 대항력을 취득($\frac{\text{상}}{2}$ 25)

② 상호가 그 등기로 배타성이 완성되는 것($\frac{\text{상}}{23}$ 22)

③ 회사의 설립등기로 회사가 성립($\frac{\text{상}}{172}$)

④ 회사의 합병등기로 회사합병의 효력발생($\frac{\text{상}}{234}$)

1.7.5.2.2. 보완적 효력

보완적 효력이란 등기의 전제요건인 법률사항에 존재하는 하자가 등기에 의하여 치유되거나, 등기가 있음으로써 하자를 주장할 수 없게 되는 효력을 말한다. 예컨대, ① 설립등기 후 주식인수인이 주식청약서의 흠결을 이유로 인수의 무효를 주장하거나, 사기·강박·착오를 이유로 인수를 취소하지 못하거나 ② 증자등기 후 1년이 경과하면 주식청약서·신주인수권증서의 요건의 흠결을 이유로 그 인수의 무효를 주장하거나 사기·강박·착오를 이유로 인수를 취소하지 못하는 경우 등이 그 예에 속한다($\frac{\text{상}}{427}$ 320).

1.7.5.2.3. 부수적 효력(해제적 효력)

부수적 효력이란 등기에 의하여 일정한 책임 또는 제한이 해제되는 효력으로 인적 회사에 있어서 사원의 퇴사등기($\frac{\text{상}}{269}$ 225)에 의하여 사원의 책임이 해제되는 경우, 설립등기로 주권발행, 주식양도가 가능($\frac{\text{상}}{2}$ 355, 319 335)하게 되는 것 등이 이에 속한다.

1.7.5.3. 부실등기의 효력

1.7.5.3.1. 상업등기의 추정력

객관적 진실과 다른 사항이 등기·공고되면 그 사항은 일단 진실하다는 사실상의 추정을 받게 된다(통설, 판례). 그러나 등기소의 심사권이 철저하지 못하여 법률상 추정력을 인정하기 어렵기 때문에 이러한 추정력이 입증책임을 전환시키는 법률상 추정력을 생기게 하는 것은 아니다. 판례도 법인등기부에 이사 또는 감사로 등재되어 있는 경우에는 특단의 사정이 없는 한, 정당한 절차에 의하여 선임된 적법한 이사 또는 감사로 추정된다[53]고 판시하고 있는 점으로 미루어, 사실상의 추정력을 인정한 것으로 생각된다.

1.7.5.3.2. 제한적 공신력

상업등기에 사실상의 추정력만을 인정하게 되면 거래관계의 불안정 및 지연 등의 문제가 발생하므로, 등기의무자의 고의나 또는 과실로 부실등기를 한 경우에는 등기의무자에게 불이익을 주고 있다. 이는 금반언의 원칙에 의한 선의의 제3자를 보호하기 위한 것이다. 즉 고의 또는 과실로 인하여 사실과 상위한 사항을 등기한 자는 그 상위를 선의의 제3자에게 대항하지 못한다($\frac{상}{39}$).

이러한 제한적 공신력이 인정되기 위해서는 다음과 같은 요건이 필요하다.

① 외관의 존재: 사실과 상위한 사항이 등기되어야 한다.

② 귀책사유: 등기신청인에게 고의 또는 과실이 있어야 한다. 부실등기의 원인이 상인 자신에게 있는 경우만 해당하고 등기관의 착오나 제3자의 허위등기에 대하여는 선의의 제3자도 보호받지 못한다.

③ 제3자가 선의일 것: 선의란 등기와 사실이 상위함을 알지 못하는 것이며, 선의에 과실이 있는가는 묻지 않는다.

등기신청권자에게 상법 제39조에 의한 부실등기 책임을 묻기 위해서는, 원칙적으로 등기가 등기신청권자에 의하여 고의·과실로 마쳐진 것임을 요하고, 주식회사의 경우 부실등기에 대한 고의·과실의 유무는 대표이사를 기준으로 판정하여야 하는 것이지만, 등기신청권자가 스스로 등기를 하지 아니하였다 하더라도 그의 책임 있는 사유로 등기가 이루어지는 데에 관여하거나 부실등기의 존재를 알고 있음에도 이를 시정하지 않고 방치하는 등 등기신청권자의 고의·과실로 부실등기를 한 것과 동일시할 수 있는 특별한 사정이 있는 경우에는, 등기신청권자에 대하여 상법 제39조에 의한 부실등기 책임을 물을 수 있다.[54]

---

53) 大判 1983.12.27, 83다카331.

54) 大判 2011.07.28, 2010다70018

1.8. 영업양도

1.8.1. 영업양도의 의의

1.8.1.1. 영업양도의 개념

영업의 양도라 함은 일정한 영업목적에 의하여 조직화된 총체(영업자산), 즉 물적·인적 조직 그리고 사실관계까지도 그 동일성을 유지하면서 일체로서 이전하는 것을 말한다.[55] 양도된 영업의 동일성 여부는 일반사회 관념에 의하여 결정되어야 한다.[56] 영업양도가 이루어졌는가의 여부는 단지 어떠한 영업재산이 어느 정도로 이전되어 있는가에 의하여 결정되어야 하는 것이 아니고 거기에 종래의 영업조직이 유지되어 그 조직이 전부 또는 중요한 일부로서 기능할 수 있는가에 의하여 결정되어야 하므로[57] 영업재산의 일부를 유보한 채 영업시설을 양도했어도 그 양도한 부분만으로도 종래의 조직이 유지되어 있다고 사회관념상 인정되면 그것을 영업의 양도라 볼 것이지만, 반면에 영업재산의 전부를 양도했어도 그 조직을 해체하여 양도했다면 영업의 양도로 볼 수 없다.[58]

영업양도가 있다고 볼 수 있는지의 여부는 양수인이 당해 분야의 영업을 경영함에 있어서 무(無)로부터 출발하지 않고 유기적으로 조직화된 수익의 원천으로서의 기능적 재산을 이전받아 양도인이 하던 것과 같은 영업적 활동을 계속하고 있다고 볼 수 있는지의

---

55) 大判 1994.5.28, 93다33173; 大判 1994.11.18, 93다18938; 大判 1995.7.25, 95다7987.

56) 大判 1989.12.26, 88다카10128.

57) 大判 2005.6.9, 2002다70822.

58) 大判 2003.5.30, 2002다23826; 大判 2005.6.24., 2005다8200; 大判 2007.06.01, 2005다5812, 5829, 5836

여부에 따라 판단되어야 한다. 예컨대, 슈퍼마켓의 매장 시설과 비품 및 재고 상품 일체를 매수한 것은 영업양도에 해당한다.[59]

이러한 영업양도는 채권계약이므로 양도인이 재산이전의무를 이행함에 있어서는 상속이나 회사의 합병의 경우와 같이 포괄적 승계가 인정되지 않고 특정승계의 방법에 의하여 재산의 종류에 따라 개별적으로 이전행위를 하여야 할 것이다.[60] 즉 영업양도가 있었다고 인정하려면 당사자 사이에 영업양도에 관한 합의가 있거나 영업상의 물적, 인적 조직이 그 동일성을 유지하면서 양도인으로부터 양수인에게 일체로서 포괄적으로 이전되어야 한다.[61] 합의가 있기 위해서는 영업양도 당사자 사이의 명시적 또는 묵시적 계약이 있어야 한다.[62]

1.8.1.2. 영업양도의 법적성질

영업양도의 법적성질에 대하여 양도처분설, 지위교체이전설, 절충설로 나뉘어 있다. 양도처분설은 영업양도를 객관적 의의의 영업, 즉 영업재산을 이전하는 것으로 보는 견해로 다시 ① 영업재산양도설(다수설, 판례) ② 영업조직양도설 ③ 영업유기체양도설 등으로 나뉜다. 지위교체이전설은 영업의 양도는 영업자인 지위 또는 영업의 경영자인 지위의 교체 또는 승계라고 보는 견해이다. 절충설은 위의 두 입장을 절충한 것으로 ① 지위·재산이전설 ② 기업자체이전설 등으로 나뉜다.

판례는 영업이란 일정한 영업목적에 의하여 조직화된 유기적 일체로서의 기능적 재산을 말하고, 여기서 말하는 유기적 일체로서의 기능적 재산이란 영업을 구성하는 유형·무형의 재산과 경제적 가치를 갖는 사실관계가 서로 유기적으로 결합하여 수익의 원천으로 기능한다는 것과 이와 같이 유기적으로 결합한 수익의 원천으로서의 기능적 새산이 마치 하나의 재화와 같이 거래의 객체가 된다는 것을 뜻하는 것이므로, 영업양도가 있다고 볼 수 있는지의 여부는 양수인이 유기적으로 조직화된 수익의 원천으로서의 기능적 재산을 이전받아 양도인이 하던 것과 같은 영업적 활동을 계속하고 있다고 볼 수 있는지의 여부에 따라 판단되어야 한다고 함으로써[63] 영업유기체양도설의 입장을 취하고 있다.

---

59) 大判 1997.11.25, 97다35085.

60) 大判 1991.10.8, 91다22018, 22025(반소).

61) 大判 1995.7.14, 94다20198.

62) 大判 1997.6.24, 96다2644.

63) 大判 1998.4.14., 96다8826; 大判 2008.04.11, 2007다89722

1.8.1.3. 영업양도와 구별되는 개념

(1) 영업양도와 합병의 비교

1) 공통점

영업양도와 합병은 기업결합방식의 일종으로 기업유지의 이념을 실현시키는 제도라 할 수 있으며, 인적회사는 총사원의 동의, 물적회사는 총회의 동의와 같은 내부적 절차가 동일하나 다음과 같은 점에서 차이가 있다.

2) 차이점

☞ 영업양도와 회사합병의 비교

구분		영업양도	합병
공통점		① 기업의 집중에 이용 ② 기업의 유지강화에 이용	
성질상의 차이		① 개인법상, 거래법상 현상 ② 채권계약, 혼합계약 ③ 특정승계 ④ 일부양도 가능	① 단체법상, 조직법상의 현상 ② 준물권계약 ③ 포괄승계 ④ 일부합병 불능
절차상의 차이	① 주체	자연인도 가능	회사만이 주체가 될 수 있음
	② 계약형식	불요식계약	요식계약(물적 회사는 합병계약서 작성필요)
	③ 채권자보호절차	영업양도 후 선의의 채권자, 채무자 보호규정이 있음	합병 전에 채권자보호절차를 취함
	④ 등기	개별적인 이전등기 필요	합병등기가 효력발생요건
효과상의 차이	① 인격소멸	법인격은 소멸하지 않음	소멸회사의 법인격이 소멸함
	② 이행행위	영업재산을 개별적으로 이전	재산이나 사원이 포괄적으로 이전
	③ 경업금지의 무	다른 의사표시 없는 한 부담	문제될 여지가 없음
	④ 무효주장	계약의 일반원칙에 의함. 제한 없음	제소권자가 제소기간 내(6月)에 訴만으로 주장
	⑤ 반대주주 주식 매수청구권	없음	있음

1.8.2. 영업양도의 절차

1.8.2.1. 양도계약의 당사자

영업의 양도인은 상인으로 개인 또는 회사이다. 영업의 양수인은 상인이든 상인이 아니든 관계없다. 영업양도의 당사자가 상인인 경우에는 아무런 문제가 없으나, 회사인 경우에는 영업의 소유자인 출자자단체의 일정한 의사결정절차를 밟아야 한다. 만일 이러한 출자자 단체의 의사결정절차를 밟지 않고 회사의 대표기관이 영업양도(양수)계약을 체결하였다면 그 계약은 무효이다.

1.8.2.2. 양도계약의 체결

영업양도 계약의 당사자가 상인 개인인 경우에는 개인의 의사에 의하여 계약이 체결되겠지만, 단체인 경우에는 단체구성원의 의사를 결정할 절차가 필요하다. 상법은 인적 회사와 물적 회사로 구별하여 규정하고 있다. 인적 회사가 회사의 존속 중에 영업양도를 하는 경우에는 총사원의 동의를 요하나($\frac{상}{269}$ 204,), 해산 후의 인적 회사가 영업양도를 하는 경우에는 총사원의 과반수의 결의를 요한다($\frac{상}{269}$ 257,). 물적 회사가 영업양도를 하는 경우에는 회사의 해산 전후를 불문하고 주주총회(사원총회)의 특별결의를 요한다($\frac{상}{576}$ 374 ①,①). 물적 회사가 다른 회사의 영업 전부를 양수하는 경우에도 주주총회(사원총회)의 특별결의를 요한다($\frac{상}{576}$ 374 ①,①).

영업양도에 대한 의사가 결정되면, 개인의 경우에는 개인이, 회사인 경우에는 대표이사가 영업양도계약을 체결하게 될 것이다. 양도계약의 법적성질은 영업의 양도를 목적으로 하는 채권계약이고 영업의 매매 외에 경업금지의무, 사용인의 승계 등이 포함되므로 혼합계약이다.

1.8.2.3. 양도계약의 효과

당사자 간에 영업양도계약이 체결된 경우에 양도인은 양수인에게 영업을 이전할 의무를 부담하고, 양수인은 양도인에게 양수대금을 지급할 의무를 부담한다($\substack{\text{민}\\\text{참조}}$563). 이전되는 재산의 범위에 대해서는 영업양도 계약에서 구체적으로 정해지겠지만 재산의 내용은 물건, 고객관계, 영업비결 등도 포함된다. 이전방법은 개별적으로 이전행위를 하여야 하고 각각 이전행위의 효력발생요건 및 대항요건을 개별적으로 갖추어야 한다.

영업양도와 관련하여 고용관계도 양수인에게 이전되는가와 관련하여 판례는 기업이 사업부문의 일부를 다른 기업에 양도하면서 그 물적 시설과 함께 양도하는 사업부문에 근무하는 근로자들의 소속도 변경시킨 경우에는 원칙적으로 해당 근로자들의 근로관계가 양수하는 기업에게 승계되어 그 계속성이 유지된다고 한다.[64]

또한 영업양도 계약에 따라 승계되는 근로관계는 계약 체결일 현재 실제로 근무하고 있는 근로자와의 근로관계만을 의미하고 계약 체결일 이전에 근무하다가 해고된 근로자로서 해고의 효력을 다투는 근로자와의 근로관계까지 승계되는 것은 아니며, 영업양도 당사자 사이에 근로관계 일부를 승계의 대상에서 제외하기로 한 특약이 있는 경우에는 그에 따라 근로관계의 승계가 이루어지지 않을 수 있으나, 그러한 특약은 실질적으로 해고와 다름이 없으므로 근로기준법상의 정당한 이유가 있어야 유효하다고 판시하여 원칙적으로 승계되나 정당한 이유가 있는 경우에는 특약으로 배제할 수 있다고 판시하고 있다.[65]

1.8.3. 영업양도의 효과

상법은 영업양도 후의 양수인을 보호하기 위하여 양도인에게 경업피지의무를 부여하고($\substack{\text{상}\\41}$), 또 영업으로 인한 양도인의 채권자 및 채무자를 보호하기 위하여 양수인에게 일정한 책임을 부과하고 있다($\substack{\text{상 42}\\\sim45}$).

1.8.3.1. 대내관계(경업피지의무)

1.8.3.1.1. 당사자 간에 약정이 없는 경우

영업을 양도한 경우에 다른 약정이 없으면 양도인은 10년간 동일한 특별시·광역시·

---

64) 大判 1992.7.14, 91다40276.
65) 大判 1995.9.29, 94다54245.

시·군과 인접 특별시·광역시·군에서 동종 영업을 하지 못한다($^{상}_{⑧41}$). 양도인이 이에 위반한 경우에는 양수인은 양도인에 대하여 폐지청구 및 손해배상청구가 인정되나 개입권 행사는 인정되지 않는다.

양도대상인 재산에 하자가 있는 경우에 양도인은 양수인에 대하여 물건의 하자로 인한 담보책임($^{민}_{580}$)과 권리의 하자로 인한 담보책임($^{민 569}_{579}$)을 지고, 매상고나 수익에 대하여 허위의 진술을 한 경우에는 계약체결상의 과실책임을 진다고 할 것이다.

1.8.3.1.2. 당사자 간에 약정이 있는 경우

양도인이 동종 영업을 하지 아니할 것을 약정한 때에는 동일한 특별시·광역시·시·군과 인접 특별시·광역시·시·군에 한하여 20년을 초과하지 아니한 범위 내에서 그 효력이 있다($^{상}_{⑧41}$).

영업양도계약의 약정에 따라 영업양도인이 부담하는 경업금지의무는 스스로 동종 영업을 하거나 제3자를 내세워 동종 영업을 하는 것을 금하는 것을 내용으로 하는 의무이므로, 영업양도인이 그 부작위의무에 위반하여 영업을 창출한 경우 그 의무위반 상태를 해소하기 위하여는 영업을 폐지할 것이 요구되고 그 영업을 타인에게 임대한다거나 양도한다고 하더라도 그 영업의 실체가 남아있는 이상 의무위반 상태가 해소되는 것은 아니다.[66]

1.8.3.2. 대외관계(제3자에 대한 관계)

1.8.3.2.1. 영업상의 채권자의 보호

(1) 양수인이 양도인의 상호를 속용하는 경우

1) 원칙

영업양수인이 양도인의 상호를 계속 사용하는 경우에는 양도인의 영업으로 인한 제3자의 채권에 대하여 양수인도 변제할 책임이 있다($^{상}_{⑧42}$). 이와 같이 상호를 계속 사용하는 영업양수인에게 양도인의 영업으로 인한 채무에 대하여도 변제할 책임이 있다고 규정하고 있는 것은, 일반적으로 채무자의 영업상 신용은 채무자의 영업재산에 의하여 실질적으로 담보되는 것이 대부분인데 채무가 승계되지 아니함에도 상호를 계속 사용함으로써

---

66) 大判 1996.12.23, 96다37985.

영업양도의 사실 또는 영업양도에도 불구하고 채무의 승계가 이루어지지 않은 사실이 대외적으로 판명되기 어렵게 되어 채권자에게 채권 추구의 기회를 상실시키는 경우 양수인에게도 변제의 책임을 지우기 위한 것이다.[67] 따라서 양수인에 의하여 속용되는 명칭이 상호 자체가 아닌 옥호 또는 영업표지인 때에도 그것이 영업주체를 나타내는 것으로 사용되는 경우에는 영업상의 채권자가 영업주체의 교체나 채무승계 여부 등을 용이하게 알 수 없다는 점에서 일반적인 상호속용의 경우와 다를 바 없으므로, 양수인은 특별한 사정이 없는 한 상법 제42조 제1항의 유추적용에 의하여 그 채무를 부담한다.[68]

상호를 속용하는 영업양수인에게 책임을 묻기 위해서는 상호속용의 원인관계가 무엇인지에 관하여 제한을 둘 필요는 없고 상호속용이라는 사실관계가 있으면 충분하다. 따라서 상호의 양도 또는 사용허락이 있는 경우는 물론 그에 관한 합의가 무효 또는 취소된 경우라거나 상호를 무단 사용하는 경우도 상호속용에 포함된다.[69]

2) 상호의 속용

상호의 속용은 형식상 양도인과 양수인의 상호가 완전히 동일한 것임을 요하지 않고, 양도인의 상호 중 그 기업 주체를 상징하는 부분을 양수한 영업의 기업 주체를 상징하는 것으로 상호 중에 사용하는 경우를 포괄한다고 할 것이고, 그 동일여부는 명칭, 영업, 목적, 영업장소, 이사의 구성 등을 참작하여 결정하여야 한다.[70] 즉 영업양도인이 사용하던 상호와 양수인이 사용하는 상호가 동일할 것까지는 없고 다만 전후의 상호가 주요 부분에 있어서 공통되기만 하면 상호를 계속 사용한다고 보아야 한다.[71] 예컨대, 영업양도인이 사용하던 상호인 '주식회사 파주레미콘'과 영업양수인이 사용한 상호인 '파주콘크리트 주식회사'는 주요 부분에서 공통된다고 볼 수 있으므로 상호 속용에 따른 영업양수인의 책임이 인정된다.[72]

3) 양수인의 책임

양수인은 양도인의 영업상의 채무에 대하여 무한책임을 지며, 양도인의 제3자에 대하

---

67) 大判 1998.4.14., 96다8826; 大判 2010.09.30, 2010다35138

68) 大判 2010.09.30, 2010다35138

69) 大判 2009.01.15, 2007다17123,17130

70) 大判 1989.3.28, 88다카12100.

71) 大判 1989.12.26, 88다카10128.

72) 大判 1998.4.14, 96다8826.

여 가지고 있는 모든 항변을 대항할 수 있다. 양수인이 책임을 진다고 하여 양도인이 책임을 면하는 것은 아니며, 양도인과 양수인은 부진정연대채무의 관계에 있다. 그러나 영업양수인이 양도인의 상호를 계속 사용하는 경우에는 양도인의 영업으로 인한 제3자의 채권에 대하여 양수인도 변제의 책임이 있다고 규정되어 있을 뿐이므로, 양도인에게 대한 채무명의로서 바로 양수인의 소유재산을 강제집행할 근거는 되지 못한다.[73]

상호를 속용하는 영업양수인이 변제책임을 지는 양도인의 제3자에 대한 채무는 양도인의 영업으로 인한 채무로서 영업양도 전에 발생한 것이면 족하고, 반드시 영업양도 당시의 상호를 사용하는 동안 발생한 채무에 한하는 것은 아니다.[74]

상호를 속용하는 영업양수인의 책임은 위와 같이 채무승계가 없는 영업양도에 의하여 자기의 채권추구의 기회를 빼앗긴 채권자의 외관신뢰를 보호하기 위한 것이므로, 영업양도에도 불구하고 채무승계의 사실 등이 없다는 것을 알고 있는 악의의 채권자가 아닌 한, 당해 채권자가 비록 영업의 양도가 이루어진 것을 알고 있었다고 하더라도 그러한 사정만으로 보호의 적격이 없다고는 할 수 없고, 이 경우 당해 채권자가 악의라는 점에 대한 주장·증명책임은 책임을 면하려는 영업양수인에게 있다.[75]

양수인이 영업양도를 받은 후 지체 없이 양도인의 채무에 대한 책임이 없음을 등기한 때에는 책임이 없다. 양도인과 양수인 모두가 지체 없이 제3자에 대하여 그 뜻을 통지한 경우에 그 통지를 받은 제3자에 대하여도 같다(상42②). 영업으로 인하여 발생한 채무란 영업상의 활동에 관하여 발생한 모든 채무를 말하는 것이므로 불법행위로 인한 손해배상채무도 이에 포괄된다.[76]

(2) 양수인이 양도인의 상호를 속용하지 않는 경우

양수인이 양도인의 상호를 속용하지 않는 경우에는 그 상호와의 관련성이 없기 때문에 그 상호를 양도하기 전의 상호에 대한 신뢰를 보호할 이유가 없으므로 양수인은 양도인의 영업으로 인한 채무를 변제할 책임이 없다(민454참조). 그러나 영업양수인이 양도인의 상호를 계속 사용하지 아니하는 경우에도 양도인의 영업으로 인한 채무를 인수할 것을 광고한 때에는 양수인도 변제할 책임이 있다(상44). 이 경우 영업양수인이 양도인의 채무를 받아들이는 취지를 광고에 의하여 표시한 경우에 한하지 않고, 양도인의 채권자에 대하여

---

73) 大判 1967.10.31, 67다1102.
74) 大判 2010.09.30, 2010다35138
75) 大判 2009.01.15, 2007다17123,17130
76) 大判 1989.3.28, 88다카12100.

개별적으로 통지를 하는 방식으로 그 취지를 표시한 경우에도 적용되어, 그 채권자와의 관계에서는 위 채무변제의 책임이 발생한다.[77]

영업양도인의 영업으로 인한 채무와 영업양수인의 채무인수의 광고로 인한 채무는 같은 경제적 목적을 가진 채무로서 서로 중첩되는 부분에 관하여는 일방의 채무가 변제 등으로 소멸하면 다른 일방의 채무도 소멸하는 이른바 부진정연대의 관계에 있지만, 채권자의 영업양도인에 대한 채권과 영업양수인에 대한 채권은 어디까지나 법률적으로 발생원인을 달리하는 별개의 채권으로서 그 성질상 영업양수인에 대한 채권이 영업양도인에 대한 채권의 처분에 당연히 종속된다고 볼 수 없다. 따라서 채권자가 영업양도인에 대한 채권을 타인에게 양도하였다는 사정만으로 영업양수인에 대한 채권까지 당연히 함께 양도된 것이라고 단정할 수 없고, 함께 양도된 경우라도 채권양도의 대항요건은 채무자별로 갖추어야 한다.[78]

(3) 양도인의 책임의 존속기간

영업양수인이 상호를 속용하는 경우 또는 속용하지 않는 경우에도 채무인수를 광고하여 변제의 책임이 있는 경우에는 양도인의 제3자에 대한 채무는 영업양도 또는 광고 후 2년이 경과하면 소멸한다($\frac{상}{45}$). 이 기간은 제척기간이다.

1.8.3.2.2. 영업상의 채무자의 보호

(1) 양수인이 양도인의 상호를 속용하는 경우

양도인의 영업으로 인한 채권에 대하여 채무자가 선의이며 중대한 과실 없이 양수인에게 변제한 때에는 그 효력이 있다($\frac{상}{45}$). 이는 영업주의 교체를 알지 못한 채무자를 보호하기 위한 것이다. 선의란 영업양도가 있었다는 사실을 알지 못하는 것을 말하고, 중대한 과실이란 조금만 주의를 하였더라면 위 사실을 알 수 있었을 때를 말한다.

(2) 양수인이 양도인의 상호를 속용하지 않는 경우

양수인이 양도인의 상호를 속용하지 않는 경우에는 상법에 규정이 없으므로 민법의 일반원칙에 따라서 해결하여야 할 것이다. 따라서 양수인에게 변제한 경우에는 채권의 준

---

77) 大判 2008.04.11, 2007다89722
78) 大判 2009.07.09, 2009다23696

점유자에 대한 변제($\frac{민}{470}$)로 되지 않는 한 변제의 효력이 없다.

1.8.4. 기 타

1.8.4.1. 영업전부의 임대계약

영업의 임대라 함은 인적·물적 요소가 유기적으로 결합된 기능적 일체로서의 영업, 즉 영업양도에 있어서와 동일한 의미의 영업을 그 동일성을 유지하면서 타인에게 임대하는 계약을 말한다. 임차인은 자기의 명의와 계산으로 영업을 경영하게 되며, 따라서 상인자격을 가진다.

이러한 영업의 임대차계약은 대부분 지배종속회사 사이에 체결되기 때문에, 임대회사가 받아야 하는 차임을 둘러싸고 임대회사의 소수파 주주나 채권자의 지위를 해할 우려가 크다. 따라서 상법은 물적 회사의 경우에는 주주총회 또는 사원총회의 특별결의($\frac{상}{576}^{374}$), 합명회사와 합자회사의 경우에는 총사원의 동의를 얻도록 하고 있다($\frac{상}{269}^{204}$).

영업전부의 임대계약의 효력은 당사자 간의 계약에 의하되, 계약에 정함이 없으면 민법의 임대차에 관한 규정이 유추적용된다고 할 것이다.

1.8.4.2. 경영위임계약

경영위임계약이라 함은 수임자인 제3의 경영자가 자기의 계산으로 그러나 위임회사의 수권 하에 위임회사 명의로 그 영업을 수행하는 것을 내용으로 하는 채권계약이다. 경영위임계약은 단지 제3의 경영자가 위임회사의 수권을 받아 위임회사의 명의로 영업을 수행한다는 점에서만 영업의 임대차와 차이가 날 뿐 그 이외의 점에서는 영업임대차와 같아, 이를 내부 임대차라 하기도 한다.

1.8.4.3. 타인과 영업의 손익전부를 같이하는 계약

타인과 영업의 손익 전부를 같이하는 계약이라 함은 어느 회사가 일정기간 다른 자와 영업상의 손익을 합산하여 합의된 기준에 따라 그 결과로서의 이익을 분배 또는 손실을 분담하는 계약을 말한다. 타인과 영업의 손익 전부를 같이하는 계약은 손해공통계약 혹은 이익공통계약으로서 민법상의 조합계약이다. 따라서 계약에서 합의되지 아니한 부분에 대하여는 민·상법의 계약에 관한 일반 규정, 특히 민법의 조합에 관한 규정이 적용된다.

1.8.4.4. 기타 이에 준하는 계약

1.8.4.4.1. 경영관리계약

경영관리계약은 회사가 제3경영자에게 자신의 영업을 자기 명의와 계산으로 수행하도록 위임하는 계약을 말한다. 이 경영관리계약은 순수한 위임계약으로서 다만 그 대상이 경영일 뿐이며 수임인은 경영활동에 대해 위임인으로부터 일정한 보수를 받게 된다.

1.8.4.4.2. 지배계약

어느 회사가 자신의 경영을 다른 기업에게 전적으로 복종시키는 것을 내용으로 하는 계약이 지배계약이다. 지배계약의 체결에 의하여 지배기업은 종속회사의 이사회에 대하여 합법적인 지시권을 갖고, 종속회사는 이 지시에 따라야 할 의무를 진다. 그리하여 종속회사의 이사회는 자신의 독자적인 판단에 따른 경영을 할 수 없게 됨은 물론, 경영 목표도 종속회사의 고유이익이 아니라 지배기업의 이익으로 변경된다.

1.8.4.4.3. 이익이전계약

이익이전계약은 어느 회사가 자신의 이익의 전부나 일부를 다른 기업에게 이전할 것을 내용으로 하는 계약이다. 대부분의 경우 지배계약과 함께 체결되어 계약콘체른 형성수단으로 이용되고 있다.

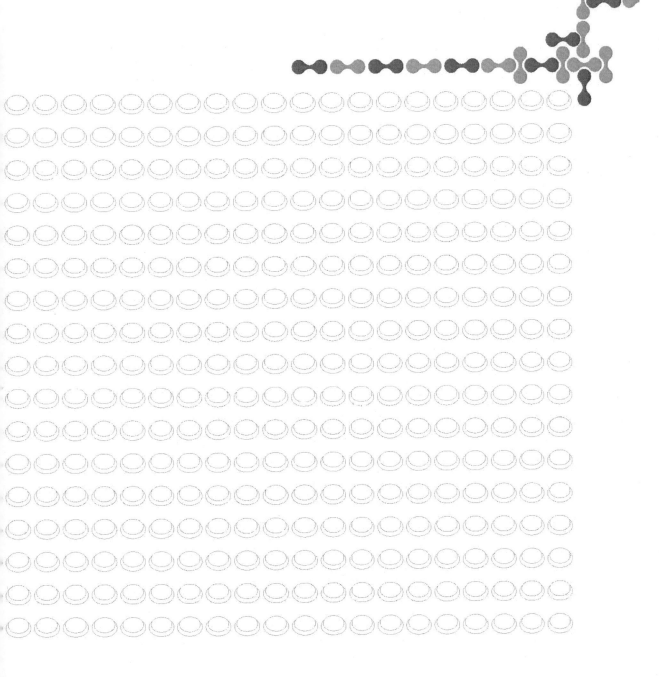

제2편 상행위

2.1. 서 론

2.1.1. 상행위법의 의의와 특성

2.1.1.1. 상행위법의 의의

상행위는 영업활동에 관한 것으로 이를 규율하는 상행위법은 실질적 의의의 상행위법과 형식적 의의의 상행위법으로 나뉜다.

2.1.1.1.1. 실질적 의의의 상행위법

실질적 의의의 상법이 기업과 관련된 것으로 이해하는 이상 실질적 의의의 상행위법 역시 기업의 활동과 관련되는 법규의 총체로 이해되고 있다.

2.1.1.1.2. 형식적 의의의 상행위법

형식적 의의의 상행위법은 '상행위'라는 명칭을 가진 상법전 제2편을 말한다. 상행위법의 총론이라 할 수 있는 부분에는 통칙, 상행위에 공통되는 내용(매매 등 민법에 대한 특칙, 상호계산, 익명조합)을 규정하고 있고, 각칙부분에는 대리상, 중개업, 위탁매매업, 운송주선업, 운송업, 공중접객업, 창고업 등에 대해 규정하고 있다.

2.1.1.1.3. 양자의 관계

실질적 의의의 상행위법과 형식적 의의의 상행위법 양자가 많은 부분에서 일치하지만 양자가 반드시 일치하는 것은 아니다. 따라서 실질적 의의의 상행위법의 모든 내용이 형식적 의의의 상해위법에 규정되어 있지는 않다. 예컨대, 보험업이나 해상운송업 등은 실질적 의의의 상행위이지만 2편 상행위법에 규정되어 있지 않고 별도로 규정하고 있다.

2.1.1.2. 상행위법의 특성

상거래는 집단성·반복성 등의 특징이 있으므로 민법에 비해 영리성·유상성·신속성 및 정형성을 갖고 있다. 다만 상행위법은 기업관련 법규가 기업을 둘러싼 여러 이해관계인에 대한 법률관계의 획일적인 처리를 위하여 그 대부분이 강행법규성을 갖는 것과는 달리 상인간의 개별적 계약적 성질이 강하여 임의법규성을 갖고 있다.

2.1.2. 상행위의 의의와 종류

2.1.2.1. 상행위의 의의

2.1.2.1.1. 상행위의 의의
상행위의 의의는 실질적 의의의 상행위와 형식적 의의의 상행위가 있다. 실질적 의의의 상행위는 행위의 내용이나 성질을 실질적으로 파악하여 상행위를 정하는 것이고, 형식적 의의의 상행위는 상법 및 특별법에서 상행위로 규정되어 있는 상행위이다.

2.1.2.1.2. 상행위에 관한 입법주의
상행위를 어떻게 정할 것인가에 관한 입법에는 객관주의·주관주의 및 절충주의가 있다. 객관주의는 행위의 주체, 즉 누가 그 행위를 하는가에 관계없이 오로지 행위의 객관적 성질에 의하여 상행위를 정하는 주의이고, 주관주의는 상인의 개념을 먼저 정하고 그 상인의 영업상의 행위를 상행위로 보는 입법주의이다. 절충주의는 위의 두 가지 요소를 병용한 것이다.

상행위에 관한 상법의 입장에 대해서는 주관주의적 절충주의로 보는 견해와 주관주의에 입각한 입법이라고 보는 견해(통설)로 나뉘어 있다.

2.1.2.2. 상행위의 종류

☞ 상행위의 분류

고유 상행위	기본적	절대적 상행위	담보부사채신탁법상 사채총액의 인수행위	절대적 상행위
		영업적 상행위	당연상인이 영업으로 하는 행위(46)	
	보조적		상인이 영업을 위하여 하는 행위(47)	상대적 상행위
준상행위			의제상인이 영업으로 하는 행위(66)	

2.1.2.2.1. 고유의 상행위와 준상행위

고유의 상행위란 상행위법이 원칙적으로 적용되는 행위를 말하며, 준상행위란 상행위법이 원칙적으로 준용되는 행위를 말한다. 고유의 상행위에는 당연상인이 영업으로 하는 기본적 상행위, 당연상인이 영업을 위하여 하는 보조적 상행위, 의제상인이 영업을 위하여 하는 보조적 상행위가 있다. 준상행위란 의제상인이 영업으로 하는 행위를 말한다. 수산회사가 물고기를 잡아 가공하여 판매하는 행위 등이 그 예이다. 따라서 점포 기타 유사한 설비에 의하여 상인적 방법으로 영업하는 자(설비상인)나 회사(민사회사)는 고유의 상행위를 하지 않더라도 상인으로 보고 그 행위에는 상행위 통칙에 관한 규정이 준용된다($^{\text{상}}_{66}$)

2.1.2.2.2. 기본적(영업적) 상행위와 보조적 상행위

(1) 기본적(영업적) 상행위

영업적 상행위는 상인이 영업으로 하는 상행위를 말하는데, 이에는 당연상인이 영업으로 하는 상행위인 기본적 상행위와 의제상인이 영업으로 하는 상행위인 준상행위가 있다. 여기서 영업으로 한다고 함은 영리를 목적으로 동종의 행위를 계속적·반복적으로 하는 것을 의미한다.[1] 기본적 상행위는 상법 제46조에 규정된 21종의 행위에 해당하는 것이어야 하는데, 21종의 상행위는 제한적 열거로 본다(통설). 신종 상행위는 의제상인으로 보아 상법을 적용하게 되므로 신종의 상행위가 상법의 적용을 회피할 수는 없다.

---

1) 大判 1994.4.29, 93다54842.

(2) 보조적 상행위

상인이 영업을 위하여 하는 행위는 상행위로 보는데(간주), 이러한 상행위를 보조적 상행위라 한다($\frac{\lambda}{3}$ 47). 상인의 행위는 영업을 위하여 하는 것으로 추정한다($\frac{\lambda}{3}$ 47). 영업을 위하여 하는 행위란 영업과 관련된 행위, 예컨대 영업자금의 차입·사무소의 임대 등이 이에 해당된다.

기본적 상행위와는 달리 법률행위에 한정하지 않고, 최고·통지, 준법률행위, 사실행위도 보조적 상행위에 포함된다. 불법행위도 영업과 관련된 것이면 보조적 상행위에 포함되는지에 대해 학설은 나뉘나 판례는 보조적 상행위에 포함되지 않는다고 본다.

2.1.2.2.3. 일방적 상행위와 쌍방적 상행위

(1) 일방적 상행위

일방적 상행위란 당사자의 일방에게만 상행위가 되는 행위이다. 이러한 일방적 상행위인 경우에도 전원에게 상법이 적용된다($\frac{\lambda}{3}$). 판례도 주택건설사업 등을 목적으로 하는 영리법인인 주택건설업자의 아파트분양계약은 그의 영업을 위하여 하는 상행위라 할 것이고, 당사자 쌍방에 대하여 모두 상행위가 되는 행위로 인한 채권뿐만 아니라 당사자 일방에 대하여만 상행위가 되는 행위로 인한 채권도 상사법정이율이 적용되는 상사채권에 해당한다고 판시하고 있다.[2]

(2) 쌍방적 상행위

쌍방적 상행위란 당사자의 쌍방 모두에게 상행위가 되는 행위이다. 상법

의 일부규정 중에는 쌍방적 상행위에만 적용되는 것도 있다($\frac{\lambda}{67}$ $\frac{55}{58}$). 그러한 쌍방적 상행위의 예로는 금전소비대차에서 발생하는 법정이자청구권, 상사유치권, 상사매매에 있어서 매도인의 목적물의 공탁, 경매권 등 세 가지가 있다.

2.1.2.2.4 절대적 상행위와 상대적 상행위

절대적 상행위란 그 행위의 객관적 성질상 고도의 영리성으로 인하여 당연히 상행위로 인정되는 것으로 상사특별법인 담보부사채신탁법상의 사채총액의 인수가 이에 해당하고

---

2) 大判 2000.10.27, 99다10189; 大判 1994.3.22, 93다31740.

상법상에는 이러한 절대적 상행위가 없다. 상대적 상행위란 그 행위의 객관적 성질상 영리성이 그렇게 강하지 않아 당연히 상행위로 되지는 못하고, 이를 영업으로 반복·계속하거나 영업을 위하여 함으로써 상행위가 되는 것으로, 영업적 상행위, 준상행위, 보조적 상행위 등이 이에 해당한다.

2.1.2.2.5 사법인의 상행위와 공법인의 상행위

사법인, 즉 회사의 상행위는 당연히 상법의 적용을 받으나, 공법인의 상행위에 대하여는 법령에 다른 규정이 없는 경우에 한하여 상법을 적용한다(상2).

2.1.3. 영업적 상행위의 유형

상법 제46조는 상행위의 21가지의 유형을 규정하고 있는데, 이러한 열거된 상행위를 영업으로 하면 당연상인이 되나 임금을 받을 목적으로 물건을 제조하거나 노무에 종사하는 자의 행위는 제외된다.

(1) 동산, 부동산, 유가증권 기타의 재산의 매매

매매의 목적물은 동산, 부동산, 유가증권 기타의 재산이며, 매매는 재화를 금전과 교환하는 계약뿐만 아니라, 유상취득(매수)과 유상재양도(매도)를 목적으로 하는 행위이며, 유상으로 하는 한 교환, 소비대차, 소비임치 및 대물변제 등도 포함한다(통설).

법률행위에 의한 취득에 한하기 때문에 농업·임업·어업 등 원시산업에 있어서 사실행위에 의하여 원시취득한 물건을 양도하는 행위는 여기의 매매에 해당하지 않는다(다수설). 따라서 농민이 가꾼 농작물을 파는 행위는 상인적 설비와 방법에 의하여 파는 의제상인의 준행위로서 간주되지 않는 한 상행위가 되지 못한다. 또한 선점·취득시효·상속·불법행위 등 법률사실에 의한 취득과 유상이 아닌 증여·유증 등 무상의 법률행위에 의한 취득은 여기에 해당하지 않는다.

(2) 동산, 부동산, 유가증권 기타의 재산의 임대차

동산, 부동산, 유가증권 기타의 재산에 대해 임대차를 '영업으로 하는' 때에 상행위가 된다. 임대차는 이익을 얻고 임대할 목적으로 이를 하여야 한다.

(3) 제조, 가공 또는 수선에 관한 행위

제조는 재료에 노동력을 가하여 전혀 다른 물건을 만드는 것을 말하며(기계, 기구의 제작 등), 가공이란 재료의 동일성을 변하지 않으면서 형상, 색채, 재료 등의 형식적인 변화를 가하는 것이고(세탁, 염색, 도정 등), 수선이란 물건의 용도에 따른 기능의 불완전을 보완하는 것(자동차 등의 기계 수리업, 시계수리점 등)이다.

(4) 전기, 전파, 가스 또는 물의 공급에 관한 행위

대가를 받고 전기, 전파, 가스 또는 물의 계속적 공급을 인수하는 계약으로 전기회사, 가스회사, 수도사업, 전파공급계약, 방송사업, 냉방업 등이 그 예이다.

(5) 작업 또는 노무의 도급의 인수

작업의 도급의 인수란 건물이나 도로 등과 같은 부동산이나 선박에 관한 공사의 도급을 인수하는 것을 말하며, 노무의 도급의 인수란 하역업이나 인부청부업 등을 말한다. 이는 시, 도지사 또는 노동부장관의 허가를 필요로 한다.

(6) 출판, 인쇄 또는 촬영에 관한 행위

출판은 문서·도화 등을 인쇄하여 판매하는 행위이고, 인쇄는 기계적·화학적 방법에 의하여 문서·도화의 복제를 인수하는 것이다.

(7) 광고, 통신 또는 정보에 관한 행위

광고업이나 광고대행업, 통신사업자, 흥신소 등의 행위를 말한다. 정보에 관한 행위는 타인의 경제적 신용에 관한 사항의 조사·보고를 인수하는 행위를 말한다.

(8) 수신·여신·환 기타의 금융거래

수신은 예금·적금의 수입, 유가증권 기타 채무증서의 발행에 의하여 불특정 다수인에게 채무를 부담함으로써 자금을 획득하는 거래를 말하고, 여신은 자금을 타인에게 대여하는 거래를 말하며, 환은 종류가 다른 통화로 교환하는 업무를 말한다. 기타의 금융거래에는 채무의 인수, 어음의 할인, 보증 등 금융기관이 행하는 기타의 은행업무를 말한다.

(9) 객의 집래를 위한 시설에 의한 거래

목욕탕, 극장, 여관, 병원, 도서관, 독서실 등의 시설을 이용시켜 영업하는 행위를 말한다.

(10) 상행위의 대리의 인수

위탁자에게 상행위의 대리를 인수하는 것을 말하며, 체약대리상의 행위가 여기에 속한다. 위탁자에게 상행위가 되는 행위이면 영업적 상행위이든 보조적 상행위이든 불문한다.

(11) 중개에 관한 행위

동산매매, 금전대차, 결혼상담소, 직업알선 등의 행위처럼 타인 간의 법률행위의 매개를 인수하는 행위를 말한다. 중개인이 중개하는 법률행위는 상행위뿐만 아니라, 민사상의 행위를 포함한다.

(12) 위탁매매 기타의 주선에 관한 행위

주선에 관한 행위란 자기명의로 타인의 계산으로 법률행위를 할 것을 인수하는 행위를 말하며, 위탁매매인($\frac{\text{상}}{101}$), 운송주선인($\frac{\text{상}}{114}$), 준위탁매매인($\frac{\text{상}}{113}$)의 행위가 이에 해당한다.

(13) 운송의 인수

물건 또는 사람의 운송을 인수하는 행위를 말한다.

(14) 임치의 인수

임치의 인수란 타인을 위하여 물건 또는 유가증권을 보관하는 것을 인수하는 행위, 즉 임치계약을 말한다. 창고업자의 업무행위가 대표적이며, 주차장이나 일시물건보관소의 업무행위도 이에 해당한다.

(15) 신탁의 인수

신탁이란 "위탁자와 수탁자와의 특별한 신임관계에 기하여 위탁자가 특정의 재산권을 수탁자에게 이전하거나 기타의 처분을 하고, 수탁자로 하여금 수익자의 이익이나 특정의 목적을 위하여 그 재산권을 관리, 처분하게 하는 법률관계"를 말한다.

(16) 상호부금 기타 이와 유사한 행위

'신용계업무'라 함은 일정한 계좌수와 기간 및 금액을 정하고 정기적으로 계금을 납입하게 하여 계좌마다 추첨·입찰 등의 방법에 의하여 계원에게 금전의 급부를 약정하여 행하는 계금의 수입과 납부금의 지급업무를 말한다($\frac{상호저축은}{행법\,2\,ii}$). '신용부금업무'라 함은 일정한 기간을 정하고 부금을 납입하게 하여 기간의 중도 또는 만료 시에 부금자에게 일정한 금전을 납부함을 약정하여 행하는 부금의 수입과 납부금의 지급업무를 말한다($\frac{상호저축은}{행법\,2\,iii}$). 전통적으로 해온 계의 업무도 여기에 해당한다.

(17) 보험

보험은 보험계약자가 보험료를 납부하고 보험자는 보험계약자의 재산이나 생명 또는 신체의 사고에 대하여 보험금을 지급하는 것을 말한다. 보험은 영리보험의 인수만을 의미하며, 상호보험, 의료보험 또는 기타 사회보험은 포함되지 않는다.

(18) 광물 또는 토석의 채취에 관한 행위

광물 또는 토석을 채취하여 판매하는 행위가 여기에 해당된다.

(19) 기계·시설 기타 재산의 물융에 관한 행위

기계·시설 기타 재산의 물융에 관한 행위란 일정시설을 대여하여, 이용료 계약을 체결하는 것으로 리스회사의 업무행위를 말한다. 리스란 "대여시설 이용자가 선정한 특정 물건을 시설대여 회사가 새로이 취득하거나 대여받아 대여시설 이용자에게 대통령령이 정하는 일정기간 이상 사용하게 하고, 그 기간에 걸쳐 일정대가를 정기적으로 분할하여 지급받으며, 그 기간 종료 후의 물건의 처분에 관하여는 당사자 간의 약정으로 정하는 물적 금융"을 말한다($\frac{시설대여}{업법\,2\,i}$).

(20) 상호·상표 등의 사용허락에 의한 영업에 관한 행위

상호·상표 등의 사용허락에 의한 영업에 관한 행위란 교촌치킨, 원할머니 보쌈 등 프랜차이즈 인수자의 업무행위를 말한다. 프랜차이즈 제공자가 프랜차이즈 인수자에 대하여 자기의 상호·상표·기타 영업표지 등을 사용하여 영업할 것을 허락하는 한편, 자기의 지시와 통제하에 영업할 것을 약정하고, 이에 대하여 프랜차이즈 인수(이용)자는 프랜

차이즈 제공자에 대하여 일정한 사용료를 지급하기로 하는 계속적인 채권계약관계라고
할 수 있다.

(21) 영업상 채권의 매입·회수 등에 관한 행위

영업상 채권의 매입·회수 등에 관한 행위 즉 팩토링이란 거래기업이 그의 외상매출
채권을 팩토링회사에게 양도하고, 팩토링회사는 거래기업에 갈음하여 채무자로부터 매출
채권을 추심하는 동시에 이와 관련된 채권의 관리, 장부작성 등의 행위를 인수하는 것을
말한다.

2.2. 통 칙

2.2.1. 민법 총칙편에 대한 특칙

2.2.1.1. 상행위의 대리와 위임

2.2.1.1.1. 대리의 방식

민법상 대리를 하는 경우에 본인을 위하여 한다는 의사표시를 하여야 본인에게 효력이 있으나, 상행위의 대리인은 본인을 위한 것임을 표시하지 아니하여도 그 행위는 본인에 대하여 효력이 있다. 그러나 상대방이 본인을 위한 것임을 알지 못한 때에는 대리인에 대하여도 이행의 청구를 할 수 있다($^{상}_{48}$). 이 경우에는 본인과 대리인이 부진정연대책임을 지게 된다. 이때 상대방의 과실 유무는 묻지 않는다. 이 상행위의 대리에 관한 특칙은 민법상 현명주의($^{민}_{115}$)에 대한 예외규정으로 상거래의 신속·안전을 위한 것이다.

상법상 조합대리에 있어서도 그 법률행위가 조합에게 상행위가 되는 경우에는 조합을 위한 것임을 표시하지 않았다고 하더라도 그 법률행위의 효력은 본인인 조합원 전원에게 미친다.[3] 그러나 어음·수표상의 행위는 반드시 본인을 대리한다는 의사표시를 하여야 한다(현명주의). 그렇지 않으면 어음행위자가 문언성에 따라 책임을 지게 되기 때문이다. 따라서 어음행위의 대리에는 본조가 적용되지 않는다.

---

3) 大判 2009.01.30, 2008다79340

2.2.1.1.2. 본인의 사망과 대리권의 존속

상행위의 위임에 의한 대리권은 본인의 사망으로 인하여 소멸하지 아니한다($^{상}_{50}$). 상사대리는 본인의 인격보다는 영업 자체를 대리하는 것이므로 기업의 영속성과 거래의 신속과 안전을 위하여 본인의 사망이 대리권의 소멸사유가 되지 아니하도록 한 것이다. 상행위의 위임에 의한 대리권이라 함은 위임계약의 목적인 행위가 상행위인 경우를 말하는 것이 아니라, 대리권을 수여하는 행위인 위임 자체가 상행위인 경우를 말한다(통설). 예컨대, 지배인을 선임하는 행위는 영업주 본인을 위한 보조적 상행위가 되는 것이다. 회사에는 사망이란 것이 없으므로 본조가 적용될 여지가 없다.

2.2.1.1.3. 상행위의 수임인의 권한

상행위의 위임을 받은 자는 위임의 본지에 반하지 아니한 범위 내에서 위임을 받지 아니한 행위를 할 수 있다($^{상}_{49}$). 민법상의 수임인도 사정변경의 경우에 임기응변의 조치를 취할 수 있으므로 상법의 규정은 민법의 원칙을 구체적으로 표시한 것으로 주의적 규정이다(주의규정설: 다수설).

2.2.1.2. 소멸시효기간

상행위로 인한 채권은 본법에 다른 규정이 없는 때에는 5년간 행사하지 아니하면 소멸시효가 완성한다. 그러나 다른 법령에 이보다 단기의 시효의 규정이 있는 때에는 그 규정에 의한다($^{상}_{64}$). 예컨대, 상법에는 운송주선인(1년), 창고업자(1년), 공중접객업자(6개월), 보험금청구권(2년) 등이 있고, 어음·수표법, 민법 등과 같은 다른 법률에도 단기소멸시효기간(3년, 1년, 6월 등)을 두고 있다. 상사채권의 소멸시효기간을 민사채권의 10년($^{민}_{①}$ 162)보다 단기로 규정한 것은 상거래의 신속한 해결을 위한 것이다.

은행이 영업행위로서 한 대출금에 대한 변제기 이후의 지연손해금은 그 원본채권과 마찬가지로 상행위로 인한 채권으로서 5년의 소멸시효가 적용된다.[4] 일방적 상행위 또는 보조적 상행위로 인한 채권도 상사채권에 해당하며, 상인이 사업자금을 조달하기 위하여 계에 가입한 경우, 계주가 위 상인에 대하여 가지는 계불입금채권도 상사채권에 해당한다.[5]

교통사고 피해자가 가해차량이 가입한 책임보험의 보험자로부터 사고로 인한 보험금을

---

4) 大判 2008.03.14, 2006다2940

5) 大判 2008.04.10, 2007다91251

수령하였음에도 자동차손해배상 보장사업을 위탁받은 보험사업자로부터 또다시 피해보상금을 수령한 것을 원인으로 한 위 보험사업자의 피해자에 대한 부당이득반환청구권에 관하여는 상법 제64조가 적용되지 아니하고, 그 소멸시효기간은 민법 제162조 제1항에 따라 10년이라고 봄이 상당하다.[6]

2.2.2. 민법 물권편에 대한 특칙

2.2.2.1. 일반상사유치권

2.2.2.1.1. 일반상사유치권의 의의

당사자 간에 다른 약정이 없는 한 상인 간의 상행위로 인한 채권이 변제기에 있는 때에는 채권자는 변제를 받을 때까지 그 채무자에 대한 상행위로 인하여 자기가 점유하고 있는 채무자소유의 물건 또는 유가증권을 유치할 수 있다(상58). 채권자가 채무자와의 상행위가 아닌 다른 원인으로 목적물의 점유를 취득한 경우에는 상사유치권이 성립할 수 없다.[7]

2.2.2.1.2. 요건

일반상사유치권이 성립하기 위해서는 ① 당사자의 쌍방이 상인이어야 하며 ② 피담보채권이 당사자 쌍방을 위하여 상행위가 되는 행위 즉 쌍방적 상행위에 의하여 생기고 또 변제기에 있어야 하며 ③ 유치목적물의 경우 점유취득원인은 채무자에 대한 상행위로 인한 것이고 목적물은 채무자의 소유이어야 하며 목적물의 범위는 물건(부동산도 포함; 통설) 또는 유가증권에 한하고 ④ 유치목적물과 피담보채권과는 개별적인 관련성을 요하지 않고 영업을 통하여 관련되어 있으면 족하다(일반적 관련성). 채권과 유치권의 목적물과의 견련관계를 필요로 하지 않는 것은 상행위의 개성상실과 계속성에 기초를 두고 있기 때문이다.

상사유치권은 채권자가 채무자에 대한 상행위로 인하여 점유하고 있는 채무자 소유의 물

---

6) 大判 2010.10.14, 2010다32276

7) 大判 2008.05.30, 2007마98

건을 대상으로 하는 경우에 이를 행사할 수 있다.[8] 따라서 채권자가 채무자와의 상행위가 아닌 다른 원인으로 목적물의 점유를 취득한 경우에는 상사유치권이 성립할 수 없다.[9] 상사 유치권이 채무자 소유의 물건에 대해서만 성립한다는 것은, 상사유치권은 성립 당시 채무자가 목적물에 대하여 보유하고 있는 담보가치만을 대상으로 하는 제한물권이라는 의미를 담고 있다 할 것이고, 따라서 유치권 성립 당시에 이미 목적물에 대하여 제3자가 권리자인 제한물권이 설정되어 있다면, 상사유치권은 그와 같이 제한된 채무자의 소유권에 기초하여 성립할 뿐이고, 기존의 제한물권이 확보하고 있는 담보가치를 사후적으로 침탈하지는 못한다고 보아야 한다. 그러므로 채무자 소유의 부동산에 관하여 이미 선행 (선행)저당권이 설정되어 있는 상태에서 채권자의 상사유치권이 성립한 경우, 상사유치권자는 채무자 및 그 이후 채무자로부터 부동산을 양수하거나 제한물권을 설정받는 자에 대해서는 대항할 수 있지만, 선행저당권자 또는 선행저당권에 기한 임의경매절차에서 부동산을 취득한 매수인에 대한 관계에서는 상사유치권으로 대항할 수 없다.[10]

상사유치권이 성립한 후에 채권자 또는 채무자가 상인자격을 잃더라도 유치권은 그대로 존속한다. 타인으로부터 양수한 채권은 원칙적으로 피담보채권이 되지 못하나, 합병·상속과 같은 포괄승계의 경우와 지시식 또는 무기명식의 유가증권상의 채권을 양수한 경우에는 피담보채권이 될 수 있다. 금전채권에 한하지 않고 금전으로 전환할 수 있는 채권도 포함하며, 영업과 관련한 불법행위로 인한 손해배상청구권도 포함된다고 본다.

상인 간의 유치권은 당사자 간의 특약으로 이를 배제할 수 있다(상법58). 배제의 특약은 묵시적으로도 할 수 있다.

2.2.2.1.3. 효력

상인 간의 유치권의 효력에 관하여는 상법에 규정이 없으므로 이에 관한 민법의 규정에 따른다. 따라서 유치권자는 변제를 받을 때까지 목적물을 유치할 수 있으며(민320), 유치물의 과실에 대해 다른 채권보다 먼저 그 채권의 변제에 충당할 수 있다(민323). 또 유치목적물이 파산재단에 속하는 재산인 때에는 유치권자는 그 목적재산에 대하여 별제권을 가진다(파산법84).

---

8) 大判 2010. 07.02.자 2010그24

9) 大判 2008.05.30, 2007마98

10) 大判 2013.02.28, 2010다57350

☞ 민사유치권과 상사유치권과의 차이

	민사유치권	상사일반유치권
공통점	① 유치권을 행사하기 위해서는 채권이 변제기에 도래하여야 한다. ② 당사자의 특약으로 배제되어 있지 않아야 한다.	
당사자	일방이 상인	쌍방이 상인
피담보채권	상행위와 무관	쌍방적 상행위
채권의 목적물	무관	채무자소유자의 물건, 유가증권
목적물과 피담보채권과 관계	피담보채권과 견련성 유관	피담보채권과 견련성 무관
점유취득원인	상행위와 무관	상행위로 점유

2.2.2.2. 상사질권: 유질계약의 허용

민법은 채무자보호를 위하여 질권설정자가 채권변제기 전의 계약으로 질권자에게 변제에 갈음하여 질물의 소유권을 취득하게 하거나 법률에 정한 방법에 의하지 아니하고 질물을 처분할 것을 약정하지 못하도록 함으로써 유질계약을 금지시고 있다($^{민}_{339}$). 그러나 상법은 상거래의 당사자의 경제적 자위능력을 인정하여 민법에서와 같은 후견적 보호규정이 불필요하므로 상행위로 인하여 생긴 채권을 담보하기 위하여 설정한 질권에 유질계약을 허용하고 있다($^{상}_{59}$). 유질계약의 허용범위에 대해 당연히 쌍방적 상행위에는 적용되나 일방적 상행위의 경우에도 적용된다고 본다(다수설).

상행위로 인하여 생긴 채권을 담보하기 위하여 설정한 질권의 경우에는 이른바 유질계약이 허용된다고 할 것이나, 그렇다고 하여 모든 상사질권설정계약이 당연히 유질계약에 해당한다고 할 수는 없는 것이고, 상사질권설정계약에 있어서 유질계약의 성립을 인정하기 위하여서는 그에 관하여 별도의 명시적 또는 묵시적인 약정이 성립되어야 한다.[11]

---

11) 大判 2008.03.14, 2007다11996

2.2.3.1. 채권총칙에 대한 특칙

2.2.3.1.1. 법정이자

이자 있는 민사채권의 이율은 다른 법률의 규정이나 당사자의 약정이 없으면 연 5푼이나, 상행위로 인한 채무의 법정이율은 연 6푼이다(상54). 상사법정이율은 상행위로 인한 채무나 이와 동일성을 가진 채무, 예컨대 채무불이행으로 인한 손해배상채무, 계약해제로 인한 원상회복의무 등에 관하여 적용되는 것이고, 상행위가 아닌 불법행위로 인한 손해배상채무에는 적용되지 아니한다.[12] 상사법정이율이 적용되는 '상행위로 인한 채무'에는 상행위로 인하여 직접 생긴 채무뿐만 아니라 그와 동일성이 있는 채무 또는 그 변형으로 인정되는 채무도 포함된다.[13]

상인 간에서 금전소비대차가 있었음을 주장하면서 약정이자의 지급을 구하는 청구에는 약정 이자율이 인정되지 않더라도 상법 소정의 법정이자의 지급을 구하는 취지가 포함되어 있다고 보아야 한다.[14]

2.2.3.1.2. 다수채무자의 채무

민법에서는 채무자가 수인인 경우에는 특별한 의사표시가 없으면 각 채무자는 균등한 비율로 채무를 부담하나(민408), 상법에서는 수인이 그 1인 또는 전원에게 상행위가 되는 행위로 인하여 채무를 부담한 때에는 연대하여 변제할 책임이 있다(상57). 상사채무의 연대책임의 취지는 상사거래에 있어서의 인적 담보를 강화하여 채무이행을 확실히 하고 거래의 안전을 도모함으로써 상거래의 원활을 기하려는 것으로 민법상 다수당사자 간의 채무이행에 있어서의 분할채무원칙에 대한 특별규정이다.[15]

조합의 채무는 조합원의 채무로서 특별한 사정이 없는 한 조합채권자는 각 조합원에 대하여 지분의 비율에 따라 또는 균일적으로 변제의 청구를 할 수 있을 뿐이나, 조합채

---

12) 大判 2004.3.26, 2003다34045.

13) 大判 2009.09.10, 2009다41786

14) 大判 2007.03.15, 2006다73072

15) 大判 1987.6.23, 86다카633.

무가 특히 조합원 전원을 위하여 상행위가 되는 행위로 인하여 부담하게 된 것이라면 상법 제57조 제1항을 적용하여 조합원들의 연대책임을 인정함이 상당하다.[16]

연대채무를 부정한 사례로는 기업 그룹의 조달본부가 그룹 산하의 계열회사의 소요물품을 구입한 사건에서 조달본부는 계열회사를 개별적으로 대리한 것에 불과할 뿐 공동하여 구입한 것으로 인정하지 않은 경우도 있다. 계열회사들의 효율적인 물품구매 및 경비절감을 위하여 그룹 내에 조달본부를 설치하여 각 계열회사들은 각자 필요한 물품을 물품구매요구서를 첨부하여 위 조달본부에 구매요구하면, 조달본부는 그룹 회장의 결제를 받아 납품업체와 계약을 체결하고 납품업체는 조달본부장의 요구에 따라 실수요회사인각 계열회사에 물품을 인도하고 세금계산서를 발행하여 왔다면 위 조달본부는 법인격 없는 그룹 내의 편의상 기구에 불과한 것으로서 조달본부의 물품구매행위는 동 그룹 안의각 독립한 법인체인 계열회사들이 조달본부에 그 대행을 위임하거나 이에 관한 대리권수여에 따른 행위로 봄이 타당하고, 따라서 각 거래는 계열회사와 물품공급회사 사이에 이루어진 것으로서 그 법률효과는 그 당사자에게만 직접 미치고 유관관계가 없는 다른 계열회사는 아무런 권리의무가 발생하지 아니하는 제3자의 지위에 있음에 불과하다 할 것인즉, 조달본부에서 물품을 발주구입하였다는 사실을 들어 상법 제57조 제1항 소정의 수인이 그 1인 또는 전원에게 상행위로 인하여 부담하는 공동구매라고는 할 수 없으므로 위 각 계열회사들 사이에 동 법조에 따른 연대 채무관계는 발생할 수 없다고 할 것이다.[17]

2.2.3.1.3. 채무자와 보증인의 연대

민법에서는 보증인이 있는 경우에 그가 주 채무자와 연대하여 보증한다는 특약이 없는한 일반보증으로 보증인은 최고 및 검색의 항변권을 가지나($^{민}_{437}$), 상법에서는 보증인이 있는 경우에 그 보증이 상행위이거나 주 채무가 상행위로 인한 것인 때에는 보증인이 연대보증을 한다는 의사표시를 하지 않은 경우에도 그 보증은 연대보증이 된다($^{상}_{57}$).

보증이 상행위라 함은 상인이 영업으로 또는 영업을 위하여 보증을 하는 경우를 말하며, 이는 채권자를 보호하기 위한 것이 아닌 채무자인 상인의 책임을 무겁게 하기 위한 것이므로 채무자가 상인인 경우에만 적용되는 것이며, 채권자만 상인인 경우에는 적용하지 않는다(다수설). 주 채무가 상행위로 인한 것이라 함은 주된 채무가 채무자의 상행위로 인하여 발생한 경우를 뜻한다.

---

16) 大判 1998.3.13, 97다6919; 大判 1995.8.11, 94다18638; 大判 1992.11.27, 92다30405.

17) 大判 1987.6.23, 86다카633.

☞ 연대보증과 보증연대의 차이점

	연대보증	보증연대
의의	보증인이 주 채무자와 연대하여 부담하는 채무	수인의 보증인 사이에 연대하여 특약이 있는 경우
성질	・부종성: O(주 채무가 소멸하면 보증채무도 소멸) ・보충성: 없음(최고・검색의 항변권 없음). ・분별의 이익: 없음(어느 채무에 대하여도 주 채무의 전액청구가능)	・부종성: X(주 보증채무 소멸하면 타 보증채무 소멸) ・보충성: 있음(최고・검색의 항변권이 있음) ・분별의 이익: 없음 ・채권자에 대한 관계: 보통 보증과 같음

2.2.3.1.4. 상사채무의 이행

(1) 채무이행의 장소

민법상 채무이행의 장소는 당사자 간의 채무이행의 장소에 대해 합의를 하지 않으면, 특정물의 인도는 채권성립 당시에 그 물건이 있었던 장소에서, 특정물인도 이외의 채무변제는 지참채무(채권자의 주소・영업소)이든 추심채무(채무자의 주소・영업소)이든 관계없이 채권자의 현 주소에서 또는 영업의 경우에는 채권자의 현 영업소에서 하도록 하고 있다($\frac{민}{467}$).

상법은 상사채무의 이행장소에 대하여 지점거래에 있어서의 채무이행장소에 대하여만 규정하고 있는데, 지점에서의 거래로 인한 채무이행의 장소가 그 행위의 성질 또는 당사자의 의사표시에 의하여 특정되지 아니한 경우에는 특정물의 인도 이외의 채무의 이행은 그 지점을 이행장소로 본다($\frac{상}{56}$)고 규정하고 있다. 따라서 상법규정에 의하면 본점에 해당하는 민법상의 채권자의 영업소가 아닌 지점에서 거래한 경우와 특정물 이외의 거래의 경우에는 지점을 이행장소로 보는 것이며, 특정물의 경우에는 민법처럼 채권성립 당시에 그 물건이 있었던 장소에서 하게 될 것이다.

(2) 채무이행의 시기

법령 또는 관습에 의하여 영업시간이 정하여져 있는 때에는 채무의 이행 또는 이행의 청구는 그 시간 내에 하여야 한다($\frac{상}{63}$). 민법상으로는 명문의 규정이 없지만 신의성실의 원칙상 이와 동일하게 해석되어야 하므로, 이 상법의 규정은 민법에 대하여 특칙으로서의 의미는 없고 주의규정에 불과하다(주의적 규정설: 통설).

2.2.3.2. 채권각칙에 대한 특칙

2.2.3.2.1. 상사계약의 성립시기

(1) 대화자 간의 계약의 성립시기

민법에는 대화자 간의 계약의 성립시기에 관하여 특별한 규정을 두고 있지 않으나, 상법은 대화자 간의 계약의 성립시기에 대하여 규정하고 있다. 즉 대화자 간의 계약의 청약은 상대방이 즉시 승낙하지 아니한 때에는 그 효력을 잃는다($^{상}_{51}$).

(2) 격지자 간의 계약의 성립시기

과거 상법은 격지자 간의 계약의 성립시기에 대해 규정하고 있었으나 2010년 5월 14일에 폐지하였다.[18]

2.2.3.2.2. 계약청약을 받은 자의 의무

민법상 계약의 청약은 철회하지 못하게 함으로써, 청약자는 청약에 구속되나($^{민}_{527}$) 청약을 받은 상대방은 청약에 대하여 낙부통지의무를 부담하지 않는다. 반면에 상법에서의 계약의 청약은 상거래의 신속을 도모하고 상대방의 지연된 승낙거절로 인하여 청약자에게 발생하는 손해를 방지하고, 상대방의 거래 시마다 승낙통지 필요 없이 계약을 체결시킬 수 있는 상대방의 편의를 위하여 일정한 경우에는 청약을 받은 상인에 대하여 낙부통지의무($^{상}_{53}$)와 물건보관의무($^{상}_{60}$)를 부과하고 있다.

---

18) 구상법은 격지자 간의 계약의 성립시기에 관하여 승낙기간을 정한 경우에 대하여는 특별히 규정하고 있지 않고, 승낙기간을 정하지 않은 경우에 대하여만 특별히 규정하고 있다. 즉 격지자 간의 계약의 청약은 승낙기간이 없으면 상대방이 상당한 기간 내에 승낙의 통지를 발송하지 아니한 때에는 그 효력을 잃는다 (구상 상 52 ①). 이때 연착된 승낙은 청약자가 이를 새 청약으로 본다(구상 52 ②, 민 530). 이때의 상당한 기간은 청약이 상대방에게 도달하여 상대방이 그 내용을 받아들일지 여부를 결정하여 회신을 함에 필요한 기간을 가리키는 것으로, 이는 구체적인 경우에 청약과 승낙의 방법, 계약 내용의 중요도, 거래상의 관행 등의 여러 사정을 고려하여 객관적으로 정하여진다. 상법에는 발송한 때에 효력이 생기는 것으로 하기 때문에 연착을 연발(延發)로 이해하여야 한다고 한다(정동윤, 상법(上). 2008, 법문사, 158면). 구상법에 의하면 승낙통지를 발송한 때에 확정적으로 그 계약이 성립하고 또 그 효력이 발생한다(구상 52 ①). 따라서 이때에 민법에 의하면 불도달에 의한 불이익을 승낙자가 부담하나(승낙통지가 청약자에게 도달하지 않으면 일단 발효한 계약은 그 효력을 잃게 됨), 상법에 의하면 불도달에 의한 불이익을 청약자가 부담하는 점에서(승낙자는 승낙통지를 발송하기만 하면 계약은 발효하고 그 도달 여부와는 무관함), 민·상법은 차이가 있게 된다. 또한 이때에 상당기간 내에 발송하였으나 상당기간 경과 후 도달한 청약은 민법에 의하면 지연된 승낙으로 새로운 청약으로 볼 수 있으나(민 529, 530), 상법에 의하면 지연된 승낙이 아니므로 새로운 청약으로 볼 수 없다는 점도(상 52 ①②), 민·상법상의 차이라고 볼 수 있었다.

(1) 낙부통지의무

상인이 상시 거래관계에 있는 자로부터 그 영업 부류에 속한 계약의 청약을 받은 때에는 지체 없이 낙부의 통지를 발송하여야 한다. 이를 해태한 때에는 승낙한 것으로 본다($\frac{상}{53}$). 민법상으로는 청약을 받은 자가 승낙여부에 대한 통지를 할 의무를 부담하지 않으나 상거래의 신속함을 위해 낙부의 여부를 통지하도록 한 것이다.

청약을 받은 자는 상인이어야 하나 청약자는 반드시 상인일 필요가 없으나 상시거래관계에 있어야 한다. 또한 영업 부류에 속한 거래이어야 하는데, 영업 부류에 속한 거래라 함은 청약을 받은 상인이 영업으로 행하는 기본적 상행위(당연상인의 경우) 또는 준상행위(의제상인의 경우)에 속하여야 하며, 보조적 상행위는 제외된다.

통상의 금융거래에 있어서 연대보증인에서 제외시켜 달라는 채무자측의 요청은, 채권자인 금융기관의 입장에서 볼 때 이미 다른 확실한 물적·인적 담보가 확보되어 있다거나 또는 그 연대보증에 대신할 만한 충분한 담보가 새로이 제공된다는 등의 특별한 사정이 없는 한 그에 대한 승낙이 당연히 예상된다고 할 수는 없기 때문에, 위와 같은 특별한 사정이 없는 연대보증인 제외 요청에 대하여 금융기관이 승낙 여부의 통지를 하지 않았다고 하여 상법 제53조에 따라 금융기관이 그 요청을 승낙한 것으로 볼 수는 없다.[19]

(2) 물건보관의무

상인이 그 영업부류에 속한 계약의 청약을 받은 경우에 견품 기타의 물건을 받은 때에는 그 청약을 거절한 때에도 청약자의 비용으로 그 물건을 보관하여야 한다. 그러나 그 물건의 가액이 보관의 비용을 상환하기에 부족하거나 보관으로 인하여 손해를 받을 염려가 있는 때에는 그러하지 아니한다($\frac{상}{60}$).

이는 상거래에 있어 청약을 받은 상인에게 일정한 범위 내에서 청약과 동시에 송부받은 견품 등 물건에 관하여 그 청약을 거절하는 경우라도 이를 반송할 때까지 보관의무를 지움과 아울러 그 보관에 따르는 비용의 상환을 구할 수 있음을 정한 규정이다. 보관을 함에 있어서는 선량한 관리자의 주의의무를 요한다(통설). 본 규정은 송부받은 물건의 현상이나 가치를 반송할 때까지 계속 유지, 보존하는 데 드는 보관비용의 상환에 관하여 규율하고 있을 뿐 그 물건이 보관된 장소의 사용이익 상당의 손해의 배상에 관한 규정은 아니다. 또한 기계의 점유자가 그 기계장치를 계속 사용함에 따라 마모되거나 손상된 부품을 교체하거나 수리하는 데에 소요된 비용은 통상의 필요비에 해당하고, 그러한 통상

---

19) 大判 2007.05.10, 2007다4691,4707

의 필요비는 점유자가 과실을 취득하면 회복자로부터 그 상환을 구할 수 없다.[20]

2.2.3.2.3. 상사매매

상인 사이에 행하여진 상행위에만 적용되는 상사매매에 관한 특칙은 매도인의 목적물의 공탁·경매권(상67), 확정기매매의 해제(상68), 매수인의 목적물 검사·하자통지의무(상69) 및 매수인의 목적물 보관·공탁의무(상70) 등이다. 상사매매에 관한 규정은 상인 간의 상행위에만 적용되므로 일방이라도 상인이 아닌 경우이거나 상행위가 아닌 때에는 상사매매에 관한 규정이 적용되지 않고 민법상의 매매에 관한 규정이 적용된다.

(1) 매수인의 수령지체: 매도인의 공탁권 또는 경매권

1) 공탁권

상인 간의 매매에 있어서 매수인이 목적물의 수령을 거부하거나 이를 수령할 수 없는 때에는 매도인은 그 물건을 공탁할 수 있다. 이 경우에는 지체 없이 매수인에 대하여 그 통지를 발송하여야 한다(상67①). 매매의 목적물을 공탁하여 인도의무를 면할 수 있음은 민법규정과 같으나, 다만 매수인에 대하여 그 공탁의 통지를 발송만 하면 되는 점이 통지가 도달되어야 하는 민법(민458, 111③)과 다를 뿐 큰 차이점이 있는 것은 아니다.

2) 경매권(자조매각권)

상인 간의 매매에 있어서 매수인이 목적물의 수령을 거부하거나 이를 수령할 수 없는 때에는 매도인은 그 물건을 상당한 기간을 정하여 최고한 후 경매할 수 있다. 이 경우에는 지체 없이 매수인에 대하여 그 통지를 발송하여야 한다(상67②). 이 경우에 매수인에 대하여 최고를 할 수 없거나 목적물이 멸실 또는 훼손될 염려가 있는 때에는 최고 없이 경매할 수 있다(상67②). 매도인이 그 목적물을 경매한 때에는 그 대금에서 경매비용을 공제한 잔액을 공탁하여야 한다. 그러나 그 전부나 일부를 매매대금에 충당할 수 있다(상67③). 민법에서는 공탁이 원칙이고, 경매의 경우에는 법원의 허가를 얻어서 할 수 있다는 점에서 차이가 있다. 즉 민법상으로는 변제의 목적물이 공탁에 적당하지 아니하거나 멸실 또는 훼손될 염려가 있거나 공탁에 과다한 비용을 요하는 경우에 한하여 변제자는 법원의 허

---

20) 大判 1996.7.12, 95다41161, 41178.

가를 얻어 그 물건을 경매하거나 시가로 방매하여 대금을 공탁할 수 있을 뿐, 경매대금으로 매매대금에 충당할 수 없다($\frac{민}{490}$).

(2) 확정기매매의 해제

상인 간의 매매에 있어서 매매의 성질 또는 당사자의 의사표시에 의하여 일정한 일시 또는 일정한 기간 내에 이행하지 아니하면 계약의 목적을 달성할 수 없는 경우에 당사자의 일방이 이행시기를 경과한 때에는 상대방은 즉시 그 이행을 청구하지 아니하면 계약을 해제한 것으로 본다($\frac{상}{68}$). 상인 간의 확정기매매의 경우에는 별도의 계약해제의 의사표시조차도 필요 없이 계약을 해제한 것으로 보는 것이다. 그러나 민법은 계약의 성질 또는 당사자의 의사표시에 의하여 일정한 시일 또는 일정한 기간 내에 이행하지 아니하면 계약의 목적을 달성할 수 없을 경우에 당사자일방이 그 시기에 이행하지 아니한 때에는 상대방은 최고를 하지 아니하고 계약을 해제할 수 있다고 규정하여 민법상 해제의 의사표시가 필요하다는 점에서 차이가 있다($\frac{민}{545}$).

상인간의 확정기매매의 경우 당사자의 일방이 이행시기를 경과하면 상대방은 이행의 최고나 해제의 의사표시 없이 바로 해제의 효력을 주장할 수 있는바, 상인간의 확정기매매인지 여부는 매매목적물의 가격 변동성, 매매계약을 체결한 목적 및 그러한 사정을 상대방이 알고 있었는지 여부, 매매대금의 결제 방법 등과 더불어 이른바 C.I.F. 약관과 같이 선적기간의 표기가 불가결하고 중요한 약관이 있는지 여부, 계약 당사자 사이에 종전에 계약이 체결되어 이행된 방식, 당해 매매계약에서의 구체적인 이행상황 등을 종합하여 판단하여야 한다.[21]

판례에 따르면 상인 사이에 이루어진 선물환계약은 그 약정 결제일에 즈음하여 생길 수 있는 환율변동의 위험(이른바 환리스크)을 회피하기 위하여 체결되는 것으로서 그 성질상 그 약정 결제일에 이행되지 않으면 계약의 목적을 달성할 수 없는 상법 제68조 소정의 확정기매매라고 판시하고 있다.[22]

(3) 매수인의 검사·통지의무

민법에서는 매매의 목적물에 하자 또는 수량부족이 있는 경우에 매도인이 하자담보책임을 지고, 매수인에게는 악의인 경우에는 계약한 날로부터 1년 내, 선의이면 그 사실을

---

21) 大判 2009.07.09, 2009다15565
22) 大判 2003.4.8, 2001다38593.

안 날로부터 1년 또는 6월 내에 대금감액청구권, 계약해제청구권, 손해배상청구권이 인정된다(민570이하).

상인 간의 매매에 있어서 매수인이 목적물을 수령한 때에는 지체 없이 이를 검사하여야 하며 하자 또는 수량의 부족을 발견한 경우에는 즉시 매도인에게 그 통지를 발송하지 아니하면 이로 인한 계약해제, 대금감액 또는 손해배상을 청구하지 못한다. 매매의 목적물에 즉시 발견할 수 없는 하자가 있는 경우에 매수인이 6월 내에 이를 발견한 때에도 같다(①69). 그러나 매도인이 악의인 경우에는 적용하지 아니한다(②69). 검사의 정도와 방법은 그 목적물을 거래하는 상인에게 일반적으로 요구되는 객관적인 주의의무를 가지고 하면 된다. 검사 없이 통지의무만 이행하여도 담보책임을 물을 수 있다고 보는데, 검사는 통지의무를 이행하기 위한 작업에 불과하기 때문이다. 검사와 하자통지의무는 담보책임을 추궁하기 위한 전제요건이므로, 매수인이 이에 대한 증명책임을 진다.

매수인의 목적물의 검사와 하자통지의무에 관한 규정의 취지는 상인 간의 매매에 있어 그 계약의 효력을 민법 규정과 같이 오랫동안 불안정한 상태로 방치하는 것은 매도인에 대하여는 인도 당시의 목적물에 대한 하자의 조사를 어렵게 하고 전매의 기회를 잃게 될 뿐만 아니라, 매수인에 대하여는 그 기간 중 유리한 시기를 선택하여 매도인의 위험으로 투기를 할 수 있는 기회를 주게 되는 폐단 등이 있어 이를 막기 위하여 하자를 용이하게 발견할 수 있는 전문적 지식을 가진 매수인에게 신속한 검사와 통지의 의무를 부과함으로써 상거래를 신속하게 결말짓도록 한 것이다.[23] 즉 민법상의 매도인의 담보책임에 대한 특칙으로 전문적 지식을 가진 매수인에게 신속한 검사와 통지의 의무를 부과함으로써 상거래를 신속하게 결말짓도록 하기 위한 규정으로서 그 성질상 임의규정으로 보아야 할 것이고 따라서 당사자간의 약정에 의하여 이와 달리 정할 수 있다고 할 것이다.[24]

매수인의 검사·통지의무는 상인 간에서만 적용된다는 점에서 일방적 상행위를 규정한 제3조의 예외라 할 수 있다. 판례도 매수인에게 즉시 목적물의 검사와 하자통지를 할 의무를 지우고 있는 상법 제69조의 규정은 상인 간의 매매에 적용되는 것이라고 판시하고 있다.[25]

---

23) 大判 1987.7.21, 86다카2446.

24) 大判 2008.05.15, 2008다3671

25) 大判 1993.6.11, 93다7174, 7181(반소).

(4) 매수인의 보관·공탁의무

매수인의 목적물의 검사와 하자통지의무의 경우에 매수인이 계약을 해제한 때에도 매도인의 비용으로 매매의 목적물을 보관 또는 공탁하여야 한다. 그러나 그 목적물이 멸실 또는 훼손될 염려가 있는 때에는 법원의 허가를 얻어 경매하여 그 대가를 보관 또는 공탁하여야 한다(상 70①). 이 경우 매수인이 경매한 때에는 지체 없이 매도인에게 그 통지를 발송하여야 한다(상 70②).

그러나 목적물의 인도 장소가 매도인의 영업소 또는 주소와 동일한 특별시·광역시·시·군에 있는 때에는 이를 적용하지 아니한다(상 70③). 매도인이 매수인에게 인도한 물건이 매매의 목적물과 상위하거나 수량이 초과한 경우에 그 상위 또는 초과한 부분에 대해서도 같다(상 71). 민법에서는 매매목적물의 하자 또는 수량부족으로 매수인이 계약을 해제한 때에 당사자는 원상회복의무만을 진다(민 548). 매수인이 보관·공탁·경매의무를 위반한 때에는 매도인에 대하여 손해배상책임을 진다는 점에서 매수인의 목적물 검사·하자통지의무를 위반한 경우와 다르다.

2.2.3.2.4. 소비대차의 이자

민법상 소비대차는 당사자 간에 특약이 없는 한 무이자가 원칙이나(민 598, 600, 601), 상인 간에서 금전의 소비대차를 한 때에는 대주는 법정이자를 청구할 수 있다(상 55). 상인 간에만 적용되므로 상인과 비상인 간의 소비대차에는 적용이 없다.

2.2.3.2.5. 보수청구권

민법상 위임계약에서 수임인은 특별한 약정이 없으면 위임인에 대하여 보수를 청구하지 못하나(민 686), 상인이 그 영업범위 내에서 타인을 위하여 행위를 한 때에는 이에 대하여 상당한 보수를 청구할 수 있다(상 61). 영업범위 내에서의 행위이어야 하는데 영업으로 하여야 하기 때문에 영업으로 하는 기본적 상행위뿐만 아니라 영업을 위하여 하는 보조적 상행위도 포함된다.

상법 제61조는 상인이 그 영업범위 내에서 타인을 위하여 행위를 한 때에는 이에 대하여 상당한 보수를 청구할 수 있다고 규정하고 있는바, 이는 타인을 위하여 어떠한 행위를 하여도 특약이 없으면 보수를 청구할 수 없다는 민법 제686조, 제701조의 규정과 달리, 상인의 행위는 영리를 목적으로 하고, 영업범위 내에서 타인을 위하여 노력을 제공한 때에는 그 보수를 기대하고, 이로 인하여 이익을 얻은 자는 응분의 보수를 지급하는 것이 상거래의 통념에 부합한다고 보아서 인정되는 규정이므로, 당사자 사이에 이를 배제하는 특약이 있는 경우에는 그 적용이 없다고 할 것이다.[26]

2.2.3.2.6. 체당금의 이자

민법상 수임인($^{민}_{②}$ ^{688})과 수치인($^{민}_{①}$ ^{701})에 대하여는 체당금에 대한 법정이자청구권을 인정하고 있으나, 사무관리의 경우에는 관리자가 본인을 위하여 필요비 또는 유익비를 지출한 때에는 본인에 대하여 그 상환을 청구할 수 있다고만 규정하여($^{민}_{①}$ ^{739}) 관리자에게 체당금에 대한 법정이자청구권을 인정하고 있지 않다. 그러나 상인이 그 영업범위 내에서 타인을 위하여 금전을 체당한 때에는 체당한 날 이후의 법정이자를 청구할 수 있다($^{상}_{②}$ ^{55}). 체당이란 널리 타인을 위하여 그의 채무를 변제하기 위하여 금전을 지출하는 것을 가리키며, 체당은 영업을 위하여 하여야 한다.

2.2.3.2.7. 상사임치

민법은 무상수치인의 주의의무에 대하여 보수 없이 임치를 받은 자는 임치물을 자기의 재산과 동일한 주의로 보관하여야 한다고 규정하고 있으나($^{민}_{695}$), 상법은 일반상인의 무상임치책임에 대하여 상인이 그 영업범위 내에서 물건의 임치를 받은 경우에는 보수를 받지 아니하는 때에도 선량한 관리자의 주의를 하여야 한다고 규정하여($^{상}_{62}$), 민법상 무상수치인의 주의의무보다 그 주의의무를 가중하고 있다. 선량한 관리자의 주의라 함은 임치받은 자의 직업 또는 지위에 있는 자에게 요구되는 정도의 객관적 표준에 의한 주의를 가리킨다. 다만, 수치인이 적법하게 임치계약을 해지하고 임치인에게 임치물의 회수를 최고하였음에도 불구하고 임치인의 수령지체로 반환하지 못하고 있는 사이에 임치물이 멸실 또는 훼손된 경우에는 수치인에게 고의 또는 중대한 과실이 없는 한 채무불이행으로 인한 손해배상책임이 없다.[27]

2.2.3.2.8. 상사시효

상행위로 인한 채권은 본법에 다른 규정이 없는 때에는 5년간 행사하지 아니하면 소멸시효가 완성한다. 그러나 다른 법령에 이보다 단기의 시효의 규정이 있는 때에는 그 규정에 의한다($^{상}_{64}$). 상사시효제도는 대량, 정형, 신속이라는 상거래 관계 특유의 성질에

---

26) 大判 2007.09.20, 2006다15816
27) 大判 1983.11.8, 83다카1476.

기인한 제도이다.[28]

당사자 쌍방에 대하여 모두 상행위가 되는 행위로 인한 채권뿐만 아니라 당사자 일방에 대하여만 상행위에 해당하는 행위로 인한 채권도 5년의 소멸시효기간이 적용되는 상사채권에 해당하는 것이고, 그 상행위는 상법 제46조 각 호에 해당하는 기본적 상행위뿐만 아니라, 상인이 영업을 위하여 하는 보조적 상행위도 포함된다. 상사시효가 적용 되는 채권은 직접 상행위로 인하여 생긴 채권뿐만 아니라 상행위로 인하여 생긴 채무의 불이행에 기하여 성립한 손해배상채권도 포함된다.[29] 그러나 불법행위로 인한 채권, 비상인 간의 채권거래에는 적용되지 않는다.

소멸시효는 객관적으로 권리가 발생하여 그 권리를 행사할 수 있는 때로부터 진행하고 그 권리를 행사할 수 없는 동안만은 진행하지 않는다. '권리를 행사할 수 없는' 경우라 함은 그 권리행사에 법률상의 장애사유, 예컨대 기간의 미도래나 조건불성취 등이 있는 경우를 말하는 것이고, 사실상 권리의 존재나 권리행사 가능성을 알지 못하였고 알지 못함에 과실이 없다고 하여도 이러한 사유는 법률상 장애사유에 해당하지 않는다.[30]

☞ 민법에 대한 상법의 특칙

		민법	상법
총칙	대리의 방식	현명주의	X
	본인의 사망과 대리권	대리권 소멸	대리권 존속
	상행위의 수임인의 권한	선량한 관리자의 주의의무로 위임 밖의 행위도 가능	위임 밖의 행위도 가능(주의적 규정)
	소멸시효기간	10년	5년

		민법	상법
물권	유치권	일방이 상인(채권과 목적물 견련 필요)	쌍방이 상인(채권과 목적물 견련 불요)
	유질계약의 허용여부	불허	허용

---

28) 大判 2005.11.10, 2004다22742.

29) 大判 1997.8.26, 97다9260.

30) 大判 2006.4.27., 2006다1381; 大判 2007.05.31, 2006다63150

		민법	상법
채권총칙	법정이율	연 5%(연 5分)	연 6%(연 6分)
	연대채무	원칙적 균등한 비율에 의한 부담	연대채무
	연대보증	일반보증(최고·검색의 항변권 O)	연대보증(최고·검색의 항변권 X)
	채무이행의 장소	지참채무이행	지점거래의 채무이행 장소만 규정
	채무이행의 시기	거래관습, 신의칙	영업시간 내(주의적 규정)

		민법	상법
채권각칙	대화자 간의 계약성립시기	규정 없음	청약과 동시에 승낙하여야 효력발생
	계약청약을 받은 자의 의무	청약자 – 청약철회 불가	피청약자 – 낙부통지의무, 물건보관의무
	변제자, 매도인의 공탁권	채권자가 변제거부, 변제수령불령, 공탁 시 통지	매수인이 수령거부, 수령불능, 공탁시 통지
	변제자, 매도인의 경매권	변제의 목적물이 공탁에 적합하지 않거나 멸실 또는 훼손될 염려가 있거나 공탁에 과다한 비용을 요하는 경우 법원의 허가를 얻어서 하여야 하고, 경매대금은 공탁하여 함	공탁과 같고 민법상의 경매권의 요건 불필요(선택적 행사), 다만 수령의 최고를 요하나 최고가 불가능하거나 목적물이 멸실 또는 훼손될 염려가 있는 경우에는 최고 없이 가능하고, 경매대금은 공탁않고 매매대금 충당가
	정기행위, 확정기 매매	해제권 발생, 별도 의사표시 요함	별도의 의사표시 없이 해제
	매수인의 검사·통지의무	X	O
	매수인의 보관·공탁의무	X	O
	소비대차의 이자	무이자원칙	이자원칙
	수임인·수치인 보수청구권	보수청구권 불인정	보수청구권 인정
	체당금의 이자	체당금에 대한 법정이자 청구권 없음	체당금에 대한 법정이자 청구권 인정
	무상임치인의 주의의무	자기 재산과 동일한 주의의무	선관주의의무

2.2.4. 유가증권에 관한 규정

2.2.4.1. 유가증권의 의의

2.2.4.1.1. 유가증권의 개념

일반적으로 유가증권이란 재산적 가치 있는 사권(사권 중 재산권만 해당하고 신분권은 해당하지 않음)이 표창된 증권을 말한다. 이러한 유가증권이 되기 위해서는 두 가지 요소가 필요한데, 그 첫째는 재산적 가치 있는 사권의 화체화(化體化: 무형의 권리를 눈에 보이는 형태로 바꾸는 것)이고, 둘째는 권리의 행사와 관련하여 어느 정도 증권소지가 필요한가 하는 결합요소이다. 즉 유가증권은 재산권 예컨대, 채권증권(화물상환증, 창고증권, 선하증권, 어음, 수표 등)이나 사원증권(주권)을 유통시키기 위하여 서면에 화체시켜, 그 권리를 행사하기 위하여 권리의 발생, 행사, 이전의 전부 또는 일부단계에 증권의 소지를 요하는 두 가지 요소로 결합되어 있다고 할 수 있다. 증권의 소지가 어느 정도로 요구되는가에 대하여 네 개의 학설이 있다. 즉 제1설은 권리의 발생·이전·행사의 전부 또는 일부에 증권의 소지를 요하는 것이라고 하고(다수설), 제2설은 권리의 이전(처분)과 행사에 증권의 소지를 요하는 것이라고 하고, 제3설은 권리의 이전(처분)에 증권의 소지를 요하는 것이라고 하며, 제4설은 권리의 행사(주장)에 증권의 소지를 요한다는 것이라고 한다.

결론적으로 유가증권인지 여부는 화체될 수 있는 권리인가 여부와 그 화체된 권리가 발생, 행사, 이전될 수 있는가에 따라 결정될 것이다. 예컨대, 창고증권(화물상환증, 선하증권)은 화체될 수 있고 이전이 가능하므로 유가증권이라 볼 수 있을 것이고, 승차권 역시 운송에 대한 채권을 나타내고 양도가 가능하므로 유가증권으로 볼 수 있을 것이나(통설), 항공권은 승객의 이름이 적혀 있고 양도가 금지되는 것이 일반적이므로 이전을 할 수 없으므로 유가증권으로 볼 수 없을 것이다. 상품권은 물품구입에 대한 권리가 화체된 것이고 양도가능하므로 유가증권으로 볼 수 있을 것이다. 금권(지폐, 우표, 수입인지)은 그 자체가 법률상 특정한 가치를 보유하는 증권이기 때문에 재산적 가치를 표창하는 것이 아니기 때문에 유가증권이 아니다.

2.2.4.1.2. 유가증권의 종류

(1) 완전·불완전유가증권

권리의 발생·이전·행사의 전부에 증권의 소지를 요하는 유가증권을 완전유가증권이라고 하고, 권리의 발생·이전·행사의 일부에만 증권의 소지를 요하는 유가증권을 불완전유가증권이라 한다.

(2) 기명·무기명·지시·선택무기명증권

기명증권이란 증권상에 특정인을 권리자로 기재한 유가증권으로서 지시증권이 아닌 것을 말한다. 무기명증권(소지인출급식 유가증권)이란 증권상에 권리자가 기재되어 있지 않고 증권의 정당소지인을 권리자로 인정하는 유가증권이다. 지시증권이란 증권상에 특정인을 권리자로 지정하지만, 한편 그가 지시하는 자도 권리자로 인정하는 유가증권이다. 선택무기명증권(지명 소지인출급식증권)이란 증권상에 특정인을 권리자로 지정하여 그 기재자가 권리를 행사하거나 또는 증권의 정당한 소지인도 권리자가 될 수 있다는 뜻을 기재한 유가증권이다.

(3) 설권·비설권증권

증권의 작성에 의하여 비로소 권리가 창설되는 증권을 설권증권이라 하고, 이미 존재하는 권리를 단순히 증권에 표창한 증권을 비설권증권이라고 한다.

(4) 유인·무인증권

증권상의 권리의 발생이 증권의 발행행위 자체 외에 그 증권을 발행하게 된 원인관계와 관계를 갖고 있는 증권을 유인증권(요인증권)이라고 하고, 증권상의 권리의 발생이 그 원인관계와 관계가 없는 증권을 무인증권(불요인증권, 추상증권)이라고 한다.

(5) 증권에 표창된 권리의 종류에 의한 분류

채권증권은 금전, 물건의 지급을 청구할 수 있는 권리, 즉 채권이 표창된 유가증권으로 물권적 효력이 인정된 물권증권이나 사원권증권을 제외한 모든 유가증권이 채권적 유가증권이다. 물권증권이란 물권을 표창하는 증권으로 우리나라는 인정되지 않고 있다. 사원권증권이란 회사의 사원의 지위를 표창하는 유가증권으로 주권이 여기에 해당한다.

2.2.4.1.3. 유가증권과 구별되는 증권

(1) 증거증권

증거증권은 실질적인 법률관계의 유무나 내용을 증명하는 자료로서만 의미가 있는 증서이다. 따라서 그 증서의 유무에 의하여 법률관계의 유무나 내용 자체가 변하는 것은 아니고 단지 증거로 쓰이는 것으로 차용증서, 영수증 등이 있다.

(2) 면책증권

면책증권이란 채무자가 증권의 정당한 소지인에게 변제를 하면 악의 또는 중대한 과실이 없는 한 면책되는 효력이 부여되는 증권을 말한다. 예금증서, 철도수하물상환증 등이 그 예다.

2.2.4.2. 유가증권에 관한 특례

금전의 지급청구권, 물건 또는 유가증권의 인도청구권이나 사원의 지위를 표시하는 유가증권에 대하여는 다른 법률에 특별한 규정이 없으면 민법의 증권채권에 관한 규정($^{민\ 508}_{\sim\ 525}$) 및 어음법 규정의 일부($^{어}_{및②}^{12\ ①}$)를 준용하고 있다($^{상\ 65}_{①}$).

금전의 지급을 목적으로 하는 유가증권이란 어음·수표·채권 등을 의미하고, 물건의 인도청구권을 표시하는 유가증권이란 화물상환증·창고증권·선하증권·상품권 등을 의미하고, 유가증권의 인도를 표시하는 유가증권이란 승차권·승선권 등의 인도를 청구할 수 있는 유가증권, 예컨대, 여행권을 의미한다. 사원의 지위를 표시하는 유가증권이란 주권(株券)을 말한다.

위 유가증권은 전자등록기관의 전자등록부($^{상\ 356}_{의2\ ①}$)에 등록하여 발행할 수 있다($^{상\ 65}_{②}$). 즉 회사는 주권을 발행하는 대신 정관에서 정하는 바에 따라 전자등록기관(유가증권 등의 전자등록 업무를 취급하는 것으로 지정된 기관을 말함)의 전자등록부에 주식을 등록할 수 있다. 이 경우 전자등록부에 등록된 주식의 양도나 입질(入質)은 전자등록부에 등록하여야 효력이 발생하며, 전자등록부에 주식을 등록한 자는 그 등록된 주식에 대한 권리를 적법하게 보유한 것으로 추정하며, 이러한 전자등록부를 선의(善意)로, 그리고 중대한 과실 없이 신뢰하고 위 등록에 따라 권리를 취득한 자는 그 권리를 적법하게 취득한 것으로 본다. 전자등록의 절차·방법 및 효과, 전자등록기관의 지정·감독 등 주식의 전자등록 등에 관하여 필요한 사항은 대통령령으로 정한다($\frac{상}{의2}\frac{65}{2}\frac{②, 356}{②~④}$).

2.2.5. 상호계산

2.2.5.1. 상호계산의 의의

2.2.5.1.1. 상호계산의 개념

상호계산은 상인 간 또는 상인과 비상인 간에 상시 거래관계가 있는 경우에, 일정한 기간의 거래로 인한 채권채무의 총액에 관하여 상계하고 그 잔액을 지급할 것을 약정하는 계약을 말한다($\frac{상}{72}$). 상호계산은 민법상의 상계($\frac{민}{492}$)와 유사하나, 민법상의 상계는 개별적인 채무를 소멸시키는 단독행위이나 상법상의 상호계산은 포괄적인 채무를 소멸시키는 계약이라는 점에서 양자는 구별된다.

2.2.5.1.2. 상호계산제도의 목적

상호계산제도는 반복적 거래의 경우 개별 거래마다 변제를 하게 되면 번거롭게 되므로, 일정기간 내의 채권·채무의 총액을 일괄하여 상계하고 그 잔액만을 지급하게 함으로써 계산을 간편하게 할 수 있기 위한 제도이다.

2.2.5.1.3. 대상채권·채무

상호계산에 계입되는 채권·채무에는 일정한 제한이 있다. 즉 상호계산능력이 있는 채권·채무는 원칙적으로 거래에서 생긴 채권·채무로서 금전채권에 한한다. 따라서 거래가 아닌 불법행위·사무관리 등에 의하여 발생한 채권·채무는 상호계산능력이 없으며 (통설), 금전채권이라도 어음 기타의 유가증권상의 채권·채무는 상호계산능력이 없다. 이는 유가증권상의 채권은 증권의 제시, 거절증서의 작성 등 특수한 행사방법을 필요로 하기 때문이다. 그러나 어음 기타의 상업증권으로 인한 채권채무를 상호계산에 계입한 경우에 그 증권채무자가 변제하지 아니한 때에는 당사자는 그 채무의 항목을 상호계산에서 제거할 수 있다($\frac{\text{상}}{73}$).

2.2.5.1.4. 상호계산기간

당사자가 상계할 기간을 정하지 아니한 때에는 그 기간은 6월로 한다($\frac{\text{상}}{74}$).

2.2.5.2. **상호계산의 효력**

2.2.5.2.1. 상호계산기간 중의 효력: 소극적 효력

(1) 당사자 간의 효력(상호계산불가분의 원칙)

상호계산제도는 일괄결제의 제도이므로 상호계산에 관한 계약이 체결되면 상호계산기간 내의 상호계산에 계입된 채권·채무는 개별성을 잃으므로 시효가 개별적으로 진행하지도 않고, 당사자가 임의로 계입된 채권·채무를 채권·채무 항목에서 누락시킬 수 없고 개별적으로 채권·채무에 대해 이행을 청구하지도 못한다. 이를 상호계산불가분의 원칙이라 한다. 다만 (어음상의 채권은 상호계산의 대상은 아니지만) 어음 기타의 상업증권으로 인한 채권채무를 상호계산에 계입한 경우에 그 증권채무자가 변제하지 아니한 때에는 당사자는 그 채무의 항목을 상호계산에서 제거할 수 있다($\frac{\text{상}}{73}$).

따라서 당사자 간에 불가분의 원칙이 지켜지므로 당사자는 계입된 채권에 대하여 이행의 청구나 상계에의 제공 등 개별적인 권리의 행사를 할 수 없을 뿐만 아니라 양도·입질·압류 등도 할 수 없다. 아울러 상호계산에 계입된 채권은 소멸시효가 정지되고 이행지체도 생기지 않는다. 다만 변제기가 변하는 것은 아니므로 이자를 붙일 수는 있다($\frac{\text{상}}{76}$).

(2) 제3자에 대한 효력

제3자가 상호계산에 계입된 채권·채무를 개별적으로 양수·입질·압류할 수 있는가의 문제는 상호계산불가분의 원칙이 제3자에게도 미치는가에 대한 문제로서, 학설은 상호계산의 효력은 제3자에게도 미친다는 견해(절대적 효력설)·상호계산의 효력은 제3자에게 미치지 않는다는 견해(상대적 효력설) 및 상호계산의 효력은 압류의 경우에만 제3자에게 미친다는 견해(절충설)로 나뉘어 있다. 이 절충설에 의하면 상호계산의 불가분성에 관한 상법의 규정은 강행규정은 아니고 당사자 간의 계약에 의한 양도금지에 지나지 않으므로 당사자가 약정에 반하여 그중 일부채권을 제3자에게 양도하거나 입질한 경우에는 선의의 제3자에 대하여는 유효하다고 보나, 압류의 경우에는 당사자 간의 계약으로 국가의 강제집행권까지 저지할 수는 없으므로 제3자의 선의·악의를 불문하고 유효하다고 본다.

2.2.5.2.2. 상호계산기간만료 후의 효력: 적극적 효력

(1) 잔액채권의 성립

상호계산기간이 만료되면 각 개별적 채권·채무를 차감하여 정산하여 잔액을 결정하게 된다. 이러한 잔액확정은 각 항목을 기재한 계산서의 승인을 통해서 하게 되는데, 당사자가 채권채무의 각 항목을 기재한 계산서를 승인한 때에는 그 각 항목에 대하여 이의를 제기하지 못한다. 그러나 착오나 탈루가 있는 때에는 이의를 제기할 수 있다($\frac{\text{상}}{75}$). 잔액확정은 계산서의 승인을 통해서 하는 것이 타당하겠으나 승인이 없어도 계산기간이 경과되면 자동적으로 잔액채권이 성립한다고 할 것이다. 이의를 제기할 수 있다는 의미에 대해 승인행위 자체는 유효하고 다만 부당이득을 원인으로 하는 반환청구를 할 수 있다는 부당이득반환청구설(통설), 승인행위 자체의 효력을 다툴 뿐만 아니라 잔액채권의 확정 자체를 다툴 수 있다는 승인행위무효설이 있다.

상계로 인한 잔액에 대하여는 채권자는 계산폐쇄일 이후의 법정이자를 청구할 수 있다($\frac{\text{상}}{76}$). 그러나 당사자는 특약으로 각 항목을 상호계산에 계입한 날로부터 이자를 붙일 것을 약정할 수 있다($\frac{\text{상}}{76}$).

(2) 잔액채권확정의 법적 성질

상호계산의 각 당사자가 승인함으로써 확정되는 잔액채권의 법적 성질에 대해 통설은 구채권·채무를 소멸시키고 신채권·채무를 발생시키는 경개계약이라고 본다. 이에 대해 잔액의 승인 행위는 종래의 채권채무의 합산결과를 확인하는 데 지나지 않는다고 보는 유인적 확인계약설, 유인적 잔액채권과는 별개로 승인에 의하여 새로이 무인적 잔액채권이 발생한다고 보는 무인적 채무승인설 등이 있다.

2.2.5.3. 상호계산의 종료

상호계산은 존속기간의 만료 등 계속적 계약의 일반적 종료원인에 의하여 종료하는 외에 상법상 해지에 의하여 종료한다. 즉 각 당사자는 언제든지 상호계산을 해지할 수 있다. 이 경우에는 즉시 계산을 폐쇄하고 잔액의 지급을 청구할 수 있다($\frac{\text{상}}{77}$). 그 밖에도 당사자의 해지, 당사자 일방의 파산, 상시 거래관계의 종료 등으로 상호계산이 종료되며, 상호계산 계약이 종료되면 즉시 계산을 폐쇄하고 잔액의 지급을 청구할 수 있다.

2.2.6. 익명조합

2.2.6.1. 익명조합의 의의

2.2.6.1.1. 개념

익명조합은 당사자의 일방이 상대방의 영업을 위하여 출자하고 상대방은 그 영업으로 인한 이익을 분배할 것을 약정하는 계약이다($\frac{\text{상}}{78}$). 익명조합계약은 당사자의 일방이 상대방의 영업을 위하여 출자를 하고 그 영업에서 발생하는 이익을 분배할 것을 약속하는 것이므로, 당사자 사이에 영업으로 인한 이익을 분배할 것이 약정되어 있지 않는 이상 그 법률관계를 익명조합관계라고 할 수 없다.[31] 또한 당사자의 일방이 상대방의 영업을 위하여 출자를 하는 경우라 할지라도 그 영업에서 이익이 발생하였는지 여부를 묻지 않고 상대방이 정기적으로 일정한 금액을 지급하기로 약정한 경우에는 이익이라는 명칭을 사용하였다 하더라도 그것은 상법상의 익명조합계약이라고 할 수 없다.[32] 예컨대, 음식점 시설제공자의 이익여부에 관계없이 정기적으로 일정액을 지급할 것을 약정하되 대외적 거래관계는 경영자가 그 명의로 단독으로 하여 그 권리의무가 그에게만 귀속되는 동업관계는 상법상 익명조합도 아니고 민법상 조합도 아니다.[33]

당사자는 영업자와 익명조합원인데, 익명조합원의 자격에는 제한이 없으므로 자연인·법인인가 상인·비상인이든 상관이 없으며, 신용 또는 노무의 출자를 제외하고 금전 기타의 재산에 한하여 출자를 하는 자이다. 익명조합원은 출자의무와 이익분배를 요구할 권리를 가지고 영업자는 영업활동을 하고 그 이익을 분배하여야 의무를 부담하게 된다. 손실분담은 익명조합 요소는 아니다.

---

31) 大判 2009.04.23, 2007도9924

32) 大判 1962.12.27, 62다660.

33) 大判 1983.5.10, 81다650.

2.2.6.1.2. 익명조합의 목적

익명조합은 자본을 제공하는 자본가는 영업활동을 하지 않고 실제로 영업을 하는 경영자가 대외적으로 영업활동을 하는 형태의 기업이다. 따라서 자본가는 직접경영을 하지 않고 배후에서 투자하여 이익을 얻고, 경영자는 이자 없는 자금을 제공받아 외부에 독자적으로 활동을 하는 형태의 기업을 말한다. 이 익명조합은 대외적으로 경영자만이 책임을 지므로 거래관계가 간단명료하여 민법상의 조합원 전원이 업무를 집행하는 조합에 비하여 상거래에 적합한 형태의 공동기업이다. 또한 회사법상 합자회사와 같은 구조를 가지고 있으나 다음과 같은 점에서 차이가 있다.

☞ 익명조합과 합자회사의 비교

	익명조합	합자회사
법률관계	계약관계	사단법인
권리의무의 주체	영업자	회사
기업의 재산	영업자의 재산(익명조합원의 재산이 아님)	회사의 재산
출자자 공시	익명조합원은 등기사항이 아님	유한책임사원 등기사항
제3자에 대한 책임	익명조합원은 영업자의 채권자에 대하여 책임 없음	유한책임사원은 출자액을 한도로 회사채권자에 대하여 직접 책임
파산	익명조합원은 출자반환 청구권 있음	유한책임사원은 출자를 상실하게 됨

2.2.6.2. 익명조합의 효력

2.2.6.2.1. 대내적 효력

(1) 출자

익명조합원의 출자목적물은 금전 또는 현물과 같은 재산에 한정되며, 신용이나 노무는 출자목적물이 될 수 없다($\frac{\text{상}}{272}$86). 익명조합원이 출자한 금전 기타의 재산은 법률상 영업자의 재산으로 본다($\frac{\text{상}}{79}$). 익명조합원이 영업을 위하여 출자한 금전 기타의 재산은 상대편인 영업자의 재산으로 된다 할 것이므로 그 영업자는 타인의 재물을 보관하는 자의 입장에 있지 아니하다.[34]

---

34) 大判 2009.04.23, 2007도9924

(2) 영업의 수행

익명조합에서 영업수행의무를 부담하는 자는 영업자이다($\frac{\text{상}}{78}$). 익명조합은 영업자의 단독기업이므로, 영업자는 계약에서 정한 영업을 수행할 권리를 가지는 동시에, 익명조합원이 출자한 경제적 목적을 달성하기 위하여 선량한 관리자의 주의의무로써 위 영업을 수행할 의무가 있다. 또한 영업자는 상법의 규정은 없지만 익명조합원의 최대한의 이익을 위해 이해충돌이 생길 수 있는 업무를 하지 못한다고 보아 경업금지의무를 진다고 할 것이다(다수설).

익명조합원은 합자회사의 유한책임사원과 같이 영업을 수행할 권리가 없으나($\frac{\text{상} 86}{278}$), 합자회사의 유한책임사원과 같이 영업을 감시할 권리가 있다. 따라서 익명조합원은 영업년도 말에 있어서 영업시간 내에 한하여 회사의 회계장부·대차대조표 기타의 서류를 열람할 수 있고 회사의 업무와 재산상태를 검사할 수 있고, 중요한 사유가 있는 때에는 익명조합원은 언제든지 법원의 허가를 얻어 열람과 검사를 할 수 있다($\frac{\text{상} 86}{277}$).

(3) 손익의 분배

영업자는 익명조합원에게 영업으로 인한 이익을 분배할 의무를 부담하나($\frac{\text{상}}{78}$), 익명조합원은 영업자에게 영업으로 인한 손실을 분담하지 않는 것으로 정할 수 있다($\frac{\text{상} 82}{③}$). 손실을 분담하지 아니한다는 특약이 없으면 익명조합이 가지는 공동기업으로서의 성질상 익명조합원도 손실을 분담하는 것으로 추정한다(통설). 익명조합원의 손실분담의무는 현실적 추가출자를 의미하는 것은 아니고 자본이 감소되는 데 그친다. 후에 이익이 생기는 경우에는 출자의 결손을 먼저 전보하고 잔여이익이 있을 경우 이익배당을 청구할 수 있다. 따라서 익명조합원의 출자가 손실로 인하여 감소된 때에는 익명조합원은 그 손실을 전보한 후가 아니면 이익배당을 청구하지 못한다($\frac{\text{상} 82}{①}$). 그러나 손실이 출자액을 초과한 경우에도 익명조합원은 이미 받은 이익의 반환 또는 증자할 의무가 없다($\frac{\text{상} 82}{②}$). 즉 익명조합원이 손실을 분담한 결과 출자액이 마이너스로 되는 경우에도 추가적인 출자의무를 부담하지 않고 이미 배당받은 이익도 반환할 필요가 없다.

(4) 당사자지위의 이전 금지

익명조합계약은 당사자 간의 인적신뢰를 전제로 하는 것이므로, 각 당사자는 특약이 없는 한 그 지위를 타인에게 이전할 수 없다.

2.2.6.2.2. 대외적 효력

(1) 영업자의 지위

익명조합원은 대내적으로 출자의무만을 부담할 뿐 영업활동에 참여하지 않으므로 영업자만이 외부, 즉 제3자에 대하여 모든 권리의무의 귀속의 주체가 된다. 따라서 익명조합원이 출자한 재산도 영업자에게 귀속되는 것으로 하였다($\frac{\text{상}}{79}$).

(2) 익명조합원의 지위

익명조합원은 영업자의 행위에 관하여서는 제3자에 대하여 권리나 의무가 없다($\frac{\text{상}}{80}$). 그러나 익명조합원이 자기의 성명을 영업자의 상호 중에 사용하게 하거나 자기의 상호를 영업자의 상호로 사용할 것을 허락한 때에는 그 사용 이후의 채무에 대하여 영업자와 연대하여 변제할 책임이 있다($\frac{\text{상}}{81}$). 이는 상법 제24조의 명의대여자의 책임을 구체화한 것이다.

2.2.6.3. **익명조합의 종료**

2.2.6.3.1. 종료의 원인

(1) 약정종료원인

익명조합계약에서 정한 종료사유가 발생한 때에 익명조합계약은 종료하게 된다. 예컨대 존속기간을 정한 경우에 그 존속기간의 만료로써 당연히 종료된다. 다만 조합계약으로 조합의 존속기간을 정하지 아니하거나 어느 당사자의 종신까지 존속할 것을 약정한 때에는 각 당사자는 영업년도 말에 계약을 해지할 수 있다. 그리고 이 해지는 6월전에 상대방에게 예고하여야 한다($\frac{\text{상 83}}{①}$). 그러나 조합의 존속기간의 약정의 유무에 불구하고 부득이한 사정이 있는 때에는 각 당사자는 언제든지 계약을 해지할 수 있다($\frac{\text{상 83}}{②}$).

(2) 법정종료원인

익명조합계약은 ① 영업의 폐지 또는 양도 ② 영업자의 사망 또는 금치산 ③ 영업자의 파산 또는 익명조합원의 파산에 의하여 종료한다($\frac{\text{상}}{84}$). 그러나 익명조합원의 사망이나 금치산선고는 당연한 종료사유는 아니다.

2.2.6.3.2. 종료의 효과

조합계약이 종료한 때에는 영업자는 익명조합원에게 그 출자의 가액을 반환하여야 한다. 그러나 출자가 손실로 인하여 감소된 때에는 그 잔액을 반환하면 된다($\frac{\text{상}}{85}$). 반환의 방법은 특약이 없으면 출자의 가액을 금전으로 반환한다.

☞ 인터넷을 통한 자금 모집('안녕, 형아' 사건)[35]

재정경제부는 강제규&명필름이 최근 '익명조합' 방식을 통해 영화 '안녕, 형아' 제작비 19억 5,000만 원을 인터넷 공모로 모집한 것과 관련, 영화 등 특정 대상에 투자하기 위해 '익명조합'의 형태로 불특정다수로부터 자금을 모집할 수 있다는 유권해석을 내렸다. 이는 "사업자(영업자)가 특정 투자 대상에 투자하기 위해 상법상 익명조합 형태로 공모를 통해 자금을 모집하는 행위는 상법상 가능하며 이 같은 방식으로 자금을 모집할 때 투자 대상을 영화·음반·부동산 등에 한정할 경우 자금 제한 없이 모집할 수 있다."고 밝혔다.

재경부에 따르면 상법상 익명조합은 투자자(조합자)와 영업자가 '영업으로 인한 이익을 분배한다'는 약정을 맺고 투자자가 자금을 출자하고 영업자가 사업을 맡도록 돼 있다. 투자자는 자금운영 사업진행과정에 대해 권한을 행사하거나 간여할 법적 장치가 없으며 모집 시에도 자금 제한이 없다.[36] "상법상 '익명조합'방식을 따를 경우 당국에 신고 없이, 불특정 다수를 상대로, 자금을 무제한 조달할 수 있다"고 유권해석을 내렸다. 자산운용업계는 익명조합 형태의 자금모집 방식이 투자자 보호 장치가 미흡한 편법적인 간접투자 방식이며 이를 허용할 경우 제도금융권에 타격을 줄 수 있다고 지적했다.

강제규&명필름은 지난 9월 영화 '안녕, 형아' 제작비 마련을 위해 인터넷펀드 형태로 불특정다수로부터 자금을 모집하려다 간접투자자산운용업법상 간접투자에 해당된다는 금융감독원의 지적에 따라 지금모집을 중단했었다. 강제규&명필름은 법률자문을 받아 상법상 '익명조합' 형태로 다시 자금 모집을 추진, 재경부가 '문제없다'는 유권해석을 내려주자 430명의 투자자들로부터 평균 450만 원가량을 모집했다. 신문에 공고까지 내 사실상 공모과정을 거쳤다. 그러나 금감원 관계자는 "법률회사 등으로부터 법률 자문을 받은 결과 명필름 측의 자금모집 방식은 간접투자로서 자산운용업법의 규제를 받아야 한다는 의견이 제기되는 등 여전히 논란이 남아 있다."고 말했다. "상법상 익명조합 형태를 적용한 이상 불법여

---

35) 머니투데이 2004년 11월 30일(http://www.moneytoday.co.kr/).

36) 주식공모의 경우엔 20억원 이상의 자금을 공모로 모집할 때는 금감원에 유가증권 신고서를 제출토록 되어 있다.

부를 따지기는 어렵지만 투자자(수익자) 보호 장치가 마련돼 있지 않다는 점에서 조합원에게 사업내용 자료요구권을 부여하는 등의 투자자 보호 장치가 필요하다."고 강조했다.

2.2.7. 합자조합

2.2.7.1. 합자조합의 의의

2.2.7.1.1. 합자조합의 의의

합자조합은 조합의 업무집행자로서 조합의 채무에 대하여 무한책임을 지는 조합원과 출자가액을 한도로 하여 유한책임을 지는 조합원이 상호출자하여 공동사업을 경영할 것을 약정함으로써 그 효력이 생긴다($\substack{상86 \\ 의2}$).

2.2.7.2. 조합계약

합자조합의 설립을 위한 조합계약에는 다음 사항을 적고 총조합원이 기명날인하거나 서명하여야 한다($\substack{상86 \\ 의3}$).

① 목적
② 명칭
③ 업무집행조합원의 성명 또는 상호, 주소 및 주민등록번호
④ 유한책임조합원의 성명 또는 상호, 주소 및 주민등록번호
⑤ 주된 영업소의 소재지
⑥ 조합원의 출자에 관한 사항
⑦ 조합원에 대한 손익분배에 관한 사항
⑧ 유한책임조합원의 지분(持分)의 양도에 관한 사항
⑨ 둘 이상의 업무집행조합원이 공동으로 합자조합의 업무를 집행하거나 대리할 것을 정한 경우에는 그 규정
⑩ 업무집행조합원 중 일부 업무집행조합원만 합자조합의 업무를 집행하거나 대리할

것을 정한 경우에는 그 규정

⑪ 조합의 해산 시 잔여재산 분배에 관한 사항

⑫ 조합의 존속기간이나 그 밖의 해산사유에 관한 사항

⑬ 조합계약의 효력 발생일

2.2.7.3. 등기

업무집행조합원은 합자조합 설립 후 2주 내에 조합의 주된 영업소의 소재지에서 다음의 사항을 등기하여야 한다(상의4 ①). 또한 각 호의 사항이 변경된 경우에는 2주 내에 변경등기를 하여야 한다(상의4 ②).

① 제86조의3제1호부터 제5호까지(제4호의 경우에는 유한책임조합원이 업무를 집행하는 경우에 한정), 제9호, 제10호, 제12호 및 제13호의 사항

② 조합원의 출자의 목적, 재산출자의 경우에는 그 가액과 이행한 부분

2.2.7.4. 업무집행조합원

업무집행조합원은 조합계약에 다른 규정이 없으면 각자가 합자조합의 업무를 집행하고 대리할 권리와 의무가 있으며(상의5 ①), 업무집행조합원은 선량한 관리자의 주의로써 업무를 집행하여야 한다(상의5 ②). 둘 이상의 업무집행조합원이 있는 경우에 조합계약에 다른 정함이 없으면 그 각 업무집행조합원의 업무집행에 관한 행위에 대하여 다른 업무집행조합원의 이의가 있는 경우에는 그 행위를 중지하고 업무집행조합원 과반수의 결의에 따라야 한다(상의5 ③).

2.2.7.5. 유한책임조합원의 책임

유한책임조합원은 조합계약에서 정한 출자가액에서 이미 이행한 부분을 뺀 가액을 한도로 하여 조합채무를 변제할 책임이 있다(상의6 ①). 이 경우 합자조합에 이익이 없음에도 불구하고 배당을 받은 금액은 변제책임을 정할 때에 변제책임의 한도액에 더한다(상의6 ②).

2.2.7.6. 조합원 지분의 양도

업무집행조합원은 다른 조합원 전원의 동의를 받지 아니하면 그 지분의 전부 또는 일부를 타인에게 양도(讓渡)하지 못한다(상86의7①). 유한책임조합원의 지분은 조합계약에서 정하는 바에 따라 양도할 수 있다(상86의7②). 유한책임조합원의 지분을 양수(讓受)한 자는 양도인의 조합에 대한 권리·의무를 승계한다(상86의7③).

2.2.7.7. 준용규정

합자조합에 대하여는 본점, 지점의 이전등기(상182①), 해산등기(상228), 청산인의 등기(상253), 청산종결의 등기(상264) 및 회사의 해산·계속(상285)를 준용한다(상86의8①).

업무집행조합원에 대하여는 업무집행정지가처분의 등기(상183의2), 사원의 경업금지(상198), 사원의 자기거래(상199), 직무대행자의 권한(상200의2), 공동대표(상208②), 대표사원의 권한(상209), 사원의 책임(상212) 및 청산인(상287)를 준용한다. 다만, 사원의 경업금지(상198)와 사원의 자기거래(상199)는 조합계약에 다른 규정이 있으면 그러하지 아니하다(상86의8②).

조합계약에 다른 규정이 없으면 유한책임조합원에 대하여는 사원의 자기거래(상199), 유한책임사원의 출자(상272), 유한책임사원의 경업의 자유(상275), 유한책임사원의 감시권(상277), 유한책임사원의 업무집행, 회사대표의 금지(상278), 유한책임사원의 사망(상283) 및 유한책임사원의 금치산(상284)를 준용한다(상86의8③).

합자조합에 관하여 이 법 또는 조합계약에 다른 규정이 없으면 「민법」 중 조합에 관한 규정을 준용한다. 다만, 유한책임조합원에 대하여 조합채권자는 그 채권발생당시에 조합원의 손실부담의 비율을 알지 못한 때에는 각 조합원에게 균분하여 그 권리를 행사할 수 있다는 규정(민712) 및 조합원 중에 변제할 자력없는 자가 있는 때에는 그 변제할 수 없는 부분은 다른 조합원이 균분하여 변제할 책임이 있다는 규정(민713)은 준용하지 아니한다(상86의8④).

2.2.7.8. 과태료

합자조합의 업무집행조합원, 업무집행조합원에 대하여는 업무집행정지가처분의 등기(상183의2), 또는 청산인의 등기(상253)에 따른 직무대행자 또는 청산인이 이 장(章)에 정한 등기를 게을리한 경우에는 500만 원 이하의 과태료를 부과한다(상86의9).

2.3. 각   칙

2.3.1. 대리상

2.3.1.1 대리상의 의의

2.3.1.1.1. 대리상의 개념

대리상이란 일정한 상인을 위하여 상업사용인이 아니면서 상시 그 영업부류에 속하는 거래의 대리 또는 중개를 영업으로 하는 자를 말한다($\frac{상}{87}$). 대리상은 일정한, 즉 특정한(수에 관계없음) 상인을 위하여 대리 또는 중개를 한다는 점에서 불특정다수의 상인을 보조하는 중개인, 위탁매매인, 운송주선인과 다르다. 상시라 함은 일정한 상인과 계속적 거래 관계에 있어야 함을 의미하며, 대리상은 상인으로부터 독립한 상인일뿐만 아니라 상업사용인이 아닌 자를 말한다. 이러한 대리상에는 거래의 대리를 하는 체약대리상과 중개를 하는 중개대리상이 있다.

☞ 대리상과 상업사용인과의 차이점

차이점	대리상	상업사용인
공통점	특정한 상인을 위하여 계속적으로 영업을 보조함	
지위	독립한 상인	특정한 상인에 종속된 영업보조자
본인 관계	위임	고용 또는 위임
자격	자연인 또는 법인	자연인에 한함
보수	실적에 따른 수수료	정액의 봉급
영업비 부담	독립된 영업소의 비용 스스로 부담	자기 영업소가 없으며 비용부담 없음

경업금지의무	– 본인의 영업부류에 속하는 거래금지 – 동종업종의 다른 회사의 무한책임사원 또는 이사가 되지 못함 – 없음	– 본인의 영업부류에 속하는 거래금지 – 다른 회사의 무한책임사원 또는 이사가 되지 못함 – 다른 상인의 상업사용인 못 됨
본인의 수	수인 가능	(허락 없는 한) 1인만 가능
통지의무	거래의 대리 또는 중개 시 지체 없이	통지의무 없음

2.3.1.1.2. 대리상계약의 법적 성질

대리상계약은 거래의 대리 또는 중개를 위탁하는 것을 내용으로 하는 계약으로 그 법적 성질은 위임계약이다(통설). 따라서 대리상은 수임인으로서 위임인인 본인을 위하여 선량한 관리자의 주의의무를 부담한다.

2.3.1.2. 대리상의 권리·의무

2.3.1.2.1. 대리상과 본인과의 관계

대리상과 본인 간의 관계는 위임의 관계에 있다(民68i). 따라서 대리상은 본인에 대하여 선량한 관리자의 주의의무를 부담한다. 그 밖에도 상법은 다음과 같은 특칙을 두고 있다.

(1) 대리상의 의무

1) 통지의무

대리상이 거래의 대리 또는 중개를 한 때에는 지체 없이 본인에게 그 통지를 발송하여야 한다(商88). 대리상의 통지의무는 본인을 위한 제도이다. 통지의무의 불이행으로 본인이 손해를 입으면 이를 배상할 책임이 있다.

2) 경업피지의무

대리상은 본인의 허락 없이 자기나 제3자의 계산으로 본인의 영업부류에 속한 거래를 하거나 동종 영업을 목적으로 하는 회사의 무한책임사원 또는 이사가 되지 못한다(商89). 이 경업피지의무는 본인과 대리상 사이의 이익충돌을 방지하기 위한 것이다. 이에 위반한 경우의 법적 효과는 상업사용인에서 본 것과 같다(商89).

따라서 대리상이 경업금지의무위반의 규정에 위반하여 거래를 한 경우에 그 거래가 자기의 계산으로 한 것인 때에는 본인은 이를 본인의 계산으로 한 것으로 볼 수 있고, 제3자의 계산으로 한 것인 때에는 본인은 대리상에 대하여 이로 인한 이득의 양도를 청구할 수 있다(상17). 이를 탈취권 또는 개입권이라 한다. 탈취권은 본인이 대리상에 대하여 일방적 의사표시로 행하는 형성권이며, 이러한 권리는 본인이 그 거래를 안 날로부터 2주간을 경과하거나 그 거래가 있은 날로부터 1년을 경과하면 소멸한다(상17). 이 기간은 제척기간이다. 그 밖에도 본인은 대리상에 대한 계약의 해지 또는 손해배상을 청구할 수 있다(상17).

상업대리상은 본인의 허락 없이 다른 회사의 무한책임사원, 이사 또는 다른 상인의 대리상이 되지 못하는데(상17), 이를 위반한 경우 그러한 지위에 취임한 행위 그 자체는 유효하고, 본인은 그 대리상에 대하여 계약을 해지하거나 또는 손해배상을 청구할 수 있을 뿐(상17), 탈취권의 행사는 인정되지 않는다. 다만, 상업사용인의 겸업금지의무는 다른 회사의 무한책임사원·이사 또는 사용인이 되지 못하나, 대리상의 경업피지의무는 동종 영업을 목적으로 하는 회사만을 대상으로 한다는 점에서 차이가 있다.

3) 영업비밀준수의무

대리상은 계약의 종료 후에도 계약과 관련하여 알게 된 본인의 영업상의 비밀을 준수하여야 한다(상92). 영업비밀준수 의무는 계약종료 후에도 있다는 점에서 특징이 있다.

(2) 대리상의 권리

1) 보수청구권

대리상은 상인이므로 본인을 위하여 한 행위에 관하여 당사자 간에 보수의 약정을 하지 않은 경우에도 당연히 상당한 보수청구권이 있다(상61). 비용청구권은 인정되지 않는다.

2) 유치권

대리상은 거래의 대리 또는 중개로 인한 채권이 변제기에 있는 때에는 그 변제를 받을 때까지 본인을 위하여 점유하는 물건 또는 유가증권을 유치할 수 있다. 그러나 당사자 간에 다른 약정이 있으면 그러하지 아니한다(상91). 점유취득의 원인과 채무자의 소유여부를 묻지 않으며, 피담보채권이 유치하는 목적물 자체에 관하여 생겨야 하는 것은 아니다. 대리상의 유치권의 효력도 민법상의 유치권과 동일하다.

☞ 대리상의 유치권

	민사유치권	일반상사유치권	대리상 (준)위탁매매인	운송주선인 육(해)상운송인
당사자	비상인 간 상인·비상인 간	모두 상인	대리상: 모두 상인 (준)위탁매매인 :위탁자는 비상인	송하인(위탁자)은 비상인도 可
피담보채권	유치목적물	쌍방적 상행위(통설)	영업에 의한 채권	영업에 의한 채권
변제기도래	必要	必要	必要	不要
목적물 채무자 소유	不要	必要	不問	不問, 목적물
목적물 점유원인	무제한	채권자에게 상행위	상대방을 위한 점유	운송물, 목적물
목적물 목적물	물건, 유가증권	물건, 유가증권	물건, 유가증권	異
견련관계	必要	不要(일반적 관련성)	不要	必要
유치권배제특약	명문규정 X, 可	명문규정 O	명문규정 O	명문규정 X, 可

3) 보상청구권

대리상의 활동으로 본인이 새로운 고객을 획득하거나 영업상의 거래가 현저하게 증가하고 이로 인하여 계약의 종료 후에도 본인이 이익을 얻고 있는 경우에는 대리상은 본인에 대하여 상당한 보상을 청구할 수 있다. 다만, 계약의 종료가 대리상의 책임 있는 사유로 인한 경우에는 그러하지 아니한다($\frac{상}{의2}\frac{92}{①}$). 본인이 이익을 얻고 있는 경우라 함은 이익을 실현할 수 있는 가능성을 의미하지 구체적인 이익을 의미하는 것은 아니다.

보상금액은 상당한 보상액으로 대리상의 손해 등의 사정을 고려하여 결정하여야 하지만 상법은 최고한도액을 정하여 계약의 종료 전 5년간의 평균연보수액을 초과할 수 없도록 하고 있다. 계약의 존속기간이 5년 미만인 경우에는 그 기간의 평균연보수액을 기준으로 한다($\frac{상}{의2}\frac{92}{②}$). 이러한 보상청구권은 계약이 종료한 날부터 6월을 경과하면 소멸한다($\frac{상}{의2}\frac{92}{③}$). 이 기간은 제척기간이다.

2.3.1.2.2. 대리상과 제3자와의 관계

(1) 대리상의 의무·책임

대리상의 의무와 책임은 대리상이 거래에 관여한 정도에 따라 다르게 되는데, 계약을 체결하는 체약대리상은 대리의 법리에 의하여 본인에게 법적 효과가 미치게 되고, 대리상이 단지 중개하는 역할을 한 경우에는 대리상은 법적 당사자가 아니므로 제3자에 대하여 권리나 의무가 없다.

(2) 대리상의 권리

대리상의 제3자에 대한 권리는 대리상계약에 의하여 그 구체적인 권리가 정해지겠지만, 일반적으로 체약대리상은 계약의 체결 등과 관련한 폭넓은 대리권을 가진다고 할 것이나 중개대리상은 단지 중개에 그칠 뿐이므로 대리권이 인정되지 않는 등 권리의 범위가 좁다고 할 것이다.

(3) 통지수령권

통지수령권과 관련하여 상법은 특별규정을 두고 있다. 즉 물건의 판매나 그 중개의 위탁을 받은 대리상은 매매의 목적물의 하자 또는 수량부족 기타 매매의 이행에 관한 통지를 받을 권한이 있다($^{\text{상}}_{90}$). 이는 상사매매에 있어서 매수인의 목적물검사와 하자통지의무($^{\text{상}}_{69}$)를 부담하는 것에 대응하는 권리이다.

2.3.1.3. 대리상계약의 종료

2.3.1.3.1. 일반종료원인

민법상 위임은 일반종료원인, 즉 위임인의 사망·파산, 수임인의 사망·파산·금치산에 의하여 종료된다($^{\text{민}}_{690}$). 따라서 대리상의 경우에도 위의 원인에 의하여 종료하게 된다. 다만 대리상계약은 본인의 사망에 의하여서는 종료되지 않는다($^{\text{상 50}}_{\text{참조}}$). 대리상계약은 영업을 전제로 하므로 영업의 폐지나 영업양도의 경우에도 대리상계약이 종료한다고 본다.

2.3.1.3.2. 법정종료원인

당사자가 계약의 존속기간을 약정하지 아니한 때에는 각 당사자는 2월 전에 예고하고 계약을 해지할 수 있다($^{\text{상 92}}_{①}$). 그러나 부득이한 사정이 있는 때에는 각 당사자는 언제든지 계약을 해지할 수 있다($^{\text{상 92}}_{②}$).

2.3.1.3.3. 종료효과

대리상 관계가 종료하면 대리상과 본인 사이의 잔무를 처리하여야 한다. 대리상은 이미 처리한 대리 또는 중개행위에 대한 보수청구권을 가지며, 대리상은 보상청구권과 영업비밀준수의무를 진다.

2.3.2.1. 중개인의 의의

중개인이란 불특정 다수인 간의 상행위의 중개를 영업으로 하는 자를 말한다($^{상}_{93}$). 중개란 타인 간의 법률행위의 성립을 위하여 노력하는 사실행위를 말한다. 중개의 대상인 상행위는 기본적 상행위를 의미하고 보조적 상행위는 포함하지 않으며, 기본적인 상행위인 이상 일방적 상행위도 무방하다(통설).

불특정 다수인 간의 상행위를 중개한다는 점에서 특정상인을 위하여 상행위를 중개하는 대리상과 구별되고, 상행위를 중개한다는 점에서 비상행위를 중개하는 부동산 중개업자와 같은 민사중개인과 구별된다. 중개인은 타인 간의 상행위의 중개를 하는 데 그치며 중개한 행위에 대하여 스스로 권리·의무의 주체가 되지 않는다는 점에서 위탁매매인과 다르다. 중개의 의미는 중개의 인수라는 법률행위를 영업으로 하는 것을 말한다.

2.3.2.2. 중개인의 의무

2.3.2.2.1. 서

중개계약은 위임계약이므로 중개인은 수임인으로서 선량한 관리자의 주의의무를 부담한다($^{민}_{681}$). 그 밖에도 중개인은 상법상 다음과 같은 의무를 부담한다. 중개인은 중개를 하는 데 불과하기 때문에 당사자로서의 지위에서 비롯되는 의무는 없으므로 제3자에 대하여 아무런 법률관계가 발생하지 않는다는 점에서 대리상·위탁매매인 등과 구별된다.

2.3.2.2.2. 견품보관의무

중개인이 그 중개한 행위에 관하여 견품을 받은 때에는 그 행위가 완료될 때까지 이를 보관하여야 한다($^{상}_{95}$). 보관된 견품은 당사자 간의 분쟁을 방지하거나 해결하기 위하여 증거를 보전시키는 역할을 하며, 행위가 완료된 때라 함은 중개행위가 성립된 시점을 의미하는 것이 아니라 물건의 품질에 관하여 분쟁이 생길 염려가 전혀 없게 된 때(이의기간 경과 시 등)를 의미한다. 보관은 선량한 관리자의 주의의무로서 하며, 이 견품보관의무는 법률상의 의무이므로 그 보관에 대하여 보수를 청구하지 못한다.

2.3.2.2.3. 결약서교부의무

당사자 간에 계약이 성립된 때에는 중개인은 지체 없이 각 당사자의 성명 또는 상호, 계약년월일과 그 요령을 기재한 서면을 작성하여 기명날인 또는 서명한 후 각 당사자에게 교부하여야 한다(상①⁹⁶). 당사자가 즉시 이행을 하여야 하는 경우를 제외하고 중개인은 각 당사자로 하여금 서면에 기명날인 또는 서명하게 한 후 그 상대방에게 교부하여야 한다(상②⁹⁶). 만약 당사자의 일방이 서면의 수령을 거부하거나 기명날인 또는 서명하지 아니한 때에는 중개인은 지체 없이 상대방에게 그 통지를 발송하여야 한다(상③⁹⁶). 이 결약서는 계약이 성립한 후에 중개인이 작성하는 것이므로 계약서가 아니고, 계약의 성립과 내용에 관한 증거서류에 불과하다. 또한 계약요령이란 계약내용의 요점으로, 목적물의 명칭·수량·품질·이행의 방법·시기·장소 등이다. 이 통지는 발송만 하면 되며(발신주의), 이러한 통지의무를 게을리 하면 중개인은 손해배상책임을 부담한다.

2.3.2.2.4. 장부작성 및 등본교부의무

중개인은 결약서의 기재사항을 장부에 적어야 한다(상①⁹⁷). 이를 중개인의 일기장이라고 하는데 이는 타인 간의 거래에 관한 증거를 보전하기 위하여 작성하는 것이므로 상업장부로서의 회계장부는 아니다. 그러나 이에 대하여도 상업장부의 규정을 유추적용하여 보존기간의 명문규정은 없으나 상업장부와 같이 장부를 폐쇄한 날로부터 10년간으로 보아야 할 것이다(상33유추적용). 당사자는 언제든지 자기를 위하여 중개한 행위에 관한 장부의 등본의 교부를 청구할 수 있다(상②⁹⁷).

2.3.2.2.5. 성명·상호묵비의무

당사자가 그 성명 또는 상호를 상대방에게 표시하지 아니할 것을 중개인에게 요구한 때에는 중개인은 그 상대방에게 교부할 결약서와 중개인의 일기장의 등본에 이를 기재하지 못한다(상98). 성명·상호묵비를 요구할 수 있는 당사자는 중개위탁자뿐만 아니라 그 상대방도 포함한다(통설).

2.3.2.2.6. 이행담보책임(개입의무)

중개인이 임의로 또는 성명·상호묵비의무의 규정에 의하여 당사자 일방의 성명 또는 상호를 상대방에게 표시하지 아니한 때에는 상대방은 중개인에 대하여 이행을 청구할 수 있다(⁵⁹⁹). 원래 중개인은 중개를 하는 데 불과하므로 계약당사자가 아니지만 계약의 일 당사자가 나타나지 않기 때문에 상대방을 보호하기 위하여 중개인에게 이행책임을 부담 시키고 있는 것이다. 상대방이 중개인에게 이행책임을 물은 후에는 중개인이 당사자의 성명 또는 상호를 표시하여도 일단 발생한 중개인의 이행담보책임(개입의무)은 소멸하지 않으며(통설), 중개인이 계약을 이행하게 되면 당연히 당사자에 대하여 구상권을 행사할 수 있다. 계약을 이행하면 중개인이 당사자가 되는 것은 아니기 때문에 상대방에 대하여 반대 급여를 청구할 수 없다고 하는 견해도 있으나 청구할 수 있다고 본다. 반면에 거래 상대방 이 요구하지 않은 상태에서 중개인이 적극적으로 개입권을 행사할 수는 없다고 본다.

2.3.2.3. 중개인의 권리

2.3.2.3.1. 보수청구권

중개인은 상인이므로 특약이 없는 경우에도 중개에 의한 보수(중개료)를 청구할 수 있 다(⁶¹). 중개된 당사자 사이에 계약이 성립되어야 보수를 청구할 수 있는데, 중개행위와 계약성립 간에는 상당인과 관계가 있어야 한다. 중개 노력을 많이 했어도 계약으로 이어 지지 않으면 보수청구권이 인정되지 않을 것이나 중개당사자가 수수료를 지급하지 않을 목적으로 중개인을 배제하는 경우에는 보수청구권이 인정된다고 할 것이다. 판례도 부동 산소개업자라도 타인을 위하여 행위하여야 상법 제61조의 보수청구권이 있으며, 부동산소 개업자라도 부동산매매중개에 있어서 계약당사자의 일방인 피고의 이익을 위하여 행위한 사실이 인정되지 않는 이상 그 당사자에 대하여는 보수청구권이 없다고 판시하고 있다.[37] 중개인이 보수청구권을 갖는 경우에도 중개인은 결약서교부의무의 절차를 종료하지 아니 하면 보수를 청구하지 못한다(¹⁰⁰). 그러나 중개행위는 계약의 성립까지 중개인이 노력하 는 것이므로 계약의 이행까지 필요한 것은 아니다. 중개인의 보수는 당사자 쌍방이 균분 하여 부담한다(¹⁰⁰). 따라서 특약이 없는 한 당사자의 일방이 지급하지 않는 경우에도 중 개인은 타방 당사자에 대하여 보수청구권을 행사할 수 없다.

2.3.2.3.2. 비용상환청구권의 부존재

중개인이 중개행위를 하면서 지출한 비용은 중개료에 포함되기 때문에 특약이나 관습

---

37) 大判 1977.11.22, 77다1889.

이 없는 한 그 비용의 상환을 청구하지 못한다. 다만 당사자의 개별적 지시에 의하여 지출한 비용은 그 상환을 청구할 수 있다.

2.3.2.3.3. 급여수령권의 부존재

중개인은 중개만을 할 뿐, 스스로 행위의 당사자가 되는 것이 아니고 또 당사자의 대리인도 아니므로, 중개인은 다른 약정이나 관습이 있는 경우를 제외하고 그 중개한 행위에 관하여 당사자를 위하여 지급 기타의 이행을 받지 못한다($\frac{상}{94}$). 이는 중개인은 중개만을 할 뿐 행위의 당사자도 아니고 당사자의 대리인도 아니기 때문이다. 그러나 당사자의 일방이 그 성명·상호의 묵비를 요구한 때에는 중개인에게 급여수령대리권을 묵시적으로 부여한 것으로 본다.

2.3.2.4. 중개계약의 종료

민법상 위임은 일반종료원인, 즉 위임인의 사망·파산, 수임인의 사망·파산·금치산에 의하여 종료된다($\frac{민}{690}$). 따라서 중개계약의 경우에도 위의 원인에 의하여 종료하게 된다. 다만 중개계약에 있어서 위탁자의 사망에 의하여서는 종료되지 않는다($\frac{상}{참조}^{50}$). 위탁자는 일방적 위탁의 경우를 제외하고는 언제든지 위탁계약을 해지할 수 있다.

2.3.3. 위탁매매업

2.3.3.1 위탁매매인의 의의

위탁매매인이라 함은 자기의 명의로 타인의 계산으로 물건 또는 유가증권의 매매를 영업으로 하는 자이다($\frac{상}{101}$). 자기명의라 함은 위탁매매인이 법률적으로 매매의 당사자로서 권리·의무의 주체가 된다는 의미로 매매계약의 당사자가 되는 것을 말한다. 즉 자기명의(법률적 형식)의 의미는 위탁매매인 자신이 제3자에 대한 관계에서 법률상 권리의무의 주체가 된다는 의미이다. 타인의 계산으로의 의미는 그 거래에서 발생하는 손익이 모두 타인에게 귀속된다는 의미이다. 물건 또는 유가증권의 매매이며, 물건에는 부동산도 포함된다(다수설). 그리고 유가증권의 경우에는 증권회사가 위탁매매인이 된다.

자기명의로 하는 점에서 계약의 당사자가 아닌 중개인 또는 중개대리상과 구별되고, 타인(본인)명의로 제3자와 거래하는 체약대리상과도 구별된다. 그리고 위탁자는 상인임을 요하지 않는 점에서 대리상 또는 중개인과 구별된다. 위탁매매인이 하는 매매행위의 법적 성질은 위탁업무(영업적 상행위)의 이행행위로서 영업을 위하여 하는 보조적 상행위이다(통설).

증권거래의 문외한이며 초심자들인 원고들이 피고 회사인 증권회사의 영업부장 겸 지배인을 통하여 주식투자를 하기로 하고, 동인에게 유망한 종목의 주식을 적당한 시기에 적당한 수량을 매입매도하여 이득금을 남기도록 부탁하면서 주식매수대금조로 금전을 지급하였다면 원고들과 피고 회사 사이에 증권매매거래의 위탁계약이 성립된다.[38]

2.3.3.2. 위탁매매계약의 법률관계

2.3.3.2.1. 외부관계

(1) 위탁매매인의 지위

위탁매매인은 자기의 명의로 매매를 하기 때문에 위탁자를 위한 매매로 인하여 상대방에 대하여 직접 권리를 취득하고 의무를 부담한다($\frac{상}{102}$). 따라서 위탁매매인과 상대방의 관계는 일반의 매매에 있어서 매도인과 매수인의 관계에 있다.

(2) 위탁자와 제3자와의 관계

위탁자와 제3자와의 사이에는 아무런 직접적인 법률관계가 생기지 않는다.

(3) 위탁자와 위탁매매인의 채권자와의 관계

위탁매매인이 위탁자로부터 받은 물건 또는 유가증권이나 위탁매매로 인하여 취득한 물건, 유가증권 또는 채권은 위탁자와 위탁매매인 또는 위탁매매인의 채권자 간의 관계에서는 이를 위탁자의 소유 또는 채권으로 본다($\frac{상}{103}$). 따라서 위탁매매인이 위탁자로부터 물건 또는 유가증권을 받은 후 파산한 경우에는 위탁자는 구 파산법상 물건 또는 유가증

---

38) 大判 1980.5.27, 80다418.

권을 환취할 권리가 있다.[39]

2.3.3.2.2. 내부관계

(1) 위탁매매인의 의무

위탁자와 위탁매매인 사이의 위탁매매계약은 매매의 주선을 위탁하는 유상의 위임계약이다(통설). 따라서 위탁매매인은 위탁자의 수임인으로서 위탁자를 위하여 선량한 관리자의 주의로써 그 위임사무를 처리하여야 할 일반적인 의무를 부담한다($\frac{민}{68}$). 따라서 위탁자와 위탁매매인 간의 관계에는 위임에 관한 규정을 적용한다($\frac{상}{112}$). 그 밖에 상법은 이러한 일반적 의무 외에 특별한 의무를 위탁매매인에게 부과하고 있다. 판례는 증권매매거래의 위탁계약의 성립시기에 대해 위탁금이나 위탁증권을 받을 직무상 권한이 있는 직원이 증권매매거래를 위탁한다는 의사로 이를 위탁하는 고객으로부터 금원이나 주식을 수령하는 것으로써 곧바로 위탁계약이 성립한다고 판시하고 있다.[40]

1) 통지의무·계산서제출의무

위탁매매인이 위탁받은 매매를 한 때에는 지체 없이 위탁자에 대하여 그 계약의 요령과 상대방의 주소, 성명의 통지를 발송하여야 하며 계산서를 제출하여야 한다($\frac{상}{104}$). 민법상의 수임인은 위임인의 청구가 있거나 위임이 종료한 경우에만 보고의무를 부담하는데($\frac{민}{683}$), 상법 제104조는 이에 대한 특칙이다.

2) 이행담보책임

위탁매매인은 다른 약정이나 관습이 없으면 위탁자를 위한 매매에 관하여 상대방이 채무를 이행하지 아니하는 경우에는 위탁자에 대하여 이를 이행할 책임이 있다($\frac{상}{105}$). 이 책임은 법정책임이며 무과실책임이다. 상대방의 채무불이행으로 인한 손해는 결국 위탁자의 손해가 되는데, 위탁자와 상대방 사이에는 아무런 법률관계가 없기 때문에 위탁자의 보호를 위하여 둔 규정이다. 이러한 책임은 법정책임이며 무과실책임이다. 위탁매매인은 보증인과는 달리 최고 또는 검색의 항변권($\frac{민}{438}^{437,}$)을 갖지 않는다. 위탁매매인이 상대방의 채무를 이행한 경우에는 상대방이 스스로 채무를 이행한 경우와 같이 위탁자에 대하여

---

39) 大判 2008.05.29, 2005다6297
40) 大判 1994.4.29, 94다2688.

보수나 비용을 청구할 수 있다.

3) 지정가액준수의무

위탁자는 매매가액을 위탁매매인에게 일임하는 경우도 있으나, 위탁자가 매도 또는 매수의 가액을 지정한 경우에는 위탁매매인은 이것을 준수할 의무가 있다. 위탁자가 지정한 가액보다 염가로 매도하거나 고가로 매수한 경우에도 위탁매매인이 차액을 부담한 때에는 그 매매는 위탁자에 대하여 효력이 있다($\frac{상}{②}$ ^{106}). 위탁자가 지정한 가액보다 고가로 매도하거나 염가로 매수한 경우에는 그 차액은 다른 약정이 없으면 위탁자의 이익으로 한다($\frac{상}{②}$ ^{106}).

4) 위탁물의 훼손·하자 등의 통지·처분의무

위탁매매인이 위탁매매의 목적물을 인도받은 후에 그 물건의 훼손 또는 하자를 발견하거나 그 물건이 부패할 염려가 있는 때 또는 가격 저락의 상황을 안 때에는 지체 없이 위탁자에게 그 통지를 발송하여야 한다($\frac{상}{①}$ ^{108}). 이 경우에 위탁자의 지시를 받을 수 없거나 그 지시가 지연되는 때에는 위탁매매인은 위탁자의 이익을 위하여 적당한 처분을 할 수 있다($\frac{상}{②}$ ^{108}). 적당한 처분이란 위탁물을 공탁·전매·경매 등을 하는 것을 말한다.

(2) 위탁매매인의 권리

1) 보수청구권

위탁매매인은 상인이므로 위탁자를 위하여 한 매매에 관하여 특약이 없더라도 상당한 보수를 청구할 수 있다($\frac{상}{61}$). 보수청구권은 위탁사무가 완료한 후에 청구할 수 있다.

2) 비용상환청구권

위탁매매인이 위탁자를 위하여 매도 또는 매수를 하는 데 비용이 필요한 경우에는 특약 또는 관습이 없는 한 이를 체당할 의무가 없고 위탁자에 대하여 선급을 요구할 수 있다($\frac{민}{687}$). 위탁매매인이 체당할 의무가 없지만 위탁사무처리에 필요한 비용을 체당한 때에는 그 체당금과 체당한 날 이후의 법정이자를 청구할 수 있다. 참고로 대리상과 중개인의 경우에는 비용상환청구권이 인정되지 않는다.

3) 유치권

위탁매매인은 위탁자를 위하여 물건의 매도 또는 매수를 함으로 말미암아 위탁자에 대하여 생긴 채권에 관하여 위탁자를 위하여 점유하는 물건 또는 유가증권을 유치할 수 있다. 그러나 다른 약정이 있는 때에는 그러하지 아니한다(상91,111.). 이것은 위탁자가 비상인일 경우를 대비한 특별상사유치권이다. 즉 민법상의 유치권과는 달리 위탁자를 위하여 점유하는 물건 또는 유가증권이 그 채권이 생긴 매매행위와 관련하여 취득될 필요가 없도록 하기 위해 대리상의 유치권에 관한 규정을 준용하고 있는 것이다.

4) 매수물의 공탁 및 경매권

매수위탁자가 위탁매매인이 매수한 물건의 수령을 거절하거나 또는 수령할 수 없는 때에는 위탁매매인은 그 물건을 공탁하거나 또는 상당한 기간을 정하여 최고한 후 이것을 경매할 수 있는 권리를 갖는다(상67,109①). 이 경우에는 지체 없이 매수인에 대하여 그 통지를 발송하여야 한다(상67,109①). 이 경우에 매수인에 대하여 최고를 할 수 없거나 목적물이 멸실 또는 훼손될 염려가 있는 때에는 최고 없이 경매할 수 있다(상67,109②). 매도인이 그 목적물을 경매한 때에는 그 대금에서 경매비용을 공제한 잔액을 공탁하여야 한다. 그러나 그 전부나 일부를 매매대금에 충당할 수 있다(상67,109③).

5) 개입권

위탁매매인이 거래소의 시세 있는 물건의 매매를 위탁받은 때에는 직접 그 매도인이나 매수인이 될 수 있다. 이 경우의 매매대가는 위탁매매인이 매매의 통지를 발송한 때의 거래소의 시세에 의한다(상①107). 이 경우에도 위탁매매인은 위탁자에 대하여 보수를 청구할 수 있다(상②107). 이 개입권은 거래의 공정성만 보장되면 위탁자의 입장에서는 누가 당사자가 되든 그 법적·경제적 효과는 동일하기 때문이다. 개입권은 위탁매매인이 개입의 의사표시를 위탁자에게 표시함으로써 하며, 통지의 방법은 제한이 없다. 위탁매매인이 개입권을 행사하게 되면 위탁자와 위탁매매인 사이에는 매매계약 관계가 성립되어 위탁매매인은 위탁자에 대하여 매도인 또는 매수인의 지위에 서게 된다. 이 위탁매매인의 개입권은 상업사용인 등이 협의의 경업피지의무에 위반하여 거래한 경우에 그가 받은 경제적 이익만을 박탈하는 개입권(상17,89)과 구별된다.

(3) 매수위탁자가 상인인 경우의 특칙

위탁자가 상인이며 또한 그 영업에 관하여 물건의 매수를 위탁한 경우에는 위탁매매인을 보호하기 위하여 위탁자에게 상인 간의 매매에서 매수인에게 인정된 의무를 부과하고 있다($\frac{\sqrt{3}}{68 \sim 71}$). 이는 매수위탁의 경우 위탁자와 위탁매매인 간의 관계는 매수인과 매도인의 관계와 비슷하기 때문이다.

따라서 위탁자가 상인인 경우에 상인 간의 매매에 관한 규정을 준용하고 있는 것이다. 따라서 ① 확정기 매매의 해제($\frac{\sqrt{3}}{68}$) ② 위탁자의 목적물검사와 하자통지의무($\frac{\sqrt{3}}{69}$) ③ 위탁자의 목적물 보관·공탁의무($\frac{\sqrt{3}}{70}$) ④ 목적물 수량 초과 등의 경우의 보관·공탁의무($\frac{\sqrt{3}}{71}$) 등이 준용된다. 위의 구체적인 내용은 다음과 같다.

상인 간의 매매에 있어서 매매의 성질 또는 당사자의 의사표시에 의하여 일정한 일시 또는 일정한 기간 내에 이행하지 아니하면 계약의 목적을 달성할 수 없는 경우에 당사자의 일방이 이행시기를 경과한 때에는 상대방은 즉시 그 이행을 청구하지 아니하면 계약을 해제한 것으로 본다($\frac{\sqrt{3}}{68}$). 상인 간의 확정기매매의 경우에는 별도의 계약해제의 의사표시조차도 필요 없이 계약을 해제한 것으로 보는 것이다. 상인 간의 매매에 있어서 매수인이 목적물을 수령한 때에는 지체 없이 이를 검사하여야 하며 하자 또는 수량의 부족을 발견한 경우에는 즉시 매도인에게 그 통지를 발송하지 아니하면 이로 인한 계약해제, 대금감액 또는 손해배상을 청구하지 못한다. 매매의 목적물에 즉시 발견할 수 없는 하자가 있는 경우에 매수인이 6월 내에 이를 발견한 때에도 같다($\frac{\sqrt{3}}{①}$ 69). 그러나 매도인이 악의인 경우에는 적용하지 아니한다($\frac{\sqrt{3}}{②}$ 69).

매수인의 목적물의 검사와 하자통지의무의 경우에 매수인이 계약을 해제한 때에도 매도인의 비용으로 매매의 목적물을 보관 또는 공탁하여야 한다. 그러나 그 목적물이 멸실 또는 훼손될 염려가 있는 때에는 법원의 허가를 얻어 경매하여 그 대가를 보관 또는 공탁하여야 한다($\frac{\sqrt{3}}{①}$ 70). 이 경우 매수인이 경매한 때에는 지체 없이 매도인에게 그 통지를 발송하여야 한다($\frac{\sqrt{3}}{②}$ 70). 그러나 목적물의 인도장소가 매도인의 영업소 또는 주소와 동일한 특별시·광역시·시·군에 있는 때에는 이를 적용하지 아니한다($\frac{\sqrt{3}}{③}$ 70). 매도인이 매수인에게 인도한 물건이 매매의 목적물과 상위하거나 수량이 초과한 경우에 그 상위 또는 초과한 부분에 대해서도 같다($\frac{\sqrt{3}}{71}$).

2.3.3.3. 준위탁매매인

준위탁매매인이란 자기명의로써 타인의 계산으로 매매 아닌 행위를 영업으로 하는 자를 말하며, 준위탁매매인에 대하여는 위탁매매인에 관한 규정이 준용된다($\overset{상}{113}$). 매매 아닌 주선행위라 함은 출판·광고의 주선이나, 보험·금융거래의 주선, 임대차의 주선, 여객운송의 주선 등이 이에 속한다. 다만 주선의 목적이 물건운송계약인 경우는 운송주선인으로서 준위탁매매인에서 제외된다($\overset{상}{114}$).

준위탁매매인에 대하여 위탁매매인에 관한 규정을 전면적으로 준용하고 있으나, 매매를 전제로 하는 규정, 예컨대 개입권에 관한 규정($\overset{상}{107}$), 위탁물의 훼손·하자 등에 관한 통지·처분의무($\overset{상}{108}$), 매수위탁물의 공탁·경매권($\overset{상}{109}$), 매수위탁자가 상인인 경우의 특칙($\overset{상}{110}$) 등은 준용되지 않는다.

위탁매매란 자기의 명의로 타인의 계산에 의하여 물품을 매수 또는 매도하고 보수를 받는 것으로서 명의와 계산의 분리를 본질로 한다. 그리고 어떠한 계약이 일반의 매매계약인지 위탁매매계약인지는 계약의 명칭 또는 형식적인 문언을 떠나 그 실질을 중시하여 판단하여야 한다. 이는 자기 명의로써, 그러나 타인의 계산으로 매매 아닌 행위를 영업으로 하는 이른바 준위탁매매(상법 제113조)에 있어서도 마찬가지이다. 갑 주식회사가 국내에서 독점적으로 판권을 보유하고 있는 영화의 국내배급에 관하여 을 주식회사와 체결한 국내배급대행계약이 준위탁매매계약의 성질을 갖는지가 문제된 사안에서, 배급대행계약서의 내용 등 여러 사정에 비추어 을 회사는 위 배급대행계약에 따라 갑 회사의 계산에 의해 자신의 명의로 각 극장들과 영화상영계약을 체결하였다고 보아야 하므로, 을 회사는 준위탁매매인의 지위에 있다고 판시하였다.[41]

---

41) 大判 2011.07.14, 2011다31645

2.3.4.1. 운송주선인의 의의

2.3.4.1.1. 의의

운송주선인이라 함은 자기의 명의로 물건운송의 주선을 영업으로 하는 자이다(상114). 자기의 명의로 운송계약을 체결하는 점에서 타인(본인)명의로 하는 운송대리인과 다르고, 또한 당사자로서 전혀 나타나지 않으면서 운송계약의 중개만을 하는 중개인 또는 중개대리상과도 구별된다.

주선이라 함은 자기의 이름으로 타인의 계산 아래 법률행위를 하는 것을 말하므로, 운송주선인은 자기의 이름으로 주선행위를 하는 것이 원칙이지만, 실제로 주선행위를 하였다면 하주나 운송인의 대리인, 위탁자의 이름으로 운송계약을 체결하는 경우에도 운송주선인으로서의 지위를 상실하지 않는다.[42] 운송주선계약은 운송주선인이 그 상대방인 위탁자를 위하여 물건운송계약을 체결할 것 등의 위탁을 인수하는 계약으로 민법상의 위임의 일종이기 때문에 운송주선업에 관한 상법의 규정이 보충 적용된다.[43]

운송주선인이 하는 주선행위의 객체는 물건이며, 여객운송의 주선을 영업으로 하는 자는 운송주선인이 아니고 준위탁매매이다.

2.3.4.1.2. 법적 성질

운송주선계약은 위탁자와 운송주선인 간의 물건운송의 주선이라는 사무의 처리를 위탁하는 것이므로 그 법적 성질은 위임계약이다. 따라서 상법에 다른 규정이 없으면 민법상위임에 관한 규정을 준용한다. 운송주선계약은 청약과 승낙에 의하여 성립되며, 특별한 방식이 요구되지 않는다. 운송주선인이 직접 운송을 할 때는 도급이 된다.

운송주선업은 운송의 거리가 육해공(육상, 해상, 항공운송 모두 포함) 삼면에 걸쳐 길어지고 운송수단도 다양할 뿐만 아니라 공간적 이동이 필요불가피한 화물도 복잡다양화, 대형 다량화됨에 따라 송하인과 운송인이 적당한 상대방을 적기에 선택하여 필요한 운송

---

42) 大判 2007.04.26, 2005다5058
43) 大判 1987.10.13, 85다카1080.

계약을 체결하기 어렵게 되었으므로 송하인과 운송인의 중간에서 가장 확실하고 안전신속한 운송로와 시기를 선택하여 운송을 주선하기 위한 긴요한 수단으로서 발달하게 된 것이다.[44]

2.3.4.2. 운송주선의 법률관계

2.3.4.2.1. 총설

운송주선은 위탁자와 운송주선인, 운송주선인과 운송인 사이의 법률관계를 갖는다. 위탁자와 운송주선인의 관계는 운송주선계약에 의해, 운송주선인과 운송인의 관계는 운송계약에 의해 처리된다. 위탁자와 운송인 사이에는 아무런 법률관계가 없으며, 운송주선인과 수령인 사이에도 아무런 관계가 없다.

운송주선인은 물건운송의 주선을 하는 데 그치며 운송인과 같이 운송 자체를 행하는 것은 아니다. 그러나 운송업까지 겸할 수 있다. 운송주선인은 주선의 목적이 물건운송이라는 점 이외에는 위탁매매인과 같으므로 운송주선인에 대하여 다른 정함이 있는 경우를 제외하고는 위탁매매인에 관한 규정을 준용하고 있다($\frac{상}{123}$). 운송주선인의 운송인에 대한 지위($\frac{상}{102}$), 위탁물의 귀속관계($\frac{상}{103}$), 통지 및 계산서 제출의무($\frac{상}{104}$), 지정가액준수의무($\frac{상}{106}$), 위탁물의 훼손·하자 등과 관련한 통지·처분의무($\frac{상}{108}$), 위탁물의 공탁권 및 경매권($\frac{상}{109}$), 당사자 간에 위임에 관한 규정 등이 준용된다.

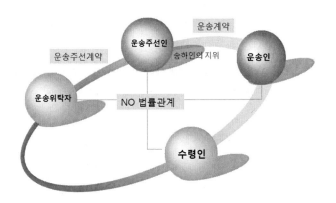

---

44) 大判 1987.10.13, 85다카1080.

2.3.4.2.2. 운송주선인의 의무

(1) 일반적 의무

운송주선계약의 법적 성질이 위임이므로 운송주선인은 수임인으로서 선량한 관리자의 주의의무를 부담한다($_{민\ 681}^{상\ 123\cdot112}$). 운송주선인은 위탁자로부터 운송물의 수령과 운송인에게 인도 등과 이와 관련된 부수적인 사항들에 대해서 선량한 관리자의 주의의무를 부담한다고 할 것이다.

(2) 개별적 의무

운송주선인은 위탁매매인과 같은 주선업자로서 위탁매매인과 같은 여러 가지 특별의무가 있다. 즉 운송주선인은 통지의무·계산서제출의무($_{104}^{상}$), 지정가액준수의무($_{106}^{상}$), 위탁물의 훼손·하자 등의 통지·처분의무($_{108}^{상}$)를 부담한다고 할 것이다. 그러나 매매를 하는 것이 아니므로 이행담보책임($_{105}^{상}$) 등은 없다고 할 것이다.

1) 통지의무·계산서제출의무

운송주선인이 운송인과 운송계약을 체결하였을 때에는 위탁자에게 그 계약의 요령과 운송인의 주소, 성명의 통지를 발송하여야 하며 계산서를 제출하여야 한다($_{104}^{상\ 123}$).

2) 지정가액준수의무

위탁자는 매매가액을 운송주선인에게 일임하는 경우도 있으나, 위탁자가 운임을 지정한 경우에는 운송주선인은 이것을 준수할 의무가 있다. 다만, 운송주선인이 차액을 부담한 때에는 그 운송계약은 위탁자에 대하여 효력이 있다($_{106}^{상\ 123}$).

3) 위탁물의 훼손·하자 등의 통지·처분의무

운송주선인이 운송물을 인도받은 후에 그 물건의 훼손 또는 하자를 발견하거나 그 물건이 부패할 염려가 있는 때 또는 가격 저락의 상황을 안 때에는 지체 없이 위탁자에게 그 통지를 발송하여야 한다. 이 경우에 위탁자의 지시를 받을 수 없거나 그 지시가 지연되는 때에는 위탁매매인은 위탁자의 이익을 위하여 적당한 처분을 할 수 있다($_{108}^{상\ 123}$). 적당한 처분이란 위탁물을 공탁·전매·경매 등을 하는 것을 말한다.

2.3.4.2.3. 운송주선인의 손해배상책임

(1) 책임원인

운송주선인은 자기나 그 사용인이 운송물의 수령, 인도, 보관, 운송인이나 다른 운송주선인의 선택 기타 운송에 관하여 주의를 해태하지 아니하였음을 증명하지 아니하면 운송물의 멸실, 훼손 또는 연착으로 인한 손해를 배상할 책임을 면하지 못한다($^{\diamondsuit}_{115}$). 채무불이행책임의 일종이며, 과실책임주의에 따른 입법이다. 입증책임은 운송주선인 측에 있다.

(2) 손해배상액

운송주선인의 손해배상액에 대하여는 상법에 특별규정이 없으므로 민법의 일반원칙에 의한다($^{\mathbb{민}}_{393}$). 즉 원칙적으로 채무불이행과 상당인과관계에 있는 모든 손해를 배상하여야 하고, 예외적으로 특별손해는 운송주선인이 그 사정을 알았거나 알 수 있었을 때에 한하여 배상할 책임을 진다.

(3) 고가물에 대한 책임

화폐, 유가증권 기타의 고가물에 대하여는 송하인이 운송을 위탁할 때에 그 종류와 가액을 명시한 경우에 한하여 운송주선인이 손해를 배상할 책임이 있다($^{\diamondsuit\,124,}_{136}$).

(4) 책임의 단기시효

운송주선인의 책임은 수하인이 운송물을 수령한 날로부터 1년을 경과하면 소멸시효가 완성한다($^{\diamondsuit\,121}_{①}$). 이 기간은 운송물이 전부 멸실한 경우에는 그 운송물을 인도할 날로부터 기산한다($^{\diamondsuit\,121}_{②}$). 그러나 1년의 단기시효에 관한 규정은 운송주선인이나 그 사용인이 악의인 경우에는 적용하지 아니한다($^{\diamondsuit\,121}_{③}$). 따라서 악의인 경우에는 상사시효인 5년이 적용될 것이다. 악의라 함은 고의로 운송물을 멸실, 훼손 혹은 연착시키거나 혹은 이러한 사실을 고의로 은폐하는 것을 말한다. 판례는 운송주선인이 멸실, 훼손 혹은 연착사실을 아는 것도 악의가 있다고 한다.[45] 또한 운송인이나 그 사용인이 운송물에 훼손 또는 일부 멸실이 있다는 것을 알면서 이를 수하인에게 알리지 않고 인도된 경우도 포함한다고 한다.[46] 위 단기소멸시효의 규정은 운송인의 운송계약상의 채무불이행으로 인한 손해배상청구에

---

45) 大判 1987.6.23, 86다카2107.
46) 大判 1987.6.23, 86다카2107.

만 적용되고, 일반 불법행위로 인한 손해배상청구에는 적용되지 아니한다.[47]

2.3.4.2.4. 불법행위책임과 면책특약

(1) 불법행위책임

운송주선인의 의무불이행이 동시에 운송주선인의 불법행위를 구성하는 경우 위탁자는 계약위반책임과 불법행위책임을 모두 물을 수 있다고 보는 것이 통설 및 판례의 입장이다(청구권경합설).

(2) 면책특약

운송주선인과 위탁자는 특약에 의해 운송주선인의 책임을 면제 혹은 감경할 수 있다. 그러나 현저한 불공정한 행위이거나 약관에 의한 계약체결의 경우에는 그 특약이 부정될 수 있을 것이다.

2.3.4.3. 운송주선인의 권리

2.3.4.3.1. 보수청구권

운송주선인은 상인이므로 당사자 간에 보수에 관한 특약이 없더라도 위탁자에 대하여 상당한 보수를 청구할 수 있는데($\substack{상 \\ 61}$), 운송주선인은 위임사무종료 전이라도 운송물을 운송인에게 인도한 때에는 즉시 보수를 청구할 수 있다($\substack{상 \\ ① 119}$). 그리고 운송주선계약으로 운임의 액을 정한 경우에는 다른 약정이 없으면 따로 보수를 청구하지 못한다($\substack{상 \\ ② 119}$). 즉 당사자 사이에 운임에 관해 약정이 있으면 그 금액은 주선료와 운송의 요금을 합한 금액으로 추정한다(확정운임운송주선).

2.3.4.3.2. 비용선급청구권·비용상환청구권

운송주선인은 위임사무의 처리에 비용을 요하는 때에는 위탁자에 대하여 비용의 선급을 청구할 수 있고($\substack{상 123 · 112, \\ 민 687}$), 운송주선인이 주선계약을 이행하면서 운송을 위한 비용을 지급한 때에는 위탁자에 대하여 이의 상환을 청구할 수 있다($\substack{상 123 · 112, \\ 민 688}$).

---

47) 大判 1991.8.27, 91다8012; 大判 1977.12.13, 75다107.

2.3.4.3.3. 유치권

운송주선인은 운송물에 관하여 받을 보수, 운임, 기타 위탁자를 위한 체당금이나 선대금에 관하여서만 그 운송물을 유치할 수 있다($\frac{\mathrm{상}}{120}$). 유치권에 관한 규정의 취지는 운송실행에 의하여 생긴 운송인의 채권을 유치권행사를 통해 확보하도록 하는 동시에, 송하인과 수하인이 반드시 동일인은 아니므로 수하인이 수령할 운송물과 관계가 없는 운송물에 관하여 생긴 채권 기타 송하인에 대한 그 운송물과는 관계가 없는 채권을 담보하기 위하여 그 운송물이 유치됨으로써, 수하인이 뜻밖의 손해를 입지 않도록 하기 위하여 피담보채권의 범위를 제한한 것이다.[48]

2.3.4.3.4. 개입권

운송주선인은 다른 약정(배제특약)이 없으면 직접 운송할 수 있는데 이것을 운송주선인의 개입권이라 한다. 이 경우에는 운송주선인은 운송인과 동일한 권리의무가 있다($\frac{\mathrm{상}}{116}$). 운송주선인이 개입권을 행사한 경우에는 운송주선인과 위탁자 사이에는 운송계약관계가 성립하게 되어 운송계약관계와 운송주선계약의 이중의 계약이 존재하게 되며 각각 파생되는 권리의무는 그에 따라 이중으로 존속하게 된다.

운송주선인이 위탁자의 청구에 의하여 화물상환증을 작성한 때에는 직접 운송하는 것으로 본다($\frac{\mathrm{상}}{116}$). 화물상환증은 운송인만이 발행할 수 있으므로 운송주선인이 화물상환증을 발행한 경우에는 직접 운송인의 지위에 선다고 할 수 있기 때문에 개입하는 것으로 의제하는 것이다. 단 해상운송주선인이 위탁자의 청구에 의하여 선하증권을 작성한 때에는 상법 제116조에서 정한 개입권을 행사하였다고 볼 것이나, 해상운송주선인이 타인을 대리하여 위 타인 명의로 작성한 선하증권은 특별한 사정이 없는 한 같은 조에서 정한 개입권 행사의 적법조건이 되는 '운송주선인이 작성한 증권'으로 볼 수 없다.[49] 결론적으로 운송주선인이 상법 제116조에 따라 위탁자의 청구에 의하여 화물상환증을 작성하거나 같은 법 제119조 제2항에 따라 운송주선계약에서 운임의 액을 정한 경우에는 운송인으로서의 지위도 취득할 수 있지만, 운송주선인이 위 각 조항에 따라 운송인의 지위를 취득하지 않는 한, 운송인의 대리인으로서 운송계약을 체결하였더라도 운송의뢰인에 대한 관계에서는 여전히 운송주선인의 지위에 있다.[50]

---

48) 大判 1993.3.12, 92다32906.

49) 大判 2007.04.26, 2005다5058

50) 大判 2007.04.27, 2007다4943

☞ 상법상 개입제도

구분	영업주	위탁매매인	운송주선인	중개인	회사
조문	17, 89	107	116	99	190, 269, 397, 567
성질	형성권	형성권	형성권	법정담보책임	형성권
상대방	상업사용인, 대리상				· 무한책임사원 (합명/합자회사) · 이사(주식/유한회사)
행사 요건	겸직취임금지의무 위반	· 거래소 시세의 존재 · 개입금지특약 부존재	개입금지 특약의 부존재	거래당사자 일 방의 성명, 상호 묵비	겸직취임금지의 무위반
행사 기간	· 거래 안 날로부터 2주 · 거래 있는 날로부 터 1년				· 합명/합자: 거래 안 날로부터 2주 · 주식/유한: 거래 있 는 날로부터 1년
행사 효과	경제적 효과만 개입자에게 귀속	직접적 매매관계 성립	운송인과 동일 권리·의무부담	중개인 자신이 이행책임 부담	경제적 효과만 개입 자에게 귀속
취지	· 영업주의 손해입 증 곤란 피하게 · 고객관계 유지	법률관계와 경제 관계 간편화 도모	좌동	상대방의 보호	· 영업주의 손해입증 곤란 피하게 · 고객관계 유지

2.3.4.3.5. 운송주선인의 채권의 소멸시효

운송주선인의 위탁자 또는 수하인에 대한 채권은 1년간 행사하지 아니하면 소멸시효가 완성한다($\frac{상}{122}$). 보수청구권과 비용상환청구권이 이에 해당하며, 기산점은 그 채권을 행사할 수 있는 때이다.

당사자 사이에 해상운송인의 책임에 관하여 제소기간을 약정하고 그 기간연장에 합의하였다 하더라도 제소기간의 약정과 그 기간연장에 관하여 상관습법이 확립되었다고 인정되지 아니하는 한 그러한 약정과 합의에 의하여 소멸시효에 관한 상법이나 민법규정의 적용을 배제할 수는 없다. 채무자가 소멸시효가 완성된 이후에 여러 차례에 걸쳐 채권자의 제소기간 연장요청에 동의한 바 있다 하더라도 그 동의는 그 연장된 기간까지는 언제든지 채권자가 제소하더라도 이의가 없다는 취지에 불과한 것이지 완성한 소멸시효이익을 포기하는 의사표시까지 함축하고 있는 것은 아니다.[51]

---

51) 大判 1987.6.23, 86다카2107.

2.3.4.4. 수하인의 지위

수하인, 즉 운송주선계약에 있어서 운송물의 수령인으로 지정된 자는 운송주선계약의 당사자는 아니지만, 운송계약에 있어서의 운송인과 수하인과의 관계와 같이 직접 운송주선인과의 사이에 법률관계가 생긴다. 즉 ① 운송물이 목적지에 도달한 후에는 수하인은 운송주선계약에 의하여 생긴 위탁자의 권리를 취득하며 ② 운송물이 도착지에 도착한 후 수하인이 그 인도를 청구한 때에는 수하인의 권리가 송하인의 권리에 우선하며 ③ 수하인이 운송물을 수령하였을 때에는 운송주선인에 대하여 보수 기타의 비용을 지급할 의무를 부담한다($^{상 124,}_{140, 141}$).

2.3.4.5. 순차운송주선에 관한 특칙

2.3.4.5.1. 순차운송주선의 의의

하나의 운송에 수인의 운송주선인이 관여하는 것을 순차운송주선이라고 한다. 순차운송주선인에는 크게 하수운송주선, 부분운송주선, 중간운송주선 및 도착지운송주선이 있다.

(1) 부분운송주선

수인의 운송주선인이 각자 화주(위탁자)로부터 일부 구간 혹은 일부 사무에 관한 위탁을 받아 전 구간의 운송을 실행하는 운송주선이다. 운송주선인은 각자 분담사무에 관해 화주에 대한 운송주선인으로서의 의무를 진다.

(2) 하수운송주선

제1의 운송주선인이 전 구간에 걸쳐 운송주선을 인수하고 다른 운송주선인은 그의 이행보조자로서 운송주선에 참여하는 순차운송주선이다. 위탁자로부터 직접 운송주선을 인수하는 운송주선인을 원수운송주선인(元受運送周旋人)이라고 하고, 원수운송주선인의 위임을 받아 운송주선을 하는 운송주선인을 하수운송주선인(下受運送周旋人)이라고 한다. 하수운송주선인은 원수운송주선인의 수임인으로서 내부적으로 원수운송주선인에 대해서만 책임을 지고 원수운송주선인만이 원칙적으로 화주에 대해 모든 계약상 책임을 진다.

(3) 중간운송주선

첫 번째 구간에 대하여는 제1의 운송주선인이 운송주선을 인수하고 나머지 구간에 대하여는 제1의 운송주선인이 송하인의 위임을 받아 (위탁자의 계산으로) 자기명의로 다른 운송주선인들을 선임하여 전 구간에 걸쳐 운송주선을 하는 순차운송주선이 중간운송주선이다. 중간운송주선의 경우 제1의 운송주선인은 자기 명의로 다른 운송주선인을 선임하기 때문에 다른 운송주선인의 주선료에 관해 책임을 지지만, 위임사무의 일부로 다른 운송주선인을 선임하기 때문에 다른 운송주선인의 행위로 인한 위험은 송하인이 부담한다. 즉 원수운송주선인은 중간운송주선인의 선택에 과실이 있을 때에만 책임을 지고, 중간운송주선인의 구간에 대하여는 책임을 지지 않는다. 이 점이 하수운송주선인과 다르다.

(4) 도착지운송주선

도착지운송주선인은 도착지에서 운송물을 수령하여 운송물수령인에게 인도할 의무를 가지는 운송주선이며 발송지운송주선인의 대응하는 개념이다.

2.3.4.5.2. 순차운송인 간의 권리·의무

(1) 권리행사의 의무

수인이 순차로 운송주선을 하는 경우에는 후자는 전자에 갈음하여 그 권리를 행사할 의무를 부담한다($\overset{\text{상}}{\textcircled{1}}{}^{117}$). 즉 후순위 운송주선인은 전순위 운송주선인을 위해 송하인 혹은 수하인에 대해 주선료 및 비용을 청구하고 유치권을 행사하여야 한다. 전자는 자기의 직접적인 전자를 의미하며, 행사할 수 있는 권리는 법률상 인정되는 유치권, 보수청구권 등 뿐만 아니라 계약상의 권리도 행사할 수 있다.

상법 제117조의 순차운송인의 의미는 중간운송주선의 경우만을 의미한다고 할 것이다. 부분운송주선에서는 운송주선계약이 위탁인과 개별적으로 이루어지기 때문에 운송주선인 간의 연결성이 없고, 하수운송주선의 경우에는 하수운송주선인이 원수운송주선인의 이행보조자이기 때문에 상법 제117조가 없어도 당연히 그 권리를 행사할 수 있기 때문이다.

(2) 대위변제의 권한

후자가 전자에게 변제한 때에는 전자의 권리를 취득한다($\overset{\text{상}}{\textcircled{1}}{}^{117}$). 일반적으로 채권자의 승낙이 있거나($\overset{\text{민}}{480}$) 변제할 정당한 이익이 있어야만($\overset{\text{민}}{481}$) 타인의 채무를 변제하고 채권자의 권리를 승계하지만, 후순위 운송주선인은 전순위 운송주선인에게 변제를 하면 법률에 의해 당연히 전자를 대위하여 권리를 취득한다. 이 경우에도 채무자에게 대항하기 위하여는 승낙 혹은 통지와 같은 대항요건을 갖추어야 한다($\frac{민}{480}$).

(3) 운송인의 권리의 취득

운송주선인이 운송인에게 변제한 때에는 운송인의 권리를 취득한다($\frac{상}{118}$).

2.3.5. 운송업

2.3.5.1. 서설

2.3.5.1.1. 운송업의 개념

(1) 운송업의 의의

운송이라 함은 사람 또는 물건을 장소적으로 이동시키는 것이며, 운송인이라 함은 육상 또는 호천, 항만에서 물건 또는 여객의 운송을 영업으로 하는 자이다. 따라서 운송업을 행하는 운송인은 상인이다.

(2) 운송의 종류

운송의 목적물을 표준으로 하여 물건운송·여객운송·통신운송으로 분류할 수 있고, 물건운송은 화물의 수송을 목적으로 하는 운송이며, 통신운송은 전신 및 전화 등의 통신업을 말한다. 운송의 지역에 따라 분류하면, 육상운송·해상운송·항공운송으로 구분할 수 있는데, 호천·항만에서의 운송은 육상운송에 포함되고, 해상운송은 해상법에서 별도 규정하고 있다. 항공운송에 대해서는 육상운송 또는 해상운송에 관한 규정이 적용될 수 있다.

2.3.5.1.2. 운송인의 의의

(1) 운송인의 개념

운송인이란 육상 또는 호천, 항만에서 물건 또는 여객의 운송을 영업으로 하는 자를 말한다($^{\mathrm{상}}_{125}$). 여기서 운송인은 육상운송인만을 의미하고, 육상 또는 호천·항만에서 운송을 하는 점에서 해상운송인 및 항공운송인과 구별된다. 해상운송에 관해서는 상법 제5편에 별도의 규정이 있고, 항공운송에 관해서는 상법에 달리 규정이 없지만 운송의 방법과 용구가 가장 유사한 해상운송에 관한 규정을 준용한다. 호천 또는 항만에서의 운송은 육상운송과 마찬가지로 본다. 호천과 항만의 범위는 평수구역에 의한다($^{\mathrm{상법\ 부칙\ 2,\ 상법의\ 일부규}}_{\mathrm{정의\ 시행에\ 관한\ 규정\ 3}}$). 그리고 평수구역이란 호수, 하천 및 항내의 구역과 기타 특별히 지정된 구역을 말한다($^{\mathrm{선박안전법시}}_{\mathrm{행령\ 2\ ix}}$).

(2) 운송의 객체

운송이라 함은 물건 또는 여객을 공간적으로 이동시키는 것을 말하며, 운송의 객체는 물건 또는 여객이다. 운송인은 법률행위인 운송의 인수를 영업으로 함으로써 당연상인이 된다($^{\mathrm{상\ 4,}}_{46\ \mathrm{xii}}$).

(3) 운송계약의 성질

운송계약의 법적성질에 대해 낙성·쌍무·유상·불요식의 계약이며, 운송계약은 운송이라는 일의 완성을 목적으로 하는 것이므로 도급계약이다($^{\mathrm{민}}_{664}$). 운송인은 운송계약으로 일을 완성할 것을 약정한다. 완성할 일은 도착지까지의 물건 혹은 여객의 이동이다. 판례도 물품운송계약이란 당사자의 일방이 물품을 한 장소로부터 다른 장소로 이동할 것을 약속하고 상대방이 이에 대하여 일정한 보수를 지급할 것을 약속함으로써 성립하는 계약을 말하며, 일의 완성을 목적하는 것이므로 도급계약에 속한다고 판시하고 있다.[52]

2.3.5.1.3. 운송계약의 당사자

(1) 물건운송

물건운송계약의 당사자는 운송의 주체인 운송인과 운송을 의뢰하는 송하인이다. 도착

---

52) 大判 1983.4.26, 82누92.

지에서 운송물을 수령할 수하인 및 도착사실을 통지할 통지처 혹은 통지수령인은 운송계약의 당사자가 아니다.

(2) 여객운송

여객운송계약의 당사자는 운송의 주체인 운송인과 그의 상대방인 위탁인이다.

(3) 운송계약의 체결

운송계약은 불요식·낙성계약이므로 운송계약의 체결에는 아무런 양식을 필요로 하지 않는다. 따라서 화물명세서나 화물상환증 등의 작성을 요하지 않는다.

2.3.5.2. 물건운송

2.3.5.2.1. 물건운송의 의의

물건운송은 거리를 극복하기 위하여 이용되며, 유가증권을 이용하여 거래가 행하여지게 된다. 운송계약은 낙성의 불요식 계약이다. 운송계약에서 당사자는 송하인과 운송인이다. 목적지에서 물건을 수령하는 수하인도 있지만, 그는 계약의 당사자는 아니다. 다만, 수하인이 운송계약상 아무 권리가 없는 것은 아니고, 물건이 목적지에 도착한 후에는 권리를 취득한다.

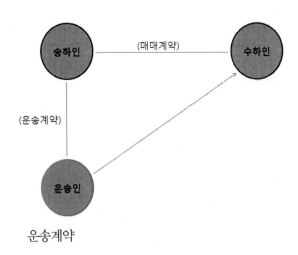

운송계약

운송계약에서 운송인은 운송할 채무를 부담하는데 계약의 내용으로서 운송인 본인이 운송을 행하지 아니하고 이행보조자를 이용하여 행하여도 무방하다. 또한 운송계약의 내용으로서는 실제거래에서 운송인이 작성하는 운송약관이 큰 의미를 가지고 있다.

2.3.5.2.2. 운송인의 의무·책임

(1) 운송의무

운송인은 운송계약이 성립한 후 일정한 장소에서 송하인으로부터 운송물을 인도받아 이를 목적지까지 운송하고, 인도할 날에 수하인 기타 운송물을 수령할 권한이 있는 자에게 운송물을 인도하여야 한다. 그리고 운송물을 수령한 때로부터 인도할 때까지 선량한 관리자로서의 주의의무를 진다.

(2) 화물상환증교부의무

운송인은 송하인의 청구가 있는 때에는 일정한 사항($상^{128}_②$)을 기재하여 화물상 환증을 교부하여야 한다($상^{128}_①$).

(3) 운송물의 보관 및 처분의무

1) 의무의 내용

운송인은 운송을 인수하는 것이므로 운송물을 수령한 때부터 그것을 인도할 때까지 선량한 관리자의 주의로써 그 운송물을 보관할 의무를 부담하고($상_{135}$), 송하인 또는 화물상환증소지인이 운송의 중지·운송물의 반환·기타의 처분을 명한 경우에는 그 지시에 따라야 하는 의무를 부담한다. 송하인 또는 화물상환증 소지인의 처분청구권은 형성권이다. 운송의 중지란 운송물의 운송을 중단하는 것을 의미한다. 또 운송물의 반환이란 현 소재지에서 반환하는 것을 의미한다. 그리고 기타의 처분이란 양도·입질 등의 법률상의 처분을 의미하므로, 송하인 또는 화물상환증소지인의 처분권 행사는 운송인에게 부담을 주는 운송노선의 연장 등에는 적용되지 않는다.

2) 처분에 따른 운송인의 권리

운송인이 송하인 등의 지시에 따라 운송물을 처분한 경우에는 이미 한 운송의 비율에 따라 운임·체당금·비용의 변제를 청구할 수 있다($\overset{상}{①}$ 139).

3) 송하인 등의 처분권의 소멸

운송물이 목적지에 도착한 후 수하인이 그 인도를 청구한 때에는 수하인의 권리가 송하인의 권리에 우선하므로, 수하인이 운송물의 인도를 청구한 후에는 송하인의 처분권은 소멸한다($\overset{상}{140}$). 다만 수하인이 인도를 청구한 후에도 운송물의 수령을 거부하거나 포기하거나 수령할 수 없는 경우에는 송하인의 처분권은 부활한다.

(4) 운송물인도의무

1) 운송물 인도의무

ⅰ) 화물상환증이 발행되지 않은 경우

운송물이 도착지에 도착한 때에는 수하인은 송하인과 동일한 권리를 가진다($\overset{상}{140}$). 그러므로 수하인은 운송인에 대하여 운송물의 인도를 청구할 수 있고, 수하인의 청구 시에 운송인은 운송물을 인도하여야 할 의무를 진다($\overset{상}{②}$ 140). 수하인이 운송물을 수령하였을 때에는 이것과 상환하여 수하인은 운임 기타 운송에 관한 비용과 체당금을 지급할 의무를 부담한다($\overset{상}{141}$).

ⅱ) 화물상환증이 발행된 경우

① 화물상환증소지인에의 인도: 운송인이 화물상환증을 발행한 경우에는 그 소지인만이 운송물인도청구권을 갖는다. 운송인과 화물상환증소지인 간의 운송에 관한 사항은 화물상환증에 기재된 바에 의한다($\overset{상}{131}$). 화물상환증에 의하지 않고는 운송물의 처분을 청구할 수 없고($\overset{상}{130}$), 운송인은 화물상환증과 상환하지 않고는 운송물을 인도할 의무가 없다($\overset{상}{129}$). 따라서 운송인은 화물상환증이 발행된 경우에는 화물상환증 소지인에게 화물을 인도하여야 한다.

② 보증도·가인도: 화물상환증이 발행된 경우에는 운송물의 인도청구권은 이 증권에 표창되고 이 증권의 소지인이 송하인 및 수하인의 지위를 갖게 되므로, 운송인은 이 증권의 소지인에게 화물상환증과의 상환으로서만 운송물을 인도하여야 한다($\overset{상}{132}$ 129.). 운송인은 화물상환증과 상환하여서만 운송물을 인도하여야 하는데(상환증권

성), 실무에서는 운송인이 수하인 등을 신뢰하여 그에게 화물상환증과 상환하지 않고 운송물을 인도하거나 또는 은행 기타 제3자의 보증서를 받고 화물상환증과 상환하지 않고 운송물을 인도하는 상관습이 있다. 전자를 가도 또는 공도라고 하고 후자를 보증도라고 한다. 즉 보증도란 운송물을 화물상환증과 상환함이 없이 인도함으로써 생기는 결과에 대하여 책임을 진다는 보증은행의 보증서를 받고 운송물을 인도하는 방법이고, 가인도란 화물상환증과 상황하지 않고도 운송물을 인도하는 방법이다. 그러나 이와 같은 운송인의 보증도 또는 가도의 상관습이 있다 하여, 이것이 화물상환증의 정당한 소지인에 대한 운송인의 책임을 면제하는 것은 결코 아니다. 보증도(保證渡)의 상관습은 운송인 또는 운송취급인의 정당한 선하증권 소지인에 대한 책임을 면제함을 목적으로 하는 것이 아니고 오히려 보증도로 인하여 정당한 선하증권 소지인이 손해를 입게 되는 경우 운송인 또는 운송취급인이 그 손해를 배상하는 것을 전제로 하고 있는 것이므로, 운송인 또는 운송취급인이 보증도를 한다고 하여 선하증권과 상환함이 없이 운송물을 인도함으로써 선하증권 소지인의 운송물에 대한 권리를 침해하는 행위가 정당한 행위로 된다거나 운송취급인의 주의의무가 경감 또는 면제된다고 할 수 없고, 보증도로 인하여 선하증권의 정당한 소지인의 운송물에 대한 권리를 침해하였을 때에는 고의 또는 중대한 과실에 의한 불법행위의 책임을 진다.[53]

2) 운송물수령권자

선하증권이 발행되지 않았을 경우에는 수하인이 수령권자가 된다. 화물상환증이 발행된 경우에는 그 소지인이 수령권자로 된다. 수하인도 화물상환증을 취득하여야만 운송의 중지 등을 청구할 수 있고, 화물상환증과 교환으로만 운송물의 인도를 청구할 수 있다. 수하인으로부터 배서의 연속에 의해 권리를 증명하는 소지인은 정당한 권리자로 추정되고(상65, 민513), 이러한 소지인에게 운송물을 인도한 운송인은 고의 혹은 중대한 과실이 없는 한 책임을 면한다(상65, 민513). 화물상환증도 발행되지 않고 수하인도 따로 지정되지 않을 경우 송하인이 수령권자가 된다.

---

53) 大判 1992.2.25, 91다30026.

(5) 운송인의 손해배상책임

1) 책임발생원인

운송인은 자기 또는 운송주선인이나 사용인 그 밖에 운송을 위하여 사용한 자가 운송물의 수령, 인도, 보관과 운송에 관하여 주의를 게을리하지 아니하였음을 증명하지 아니하면 운송물의 멸실, 훼손 또는 연착으로 인한 손해를 배상할 책임이 있다(상135). 즉 운송인은 운송과 관련된 자기 또는 이행보조자의 과실이 있으면 손해배상책임이 있다. 따라서 상법은 운송인의 책임에 관하여는 과실책임주의를 택하고 있고, 과실의 유무에 대한 입증책임은 운송인이 부담한다. 이 규정은 주의적 규정으로 선언적 의미밖에 없다(통설).

ⅰ) 자기 또는 이행보조자의 과실

운송인은 자기 또는 자신이 선임한 운송주선인이나 사용인 기타 운송을 위하여 사용한 자의 운송물 수령·인도·보관·운송행위에 대하여도 책임을 진다. 운송인이 책임을 면하기 위해서는 이행보조자의 고의·과실이 없음을 입증하여야 한다.

ⅱ) 손해의 유형

운송인은 운송물의 멸실·훼손·연착으로 인하여 손해가 생긴 경우에 책임을 진다. 손해는 운송인의 채무불이행과 상당인과 관계가 있는 모든 손해를 배상하여야 한다.

ⅲ) 손해발생의 입증책임

운송물의 멸실·훼손·연착으로 인하여 손해가 생겼다는 것은 송하인 또는 화물상환증소지인이 입증하여야 한다.

2) 손해배상액

육상물건운송인의 손해배상액에 대하여 상법은 정액배상주의를 취하고 있다. 운송물이 전부멸실 또는 연착된 경우의 손해배상액은 인도할 날의 도착지의 가격에 의한다(상137). 운송물이 일부 멸실 또는 훼손된 경우의 손해배상액은 인도한 날의 도착지의 가격에 의한다(상137). 운송물의 멸실, 훼손 또는 연착이 운송인의 고의나 중대한 과실로 인한 때에는 운송인은 모든 손해를 배상하여야 한다(상137). 운송물의 멸실 또는 훼손으로 인하여 지급을 요하지 아니하는 운임 기타 비용은 배상액에서 공제하여야 한다(상137). 연착의 경우에는 비용의 공제가 인정되지 않는다. 판례도 화물의 일부가 멸실·훼손되고 화물을 인도한 날의 도착지의 시가를 알 수 없는 경우, 화물을 인도한 날의 도착지의 가격을 산정함에 있어서는 운송물의 멸실, 훼손으로 인하여 지급을 요하지 아니하는 운임 기타 비용을 공제하여야 하므로 그 화물의 대한민국 기준비용 및 운임 포함가격인 송장 기재 금액을 일응의 기준으로 손해배상액을 산정함이 타당하다고 판시하고 있다.[54] 또한 운송목적물의 멸실이 비록 강도로 인한 것이라고 하더라도 운송인의 피용자가 화물운송계약상의 의무이행을 지체하고 있던 중에 발생한 경우에는 운송인은 손해배상책임을 면하지 못한다.[55]

3) 고가물에 대한 특칙

화폐, 유가증권 기타의 고가물에 대하여는 송하인이 운송을 위탁할 때에 그 종류와 가액을 명시한 경우에 한하여 운송인이 손해를 배상할 책임이 있다($\frac{y}{136}$). 그러나 운송인이 고의로 고가물을 멸실 혹은 훼손시킨 경우 운송인은 책임을 면하지 못한다. 즉 고가물 불고지로 인한 면책규정은 일반적으로 운송인의 운송계약상의 채무불이행으로 인한 청구에만 적용되고 불법행위로 인한 손해배상청구에는 그 적용이 없다.[56] 운송물이 고가물이라는 점과 그 종류·가액을 송하인이 명시하지 않았다는 점은 운송인이 입증하여야 한다.

송하인이 고가물의 명시를 하지 아니하였으나 운송인이나 그 사용인이 우연히 고가물임을 안 경우에 ① 운송인은 면책된다고 하는 견해 ② 고가물로서의 주의를 게을리 한 때에 고가물로서의 손해배상책임을 진다는 견해 ③ 보통물로서의 주의를 게을리 한 때에 한하여 고가물로서의 손해배상책임을 진다는 견해(다수설)로 나뉘어 있다.

4) 불법행위책임과의 관계

운송인 또는 그 이행보조자의 행위로 인하여 운송물의 멸실·훼손의 손해가 생긴 경우에는 운송계약상의 채무불이행이 되는 동시에 불법행위가 성립되는 경우에 ($\frac{민 750,}{756}$) 학설은 청구권경합설(통설·판례)과 법조경합설(소수설)로 나뉘어 있다.

청구권경합설은 채무불이행과 불법행위의 책임은 각각 그 요건과 효과를 달리하는 것이므로 이 두 가지를 이유로 하는 청구권이 모두 인정되며, 청구권자는 그중 어느 한쪽을 선택하여 행사할 수 있다는 학설이고, 법조경합설은 계약법은 특별법으로서 불법행위

---

54) 부산지법 1995.7.25, 94가합8870.

55) 대전지법강경지원 1988.3.23, 87가합104.

56) 大判 1991.8.23, 91다15409.

에 관한 규정의 적용을 배제하는 결과 불법행위의 성립을 인정하지 않고 채무불이행의 책임을 묻는다는 입장이다.

판례는 청구권경합설의 입장에서 운송계약상의 채무불이행책임이나 불법행위로 인한 손해배상책임은 병존하고, 운송계약상의 면책특약은 일반적으로 이를 불법행위책임에도 적용하기로 하는 명시적 또는 묵시적 합의가 없는 한 당연히 불법행위책임에 적용되지 않는다고 판시하고 있다.[57]

5) 면책약관

운송인의 책임에 관한 상법의 규정은 강행법규가 아니고 임의법규라고 볼 수 있으므로, 당사자 간의 특약으로 운송인의 책임을 감면할 수 있다.

6) 손해배상책임의 소멸

운송인의 손해배상책임도 변제 기타 일반적 채무소멸사유로 인하여 소멸한다. 그리고 일반적 소멸사유 외에 상법에 의한 특별한 소멸사유로 특별소멸원인과 단기소멸시효가 있다.

i) 특별소멸사유

운송인의 책임은 수하인 또는 화물상환증소지인이 유보 없이 운송물을 수령하고 운임 기타의 비용을 지급한 때에는 소멸한다. 그러나 운송물에 즉시 발견할 수 없는 훼손 또는 일부 멸실이 있는 경우에 운송물을 수령한 날로부터 2주간 내에 운송인에게 그 통지를 발송한 때에는 그러하지 아니한다($\frac{상}{⑧}$146). 그러나 운송인 또는 그 사용인이 악의인 경우에는 적용하지 아니한다($\frac{상}{⑧}$146). 운송인이나 그 사용인의 "악의라 함은 운송인이나 그 사용인이 운송물에 훼손 또는 일부 멸실이 있다는 것을 알면서 이를 수하인에게 알리지 않고 인도한 경우"를 가리킨다.[58]

ii) 단기소멸시효

운송인이 운송물의 인도 후에 손해배상책임을 부담하는 경우에도 이 책임은 수하인 등이 운송물을 수령한 날, 전부멸실의 경우에는 그 운송물을 인도할 날로부터 1년을 경과하면 소멸시효가 완성한다($\frac{상}{121}\frac{147}{①·②}$). 이러한 운송인의 책임의 단기소멸시효도 운송인이나

---

57) 大判 1999.7.13, 99다8711.

58) 大判 1987.6.23, 86다카2107.

그 사용인이 악의인 경우에는 적용되지 않는다($\frac{\text{상}}{121}\frac{147,}{③}$). 여기에서 악의라고 함은 고의로 운송물을 멸실, 훼손 혹은 연착시키거나 고의로 이러한 사실을 은폐하는 것뿐만 아니라 운송물이 멸실·훼손되었거나 연착되었다는 사실을 단순히 인식하고 있는 것도 포함한다고 본다. 악의인 경우에는 일반상사시효인 5년의 적용을 받는다($\frac{\text{상}}{64}$).

2.3.5.2.3. 운송인의 권리

(1) 운송물인도청구권

운송계약은 낙성계약이므로 운송물의 인도가 계약의 성립요건은 아니나, 운송인이 계약을 이행하기 위해서는 송하인에게 운송물의 인도를 청구할 수 있어야 한다. 따라서 운송계약의 체결 후 운송인은 운송을 준비하고 운송의 실행을 위하여 송하인에게 운송물을 적당한 상태로 인도하여 줄 것을 청구할 수 있다.

(2) 화물명세서교부청구권

1) 화물명세서의 의의

화물명세서는 운송에 관한 중요사항을 기재하고 송하인이 발행하는 서면으로 운송인의 청구에 의하여 송하인이 교부하여야 한다($\frac{\text{상}}{①}$ ^{126}).

이러한 화물명세서는 운송계약성립 후에 운송인의 청구에 의하여 송하인이 작성하여 교부하는 서류로 계약서도 아니고, 유가증권도 아니며, 단순히 운송계약의 성립과 내용을 증명하기 위한 증거증권이다.

2) 기재사항

화물명세서에는 ① 운송물의 종류·중량 또는 용적, 포장의 종별, 개수와 기호 ② 도착지 ③ 수하인과 운송인의 성명 또는 상호·영업소 또는 주소 ④ 운임과 그 선급 또는 착급의 구별 ⑤ 화물명세서의 작성지와 작성년월일 등을 기재하고 송하인이 기명날인 또는 서명하여야 한다($\frac{\text{상}}{②}$ ^{126}). 운송장의 기재사항($\frac{\text{상}}{②}$ ^{126}은 예시적 사항이므로 그중 일부를 기재하지 아니하거나 기타의 사항을 기재하여도 상관이 없다.

3) 부실기재의 책임

송하인이 화물명세서에 허위 또는 부정확한 기재를 한 때에는 운송인에 대하여 이로 인한 손해를 배상할 책임이 있다($\frac{\text{상}}{\text{③}}$ 127). 그러나 운송인이 악의인 경우에는 적용하지 아니한다($\frac{\text{상}}{\text{③}}$ 127). 운송인의 과실로 운송물에 손해가 난 경우에는 과실상계가 가능하다.

(3) 운임 및 기타 비용청구권

1) 운임청구권

운송계약에서 운임이 정하여지지 않은 경우에도 운송인은 상인으로서 당연히 상당한 운임청구권을 갖는다($\frac{\text{상}}{61}$). 운송물의 전부 또는 일부가 멸실된 경우에 운송인은 운임청구권을 갖는가에 대하여 상법 특칙을 두고 있다. 즉 운송물의 전부 또는 일부가 송하인의 책임 없는 사유로 인하여 멸실한 때에는 운송인은 그 운임을 청구하지 못한다. 운송인이 이미 그 운임의 전부 또는 일부를 받은 때에는 이를 반환하여야 한다($\frac{\text{상}}{\text{①}}$ 134). 다만 운송물의 전부 또는 일부가 그 성질이나 하자 또는 송하인의 과실로 인하여 멸실한 때에는 운송인은 운임의 전액을 청구할 수 있다($\frac{\text{상}}{\text{②}}$ 134). 또한 운송물이 송하인이나 화물상환증 소지인이 운송중지·운송물반환 등을 청구하여 처분권을 행사한 때에는 운송을 완료하지 않았다 하더라도 운송의 비율에 다른 비율운임을 청구할 수 있다($\frac{\text{상}}{139}$).

운임은 본래 운송계약자인 송하인이 지급하여야 하지만 운임이 지급되지 아니한 사실을 알고 운송물을 수령한 수하인 혹은 화물상환증소지인도 운임을 지급할 의무가 있다($\frac{\text{상}}{141}$). 즉 수하인은 운송물을 수령함으로써 운임에 관하여 송하인과 함께 연대채무자가 된다. 운임은 특약 또는 관습이 없는 한 상법이 인정하는 예외적인 경우를 제외하고는 운송을 완료함으로써 청구할 수 있는 것이고, 운송의 완료라 함은 운송물을 현실적으로 인도할 필요는 없으나 운송물을 인도할 수 있는 상태를 갖추면 충분하다.[59]

2) 비용상환청구권

운송인은 수하인에게 운송물을 인도한 때에는 운임 외에 운송에 관한 비용(예: 통관비용, 보험료 등)과 체당금을 청구할 수 있다($\frac{\text{상}}{141}$).

---

59) 大判 1993.3.12, 92다32906.

(4) 유치권

운송인에게는 민사유치권($\frac{민}{320}$) 및 일반상사유치권($\frac{상}{58}$) 이외에 운송주선인의 그것과 동일한 특별상사유치권이 인정된다($\frac{상\ 147,}{120}$). 즉 운송인은 운임 기타 송하인을 위한 체당금 또는 선대금에 관한 채권에 관하여서만 그 운송물을 유치할 수 있다. 선대금이란 운송인이 운송과 관련하여 송하인을 위해 지출한 비용을 말한다. 운송인의 유치권에 관한 규정의 취지는, 운송실행에 의하여 생긴 운송인의 채권을 유치권 행사를 통해 확보하도록 하는 동시에 송하인과 수하인이 반드시 동일인은 아니므로 수하인이 수령할 운송물과 관계가 없는 운송물에 관하여 생긴 채권 기타 송하인에 대한 그 운송물과는 관계가 없는 채권을 담보하기 위하여 그 운송물이 유치됨으로써 수하인이 뜻밖의 손해를 입지 않도록 하기 위하여 피담보채권의 범위를 제한한 것이다.[60]

운송인은 운송 중인 바로 그 운송에 관하여 발생한 이러한 종류의 채권에 관하여서만 유치권이 있다. 즉 피담보채권과 운송물 사이에 관련성이 있어야 한다. 예를 들어 동일한 기회에 동일한 수하인에게 운송하여 줄 것을 의뢰받은 운송인이 운송물의 일부를 유치한 경우 운송물 전체에 대한 운임채권은 동일한 법률관계에서 발생한 채권으로서 유치의 목적물과 견련관계가 있다.[61]

(5) 운송물의 공탁 · 경매권

1) 공탁권

운송인은 수하인을 알 수 없는 경우 또는 수하인을 알 수는 있으나 수하인이 운송물의 수령을 거부하거나 수령할 수 없는 경우에 운송물을 공탁할 수 있다($\frac{상\ 142\ ①·}{143\ ①}$). 운송인이 운송물을 공탁한 경우에는 지체 없이 수하인을 알 수 없는 때에는 송하인에게, 수하인이 수령을 거부하거나 수령할 수 없는 경우에는 수하인 또는 화물상환증권소지인에게 그 통지를 발송하여야 한다($\frac{상\ 142\ ③,}{143\ ①}$).

수하인이란 송하인이 지정한 수하인은 물론 널리 운송물을 수령할 권한이 있는 자를 가리킨다고 할 것이므로 화물상환증소지인을 포함한다. 수하인을 알 수 없을 때라 함은 송하인이 수하인을 지정하였으나, 수하인을 특정할 수 없거나 소재가 불명한 때를 의미하고, 수령할 수 없을 때라 함은 수하인의 질병이나 여행 등 주관적 사정 또는 천재지변

---

60) 大判 1993.3.12, 92다32906.
61) 大判 1993.3.12, 92다32906.

등의 객관적 사정으로 장기간 수령이 불가능한 때를 의미한다.

2) 경매권

① 운송인은 수하인을 알 수 없는 경우에는, 송하인에 대하여 상당한 기간을 정하여 운송물의 처분에 대한 지시를 최고하였음에도 불구하고 송하인이 그 기간 내에 지시를 하지 않은 경우($^{상\,142}_{②}$) ② 수하인을 알 수 있는데 그가 운송물의 수령을 거부하거나 수령할 수 없는 경우에는, 운송인이 먼저 수하인 또는 화물상환증소지인에 대하여 상당한 기간을 정하여 운송물의 수령을 최고하고 그 후 다시 송하인에게 상당한 기간을 정하여 운송물의 처분에 대한 지시를 최고하였음에도 불구하고 그 기간 내에 지시를 하지 않은 경우($^{상\,143}_{②}$) ③ 송하인·화물상환증소지인 및 수하인을 모두 알 수 없는 경우에는, 운송인이 6월 이상의 기간을 정하여 공시최고를 하였음에도 불구하고 그 기간 내에 권리를 주장하는 자가 없는 경우($^{상\,144}_{①·③}$)에, 운송물을 경매할 수 있다. 매수인에 대하여 최고를 할 수 없거나 목적물이 멸실 또는 훼손될 염려가 있는 때에는 최고 없이 경매할 수 있다($^{상\,145,}_{67\ ②}$).

공시최고는 관보나 일간신문에 하여야 하는데, 2회 이상 하여야 한다($^{상\,144}_{②}$). 이때 운송인이 운송물을 경매한 경우에도 지체 없이 공탁의 경우와 같이 송하인 또는 수하인에게 그 통지를 발송하여야 한다($^{상\,142\ ③,}_{143\ ①}$). 운송인이 운송물을 경매한 경우에는 원칙적으로 그 대금에서 경매비용을 공제한 잔액을 공탁하여야 하는데, 예외적으로 그 대금의 전부나 일부를 운임·체당금·기타 비용에 충당할 수 있다($^{상\,145,}_{67\ ③}$).

(6) 운송인의 권리의 소멸

운송인의 송하인 또는 수하인에 대한 채권은 1년간 행사하지 아니하면 소멸시효가 완성한다($^{상\,147,}_{122}$).

2.3.5.2.4. 화물상환증

(1) 의의

화물상환증이란 운송인이 운송물을 수령하였음을 증명하고, 운송물이 목적지에 도착한 후에 정당한 소지인에게 인도할 의무를 표창하는 유가증권이다. 화물상환증은 유가증권으로서의 성질, 즉 요식증권성($^{상\,128}_{②}$), 요인증권성($^{상\,128}_{①}$), 상환증권성($^{상}_{129}$), 지시증권성($^{상}_{130}$), 문언증권성($^{상}_{131}$), 처분증권성($^{상}_{132}$), 인도증권성($^{상}_{133}$)은 있으나 설권증권성은 없다.

1) 유가증권성

화물상환증은 유가증권으로, 기명식, 지시식, 선택 무기명식으로 작성될 수 있지만, 법률상 당연한 지시증권성을 가지며, 배서에 의하여 양도할 수 있다($\frac{상}{130}$). 다만, 지시금지 문구를 기재하여 기명식으로 작성하여 지시증권성을 배제할 수도 있다. 어음법·수표법의 규정이 준용된다($\frac{상}{65}$).

2) 처분증권성

화물상환증이 작성된 경우에는 운송물에 관한 처분은 이 증권으로 하여야 한다($\frac{상}{132}$).

3) 상환증권성

화물상환증이 작성된 경우에는 이것과 상환하지 아니하면 운송물의 인도를 청구할 수 없다($\frac{상}{129}$). 물론, 운송인이 자기의 위험부담으로 화물상환증과 상환하지 아니하고 운송물을 인도하는 것도 가능한데, 보증도·공도가 그렇다. 다만 운송인이 운송물을 선하증권과 상환하지 아니하고 타인에게 인도함으로써 선하증권 소지인이 입은 손해를 배상하여야 하는데, 그 손해는 그 인도 당시의 운송물의 가액 및 이에 대한 지연손해금 상당의 금액이다.[62]

4) 요식증권성

화물상환증은 요식증권이고 증권에 기재할 사항이 법정되어 있다($\frac{상}{②}$ 128). 상법이 화물상환증의 기재사항을 정한 취지는 운송을 원활히 하기 위한 것이고, 그 기재로 운송물은 어떠한 것인가 운송계약의 내용은 무엇인가를 명확히 하기 위한 것이므로 법정기재사항이 기재되지 아니하였어도 그것이 본질적인 사항이 아닌 경우에는 그것이 흠결되었어도 본질적인 사항이 기재되어 있으면 유효하다고 해석하는 것이 통설이다. 따라서 엄격한 요식증권인 어음이나 수표와 같이 법정기재사항의 일부가 흠결되어 있는 경우에도 증권이 무효로 되지는 않는다고 할 것이다.

(2) 발행

운송인은 송하인의 청구에 의하여 화물상환증을 교부하여야 한다($\frac{상}{①}$ 128). 화물상환증의

---

62) 大判 2007.06.28, 2007다16113

기재사항으로는 ① 운송물의 종류, 중량 또는 용적, 포장의 종별, 개수와 기호 ② 도착지 ③ 수하인과 운송인의 성명 또는 상호, 영업소 또는 주소 ④ 송하인의 성명 또는 상호, 영업소 또는 주소 ⑤ 운임 기타 운송물에 관한 비용과 그 선급 또는 착급의 구별 ⑥ 화물상환증의 작성지와 작성년월일 등을 적어야 한다(상 128/②).

(3) 양도

화물상환증은 기명식인 경우에도 배서를 금지하는 뜻을 기재한 경우를 제외하고는 배서에 의하여 양도할 수 있다(상 130/②). 이 배서에 의하여 권리가 이전되고 화물상환증 소지인이 정당한 소지인이라는 것을 나타내는 효력을 갖는다(권리이전적 효력 및 자격수여적 효력, 담보적 효력은 없음). 권리이전적 효력이란 배서에 의하여 어음상의 모든 권리가 피배서인에게 이전되는 효력을 말하고(어 14 ①·77, 수 17 ①), 자격수여적 효력이란 어음 소지인이 배서의 연속에 의하여 형식적 자격을 증명할 때에는 적법한 어음상의 권리자로 추정되는 효력을 말하며, 담보적 효력이란 배서에 의하여 원칙적으로 배서인이 피배서인 및 기타 자기의 후자 전원에 대하여 인수 또는 지급을 담보하는 효력을 말한다(어 15 ①·77 ①, 수 18 ①).

선하증권은 기명식으로 발행된 경우에도 법률상 당연한 지시증권으로서 배서에 의하여 이를 양도할 수 있지만, 배서를 금지하는 뜻이 기재된 경우에는 배서에 의해서는 양도할 수 없고, 그러한 경우에는 일반 지명채권양도의 방법에 의하여서만 이를 양도할 수 있다.[63] 지명채권 양도방법은 채권양도의 합의와 함께 채무자에 대한 통지 또는 그의 승낙이 있어야 채무자에게 채권양도의 유효성을 주장할 수 있고, 제3자에게 채권이 양도되었음을 주장하기 위해서는 확정일자 있는 증서에 의한 통지 혹은 승낙이 있어야 한다.

(4) 효력

1) 채권적 효력(문언증권성)

화물상환증을 작성한 경우에는 운송에 관한 사항은 운송인과 소지인 간에 있어서는 화물상환증에 기재된 바에 의한다(상 131/②). 따라서 화물상환증소지인이 운송인에 대하여 운송계약상의 채무인 인도채무의 이행을 청구하고 운송인이 이를 이행하지 못하면 손해배상책임을 지는 효력을 화물상환증의 채권적 효력이라고 한다.

화물상환증의 채권적 효력과 관련하여 운송인이 운송물을 수령하지 않고 화물상환증을

---

63) 大判 2001.3.27, 99다17.

발행하는 (空券의) 경우에 운송인에 대하여 어떤 책임을 질 것인가에 대하여 학설은 요인성을 중시하는 견해(불법행위설), 문언성을 중시하는 견해(채무불이행설), 절충적인 견해로 나뉜다.

요인성을 중요시하는 설에 의하면 공권의 경우에는 원인을 결한 것이 되어 그 증권은 무효이므로 운송인은 그 기재에 의한 이행의무가 없고, 다만 운송인이 공권을 발행한 데 대하여 고의 또는 과실에 의한 불법행위가 있는 경우에는 운송인은 증권소지인에 대하여 불법행위상의 손해배상책임을 부담한다. 문언성을 중요시하는 설에 의하면 공권의 경우에도 증권은 유효한데, 운송인은 인도할 운송물이 없으므로 운송물 멸실의 경우에 준하여 채무불이행에 의한 손해배상책임을 진다. 절충적인 견해에 의하면 공권의 경우에 증권의 무효를 인정하되, 개인의 소지인에 대하여 운송인은 그 무효를 주장할 수 없다는 금반언의 원칙을 적용하는 견해로 운송물상 위의 경우에도 원인계약상의 채무가 금반언의 원칙에 의해 보완된다고 한다. 따라서 절충설에 의하면 공권은 작성단계에서는 운송인과 송하인 사이에서는 무효이지만, 화물상환증이 유통어 소지인인 선의의 제3자에게는 유효하다.

2) 물권적 효력

화물상환증의 물권적 효력이란 화물상환증에 의하여 운송물을 받을 수 있는 자에게 화물상환증을 교부한 때에는 운송물 위에 행사하는 권리의 취득에 관하여 운송물을 인도한 것과 동일한 효력이 있는 것을 말한다($\frac{상}{133}$). 화물상환증의 물권적 효력이 발생하기 위하여는 ① 운송인이 운송물을 인도받았어야 하고(운송물의 수령) ② 운송물이 존재하여야 하며(운송물의 실재) ③ 화물상환증에 의하여 운송물을 받을 수 있는 자에게 이 증권이 교부되어야 한다(정당한 수령권자에 대한 증권의 교부). 따라서 운송물을 수령하지 않은 경우(공권), 운송물이 멸실된 경우 등에는 물권적 효력이 인정되지 아니한다. 물권적 효력은 운송물이 실물로 존재하고 그것이 운송인의 점유 하에 있으면 인정되므로 운송인의 운송물에 대한 간접점유상태에서도 인정된다. 운송물을 받을 수 있는 화물상환증의 정당한 소지인에 대해 물권적 효력이 인정된다. 따라서 배서연속에 의해 화물상환증을 취득한 자·선의취득자·포괄승계인 등에게는 물권적 효력이 인정되지만, 증권의 단순한 점유자에게는 물권적 효력이 인정되지 않는다. 운송물 자체를 제3자가 선의취득한 경우에는 물권적 효력이 생기지 않고, 선의 취득자가 우선한다.

화물상환증의 인도가 물권적 효력을 갖는 것에 대한 이론구성에 관하여는 ① 절대설

② 상대설 ③ 엄정상대설 ④ 대표설 ⑤ 유가증권적 효력설(절충설) 등이 있다. 절대설은 운송인에 의한 운송물의 점유와는 관계없이 화물상환증의 인도가 운송물의 점유를 이전한 것이 된다고 하는 설이다. 상대설은 운송물의 직접점유는 운송인이 하고 운송물의 간접점유만이 증권의 인도에 의하여 이전된다고 하는 설로 엄정상대설과 대표설로 나뉜다. 엄정상대설은 증권의 인도 이외에 민법상의 간접점유 이전의 방법을 요한다는 설이다. 즉 운송인에 대한 운송물 반환청구권의 양도절차를 필요로 한다는 것이다($^{민}_{190}$). 대표설은 증권이 운송물을 대표하는 것이므로 운송인이 운송물을 넓은 의미에서 점유하는 동안은 증권의 인도만으로 운송물의 간접점유의 효과가 생긴다고 하는 설이다. 절충설(유가증권적 효력설)에 의하면 상법 제133조는 민법 제190조의 의미에서의 단순한 목적물반환청구권의 양도는 아니고, 그와는 달리 화물상환증에 표창된 운송물반환청구권을 유가증권법적으로 양도하는 특별한 방식을 규정한 것이며, 증권의 교부를 운송물의 인도로 보는 인도의 대용물을 규정하고 있다고 하는 입장이다.

화물상환증을 작성한 경우에는 운송물에 관한 처분은 화물상환증으로써 하여야 한다($^{상}_{132}$).

2.3.5.2.5. 수하인

(1) 의의

수하인이란 운송계약에 의해 도착지에서 운송물을 수령할 자로 지정된 자를 말한다.

(2) 성질

운송계약상 수하인이 어떤 법적 지위에 있는지에 관하여 송하인의 대리인으로 보려는 대리인설, 송하인을 위한 사무관리인으로 보려는 사무관리설, 송하인이 권리를 양수한 양수인으로 보려는 권리이전설, 수하인을 제3자를 위한 계약의 수익자로 보는 제3자를 위한 계약설, 수하인을 상법에 의해 부여된 특별한 지위를 갖는 사람이라고 파악하는 특별규정설(다수설)로 나뉘어 있다.

(3) 권리

수하인은 운송계약의 당사자가 아니지만 운송계약에 의해 일정한 권리를 취득한다. 수하인은 도착지에서 자기명의로 운송인으로부터 운송물을 인도받을 자인데, 송하인에 의하여 지정되고($^{상}_{②}{}^{126}_{③}$) 또 운송 중 변경될 수 있다($^{상}_{①}{}^{139}$). 다만, 화물상환증이 발행된 경우에는 그 소지인이 송하인과 동일한 권리를 가지고, 수하인으로서의 지위도 가지므로 복잡한 문제가 생기지 아니한다.

화물상환증이 발행되지 아니한 경우 수하인은 운송의 진행에 따라 다음과 같이 권리·의무가 있다.

1) 운송물이 도착지에 아직 도착하지 아니한 시점

운송물이 도착지에 도착하기 전에는 수하인은 운송물에 관해 운송계약상 아무런 권리가 없다(통설). 운송물이 도착지에 도착할 때까지는 송하인만이 권리가 있고 따라서 송하인만이 운송인에 대해 운송의 중지, 운송물의 반환 기타의 처분을 청구할 수 있다(상 139).

2) 운송물이 도착지에 도착한 시점

운송물이 도착지에 도착한 때에는 수하인은 송하인과 동일한 권리를 취득한다(상 140). 다만 송하인이 가지는 권리·의무는 소멸하지 아니하며, 여전히 처분권을 가지고 있으므로 송하인과 수하인 사이에는 송하인의 권리가 우선한다. 따라서 송하인이 운송물에 대하여 지시를 하면, 수하인은 운송물에 대하여 인도를 청구할 수 없게 된다.

3) 운송물의 도착과 수하인이 인도청구를 한 시점

운송물이 도착지에 도착한 후 수하인이 그 인도를 청구한 때에는 수하인의 권리가 송하인의 권리에 우선한다(상② 140).

4) 수하인이 운송물을 수령한 시점

수하인이 운송물을 수령한 때에는 운송인에 대하여 운임 기타 운송에 관한 비용과 체당금을 지급할 의무를 부담한다(상 141).

(4) 의무

일정한 경우 수하인도 의무를 진다. 수하인은 운송계약의 당사자가 아니므로 운송물을 수령하기 전까지는 전혀 운송계약상 채무를 지지 않는다. 그러나 수하인이 운송물을 수령한 때에는 운송인에 대하여 운임 기타 운송에 관한 비용과 체당금을 지급할 의무를 부담하게 되는데(상 141), 송하인과 수하인의 운임과 비용의 지급의무는 부진정연대채무이다.

2.3.5.2.6. 순차운송

(1) 순차운송의 의의

동일운송물에 관하여 수인의 운송인이 순차로 운송을 하는 것을 순차운송이라 하는데, 이러한 순차운송에는 광의의 순차운송과 협의의 순차운송이 있다. 광의의 순차운송이란 ① 부분운송 ② 하수운송 ③ 동일운송 ④ 공동운송(연대운송)이 있다.

부분운송은 수인의 운송인이 각자 독립하여 각 특정구간의 운송을 인수하는 것이다. 이 경우에는 각 운송구간마다 별개의 운송계약이 체결되고, 각 운송인 사이에 아무런 관계가 없으며, 각 운송인은 자기가 맡은 구간의 운송에 대해서만 송하인에게 책임을 진다.

하수운송은 제1의 운송인이 전구간의 운송을 인수하고 그 일부 또는 전부를 제2의 운송인에게 운송시키는 것인데, 이때 제2의 운송인과의 운송계약은 제1의 운송인의 명의와 그의 계산으로 체결된다. 따라서 제2 이하의 운송인은 제1의 운송인의 이행보조자에 불과하고, 송하인과 사이에 아무런 법률관계가 없다.

동일운송은 수인의 운송인이 공동하여 전구간의 운송을 인수하는 계약을 송하인과 체결하고, 내부관계로서 담당구간을 정하는 것이다. 수인의 운송인이 하나의 공동행위로 운송을 인수한 것이므로 전 구간의 운송에 대하여 수인이 연대책임을 진다.

공동운송(연대운송)은 수인의 운송인이 서로 운송상의 연결관계를 가지고 있을 때 송하인은 최초의 운송인에게 운송을 위탁함으로써 다른 운송인을 동시에 이용할 수 있는 것인데, 이때 제1의 운송인은 제2의 운송인 등과 자기명의로 송하인의 계산으로 운송계약을 체결하는 포괄적인 개념이다. 즉 제1의 운송인이 전구간의 운송을 인수하지만, 그 중 일부구간에 대해서만 운송을 하고 나머지 구간에 대해서는 자기의 명의로 송하인의 계산으로 제2이하 운송인에게 위임하는 것이다. 이 공동운송만을 협의의 순차운송이라고도 한다.

(2) 순차운송인의 책임

수인이 순차로 운송할 경우에는 각 운송인은 운송물의 멸실, 훼손 또는 연착으로 인한 손해를 연대하여 배상할 책임이 있다(상 138). 운송인 중 1인이 손해를 배상한 때에는 그 손해의 원인이 된 행위를 한 운송인에 대하여 구상권이 있다(상 138). 손해의 원인이 된 행위를 한 운송인을 알 수 없는 때에는 각 운송인은 그 운임액의 비율로 손해를 분담한다. 그러나 그 손해가 자기의 운송구간 내에서 발생하지 아니하였음을 증명한 때에는 손해분담의 책임이 없다($\substack{상\\③}$ 138).

상법상 순차운송인은 공동운송에 있어서의 운송인을 말한다(통설). 하수운송, 동일운송, 부분운송의 경우 그 운송구조 자체에 의해 책임관계가 명백하기 때문에 민법 일반원리에 따라 책임의 소재 및 손실의 분담을 정하고, 책임관계가 분명하지 아니한 순차운송 즉 공동운송의 경우에만 상법에 의해 권리·의무가 규율된다.

(3) 순차운송인의 대위

수인이 순차로 운송을 하는 경우에 뒤의 운송인은 앞의 운송인에 갈음하여 그 권리를 행사할 의무가 있으며, 만일 뒤의 운송인이 앞의 운송인에게 변제한 때에는 앞의 운송인의 권리를 취득한다($\substack{상\\117}$). 즉 후자는 전자의 송하인 혹은 수하인에 대한 운임청구권을 행사하여야 하고, 필요하다면 이러한 권리의 행사에 필요한 유치권도 행사하여야 한다. 이러한 순차운송인의 대위가 인정되는 순차운송인의 범위에 대하여 광의의 순차운송, 즉 하수운송, 동일운송, 부분운송, 공동운송 모두에 인정된다고 보는 견해(다수설)와 공동운송에만 인정된다고 보는 견해(소수설)로 나뉘어 있다.

2.3.5.2.7. 복합운송인

(1) 의의

출발지에서 도착지까지 총 운송이 2개 이상의 구간으로 구분되고 각 구간에서 다른 운송용구에 의해 운송이 이루어지는 운송을 통운송이라고 하고, 통운송 중에서 운송구간이 육상운송·해상운송·항공운송 등 운송의 종류가 다른 수 개의 구간으로 구성된 운송을 복합운송이라고 한다. 복합운송을 영업적으로 인수하는 사람이 복합운송인이다.

(2) 책임

복합운송에 관한 입법주의도 구분책임주의와 통일책임주의가 있다. 구분책임주의는 운송구간에 따라 그 종류의 운송에 적용될 법규를 중심으로 책임의 존부와 손해의 범위를 정하는 입법주의이고, 통일책임주의는 전 구간의 운송에 대해 일괄하여 책임의 발생과 손해의 범위에 관한 하나의 법규를 마련하는 입법주의이다.

복합운송에 관한 국제적 통일협약으로는 국제상공회의소가 주관이 되어 성안된 1975년 복합운송증권통일규칙과, 국제연합이 주관이 되어 체결된 1980년 국제복합물건운송조약이 있다. 1975년 복합운송증권통일규칙은 구분책임주의를, 1980년 국제복합물건운송조약은 통일책임주의를 각각 원칙으로 채택하였다. 상법은 복합운송인의 책임에 대해 규정하고 있는데, 동 규정에 의하면 운송인이 인수한 운송에 해상 외의 운송구간이 포함된 경우 운송인은 손해가 발생한 운송구간에 적용될 법에 따라 책임을 진다($\overset{\text{상}}{①}$ ^{816}). 다만 어느 운송구간에서 손해가 발생하였는지 불분명한 경우 또는 손해의 발생이 성질상 특정한 지역으로 한정되지 아니하는 경우에는 운송인은 운송거리가 가장 긴 구간에 적용되는 법에 따라 책임을 진다. 다만, 운송거리가 같거나 가장 긴 구간을 정할 수 없는 경우에는 운임이 가장 비싼 구간에 적용되는 법에 따라 책임을 진다($\overset{\text{상}}{②}$ ^{816})라고 규정하고 있다.

2.3.5.3. 여객운송

2.3.5.3.1. 여객운송계약의 의의

여객운송계약은 일정한 지점에서 다른 지점으로 자연인(여객)의 이동을 목적으로 하는 계약이다.

(1) 계약의 당사자

여객운송계약은 통상 여객과 운송인 간에 계약이 이루어지나 타인을 운송의 객체로 하여 여객 아닌 자가 운송계약을 체결하는 것도 가능하다.

(2) 계약의 성질

여객운송계약은 여객의 청약과 운송인의 승낙에 의하여 성립하며, 물건운송계약과 마찬가지로 도급계약이다.

(3) 승차권의 성질

계약체결의 방식은 자유이지만, 통상 승차권이 이용된다. 그러나 승차권의 발행은 계약성립의 요건이 아니다. 승차권은 여객운송인이 여객운송의 편의를 도모하기 위하여 여객에게 발행하는 증권으로 유가증권으로 보는 것이 통설의 입장이다.

2.3.5.3.2 여객운송인의 권리

(1) 운임청구권

여객운송인은 특별한 약정이 없더라도 보수청구권을 가진다. 운임의 청구시기는 운송계약이 도급계약이므로 운송이 완료되어야 보수를 청구할 수 있을 것이나, 실제로는 상관습상 승차권 구입 시 또는 승차 후 운송 종료 전에 승차권과 상환으로 운임을 지급하는 것이 보통이다. 운송인의 운임청구권은 원칙적으로 운송완료 후이므로 운송이 중도에 종료된 때에는 원칙상 운임을 청구하지 못한다.

(2) 유치권

수하물을 인도받은 경우(탁송수하물), 여객운송인은 그 수하물의 운임과 여객의 운임에 관하여 유치권을 행사할 수 있다.

2.3.5.3.3 여객운송인의 손해배상책임

(1) 여객이 입은 손해에 대한 책임

운송인은 자기 또는 사용인이 운송에 관한 주의를 해태하지 아니하였음을 증명하지 아니하면(과실책임주의) 여객이 운송으로 인하여 받은 손해를 배상할 책임을 면하지 못한다($^{상\ 148}$). 여객운송인은 자기와 사용인의 무과실을 입증하지 않는 한 책임을 면하지 못한다.

여객이 운송으로 인하여 받은 손해란 여객의 사상으로 인한 손해로서 재산적 손해와 정신적 손해를 포함하며, 재산적 손해는 장래의 일실이익도 포함한다. 여객운송인은 여객의 생명·신체에 받은 손상으로 인한 재산상의 손해와 피복의 손상과 연착에 대한 손해, 상실된 장래의 기대이익(일실이익)도 배상하여야 한다. 또한 여객의 정신적 손해(위자료)도 배상하여야 하나, 여객운송계약의 당사자가 아닌 여객의 가족 등이 입은 정신적 손해는 배상액의 범위에 포함되지 않는다(판례). 그러므로 여객의 가족 등이 입은 정신적 손해에 대한 위자료 청구를 하려면 불법행위 법리에 의할 수밖에 없다($^{민\ 751}$).

여객운송인이 운송으로 인하여 사망한 여객이 입은 일실수익의 손해액을 산정함에 있어서는 사망 당시의 수익을 기준으로 함이 원칙이고 사망 당시 직업이 없었다면 일반노동임금을 기준으로 할 수밖에 없으나, 사망 이전에 장차 일정한 직업에 종사하여 그에 상응한 수익을 얻게 될 것이라고 확실하게 예측할 만한 객관적 사정이 있을 때에는 장차 얻게 될 수익을 기준으로 그 손해액을 산정할 수 있다.[64] 손해배상의 액을 정함에는 법원은 피해자와 그 가족의 정상을 참작하여야 한다($\frac{상}{②}$ 148).

여객운송계약의 손해배상책임은 물건운송인의 책임이 획일적이고 또 정액배상책임인 점에 비해서 개별적이고 특별손해에 대하여도 그 배상책임을 부담하는 점에서 구별된다.

(2) 여객의 수하물에 대한 책임

1) 탁송수하물

운송인은 여객으로부터 인도를 받은 수하물에 관하여는 운임을 받지 아니한 경우에도 물건운송인과 동일한 책임이 있다($\frac{상}{①}$ 149).

수하물이 도착지에 도착한 날로부터 10일 내에 여객이 그 인도를 청구하지 아니한 때에는 매매에서와 같이 목적물을 공탁하거나 일정한 경우에는 경매를 할 수 있고, 이를 통지하여야 한다. 그러나 주소 또는 거소를 알지 못하는 여객에 대하여는 최고와 통지를 요하지 아니한다($\frac{상}{②}$ $\frac{149}{67}$).

2) 휴대수하물

운송인은 여객으로부터 인도를 받지 아니한 수하물의 멸실 또는 훼손에 대하여는 자기 또는 사용인의 과실이 없으면 손해를 배상할 책임이 없다($\frac{상}{150}$). 과실의 입증책임은 여객에게 있다.

(3) 손해배상책임의 소멸

여객운송인의 여객 자신에 관한 손해배상책임의 시효에 대해 물건운송인의 경우와는 달리 특별규정이 없으므로 일반상사시효와 같이 그 시효기간이 5년이다($\frac{상}{64}$).

---

64) 大判 1982.7.13, 82다카278.

2.3.6. 공중접객업

2.3.6.1. 공중접객업자의 의의

공중접객업자란 극장, 여관, 음식점 그 밖의 공중이 이용하는 시설에 의한 거래를 영업으로 하는 자를 말한다(商151). 이 규정은 예시적 규정이므로 극장, 여관, 음식점 이외에도 목욕탕, 이발소, 미용실 등 다양하다. 위 거래를 영업으로 하는 공중접객업자가 당연상인이 되며, 그 시설의 소유자가 당연상인이 되는 것은 아니다.

2.3.6.2. 공중접객업자의 책임

2.3.6.2.1. 수치한 물건에 대한 책임

(1) 책임의 요건

공중접객업자는 자기 또는 그 사용인이 고객으로부터 임치(任置)받은 물건의 보관에 관하여 주의를 게을리하지 아니하였음을 증명하지 아니하면 그 물건의 멸실 또는 훼손으로 인한 손해를 배상할 책임이 있다(商152). 공중업자는 물건을 수령하였다는 사실만으로도 그 수령한 물건에 관하여 생긴 손해에 대하여 법률상 당연히 배상책임을 지도록 하여 물건운송인, 운송주선인 등의 책임보다 책임을 가중하고 있다. 임치가 성립하려면 우선 공중접객업자와 객 사이에 공중접객업자가 자기의 지배영역 내에서 목적물보관의 채무를 부담하기로 하는 명시적 또는 묵시적 합의가 있음을 필요로 한다.[65]

여관 부설주차장에 시정장치가 된 출입문이 설치되어 있거나 출입을 통제하는 관리인이 배치되어 있거나 기타 여관 측에서 그 주차장에의 출입과 주차사실을 통제하거나 확인할 수 있는 조치가 되어 있다면, 그러한 주차장에 여관 투숙객이 주차한 차량에 관하여는 명시적인 위탁의 의사표시가 없어도 여관업자와 투숙객 사이에 임치의 합의가 있는 것으로 볼 수 있으나, 위와 같은 주차장 출입과 주차사실을 통제하거나 확인하는 시설이나 조치가 되어 있지 않은 채 단지 주차의 장소만을 제공하는 데에 불과하여 그 주차장

---

65) 大判 1992.2.11, 91다21800.

출입과 주차사실을 여관 측에서 통제하거나 확인하지 않고 있는 상황이라면, 부설주차장 관리자로서의 주의의무 위배 여부는 별론으로 하고 그러한 주차장에 주차한 것만으로 여관업자와 투숙객 사이에 임치의 합의가 있는 것으로 볼 수 없고, 투숙객이 여관 측에 주차사실을 고지하거나 차량열쇠를 맡겨 차량의 보관을 위탁한 경우에만 임치의 성립을 인정할 수 있다.[66]

(2) 면책의 특약

공중접객업자의 책임은 당사자 간의 특약에 의하여 감면할 수 있으나 상법은 공중접객업자의 일방적 면책고시만으로는 책임을 면할 수 없도록 하고 있다. 즉 고객의 휴대물에 대하여 책임이 없음을 알린 경우에도 공중접객업자는 책임이 있다고 규정하고 있다(상 152).

2.3.6.2.2. 수치하지 않은 물건에 대한 책임

공중접객업자는 객으로부터 임치를 받지 아니한 경우에도 그 시설 내에 휴대한 물건이 자기 또는 그 사용인의 과실로 인하여 멸실 또는 훼손된 때에는 그 손해를 배상할 책임이 있다(상 152). 과실은 선량한 관리자의 주의의무를 다하지 못한 것이며 과실의 입증책임은 객에게 있다. 객의 휴대물에 대하여 책임이 없음을 게시한 때에도 공중접객업자는 책임을 면하지 못한다(상 152).

2.3.6.2.3. 고가물에 대한 책임

화폐, 유가증권 기타의 고가물에 대하여는 객이 그 종류와 가액을 명시하여 임치하지 아니하면 공중접객업자는 그 물건의 멸실 또는 훼손으로 인한 손해를 배상할 책임이 없다(상 153). 공중접객업자 또는 그 사용인이 우연히 고가물을 안 경우에는 보통물로서의 주의의무를 게을리 한 경우에 한하여 고가물의 손해배상책임을 진다 할 것이다. 공중접객업자 또는 그 사용인이 고의로 물건을 멸실 또는 훼손시킨 경우에 고가물에 대한 명시가 없더라도 공중접객업자는 고가물로서의 일체의 손해배상책임을 진다고 보는 견해가 있다.

2.3.6.2.4. 책임의 소멸시효

공중접객업자의 책임은 공중접객업자가 임치물을 반환하거나 객이 휴대물을 가져간 후

---

66) 大判 1992.2.11, 91다21800.

6월을 경과하면 소멸시효가 완성한다($\frac{\text{상}}{3}$ 154). 이 기간은 물건이 전부 멸실한 경우에는 객이 그 시설을 퇴거한 날로부터 기산한다($\frac{\text{상}}{3}$ 154). 그러나 공중접객업자나 그 사용인이 악의인 경우에는 적용하지 아니한다($\frac{\text{상}}{3}$ 154). 따라서 악의인 경우에는 상사시효인 5년의 소멸시효에 걸린다.

2.3.6.2.5. 책임에 관한 몇 가지 문제

공중접객업인 숙박업은 일종의 일시사용을 위한 임대차계약이기는 하지만 단순히 여관의 객실 및 관련시설을 제공하여 고객으로 하여금 이를 사용수익하게 할 의무를 부담하는 것에서 한 걸음 더 나아가 고객에게 위험이 없는 안전하고 편안한 객실 및 관련시설을 제공함으로써 고객의 안전을 배려하여야 할 보호의무를 부담한다. 이러한 의무는 숙박계약의 특수성을 고려하여 신의칙상 인정되는 부수적인 의무로서 숙박업자가 이를 위반하여 고객의 생명, 신체를 침해하여 손해를 입힌 경우 불완전이행으로 인한 채무불이행책임을 부담한다.[67]

건물이 화재로 인하여 수선가능한 정도로 손괴되어 건물의 통상용법에 따른 사용이 불가능하게 되었다면 수선에 소요되는 상당한 기간 중 이를 사용하지 못함으로 인한 손해는 손괴로 인한 통상의 손해라 할 것이고, 또 이와 같은 손괴에 대하여 사회통념상 곧바로 수선에 착수할 수 없는 특별한 사정이 있는 경우에는 수선의 착수가 가능한 시점까지 이를 사용을 하지 못함으로 인한 손해 역시 통상의 손해라 할 것이다.[68]

2.3.6.2.6. 불법행위책임과의 관계

공중접객업자나 그 사용인이 객으로부터 임치를 받거나 받지 아니한 물건을 고의 또는 과실로 멸실 또는 훼손시킨 경우에는 위 공중접객업자의 손해배상책임 외에도 불법행위로 인한 손해배상책임도 성립한다(청구권경합설).

---

67) 大判 1994.1.28, 93다43590.

68) 大判 2000.11.24, 2000다38718, 38725.

2.3.7. 창고업

2.3.7.1. 창고업자의 의의

창고업자란 타인을 위하여 창고에 물건을 보관함을 영업으로 하는 자를 말한다($\frac{상}{155}$). 창고란 물건의 보관에 이용 또는 제공되는 설비를 말하며, 반드시 지붕이 있어야 하는 것은 아니다. 물건은 동산에 한하고 보관은 목적물의 소유권 또는 처분권을 취득하지 않고 하는 보관을 의미한다.

2.3.7.2. 창고업자의 의무 · 책임

2.3.7.2.1. 보관의무

창고업자는 선량한 관리자의 주의로써 임치물을 보관하여야 한다($\frac{상}{62}$). 창고업자의 선관의무는 임치계약이 유상이든 무상이든 불문한다. 주의의무의 내용은 임치물의 멸실 · 훼손을 방지하는 것이다.

당사자가 임치기간을 정하지 아니한 때에는 창고업자는 임치물을 받은 날로부터 6월을 경과한 후에는 언제든지 이를 반환할 수 있다($\frac{상}{163}$). 임치물을 반환함에는 2주간 전에 예고하여야 한다($\frac{상}{163}$). 다만 부득이한 사유가 있는 경우에는 창고업자는 언제든지 임치물을 반환할 수 있다($\frac{상}{164}$). 부득이한 사유란 임치물이 부패하거나 임치인이 보관료를 지급하지 않거나 보관이 법령에 위반하는 경우 등을 말한다. 반면에 임치인은 언제든지 계약을 해지할 수 있다($\frac{민}{698}$).

2.3.7.2.2. 창고증권교부의무

창고업자는 임치인의 청구에 의하여 창고증권을 발행하여 교부하여야 한다($\frac{상}{156}$).

2.3.7.2.3. 임치인의 검사 · 견품적취 · 보호처분에 따를 의무

임치인 또는 창고증권소지인은 영업시간 내에 언제든지 창고업자에 대하여 임치물의 검사 또는 견품의 적취를 요구하거나 그 보존에 필요한 처분을 할 수 있다($\frac{상}{161}$). 임치물의 검사란 임치물의 존부, 품질, 수량 등을 점검하는 것을 말하고, 견품의 적취란 임치물로부터 견품을 빼어 내는 것을 말하며, 보존에 필요한 처분이란 임치물을 멸실이나 훼손으로부터 방지하는 소극적 처분을 의미하는 것으로 가공이나 수선 등의 적극적 처분을 의미하는 것은 아니다.

2.3.7.2.4. 임치물의 반환의무

창고업자는 임치인의 청구가 있을 때에는 보관기간의 약정의 유무를 불문하고 임치물을 반환할 의무를 부담한다($^{상\ 163\ :\ 164,}_{민\ 698\ :\ 699}$). 창고증권이 발행된 경우에는 그 소지인의 청구에 대하여서만 임치물을 반환할 의무를 부담한다($^{상\ 157,}_{129}$).

2.3.7.2.5. 임치물의 훼손・하자 등의 통지의무

창고업자가 임치물을 받은 후 그 물건의 훼손 또는 하자를 발견하거나 그 물건이 부패할 염려가 있는 때 또는 가격저락의 상황을 안 때에는 지체 없이 임치인에게 그 통지를 발송하여야 한다. 만일 이 경우에 임치인의 지시를 받을 수 없거나 그 지시가 지연되는 때에는 창고업자는 임치인의 이익을 위하여 적당한 처분을 할 수 있다($^{상\ 168,}_{108}$). 위탁매매의 경우와는 달리 임치물의 가격하락의 상황을 안 때에는 임치인에게 통지할 의무가 없다고 보는 견해도 있다(다수설). 창고업자는 임치물의 보관에 주의의무를 하는 것이지 임치물의 시장동향까지 파악하여야 하는 것은 아니므로 원칙적으로 통지의무가 없다고 할 것이다.

2.3.7.2.6. 손해배상책임

(1) 책임발생원인

창고업자는 자기 또는 사용인이 임치물의 보관에 관하여 주의를 해태하지 아니하였음을 증명하지 아니하면 임치물의 멸실 또는 훼손에 대하여 손해를 배상할 책임을 면하지 못한다($^{상}_{160}$). 이 창고업자의 책임은 과실책임에 근거하고 있으며 임치물의 멸실・훼손에 관하여는 창고업자의 통제 영역에 있다고 할 것이므로 그 책임에서 벗어나고자 하는 창고업자가 과실 없음을 증명하도록 하고 있다. 여기서의 멸실은 물리적 멸실뿐만 아니라 수치인이 임치물을 권한 없는 자에게 무단 출고함으로써 임치인에게 이를 반환할 수 없게 된 경우를 포함한다.[69]

손해배상청구권자는 임치인 또는 창고증권소지인이며, 손해배상액에 대해서는 상법에 특칙이 없으므로 민법의 일반원칙에 의거 상당인과관계에 있는 모든 손해를 배상하여야 할 것이다.

(2) 책임의 소멸

1) 특별소멸원인

창고업자의 책임은 임치인 또는 창고증권 소지인이 유보하지 않고 임치물을 수령하고 또 보관료 기타의 비용을 지급하였을 때에 소멸한다. 그러나 ① 임치물에 즉시 발견할 수 없는 훼손 또는 일부 멸실이 있는 경우로서 임치인 또는 증권소지인이 수령한 날로부터 2주간 내에 창고업자에게 그 통지를 발송한 때 또는 ② 창고업자 또는 그 사용인이 악의인 때에는 소멸하지 않는다($^{상}_{146}$ 168·). '악의인 경우'라 함은 운송인이나 그 사용인이 운송물에 훼손 또는 일부 멸실이 있다는 것을 알면서 이를 수하인에게 알리지 않고 인도한 경우를 가리킨다.[70]

2) 단기소멸시효

임치물의 멸실 또는 훼손으로 인하여 생긴 창고업자의 책임은 그 물건을 출고한 날로부터 1년이 경과하면 소멸시효가 완성한다($^{상}_{①}$ 166·). 멸실(滅失)은 물리적 멸실뿐만 아니라 수치인이 임치물을 권한 없는 자에게 무단 출고함으로써 임치인에게 이를 반환할 수 없게 된 경우를 포함한다.[71]

이 기간은 임치물이 전부 멸실한 경우에는 임치인과 알고 있는 창고증권소지인에게 그 멸실의 통지를 발송한 날로부터 기산한다($^{상}_{②}$ 166·). 그러나 창고업자 또는 그 사용인이 악의인 경우에는 적용하지 아니한다($^{상}_{③}$ 166·). 따라서 일반 상사시효인 5년에 의하여 소멸한다($^{상}_{64}$).

---

69) 大判 1981.12.22, 80다1609.

70) 大判 1987.6.23, 86다카2107.

71) 大判 1981.12.22, 80다1609.

2.3.7.3. 창고업자의 권리

2.3.7.3.1. 임치물인도청구권
창고임치계약이 성립하면 창고업자는 임치인에 대하여 임치물의 인도를 청구할 수 있는 권리를 갖는다.

2.3.7.3.2. 보관료 및 비용상환청구권
창고업자는 임치물을 출고할 때가 아니면 보관료 기타의 비용과 체당금의 지급을 청구하지 못한다. 그러나 보관기간 경과 후에는 출고전이라도 이를 청구할 수 있다($\substack{상\\①}$162). 임치물의 일부출고의 경우에는 창고업자는 그 비율에 따른 보관료 기타의 비용과 체당금의 지급을 청구할 수 있다($\substack{상\\②}$162).

2.3.7.3.3. 유치권
창고업자는 특별상사유치권이 인정되지 않으므로 임치물에 대하여 민사유치권($\substack{민\\320}$)과 임치인이 상인인 경우에는 일반상사유치권($\substack{상\\58}$)을 행사할 수 있다. 그러나 창고업자에게만 인정되는 특별상사유치권은 인정되지 않는다.

2.3.7.3.4. 공탁 및 경매권
창고업자는 임치인 또는 창고증권소지인이 임치물의 수령을 거절하거나 또는 이것을 수령할 수 없을 때에는 임치물의 공탁 및 경매를 할 권리를 가진다($\substack{상\\67}$165,).

2.3.7.3.5. 손해배상청구권
창고업자는 임치물의 성질 또는 하자로 인하여 입은 손해의 배상을 임치인에게 청구할 수 있는데, 창고업자가 이를 안 때에는 청구할 수 없다($\substack{민\\697}$).

2.3.7.3.6. 채권의 단기시효
창고업자의 임치인 또는 창고증권소지인에 대한 채권은 그 물건을 출고한 날로부터 1년간 행사하지 아니하면 소멸시효가 완성한다($\substack{상\\167}$).

2.3.7.4. 창고증권

2.3.7.4.1. 의의

창고증권이란 창고증권소지인이 창고업자에 대해 임치물반환청구권을 표창하는 유가증권이다. 이러한 창고증권은 상법상 임치인의 청구에 의하여 창고업자가 발행한다($\frac{\text{상}}{①}$156). 이 창고증권은 임치물이 창고에 보관되어 있는 동안에 이를 제3자에게 양도하거나 입질하는 데 이용된다.

2.3.7.4.2. 입법주의

창고증권에 관한 입법주의로 단권주의, 복권주의, 병용주의가 있다. 단권주의는 한 장의 창고증권에 의하여 임치물의 입질 또는 양도 등의 처분을 할 수 있게 하는 입법주의이고, 복권주의란 창고업자에게 운송물의 양도를 위한 예증권(預證券)과 담보의 편의를 위한 입질증권의 두 장의 증권을 한 조로 발행하는 입법주의이고, 병용주의는 양자를 모두 인정하는 주의이다. 우리나라는 단권주의를 채택하고 있다.

2.3.7.4.3. 성질

창고증권은 그 성질이 화물상환증과 아주 유사하므로, 화물상환증에 관한 규정을 준용하고 있다($\frac{\text{상}}{157}$). 따라서 창고증권도 화물상환증처럼 요식증권성($\frac{\text{상}}{②}$128)·요인증권성($\frac{\text{상}}{①}$128)·상환증권성($\frac{\text{상}}{129}$)·지시증권성($\frac{\text{상}}{130}$)·문언증권성($\frac{\text{상}}{131}$)·처분증권성($\frac{\text{상}}{132}$)·인도증권성($\frac{\text{상}}{133}$)이 있으나 설권증권성은 없다.

2.3.7.4.4. 발행

창고증권은 임치인의 청구에 의하여 창고업자가 발행하여 교부한다($\frac{\text{상}}{①}$156). 창고증권에는 ① 임치물의 종류, 품질, 수량, 포장의 종별, 개수와 기호 ② 임치인의 성명 또는 상호, 영업소 또는 주소 ③ 보관장소 ④ 보관료 ⑤ 보관기간을 정한 때에는 그 기간 ⑥ 임치물을 보험에 붙인 때에는 보험금액, 보험기간과 보험자의 성명 또는 상호, 영업소 또는 주소 ⑦ 창고증권의 작성지와 작성년월일을 기재하고 창고업자가 기명날인 또는 서명하여야 한다($\frac{\text{상}}{②}$156). 창고증권의 요식성은 절대적인 것이 아니므로 창고증권의 본질적 사항이 아닌 항목의 결여는 창고증권의 효력에 영향이 없다고 할 것이다.

2.3.7.4.5. 양도

창고증권은 화물상환증의 경우와 같이 법률상 당연한 지시증권이므로 기명식인 경우에도 배서금지의 기재가 없는 한 배서에 의하여 양도될 수 있다($\frac{상}{130}$157). 이러한 배서에 권리이전적 효력 및 자격수여적 효력은 있으나 담보적 효력은 없다.

2.3.7.4.6. 효력

(1) 채권적 효력

창고증권을 작성한 경우에는 임치에 관한 사항은 창고업자와 소지인 간

에 있어서는 창고증권에 기재된 바에 의한다($\frac{상}{130}$). 창고증권은 임치물 반환청구권을 표창하는 채권적 유가증권이므로 창고증권 소지인이 창고업자에 대하여 임치계약상의 채무인 인도채무의 이행을 청구하고 창고업자가 이를 이행하지 못하면 손해배상책임을 부담한다. 창고증권 소지인은 보관료·기타 보관에 관한 비용과 체당금을 지급할 의무를 부담한다(통설).

(2) 물권적 효력

창고증권에 의하여 임치물을 받을 수 있는 자에게 창고증권을 교부한 때에는 임치물 위에 행사하는 권리의 취득에 관하여 임치물을 인도한 것과 동일한 효력이 있다($\frac{상}{133}$). 창고증권의 물권적 효력이 발생하기 위하여는 ① 창고업자가 임치물을 인도받았어야 하고 ② 임치물이 존재하여야 하며 ③ 창고증권에 의하여 임치물을 받을 수 있는 자에게 이 증권이 교부되어야 한다. 창고증권을 작성한 경우에는 임치물에 관한 처분은 창고증권으로써 하여야 한다($\frac{상}{132}$).

(3) 분할부분에 대한 창고증권의 청구

창고증권소지인은 창고업자에 대하여 그 증권을 반환하고 임치물을 분할하여 각 부분에 대한 창고증권의 교부를 청구할 수 있다($\frac{상①}{158}$). 임치물의 분할과 증권교부의 비용은 증권소지인이 부담한다($\frac{상②}{158}$).

(4) 입질된 임치물의 일부출고

창고증권으로 임치물을 입질한 경우에도 질권자의 승낙이 있으면 임치인은 채권의 변

제기 전이라도 임치물의 일부반환을 청구할 수 있다. 이 경우에는 창고업자는 반환한 임치물의 종류, 품질과 수량을 창고증권에 적어야 한다($\overset{\text{상}}{159}$).

☞ **각 상행위 요약**

	대리상	중개인	위탁매매인	운송주선인	운송인	공중접객업자	창고업자
의의	일정한 상인을 위하여 상업사용인이 아니면서 상시 그 영업부류에 속하는 거래의 대리(체약대리상)또는 중개(중개대리상)를 하는 자	불특정다수인 간의 중개의 인수라는 법률행위를 영업으로 하는 자	자기의 명의로 타인의 계산으로 물건 또는 유가증권의 매매를 영업으로 하는 자 ※준위탁매매인: 매매 이외의 영업행위자	자기의 명의로 물건운송의 주선을 영업으로 하는 자	육상·호천·항만에서 물건 또는 여객의 운송을 영업으로 하는 자	공중의 집래에 적합한 설비를 갖추어 이 설비의 이용에 의한 거래를 영업으로 하는 자	타인을 위하여 물건을 창고에 보관함을 영업으로 하는 자(자기 물건 부동산 제외)

	대리상	중개인	위탁매매인	운송주선인	운송인	공중접객업자	창고업자
의무	대리상: 본인 ①통지의무 ②겸업피지의무 ③영업비밀준수의무 ④선관의무	①선관주의의무 ②견품보관의무 ③결약서교환의무 ④장부작성 및 등본교부 ⑤성명, 상호묵비 ⑥중개의무(이행담보책임)	①통지의무, 계산서 제출의무 ②지정가액준수의무 ③이행담보책임(개입의무) ④위탁물의 훼손·하자 등의 통지, 처분의무	①통지의무, 계산서제출의무 ②지정가액준수의무 ③운송물의 훼손 하자 등에 대한 통지·처분의무	①화물상환증교부의무 ②운송물의 보관 및 처분의무 ③운송물인도의무 ④손해배상책임	①수치한 물건에 대한 책암 불가항력의 경우에만 면책 ②수치하지 않은 물건에 대한 책암 과실 있으면 책임 ③고가물에 대한 책암 명시하여 예치하여야 책임	①보관의무 ②창고증권교부의무 ③임치인의 검사·견품적취·보호처분에 따를 의무 ④임치물의 반환의무 ⑤임치물의 훼손·하자 등의 통지의무 ⑥손해배상책임

	대리상	중개인	위탁매매인	운송주선인	운송인	공중접객업자	창고업자
권리	①보수청구권 ②유치권 ③보상 청구권	①보수청구권 ②비용상환 청구권의 부존재 ③급여수령권 의 부존재	①보수청구권 ②비용상환 청구권 ③유치권 ④매수물의 공탁 및경 매권 ⑤개입권 (시세)	①보수청구권 ②비용상환 청구권 ③유치권 ④개입권(직 접운송)	① 운송물인 도청구권 ② 화물명세 서교부청 구권 ③운임 및 기 타비용청 구권 ④유치권 ⑤ 운송물의 공탁경매권		①임치물인도 청구권 ②보관료 및 비 용상환청구권 ③유치권 ④공탁 및 경 매권 ⑤손해배상청 구권

	대리상	중개인	위탁매매인	운송주선인	운송인	공중접객업자	창고업자
종료	① 위임계약 의 일반종 료원안 위 임인의 사 망·파산 *본인 사망X ② 법정종료 원인: 해지				운송인의 송 화인 또는 수 하인에 대한 권리는 1년간 행사하지 아 니하면 소멸시 효가 완성됨		

	대리상	중개인	위탁매매인	운송주선인	운송인	공중접객업자	창고업자
관계및책임유무	본인: 중개사 무에 관한 위 임계약 제3자에 대하 여 책임無 ※ 대리상과 제3자와의 관계 ① 체약대리 상 - 대리 의 법리 ② 중개대리 상 - 제3 자에 대하 여 책임無	본인: 중개행 위를 처리할 의무 부담 제3자에 대하 여 책임無	본인: 위임계약 제3자: 권리 와의무부담 ※ 매수위탁 자가 상인 일 때 ▶ 매수인에 게 인정된 의무부과	본인: 위임계약	본인: 도급계약		임치계약 ※창고증권: 창고업자임 치물을 수령 하였음을 증 명하고 임치 물 반환청구 권을 표창하 는 유가증권

☞ 각 상행위 특칙 비교

	상행위일반	대리상	중개인	위탁매매인	운송주선인	창고업자	공중접객업자
상사유치권	일반	특별	없음	특별	특별	없음	없음
공탁경매권	인정	없음	없음	인정	인정	인정	규정 없음
개입권	X	X	개입의무	개입권	개입권	X	X
경업회피의무	X	있음	X	X	X	X	X
고가물특칙	X	X	X	X	있음	없음	있음
특별소멸시효	X	X	X	X	있음	있음	없음
단기소멸시효	X	X(5년)	X(5년)	X(5년)	1년	1년	6개월
상대방	상인	상인	일방은 상인	비상인	비상인	비상인	비상인
책임	과실책임	과실책임	과실책임	과실책임	무과실책임	무과실책임	무과실책임

☞ 유치권

	민사유치권	상사유치권(58)	대리상(91)	위탁매매인(111)	운송주선인(120)
당사자	상인·비상인 불문	쌍방이 상인	대리상과 본인 *채무자도 상인	위탁매매인과 위탁자 *채무자 상인 불요	위탁자와 운송주선인 *채무자 상인 불요
목적물의 소유권	소유권의 귀속에 제한이 없음	채무자소유의 물건 또는 유가증권	소유권의 귀속에 제한이 없음		
목적물의 점유	본인을 위하여 적법한 점유	채권자의 상행위로 점유취득해야 함	본인을 위하여 점유하는 물건 또는 유가증권	위탁자를 위하여 점유하는 물건 또는 유가증권	운송물
피담보 채권	물건 또는 유가증권(유치물)에 관련하여 발생한 채권	당사자 쌍방을 위하여 상행위가 되는 행위에 의한 채권, 변제기에 있어야 함	거래의 대리 또는 중개로 인한 채권, 변제기에 있어야 함	위탁자를 위하여 물건의 매도 또는 매수를 함으로 말미암아 위탁자에 대하여 생긴 채권변제기에 있어야 함	운송물에 관하여 수령할 보수, 운임 기타 위탁자를 위한 체당금이나 선대금에 관해서만 행사
목적물과 피담보채권의 관련성	피담보채권과 목절물의 개별적인 견련관계 '필요'	피담보채권과 목적물의 개별적인 견련관계 '불필요'	개별적인 견련관계 '불필요'	개별적인 견련관계 '불필요'	개별적인 견련관계 '필요'

2.4. 새로운 상행위

2.4.1. 서 설

경제활동의 급속한 발전은 리스, 프랜차이즈, 팩토링과 같은 새로운 거래형태를 탄생시키기에 이르렀고 최근에는 전자상거래가 급속히 발전되어 왔다. 이 중 리스, 프랜차이즈, 팩토링은 새로운 상행위로 상법에 반영되었고, 전자상거래는 특별법인 전자거래기본법 및 전자서명법으로 제정되었다. 전자상거래에 더 나아가 전자금융기법들이 생기면서 전자금융거래법이 제정되어 시행되고 있다.

2.4.2. 리 스

2.4.2.1. 리스계약의 의의

리스의 개념에 관하여 상법 제46조 제19호는 '기계·시설 기타 재산의 물융에 관한 행위'라고 정의하고 있고, 시설대여업법 제2조 제1호는 "대여시설이용자가 선정한 특정 물건을 시설대여회사가 새로이 취득하거나 대여받아 대여시설이용자에게 대통령령이 정하는 일정기간 이상 사용하게 하고, 그 기간에 걸쳐 일정대가를 정기적으로 분할하여 지급받으며, 그 기간 종료 후의 물건의 처분에 관하여는 당사자 간의 약정으로 정하는 물적 금융을 말한다."고 정의하고 있다.

즉 리스는 대개 리스이용자가 리스물건을 선정하면 리스회사가 공급자로부터 그 리스물건을 매입하여 그 리스이용자로 하여금 일정한 기간 사용하게 하고 리스이용자는 그 기간에 그 대가를 분할지급하며, 그 기간 종료 후의 리스물건의 처분은 당사자의 약정으로 정하는 계약이라고 할 수 있다. 판례도 비슷한 취지로 시설대여(리스)는 시설대여 회사가 대여시설 이용자가 선정한 특정 물건을 새로이 취득하거나 대여받아, 그 물건에 대한 직접적인 유지·관리책임을 지지 아니하면서 대여시설 이용자에게 일정기간 사용하게 하고 그 기간 종료 후에 물건의 처분에 관하여는 당사자 간의 약정으로 정하는 계약이라고 판시하고 있다.[72]

리스계약은 형식에서는 임대차계약과 유사하나, 그 실질은 대여시설을 취득하는 데 소요되는 자금에 관한 금융의 편의를 제공하는 것을 본질적인 내용으로 하는 물적 금융이고 임대차계약과는 여러 가지 다른 특질이 있기 때문에 이에 대하여는 민법의 임대차에 대한 규정이 바로 적용되지 아니한다.[73] 임대차 계약과 리스의 차이점을 보면 하자담보책임의 유무, 수리책임의 유무, 물건의 일부 멸실의 경우 리스료 감액의 가부, 임차인의 해지권보유의 유무 등의 면에서 차이가 있다. 즉 임대차계약에는 하자담보책임, 수리책임, 일부 멸실의 경우 감액 및 임차인의 해지권이 있는 반면에 리스계약에는 없다.

리스의 경제적 기능에는 ① 매수자금 조달기능 ② 절세기능 ③ 국제금융 이용기능 등이 있다.

2.4.2.2. 리스의 종류

리스의 종류와 형태는 매우 다양하지만 법적으로 중요한 의미를 갖는 것은 금융리스와 운용리스의 구별이다.

(1) 금융리스(finance lease)

금융리스란 리스회사가 리스이용자에게 기계설비와 같은 리스물건의 구입자금을 융자하여 주는 대신에 리스물건을 직접 구입하여 이를 임대하는 것을 말한다. 이때에는 리스기간이 보통 리스물건의 내용연수에 상당한 기간으로 되며, 리스이용자는 이 기간 중 계

---

72) 大判 1996.8.23, 95다51915.

73) 大判 1996.8.23, 95다51915.

약을 해지할 수 없다. 또 리스이용자는 물건구입대금과 부대비용·리스회사 이윤 등을 합한 금액에 상당하는 리스료를 지급하여야 할 채무와 리스물건에 대한 유지·관리책임 등을 부담한다. 일반적으로 리스라고 할 때에는 이러한 금융리스를 말한다.

상법은 금융리스업자 의의에 대해서 금융리스이용자가 선정한 기계, 시설, 그 밖의 재산(금융리스물건)을 제3자(공급자)로부터 취득하거나 대여받아 금융리스이용자에게 이용하게 하는 것을 영업으로 하는 자를 금융리스업자라 규정하고 있다($\stackrel{상}{의}\stackrel{168}{2}$).

(2) 운용리스(operating lease)

운용리스란 리스회사가 불특정 다수를 대상으로 가동률이 높은 범용기종(자동차, 컴퓨터, 사진기, 건설기계 등)을 내용연수의 일부 동안 임대하여 투하자금의 회수를 꾀하는 형태이다. 또 리스이용자는 수시로 또는 일정한 예고기간을 두고 해지할 수 있으며, 통상 리스물건의 수선의무·위험부담·하자담보책임은 리스회사가 진다. 이 운용리스는 리스물건 자체의 이용에 목적이 있으며, 금융적 성격이 거의 없고 서비스 제공적 성격이 강하다.

2.4.2.3. 리스계약의 법적 성질

(1) 특수임대차설

이 설에 의하면 금융리스계약이 임대차계약을 모체로 하고 있다는 견해로 리스계약의 형식적 성격을 강조하여, 임대인이 임차인의 사용 수익을 위해 물건을 대여하여 주는 급부에 대한 반대급부인 임대료는 물건의 사용 수익에 대한 대가이어야 한다는 것을 강조하고 있다.

그런데 판례는 시설대여(리스)는 형식에서는 임대차계약과 유사하나, 그 실질은 대여시설을 취득하는 데 소요되는 자금에 관한 금융의 편의를 제공하는 것을 본질적인 내용으로 하는 물적 금융이고 임대차계약과는 여러 가지 다른 특질이 있기 때문에 이에 대하여는 민법의 임대차에 대한 규정이 바로 적용되지 아니한다고 하여 특수임대차설을 부정한다.[74]

(2) 소비대차설

이 설에 의하면 리스계약도 물건을 융자해 준다는 금융적인 측면을 강조하면, 금융리

---

74) 大判 1996.8.23, 95다51915.

스계약은 소비대차에 매우 가깝다고 한다. 리스이용자가 물건공급자로부터 물건을 공급받고 이에 대하여 리스회사가 융자를 해 주면서 그 물건에 대한 소유권을 담보의 목적으로 유보하는 형태의 계약이라고 한다. 금융리스는 소비대차와 달리 원칙으로 리스이용자가 리스물건의 소유권을 취득하지 않으며, 또 리스기간이 종료되면 재리스나 구매선택권이 주어져 있지 않은 한 리스물건 그 자체를 반환하여야 하므로 소비대차와 구별하지 않으면 안 된다.

(3) 매매설

리스료의 본질이 리스회사가 공급업자에게 지급한 매매대금에 대한 상환에 있다고 하면, 금융리스계약은 매매계약에 매우 가깝게 접근하므로 금융리스계약을 할부매매계약으로 파악한다. 즉 금융리스에서는 리스이용자가 리스기간이 종료할 때에 무상 또는 명목상의 금액으로 리스물건을 구입할 수 있는 것으로 정한 경우가 많은데, 이는 리스물건을 할부로 매수하거나 리스회사가 리스물건을 소유권유보부로 매도하는 것과 유사하다는 점을 감안하여 금융리스를 할부매매계약 또는 소유권유보부매매계약으로 보는 것이다. 이에 대해서 매매계약에 있어서는 종국적으로 매매목적물의 소유권이 매수인에게 귀속됨에 반하여 리스의 경우는 리스물건의 소유권이 리스회사에 있고, 또 리스의 경우는 금융이 주된 목적임에 반하여 할부판매 또는 소유권유보부매매에 있어서는 매매가 주목적이고 금융은 매매를 위한 수단에 불과하다는 점을 간과하였다는 비판이 있다.

(4) 무명계약설(비전형계약설)

리스의 경제적 실질인 금융적 측면을 중시하여 리스는 민법의 임대차와는 다른 특수한 무명계약(비전형계약설)이라고 하는 설이다. 대법원은 일관되게 무명계약설의 입장에 있는데, 이에 의하면 리스가 형식에서는 임대차계약과 유사하나 그 실질은 물적 금융이고 임대차계약과는 여러 가지 다른 특질이 있기 때문에 시설대여(리스)계약은 비전형 계약(무명계약)이고 따라서 이에 대하여는 민법의 임대차에 관한 규정이 바로 적용되지는 아니한다고 판시하고 있다.[75]

---

75) 大判 1986.8.19, 84다카503, 504.

2.4.2.4. 리스계약의 법률관계

☞ 리스의 3자 관계도[76]

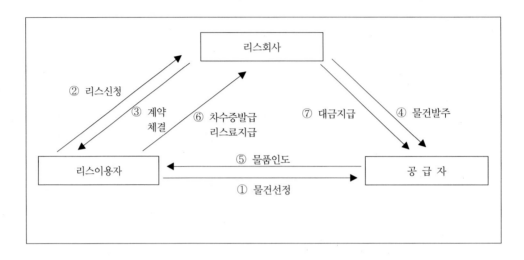

2.4.2.4.1. 리스계약의 법적 특성

(1) 약관에 의한 거래

리스계약은 각 리스회사가 임의로 작성한 약관에 의하여 체결되는 것이 보통이다.

(2) 리스기간 중의 계약해지의 제한

리스이용자나 리스회사는 리스기간 중에는 원칙적으로 리스계약을 해지할 수 없다.

(3) 하자담보책임의 배제

리스계약에서는 민법의 하자담보책임을 배제하여 리스회사가 물건의 하자에 대하여 담보책임을 지지 않는 것으로 정하고 있는 것이 보통이다. 리스의 본질 및 구조상으로 보아 리스회사는 리스이용자가 전문지식을 갖고 선정한 물건을 발주할 뿐이므로 경제적 지위를 남용한다거나 신의칙 또는 공서양식에 반한다고 할 수 없기 때문이다. 다만 리스이용자는 물건의 하자를 이유로 리스회사에 대하여 담보책임을 추궁할 수 없으나 공급자에 대하여는 그 책임을 추궁할 수 있다.

---

76) 최기원, (제11신정판) 상법학신론(상), 박영사, 2000, 395면.

(4) 위험부담의 전환

리스계약에서는 민법상 채무자위험부담원칙에 대한 예외로서 불가항력에 의한 리스물건의 멸실, 훼손 또는 도난의 경우에 모든 책임과 위험은 리스이용자가 부담하는 것으로 특약되는 것이 보통이다.

(5) 물건보전의무의 전환

리스계약에 있어서는 리스물건의 유지·관리·수선의무 등은 리스이용자가 부담하고, 리스회사는 이를 부담하지 않는 것으로 약정되어 있다(삼일리스약관 13). 민법의 임대차에 있어서 임대인이 물건의 사용·수익에 필요한 수선의무를 부담하나, 리스계약에서는 리스이용자가 이 의무를 부담한다.

(6) 소유권에 기한 책임의 배제

리스물건으로 인하여 제3자가 손해를 입은 경우, 그 소유자인 리스회사의 손해배상책임은 경우에 따라 각각 다르다. 예컨대, 리스물건인 자동차에 의하여 교통사고가 생긴 경우에, 리스회사는 자동차의 운행에 대한 지배를 하지 아니하므로 운행제공자로서의 책임이 없으나 리스물건이 특허권 침해품인 경우에는 그 리스물건을 제조한 공급자, 이를 대여한 리스회사 및 이를 사용한 리스이용자 모두가 특허권의 침해자로서 특허권에 대하여 책임을 진다.

2.4.2.4.2. 리스업자와 리스이용자와의 관계

(1) 리스업자의 권리·의무

리스업자는 일반적으로 리스료 지급청구권, 리스물건 반환청구권, 리스계약 해지권 등의 권리를 갖는다. 반면에 리스이용자가 리스물건을 이용할 수 있도록 인도하여야 할 의무를 부담한다. 리스회사는 리스물건의 하자나 리스계약의 해지 또는 리스물건의 멸실여부와 관계없이 매기마다 리스료의 지급을 청구할 수 있다. 금융리스의 경우 리스 이용자처럼 리스회사도 리스기간 중에 리스계약을 해지할 수 없는 것이 원칙이나, 예외적으로 리스이용자에게 리스료의 불지급 등의 채무불이행이 있거나 파산 등의 경우에는 리스회사는 리스계약을 일방적으로 해지하고 리스물건의 반환과 잔여리스료의 지급 또는 손해금의 지급을 청구할 수 있다.

시설대여계약서상 시설대여 회사가 물건 인도 시 물건이 정상적인 성능을 갖추고 있는 것을 담보하도록 되어 있으나, 다만 대여시설 이용자가 물건 인도인수확인서를 발급하였을 때는 물건의 상태 및 성능이 정상적인 것을 확인한 것으로 간주한다고 되어 있는 경우, 시설대여계약은 그 실질이 대여시설의 취득자금에 관한 금융의 편의 제공에 있음에 비추어 시설대여 회사의 담보책임은 대여시설이 공급자로부터 이용자에게 인도될 당시에서의 대여 시설의 성능이 정상적임을 담보하되, 이용자가 별다른 이의 없이 리스물건 인도·인수 확인서를 발급하면 시설대여 회사의 하자담보의무는 충족된 것으로 보는 범위 내에서의 책임이라고 봄이 상당하다.[77]

(2) 리스이용자의 권리·의무

리스이용자는 리스기간 동안 리스물건을 사용하거나 수익할 권리를 가지며, 리스료 지급의무와 리스계약기간이 만료하면 리스물건을 반환할 물건을 의무를 부담한다. 리스료는 리스물건의 사용·수익에 대한 대가가 아니라, 리스회사가 제공한 금융에 대한 대가이다. 반환된 물건에 통상의 손모가 아닌 현저한 손괴가 생긴 경우에는 리스이용자가 원상회복을 하거나 손해배상을 하여야 한다. 반면 리스물건을 반환하지 않는 때에는 리스계약이 존속하는 것으로 보아, 리스이용자는 리스료를 지급하여야 한다.

2.4.2.4.3. 금융리스의 법률관계

(1) 금융리스업자와 금융리스이용자의 의무

금융리스업자는 금융리스이용자가 금융리스계약에서 정한 시기에 금융리스계약에 적합한 금융리스물건을 수령할 수 있도록 하여야 한다(상 168 ①). 금융리스이용자는 금융리스물건을 수령함과 동시에 금융리스료를 지급하여야 한다(상 168 ②). 금융리스물건수령증을 발급한 경우에는 금융리스계약 당사자 사이에 적합한 금융리스물건이 수령된 것으로 추정한다(상 168 ③). 금융리스이용자는 금융리스물건을 수령한 이후에는 선량한 관리자의 주의로 금융리스물건을 유지 및 관리하여야 한다(상 168 ④).

---

77) 大判 1996.8.23, 95다51915.

(2) 공급자의 의무

금융리스물건의 공급자는 공급계약에서 정한 시기에 그 물건을 금융리스이용자에게 인도하여야 한다($^{상}_{의4}\,^{168}_{①}$). 금융리스물건이 공급계약에서 정한 시기와 내용에 따라 공급되지 아니한 경우 금융리스이용자는 공급자에게 직접 손해배상을 청구하거나 공급계약의 내용에 적합한 금융리스물건의 인도를 청구할 수 있다($^{상}_{의4}\,^{168}_{②}$). 금융리스업자는 금융리스이용자가 위 권리를 행사하는 데 필요한 협력을 하여야 한다($^{상}_{의4}\,^{168}_{③}$).

(3) 금융리스계약의 해지

금융리스이용자의 책임 있는 사유로 금융리스계약을 해지하는 경우에는 금융리스업자는 잔존 금융리스료 상당액의 일시 지급 또는 금융리스물건의 반환을 청구할 수 있다($^{상}_{의5}\,^{168}_{①}$). 위 금융리스업자의 청구는 금융리스업자의 금융리스이용자에 대한 손해배상청구에 영향을 미치지 아니한다($^{상}_{의5}\,^{168}_{②}$). 금융리스이용자는 중대한 사정변경으로 인하여 금융리스물건을 계속 사용할 수 없는 경우에는 3개월 전에 예고하고 금융리스계약을 해지할 수 있다. 이 경우 금융리스이용자는 계약의 해지로 인하여 금융리스업자에게 발생한 손해를 배상하여야 한다($^{상}_{의5}\,^{168}_{③}$).

2.4.3. 프랜차이즈 계약

2.4.3.1. 프랜차이즈 계약의 의의

프랜차이즈 계약은 프랜차이즈 이용자가 프랜차이즈 제공자의 상호, 상표, 서비스표 등의 영업표지를 자기의 영업을 위하여 이용하되, 프랜차이즈 이용자는 자기의 영업과 관련하여 프랜차이즈 제공자의 지도와 통제를 받고, 이에 대해 일정한 대가를 지급할 것을 내용으로 하는 계약을 말한다. 근래 주로 요식업계통 특히 패스트푸드 업계에서 이런 계약을 흔히 볼 수 있다. 상법에서는 상호·상표 등의 사용허락에 의한 영업에 관한 행위($^{상}_{46}$)로 규정하고 있다. 프랜차이즈에 대해 상법은 2010년 상법개정시에 가맹업규정을 신설하여 다음과 같이 규정하고 있다. 가맹업을 영위하는 자 즉 가맹상(加盟商)이란 자신의 상호·상표 등(상호 등)을 제공하는 것을 영업으로 하는 자(가맹업자(加盟業者))로부터 그의 상호 등을 사용할 것을 허락받아 가맹업자가 지정하는 품질기준이나 영업방식에 따라 영업을 하는 자를 말한다($\frac{\text{상}}{\text{의6}}$168).

2.4.3.2. 프랜차이즈 종류

(1) 대가사업에 따른 분류

프랜차이즈의 대상인 사업이 무엇인가에 따라 상품의 판매에 관한 '상품프랜차이즈', 용역의 제공에 관한 '용역프랜차이즈' 등이 있다.

(2) 당사자에 따른 분류

프랜차이즈계약의 당사자에 따라 '생산자와 도매상 간의 프랜차이즈', '도매상과 소매상 간의 프랜차이즈', '소매상과 생산자 간의 프랜차이즈' 및 '소매상과 소매상 간의 프랜차이즈' 등이 있다.

2.4.3.3. 프랜차이즈 계약의 특성

① 프랜차이즈 이용자는 프랜차이즈 제공자의 상호, 상표 등의 영업표지를 사용하여 영업을 하지만, 독립한 영업 주체이며, 프랜차이즈 제공자의 지점 등과 같이 예속된 영업체가 아니다.

② 프랜차이즈 이용자는 독립한 영업자이나 프랜차이즈 제공자의 지도와 통제를 받는다. 점포의 위치와 외관, 영업시간과 방법, 상품과 서비스의 생산 및 보관, 광고방법, 종업원의 복장 기타 프랜차이즈 제공자의 시장전략 등에 관하여 지도와 통제를 받는다.

③ 프랜차이즈 이용자는 자기의 영업에 관하여 프랜차이즈 제공자의 상호, 상표 등의 영업표지를 사용할 수 있는 라이선스를 갖는다. 이를 통해 일반 소비자들은 동일한 기업으로 인식하게 되고, 프랜차이즈 이용자가 설정자의 영업상의 신용을 이용할 수 있는 것이다.

④ 프랜차이즈 이용자는 프랜차이즈 제공자에 대하여 일정한 대가를 지급하며, 대가의 결정기준과 지급방법은 제한이 없다.

2.4.3.4. 프랜차이즈 계약의 법적 성질

2.4.3.4.1. 프랜차이즈 계약의 법적 성질

프랜차이즈계약의 법적 성질에 관하여는 특약점관계유사설, 상품매매 또는 권리이용임대차설, 신종계약설 등이 주장되고 있으나, 프랜차이즈계약은 상호, 상표 등의 영업표지에 대한 사용권의 설정과 더불어 영업상의 통제와 조력을 내용으로 하는 새로운 유형의 비전형계약이라고 보는 신종계약설이 통설이다. 그 밖의 프랜차이즈 계약의 법적 성질은 다음과 같다.

프랜차이즈 계약은 현행법상 계약의 어느 형태에도 속하지 않는 비전형 계약이며, 여러 가지 복합적 성질을 가진 혼합계약이다. 프랜차이즈 제공자의 상호를 프랜차이즈 이용자가 사용할 수 있다는 점에서 명의대여계약의 요소가 있고, 상표를 사용하는 면에서 상표사용권의 설정계약의 요소가 있으며, 경영지도와 통제를 하는 점에서 노무제공의 성질을 가지게 된다. 또 제품의 원료 또는 부품의 공급을 받는 경우에는 매매계약이 된다. 프랜차이즈 이용자는 대가를 지급하므로 유상계약이 되고, 양자가 서로 대가적 의미를 가지는 채무를 부담하므로 쌍무계약이며, 계약기간 내내 양 당사자가 계속적으로 이 채무를 부담하므로 계속적 채무계약이다.

2.4.3.4.2. 프랜차이즈계약 성립요건

프랜차이즈계약의 성립요건은 ① 영업표지의 사용허가 ② 프랜차이즈 제공자의 통제·조력 ③ 프랜차이즈 이용자의 독립적 지위 ④ 프랜차이즈료의 지급 등이다.

2.4.3.5. 프랜차이즈 계약의 법률관계

프랜차이즈계약의 당사자는 프랜차이즈 제공자(franchisor)와 프랜차이즈 이용자(franchisee)이다. 프랜차이즈 제공자는 프랜차이즈를 주는 본부 또는 본점을 말하며, 프랜차이즈 이용자는 타인의 지도·통제 하에 그의 영업표지를 사용하여 자기의 영업에 종사하는 자를 말한다.

프랜차이즈거래의 법률관계는 프랜차이즈 제공자와 프랜차이즈 이용자와의 관계(내부관계), 프랜차이즈 제공자와 제3자와의 관계(외부관계) 및 프랜차이즈 이용자와 제3자와의 관계가 있다.

2.4.3.5.1. 프랜차이즈 제공자와 프랜차이즈 이용자와의 관계

프랜차이즈 제공자와 프랜차이즈 이용자 간의 내부관계는 프랜차이즈계약에 의하여 정하여진다. 프랜차이즈 이용자는 프랜차이즈 제공자의 영업상의 지도와 통제를 받고, 대가를 지급하며, 프랜차이즈 제공자가 공급하는 상품을 취급하고 경영상의 비밀을 준수할 의무가 있다. 반면 프랜차이즈 이용자의 가장 기본적인 권리는 프랜차이즈 상호와 상표 등을 사용할 수 있는 권리이다.

2.4.3.5.2. 프랜차이즈 이용자와 제3자와의 관계

이들 사이의 법률관계는 당사자 사이의 매매계약이나 기타 거래에 따라서 정해지며, 채무불이행이나 불법행위의 책임도 일반원칙에 따른다.

2.4.3.5.3. 프랜차이즈 제공자와 제3자와의 관계

대외적으로는 프랜차이즈 이용자가 영업 주체로서 거래를 하게 되므로 프랜차이즈 제공자는 제3자에 대해서 직접적인 법률관계가 없다. 그러나 프랜차이즈 이용자는 프랜차이즈 제공자의 상호나 상표 등을 사용하여 제3자와 거래를 함으로써 이 양자의 동일성을 대외적으로 인식시키는 것이므로, 프랜차이즈 이용자와 거래한 제3자에 대해서는 프랜차이즈 이용자의 거래행위에 관하여 프랜차이즈 제공자도 연대책임을 지는 것으로 보아야 할 것이다. 즉 이용자가 설정자의 상호 등 영업상의 표지를 사용할 경우에는 설정자가 명의대여자에 해당하므로 이용자의 영업상의 채무에 대해 연대책임을 져야 한다.

프랜차이즈 이용자의 거래에 관한 행위가 제3자에 대하여 불법행위가 되는 경우에는 프랜차이즈 제공자의 영업상 지시나 통제에 따른 결과가 불법행위가 된 경우에 대하여 그 불법행위상의 책임을 물을 수 있을 것이다.

2.4.3.6. **가맹상의 법률관계**

2.4.3.6.1. 가맹업자의 의무

가맹업자는 가맹상의 영업을 위하여 필요한 지원을 하여야 한다(상§168①). 가맹업자는 다른 약정이 없으면 가맹상의 영업지역 내에서 동일 또는 유사한 업종의 영업을 하거나, 동일 또는 유사한 업종의 가맹계약을 체결할 수 없다(상§168②).

2.4.3.6.2. 가맹상의 의무

가맹상은 가맹업자의 영업에 관한 권리가 침해되지 아니하도록 하여야 한다($\frac{상}{의8}\frac{168}{①}$). 가맹상은 계약이 종료한 후에도 가맹계약과 관련하여 알게 된 가맹업자의 영업상의 비밀을 준수하여야 한다($\frac{상}{의8}\frac{168}{②}$).

2.4.3.6.3. 가맹상의 영업양도

가맹상은 가맹업자의 동의를 받아 그 영업을 양도할 수 있다($\frac{상}{의9}\frac{168}{①}$). 가맹업자는 특별한 사유가 없으면 제1항의 영업양도에 동의하여야 한다($\frac{상}{의9}\frac{168}{②}$).

2.4.3.6.4. 계약의 해지

가맹계약상 존속기간에 대한 약정의 유무와 관계없이 부득이한 사정이 있으면 각 당사자는 상당한 기간을 정하여 예고한 후 가맹계약을 해지할 수 있다($\frac{상}{의10}\frac{168}{}$).

2.4.4. 팩토링 계약

2.4.4.1. 팩토링 계약의 의의

팩토링 계약은 거래에 있어서 팩토링회사(factor)가 채권자(client)의 영업활동에 의해서 발생하는 현재·장래의 채권을 채권자로부터 양도받고, 그 대가로 팩토링회사는 채권자에게 금융을 제공해주는 거래형태이다. 팩토링회사는 단순한 금융제공자가 아니라 채권의 관리와 회수, 제3채무자에 대한 신용조사, 신용위험의 인수, 경영정보의 제공, 기타 업무처리의 대행 등의 서비스를 제공한다. 상법에서는 영업상 채권의 매입·회수 등에 관한 행위($\frac{상}{xxi}\frac{46}{}$)로 규정하고 있다.

상법은 2010년 채권매입업에 대해 규정을 신설하였다. 이에 의하면 채권매입업자란 타인이 물건·유가증권의 판매, 용역의 제공 등에 의하여 취득하였거나 취득할 영업상의 채권(영업채권)을 매입하여 회수하는 것을 영업으로 하는 자를 채권매입업자라 한다($\frac{상}{의11}\frac{168}{}$).

2.4.4.2. 팩토링 계약의 유형

팩토링회사의 상환청구권의 유무에 따라 상환청구권이 있는 팩토링을 진정팩토링이라고 하며, 상환청구권이 없는 팩토링을 부진정팩토링이라 하는데, 우리나라의 팩토링은 대부분 후자에 속한다. 그 외에 물품공급자의 종류에 따라 소매팩토링과 도매팩토링으로 구분하고, 매매대금의 선급여하에 의해서는 선급식팩토링과 만기식팩토링으로 구분한다.

상법은 진정팩토링에 대해 영업채권의 채무자가 그 채무를 이행하지 아니하는 경우 채권매입업자는 채권매입계약의 채무자에게 그 영업채권액의 상환을 청구할 수 있다고 규정하고 있다. 다만, 채권매입계약에서 다르게 정한 경우에는 그러하지 아니하다($\frac{\text{상}}{\text{제}12}^{168}$).

2.4.4.3 팩토링 계약의 법적 성질

팩토링의 법적 성질에 대해서는 몇 가지 학설이 있다.

(1) 소비대차설

금융제공자에 대한 금융의 기능을 중시하며, 대금채권의 양도는 담보의 목적에서 행해지는 양도담보의 성격을 띤다고 보는 입장이다.

(2) 채권매매설

팩토링을 외상매출채권의 매매라는 견해이다. 국내에서 이 설을 취하는 입장은 없다.

(3) 이분설

팩토링을 진정팩토링과 부진정팩토링으로 나뉘어 각각의 법적 성질을 따지는 이론이다. 진정팩토링의 경우에 채권양도는 채권의 매매로 보고, 부진정팩토링의 경우에는 채권양도에 관하여 이를 소비대차로 보는 설과 채권양도의 이행행위로 보는 채권매매설이 대립되어 있다. 국내에서는 이분설이 주류를 이루고 있으며 진정팩토링의 경우에는 채권매매로, 부진정팩토링의 경우에는 채권을 담보로 하는 소비대차로 보는 견해가 일반적이다.

2.4.4.4. 팩토링 계약의 법률관계

2.4.4.4.1. 팩토링업자와 물품공급자와의 관계

(1) 채권양도

물품공급자의 매매채권을 팩토링업자에게 양도하는 것은 팩토링업무의 중요부분으로서 양도채권의 범위는 팩토링거래의 기본계약에 따라 정해지며, 현존하는 채권은 물론 장차 발생할 채권도 양도의 대상이 된다. 장래채권이 양도성을 가지는지에 대해 우리나라에서는 이설은 없지만, 법률행위의 유효요건으로서 목적의 확정성은 필수적이므로, 장래채권의 경우에도 채권의 확정성 내지 확정가능성은 갖추어야 한다. 그러나 채권이 그 성질, 당사자 간의 의사 및 법률 등에 의하여 양도할 수 없는 경우에는 팩토링거래에서도 양도대상이 되지 않는다.

(2) 금융제공

팩토링은 매매채권을 인수하는 단기금융의 한 형태이며, 구체적으로 어떤 방법의 금융을 제공할 것인가 하는 것은 팩토링계약에서 정해진다. 국내에서는 팩토링거래 계약서에 매출채권을 담보로 하는 자금대부와 지급보증을 팩토링 업무의 일종으로 명시하고 있다.

2.4.4.4.2. 물품공급자와 매수인과의 관계

물품공급자와 매수인 간에는 통상의 매매계약관계가 성립하며 구체적 법률관계는 당사자 간의 계약에 의해 정해진다.

2.4.4.4.3. 팩토링업자와 매수인과의 관계

팩토링업자는 양수한 매출채권을 행사할 수 있으며 채무자(매수인)는 대항요건이 구비된 경우에는 팩토링업자에 대하여 대금지급채무를 이행해야 한다. 물품공급업자가 팩토링회사에 외상매출채권을 양도하는 것은 민법상의 채권양도이므로 민법상 채권양도의 대항요건을 갖추지 아니하면 채무자는 팩토링 회사에 대항할 수 있다(민¹⁴⁵⁰). 이때 채무자는 양도통지를 받은 때까지 거래기업에 대하여 생긴 사유로써 팩토링회사에 대항할 수 있다(민¹⁴⁵⁰). 그러나 채무자가 이의 없이 채권양도를 승낙한 경우에는 거래기업에 대항할 수 있는 사유로써 팩토링회사에 대항하지 못한다(민¹⁴⁵¹). 거래기업은 매출채권을 팩토링회사에게 양도함에 있어서 동 채권이 유효하게 성립하였고 기타의 항변이 없을 것을 담보해야 한다. 채무자가 거래기업에 대한 채권을 가지고 팩토링회사의 채권추심에 대하여 상계할 수 있는가가 문제될 수 있다. 채권양도의 일반원칙에 따른다면 채무자는 채권양도의 통지를 받을 때까지는 팩토링회사의 채권추심에 대하여 상계로써 항변할 수 있다(민①⁴⁵⁰). 이의를 보류하지 않고 채권양도를 승낙하였다면 채무자는 팩토링회사에 대하여 상계로써 대항할 수 없고(민45①), 채무자의 거래기업에 대한 채권(자동채권)이 매출채권(수동채권)의 포괄적 일괄양도 이후에 성립한 경우에는 채무자는 팩토링회사에 대하여 상계로서 대항할 수 없다(민451②반대해석).

2.4.5. 전자상거래와 법

2.4.5.1. 서

최근 인터넷의 발달로 인해 온라인으로 거래가 이루어지는 비중이 날로 증가하고 있다. 따라서 전자상거래의 종류에 따라 민법의 적용을 받는 전자거래인가 상법의 적용을 받는 전자상거래인가의 구별은 있을 수 있지만 일반적으로 기업 대 개인, 즉 BtoC의 형태가 일반적이라는 점에서 전자상거래라고 부르는 것이 타당하다고 생각한다.

이러한 전자상거래와 관련하여 상법과 가장 관련되는 문제는 새로운 상행위로서의 전자상거래를 인정하여 명문화할 것인가와 온라인상에서 이루어지는 계약의 내용들이 어떻게 적절하게 기존의 법체계에 적용될 것인가 하는 문제, 지급결제에 관한 문제 등이 주를 이룰 것이다. 그 밖에도 범죄, 소비자보호, 지적재산권, 분쟁과 관련된 여러 문제들이 있을 수 있다. 이하에서는 특별법으로 제정된 전자거래기본법과 전자서명법에 대한 개괄적인 이해만 하기로 한다.

2.4.5.2. 전자거래기본법 및 전자서명법의 제정

2.4.5.2.1. 서론

전자거래기본법은 1998년 8월 6일 입법예고를 하여 1998년 11월 16일 국무회의의 의결을 거친 다음 1998년 11월 26일 국회에 제출되었고, 1999년 1월 5일 국회의결을 거쳐 1999년 2월 8일 법률 제5,981호로 공포되었다. 전자서명법은 1998년 7월 28일 입법예고를 하여 1998년 11월 16일 국무회의 의결을 거친 다음 1998년 11월 26일 국회에 제출되었고, 1998년 11월 26일 국회의결을 거쳐 1999년 2월 5일 법률 제5792호로 공포되었다.

2.4.5.2.2. 전자거래기본법

전자거래기본법의 구조는 크게 전자문서, 전자거래의 안전, 전자거래의 촉진, 소비자의 보호에 관한 장으로 구성되어 있다. 전자문서와 관련하여 전자문서와 전자서명의 법적 효력, 전자문서의 증거능력 및 보관, 송·수신시기 및 장소, 작성자가 송신한 것으로 보는 경우, 수신한 전자문서의 독립성, 수신확인 등에 대하여 규정하고 있다.

2.4.5.2.3. 전자서명법

전자서명법은 전자거래에 있어서 전자문서의 안전성과 신뢰성을 확보하고 그 이용을 활성화하기 위하여 전자서명 및 그 인증(공인인증기관 및 인증서의 효력 등)에 관하여 규정하고 있다.

제3편 회사법

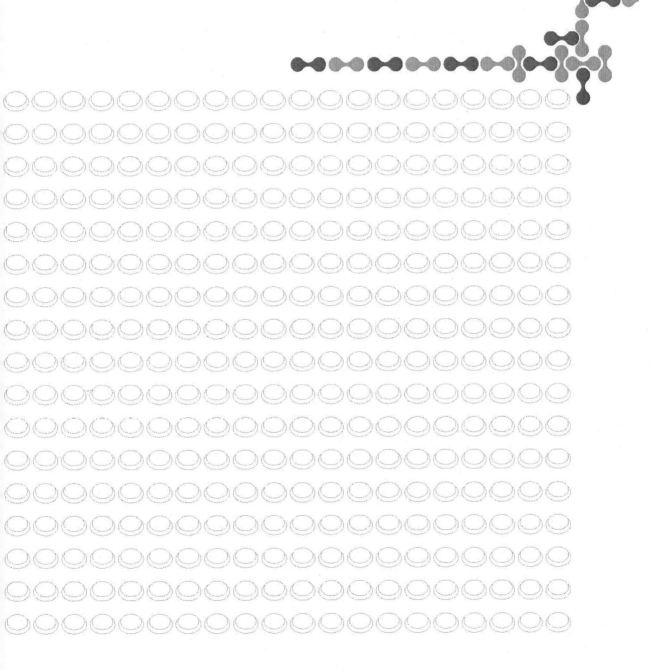

3.1. 총 설

3.1.1. 회사제도의 필요성

　기업(회사)은 개인에 비해 자본을 대규모로 집약하여 대량생산을 가능하게 하고 그 효율성을 높임으로써 자본주의 발전에 기여하는 역할을 할 수 있기 때문에 법인격을 가진 회사들이 만들어지게 되었다. 이러한 '회사'란 법인격과 개인 사이에는 중간적인 형태의 기업들이라 할 수 있는 조직이 있는데 민법상의 조합($^{민\ 703}_{~724}$), 상법상의 익명조합($^{상\ 788}_{~86}$), 상법상의 합자조합($^{상\ 86의2}_{~86의9}$) 및 해상기업에 특유한 선박공유($^{상\ 753}_{~764}$)가 그것들이다. 그러나 민법상의 조합·상법상의 익명조합·합자조합($^{상\ 86의2}_{~86의9}$) 및 선박공유는 개인기업의 단점을 부분적으로 보충하지만 일정한 한계가 있으며, 또 법인격도 없기 때문에 거대한 기업형태에는 부적절하여 법인격이 부여되어 있는 회사를 만들어 활동하고 있다.

　여러 기업형태 중 회사라는 법인격을 가진 기업에 대한 내용을 정하고 있는 법률이 상법 중 회사($^{상\ 169}_{~637}$)편이다. 상법상 회사에는 합명회사, 합자회사, 유한책임회사, 주식회사와 유한회사 5종류가 있는데, 합명회사와 합자회사는 무한책임을 지는 사원이 있는 인적 회사이고, 유한책임회사, 주식회사, 유한회사는 회사의 자본의 범위 내에서 책임을 지는 물적 회사이다. 이 중에서 자본의 집중이 용이하여 거대 자본을 형성할 수 있는 주식회사가 가장 대표적인 기업형태이다.

3.1.2. 회사법의 개념

3.1.2.1. 실질적 의의의 회사법

실질적 의의의 회사법이란 회사에 관련된 모든 사법을 말한다. 즉 법에서 정하고 있는 명칭에 관계없이 실질적으로 회사와 관련된 내용을 포함하고 있는 모든 사법 내지 공법이 실질적 의의의 회사법이 된다.

3.1.2.2. 형식적 의의의 회사법

형식적 의의의 회사법은 상법 제3편 회사라는 명칭을 사용한 법률을 말한다. 상법 제3편에는 합명회사, 합자회사, 유한책임회사, 주식회사, 유한회사, 외국회사에 관하여 규정하고 있다.

3.1.3. 회사법의 특성

회사법은 단체에 관한 법이므로 개인 간의 법률관계를 다루는 법에 비해 거래의 안전을 중요시하며 개인을 규율하는 법에 비해 강행법적 성질을 많이 가지고 있다.

3.1.3.1. 조직체 및 단체법으로서의 성질

회사법은 개인이 아닌 조직에 관한 법이기 때문에 조직의 구성, 각 조직의 역할과 책임, 조직의 운영 및 조직의 해산과 같은 내용을 다루게 되는 단체법으로서의 성질을 가지고 있다. 이처럼 회사법은 회사라는 단체에 관한 법으로서 다수결의원리, 법률관계의 획일적 처리, 사원평등의 원칙 등 단체법 원리가 지배되므로 개인 간의 법률관계에서 중요시 되는 계약자유의 원칙은 수정되어 적용되기도 한다.

3.1.3.2. 거래법적 성질

회사법은 회사와 거래하는 여러 이해관계자 특히, 회사채권자 등과의 관계, 회사를 설립하기 위하여 행해지는 여러 거래관계에서의 관여자의 책임, 회사가 거래하는 경우 그 거래와 관련한 회사의 책임 등에 관한 내용을 담고 있다. 이처럼 회사법은 기업활동을 중심으로 이루어지는 사적 거래관계를 원만하게 규제하여야 할뿐만 아니라 거래의 원활과 기업활동의 안전한 보호도 목적으로 하여야 하기 때문에 외관주의(공시주의)를 채택하고 있다.

3.1.3.3. 강행법적 성질과 임의적 성질

회사법 역시 일반 민법과 마찬가지로 사법적 관계를 규율하는 것을 기본으로 하기 때문에 법률의 규정보다 당사자 간의 임의의 약정이 우선하는 것이 원칙이라 할 수 있지만, 단체법 내지 조직법적 성질상 조직원 간의 균등한 취급 및 회사와 거래하는 자의 보호 필요성 때문에 강행법적 성질을 가지고 있다. 이처럼 회사는 영리단체이기는 하나 이해관계인이 많고 국민경제에 미치는 영향이 커서 법의 후견적 작용이 절실히 요구되기 때문에 강행법으로 엄격히 규제되기도 한다.

3.1.4. 회사법의 법원

3.1.4.1. 회사법의 법원

회사에 관한 법원으로는 상법전, 특별법, 관습법, 정관 등이 있다.

3.1.4.1.1. 회사법

회사에 관한 기본적 법원은 상법전($^{1962.1.20.}_{법 제1000호}$)이다. 상법은 독일법에 근거하여 법률이 제정되어 시행되어 오다가 점차 미국 법제의 영향을 받아 현재의 회사법은 독일법적 요소와 미국법적 요소가 혼용되어 운영되고 있다. 미국 제도로는 수권자본제, 이사회내위원회

제도, 감사위원회제도 등이 그 예이다.

3.1.4.1.2. 특별법

회사에 관한 기본법이라 할 수 있는 상법의 특별법으로는 자본시장과 금융투자업에 관한 법률(자본시장통합법), 은행법, 보험업법, 주식회사의 외부감사에 관한 법 등이 있다.

3.1.4.1.3. 관습법

관습법은 한정적, 고정적인 제정법의 결함을 극복하여, 합리주의가 지배하는 기술적, 진보적 기업관계에 대한 합리적인 해결을 가능하게 하고, 새로운 입법을 촉구하는 기능을 하게 되는데, 이러한 관습법으로는 기업회계기준 등을 예로 들 수 있다.

3.1.4.1.4. 정관

정관이란 법인의 목적, 조직, 업무집행 등에 관한 근본 규칙을 말하는데, 이러한 정관은 회사의 조직과 운영에 관하여 자주적으로 제정한 법규로서의 기능을 하기는 하지만 강행법규에 위반할 수는 없다. 회사의 정관은 공서양속에 반하지 않는 한 회사의 내부문제에 관하여는 법규범으로서의 효력이 있다.

3.1.4.2. 법적용 순서

회사에 관한 법률문제가 발생시 해결되는 법적 근거로는 정관 → 특별법 → 상법전 제3편 회사법 → 회사에 관한 상관습법 → 민법의 일반규정 순서로 적용된다. 또한 판례와 조리의 법원성에 관하여는 일반적인 법원에 관한 이론이 적용된다.

3.2. 회사법 총론

3.2.1. 회사의 개념

3.2.1.1. 회사의 의의

상법상 회사라 함은 상행위나 그 밖의 영리를 목적으로 하여 설립한 법인을 말한다(상 169, 171 ①). 구 상법은 "사단법인"이라고 규정함으로써 회사가 되기 위해서는 영리성·사단성·법인성의 세 가지 요소를 갖추어야 한다고 명시하고 있었으나 2011년 개정상법에 의하여 "사단"이 삭제됨으로써 사단성은 회사의 요소에서 불필요하게 되었다.

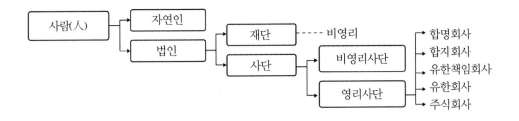

3.2.1.1.1. 영리성

회사는 상행위 기타 영리를 목적으로 하여야 하는데, 영리를 목적으로 한다는 것은 회사가 기업활동에 의하여 이익을 얻는 것뿐만 아니라 이익을 사원에게 분배하는 것까지로 이해하는 것이 통설의 입장이다(이익분배설). 따라서 영리의 결과물을 구성원에게 분배하지 않는 재단법인, 공법인, 협동조합 등은 회사가 될 수 없다. 즉 재단법인·공법인은 상행위를 통해 영리사업은 할 수 있으나 구성원이 없으므로 이익분배가 없다는 점에서, 협동조합·상호보험회사는 내부적 활동에 의해 이익을 준다는 점에서 회사가 아니다.

회사가 영리를 목적으로 하는 것 중에서 상행위를 영업으로 하면 상사회사가 되고, 상행위 이외의 영리를 목적으로 하면 민사회사가 된다. 상사회사는 당연상인($^{상}_{46}$)이고 민사회사는 의제상인($^{상\ 5}_{민\ 39}$)이 된다.

3.2.1.1.2. 사단성

회사는 사원으로 구성된 단체이므로 2인 이상의 사원이 필요한 것이 일반적이다. 이 2인 이상은 성립요건($^{상\ 178}_{참조}$)이면서 존속요건이기도 하다($^{상\ 227}_{iii\ 참조}$). 그러나 상법상 회사의 종류 중에서 인적 회사로 분류되는 합명회사와 합자회사는 단체의 실질이 조합으로 사단성이 있으나($^{상\ 195,}_{269\ 참조}$), 물적 회사로 분류되는 유한책임회사, 주식회사와 유한회사는 1인 이상의 사원만 있으면 회사를 설립할 수 있고 자본의 결합에 초점이 있기 때문에 사단성은 약하여 사단성을 회사의 요소라고 주장할 수 없다는 견해도 있었다. 이 견해에 의하면, 1인 회사를 인정하는 것은 정책적으로 인정하고 있는 것이다. 물론 현행법상으로도 주식회사나 유한회사의 성립요건($^{상\ 288,\ 543}_{①\ 참조}$) 및 존속요건($^{상\ 517,}_{609\ 참조}$)으로 2인 이상의 사원을 예정하고 있지 않다. 따라서 주식회사 및 유한회사의 1인에 의한 설립과 회사의 존속을 인정하는 한 이러한 사단성($^{상}_{169}$)은 폐지하여야 할 것이라는 주장이 있었다. 이에 따라 2011년 개정상법에서는 사단성을 삭제하였다.

1인 회사도 사단을 전제로 규정되어 있는 상법 그대로 적용되는지에 대해 원칙적으로 1인 회사도 회사이므로 상법이 적용된다. 따라서 1인 주주총회도 허용되고 1인 이사도 인정된다. 그러나 상법 적용이 의미가 없거나 불필요한 경우에는 상법이 적용되지 않는다. 예컨대, 판례는 주주총회 소집통지 등의 경우에 절차 등에 있어서 절차에 하자가 있더라도 그 주총결의는 유효하다고 판시하여 특례를 인정하고 있다($^{상\ 363}_{i\ 참조}$).

☞ **1인회사의 주주총회**

주식회사에 있어서 회사 발행의 총주식을 한 사람이 소유하고 있는 1인회사의 경우에는 그 주주가 유일한 주주로서 주주총회에 출석하면 전원총회로서 성립하고, 그 주주의 의사대로 결의될 것임이 명백하므로 따로 총회소집절차가 필요없다. 실제로 총회를 개최한 사실이 없다 하더라도 1인 주주에 의하여 의결이 있었던 것으로 주주총회 의사록이 작성되었다면 특별한 사정이 없는 한 그 내용의 결의가 있었던 것으로 볼 수 있어 형식적인 사유에 의하여 결의가 없었던 것으로 다툴 수는 없다.[1]

그러나 1인 회사라고 하더라도 회사의 채권자를 보호할 필요성이 있는 경우 예컨대, 이사와 회사 간의 거래, 1인 주주 이사의 횡령이나 배임죄 등에 관하여는 상법규정이 적용되어야 할 것이다.

3.2.1.1.3. 법인성

(1) 법인격 부여취지

상법은 모든 회사를 법인으로 규정하고 있다($\frac{\text{상}}{169}$). 이는 단체인 회사에게 법인격을 부여하여 권리의무의 주체가 될 수 있게 하기 위한 것이다. 따라서 회사는 그 구성원의 변동과 관계없이 독자적으로 권리의무의 주체가 됨으로써 영속성을 가지고 거래를 간명하게 처리하려는 입법기술이다. 법인인 회사는 자연인의 주소와 같이 본점소재지를 가지고 있어야 한다($\frac{\text{상}}{\text{②}}$ 17).

(2) 법인격 부인론

회의 법인성을 이용하여 구성원이 책임회피 수단으로 형식상 회사를 설립하는 경우가 있다. 이러한 경우에는 회사의 법인격을 부인하고 회사배후에 있는 회사의 구성원에게 책임을 묻게 되는데 이를 법인격 부인이론이라 한다. 이렇게 법인격 부인이론이 인정되는 것은 회사제도의 남용에서 오는 폐단을 시정하고자 하는 것으로서 회사와 사원 간의 분리원칙의 적용을 배제함으로써 회사와 사원을 동일시하여 구체적으로 타당한 해결을 기하려 함이다. 다만 법인격 부인론은 법인격을 아예 박탈하는 것은 아니므로 법인격이 소멸되는 것은 아니다.

회사의 법인격이 부인되면 그 회사의 독립된 존재가 부인되고 회사와 사원은 동일한 실체로 취급된다. 판례도 법인격 부인론을 인정하고 있는데, 이에 따르면 회사가 외형상으로는 법인의 형식을 갖추고 있으나 이는 법인의 형태를 빌리고 있는 것에 지나지 아니하고 그 실질에 있어서는 완전히 그 법인격의 배후에 있는 타인의 개인기업에 불과하거나 그것이 배후자에 대한 법률적용을 회피하기 위한 수단으로 쓰이는 경우에는, 비록 외견상으로는 회사의 행위라 할지라도 회사와 그 배후자가 별개의 인격체임을 내세워 회사에게만 그로 인한 법적 효과가 귀속됨을 주장하면서 배후자의 책임을 부정하는 것은 신의성실의 원칙에 위반되는 법인격의 남용으로서 심히 정의와 형평에 반하여 허용

---

1) 大判 2004.12.10, 2004다25123

될 수 없고, 따라서 회사는 물론 그 배후자인 타인에 대하여도 회사의 행위에 관한 책임을 물을 수 있다고 판시하고 있다.[2] 그러나 법인격 부인론의 판결은 기판력 및 집행력까지 확대 적용되는 것은 아니다.[3] 따라서 책임을 묻기 위해서는 별도의 집행권원이 있어야 한다.

기존회사가 채무를 면탈할 목적으로 기업의 형태·내용이 실질적으로 동일한 신설회사를 설립하였다면, 신설회사의 설립은 기존회사의 채무면탈이라는 위법한 목적달성을 위하여 회사제도를 남용한 것이므로, 기존회사의 채권자에 대하여 위 두 회사가 별개의 법인격을 갖고 있음을 주장하는 것은 신의성실의 원칙상 허용될 수 없고 기존회사의 채권자는 위 두 회사 어느 쪽에 대하여서도 채무의 이행을 청구할 수 있다.[4]

3.2.1.2. 회사의 종류

3.2.1.2.1. 상법상 회사의 종류

회사는 합명회사, 합자회사, 유한책임회사, 주식회사와 유한회사의 5종으로 한다($\frac{\text{상}}{170}$).

(1) 합명회사

합명회사는 회사채권자에 대하여 직접·연대·무한의 책임을 지는 무한책임사원만으로 구성된 회사이다($\frac{\text{상}}{212}$). 합명회사의 사원은 원칙적으로 각자 회사의 업무집행권과 대표권을 가진다($\frac{\text{상}\,200,}{207}$). 합명회사는 사원 간의 인적 신뢰가 강한 회사형태이므로 그 지위를 양도하고자 하는 경우에는 다른 사원 전원의 동의를 받도록 하고 있다($\frac{\text{상}\,197,}{218\,②}$).

(2) 합자회사

합회사는 무한책임사원과 회사채권자에 대하여 직접·연대책임을 지지만 출자액을 한도로 하여 유한책임을 지는($\frac{\text{상}}{①}$ 279) 유한책임사원으로 구성된 회사이다. 합자회사의 무한책임사원은 업무집행과 대표권을 가지며($\frac{\text{상}\,273,}{278}$), 유한책임사원은 감시권을 갖는다($\frac{\text{상}}{277}$). 무한책임사원이 그의 지분을 양도함에는 총사원의 동의를 요하지만($\frac{\text{상}\,269,}{197}$), 유한책임사원이 그의 지분을 양도함에는 무한책임사원 전원의 동의만 있으면 된다($\frac{\text{상}}{276}$). 합자회사에 관하여

---

2) 大判 2001.01.19, 97다21604; 大判 2004.11.12, 2002다66892.

3) 大判 1995.05.12, 93다44531.

4) 大判 2004.11.12, 2002다66892.

별도의 규정이 없는 한 합명회사에 관한 규정을 준용한다($\frac{상}{269}$).

(3) 유한책임회사

2011년 개정상법에 새로이 도입된 유한책임회사는 지식형 산업사회에서 자본의 집적은 용이하게 하면서도 인적 요소가 중요시되는 소규모 폐쇄기업이나 벤처기업 등에서 만들어질 수 있는 회사제도로서 세제혜택까지도 염두에 두고 만들어진 회사라 할 수 있다. 소규모의 벤처사업가들에게 회사의 설립을 통하여 자금의 조달을 쉽게 하되, 물적회사인 주식회사나 유한회사와 같은 복잡한 조직의 회사의 형태가 아니고 대내적 인적 요소를 중요시 할 수 있는 인적 회사의 요소도 가미해서 만들어진 회사의 형태로 보인다. 따라서 유한책임회사에서는 인적회사의 요소와 물적회사의 일부분의 편리한 기능을 결합하여 만들어진 회사로서 관련 규정도 그러한 내용을 담고 있다고 보여진다.

(4) 주식회사

주식회사는 사원인 주주가 인수한 주식금액을 한도로 하여 회사에 대해서만 책임을 지고 회사채권자에 대하여는 아무런 책임을 지지 않는 사원만으로 구성된 회사이다($\frac{상}{331}$). 주식회사에서 업무집행권은 이사회와 대표이사에게 있고 대표권은 대표이사에게 있으므로 주주는 그의 지위에서는 회사의 업무집행 및 대표에 참여할 수 없다(소유와 경영의 분리). 주주는 주주총회에서 회사의 기본적인 사항을 결정함에 있어서 직접 참여하든지, 이사·감사의 선임 및 해임권, 소수주주권 등의 통제수단을 통하여 간접적으로 참여할 수 있다.

(5) 유한회사

유한회사는 회사채권자에 대하여는 직접 아무런 책임을 지지 않고 회사에 대하여만 일정한 범위의 출자의무만을 부담하는 사원으로 구성된 회사이다($\frac{상}{553}$). 따라서 유한회사 사원의 책임은 기본적으로 주식회사 주주의 책임과 같지만, 일정한 경우에 사원이 자본의 전보책임을 지는 점($\frac{상}{593}$ $\frac{550,}{}$)과 회사의 조직이 합명회사와 비슷한 간이성을 띠고 있는 점이 주식회사와 다르다. 유한회사의 업무집행권 및 대표권은 이사에게 있다($\frac{상}{564}$ $\frac{562,}{}$).

☞ 회사의 종류

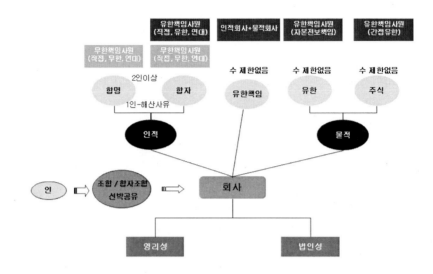

☞ 각종 회사의 비교

	합명회사	합자회사	주식회사	유한회사
출자의 목적	금전·재산· 신용·노무	무한책임사원: 금전·재산· 신용·노무 유한책임사원: 금전·재산	금전·재산 (재산출자)	금전·재산
사원의 수	2인 이상, 1인 사원 은 해산사유(사단성)	2인 이상, 1인 사원은 해산사유 (사단성)	수제한 없음 (사단성완화)	1인 이상 50인 이하(사단성완화)
기관	자기기관성을 갖는다(사원이 기관자격병유). 무한책임사원이 업무집행 및 대표권을 갖는다.		제3자기관: 사원(주주)이 아닌 경우에도 기관이 될 수 있다.	
책임	직접·무한·연대	무한책임사원: 직접·무한·연대 (신용·노무 가능) 유한책임사원: 직접·유한·연대 (신용·노무 불가)	간접 유한	간접 유한 (자본전보책임)

3.2.1.2.2. 이론상의 분류

회사의 형태를 이론적으로 분류하면 인적 회사와 물적 회사로 나눈다. 회사의 대내관계에서 사원의 개성이 짙고 회사의 인적 요소에 중점을 두는 회사를 인적 회사라고 하고, 대내관계에서 사원의 개성이 희박하고 회사재산이라는 회사의 물적 요소에 중점을 두는 회사를 물적 회사라고 한다.

인적 회사는 사원의 개성이 농후하므로 대내적으로 사원의 수가 적고 사원의 지분은

자유로이 양도할 수 없으며 사원은 원칙적으로 업무집행에 관여한다. 반면에 물적 회사
는 사원의 개성이 아니라 회사의 자본에 기초를 둔 회사이므로 회사의 자본이 중요하게
되고 자본관계를 위주로 법적 문제가 발생한다.

☞ 인적 회사 · 물적 회사의 구별

인적 회사	대내관계	① 사원 수 적음 ② 사원이 회사의 업무에 관여하며 의사결정에 전원일치가 필요함 ③ 사원의 지위양도가 곤란한 반면에 퇴사제도가 인정됨 ④ 사원이 1인은 해산사유 ⑤ 청산방법 중 임의청산이 인정됨 ⑥ 법인성이 약하고 조합성이 강함 ⑦ 임의법규적 성향이 강함
	대외관계	① 사원과 회사채권자 간에 직접적인 관계가 있음 ② 회사재산의 독립성이 약함 ③ 회사신용의 기초는 사원의 개성에 놓이게 됨 ④ 강행법규적 성향이 강함
물적 회사	대내관계	① 사원의 수가 많음 ② 소유와 경영이 분리됨 ③ 사원이 1인은 해산사유 아님 ④ 청산방법에 법정청산만 인정됨 ⑤ 사단법인성이 강함
	대외관계	① 사원은 회사채권자에게 간접유한책임을 짐 ② 회사재산의 독립성이 강하며, 대내외적 관계가 모두 강행법규임

3.2.1.2.3. 상장회사 · 비상장회사

상장이란 어느 유가증권이 일정한 요건과 절차를 갖추어 유가증권시장에서의 거래의
대상으로 되는 것을 말한다. 따라서 상장회사라 함은 유가증권시장에 상장된 유가증권의
발행회사를 말하고, 그렇지 않은 회사를 비상장회사라고 한다.

3.2.1.3. 회사의 능력

3.2.1.3.1. 회사의 권리능력

상법상 모든 회사는 법인이므로 권리 · 의무의 주체가 될 수 있는 자격인 권리능력을
가지고 있다. 그러나 회사 스스로가 행위를 할 수는 없으므로 회사의 활동은 자연인의
행위를 통하여 실현된다. 이렇게 회사의 활동을 매개하는 사람을 회사의 기관이라고 한
다. 그러나 법인이 비록 자연인을 통하여 행위를 하지만 법인이기 때문에 자연인과 다른

특성을 가지고 있고, 그 특성으로 인해서 권리능력이 제한되는 경우도 있다.

(1) 성질에 의한 제한

회사는 법인이므로 자연인의 특유한 권리의무인 신체나 생명에 관한 권리, 친권, 상속권, 부양의무 등과 같은 신분상의 권리의무는 가질 수 없다. 그러나 명예권, 상호권 등의 인격권을 가질 수 있으며, 유증도 받을 수 있다.

법인은 자연인만이 할 수 있는 지배인 등과 같은 상업사용인은 되지 못한다. 법인이 회사의 사원, 즉 합자회사의 유한책임사원, 주식회사의 주주 및 유한회사의 사원이 될 수 있는가에 대해서는 긍정하는 것이 일반적이다(통설). 그리고 법인이 구체적인 의사결정을 하여야 하는 이사·감사가 될 수 있는가에 대해 긍정설과 부정설로 나뉘어 있다. 위임사무를 집행할 수 없기 때문에 법인은 이사·감사가 될 수 없다고 보는 것이 타당하다.

(2) 법률에 의한 제한

회는 법률에 의하여 권리능력이 제한될 수 있다. 상법에 의하면 회사는 다른 회사의 무한책임사원이 되지 못하고($^{상}_{173}$), 청산 중의 회사는 청산의 목적범위 내로 권리능력이 제한된다($^{상\ 245,\ 269,}_{542\ ①,\ 613\ ①}$).

(3) 목적에 의한 제한

법인의 권리능력은 정관소정의 목적범위 내에서 권리의무를 가지는데($^{민}_{34}$), 회사도 정관의 목적에 의하여 회사의 권리능력이 제한되는지의 여부가 문제된다. 학설은 크게 제한긍정설(판례)과 제한부정설(무제한설; 다수설)로 나뉘어 있다. 판례는 회사도 법인인 이상 그 권리능력이 정관으로 정한 목적에 의하여 제한됨은 당연하나(제한설) 정관에 명시된 목적 자체에는 포함되지 않는 행위라 할지라도 목적수행에 필요한 행위는 회사의 목적범위 내의 행위라 할 것이고 그 목적수행에 필요한 행위인가의 여부는 문제된 행위가 정관 기재의 목적에 현실적으로 필요한 것이었던가 여부를 기준으로 판단할 것이 아니라 그 행위의 객관적 성질에 비추어 추상적으로 판단할 것이라고 판시하고 있다.[5] 일견 제한설의 입장으로 보이나, 목적범위를 해석함에 있어서 상당히 넓게 보고 있기 때문에 결과적으로 무제한설과 차이가 없다.

---

5) 大判 1987.10.13, 86다카1522.

☞ 判例 : 제한설, 넓게 해석, 객관적 성질에 따라 추상적 판단

① 권리능력은 정관목적에 의해 제한됨

② 목적범위 내 : 목적수행을 위해 필요한 직·간접적인 행위 모두 포함

③ 목적수행을 위해 필요한지 판단 : 객관적 성질에 따라 추상적으로 판단

- 유기질비료사료의 생산·수집·부대가공업·판매업을 목적으로 하는 회사가 타인을 위하여 한 주식매입자금의 보전행위는 목적달성에 필요한 범위 내

- 가마니매매업과 부대사업 일체를 목적으로 하는 회사가 타인을 위하여 한 고공품(藁工品)보관계약은 목적에 위배되지 않는 행위

- 벽지제조업·국내외 수출업과 부대사업을 목적으로 하는 회사가 타인을 위하여 한 채무인수행위는 목적수행에 필요한 행위

- 단기금융업 회사가 타인을 위하여 한 어음보증행위는 목적수행에 필요

3.2.1.3.2. 의사능력·행위능력·불법행위능력

권리능력을 가진 회사가 그 의사표시(의사능력)나 행위(행위능력)는 기관을 통해서 하게 된다. 의사능력이란 자기행위의 의미나 결과를 합리적으로 판단할 수 있는 정신적 능력을 말하고, 행위능력이란 단독으로 완전, 유효한 행위를 할 수 있는 지위 또는 자격으로 의사능력이 있는 자의 판별을 용이하게 하기 위해 법으로 객관적, 획일적으로 부여하는 능력이다. 권리능력을 가진 회사가 그 의사표시(의사능력)나 행위(행위능력)는 기관을 통해서 하게 되는데 회사는 1인 또는 수인의 자연인에 의해 구성되는 기관을 통해 행위능력을 가지게 되는 기관의 행위가 회사의 행위가 된다. 다만 기관의 대표행위에 관하여는 특별한 규정이 없으므로 대리에 관한 규정을 유추적용 한다.

회사의 행위능력이 인정되는 한 회사의 불법행위능력도 인정된다($\frac{상}{389}\frac{210,}{③,}\frac{269,}{567}$). 불법행위능력이란 고의 또는 과실로 타인에게 재산적 피해 또는 신체, 생명상의 피해를 주었을 때 이로 인한 손해배상책임을 부담할 수 있는 능력으로 회사의 행위능력이 인정되는 한 회사의 불법행위능력도 인정된다. 회사를 대표하는 사원이 그 업무집행으로 타인에게 손해를 가한 때, 회사는 그 사원과 연대하여 배상할 책임이 있다($\frac{상}{389}\frac{210,}{③}$). 다만 대표기관 아닌 사용자의 불법행위에는 적용 안되며, 이 경우에는 민법 제756조의 일반원칙에 의한 책임을 진다.

3.2.1.3.3. 공법상의 능력

회사는 그 성질에 반하지 않는 한 공법상의 권리능력을 갖는데, 그 구체적인 능력은 개개의 법령에서 정하는 바에 의한다. 또한 회사는 민사소송법 또는 형사소송법상 당사자 능력과 소송능력이 인정된다. 회사가 형법상 범죄능력이 있는가에 대해서는 인정하는 견해와 부정하는 견해가 있지만 자연인을 전제로 하는 범죄나 또한 처벌능력이 문제되는 범위에서는 제한적일 수밖에 없다. 다만 자유형이 아닌 금전형(벌금)의 형태로 처벌되는 경우에는 형법상 범죄능력이 예외적으로 인정되는 경우도 있을 수 있다.

3.2.2. 회사의 설립

☞ 설립절차 개요

회사설립에 관한 입법주의		
회사의 설립절차	☑ 회사의 실체형성절차 ◦ 정관작성 ◦ 사원확정절차 ◦ 출자이행절차 ◦ 기관구성절차	☑ 설립등기 ◦ 등기사항 ◦ 등기기간 ◦ 등기사항의 변경 ◦ 설립등기의 효력
회사설립의 하자	☑ 회사설립의 무효 · 취소 ☑ 설립무효 · 취소의 원인 ☑ 판결의 효과 : 원고승소의 경우, 원고패소의 경우	
사실상의 회사		

3.2.2.1. 회사설립에 관한 입법주의

회사설립이란 회사의 실체를 갖추어 회사라는 법인격을 취득하기 위하여 행하여지는 법률행위들의 절차를 말하며, 회사의 성립이란 회사설립행위를 적정하게 마치고, 설립등기에 의해 법인격을 취득하는 것을 말한다.

회사설립에 관한 입법주의에는 자유설립주의·특허주의·면허주의 또는 허가주의 및 준칙주의가 있다. 자유설립주의란 회사의 설립에 아무런 제한을 가하지 않고 영리사단의 실체만 형성되면 회사의 성립을 인정하는 입법주의다. 특허주의란 군주의 특허 또는 의회의 특별입법에 의하여 개별적으로 회사의 성립을 인정하는 입법주의다. 면허주의 또는 허가주의란 회사에 관한 일반 법률을 미리 제정하고 이에 근거한 행정처분에 의하여 회사의 성립을 인정하는 입법주의다. 준칙주의란 회사에 관한 일반 법률(상법)에 의하여 회사의 실체형성에 관한 요건과 거래안전에 관한 요건을 정해 놓고, 이것에 준거하여 설립한 것에 대하여 당연히 회사의 성립을 인정하는 입법주의이다. 우리 상법은 준칙주의의 입장을 취하고 있으나 일정한 영업에 관하여는 영업허가를 요하는 영업면허제도(은행 등)를 채택하고 있다.

3.2.2.2. 회사의 설립절차

회사의 설립절차는 대개 정관작성 및 사원확정 절차, 출자확정절차, 설립등기 순으로 이루어진다.

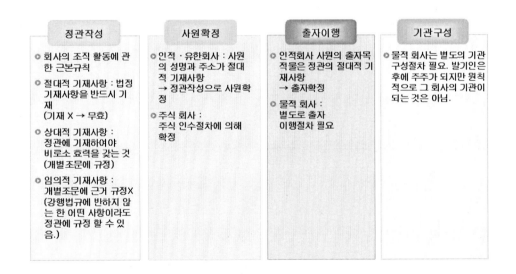

3.2.2.2.1. 회사의 실체형성절차

인적 회사의 실체형성절차는 정관작성 및 사원확정절차이다. 물적 회사는 정관작성 및 사원확정절차 외에 출자이행절차 및 기관구성절차가 별도로 필요하다.

☞ 인적회사와 물적회사의 회사설립

	인적회사	유한회사	주식회사
사원확정(사단성)	정관작성	정관작성	(정관작성) + 주식인수
자본확정(재단성)	정관작성	정관작성	주식인수
기관선임(법인성)	정관작성	사원총회, 정관작성	창립총회, 발기인총회
성립 전 납입여부	불필요	필요	필요

설립행위의 법적성질에 대해 계약설, 단독행위설, 합동행위설, 병존행위설 등으로 나뉘어 있다. 회사의 설립행위에 대해 계약설은 사단법적 계약 또는 조직법상의 계약으로 이해하고, 단독행위설은 각 당사자의 단독적 의사표시의 단순한 병존관계로 보며, 합동행위설(통설)은 회사설립이라는 공통의 목적을 달성하기 위한 복수인의 동일한 방향으로의 의사표시의 합치라고 이해하며, 병존행위설은 정관의 작성(합동행위)과 주식인수(설립중의 회사의 입사계약)라는 별개의 행위가 병존하는 것으로 이해한다.

(1) 정관작성

정관이란 실질적으로는 회사의 조직·활동에 관한 근본규칙을 가리키고, 형식적으로는 이 근본규칙을 기재한 서면을 말한다. 이 회사의 정관에는 일정한 사항을 기재하고 사원이 기명날인 또는 서명하여야 하며, 그 밖에도 물적 회사의 경우에는 다시 공증인의 인증절차를 밟아야 한다($\frac{상}{543}\frac{292,}{③}$). 다만, 자본금 총액이 10억 원 미만인 회사를 발기설립(發起設立)하는 경우에는 각 발기인이 정관에 기명날인 또는 서명함으로써 효력이 생긴다($\frac{상}{292}$).

정관의 기재사항에는 절대적 기재사항·상대적 기재사항·임의적 기재사항의 세 가지가 있다. 절대적 기재사항이란 법정기재사항을 반드시 적어야 하며 만일 이를 기재하지 않을 경우에는 정관이 무효가 되는 기재사항을 말한다. 상대적 기재사항이란 정관에 적어야 비로소 효력을 갖는 것을 말하며 개별조문에 규정되어 있다. 임의적 기재사항이란 개별조문에 근거규정이 없더라도 강행법규에 반하지 않는 한 어떤 사항이라도 정관에 규정할 수 있는 것을 말한다.

정관 작성에 의하여 인적 회사의 경우에는 법률상 충분한 회사의 실체가 형성되지만 물적 회사의 경우에는 다시 사원의 확정절차인 출자이행절차와 기관구성절차를 필요로 한다.

☞ 정관의 절대적 기재사항

	인적회사(179 · 270)	유한회사(543)	주식회사(289)
정관 작성	2인 이상의 사원	2인 이상의 사원	1인 이상의 발기인
정 관 의 내 용	1. 목적 2. 상호 3. 사원의 성명·주민등록번호 및 주소 4. 사원의 출자의 목적과 가격 또는 평가의 표준 5. 본점의 소재지 6. 정관의 작성년월일 　합자회사는 각사원의 무한책임 또는 유한책임인 것을 기재	1. 목적 2. 상호 3. 사원의 성명·주민등록번호 및 주소 4. 자본의 총액 5. 출자1좌의 금액 6. 각사원의 출자좌수 7. 본점의 소재지	1. 목적 2. 상호 3. 회사가 발행할 주식의 총수 4. (액면주식의 경우) 1주의 금액 5. 회사의 설립 시에 발행하는 주식의 총수 6. 본점의 소재지 7. 회사가 공고를 하는 방법 8. 발기인의 성명·주민등록번호 및 주소

- 유한책임회사의 정관의 절대적 기재사항은 제287조의3에 규정되어 있음

(2) 사원확정절차

인적 회사 및 유한회사와 유한책임회사의 경우에는 사원의 성명과 주소가 정관의 절대적 기재사항이므로($\text{상 179 iii,}_{270, 543 \text{ ② i}}$), 정관의 작성에 의하여 사원이 확정된다. 그러나 주식회사의 경우에는 사원은 정관의 기재사항이 아니고 주식인수절차에 의하여 확정되므로, 사원을 확정하기 위하여 별도의 주식인수절차를 거쳐야 한다($^{\text{상 293,}}_{301 \sim 304}$).

(3) 출자이행절차

인적 회사의 사원의 출자목적물은 정관의 절대적 기재사항이므로 그 정관에 의하여 출자가 확정되게 된다($^{\text{상 179}}_{\text{iv, 270}}$). 그러나 물적 회사의 경우에는 별도로 출자이행절차가 필요하다($^{\text{상 295, 303}}_{\sim 307, 548}$). 인적회사의 경우에 사원의 출자목적물은 정관의 절대적 기재사항이나 출자의 이행시기에 관해서는 명문의 규정이 없어 정관이나 업무집행절차에 자유롭게 정할 수 있으므로 필수불가결한 요소가 아니다.

(4) 기관구성절차

무한책임사원이 회사의 기관이 되는 인적 회사에 있어서는($^{\text{상 200 ①,}}_{207, 273}$) 무한책임사원이 정관의 절대적 기재사항으로 되어 있으므로 정관의 작성에 의하여 기관이 되는 효과가 있기 때문에 새로이 기관구성절차가 없다. 그러나 물적 회사는 별도의 기관구성절차가 필요하다($^{\text{상 296,}}_{312, 547}$). 그 이유는 정관에 기재사항인 발기인은 후에 주주가 되지만 원칙적으로

그 회사의 기관이 되는 것은 아니기 때문이다.

3.2.2.2.2. 설립등기

설립등기의 취지는 준칙주의에 입각한 설립절차 조사의 기회를 갖고 회사의 이해관계인에게 회사설립 및 회사 조직의 공시를 통해서 거래안전을 도모하기 위한 것이다. 회사가 법정요건을 갖추어 실체형성절차를 완료한 경우에는 본점소재지에서 설립등기를 함으로써 비로소 회사가 성립하게 된다($\substack{상 \\ 172}$).

(1) 등기사항

등기사항은 각 회사별로 법정되어 있다($\substack{상\ 180,\ 181,\ 271, \\ 287의5,\ 317,\ 549}$).

(2) 등기기간

합회사·합자회사의 경우에는 등기기간에 대하여 상법에 규정이 없다. 주식회사와 유한회사의 경우에는 소정의 법정절차를 종료한 날로부터 2주간 내에 하여야 한다($\substack{상\ 287의5\ ④ \\ 317,\ 549}$). 주식회사·유한회사의 이사 등이 법정등기 기간 내에 등기를 하지 않으면 과태료의 제재를 받는다($\substack{상\ 634 \\ ① vii}$).

(3) 등기사항의 변경

등기사항에 변경이 생긴 때에는 회사는 본점소재지에서 2주 내에, 지점의 소재지에서 3주 내에 그 변경등기를 하여야 한다($\substack{상\ 182,\ 183,\ 269\ 상\ 287 \\ 의5\ ④,,\ 317,\ 549\ ③}$). 이 기간은 변경등기의 사유가 발생한 날로부터 기산한다.

(4) 설립등기의 효력

1) 본질적 효력(창설적 효력)

회사는 본점소재지에서 설립등기를 함으로써 법인격을 취득하게 되고 회사가 성립한다($\substack{상 \\ 172}$). 제3자의 선의 또는 정당한 사유의 존재여하를 불문하고 대항가능하다.

2) 부수적 효력

① 해제적 효력 : 회사의 설립등기를 하면 주권의 발행·주식의 양도 등을 할 수 있다($\frac{상}{319}$, ^{355}).

② 보완적 효력 : 주식청약서의 요건흠결을 이유로 무효를 주장하거나 착오·사기·강박을 이유로 주식 인수의 청약을 취소할 수 없다($\frac{상}{320}$).

3.2.2.3. 회사설립의 하자

3.2.2.3.1. 회사설립의 무효·취소

회사설립의 하자란 회사가 설립등기를 하여 외관상 유효하게 성립하고 있으나 그 설립절차에 중대한 하자가 있는 경우로 회사설립의 무효·취소의 소의 원인이 되는 경우를 말한다. 그러나 회사는 그와 관계하는 이해관계인이 다수이므로 어느 정도는 보호할 필요가 있으므로 회사설립에 있어서 일정한 하자는 설립등기에 의하여 치유되며($\frac{상}{320}$), 그 이외의 하자의 경우에도 사소한 하자는 설립무효·취소의 사유가 되지 못하고 중대한 하자만이 설립무효·취소의 사유가 되도록 하고 있다.

회사설립의 하자는 설립절차가 있으나 설립등기가 없는 회사의 불성립과 구별되며, 또한 설립절차가 전혀 없이 설립등기만이 있는 회사의 부존재와도 구별된다.

설립절차에 중대한 하자가 있는 경우에는 반드시 소의 방법에 의해서만 설립무효·취소를 할 수 있으며, 그 기간은 2년 내에서만 주장할 수 있다($\frac{상184}{①등}$). 판결이 확정되면 그 효력은 장래에 대해서만 그 효력이 발생한다($\frac{상}{등}$ ^{190}).

3.2.2.3.2. 사실상의 회사

설립등기 후 회사가 성립되어 설립의 무효·취소의 확정판결이 있게 되면 그 사이에 존재하는 회사를 사실상의 회사라고 한다. 이러한 사실상의 회사를 인정하는 이유는 기존상태를 가능한 한 보호하고 거래의 안전을 도모하기 위한 것이다.

사실상의 회사도 법률관계에 있어서는 회사로 의제된다. 즉 사실상 회사의 권리능력도 인정되고, 대내적 효과에 있어서는 일반회사와 동일하게 유효하다. 그리고 대외적 효과와 관련하여서도 회사의 행위로 의제되며, 발기인은 회사불성립의 책임이 아니라 회사성립시의 책임을 진다.

☞ 사실상 회사와 구별되는 개념

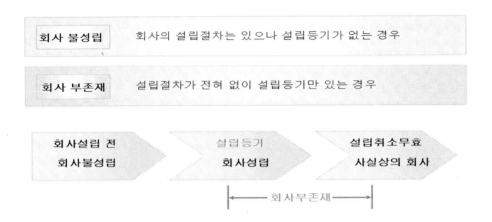

| 회사 불성립 | 회사의 설립절차는 있으나 설립등기가 없는 경우 |
| 회사 부존재 | 설립절차가 전혀 없이 설립등기만 있는 경우 |

| 회사설립 전 회사불성립 | 설립등기 회사성립 | 설립취소무효 사실상의 회사 |

←—— 회사부존재 ——→

3.2.2.3.3. 회사설립 무효·취소의 원인

회사설립의 무효·취소의 원인으로 객관적 사유는 모든 회사에서 인정되나 주관적인 사유는 주식회사를 제외한 모든 회사에 적용된다. 주식회사의 설립하자에 대해서는 설립 취소의 소는 없고 설립무효의 소만이 있다. 그 이유는 주식회사에서는 합명회사·합자회 사·유한책임회사 및 유한회사와는 달리 사원의 개성이 중요시되지 않고, 또 주식인수·납입에 하자가 있는 경우에도 발기인의 자본충실의 책임($^{\text{상}}_{321}$)이 인정되어 있어 회사설립 자체에 영향을 주지 않기 때문이다. 주식회사의 설립무효의 소의 원인으로는 일반적으로 회사설립이 선량한 미풍양속 기타 사회질서, 강행법규, 주식회사의 본질에 반하는 경우로 주관적 하자는 없고, 객관적 하자만이 있다.

3.2.2.3.4. 판결의 효과

(1) 원고승소의 경우

원고가 승소하면 설립무효·취소의 판결의 효력은 당사자 이외의 제3자에게도 미치며 (대세적 효력), 판결의 효력이 소급하지 않으므로 그 판결확정 전에 생긴 회사와 사원 및 제3자 간의 권리의무에 영향을 미치지 않는다(불소급효)($^{\text{상}}_{190}$).

(2) 원고패소의 경우

원가 패소하면 그 판결의 효력에는 상법이 적용되지 않고 당사자 간에만 미치므로, 다른 제소권자는 다시 소를 제기할 수 있다. 패소한 원고에게 악의 또는 중과실이 있는 경우에는 원고는 회사에 대하여 연대하여 손해를 배상할 책임이 있다($\overset{\text{상}}{191}$).

3.2.3. 회사의 조직변경

3.2.3.1. 회사의 조직변경

회사의 조직변경이라 함은 회사가 그 법인격의 동일성을 유지하면서 다른 종류의 회사로 그 법률상의 조직을 변경하는 것을 말한다. 조직변경은 그 기구가 비교적 비슷한 회사 간에서만 허용된다. 즉 조직변경은 인적 회사(합명회사와 합자회사)·물적 회사(유한책임회사·주식회사·유한회사)의 상호 간에서만 인정된다($\overset{\text{상 242-244, 286,}}{287의3, 604, 607}$).

조직변경을 위해서는 총사원의 동의가 필요하며 대외적으로는 채권자보호절차가 필요하다. 단, 합자회사에서 합명회사로의 변경은 채권자에 유리하므로 대외적 절차가 불필요하다. 조직변경 전의 회사는 해산등기를, 조직변경 후의 회사는 설립등기를 하게 된다.

☞ 회사 종류별 조직변경

	합명회사 → 합자회사	합자회사 → 합명회사
요건	총사원의 동의(상242①)	총사원의 동의(상286①)
	방법 : 무한책임사원의 일부를 유한책임사원으로 전환(상242①), 유한책임사원의 신규가입(상242①)	※ 유한책임사원 전원이 퇴사한 경우 무한책임사원 전원의 동의로 조직변경(상286②)
효력발생	합명회사 해산등기, 합자회사 설립등기로 효력발생 (본점소재지 : 2주간내 / 지점소재지 3주간내)	합자회사 해산등기, 합명회사 설립등기로 효력발생
채권자보호	무한책임사원의 일부를 유한책임사원으로 전환하는 경우 전환된 유한책임사원은 등기전 채무에 대하여 등기후 2년간 무한책임을 면하지 못함	유한책임사원 전원 퇴사의 경우 퇴사사원은 퇴사등기후 2년간 동일 책임 부담

	주식회사 → 유한회사	유한회사 → 주식회사
요건	총주주의 동의(상604①), 채권자보호절차(상608, 232), 사채의 상환(상604① 단서), 자본총액의 제한(상604②) ※ 변경후 유한회사 자본총액은 변경전 회사에 현존하는 순재산보다 많은 금액으로 하지 못함(자본충실의 원칙의 발현) → 위반시 이사 및 주주의 부족액 전보책임 발생되며, 조직변경이 무효가 되는 것은 아님	총사원의 일치에 의한 사원총회 결의(상607①), 채권자보호절차(상608조, 상232), 법원의 인가(상607③), 자본총액의 제한(상607②) ※ 변경후 발행주식 발행가액 총액은 유한회사의 현존하는 순재산가액을 초과하지 못함 → 위반시 사원, 이사, 감사의 부족액 전보책임 발생
효력 발생	주식회사 해산등기, 유한회사 설립등기로 효력발생	유한회사 해산등기, 주식회사 설립등기로 효력발생
	조직변경의 무효 → 설립무효규정 유추적용	
책임	이사의 책임은 총사원의 동의로 면제가능/ 주주의 책임은 면제 불가능	이사·감사의 책임은 총주주의 동의로 면제가능/ 주주의 책임은 면제불가능
질권의 효력	종전의 주식을 목적으로 한 질권을 위하여 물상대위가 인정됨.	종전의 지분을 목적으로 하는 질권의 효력은 새로이 발행되는 주식에 미치며, 지분의 등록질권자는 회사에 대하여 교부를 청구할 수 있음

- 유한책임회사는 주식회사로의 조직변경이 가능(제287조의43)

3.2.3.2. 회사의 합병

3.2.3.2.1. 합병의 의의

(1) 합병의 개념

합병이라 함은 2개 이상의 회사가 청산절차를 거치지 않고 하나의 회사로 합쳐짐으로써 회사의 소멸과 권리·의무 및 사원의 포괄적 이전을 생기게 하는 회사법상의 법률요건이다. 합병은 권리의무가 개별적으로 이전행위를 할 필요 없이 포괄적으로 이전되므로 권리의무가 개별적으로 이전되는 영업양도와 구별된다.

☞ 영업양도와 회사합병의 비교

구분	영업양도	합병
공통점	① 기업의 집중에 이용 ② 기업의 유지강화에 이용	
성질상의 차이	① 개인법상, 거래법상의 현상 ② 채권계약, 혼합계약 ③ 특정승계 ④ 일부양도 가능	① 단체법상, 조직법상의 현상 ② 준물권계약 ③ 포괄승계 ④ 일부합병 불능

절차상의 차이	① 주체	자연인도 가능	회사만이 주체가 될 수 있음.
	② 계약형식	불요식계약	요식계약(물적회사는 합병계약서 작성필요)
	③ 채권자보호절차	영업양도 후 선의의 채권자, 채무자 보호규정이 있음.	합병전에 채권자보호절차를 취함
	④ 등기	개별적인 이전등기 필요	합병등기가 효력발생요건
효과상의 차이	① 인격소멸	법인격은 소멸하지 않음.	소멸회사의 법인격이 소멸함
	② 이행행위	영업재산을 개별적으로 이전	재산이나 사원이 포괄적으로 이전함
	③ 경업금지의무	다른 의사표시 없는 한 부담	문제될 여지가 없음
	④ 무효 주장	계약의 일반원칙에 의함	제소권자가 제소기간내에 訴만으로 주장

(2) 합병의 종류

합병의 종류에는 당사회사 중 하나가 존속하고 다른 회사가 해산하여 존속회사에 흡수되는 흡수합병과 모든 당사회사가 소멸하고 동시에 새로운 회사가 설립되는 신설합병이 있다.

(3) 합병의 법적 성질

합병의 법적 성질에 대하여 인격합일설(통설)과 현물출자설이 있다. 인격합일설에 의하면 합병이란 두 개 이상의 회사가 하나의 회사로 되는 것이라고 한다. 즉 합병되는 것은 법인격 자체이며, 권리의무의 이전은 인격합일의 결과라고 한다. 현물출자설(사원현물출자설·재산합일설)에 의하면 합병이란 소멸하는 회사의 영업 전부를 존속회사 또는 신설회사에 현물출자함으로써 이루어지는 자본증가 또는 회사설립이라고 한다.

3.2.3.2.2. 합병의 자유와 제한

상법상 회사는 어떤 종류의 회사와도 자유로이 합병할 수 있는 것이 원칙이다(상174). 따라서 조직을 달리하는 회사 간에도 합병이 가능하고 인적 회사와 물적 회사 간에서도 합병할 수 있다. 그러나 다음과 같은 제한이 있다. ① 합병을 하는 회사의 일방 또는 쌍방이 주식회사, 유한회사 또는 유한책임회사인 경우에는 합병 후 존속하는 회사나 합병으로 설립되는 회사는 주식회사, 유한회사 또는 유한책임회사이어야 한다(상174). ② 주식회사와 유한회사가 합병하는 경우에 존속회사 또는 신설회사가 주식회사인 경우에는 법원의 인가를 받아야 하고(상600), 존속회사 또는 신설회사가 유한회사인 경우에는 주식회사의 사채의 상환이 완료되어야 한다(상600). ③ 해산 후의 회사가 존립 중의 회사와 합병하는 경우에는 존립 중의 회사를 존속회사로 하는 경우에 한하여 합병할 수 있다(상174). 즉 해산후의 회사는 합병 후 존속회사가 되지 못하며, 해산명령(판결)에 의한 해산회사, 설립무효판결 후의 회사 등은 해석상 합병을 인정하지 않는다고 본다.

3.2.3.2.3. 합병의 절차

합병절차는 합병당사회사의 대표기관 간에 합병계약의 체결, 당사회사 사원총회(주주총회)의 특별결의, 채권자보호절차, 합병의 실행, 합병등기 순서로 진행된다. 특히 주주와 채권자 등 다수의 이해관계인이 있는 주식회사의 경우에는 합병계약서의 작성을 의무화하고 공시제도를 강화하고 있다.

(1) 합병계약

합병계약의 법적 성질에 대해 단체법상의 특수한 채권계약으로 이해한다. 합병계약서의 기재사항에 대하여 존속회사 또는 신설회사가 인적 회사인 경우에는 아무런 제한이 없으나, 물적 회사인 경우에는 적어야 할 일정한 법정사항이 있다($상^{523,}_{524,\ 603}$). 기재사항에 흠결이 있는 경우에는 합병무효의 사유가 된다. 합병계약을 체결하는 권한은 당사회사의 대표기관에게 있다.

(2) 합병결의

합병계약을 당사회사의 대표이사가 합병계약을 체결하고 사원을 보호하기 위해 대내적 절차를 밟아야 효력이 발생한다. 즉 인적 회사에서는 총사원의 동의에 의한 승인이 있어야 하고($상^{230}_{269}$), 물적 회사에서는 주주총회의 특별결의($상^{522}_{③,\ 598}$) 또는 사원총회의 특별결의에 의한 승인이 있어야 한다.

합병의 결과 주주의 책임이 무거워지는 경우에는 총주주의 결의를 얻어야 하고, 합병으로 인하여 어느 종류의 주주에게 손해를 미치게 되는 경우에는 그 종류의 종류주주총회의 결의를 얻어야 한다($상_{436}$). 다만 주식회사의 경우 일정한 경우, 즉 간이합병의 경우와 소규모의 합병의 경우에는 주주총회의 승인 대신 이사회의 승인으로 갈음할 수 있다.

간이합병제도란 흡수합병에 있어서 소멸회사의 총주주의 동의가 있거나 그 회사의 발행주식총수의 90% 이상을 존속회사가 소유하고 있는 때에는 소멸회사의 주주총회의 승인을 이사회의 승인으로 갈음할 수 있도록 하는 제도로서 소멸회사는 합병계약서 작성일로부터 2주 내에 이 같은 취지의 공고·통지를 해야 한다(총주주의 동의로 생략 가능). 소규모합병제도란 존속회사가 합병으로 인해 발행하는 신주의 총수가 그 회사 발행주식 총수의 5% 이하인 경우 존속회사의 주주총회의 승인을 이사회의 승인으로 갈음할 수 있도록 하는 제도를 말한다.

합병에 관한 주주총회의 결의에 반대하는 주주는 회사에 대하여 주식매수청구권을 행사할 수 있다(상522의3). 간이합병의 경우에는 주식매수청구권이 인정되나(상522의3 ②) 소규모합병의 경우에는 주식매수청구권이 인정되지 않는다(상527의3 ⑤).

(3) 회사채권자의 보호

1) 합병결의 전의 절차

이사는 주주총회 회일의 2주 전부터 합병을 한 날 이후 6월이 경과하는 날까지 합병계약서, 합병으로 인하여 소멸하는 회사의 주주에게 발행하는 주식의 배정에 관하여 그 이유를 기재한 서면, 각 회사의 최종의 대차대조표와 손익계산서를 본점에 비치하여야 한다(상522①).

2) 합병결의 후의 절차

회사는 합병결의가 있은 날부터 2주 내에 회사채권자에 대하여 합병에 이의가 있으면 1월 이상의 일정한 기간 내에 이를 제출할 것을 공고하고, 알고 있는 채권자에게는 따로따로 이를 최고하여야 한다. 합병당사회사가 이 절차를 위반하면 합병무효의 원인이 된다. 또 과태료에 의한 제재를 받게 된다(상635①). 기간내 이의를 제출하지 않은 채권자는 합병을 승인한 것으로 보며, 이의를 제출한 채권자에게는 변제 혹은 상당한 담보의 제공를 제공해야 한다.

(4) 합병등기

합병실행 후 본점소재지에서는 2주 내, 지점소재지에서는 3주 내에 존속회사는 변경등기, 소멸회사는 해산등기, 신설회사는 설립등기를 하여야 한다(상233,528, 269,602). 등기의 기산일은 인적 회사에서는 명문규정이 없으므로 사실상 합병한 날부터, 물적 회사에서는 총회가 종결된 날로부터 기산한다(상528). 이 등기는 단순한 대항요건이 아니라 합병의 효력발생요건이다(상234,530 ②, 269,603). 등기사항으로서 관청의 허가 또는 인가를 요하는 사항의 등기를 신청할 때의 등기 기간은 그 서류가 도달한 날로부터 기산한다($\frac{상}{177}$).

(5) 사후공시

사후공시는 합병을 한 날로부터 6월간 채권자보호절차의 경과·합병을 한 날·소멸회사로부터 승계한 재산가액과 채무액·기타 합병에 관한 사항을 기재한 서면을 본점에 비치하는 것이다($\frac{상 527}{의6 ①}$). 이 사후공시의 경우에도 주주 및 회사채권자는 영업시간 내에는 언제든지 이러한 서면의 열람을 청구하거나, 회사가 정한 비용을 지급하고 그 등본 또는 초본의 교부를 청구할 수 있다($\frac{상 527}{의6 ②}$).

3.2.3.2.4. 합병의 효과

(1) 회사의 소멸과 회사의 설립 또는 변경

1) 회사의 소멸
존속회사를 제외하고 당사회사는 청산절차를 거치지 않고 소멸한다($\frac{상 227\ iv,\ 269,}{517\ \ i\ ,\ 609\ ①\ vii}$).

2) 회사의 설립 또는 변경
신설합병의 경우에는 회사가 신설되고, 흡수합병의 경우에는 존속회사의 정관변경이 발생한다. 이러한 효과는 합병등기로 인하여 당연히 발생하는 것이므로, 상법상 회사의 설립 또는 자본증가 또는 감소에 관한 규정은 적용되지 않는다.

회사의 합병으로 인하여 신회사를 설립하는 경우에는 정관의 작성 기타 설립에 관한 행위는 각회사에서 선임한 설립위원이 공동으로 하여야 한다($\frac{상 175}{①}$). 이 선임에는 합병결의와 같은 총사원의 동의($\frac{상}{230}$), 정관경의 특별결의($\frac{상 434,}{585}$)의 규정이 준용된다($\frac{상 175}{②}$).

(2) 권리의무 및 사원의 포괄적 이전

1) 권리의무의 포괄적 이전
① 회사의 합병이 있게 되면 존속회사 또는 신설회사는 소멸회사의 모든 권리의무를 포괄적으로 승계한다($\frac{상 235,\ 269,}{530\ ②,\ 603}$). 회사합병이 있는 경우에는 피합병회사의 권리·의무는 사법상의 관계나 공법상의 관계를 불문하고 그 성질상 이전을 허용하지 않는

것을 제외하고는 모두 합병으로 인하여 존속한 회사에게 승계된다.[6] 다만 대항요건을 필요로 하는 권리, 예컨대 선박($\substack{상 743 \\ 단서}$)·기명주식($\substack{상 337 \\ ①}$)·기명사채($\substack{상 479 \\ ①}$) 등은 소정의 법정절차를 밟아야 제3자에게 대항할 수 있다.

② 이전되는 권리의무에는 공법상의 권리의무도 포함된다.

③ 주식회사나 유한회사가 합병을 하는 경우 신설회사 또는 존속회사의 자본액은 당사회사의 자본액의 합계와 일치할 필요는 없다. 또한 신설회사 또는 존속회사는 소멸회사의 법정준비금을 반드시 승계할 필요는 없고 이를 분배하여도 무방하지만, 특수한 목적을 위하여 소멸회사가 적립한 법정준비금은 존속회사 또는 신설회사가 그러한 사업을 승계함에 따라 존속시킬 필요가 있으므로 이를 승계할 수 있다($\substack{상 459 \\ ②}$). 그러나 존속회사는 종래의 법정준비금을 반드시 보존하여야 한다.

2) 사원의 수용

① 합병의 성질상 존속회사 또는 신설회사의 사원이 되는 것이 원칙이다($\substack{상 523 \,iii,\, 524 \\ 11,\, 603 \,참조}$).

② 주식회사의 경우 합병에 반대하는 주주는 회사에 대하여 주식매수청구권을 행사하여 사원이 되지 않을 수 있다($\substack{상 522 \\ 의3,\, 530}$).

3) 이사·감사의 임기

흡수합병에 있어서 존속회사의 이사 및 감사로서 합병 전에 취임한 자는 다른 정함이 있는 경우를 제외하고는 합병 후 최초로 도래하는 결산기의 정기총회가 종료하는 때에 퇴임한다($\substack{상 527 \\ 의4}$).

4) 고용승계의 문제

회사의 합병에 의하여 근로관계가 승계되는 경우에는 종전의 근로계약상의 지위가 그대로 포괄적으로 계승되는 것이므로 합병 당시 취업규칙의 개정이나 단체협약의 체결 등을 통하여 합병 후 노동자들의 근로관계의 내용을 단일화 하기로 변경 조정하는 새로운 합의가 없는 한 합병 후 존속회사나 신설회사는 소멸회사에 근무하던 노동자에 대한 퇴직금 관계에 관하여 종전과 같은 내용으로 승계한다.[7] 즉 회사의 합병에 의하여 근로관계가 승계되어 종전 취업규칙 등이 그대로 적용되더라도 합병 후 노동조합과의 사이에 단체

---

6) 大判 1980.03.25, 77누265.

7) 大判 1994.03.08, 93다1589.

협약의 체결 등을 통하여 합병 후 근로자들의 근로관계 내용을 단일화 하기로 변경·조정하는 새로운 합의가 있으면 그 새로운 단체협약 등이 유효하게 적용된다.[8]

회사분할시 분할대상이 되는 사업에 종사하던 근로자들의 근로관계는 원칙적으로 신설회사에 포괄적으로 승계되고, 예외적으로 근로자가 거부권을 행사하는 경우에는 거부권을 행사한 근로자의 근로관계는 승계대상에서 제외된다고 봄이 상당하다. 회사분할시 사용자는 근로자의 거부권 행사를 보장하기 위하여 원칙적으로 포괄승계의 대상이 되는 근로자에게 거부권 행사에 필요한 상당한 기간을 부여하여야 한다. 만약 사용자가 근로자에게 거부권 행사에 필요한 상당한 기간을 부여하지 아니한 경우, 이는 근로자의 자기의 사결정권을 침해한 것이므로 무효이고, 그 기간은 사회통념상 거부권행사에 필요한 상당한 기간까지 연장된다고 보아야 한다.[9]

3.2.3.2.5. 합병의 무효

합병은 합병계약서의 작성에서 시작하여 여러 단계를 걸쳐 합병등기를 함으로써 그 효력이 발생하게 된다. 이러한 여러 단계를 걸치면서 법규정이나 절차의 위반, 각종 결의의 하자, 합병계약서의 하자, 채권자보호절차의 불이행, 합병후 창립총회나 보고총회가 없었을 때, 종류주주총회가 없었을 때, 설립위원에 의한 정관작성이 없는 때 등으로 인하여 합병이 무효가 되는 경우가 있다(합명회사의 합병의 무효는 합자회사에 준용되고, 주식회사의 합병의 무효는 유한회사에 준용됨. 합명회사의 합병의 무효는 3.3.5.3.4. 주식회사의 합병의 무효는 3.5.18.3 참조).

합병의 무효를 주장하는 경우에는 회사의 합병에 이해관계자가 많기 때문에, 합병무효의 주장은 소만으로 할 수 있으며, 이 소를 제기할 수 있는 자는 제한되어 있다. 합병무효판결이 확정된 때에는 합병 전으로 회복하나 그 무효의 효력은 기왕에 소급하지 않고, 존속회사 또는 신설회사와 그 사원 및 제3자 사이에 생긴 권리의무에 영향을 미치지 아니한다.

---

8) 大判 2001.10.30, 2001다24051.

9) 서울행법 2008.09.11, 2007구합45583

3.2.4. 회사해산·청산·해산명령·해산판결·계속

3.2.4.1. 해 산

3.2.4.1.1. 해산의 의의

회사의 해산이라 함은 회사의 법인격을 소멸시키는 원인이 되는 법률요건을 말한다. 회사는 해산에 의하여 영업능력은 상실하지만, 청산목적의 범위 내에서는 권리능력이 있고($\text{상 }245, 269,\ 542\ ①, 613\ ①$), 이러한 권리능력은 청산절차가 사실상 종료됨으로써 소멸된다.

해산으로 회사의 상인능력은 상실되지 않으나 영업능력은 상실되므로 영업을 전제로 하는 지배인이나, 이사, 대리상 등은 당연히 종임사유가 된다.

회사해산제도는 법인격이 남용되는 경우에 이를 시정하기 위한 제도라는 측면에서는 법인격부인론과 같으나 해산명령제도와 해산판결제도는 법인격을 전면적으로 박탈당한다는 점에서 특정사안에 한하여 법인격이 무시되는 것으로 처리하는 법인격부인론과 차이가 있다.

3.2.4.1.2. 해산의 사유

	합명·합자(§227)	유한회사(§609)	주식회사(§517)
공통사유	기간만료·합병·파산·해산명령·해산판결		
개별사유		1인회사	1인 해산사유가 아님
	존속회사를 제외하고 당사회사의 해산사유. 이 경우 회사는 청산절차 없이 소멸	-사원총회의 결의, -사원의 수가 법원의 허가, -상속, 유증에 의하지 않고 50인을 초과하는 경우	회사의 분할
요건	총사원동의	사원총회 특별결의	주총 특별결의

- 유한책임회사의 해산은 합명회사의 해산에 관한 규정을 준용함(제287조의38)

3.2.4.1.3. 해산의 효과

회사가 해산하면 청산절차가 개시되지만 합병과 파산은 청산절차가 개시되지 않는다. 이는 합병은 회사재산의 포괄승계를 생기게 하며, 파산은 파산절차로 옮겨가기 때문이다.

해산의 경우에는 본점소재지에서는 2주간 내, 지점소재지에서는 3주간 내에 해산등기를 하여야 하고($\frac{\text{상}}{\text{의2}}, \frac{228,}{613}, \frac{269,521,}{①}$), 해산등기는 대항요건이다.

3.2.4.2. 청 산

3.2.4.2.1. 청산의 의의

(1) 청산의 개념

청산이라 함은 회사가 해산 후 회사의 모든 법률관계를 종결하고 잔여재산을 주주에게 분배하는 것을 목적으로 하는 절차로서 그 종료에 의하여 회사가 소멸한다. 회사가 해산한 때에는 합병 또는 분할 및 파산의 경우를 제외하고는 청산절차에 들어간다.

(2) 청산의 유형

청산의 유형에는 임의청산과 법정청산이 있다. 임의청산이란 정관 또는 총사원의 동의로 회사재산의 처분방법을 임의로 정하는 청산이고, 법정청산이란 법률이 정하는 절차에 따르는 청산이다.

(3) 청산 중의 회사

청산 중의 회사는 해산 전의 회사와 동일회사이므로 상인성·상호·사원의 출자의무·제3자에 대한 책임 등에 관해서는 해산 전의 회사와 다름이 없다. 그러나 청산회사는 영업을 하지 않으므로 영업을 전제로 한 지배인 등 상업사용인을 둘 수는 없다. 또 인적 회사의 무한책임사원이나 물적 회사의 이사는 경업피지의무를 부담하지 않게 된다($\frac{\text{상}}{397}, \frac{198,}{567}, \frac{269,}{}$). 또한 청산회사에서는 해산 전의 회사의 업무집행기관은 그 권한을 잃고, 이익은 배당되지 아니하며, 인적 회사의 경우 사원의 퇴사는 인정되지 않는다.

3.2.4.2.2. 청산인

청산인은 자율적으로 선임되는데, 선임되지 않으면 해산 전의 회사의 업무집행기관이 청산인이 된다($\frac{\text{상}}{531}, \frac{251,}{613}, \frac{287,}{①}$). 그러나 사원이 1인이 되어 해산한 경우와 해산을 명하는 재판(해산명령 및 해산판결)에 의하여 해산한 경우에는 법원이 이해관계인이나 검사의 청구에 의하여 또는 직권으로 청산인을 선임한다($\frac{\text{상}}{542}, \frac{252,}{①}, \frac{269,}{613}, \frac{①}{}$). 물적 회사의 경우에 위의 원칙에 의하여 청산인이 되는 자가 없는 경우에는 이해관계인의 청구의 의하여 법원이 청산인을 선임한다($\frac{상\ 531\ ②}{613\ ①}$).

3.2.4.2.3. 청산의 절차

(1) 청산사무

청산인의 직무권한은 ① 현존사무의 종결 ② 채권의 추심과 채무의 변제 ③ 재산의 환가처분 ④ 잔여재산의 분배이다($\frac{상\ 254,\ 269,}{542\ ①,\ 613\ ①}$).

(2) 청산절차의 방법

사원이 1인이 된 경우 또는 해산을 명하는 재판에 의하여 해산한 경우를 제외하고 인적 회사가 해산한 경우에는 원칙적으로 임의청산에 의한다. 임의청산의 경우에도 채권자 보호절차를 취하여야 한다($\frac{상\ 248,}{249,\ 269}$).

법정청산은 물적 회사가 해산한 경우 또는 인적 회사에서 임의청산의 방법을 쓰지 않는 경우에 이용되는 청산방법인데, 그 엄격한 절차에 관하여는 상법이 규정하고 있다($\frac{상\ 250\ 이하,\ 269,}{531\ 이하,\ 613\ ①}$).

3.2.4.2.4. 청산의 종결

청산사무가 종결되고 청산인이 청산결과에 대하여 총사원(인적 회사의 경우) 또는 주주총회(물적 회사의 경우)의 승인을 얻은 후에는 청산종결의 등기를 하여야 한다($\frac{상\ 264,\ 269,}{542\ ①,\ 613\ ①}$). 그러나 청산종결의 등기를 하였더라도 청산사무가 남아 있으면 청산은 종결되지 않는다. 따라서 그 한도에서 청산법인은 당사자 능력이 있다.[10]

3.2.4.3. 회사의 해산명령과 해산판결

3.2.4.3.1. 회사의 해산명령

(1) 해산명령의 의의

회사의 해산명령이란 공익상 회사의 존속이 허용될 수 없는 등의 경우에 법원이 직권

---

10) 大判 1968.06.18, 67다2528; 大判 1982.03.23, 81도1450; 大判 1991.04.30, 90마672.

또는 이해관계인이나 검사의 청구에 의하여 회사의 해산을 명하는 재판이다($^{상\ 176}_①$). 법원에 회사의 해산명령을 청구할 수 있는 이해관계인이란 회사 존립에 직접 법률상 이해관계가 있는 자이다.[11]

(2) 해산명령의 사유

회사의 해산명령의 사유는 ① 회사의 설립목적이 불법인 때 ② 회사가 정당한 사유 없이 설립한 후 1년 내에 영업을 개시하지 아니하거나 1년 이상 영업을 휴지하는 때 ③ 이사 또는 회사의 업무를 집행하는 사원이 법령 또는 정관에 위반하여 회사의 존속을 허용할 수 없는 행위를 한 때($^{상\ 176}_①$) 등이다.

시장경영 목적의 회사가 시장건물 신축 등 그 소유권을 둘러싼 분쟁으로 수년간 그 기능을 사실상 상실하고 정상적인 업무수행을 하지 못하다가 그 후 확정판결에 기하여 정상적인 업무수행을 할 수 있게 된 경우[12] 또는 회사의 기본재산인 동시에 영업의 근간이 되는 부동산의 소유권 귀속과 등기절차 등에 관련된 소송이 계속되었기 때문에 부득이 영업을 계속하지 못한 경우[13] 등은 회사해산 명령사유인 '회사가 정당한 사유 없이 1년 이상 영업을 휴지하는 때'에 해당한다고 볼 수 없다.

(3) 해산명령의 절차

법원은 이해관계인이나 검사의 청구에 의하여 또는 직권으로 회사의 해산명령을 할 수 있다($^{상\ 176}_①$). 이때 회사는 이해관계인의 악의를 소명하여($^{상\ 176}_④$) 이해관계인에게 상당한 담보를 제공할 것을 법원에 청구할 수 있고, 법원은 이에 의하여 상당한 담보를 제공할 것을 명할 수 있다($^{상\ 176}_③$). 법원에 회사의 해산명령을 청구할 수 있는 이해관계인이란 회사 존립에 직접 법률상 이해관계가 있는 자이다.[14]

회사의 해산명령의 청구가 있는 때에는 법원은 회사의 해산을 명하기 전이라도, 이해관계인이나 검사의 청구에 의하여 또는 직권으로 관리인의 선임 기타 회사재산의 보전에 필요한 처분을 할 수 있다($^{상\ 176}_②$).

---

11) 大判 1995.09.12, 95마686.

12) 大判 1978.07.26, 78마106.

13) 大判 1979.01.31, 78마56.

14) 大判 1995.09.12, 95마686.

(4) 해산명령의 효과

법원의 해산명령으로 회사는 해산한다($\frac{상법}{227}$). 회사가 해산명령을 받으면 법정청산이 된다. 회사가 해산한 때에는 본점소재지에서 2주간 내에, 지점소재지에서 3주간 내에 해산등기를 하여야 한다($\frac{상 228, 269,}{530, 613 ①}$).

3.2.4.3.2. 회사의 해산판결

(1) 해산판결의 의의

회사의 해산판결이란 사원의 이익을 보호하기 위하여 회사의 존속이 사원의 이익을 해하는 경우에 사원의 청구에 의하여 법원이 판결로써 회사의 해산을 명하는 재판이다($\frac{상 241, 269,}{520, 613 ①}$).

(2) 해산판결의 사유

1) 인적 회사

부득이한 사유가 있는 때이어야 한다($\frac{상 241}{①, 269}$). 이때 부득이한 사유란 사원 간의 불화가 극심하여 그 상태로는 회사의 존속이 곤란한 경우로서, 사원의 제명·퇴사·지분양도나 총사원의 동의에 의한 해산이 곤란한 경우를 의미한다.

2) 물적 회사

회사의 업무가 현저한 정돈상태를 계속하여 회복할 수 없는 손해가 생기거나 생길 염려가 있을 때 또는 회사재산의 관리 또는 처분의 현저한 실당으로 인하여 회사의 존립을 위태롭게 한 때이다($\frac{상 520 ①,}{613 ①}$).

(3) 해산판결의 절차

청구권자는 인적 회사의 경우는 각 사원이고($\frac{상 241}{①, 269}$), 물적 회사의 경우는 발행주식총수의 100분의 10 이상에 해당하는 주식(출자좌수)을 가진 주주이다($\frac{상 520 ①,}{613 ①}$). 회사의 해산판결청구사건은 소송사건으로 그 소는 형성의 소에 해당하며 재판은 판결에 의한다. 이 소는 본점소재지를 관할하는 지방법원의 전속관할에 속한다($\frac{상 241 ②, 186, 269,}{520 ②, 613 ①}$).

(4) 해산판결의 효과

원고가 승소하여 해산판결이 확정되면 회사는 해산하여 청산절차를 밟아야 한다. 원고가 패소한 경우, 원고에게 악의 또는 중과실이 있으면 원고는 회사에 대하여 연대하여 손해배상할 책임을 부담한다($^{상\ 241\ ②,\ 191,\ 269,}_{520\ ②,\ 613\ ①}$).

☞ 해산명령과 해산판결의 비교

해산명령	해산판결
공익상 회사의 존속을 허용할 수 없다고 인정하는 경우에 법원에 이해관계인이나 검사의 청구 또는 법원의 직권으로 해산을 명하는 재판(176)	이사상호 간 또는 사원상호 간의 대립으로 회사가 더 이상 계속할 수 없는 경우에 사원의 청구에 의해 법원이 회사를 해산시키는 재판(241, 520)
공통점	
① 형성력 있는 재판 ② 각종회사에 공통된 해산사유 ③ 촉탁등기	
차이점	
① 목적: 공익유지	주주, 사원의 이익보호
② 원 인 ⅰ) 설립목적의 불법 ⅱ) 1년 이상 부당한 개업지연, 영업휴지 ⅲ) 집행기관의 불법행위(법령, 정관위반)	ⅰ) 불가피한 사유(사원 간의 불화) ⅱ) 회사재산의 부당처분(정돈상태, 실당으로 인한 손해)
③ 청구권자: 이해관계인이나 검사	각 사원(인적 회사), 소수 사원(10/100)(물적 회사)
④ 절차법: 비송사건절차법	민사소송법
⑤ 법원의재량권: 명령 여부는 자유	요건구비시 반드시 판결해야 함

3.2.4.4. 회사의 계속

3.2.4.4.1. 회사의 계속의 의의

회사의 계속이란 일단 해산된 회사가 상법의 규정($^{상\ 229,\ 269,\ 285\ ②,}_{519,\ 520의2\ ③,\ 610}$)과 법원의 해산명령 또는 해산판결에 의하여 강제로 해산된 경우를 제외하고는 사원의 의사에 의하여 해산 전의 회사로 복귀하여 존속하는 것을 말한다. 즉 해산명령과 해산판결의 경우에는 회사의 계속이 인정되지 않는다.

회사의 계속은 해산 후 청산이 종료되기 전의 회사를 해산 전의 회사로 복귀시키는 것이지만 소급효는 없으며, 회사계속의 경우에도 청산인의 행위도 유효하다.

3.2.4.4.2. 회사의 계속의 사유

회사가 존립기간의 만료 기타 정관에 정한 사유의 발생 또는 총사원의 동의(인적 회사), 사원총회의 특별결의(물적 회사)에 의해 해산한 경우에는 나머지 사원의 동의 또는 사원총회의 특별결의로 회사를 계속할 수 있다(상 229 ①, 269, 519, 619 ①).

3.2.4.4.3. 회사의 계속등기

회사의 계속의 경우에 회사의 해산등기를 하였을 때에는 본점소재지에서는 2주간 내, 지점소재지에서는 3주간 내에 회사의 계속등기를 하여야 한다(상 229 ③, 269, 285 ①, 611).

3.2.4.4.4. 회사의 계속의 효과

회사의 계속에 의하여 해산한 회사는 장래에 향하여 해산 전의 회사로 복귀한다. 따라서 장래에 한하여 다시 완전한 권리능력을 회복하게 된다. 즉 청산인의 행위는 유효하다.

합명회사에서 사원이 1인이 되어 다른 사원을 가입시켜 합명회사를 계속하는 경우 또는 합자회사에서 무한책임사원 전원이 퇴사하여 다른 무한책임사원을 가입시켜 합자회사를 계속하는 경우에, 새로 가입한 무한책임사원은 그 가입 전에 생긴 회사채무에 대하여 다른 사원과 동일한 책임을 진다(상 229 ④, 285 iii).

☞ 회사의 합병, 조직변경, 회사의 계속 비교

	합 병	조직변경	회사의 계속
의의	두 개 이상의 회사가 1개회사로 합동	한 종류의 회사가 다른 종류의 회사로 되는 것	해산 후 청산종료 전의 회사를 해산 전으로 복귀시킴
주식	모든 회사 상호 간(주식 또는 유한회사는 제한 있음)	인적 회사 상호 간(합명↔합자) 물적 회사 상호 간(주식↔유한)	동일회사 내의 문제
내부의 사결정	• 합명/합자: 총사원 동의 • 주식/유한: 총회특별결의	총사원의 동의	• 합명/합자: 총(일부)사원동의 • 주식/유한: 총회특별결의
등기	• 소멸회사: 해산등기 • 존속회사: 변경등기 • 신설회사: 설립등기	• 종전회사: 해산등기 • 변경된 회사: 설립등기	해산등기한 경우: 회사계속등기
해산관계	해산사유	해산방지제도	해산된 회사에 인정
회사채권자보호제도	• 이의제출권 • 합병대차대조표공시 (주식 · 유한회사)	• 이의제출권 • 유한책임사원 된 자 2년간 무한책임(합명→합자) • 주주/이사의 순재산액 전보책임(주식→유한, 605) • 자본액 규제(607)	• 회사채권자에 이해관계무 →제도 없음
무효주장	합병무효의 소	일반무효이론	일반무효이론

3.3. 합명회사

3.3.1. 의 의

3.3.1.1. 합명회사의 의의

합명회사란 2인 이사의 무한책임사원으로 구성된 회사를 말하는데, 무한책임사원은 회사에 대하여 출자를 부담할 뿐만 아니라, 회사채권자에 대하여 직접·연대·무한의 책임을 지고, 정관에 다른 정함이 없는 한 회사의 업무를 집행하고 회사를 대표한다. 이 합명회사는 사원의 지위와 업무집행자가 원칙적으로 일치하는 점에 특색이 있다.

합명회사는 다른 회사제도에 비해 폐쇄적인데, 합명회사도 회사이므로 법인이나() 조합적 성질이 있어 내부관계에서는 민법의 조합에 관한 규정이 준용된다($\substack{상 \\ 195}$).

3.3.1.2. 합명회사의 특징

합명회사는 개인기업의 공동경영 형태라고도 볼 수 있는데 기업의 영속성과 그 업무처리의 간편성을 도모하기 위하여 형식상 사단법인으로 하였으나, 그 실질은 조합의 성격을 띠고 있다. 이 합명회사에서는 사원의 개성이나 신용을 중요시 하며 사원의 지위 이전이 어렵다.

합명회사는 일반적으로 소기업에 적합하고 소유와 경영이 일치하는 회사로서 사원은 원칙적으로 회사의 업무집행권 회사대표권을 가지며 회사채권자에 대하여 직접·연대·무한의 변제책임을 진다.

3.3.2. 설 립

3.3.2.1. 합명회사의 설립의 특색

합명회사의 설립절차는 정관의 작성과 설립등기만으로 설립된다. 합명회사의 설립절차가 이렇게 간단한 이유는 합명회사의 설립은 물적 회사와는 달리 출자이행절차는 회사의 성립요건이 아니고, 업무집행기관의 구성절차도 필요하지 않기 때문이다. 즉 합명회사는 회사의 대외적 신용의 기초가 사원에게 있기 때문에 사원만 확정되면, 그 사원이 업무집행기관이 되고, 그 사원이 무한책임을 지기 때문에 출자이행절차에 있어서 물적 회사의 경우처럼 까다롭지 않기 때문이다. 따라서 회사의 성립 전에 출자이행이 완료될 필요도 없고, 신용출자나 노무출자도 가능하고 출자에 대한 검사절차도 없다.

3.3.2.2. 설립절차

3.3.2.2.1. 정관의 작성

합명회사의 정관은 2인 이상의 사원이 공동으로($\frac{상}{178}$) 일정한 사항을 기재하고 총사원이 기명날인 또는 서명을 함으로써($\frac{상}{179}$) 작성된다. 사원은 자연인에 한한다($\frac{상}{173}$). 주식회사와는 달리 정관에 대하여 공증인의 인증은 필요하지 않다($\frac{상}{292}$).

(1) 절대적 기재사항

정관에 반드시 적어야 할 사항은 ① 목적(영업내용을 구체적으로 기재) ② 상호(합명회사라는 상호를 사용하여야 함) ③ 사원의 성명·주민등록번호 및 주소 ④ 사원의 출자의 목적과 그 가격 또는 평가의 표준(재산·신용·노무의 구별 및 재산출자의 경우는 금액 등을 구체적으로 기재) ⑤ 본점의 소재지(최소행정구역만 표시) ⑥ 정관의 작성 년월일 등이다($\frac{상}{179}$).

(2) 상대적 기재사항

정관에 반드시 적어야 하는 것은 아니지만 기재함으로써 법률상 효력을 갖는 사항으로는 ① 사원의 업무집행권의 제한($_{200}^{\text{상}}$) ② 대표사원의 결정($_{207}^{\text{상}}$) ③ 공동대표의 결정($_{208}^{\text{상}}$) ④ 사원의 퇴사 사유($_{218}^{\text{상}}$) ⑤ 회사의 존립기간($_{217}^{\text{상}}$) ⑥ 퇴사원의 지분 환급의 제한($_{222}^{\text{상}}$) ⑦ 임의청산의 결정($_{247}^{\text{상}}$) 등이다. 위의 대표사원의 결정, 공동대표의 결정, 임의청산은 총사원의 동의로도 할 수 있으므로 정관에 반드시 정관에 기재할 필요는 없다.

(3) 임의적 기재사항

정관에는 합명회사의 본질·강행법규·사회질서에 반하지 않는 한 어떠한 사항도 기재할 수 있다.

3.3.2.2.2. 등기사항

(1) 본점·지점의 설립등기

정관의 작성에 의하여 실체가 완성된 합명회사는 본점소재지에서 설립등기를 함으로써 성립한다($_{172}^{\text{상}}$).

설립등기사항은 ① 목적 ② 상호 ③ 사원의 성명·주민등록번호 및 주소 ④ 본점의 소재지 및 지점을 둔 경우에는 지점의 소재지(다만, 회사를 대표할 사원을 정한 때에는 그 외의 사원의 주소는 제외) ⑤ 사원의 출자의 목적, 재산출자에는 그 가격과 이행한 부분 ⑥ 존립기간 기타 해산사유를 정한 때에는 그 기간 또는 사유 ⑦ 대표사원을 정한 때에는 그의 성명·주소 및 주민등록번호 ⑧ 수인의 사원이 공동으로 회사를 대표할 것을 정한 때 즉, 공동대표에 관한 사항을 정한 때에는 그 규정 등이다($_{180}^{\text{상}}$). 등기사항으로서 관청의 허가 또는 인가를 요하는 사항의 등기를 신청할 때의 등기 기간은 그 서류가 도달한 날로부터 기산한다($_{177}^{\text{상}}$).

회사의 설립과 동시에 지점을 설치하는 경우에는 설립등기를 한 후 2주 내에 지점소재지에서 ① 목적 ② 상호 ③ 사원의 성명·주민등록번호 및 주소 ④ 본점의 소재지(다른 지점의 소재지는 제외) ⑤ 존립기간 기타 해산사유를 정한 때에는 그 기간 또는 사유 ⑥ 대표사원을 정한 때에는 그의 성명·주소 및 주민등록번호 ⑦ 공동대표에 관한 사항을 정한 때에는 그 규정 등을 등기하여야 한다($_{181}^{\text{상}}$). 지점에서의 등기사항에는 다른 지점의 소재지는 제외하는데, 이는 본점만 필요할 뿐 다른 지점의 소재지는 해당 지점소재지 외에는 불필요하기 때문이다. 또한 사원의 출자의 목적과 가격 또는 평가의 표준도 지점의 등기사항이 아니다. 이는 본점에만 등기되어 있어도 무방하기 때문이다.

회사의 성립 후에 지점을 설치하는 경우에는 본점소재지에서는 2주 내에 그 지점소재지와 설치 년월일을 등기하고, 그 지점소재지에서는 3주 내에 ① 목적 ② 상호 ③ 사원의 성명·주민등록번호 및 주소 ④ 본점의 소재지(다른 지점의 소재지는 제외) ⑤ 존립기간 기타 해산사유를 정한 때에는 그 기간 또는 사유 ⑥ 대표사원을 정한 때에는 그의 성명·주소 및 주민등록번호 ⑦ 공동대표에 관한 사항을 정한 때에는 그 규정을 등기하여야 한다. 다만, 회사를 대표할 사원을 정한 경우에는 그 밖의 사원은 등기하지 아니한다(상 181).

(2) 본점·지점의 이전등기

회사가 본점을 이전하는 경우에는 2주 내에 구소재지에서는 신소재지와 이전 년월일을, 신소재지에서는 본점의 설립등기 사항(제180조 각호의 사항)을 등기하여야 한다(상 182). 회사가 지점을 이전하는 경우에는 2주 내에 본점과 구지점소재지에서는 신지점소재지와 이전 년월일을 등기하고, 신지점소재지에서는 제180조제1호 본문(다른 지점의 소재지는 제외) 및 제3호부터 제5호까지의 사항을 등기하여야 한다. 다만, 회사를 대표할 사원을 정한 경우에는 그 밖의 사원은 등기하지 아니한다(상 182).

(3) 변경등기

위 등기사항에 변경이 있는 때에는 본점소재지에서는 2주간 내, 지점소재지에서는 3주간 내에 변경등기를 하여야 한다(상 183).

(4) 업무집행정지가처분 등의 등기

사원의 업무집행을 정지하거나 직무대행자를 선임하는 가처분을 하거나 그 가처분을 변경·취소하는 경우에는 본점 및 지점이 있는 곳의 등기소에서 이를 등기하여야 한다(상 183).

3.3.2.3. 설립하자

합명회사도 설립절차에 하자가 있으면 설립무효를 소로써 주장 가능하다. 합명회사에 있어서는 사원의 개성이 중시되기 때문에 설립무효의 소 이외에 설립취소의 소 제도를 두고 있다.

3.3.2.3.1. 설립무효·설립취소의 원인

합명회사의 설립의 하자에는 설립무효의 소와 설립취소의 소가 인정된다($^{\text{상}\,184}_{~193}$). 설립무효의 소의 원인으로는 정관의 절대적 기재사항의 흠결되었거나 그 기재가 불법인 때, 설립등기가 무효인 때 등이 있으며, 주관적 무효원인으로 사원의 심신상실, 의사표시의 흠결 등이다.

설립취소의 소의 원인으로는 행위무능력자가 법정대리인의 동의 없이 합명회사를 설립한 경우, 금치산자가 법정대리인의 동의를 얻어 합명회사를 설립한 경우($^{\text{민}\,5,\,①,}_{10,\,13}$), 사원이 착오·사기 또는 강박으로 인하여 설립한 경우($^{\text{민}\,109,}_{110}$) 등과 같은 주관적 하자가 있는 경우이다. 그리고 사원이 그 채권자를 해할 것을 알고 회사를 설립한 때에도 취소의 원인이 된다($^{\text{상}}_{185}$).

무효나 취소의 판결이 확정된 경우에도 그 무효나 취소의 원인이 특정한 사원에 한한 것인 때에는 다른 사원 전원의 동의로써 회사를 계속할 수 있다($^{\text{상}}_{194}$). 이 경우에 그 무효 또는 취소의 원인이 있는 사원은 퇴사한 것으로 본다. 그 결과 사원이 1인으로 된 때에는 새로운 사원을 가입시켜서 회사를 계속할 수 있다($^{\text{상}\,194\,③,}_{299\,②\,③}$).

3.3.2.3.2. 주장방법·소의 당사자·제소기간

(1) 주장방법

합명회사의 설립절차에 하자가 있는 경우에는 반드시 소에 의하여 하여야 한다($^{\text{상}}_{184}$).

(2) 소의 당사자

설립무효의 소의 제소권자는 사원에 한정되며($^{\text{상}\,184}_{\text{전단}}$) 피고는 회사이다. 설립취소의 소의 제소권자는 무능력자, 착오에 의한 의사표시를 한 자, 하자있는 의사표시를 한 자와 그 대리인 또는 승계인이고, 사원이 채권자를 해할 것을 알고 회사를 설립한 때에는 그 채권자이다.

(3) 제소기간

설립무효·취소의 소의 제소기간은 회사성립의 날로부터 2년 내로 제소기간이 없는 일반적인 무효의 소와 구별된다($^{\text{상}\,184}_{①\,\text{후단}}$).

3.3.2.3.3. 관할 및 병합심리 · 재량기각

설립무효 · 취소의 소의 관할법원은 회사의 본점소재지의 지방법원에 전속하며($\frac{상}{186}$), 회사는 설립무효 · 취소의 소가 제기된 때에는 지체 없이 공고하여야 한다($\frac{상}{187}$). 법원은 수개의 설립무효 · 취소의 소가 제기된 때에는 이를 병합심리하여야 한다($\frac{상}{188}$). 소의 심리 중에 원인이 된 하자가 보완되고 회사의 현황과 제반 사정을 참작하여 설립을 무효로 하는 것이 부적당하다고 인정한 때에는 그 청구를 기각할 수 있다($\frac{상}{189}$).

3.3.2.3.4. 판결의 효과

(1) 원고승소의 경우

원고가 승소하면 설립무효 · 취소의 판결의 효력은 당사자뿐만 아니라 제3자에게도 미치며(대세적 효력), 판결의 효력이 소급하지 않으므로 그 판결확정 전에 생긴 회사와 사원 및 제3자 간의 권리의무에 영향을 미치지 않는다(불소급효)($\frac{상}{190}$). 설립무효의 판결 또는 설립취소의 판결이 확정된 때에는 본점과 지점의 소재지에서 등기하여야 한다($\frac{상}{192}$).

설립무효의 판결 또는 설립취소의 판결이 확정된 때에는 해산의 경우에 준하여 청산하여야 한다($\frac{상 193}{①}$). 이 경우에는 법원은 사원 기타의 이해관계인의 청구에 의하여 청산인을 선임할 수 있다($\frac{상 193}{②}$).

(2) 원고패소의 경우

원고가 패소하면 그 판결의 효력은 당사자 간에만 미친다. 따라서 다른 제소권자는 다시 소를 제기할 수 있다. 패소한 원고에게 악의 또는 중과실이 있는 경우에는 원고는 회사에 대하여 연대하여 손해를 배상할 책임이 있다($\frac{상}{191}$).

3.3.2.3.5. 회사의 계속

설립무효의 판결 또는 설립취소의 판결이 확정된 경우에 그 무효나 취소의 원인이 특정한 사원에 한한 것인 때에는 다른 사원전원의 동의로써 회사를 계속할 수 있다. 이 경우에는 그 무효 또는 취소의 원인이 있는 사원은 퇴사한 것으로 본다($\frac{상}{194}$). 이로 인하여, 사원이 1인이 된 경우에는 새로운 사원을 가입시켜서 회사를 계속할 수 있다($\frac{상 194}{229 ②}$).

3.3.3.1. 서 설

합명회사의 내부관계에 관하여는 정관 또는 본법에 다른 규정이 없으면 조합에 관한 민법의 규정을 준용한다($\frac{\text{상}}{195}$). 내부관계는 사원 상호간의 개인적 신뢰를 기초로 하고 또 사원의 이익을 위한 것이므로 임의법규의 성질을 가진다.

합명회사의 법률관계는 크게 내부관계와 외부관계로 나눠진다. 내부관계는 회사와 사원 간의 관계 및 사원과 사원 간의 관계이고, 외부관계는 회사와 제3자와의 관계 및 사원과 제3자와의 관계를 말한다. 내부관계에서 문제되는 것은 ① 출자 ② 업무집행 ③ 사원의 의무 ④ 손익분배 ⑤ 지분 등이다.

3.3.3.2. 출 자

3.3.3.2.1. 출자의 의의 및 종류

(1) 출자의 의의

출자란 사원이 회사의 영업목적을 달성하기 위하여 필요한 재산, 노무, 신용 등을 회사에 제공하는 행위를 말한다. 각 사원은 출자의무가 있으며 그 범위는 정관에 의하여 확정된다.

(2) 출자의 종류

합명회사의 출자목적은 재산에 한하지 않고 노무 또는 신용도 목적이 된다($\frac{\text{상}}{222}$195). 노무와 신용의 출자가 인정되는 것은 사원이 무한책임을 지기 때문이다($\frac{\text{상}}{272}$).

3.3.3.2.2. 출자의무의 발생과 소멸

출자의무는 사원자격에 따른 의무이므로 원칙적으로 사원자격의 취득과 동시에 발생하고 사원자격의 상실과 동시에 소멸한다.

3.3.3.2.3. 출자의 이행

(1) 출자이행의 시기와 방법

1) 출자이행의 시기

출자이행의 시기는 정관이 정하는 바에 의하고, 정관의 규정이 없는 경우에는 보통의 업무집행의 방법으로 자유로이 정할 수 있다($\overset{상}{712,}\overset{195,}{713}\overset{민}{}$). 회사의 현존재산이 그 채무를 변제함에 부족한 때에는 청산인은 변제기에 불구하고 각 사원에 대하여 출자를 청구할 수 있으며, 이 경우의 출자액은 각 사원의 지분의 비율로 이를 정한다($\overset{상}{258}$).

2) 출자이행의 방법

출자이행의 방법은 출자의 종류에 따라 다르다. 즉 금전출자의 경우는 금전의 납입, 현물출자의 경우는 그 목적인 재산의 이전, 노무출자의 경우는 노무의 제공, 신용출자의 경우는 신용의 제공 등으로 한다. 다만 사원이 채권출자를 하는 경우에 그러한 사원은 채무자의 자력도 담보한다($\overset{상}{196}$). 이 경우에 사원은 회사에 대하여 이자를 지급하는 외에 이로 인하여 생긴 손해도 배상하여야 한다($\overset{상}{단서}\overset{196)}{}$). 사원이 현물출자를 하는 경우에는 이에 대하여 위험부담·하자담보책임도 부담한다($\overset{상}{\sim570}\overset{195,}{이하,}\overset{민}{580}\overset{567}{}$). 사원은 출자의무를 가지고 상계로써 회사에 대항할 수 있다.

(2) 출자 불이행의 효과

합명회사의 사원은 회사의 설립시 또는 입사시에 즉시 출자의무를 이행할 필요가 없으나 반드시 출자의무를 이행하여야 한다. 만약 합명회사의 사원이 출자의무를 이행하지 않으면 제명($\overset{상}{①}\overset{220)}{}$)·업무집행권($\overset{상}{①}\overset{205}{}$) 또는 대표권($\overset{상}{216}$)의 상실원인이 된다.

출자의무는 회사설립의 경우에는 정관작성에 의하여, 회사의 성립 후 입사하는 경우에는 정관변경에 의하여 발생한다. 출자의무는 이를 이행하거나 사원의 자격을 상실하면 소멸한다. 다만 회사의 최고 후 또는 기한의 도래로 인하여 구체화한 출자청구권은 양도·압류 또는 전부의 대상이 되고 사원의 이러한 구체적 출자의무는 사원의 자격을 상실 하더라도 소멸되지 않는다.

3.3.3.3. 업무집행

3.3.3.3.1. 업무집행의 의의

업무집행이란 회사가 그 목적사업을 수행하기 위하여 하는 대내적·대외적인 활동을 말하며 계약의 체결, 소송의 수행과 같은 법률행위뿐만 아니라 장부의 작성 사용인의 지휘 및 감독과 같은 사실행위를 포함한다.

업무집행이란 영업을 전제로 하는 것이므로 영업 자체와 관계없는 영업양도, 합병, 조직변경, 정관의 변경, 회사의 해산 등과 같은 회사의 기본적 변경을 초래하는 행위는 업무집행에 포함되지 않는다.

3.3.3.3.2. 업무집행기관

(1) 업무집행권의 취득

합명회사의 업무집행기관은 원칙적으로 각 사원이다($\frac{\text{상}}{\textcircled{1}}$²⁰⁰). 합명회사에서는 사원 스스로가 업무집행기관을 구성하므로 사원자격과 기관자격이 일치하는데, 이를 자기기관의 원칙이라 한다. 그러나 예외적으로 정관의 규정에 의하여 특정한 사원(1인 또는 수인)만이 업무집행기관이 될 수도 있고($\frac{\text{상}}{\textcircled{1}}$²⁰¹), 수인의 사원을 공동업무집행사원으로 할 수도 있다($\frac{\text{상}}{202}$). 다만, 전 사원의 업무집행권을 박탈하거나 사원 아닌 자를 업무집행사원으로 할 수는 없다.

(2) 업무집행권의 상실

1) 해임·사임

업무집행사원은 정당한 사유 없이 사임할 수 없으며 다른 사원의 일치가 아니면 해임할 수 없다($\frac{\text{상 195}}{\text{민 708}}$).

2) 업무집행사원의 권한상실 선고

업무집행사원이 업무를 집행함에 현저하게 부적임하거나 중대한 업무 위반한 행위가 있는 때에는 법원은 사원의 청구에 의하여 업무집행권한의 상실을 선고할 수 있으며($\frac{\text{상}}{\textcircled{1}}$²⁰⁵) 이 경우에 업무집행사원의 권한상실의 판결이 확정된 때에는 본점과 지점의 소재지에서 등기하여야 한다($\frac{\text{상}}{\textcircled{2}}$²⁰⁵).

업무집행사원의 권한상실선고 제도는 회사의 운영에 있어서 장애사유를 제거하는 데 목적이 있고 회사를 해산상태로 몰고 가자는 데 목적이 있는 것이 아니다. 따라서 이 규정은 임의규정이며, 무한책임사원 1인뿐인 합자회사에서 업무집행사원에 대한 권한상실선고는 회사의 업무집행사원 및 대표사원이 없는 상태로 돌아가게 되어 회사를 운영할 수 없으므로 권한상실제도의 취지에 어긋나게 되어 이를 할 수 없다.[15]

(3) 업무집행기관과 회사와의 관계

합명회사에서는 사원이 무한책임을 지는 대신, 원칙적으로 모든 사원에게 회사의 업무를 집행할 권리와 의무가 있다. 업무집행사원과 회사와의 관계는 위임관계로서, 업무집행사원은 선량한 관리자의 주의로써 업무를 집행하여야 한다($^{상\ 195,\ 민\ 707}_{\ 681\sim688}$).

(4) 직무대행자의 권한

사원의 업무집행을 정지하거나 직무대행자를 선임하는 가처분을 하거나 그 가처분을 변경. 취소하는 경우에는 본점 및 지점 소재지의 등기소에서 이를 등기하여야 한다($^{상\ 183}_{의2}$).

직무대행자는 가처분명령에 다른 정함이 있는 경우 외에는 법인의 통상업무에 속하지 아니한 행위를 하지 못한다. 다만, 법원의 허가를 얻은 경우에는 그러하지 아니하다. 직무대행자가 규정에 위반한 행위를 한 경우에도 회사는 선의의 제3자에 대하여 책임을 진다($^{상\ 200}_{의2}$).

3.3.3.3.3. 업무집행의 방법

(1) 업무집행의 의사결정

합명회사의 의사결정은 사원의 결의에 의하는데, 그 결의는 원칙적으로 총사원의 과반수로써 결정하여야 한다($^{상\ 195,\ 민}_{706\ ②}$). 그러나 지분양도($^{상}_{197}$), 정관변경($^{상}_{204}$), 해산($^{상\ 227}_{Ⅱ}$) 등 모든 사원의 이해관계에 중대한 영향을 미치는 사안에 대해서는 총사원의 동의를 얻어야 한다. 의결권은 원칙적으로 사원의 수에 의한다.

(2) 업무집행의 실행

업무집행사원은 정관에 다른 규정이 없는 때에는 원칙적으로 각자 독립하여 회사의 업무를 집행할 수 있다($^{상\ 200\ ①}_{201\ ①}$). 그러나 다른 사원의 이의가 있는 때에는 곧 그 행위를 중지

---

15) 大判 1977.04.26, 75다1341.

하고 총사원의 과반수의 결의에 의하여야 한다($\frac{상}{②}$²⁰⁰). 수인의 업무집행사원이 있는 경우에 그 각 사원의 업무집행에 관한 행위에 대하여 다른 업무집행사원의 이의가 있는 때에는 곧 그 행위를 중지하고 총업무집행사원의 과반수의 결의에 의하여야 한다($\frac{상}{②}$²⁰¹). 정관으로 공동업무집행사원이 정하여진 경우에는 그 사원의 공동으로만 업무집행을 할 수 있다($\frac{상}{202}$). 그러나 지체할 염려가 있는 때에는 단독으로 할 수 있다($\frac{상}{202}$). 또한 지배인의 선임과 해임은 정관에 다른 정함이 없으면 업무집행사원이 있는 경우에도 총사원의 과반수의 결의에 의하여야 한다($\frac{상}{203}$). 그러나 정관의 변경($\frac{상}{204}$), 회사의 해산($\frac{상}{ii}$²²⁷) 등 회사의 기본에 관한 사항은 총사원의 동의가 있어야 한다.

3.3.3.3.4. 업무감시권

업무집행권이 없는 사원에게는 언제든지 회사의 업무와 재산상태를 검사할 수 있는 권리가 인정된다($\frac{상\ 195}{민\ 710}$). 이러한 업무감시권은 정관이나 총사원의 동의로도 제한하거나 박탈할 수 없다(통설).

3.3.3.4. 사원의 의무

3.3.3.4.1. 경업피지의무

(1) 의 의

사원은 자기를 제외한 다른 모든 사원의 동의가 없으면 자기 또는 제3자의 계산으로 회사의 영업부류에 속하는 거래를 하지 못하며(경업금지의무), 동종영업을 목적으로 하는 다른 회사의 무한책임사원 또는 이사가 되지 못한다(겸직금지의무)($\frac{상}{①}$¹⁹⁸).

(2) 의무위반의 효과

합명회사의 사원이 경업피지의무에 위반한 경우에는 회사는 개입권($\frac{상}{④}$:$\frac{198}{}$)과 손해배상청구권($\frac{상}{③}$¹⁹⁸)을 행사할 수 있고, 또 다른 모든 사원의 과반수의 결의에 의하여 그 사원의 제명을 법원에 청구할 수 있다($\frac{상}{①}$$\frac{220}{ii}$).

개입권이란 거래가 사원 자신의 계산으로 한 것인 때에는 회사는 이를 회사의 계산으로 한 것으로 볼 수 있고, 위 거래가 사원 이외의 제3자의 계산으로 한 것인 때에는 회사는 그 사원에 대하여 이로 인한 이득의 양도를 청구할 수 있는 제도이다. 회사가 개입

권을 행사하는 경우 이러한 개입권은 다른 모든 사원의 과반수의 결의에 의하여 행사하며, 일정한 제척기간 내, 즉 다른 사원 1인이 그 거래를 안 날로부터 2주간 내에, 그 거래가 있은 날로부터 1년 내에 행사하여야 한다(상④ 198).

사원이 겸직금지의무에 위반한 경우에는 회사는 개입권을 행사할 수 있고 손해배상청구권이나 다른 모든 사원의 과반수의 결의에 의하여 그 사원의 제명을 법원에 청구할 수 있다(상① 220 ii).

사원의 경업피지의무 또는 겸직금지의무 위반이 있는 경우에 다른 사원은 해당 사원에 대하여 업무집행권 또는 대표권의 상실의 선고를 법원에 청구할 수 있다(상① 205, 216).

3.3.3.4.2. 자기거래제한

합명회사의 각 사원은 다른 모든 사원의 과반수의 결의가 있는 때에 한하여 자기 또는 제3자의 계산으로 회사와 거래를 할 수 있다. 이 경우에는 자기계약이나 쌍방대리금지에 관한 규정은 적용되지 않는다(상 199). 제한되는 거래는 직접거래뿐만 아니라 간접거래(회사에 의한 사원의 채무보증)도 포함한다.

사원의 자기거래제한의 위반이 있는 경우에 다른 사원은 해당 사원에 대하여 업무집행권 또는 대표권의 상실의 선고를 법원에 청구할 수 있다(상① 205, 216).

3.3.3.5. 손익의 분배

3.3.3.5.1. 손익의 의의

이익이란 대차대조표상의 순재산액에서 자본(재산출자총액)을 공제하고 남은 부분을 말하며, 손실이란 부족한 부분을 말한다. 손익산정의 기준이 되는 대차대조표상의 순재산이나 자본에는 재산출자분만 포함되고 노무출자나 신용출자는 포함되지 않는다(통설).

합명회사에서는 주식회사와는 달리 엄격한 배당가능이익을 규정하고 있지 않으며, 준비금 적립에 관한 의무도 강제하지 않고 있다. 이는 무한책임사원들로 구성되는 합명회사의 특성에서 비롯된 것으로 손익분배는 원칙적으로 사원의 자치에 맡겨두고 있는 것이다.

3.3.3.5.2. 손익분배의 표준

손익분배의 표준에 대하여 상법에는 규정이 없으므로, 정관 또는 총사원의 동의로 자유로이 정할 수 있다. 정관 또는 총사원에 의하여 정하여진 바가 없으면, 민법의 조합에 관한 규정에 의하여 정하여진다($\substack{\text{상 195,} \\ \text{제 711}}$). 즉, 사원의 출자가액에 비례하여 손익분배의 비율이 정하여지고, 이익 또는 손실의 어느 한 쪽에 대하여만 분배의 비율이 정하여진 경우에는 그 비율은 이익과 손실에 공통된 것으로 추정한다.

3.3.3.5.3. 손익분배의 시기

손익분배의 시기에 대하여 정관에 특별히 규정된 바가 있으면 그에 의하고, 정관에 규정된 바가 없으면 매 결산기에 지급된다(통설).

3.3.3.5.4. 손익분배의 방법

이익의 분배는 원칙적으로 금전배당을 현실적으로 하여야 하나, 정관의 규정 또는 총사원의 동의에 의하여 이익의 전부 또는 일부를 회사에 적립할 수도 있다. 사원이 무한책임을 지고 주식회사와 같은 자본유지의 원칙이 없으므로 주식회사에서와 같은 법정준비금 제도도 없고, 이익이 없는 경우에도 배당을 할 수 있다.

손실의 분배는 계산상 지분의 평가액이 감소하는 데 그치고, 추가출자를 요구하는 것이 아니다. 그러나 퇴사 또는 청산의 경우에는 사원은 분담손실액을 납입하여야 한다. 사원의 출자가 유한임에 반하여, 이러한 손실분담은 무한이다.

사원자격에서 가지는 이익배당청구권은 추상적인 권리이나 이것에서 발생한 결산기에 확정된 배당금에 대한 지급청구권은 구체적인 개인법상의 채권이다.

3.3.3.6. 지 분

3.3.3.6.1. 지분의 의의

합명회사의 사원의 지분은 사원의 지위 내지 사원권을 뜻하며(사원권으로서의 지분)($\substack{\text{상} \\ 197}$), 회사해산 또는 퇴사의 경우에 사원이 사원자격에 기하여 회사재산에 대하여 가지는 계산상의 몫을, 즉 비율적 수액을 뜻한다(계산상의 수액)($\substack{\text{상} \\ 222}$).

3.3.3.6.2. 지분의 양도

지분의 양도란 사원권을 계약에 의하여 이전하는 것을 말하는데, 지분의 전부 또는 일부의 양도의 효력이 발생하기 위해서는 다른 모든 사원의 동의를 얻어야 한다($\substack{\text{상} \\ 197}$). 지분양도는 정관의 기재사항일 뿐만 아니라 등기사항이므로($\substack{\text{상} \\ 180\ \text{i}}$), 지분양도가 있을 경우에는 변경등기를 하여야 한다. 따라서 지분의 양도를 제3자에게 대항하기 위해서는 지분양도의 정관변경의 등기를 하여야 한다($\frac{상}{183,37}^{179,iii}$). 지분양도인은 이러한 등기 후 2년 내에는 등기 전에 생긴 회사의 채무에 대하여 다른 사원과 동일한 책임을 진다($\frac{상}{2}$225). 이는 회사채권자를 보호하기 위한 것이다.

3.3.3.6.3. 지분의 상속

합명회사는 사원상호 간의 신뢰관계를 기초로 하므로 합명회사의 사원이 사망한 경우에는 정관에 다른 규정이 없으면 그 사원의 지분은 당연히 상속되지 않고 상속인은 다만 지분의 환급을 받게 된다($\frac{상}{iii}$218). 그러나 정관에 의하여 상속인이 사망한 사원의 지분을 상속하도록 한 경우에는 상속인은 상속의 개시를 안 날로부터 3월 내에 회사에 대하여 승계 또는 포기의 통지를 발송하여야 한다($\frac{상}{①}$219). 상속인이 이러한 통지 없이 3월을 경과한 때에는 사원이 될 권리를 포기한 것으로 본다($\frac{상}{②}$219). 청산 중의 회사의 사원이 사망한 경우에는 이러한 정관의 규정이 없더라도 당연히 지분을 상속한다($\frac{상}{246}$).

3.3.3.6.4. 지분의 입질·압류

지분의 입질에 관하여는 명문규정은 없으나 통설은 지분양도에 관한 규정($\frac{상}{197}$)을 유추적용하여 입질에 다른 모든 사원의 동의를 요한다고 해석하고 있다. 판례도 무한책임사원의 지분은 이를 양도할 수 있으며 채권자에 의하여 압류될 수도 있다고 하여 지분의 입질을 인정하고 있다.16)

사원의 지분의 압류채권자는 영업년도 말에 그 사원을 퇴사시킬 수 있으나 6월 전에 예고하여야 한다($\frac{상}{①}$224). 다만 사원이 변제를 하거나 상당한 담보를 제공한 때에는 예고는 그 효력을 잃는다($\frac{상}{②}$224). 담보를 제공한 때라 함은 압류채권자와의 사이에서 담보물권을 설정하거나 보증계약을 체결한 때를 말하는 것이므로, 실질적으로 보증과 같은 채권확보의 효력이 있는 중첩적 채무인수계약이 압류채권자와의 사이에서 체결되거나 또는 압류채권자가 그 채무인수를 승낙한 때에는 퇴사예고는 그 효력을 잃는다.17)

사원의 지분의 압류는 사원이 장래이익의 배당과 지분의 환급을 청구하는 권리에 대하여도 그 효력이 있다($\frac{상}{223}$).

임의청산의 경우에는 사원의 지분에 대한 압류채권자의 동의를 얻지 않고 임의청산 방

---

16) 大判 1971.10.25, 71다1931.

17) 大判 1989.05.23, 88다카13516.

법에 의하여 재산을 처분한 때에는 압류채권자는 회사에 대하여 그 지분에 상당하는 금액의 지급을 청구할 수 있다($\frac{\text{상}}{249}$).

합명회사의 외부관계란 회사와 제3자와의 관계, 사원과 제3자와의 관계로서 합명회사의 외부관계는 제3자의 이해와 밀접한 관계가 있으므로 대체로 강행법규이다.

3.3.4.1. 회사대표

3.3.4.1.1. 회사대표의 의의

회사의 대표란 회사의 기관을 담당하는 자의 행위가 회사 자체의 행위가 되는 관계를 말한다. 이는 합명회사가 법인이므로 대외적으로 회사의 의사표시와 행위를 할 자가 필요한데 그 의사표시와 행위를 할 자가 회사의 대표이다.

3.3.4.1.2. 대표기관

(1) 대표권의 취득

1) 원 칙

합명회사의 대표기관은 원칙적으로 각 사원이다($\frac{\text{상}}{207}$). 자기기관의 원칙에 의하여 각 사원이 원칙적으로 회사대표권을 갖는다. 이 경우에는 회사대표에 관한 별도의 등기를 할 필요가 없다.

2) 예 외(업무집행사원)

예외적으로 정관에 수인의 업무집행사원을 정한 경우에는 각 업무집행사원이 대표기관이 된다($\frac{\text{상}}{207}$). 이 경우에 정관 또는 총사원의 동의로 업무집행사원 중에서 특히 회사를 대표할 대표사원을 정할 수 있다($\frac{\text{상}}{207}$). 또한 회사는 정관 또는 총사원의 동의로 수인의 사원이 공동으로 회사를 대표할 공동대표를 정할 수 있다($^{상\ 208}_{①}$). 이 경우에는 대표사원의 성명을 등기하여야 한다($^{상\ 180}_{iv}$).

3) 회사와 사원 간의 소에 관한 대표권

회사가 사원에 대하여 또는 사원이 회사에 대하여 소를 제기하는 경우에 회사를 대표할 사원이 없을 때에는 다른 사원 과반수의 결의로 선정하여야 한다($^{상}_{211}$).

(2) 대표권의 상실

대표사원은 정당한 사유 없이 사임할 수 없으며, 다른 사원의 일치가 아니면 해임할 수 없다($^{상\ 195}_{민\ 708}$). 대표권이 있는 사원이 업무를 집행함에 현저하게 부적임하거나 중대한 업무에 위반한 행위가 있는 때에는, 업무집행사원의 경우와 같이 사원의 청구에 의하여 법원은 대표권의 상실을 선고할 수 있다($^{상\ 216}_{205\ ②}$). 대표사원의 대표권이 상실선고가 있는 때에는 본점과 지점의 소재지에서 등기하여야 한다($^{상\ 216}_{205\ ②}$). 대표사원이 1인인 경우에는 대표권의 상실선고를 할 수 없다고 할 것이다.

3.3.4.1.3. 대표의 방법

대표사원은 각자가 회사를 대표하는 것이 원칙($^{상}_{207}$)이나 회사는 정관 또는 총사원의 동의로 수인의 사원이 공동으로 회사를 대표할 것을 정할 수 있다($^{상\ 208}_{①}$). 공동대표의 경우 능동대표는 반드시 공동으로 하여야 하나($^{상\ 208}_{①,\ 202}$), 수동대표는 각자가 단독으로 할 수 있다($^{상\ 208}_{②}$).

3.3.4.1.4. 대표기관의 권한

합명회사를 대표하는 사원은 회사의 영업에 관하여 재판상 또는 재판 외의 모든 행위를 할 권한이 있다($^{상\ 209}_{①}$). 따라서 영업에 관한 행위가 아닌 회사의 기구변경에 관한 사항 예컨대 사원의 입사·퇴사, 정관변경 등에는 대표권이 미치지 않는다. 대표기관의 권한은 정관 또는 총사원의 동의로써 제한할 수 있으나, 그러한 제한을 가지고 선의의 제3자에게 대항하지 못한다($^{상\ 209}_{②}$). 회사를 대표하는 사원이 그 업무집행으로 인하여 타인에게 손해를 가한 때에는 회사는 그 사원과 연대하여 배상할 책임이 있다($^{상}_{210}$).

3.3.4.1.5. 등기

모든 사원에게 대표권이 있고 또 단독대표가 인정되는 경우에는 대표권에 관한 사항은 별도로 등기할 필요가 없다. 그러나 대표사원이 있는 경우에는 이 대표사원의 성명·주소 및 주민등록번호를 등기하여야 하고($\frac{상}{IV}$ 180), 대표사원의 대표권 상실선고가 있는 때에는 본점과 지점의 소재지에서 등기하여야 한다($\frac{상}{205}$ $\frac{216}{②}$). 그리고 정관 또는 총사원의 동의로 공동대표사원을 정한 경우에는 이에 관한 사항을 등기하여야 한다($\frac{상}{V}$ 180).

3.3.4.2. 사원의 책임

3.3.4.2.1. 사원 책임의 의의
합명회사의 사원은 회사채권자에 대하여 인적·연대·무한·직접의 책임을 부담한다.

3.3.4.2.2. 사원 책임의 성질
합명회사의 사원은 회사채권자에 대하여 연대책임을 부담하나 일반 연대책임과는 달리 민법상 보증인의 책임과 같이 부종성과 보충성이 있다. 즉 합명회사의 사원의 책임은 회사의 채무의 존재를 전제로 하여 회사가 회사채권자에게 주장할 수 있는 항변사유로써 사원은 회사채권자에게 대항할 수 있으며($\frac{상}{①}$ 214), 회사가 회사채권자에 대하여 상계·취소 또는 해제할 권리가 있는 경우에는 사원이 직접 이 권리를 행사할 수는 없지만 사원은 회사의 채무의 변제를 거절할 수 있다($\frac{상}{②}$ 214). 또한 합명회사의 사원은 회사의 재산으로써 회사의 채무를 완제할 수 없는 경우(채무초과의 경우)($\frac{상}{①}$ 212) 또는 회사 재산에 대한 강제집행이 주효하지 못한 경우(회사채권자 자신 또는 제3자가 강제집행한 경우)($\frac{상}{①}$ 212)에만 회사의 채무를 변제할 책임을 지고, 사원이 회사에 변제의 자력이 있고 또 그 집행이 용이한 것을 증명하면 그 책임을 면할 수 있다($\frac{상}{②}$ 212).

합명회사는 실질적으로 조합적 공동기업체여서 회사의 채무는 실질적으로 각 사원의 공동채무이므로, 합명회사 사원의 책임은 회사가 채무를 부담하면 법률의 규정에 기해 당연히 발생하는 것이고, '회사의 재산으로 회사의 채무를 완제할 수 없는 때' 또는 '회사재산에 대한 강제집행이 주효하지 못한 때'에 비로소 발생하는 것은 아니며, 이는 회사 채권자가 그와 같은 경우에 해당함을 증명하여 합명회사의 사원에게 보충적으로 책임의 이행을 청구할 수 있다는 책임이행의 요건을 정한 것으로 봄이 타당하다.[18]

"회사의 재산으로 회사의 채무를 완제할 수 없는 때"란 회사의 부채 총액이 회사의 자산 총액을 초과하는 상태, 즉 채무초과 상태를 의미하는데, 이는 회사가 실제 부담하는

---

18) 大判 2009.05.28, 2006다65903; 大判 2012.04.12, 2010다27847

채무 총액과 실제 가치로 평가한 자산 총액을 기준으로 판단하여야 하고, 대차대조표 등 재무제표에 기재된 명목상 부채 및 자산 총액을 기준으로 판단할 것은 아니며, 나아가 회사의 신용·노력·기능(기술)·장래 수입 등은 원칙적으로 회사의 자산 총액을 산정하면서 고려할 대상이 아니다.[19] 회사의 재산으로 회사의 채무를 완제할 수 없는 때'를 증명하는 것이 현실적으로 용이하지 않다는 점을 고려하여, 회사 재산에 대한 강제집행이 주효하지 못한 때에 해당한다는 객관적 사실을 증명하는 것만으로도 각 사원에게 직접 변제책임을 물을 수 있도록 함으로써 회사 채권자를 보다 폭넓게 보호하려는 데 그 취지가 있으며, '강제집행이 주효하지 못한 때'란 회사 채권자가 회사 재산에 대하여 강제집행을 하였음에도 결국 채권의 만족을 얻지 못한 경우를 뜻한다.[20]

3.3.4.2.3. 사원 책임의 범위

회사의 채무·공법상·사법상 불문하고 거래관계 뿐만 아니라 불법행위나 부당이득에 의한 채무도 포함한다. 사원이 부담하는 책임의 범위는 회사의 완제불능이나 강제집행이 주효하지 않은 부족액이 아니고 회사채무의 전액이다.

3.3.4.2.4. 사원 책임이행의 효과

합명회사의 사원이 회사채권자에 대하여 회사채무를 이행하면 회사채무는 소멸하며 회사채무를 이행한 사원은 회사에 대하여 구상권을 취득한다.

3.3.4.2.5. 사원 책임의 소멸

사원의 책임은 회사의 채무가 존재하는 한 독립하여 소멸시효에 걸리지 않는다. 뿐만 아니라 회사성립 후에 입사한 합명회사의 사원은 그가 입사하기 이전에 생긴 회사의 채무에 대하여도 다른 사원과 동일한 책임을 진다(商213). 또한 합명회사의 사원이 퇴사하거나 지분을 양도한 경우에도 퇴사 또는 지분양도에 따른 사원의 변경등기를 한 후 2년 내에는 그러한 등기를 하기 전에 생긴 회사채무에 대하여 다른 사원과 동일한 책임을 부담한다(商①225·②). 합명회사가 해산한 경우에는 사원의 책임은 본점소재지에서 해산등기 후 5년까지 연장된다(商267). 즉 해산한 경우에 사원의 책임은 본점 소재지에서 해산등기를 한 후 5년을 경과하면 소멸한다.

---

19) 大判 2012.04.12, 2010다27847
20) 大判 2011.03.24, 2010다99453

3.3.4.2.6. 자칭사원의 책임

사원이 아닌 자가 타인에게 자기를 사원이라고 오인시키는 행위를 하였을 때에는 오인으로 인하여 회사와 거래한 자에 대하여 사원과 동일한 책임을 진다($^{\text{상}}_{215}$).

3.3.4.2.7. 책임의 추궁

사원에 대해 책임을 추궁하려면 그 사원에 대해 직접 소를 제기하여야 하고, 회사에 대한 강제집행권원으로써 사원의 재산에 강제집행할 수 없다.

3.3.5. 조직변경

3.3.5.1. 정관변경

3.3.5.1.1. 절 차

합명회사는 총사원의 동의에 의하여 정관을 변경할 수 있다($^{\text{상}}_{204}$). 이 규정은 임의 법규이므로 정관의 규정에 의하여 요건을 완화할 수 있다. 정관의 변경이 사실의 변경에 의하여 일어나는 경우 예컨대, 사원의 사망($^{\text{상 218}}_{\text{iii}}$)·임의퇴사($^{\text{상}}_{217}$)·제명($^{\text{상}}_{220}$) 등의 경우에는 총사원의 동의를 요하지 않고 바로 정관변경의 효력이 생긴다.

3.3.5.1.2. 등 기

정관변경이 동시에 등기사항의 변경인 경우에는 변경등기를 하여야 제3자에게 대항할 수 있다($^{\text{상 183,}}_{37}$).

3.3.5.2. 사원변경

3.3.5.2.1. 입 사

(1) 의 의

입사란 회사성립 후에 사원자격을 원시적으로 취득하는 것을 말하며, 회사와의 사이에 입사계약을 요한다. 입사로 인한 사원의 증가의 경우에는 정관변경을 요하므로 입사에는 총사원의 동의를 요한다($^{상}_{204}$). 입사는 회사에 대한 새로운 출자를 반드시 하여야 하기 때문에 새로운 출자 없이 사원자격을 취득하는 지분양수($^{상}_{197}$)나 상속($^{이에 관한 정관의 규정이}_{있는 경우에 한함, 상 219}$)은 포함되지 않는다.

(2) 절 차

사원은 정관의 절대적 기재사항이기 때문에($^{상}_{iii}$^{179}) 입사로 인한 사원의 증가의 경우에는 정관변경을 요하므로 입사에는 총사원의 동의를 요한다. 그러나 입사의 경우에는 사원의 증가가 회사채권자에게 유리하므로 채권자보호절차를 밟을 필요는 없다.

(3) 등 기

입사는 등기사항의 변경을 요하므로 변경등기를 요한다($^{상}_{183}$).

(4) 효 과

회사성립 후에 입사한 사원은 입사 전에 생긴 회사의 채무에 대하여 다른 사원과 동일한 책임을 진다($^{상}_{213}$).

3.3.5.2.2. 퇴 사

(1) 의 의

퇴사란 사원이 회사의 존속 중에 사원자격이 절대적으로 소멸되는 것을 말한다.

(2) 퇴사원인

1) 임의퇴사

정관으로 회사의 존립기간을 정하지 아니하거나 어느 사원의 종신까지 존속할 것을 정한 경우에는, 사원은 일방적 의사표시에 의하여 퇴사할 수 있다. 이때에 사원은 원칙적으로 6월 전의 예고에 의하여 영업년도 말에 한하여 퇴사할 수 있다(상 217). 그러나 예외적으로 사원이 부득이한 사유가 있는 때에는 언제든지 퇴사할 수 있다(상② 217).

2) 강제퇴사

지분압류채권자는 사원을 강제퇴사 시킬 수 있는데, 이때에도 압류채권자는 회사와 채무자인 사원에게 6월 전에 예고하고 영업년도 말에 한하여 그 사원을 퇴사시킬 수 있다(상① 224). 그러나 채무자인 사원이 변제를 하거나 상당한 담보를 제공한 경우에는 퇴사예고가 그 효력을 잃는다(상② 224).

3) 당연퇴사

사원에게 ① 사원에게 정관이 정한 사유가 발생한 때 ② 총사원의 동의가 있을 때 ③ 사원이 사망하였을 때 ④ 사원이 금치산선고를 받았을 때 ⑤ 사원이 파산선고를 받았을 때 ⑥ 사원이 제명되었을 때에는 당연히 퇴사한다(상218).

사원이 사망하였을 때 당연 퇴사원인이 되나 정관으로 사원이 사망한 경우에 그 상속인이 회사에 대한 피상속인의 권리의무를 승계하여 사원이 될 수 있음을 정한 때에는 상속인이 사원이 될 수 있다. 그러나 이때에는 상속인은 상속의 개시를 안 날로부터 3월 내에 회사에 대하여 승계 또는 포기의 통지를 발송하여야 한다(상① 219) 상속인이 위의 통지 없이 3월을 경과한 때에는 사원이 될 권리를 포기한 것으로 본다(상② 219).

4) 제 명

사원에게 ① 사원이 출자의무를 이행하지 아니한 때 ② 사원이 경업피지의무를 위반한 때 ③ 사원에게 회사의 업무집행 또는 대표행위에 관하여 부정한 행위가 있는 때, 또는 권한 없이 업무집행을 하거나 회사를 대표한 때 ④ 기타 중요한 사유가 있는 때에는 제명된다(상① 220).

제명사유가 있는 경우에는 다른 사원 과반수의 결의에 의하여 그 사원의 제명선고를 법원에 청구할 수 있다. 다른 사원 과반수의 결의란 제명대상인 사원 이외에 다른 사원 2인 이상의 존재를 전제로 하고 있는 점, 제명선고 제도의 취지나 성질 등에 비추어 보면, 무한책임사원과 유한책임사원 각 1인만으로 된 합자회사에 있어서는 한 사원의 의사에 의하여 다른 사원의 제명을 할 수는 없다.[21] 참고로 주식회사에서 주주의 제명은 허용되지 않는다.[22] 주주 간의 분쟁 등 일정한 사유가 발생할 경우 특정 주주를 제명하고 회사가 그 주주에게 출자금 등을 환급하도록 규정한 정관이나 내부규정의 효력은 무효이다.[23]

제명청구의 소는 회사의 본점소재지의 지방법원의 관할에 속하며(상 220 ②, 206 ②), 법원의 제명선고의 판결이 확정되면 본점과 지점의 소재지에서 등기하여야 한다(상 205 ②, 220 ②).

(3) 퇴사절차

퇴사로서 정관의 기재사항인 사원의 변경이 생기지만 따로 정관변경절차 없이 당연히 정관이 변경된다. 그러나 사원퇴사의 경우에는 등기사항(상 180)의 변경이 있으므로 변경등기(상 183)는 하여야 한다. 다만 제명에 의한 퇴사의 경우에는 제명의 등기(상 205 ②, 220 ②)를 하므로 따로 퇴사등기를 할 필요가 없다.

(4) 퇴사의 효과

퇴사의 효과로서 퇴사원은 사원자격을 상실하나 퇴사한 사원은 본점소재지에서 퇴사등기를 하기 전에 생긴 회사채무에 대하여 등기 후 2년 내에는 다른 사원과 동일한 책임이 있다(상 225 ①).

퇴사한 사원의 지분의 계산은 정관에 다른 규정이 없으면 퇴사 당시의 회사 재산의 상태에 따라서 하여야 하며(상 195, 민 719 ①), 제명의 경우에는 소 제기시, 즉 선고청구 시의 회사재산의 상태에 따라서 하여야 하고 그때부터 법정이자를 붙여야 한다(상 221).

지분의 분배는 퇴사원이 한 출자의 종류가 무엇이든 상관없이 모두 금전으로 할 수 있다(상 196, 민 719 ②). 따라서 퇴사원이 노무출자나 신용출자를 한 경우에도 정관에 다른 규정이 없는 한 지분의 환급을 받을 수 있다(상 222). 퇴사 당시에 완결되지 아니한 사항에 대하여는 완결 후에 계산할 수 있다(상 195, 민 719 ③).

퇴사한 사원의 성명이 회사의 상호 중에 사용된 경우에는 그 사원은 회사에 대하여 그 사용의 폐지를 청구할 수 있다(상 226). 즉 상호변경청구권이 인정된다.

---

21) 大判 1991.07.26, 90다19206.

22) 大判 2007.05.10, 2005다60147

23) 大判 2007.05.10, 2005다60147

3.3.5.3. 합 병

합병은 당사회사의 대표기관 간의 합병계약 체결, 합병결의, 채권자보호절차, 합병등기의 순으로 진행된다. 합명회사의 경우에도 합병계약서를 작성하는 것이 보통이지만 주식회사와는 달리 그 작성은 법률상의 요건은 아니다. 다만 주식회사와 합병하는 경우에는 총사원의 동의를 얻어 합병계약서를 작성하여야 한다.

3.3.5.3.1. 합병의 절차

합명회사는 어떠한 종류의 회사와도 합병을 할 수 있다. 합병을 함에는 총사원의 동의가 있어야 하며($\frac{상}{230}$), 요식의 합병계약서는 합병 후의 존속회사 또는 신설회사가 주식회사인 경우에 합병할 회사의 일방 또는 쌍방이 합명회사 또는 합자회사인 때에는 총사원의 동의를 얻어 작성하여야 한다($\frac{상}{525}$). 회사합병 시 채권자보호절차를 취해야 한다($\frac{상}{232}$).

3.3.5.3.2. 합병 등기

본점소재지에서의 등기에 의하여 합병의 효력이 생긴다($\frac{상233,}{234}$). 절차가 종료된 때에는 본점소재지에서는 2주간 내, 지점소재지에서는 3주간 내에 합병등기를 하여야 한다. 즉 합병등기는 존속회사에는 변경등기, 소멸회사에는 해산등기, 신설회사에서는 설립등기를 각각 하는 것을 말한다. 합병의 효력은 존속회사 또는 신설회사가 그 본점소재지에서 변경등기 또는 설립등기 할 때에 발생한다.

3.3.5.3.3. 합병의 효과

합병의 결과 당사회사의 전부 또는 일부의 소멸과 존속회사의 정관변경, 또는 신회사가 성립한다. 이에 따라 소멸회사의 사원은 존속회사 또는 신설회사의 사원으로 되고, 소멸회사로부터 존속회사 또는 신설회사에 대한 권리의무의 포괄적 이전이 생긴다. 즉 합병으로 존속회사 또는 신설회사는 소멸회사의 권리·의무를 승계한다($\frac{상}{235}$).

3.3.5.3.4. 합병무효의 소

합병절차에 하자가 있으면 합병무효가 문제되고 주식회사의 경우와 마찬가지로 합병무효의 소에 의해서만 그 하자를 다툴 수 있다.

(1) 제소권자

합병무효사유가 있는 경우에는 각 회사의 사원·청산인·파산관재인 또는 합병을 승인하지 않는 회사채권자에 한하여 합병등기일로부터 6월 내에 소만으로 합병무효를 주장할 수 있다($\frac{상}{236}$). 이 중에서 회사채권자가 합병무효의 소를 제기한 때에는 법원은 채권자의 합병무효의 소가 악의임을 소명한 회사의 청구에 의하여 채권자에게 상당한 담보를 제공하도록 명할 수 있다($\frac{상 237,176}{③·④}$).

(2) 제소기간 등

합병무효의 소의 제소기간은 합병등기가 있은 날로부터 6월 내이다($\frac{상}{②}$ 236). 상법은 소의 전속관할, 소제기의 공고, 소의 병합심리, 하자의 보완과 청구의 기각 등에 관하여 설립무효의 소의 규정을 준용하고 있다($\frac{상 240,}{186~190}$).

(3) 무효판결의 효과

합병무효판결이 확정되면, 회사에 따라 각각 변경등기·회복등기 또는 해산등기를 하여야 한다($\frac{상}{238}$). 합병무효의 판결의 효력은 기왕에 소급하지 않고, 존속회사 또는 신설회사와 그 사원 및 제3자 사이에 생긴 권리의무에 영향을 미치지 아니한다($\frac{상 240}{190}$). 합병무효의 판결이 확정된 경우 무효판결확정 전의 채무 및 재산의 처리에 관하여 상법은 부담채무에 관해서는 합병당사회사의 연대채무로 하고, 취득재산에 관하여는 그 공유로 하고 있다($\frac{상 239}{①·②}$). 이 경우 각 회사의 부담 부분 또는 지분은 협의로 정하게 되어 있으나 만일 협의가 되지 않을 때에는 청구에 의하여 법원이 합병 당시의 각 회사의 재산상태 기타의 사정을 참작하여 정한다($\frac{상 239}{③}$).

(4) 패소원고의 책임

무효의 소를 제기한 원고가 패소한 경우, 그 원고에게 악의 또는 중과실이 있는 때에는 그 원고는 회사에 대하여 연대하여 손해배상책임을 지도록 하여($\frac{상}{191}$) 남소를 방지하고 있다.

3.3.5.4. 조직변경: 합명회사 → 합자회사

3.3.5.4.1. 조직변경절차

합명회사는 총사원의 동의로 일부 사원을 유한책임사원으로 하거나 새로이 유한책임사원을 가입시켜 합자회사로 조직변경할 수 있다($\frac{상}{①}$ 242). 합명회사의 사원이 1인으로 되어 해산사유가 된 경우에 새로운 사원을 가입시켜 회사를 계속하는 경우에도 합자회사로 조직을 변경할 수 있다($\frac{상}{⑧}$ 242). 합명회사를 합자회사로 조직변경을 한 경우 본점소재지에서는 2주간 내, 지점소재지에서는 3주간 내에 합명회사는 해산등기, 합자회사는 설립등기를 하여야 한다($\frac{상}{243}$).

3.3.5.4.2. 유한책임사원의 책임

무한책임사원에서 유한책임사원이 된 자는 본점소재지에서 조직변경의 등기를 하기 전에 생긴 회사채무에 대하여, 등기 후 2년 내에는 무한책임사원의 책임을 면하지 못한다($\frac{상}{244}$).

3.3.6. 해산과 청산

3.3.6.1. 해 산

3.3.6.1.1. 합명회사의 해산사유

(1) 법정 해산사유

합명회사의 해산사유는 다음과 같다($\frac{상}{227}$).

① 존립기간의 만료 기타 정관 소정사유의 발생

② 총사원의 동의

③ 사원이 1인으로 된 때 – 사원의 복수는 합명회사의 성립요건이면서($\frac{상}{178}$) 또한 존속요건이다. 이는 민법상 사단법인이 사원의 복수를 존속요건으로 하고 있지 않은 점($\frac{민}{②}$ 77)과 구별된다.

④ 회사의 합병 – 합병의 경우 존속회사를 제외하고 언제나 당사회사의 해산사유가 된다. 다만 이 경우에 회사는 청산절차를 밟지 않고 소멸된다.

⑤ 회사의 파산

⑥ 법원의 해산명령 및 해산판결

(2) 사원에 의한 해산청구

부득이한 사유가 있는 때에는 각사원은 회사의 해산을 법원에 청구할 수 있다($\frac{상}{①}$²⁴¹). 법원의 전속관할($\frac{상}{186}$) 및 패소원고의 책임($\frac{상}{191}$)에 관한 규정이 준용된다($\frac{상}{②}$²⁴¹).

3.3.6.1.2. 해산등기

합명회사가 해산한 경우에는 합병과 파산의 경우를 제외하고는 그 해산사유가 있는 날로부터 본점소재지에서는 2주간 내, 지점소재지에서는 3주간 내에 해산등기를 하여야 한다($\frac{상}{228}$).

3.3.6.1.3. 회사의 계속

설립무효의 판결 또는 설립취소의 판결이 확정된 경우에 그 무효나 취소의 원인이 특정한 사원에 한한 것인 때에는 다른 사원전원의 동의로써 회사를 계속할 수 있다($\frac{상}{①}$¹⁹⁴). 이 경우에는 그 무효 또는 취소의 원인이 있는 사원은 퇴사한 것으로 본다($\frac{상}{②}$¹⁹⁴).

존립기간의 만료 기타 정관으로 정한 사유의 발생 또는 총사원의 동의로 해산한 경우에는 사원의 전부 또는 일부의 동의로 회사를 계속할 수 있다. 그러나 동의를 하지 아니한 사원은 퇴사한 것으로 본다($\frac{상}{①}$²²⁹). 사원이 1인으로 된 때에는 새로 사원을 가입시켜 회사를 계속할 수 있다($\frac{상}{②}$²²⁹). 이미 회사의 해산등기를 하였을 때에는 본점소재지에서는 2주간 내, 지점소재지에서는 3주간 내에 회사의 계속등기를 하여야 한다($\frac{상}{③}$²²⁹). 회사성립 후에 가입한 사원은 그 가입 전에 생긴 회사채무에 대하여 다른 사원과 동일한 책임을 진다($\frac{상}{④, 213}$²²⁹).

3.3.6.2. 청 산

3.3.6.2.1. 서

회사는 해산 후 회사의 청산업무를 위하여 해산 후에도 청산의 목적범위 내에서 존속한다($\frac{상}{245}$). 그리고 사실상 청산절차의 종결로써 권리능력이 소멸한다. 합명회사는 회사의 재산처분방법을 정관 또는 총사원의 동의에 의하여 정하는 임의청산($\frac{상}{이하}$²⁴⁷)과 임의청산을 하지 아니한 때 합병과 파산의 경우를 제외한 법정절차에 의하여 청산을 하는 법정청산($\frac{상}{이하}$²⁶⁰)이 있다. 임의청산이 원칙이고, 법정청산이 예외이다.

3.3.6.2.2. 임의청산

임의청산이란 법정절차에 의하지 않고 정관 또는 총사원의 동의로써 정한 방법에 따라 회사재산을 처분하는 것을 말한다.

(1) 사 유

합명회사는 원칙적으로 정관 또는 총사원의 동의에 의하여 회사의 재산처분 방법을 정하는 임의청산의 방법에 의한다(상247①). 그러나 회사의 사원이 1인으로 되어 해산할 때와 법원의 명령 또는 판결에 의하여 해산한 때에는 임의청산의 방법이 인정되지 않는다(상247①). 또한 합병과 파산으로 인하여 해산한 경우에는 처음부터 청산절차가 없으므로 임의청산에 의하지 않는다. 따라서 임의청산의 방법은 회사의 존립기간의 만료 또는 정관으로 정한 사유의 발생과 총사원의 동의에 의하여 회사가 해산하는 경우에만 인정된다고 할 것이다.

(2) 채권자 보호절차

1) 회사채권자의 보호절차

회사는 해산사유가 있은 날로부터 2주간 내에 회사채권자에 대하여 청산에 대하여 이의가 있으면 1월 이상의 기간 내에 이를 제출할 것을 공고하고 알고 있는 채권자에 대하여는 개별적으로 이를 최고하여야 한다(상247③,232①). 이때에 채권자가 그 기간 내에 이의를 제출하지 아니한 때에는 임의청산을 승인한 것으로 본다(상247③,232②). 그러나 채권자가 그 기간 내에 이의를 제출한 때에는, 회사는 그 채권자에 대하여 변제 또는 상당한 담보를 제공하거나 이를 목적으로 하여 상당한 재산을 신탁회사에 신탁하여야 한다(상247③,232③).

회사가 채권자보호절차에 위반하여 그 재산을 처분함으로써 회사채권자를 해한 때에는 회사채권자는 그 처분의 취소를 법원에 청구할 수 있다(상248①). 그러나 회사의 재산처분으로 인하여 이익을 받은 자나 전취한 자가 그 처분행위 또는 전득 당시에 채권자를 해함을 알지 못한 경우에는 회사채권자는 회사의 재산처분행위를 취소할 수 없다(상248②,민406①단서). 이러한 회사채권자의 회사의 재산처분에 대한 취소의 소는 그 채권자가 취소원인을 안 날로부터 1년, 그 처분 행위가 있은 날로부터 5년 내에 제기하여야 한다(상248②,민406②). 회사채권자의 이러한 취소의 소는 회사의 본점소재지의 지방법원의 전속관할에 속한다(상248②,186).

2) 사원채권자의 보호절차

임의청산 시에 사원의 지분압류채권자가 있는 경우에는 그의 동의를 얻어야 한다(상247④). 회사가 사원의 지분압류채권자의 동의를 얻지 않고 재산을 처분한 때에는 지분압류채권자는 회사에 대하여 그 지분에 상당하는 금액의 지급을 청구할 수 있고 회사채권자의 경우와 같이 회사의 재산처분을 취소할 수 있다($\frac{상}{249}$).

(3) 청산종결

1) 청산인의 임무종료
청산인은 그 임무가 종료한 때에는 지체 없이 계산서를 작성하여 각 사원에게 교부하고 그 승인을 얻어야 한다. 이 계산서를 받은 사원이 1월 내에 이의를 하지 아니한 때에는 그 계산을 승인한 것으로 본다. 그러나 청산인에게 부정행위가 있는 경우에는 그러하지 아니한다($\frac{상}{263}$).

2) 청산종결의 등기
청산이 종결된 때에는 청산인은 청산인의 임무종료의 규정($\frac{상}{263}$)에 의한 총사원의 승인이 있은 날로부터 본점소재지에서는 2주간 내, 지점소재지에서는 3주간 내에 청산종결의 등기를 하여야 한다($\frac{상 264,}{247 ⑤}$).

3) 장부, 서류의 보존
회사의 장부와 영업 및 청산에 관한 중요서류는 본점소재지에서 청산종결의 등기를 한 후 10년간, 전표 또는 이와 유사한 서류는 5년간 이를 보존하여야 한다($\frac{상}{①}$ 266). 이 경우 총사원 과반수의 결의로 보존인과 보존방법을 정하여야 한다($\frac{상}{②}$ 266).

3.3.6.2.3. 법정청산
법정청산이란 법정절차에 따라 하는 청산절차로서 정관 또는 총사원의 동의로 회사재산의 처분방법을 정하지 아니한 때에는 합병과 파산의 경우를 제외하고 법정청산을 한다($\frac{상}{250}$).

(1) 사 유
임의청산을 할 수 있는 사유, 즉 존립기간의 만료 기타 정관으로 정한 사유의 발생이나 총사원의 동의($\frac{상 227}{ⅰ·ⅱ}$) 중에서 임의청산방법을 정하지 않았거나($\frac{상}{250}$), 임의청산을 할 수 없는 경우, 즉 회사의 사원이 1인으로 되어 해산한 때($\frac{상}{ⅲ}$ 227)와 법원의 해산명령 또는 해산판결에 의하여 해산한 때에는 반드시 법정청산에 의한다($\frac{상}{②}$ 247).

(2) 청산인

1) 청산인의 선임

청산인은 법정청산절차에서 청산회사의 사무를 집행하고 또 이를 대표하는 기관인이다. 청산인은 원칙적으로 총사원의 과반수의 결의에 의하여 선임되며($\frac{상}{①}$ 251), 사원에 의하여 선임되지 않는 경우에는 업무집행사원이 청산인이 된다($\frac{상}{②}$ 251). 사원이 1인으로 되어 해산된 때와 법원의 해산명령 또는 해산판결에 의하여 해산된 때에는 언제나 법원에 의하여 청산인이 선임된다($\frac{상}{252}$). 법정청산의 모든 청산인의 선임은 등기사항이다.

2) 청산인의 등기

청산인이 선임된 때에는 그 선임된 날로부터, 업무집행사원이 청산인이 된 때에는 해산된 날로부터 본점소재지에서는 2주간 내, 지점소재지에서는 3주간 내에 다음의 사항을 등기하여야 한다($\frac{상}{①}$ 253). 변경등기($\frac{상}{183}$)에 관한 규정이 준용된다($\frac{상}{②}$ 253).

① 청산인의 성명·주민등록번호 및 주소 다만, 회사를 대표할 청산인을 정한 때에는 그 외의 청산인의 주소를 제외한다.
② 회사를 대표할 청산인을 정한 때에는 그 성명
③ 수인의 청산인이 공동으로 회사를 대표할 것을 정한 때에는 그 규정

3) 청산인의 회사대표

업무집행사원이 청산인으로 된 경우에는 종전의 정함에 따라 회사를 대표한다($\frac{상}{①}$ 255). 법원이 수인의 청산인을 선임하는 경우에는 회사를 대표할 자를 정하거나 수인이 공동하여 회사를 대표할 것을 정할 수 있다($\frac{상}{②}$ 255).

4) 청산인의 해임

사원이 선임한 청산인은 이외에도 총사원의 과반수의 결의에 의하여 언제든지 해임될 수 있다($\frac{상}{261}$). 선임된 청산인이 그 직무를 집행함에 현저하게 부적임 하거나 중대한 임무위반의 행위를 한 때에는 법원은 이해관계인의 청구에 의하여 그 청산인을 해임할 수 있다($\frac{상}{262}$).

5) 의무·책임

청산인은 선관주의의무를 부담하며, 회사와의 자기거래가 제한되지만 경업피지의무는

부담하지 않는다. 청산인은 해산 전의 대표사원과 같이 제3자에게 가한 손해에 대하여 손해배상책임을 지고($\frac{상}{210}$ $^{265)}$), 회사 또는 제 3자에 대하여 임무형태로 인한 손해배상책임을 진다($\frac{상}{399, 401}$ ^{266,}).

(3) 청산사무

1) 재산목록 등 작성의무

청산인은 취임 후 지체 없이 회사의 재산상태를 조사하고, 재산목록과 대차대조표를 작성하여 각 사원에게 교부하여야 한다($\frac{상}{①}$ ^{256}). 또한 청산인은 사원의 청구가 있는 때에는 언제든지 청산의 상황을 보고하여야 한다($\frac{상}{②}$ ^{256}).

2) 청산사무의 범위

청산인은 회사의 현존사무의 종결, 채무의 추심과 채무의 변제, 재산의 환가처분, 잔여재산의 분배에 관한 직무권한이 있다($\frac{상}{254}$). 그 밖에 청산인은 회사의 현존재산이 회사채무를 변제함에 부족한 때에는 변제기에 불구하고 각 사원에 대하여 출자를 청구할 수 있다($\frac{상}{①}$ ^{258}). 그러나 청산회사의 업무 중 청산회사의 영업의 전부 또는 일부를 양도하는 업무는 청산인이 독자적으로 처리할 수 없고 총사원의 과반수의 결의를 받아야 한다($\frac{상}{257}$).

① 채무의 변제 : 청산인은 변제기에 이르지 아니한 회사채무에 대하여도 이를 변제할 수 있다($\frac{상}{①}$ ^{259}). 이 경우에 이자없는 채권에 관하여는 변제기에 이르기까지의 법정이자를 가산하여 그 채권액에 달할 금액을 변제하여야 한다($\frac{상}{②}$ ^{259}). 이자있는 채권으로서 그 이율이 법정이율에 달하지 못하는 것에 이를 준용한다($\frac{상}{③}$ ^{259}). 변제전의 채무를 변제하고자 하는 경우에 금액의 확정하는 경우에, 조건부채권, 존속기간이 불확정한 채권 기타 가액이 불확정한 채권에 대하여는 법원이 선임한 감정인의 평가에 의하여 변제하여야 한다($\frac{상}{④}$ ^{259}).

② 잔여재산의 분배 : 청산인은 회사의 채무를 완제한 후가 아니면 회사재산을 사원에게 분배하지 못한다. 그러나 다툼이 있는 채무에 대하여는 그 변제에 필요한 재산을 보류하고 잔여재산을 분배할 수 있다($\frac{상}{260}$).

(4) 청산종결

1) 사원의 승인

청산이 종결된 때에는 청산인은 지체 없이 계산서를 작성하여 각 사원에게 교부하고 그 승인을 얻어야 한다($\frac{상}{①}$ 263). 이때 사원이 그 계산서를 받은 후 1월 내에 이의를 제기하지 아니하면 청산인에게 부정행위가 있는 경우를 제외하고는 그 계산서를 승인한 것으로 본다($\frac{상}{②}$ 263).

2) 청산종결등기

청산이 종결된 때에는 청산인은 위의 계산서에 대하여 총사원의 승인을 받은 날로부터 본점소재지에서는 2주간 내, 지점소재지에서는 3주간 내에 청산종결의 등기를 하여야 한다($\frac{상}{264}$).

3) 장부 등 보존

청산종결등기 후 회사의 장부와 영업 및 청산에 관한 중요 서류는 본점소재지에서 10년간 보존하여야 하고($\frac{상}{①}$ 266), 전표 또는 이와 유사한 서류는 5년간 보존하여야 한다($\frac{상}{①}$ 266 단서). 이 경우에는 총사원의 과반수의 결의로 보존인과 보존방법을 정하여야 한다($\frac{상}{②}$ 266).

3.4. 합자회사

3.4.1. 의 의

합자회사는 서로 다른 책임을 지는 사원, 즉 무한책임사원과 유한책임사원으로 조직된 회사이다($\substack{상\\268}$). 합자회사의 무한책임사원은 합명회사의 무한책임사원과 같은 무한책임을 지기 때문에 합명회사와 유사한 면이 많아 합자회사에 관하여 특별히 규정하고 있는 사항을 제외하고는 합자회사에는 합명회사에 관한 규정을 준용하고 있다($\substack{상\\269}$).

3.4.2. 설 립

3.4.2.1. 설립절차

3.4.2.1.1. 설립절차의 특색

합자회사의 설립절차도 합명회사와 같이 정관의 작성과 설립등기로 구성된다. 합자회사도 합명회사처럼 인적 회사로 물적 회사의 설립절차에서 요구되는 엄격한 출자절차가 없기 때문이다.

3.4.2.1.2. 합자회사와 합명회사의 설립의 차이

(1) 합명회사·합자회사의 차이

합자회사는 합명회사에는 없는 유한책임사원이 있는 점에서 다음과 같은 차이점이 있다. 즉 정관의 작성에 1인 이상의 무한책임사원 외에 1인 이상의 유한책임사원이 있어야 하며($^{\text{상 268,}}_{269, 178}$), 정관의 절대적 기재사항에는 반드시 각 사원의 무한책임 또는 유한책임을 적어야 하며($^{\text{상}}_{270}$), 합자회사의 설립등기에서 각 사원의 무한책임 또는 유한책임이 등기되어야 한다는 점이다($^{\text{상 271}}_{①}$). 뿐만 아니라 정관 기재사항 중 상호와 관련하여 합자회사의 문자를 사용하여야 하는 점($^{\text{상}}_{①9}$)이다.

상법 제270조는 합자회사 정관에는 각 사원이 무한책임사원인지 또는 유한책임사원인지를 기재하도록 규정하고 있으므로, 정관에 기재된 합자회사 사원의 책임 변경은 정관변경의 절차에 의하여야 하고, 이를 위해서는 정관에 그 의결정족수 내지 동의정족수 등에 관하여 별도로 정하고 있다는 등의 특별한 사정이 없는 한 상법 제269조에 의하여 준용되는 상법 제204조에 따라 총 사원의 동의가 필요하다.[24]

(2) 합자회사의 등기사항

합자회사의 등기사항은 합명회사의 등기사항과 크게 다르지 않다. 즉 합자회사의 설립등기를 할 때에는 ① 목적 ② 상호 ③ 사원의 성명·주민등록번호 및 주소 ④ 본점의 소재지 및 지점을 둔 경우에는 지점의 소재지(다만, 회사를 대표할 사원을 정한 때에는 그 외의 사원의 주소는 제외) ⑤ 사원의 출자의 목적, 재산출자에는 그 가격과 이행한 부분 ⑥ 존립기간 기타 해산사유를 정한 때에는 그 기간 또는 사유 ⑦ 대표사원을 정한 때에는 그의 성명·주소 및 주민등록번호 ⑧ 수인의 사원이 공동으로 회사를 대표할 것을 정한 때 즉, 공동대표에 관한 사항 외에 각 사원의 무한책임 또는 유한책임인 것을 등기하여야 한다($^{\text{상 271}}_{①, 180}$).

합자회사가 지점을 설치하거나 이전할 때에는 지점소재지 또는 신지점소재지에서 ① 목적 ② 상호 ③ 사원의 성명·주민등록번호 및 주소 ④ 본점의 소재지(다른 지점의 소재지는 제외) ⑤ 존립기간 기타 해산사유를 정한 때에는 그 기간 또는 사유 ⑥ 대표사원을 정한 때에는 그의 성명·주소 및 주민등록번호 ⑦ 공동대표에 관한 사항을 정한 때에는 그 규정을 등기하여야 한다. 다만, 무한책임사원만을 등기하되, 회사를 대표할 사원

---

24) 大判 2010.09.30, 2010다21337

을 정한 경우에는 다른 사원은 등기하지 아니한다($\overset{\text{상}}{2}$ 271).

3.4.2.1.3. 입 사

합자회사 설립 후 제3자가 합자회사의 사원으로 되는 방법으로는 입사에 의하여 원시적으로 사원 자격을 취득하는 방법과 기존의 사원으로부터 지분을 양수하는 방법이 있는데, 전자의 입사 방법은 입사하려는 자와 회사 사이의 입사계약으로 이루어지고 후자의 입사 방법은 입사하려는 자와 기존 사원 개인 사이의 지분매매계약으로 이루어진다.[25]

합자회사의 성립 후에 신입사원이 입사하여 사원으로서의 지위를 취득하기 위해서는 정관변경을 요하고 따라서 총사원의 동의를 얻어야 하지만, 정관변경은 회사의 내부관계에서는 총사원의 동의만으로 그 효력을 발생하는 것이므로 신입사원은 총사원의 동의가 있으면 정관인 서면의 경정이나 등기부에의 기재를 기다리지 않고 그 동의가 있는 시점에 곧바로 사원으로서의 지위를 취득한다.[26]

3.4.2.1.4. 퇴 사

합자회사에서는 유한책임사원이 금치산의 선고를 받은 경우에도 퇴사되지 아니한다라고 규정하고 있는데($\overset{\text{상}}{284}$) 이는 유한책임사원이 영업을 하거나 회사를 대표하지 아니하기 때문에 인정되는 것이다.

3.4.2.2. 설립하자

합자회사의 설립하자의 경우에 있어서 설립무효·설립취소의 소에 관해서는 합명회사의 그것과 동일하다($\overset{\text{상}}{184\sim194}$). 따라시 소의 절차와 판결의 효력에 관하여는 합명회사의 설립의 하자에 관한 설명과 같다. 합명회사처럼 무효나 취소의 판결이 확정된 경우에도 회사를 계속할 수 있다는 점도 같다($\overset{\text{상}}{194}$ 269).

---

25) 大判 2002.04.09, 2001다77567.
26) 大判 1996.10.29, 96다19321.

3.4.3.1. 출 자

무한책임사원과 유한책임사원은 대외적으로 그 책임의 범위가 다르므로 출자의 내용도
다르다. 즉 합자회사에서 무한책임사원의 출자의 목적은 합명회사의 무한책임사원의 출
자처럼 재산출자 이외에 노무출자와 신용출자가 가능하다($\frac{상}{269}$). 그러나 합자회사의 유한책
임사원은 유한책임을 부담하기 때문에 재산출자만이 가능하고 노무출자 및 신용출자는
불가능하다($\frac{상}{272}$).

3.4.3.2. 업무집행

3.4.3.2.1. 업무집행기관

합자회사의 업무집행은 무한책임사원만이 집행할 수 있고($\frac{상}{273}$), 유한책임사원은 할 수
없다($\frac{상}{278}$). 따라서 무한책임사원은 정관에 다른 규정이 없는 때에는 각자가 회사의 업무를
집행할 권리와 의무가 있다($\frac{상}{278}$). 합자회사의 업무집행권이 있는 사원에 대한 권한상실 선
고는 무한책임사원뿐만 아니라 유한책임사원도 청구할 수 있다($\frac{상,269.}{205}$). 판례도 합자회사의
무한책임사원뿐만 아니라 유한책임사원도 각자 업무집행사원에 대한 권한상실선고를 청
구할 수 있다고 판시하고 있다.[27]

3.4.3.2.2. 업무집행의 방법

정관에 의하여 업무집행사원이 있는 경우에도 지배인의 선임과 해임은 모든 무한책임
사원의 과반수의 결의에 의하여야 한다($\frac{상}{274}$).

3.4.3.2.3. 업무감시권

유한책임사원은 업무집행권이 없기 때문에 업무감시권을 갖고 있다. 즉 유한책임사원
은 영업년도 말에 있어서 영업시간 내에 한하여 회사의 회계장부·대차대조표 기타의 서

---

27) 大判 2012.12.13, 2010다82189

류를 열람할 수 있고 회사의 업무와 재산상태를 검사할 수 있다. 그리고 중요한 사유가 있는 때에는 유한책임사원은 언제든지 법원의 허가를 얻어 위의 열람과 검사를 할 수 있다($\frac{상}{277}$). 업무집행권이 없는 무한책임사원도 감시권이 있다고 본다($\frac{상\ 269,}{195,\ 민\ 710}$).

3.4.3.3. 경업피지의무와 자기거래의 제한

3.4.3.3.1. 경업피지의무

합자회사의 무한책임사원은 다른 모든 사원의 동의가 없으면 경업피지의무를 부담한다($\frac{상\ 269,}{198}$). 다른 모든 사원은 무한책임사원뿐만 아니라 유한책임사원을 포함한다. 이 경업피지의무는 업무집행권이 없는 무한책임사원에게도 요구된다. 이는 업무집행권이 없는 무한책임사원일지라도 감시권을 가지고 있고, 회사의 중요 경영정보에 접근이 가능하기 때문이다. 그러나 유한책임사원은 동 의무를 부담하지 않는다. 따라서 유한책임사원은 다른 사원의 동의 없이 자기 또는 제3자의 계산으로 회사의 영업부류에 속하는 거래를 할 수 있고 동종영업을 목적으로 하는 다른 회사의 무한책임사원 또는 이사가 될 수 있다($\frac{상}{275}$).

3.4.3.3.2. 자기거래 제한

합자회사의 업무집행권이 있는 무한책임사원은 다른 사원의 과반수의 결의가 없으면 회사와 자기거래를 할 수 없다($\frac{상\ 269,}{199}$). 그러나 유한책임사원은 자기거래 권한이 없기 때문에 자기거래 제한에 대한 적용이 없다고 본다. 따라서 유한책임사원의 자기거래에 관한 규정은 없다.

3.4.3.4. 손익의 분배

손익의 분배는 정관에서 정하는 바에 따른다. 그러나 정관 또는 총사원의 결의에 의하여 달리 정하여진 바가 없으면 각 사원의 출자가액에 비례하여 손익이 분배된다($\frac{상\ 269\ \cdot\ 195,}{민\ 711}$). 다만 유한책임사원은 정관에 달리 정한 바가 없으면 출자액을 한도로 하여서만 손실을 분담한다.

3.4.3.5. 지 분

3.4.3.5.1. 지분의 양도

무한책임사원의 지분의 양도에는 유한책임사원을 포함한 모든 사원의 동의를 요하지만($^{\text{상 269,}}_{197}$), 유한책임사원의 지분의 양도에는 무한책임사원 전원의 동의만 있으면 충분하고 다른 유한책임사원의 동의를 요하지 않는다($^{\text{상}}_{276}$). 합자회사의 유한책임사원이 한 지분양도가 합자회사의 정관에서 규정하고 있는 요건을 갖추지 못한 경우에는 그 지분양도는 무효이다.[28]

3.4.3.5.2. 지분의 입질·압류

유한책임사원의 지분도 재산적 가치를 가지기 때문에 이를 담보로 제공하는 입질도 가능하고 압류도 가능하다($^{\text{상 269,}}_{223, 224}$).

☞ 합자회사의 무한·유한책임사원의 지위 비교

	무한책임사원	유한책임사원
노무·신용출자	가	불가(재산출자만 가능)
업무집행권	유	무
업무감시권	유	유
대표권	유	무
경업피지의무	유	무
지분양도	다른 사원(총사원)의 동의	무한책임사원 동의
사원의 사망	퇴사원인(출자환급)	지분상속
사원의 금치산	퇴사원인	퇴사하지 않음
책 임	무 한	유 한

---

28) 大判 2010.09.30, 2010다21337

3.4.4. 합자회사의 외부관계

3.4.4.1. 회사대표

3.4.4.1.1. 대표기관

합자회사의 대표기관은 원칙적으로 각 무한책임사원이다($^{상\ 269,}_{207}$). 그러나 예외적으로 정관의 규정에 의하여 업무집행을 담당하는 각 무한책임사원이 회사를 대표할 수가 있는데, 이때에는 정관 또는 총사원의 동의로 업무집행을 담당하는 무한책임사원 중에서 특히 회사를 대표할 대표사원을 정할 수 있다($^{상\ 269,}_{207}$). 합자회사에서 대표권이 있는 사원과 회사 간의 소에서 회사를 대표할 사원이 없는 때에는 다른 사원 과반수의 결의로 회사를 대표할 자를 선정하여야 한다($^{상\ 269,}_{211}$).

유한책임사원은 어떠한 경우에도 합자회사의 대표기관이 될 수 없다. 즉 유한책임사원은 회사의 업무집행이나 대표행위를 하지 못한다($^{상}_{278}$).

3.4.4.1.2. 대표의 방법

원칙적으로 각자 대표이나($^{상\ 269,}_{207}$), 예외적으로 정관 또는 총사원의 동의로 공동대표를 정할 수 있다($^{상\ 269,}_{208}$).

3.4.4.2. 사원책임

3.4.4.2.1. 무한책임사원의 책임

합자회사의 무한책임사원은 합명회사의 사원과 같이 회사채권자에 대하여 인적·연대·무한·직접의 책임을 부담한다($^{상\ 269,}_{212}$).

3.4.4.2.2. 유한책임사원의 책임

유한책임사원은 회사채권자에 대하여 직접·연대·유한의 책임을 부담한다. 유한책임사원이 회사채권자에 대하여 직접 변제책임을 지는 한도는 출자가액에서 이미 회사에 이행한 부분을 공제한 가액이다($^{상\ 279}_{①}$). 이때 유한책임사원이 회사에 이익이 없음에도 불구하고 배당을 받은 경우에는 그 배당받은 금액은 변제책임을 정함에 있어서 이를 가산한다(상279).
유한책임사원은 그 출자를 감소한 후에도 본점소재지에서 등기를 하기 전에 생긴 회사채무에 대하여는 등기 후 2년 내에는 종전의 책임을 면하지 못한다(상280).

3.4.4.2.3. 책임 변경 사원의 책임

정관변경에 의하여 유한책임사원이 무한책임사원으로 된 경우에는 그 사원은 변경 전의 회사채무에 대하여 다른 무한책임사원과 동일한 책임을 진다(상282,213). 한편 정관변경에 의하여 무한책임사원이 유한책임사원으로 변경된 경우에는 그 사원은 변경등기를 하기 전에 생긴 회사채무에 대하여 변경등기 후 2년 내에는 다른 무한책임사원과 동일한 책임을 진다(상282,225①).

3.4.4.2.4. 자칭무한책임사원의 책임

유한책임사원이 타인에게 자기를 무한책임사원이라고 오인시키는 행위를 한 때에는 그 오인으로 인하여 회사와 거래한 자에 대하여 무한책임사원과 동일한 책임을 진다(상281②). 유한책임사원이 그 책임의 한도를 오인시키는 행위를 한 때에도 오인시킨 한도에서 책임을 진다(상281②).

3.4.5. 조직변경

3.4.5.1. 정관변경

합자회사는 무한책임사원 및 유한책임사원의 총사원의 동의에 의하여서만 정관을 변경할 수 있다(상269,204). 다만 이 규정은 임의규정이므로 정관의 규정에 의하여 그 요건을 완화할 수 있다(통설).

3.4.5.2. 사원변경

합자회사 사원의 입사와 퇴사는 합명회사의 사원과 거의 동일하다. 즉 무한책임사원의 사망이나 금치산은 합명회사나 합자회사에서 모두 퇴사원인이 되나, 합자회사의 유한책임사원의 사망 및 금치산은 당연퇴사 원인이 되지 않는다($\overset{상}{\underset{①}{283}}, \overset{}{\underset{②}{284}}$). 이는 무한책임사원의 경우에는 무한책임을 지게 되므로 인적신뢰관계가 중요하나 유한책임사원은 무한책임을 부담하지 않기 때문에 인적 신뢰가 상대적으로 중요하지 않기 때문이다.

따라서 유한책임사원이 사망한 때에는 그 상속인이 그 지분을 승계하여 사원이 된다($\overset{상}{\underset{①}{283}}$). 만약 상속인이 수인인 때에는 사원의 권리를 행사할 자 1인을 정하여야 한다. 이를 정하지 아니한 때에는 회사의 통지 또는 최고는 그중의 1인에 대하여 하면 전원에 대하여 그 효력이 있다($\overset{상}{\underset{②}{283}}$).

3.4.5.3. 합 병

합자회사는 영업목적을 달리하는 다른 합자회사나 합명회사와 합병을 할 수 있으며, 주식회사나 유한회사와도 합병할 수 있다.

3.4.5.4. 조직변경: 합자회사 → 합명회사

3.4.5.4.1. 조직변경의 의의

회사의 조직변경은 회사가 그의 인격의 동일성을 보유하면서 법률상의 조직을 변경하여 다른 종류의 회사로 되는 것을 말하고 상법상 합명·합자회사 상호 간 또는 주식·유한회사 상호 간에만 회사의 조직변경이 인정되고 있다.[29]

합자회사는 총사원의 동의로 유한책임사원을 무한책임사원으로 변경하거나($\overset{상}{\underset{①}{286}}$), 또는 유한책임사원 전원이 퇴사한 경우에는 무한책임사원 전원의 동의로 합명회사로 조직변경할 수 있다($\overset{상}{\underset{②}{286}}$). 그러나 주식회사나 유한회사로는 조직을 변경하지 못한다.

합자회사를 합명회사로 조직변경을 한 경우 본점소재지에서는 2주간 내, 지점소재지에서는 3주간 내에 합자회사에서는 해산등기를, 합명회사에 있어서는 설립등기를 하여야

---

29) 大判 1985.11.12, 85누69.

한다($\substack{상\\③}$ 286).

3.4.5.4.2. 채권자보호절차

유한책임사원이 무한책임사원으로 된 경우에는 회사채권자에게 유리하므로 회사채권자를 보호하는 절차는 별도로 없다. 퇴사하는 사원은 본점소재지에서의 퇴사등기를 하기 전에 생긴 회사채무에 대하여는 등기 후 2년 내에 다른 사원과 동일한 책임이 있다($\substack{상\\225}$ 269·). 새로 입사한 사원은 가입 전에 생긴 회사채무에 대하여 다른 사원과 동일한 책임을 진다($\substack{상\\213}$ 269·).

3.4.6. 해산과 청산

3.4.6.1. 해 산

3.4.6.1.1. 합자회사의 해산

합자회사의 해산사유는 합명회사의 그것과 대체로 같으나($\substack{상\\227}$ 269·), 이에 추가되는 해산사유는 무한책임사원 또는 유한책임사원의 전부가 퇴사한 때이다($\substack{상\\①}$ 285). 따라서 합명회사의 해산원인인 사원이 1인이 된 때에는 합자회사에는 준용하지 못한다. 합자회사는 유한책임사원의 전원이 퇴사하여 해산사유가 발생한 경우에는, 잔존 무한책임사원만으로 그의 전원의 동의로써 합명회사로 조직변경하여 회사를 계속할 수도 있다($\substack{상\\②}$ 286).

3.4.6.1.2. 합자회사의 계속

합자회사가 해산한 경우에는 청산절차에 들어갈 수도 있지만 기업의 유지를 위하여 잔존한 사원 전원의 동의로써 새로 무한책임사원 또는 유한책임사원을 가입시켜서 회사를 계속할 수도 있다($\substack{상\\②}$ 285). 회사를 계속하는 경우 신입사원의 책임 및 회사계속의 등기는 합명회사의 그것과 같다($\substack{상\\213,\ 229}$ 285 ③, ③).

3.4.6.2. **청　산**

　　합자회사의 청산방법도 합명회사의 그것처럼 임의청산과 법정청산의 두 가지 방법이 있다(상 269, 247~266). 다만 법정청산의 경우에 청산인이 원칙적으로 총사원이 아니라 무한책임사원의 과반수의 결의로 선임되는 점이 다르다. 이는 유한책임사원이 있기 때문에 비롯된 것이다.

☞ **결의방법 및 결의사항**

결의방법	결의사항	
	합명회사	합자회사
총사원의 동의	1. 회사의 합병 2. 조직변경 3. 정관의 변경 4. 회사의 해산 5. 영업양도 6. 임의청산 7. 공동대표에 관한 사항 8. 회사대표자의 선정	동일
총사원의 과반수	1. 지배인의 선임·해임	무한책임사원의 과반수
다른 사원의 동의	1. 경업거래의 승인 2. 지분의 양도 3. 회사의 계속	무한책임사원 동일, 유한책임사원 비적용 무한책임사원 동일, 유한책임사원은 무한 책임사원전원의 동의 잔존한 사원 전원의 동의
다른 사원의 과반수	1. 사원의 자기거래 2. 개입권의 행사 3. 제명청구 4. 회사와 사원 간의 소에 관한 대표 사원 선임	무한책임사원동일(유한책임사원적용 없음) 무한·유한책임사원 모두 동일
단독사원권	업무집행사원의 권한상실선고	

3.5. 유한책임회사

3.5.1. 유한책임회사의 의의

3.5.1.1. 유한책임회사의 의의

유한책임회사(Limited Liability Company)란 회사의 주주들이 채권자에 대하여 자기의 투자액의 한도 내에서 법적인 책임을 부담하는 회사를 말한다. 파트너십에 주식회사의 장점을 보완해서 만들어진 회사형태다. 2011년 개정상법은 공동기업체의 설립과 운영 및 해산 등과 관련하여 구성원들의 자율성을 광범위하게 인정하면서도 투자자들의 유한책임이 인정되는 기업형태에 대한 수요가 높아짐에 따라 기존에 상법상 인정되던 공동기업의 형태인 조합, 합명회사, 합자회사, 유한회사 및 주식회사에 추가하여, 합자조합과 유한책임회사제도를 도입하였다.

3.5.2. 유한책임회사의 설립

3.5.2.1. 정관의 작성

유한책임회사를 설립할 때에는 사원은 정관을 작성하여야 한다($^{상}_{의2}{}^{287}$). 정관에는 다음의 사항을 적고 각 사원이 기명날인하거나 서명하여야 한다(상회3287).

① 목적
② 상호
③ 사원의 성명·주민등록번호 및 주소
④ 본점의 소재지
⑤ 정관의 작성 년월일
⑥ 사원의 출자의 목적 및 가액
⑦ 자본금의 액
⑧ 업무집행자의 성명(법인인 경우에는 명칭) 및 주소

3.5.2.2. 출자의 이행

설립시의 출자의 이행은 다음과 같다. 사원은 신용이나 노무를 출자의 목적으로 하지 못한다(상회4287①). 사원은 정관의 작성 후 설립등기를 하는 때까지 금전이나 그 밖의 재산의 출자를 전부 이행하여야 한다(상회4287②). 현물출자를 하는 사원은 납입기일에 지체 없이 유한책임회사에 출자의 목적인 재산을 인도하고, 등기, 등록, 그 밖의 권리의 설정 또는 이전이 필요한 경우에는 이에 관한 서류를 모두 갖추어 교부하여야 한다(상회4287③).

3.5.2.3. 설립등기

3.5.2.3.1. 설립의 등기
유한책임회사는 본점의 소재지에서 다음의 사항을 등기함으로써 성립한다(상회5287①). 또한 각 사항이 변경된 경우에는 본점 소재지에서는 2주 내에 변경등기를 하고, 지점 소재지에서는 3주 내에 변경등기를 하여야 한다(상회5287④).

① 목적
② 상호
③ 본점의 소재지. 지점을 둔 경우에는 그 소재지
④ 존립기간 기타 해산사유를 정한 때에는 그 기간 또는 사유
⑤ 자본금의 액
⑥ 업무집행자의 성명, 주소 및 주민등록번호(법인인 경우에는 명칭, 주소 및 법인등록

번호). 다만, 유한책임회사를 대표할 업무집행자를 정한 경우에는 그 외의 업무집행자의 주소는 제외한다.

⑦ 유한책임회사를 대표할 자를 정한 경우에는 그 성명 또는 명칭과 주소

⑧ 정관으로 공고방법을 정한 경우에는 그 공고방법

⑨ 둘 이상의 업무집행자가 공동으로 회사를 대표할 것을 정한 경우에는 그 규정

3.5.2.3.2. 지점설치의 등기

유한책임회사가 회사의 설립과 동시에 지점을 설치하는 경우에는 설립등기를 한 후 2주 내에 지점소재지에서 ① 목적 ② 상호 ③ 사원의 성명·주민등록번호 및 주소 ④ 본점의 소재지(다른 지점의 소재지는 제외) ⑤ 존립기간 기타 해산사유를 정한 때에는 그 기간 또는 사유 ⑥ 대표사원을 정한 때에는 그의 성명·주소 및 주민등록번호 ⑦ 공동대표에 관한 사항을 정한 때에는 그 규정 등을 등기하여야 한다($\frac{상}{②,\,181}\frac{287의5}{①}$). 지점에서의 등기사항에는 다른 지점의 소재지는 제외하는데, 이는 본점만 필요할 뿐 다른 지점의 소재지는 해당 지점소재지 외에는 불필요하기 때문이다. 또한 사원의 출자의 목적과 가격 또는 평가의 표준도 지점의 등기사항이 아니다. 이는 본점에만 등기되어 있어도 무방하기 때문이다.

회사의 성립 후에 지점을 설치하는 경우에는 본점소재지에서는 2주 내에 그 지점소재지와 설치 년월일을 등기하고, 그 지점소재지에서는 3주 내에 ① 목적 ② 상호 ③ 사원의 성명·주민등록번호 및 주소 ④ 본점의 소재지(다른 지점의 소재지는 제외) ⑤ 존립기간 기타 해산사유를 정한 때에는 그 기간 또는 사유 ⑥ 대표사원을 정한 때에는 그의 성명·주소 및 주민등록번호 ⑦ 공동대표에 관한 사항을 정한 때에는 그 규정을 등기하여야 한다. 다만, 회사를 대표할 사원을 정한 경우에는 그 밖의 사원은 등기하지 아니 한다($\frac{상}{②,\,181}\frac{287의5}{②}$).

3.5.2.3.3. 본점·지점의 이전등기

유한책임회사가 본점이나 지점을 이전하는 경우에는 2주 내에 구소재지에서는 신소재지와 이전 년월일을, 신소재지에서는 본점의 설립등기 사항을 등기하여야 한다($\frac{상}{182}\frac{287의5}{①}$). 회사가 지점을 이전하는 경우에는 2주 내에 본점과 구지점소재지에서는 신지점소재지와 이전 년월일을 등기하고, 신지점소재지에서는 ① 목적 ② 상호 ③ 사원의 성명·주민등록번호 및 주소 ④ 본점의 소재지(다른 지점의 소재지는 제외) ⑤ 존립기간 기타 해산사유를 정한 때에는 그 기간 또는 사유 ⑥ 대표사원을 정한 때에는 그의 성명·주소 및

주민등록번호 ⑦ 공동대표에 관한 사항을 정한 때에는 그 규정을 등기하여야 한다. 다만, 회사를 대표할 사원을 정한 경우에는 그 밖의 사원은 등기하지 아니한다($^{상\ 287의5\ ③}_{182\ ②}$).

3.5.2.3.4. 기타 등기

유한책임회사의 업무집행자의 업무집행을 정지하거나 직무대행자를 선임하는 가처분을 하거나 그 가처분을 변경 또는 취소하는 경우에 본점 및 지점이 있는 곳의 등기소에서 등기하여야 한다($^{상\ 287}_{의5\ ⑤}$).

3.5.2.3.5. 유한책임회사의 설립의 무효와 취소

유한책임회사의 설립의 무효와 취소에 관하여는 합명회사의 그것과 동일하다. 이 경우 "사원"은 "사원 및 업무집행자"로 본다($^{상\ 287}_{의6}$).

3.5.3. 유한책임회사의 내부관계

3.5.3.1. 사원의 책임

사원의 책임은 이 법에 다른 규정이 있는 경우 외에는 그 출자금액을 한도로 한다($^{상\ 287}_{의7}$).

3.5.3.2. 지분의 양도

사원은 다른 사원의 동의를 받지 아니하면 그 지분의 전부 또는 일부를 타인에게 양도하지 못한다($^{상\ 287}_{의8\ ①}$). 그럼에도 불구하고 업무를 집행하지 아니한 사원은 업무를 집행하는 사원 전원의 동의가 있으면 지분의 전부 또는 일부를 타인에게 양도할 수 있다. 다만, 업무를 집행하는 사원이 없는 경우에는 사원 전원의 동의를 받아야 한다($^{상\ 287}_{의8\ ②}$). 다만 정관에서 그에 관한 사항을 달리 정할 수 있다($^{상\ 287}_{의8\ ③}$).

유한책임회사는 그 지분의 전부 또는 일부를 양수할 수 없다($^{상\ 287}_{의9\ ①}$). 유한책임회사가 지분을 취득하는 경우에 그 지분은 취득한 때에 소멸한다($^{상\ 287}_{의9\ ②}$).

3.5.3.3. 업무집행자의 경업 금지 등

업무집행자는 사원 전원의 동의를 받지 아니하고는 자기 또는 제3자의 계산으로 회사의 영업부류(營業部類)에 속한 거래를 하지 못하며, 같은 종류의 영업을 목적으로 하는 다른 회사의 업무집행자·이사 또는 집행임원이 되지 못한다(상 287 의10 ①). 업무집행자가 이를 위반하여 거래를 한 경우에는 그 거래가 자기의 계산으로 한 것인 때에는 회사는 이를 회사의 계산으로 한 것으로 볼 수 있고 제3자의 계산으로 한 것인 때에는 그 사원에 대하여 회사는 이로 인한 이득의 양도를 청구 할 수 있다(상 287의10 ②, 198 ②). 이 경우 회사의 그 사원에 대한 손해배상의 청구에 영향을 미치지 아니한다(상 287의10 ②, 198 ③). 이 권리는 다른 사원과반수의 결의에 의하여 행사하여야 하며 다른 사원의 1인이 그 거래를 안 날로부터 2주간을 경과하거나 그 거래가 있은 날로부터 1년을 경과하면 소멸한다(상 287의10 ②, 198 ④).

업무집행자는 다른 사원 과반수의 결의가 있는 경우에만 자기 또는 제3자의 계산으로 회사와 거래를 할 수 있다. 이 경우에는 자기계약·쌍방대리에 관한 민법 제124조를 적용하지 아니한다(상 287의11).

3.5.3.4. 업무의 집행

3.5.3.4.1. 업무집행자

(1) 자연인

유한책임회사는 정관에서 사원 또는 사원이 아닌 자를 업무집행자로 정하여야 한다 (상 287의12 ①). 1명 또는 둘 이상의 업무집행자를 정한 경우에는 업무집행자 각자가 회사의 업무를 집행할 권리와 의무가 있다. 이 경우에는 수인의 업무집행사원이 있는 경우에 그 각 사원의 업무집행에 관한 행위에 대하여 다른 업무집행사원의 이의가 있는 때에는 곧 그 행위를 중지하고 업무집행사원과반수의 결의에 의하여야 한다(상 287의12 ②, 201 ②). 정관에서 둘 이상을 공동업무집행자로 정한 경우에는 그 전원의 동의가 없으면 업무집행에 관한 행위를 하지 못한다(상 287의12 ③). 유한책임회사의 업무집행자의 업무집행을 정지하거나 직무대행자를 선임하는 가처분을 하거나 그 가처분을 변경 또는 취소하는 경우에 본점 및 지점이 있는 곳의 등기소에서 등기하여야 한다(상 287의 ⑤). 이에 따라 선임된 직무대행자는 가처분명령에 다른 정함이 있는 경우 외에는 법인의 통상업무에 속하지 아니한 행위를 하지 못한다. 다만, 법원의 허가를 얻은 경우에는 그러하지 아니하다. 직무대행자가 이에 위반한 행위를 한 경우에도 회사는 선의의 제3자에 대하여 책임을 진다(상 287 의13).

(2) 법 인

법인이 업무집행자인 경우에는 그 법인은 해당 업무집행자의 직무를 행할 자를 선임하고, 그 자의 성명과 주소를 다른 사원에게 통지하여야 한다(상 287 의15 ①). 이에 따라 선임된 업무집행자는 다른 사원 과반수의 결의가 있는 경우에만 자기 또는 제3자의 계산으로 회사와 거래를 할 수 있다. 이 경우에는 자기계약·쌍방대리에 관한 민법 제124조를 적용하지 아니한다(상 287의15 ②, 287의11). 유한책임회사는 정관에서 사원 또는 사원이 아닌 자를 업무집행자로 정하여야 한다(상 287의15 ②, 287의12 ①).

(3) 수인의 업무집행자

1명 또는 둘 이상의 업무집행자를 정한 경우에는 업무집행자 각자가 회사의 업무를 집행할 권리와 의무가 있다. 이 경우에는 수인의 업무집행사원이 있는 경우에 그 각사원의 업무집행에 관한 행위에 대하여 다른 업무집행사원의 이의가 있는 때에는 곧 그 행위를 중지하고 업무집행사원과반수의 결의에 의하여야 한다(상 287의12 ②, 201 ②). 정관에서 둘 이상을 공동업무집행자로 정한 경우에는 그 전원의 동의가 없으면 업무집행에 관한 행위를 하지 못한다(상 287 의12 ③).

3.5.3.4.2. 업무감시권

업무집행자가 아닌 사원의 감시권에 대하여는 합자회사의 유한책임사원의 업무감시권에 관한 규정이 적용된다. 즉 유한책임사원은 업무집행권이 없기 때문에 업무감시권을 갖고 있는데, 유한책임사원은 영업년도 말에 있어서 영업시간 내에 한하여 회사의 회계장부·대차대조표 기타의 서류를 열람할 수 있고 회사의 업무와 재산상태를 검사할 수 있다. 그리고 중요한 사유가 있는 때에는 유한책임사원은 언제든지 법원의 허가를 얻어 위의 열람과 검사를 할 수 있다(상 287의14, 277).

3.5.3.4.3. 업무집행권의 상실

업무집행사원이 업무를 집행함에 현저하게 부적임하거나 중대한 업무 위반한 행위가 있는 때에는 법원은 사원의 청구에 의하여 업무집행권한의 상실을 선고할 수 있으며($\overset{\text{상 287의17}}{\text{①, 205 ①}}$) 이 경우에 업무집행사원의 권한상실의 판결이 확정된 때에는 본점과 지점의 소재지에서 등기하여야 한다($\overset{\text{상 287의17}}{\text{①, 205 ②}}$). 업무집행자의 업무집행권한의 소(訴)는 본점소재지의 지방법원의 관할에 전속한다($\overset{\text{상 287}}{\text{의17 ②}}$).

유한책임회사의 내부관계에 관하여는 정관이나 이 법에 다른 규정이 없으면 합명회사에 관한 규정을 준용한다($\overset{\text{상 287}}{\text{의18}}$).

3.5.3.5. 정관의 변경

정관에 다른 규정이 없는 경우 정관을 변경하려면 총사원의 동의가 있어야 한다($\overset{\text{상 287}}{\text{의16}}$).

3.5.4. 유한책임회사의 외부관계

3.5.4.1. 유한책임회사의 대표

업무집행자는 유한책임회사를 대표한다($\overset{\text{상 287}}{\text{의19 ①}}$). 업무집행자가 둘 이상인 경우 정관 또는 총사원의 동의로 유한책임회사를 대표할 업무집행자를 정할 수 있다($\overset{\text{상 287}}{\text{의19 ②}}$). 유한책임회사는 정관 또는 총사원의 동의로 둘 이상의 업무집행자가 공동으로 회사를 대표할 것을 정할 수 있다($\overset{\text{상 287}}{\text{의19 ③}}$). 이 경우에 제3자의 유한책임회사에 대한 의사표시는 공동대표의 권한이 있는 자 1인에 대하여 함으로써 그 효력이 생긴다($\overset{\text{상 287}}{\text{의19 ④}}$).

유한책임회사를 대표하는 사원은 회사의 영업에 관하여 재판상 또는 재판 외의 모든 행위를 할 권한이 있다($\overset{\text{상 287의19}}{\text{⑤, 209 ①}}$). 대표기관의 권한은 정관 또는 총사원의 동의로써 제한할 수 있으나, 그러한 제한을 가지고 선의의 제3자에게 대항하지 못한다($\overset{\text{상 287의19}}{\text{⑤, 209 ②}}$).

3.5.4.2. 손해배상책임

유한책임회사를 대표하는 업무집행자가 그 업무집행으로 타인에게 손해를 입힌 경우에는 회사는 그 업무집행자와 연대하여 배상할 책임이 있다($^{상\ 287}_{의20}$).

3.5.4.3. 유한책임회사와 사원 간의 소

유한책임회사가 사원(사원이 아닌 업무집행자를 포함)에 대하여 또는 사원이 유한책임회사에 대하여 소를 제기하는 경우에 유한책임회사를 대표할 사원이 없을 때에는 다른 사원 과반수의 결의로 대표할 사원을 선정하여야 한다($^{상\ 287}_{의21}$).

3.5.4.4. 대표소송

사원은 회사에 대하여 업무집행자의 책임을 추궁하는 소의 제기를 청구할 수 있다($^{상\ 287}_{의22\ ①}$). 대표소송에 관해서는 주주 대표소송에 관한 규정을 준용한다($^{상\ 287의22\ ②,\ 403\ ②}_{-④,\ ⑥,\ ⑦,\ 404-406}$).

3.5.5. 유한책임회사의 가입 및 탈퇴

3.5.5.1. 사원의 가입 및 탈퇴

3.5.5.1.1. 사원의 가입

유한책임회사는 정관을 변경함으로써 새로운 사원을 가입시킬 수 있다($^{상\ 287}_{의23\ ①}$). 사원의 가입은 정관을 변경한 때에 효력이 발생한다. 다만, 정관을 변경한 때에 해당 사원이 출자에 관한 납입 또는 재산의 전부 또는 일부의 출자를 이행하지 아니한 경우에는 그 납입 또는 이행을 마친 때에 사원이 된다($^{상\ 287}_{의23\ ②}$). 사원 가입 시 현물출자를 하는 사원은 납입기일에 지체 없이 유한책임회사에 출자의 목적인 재산을 인도하고, 등기, 등록, 그 밖의 권리의 설정 또는 이전이 필요한 경우에는 이에 관한 서류를 모두 갖추어 교부하여야 한다($^{상\ 287의23\ ③,}_{287의4\ ③}$).

3.5.5.1.2. 사원의 탈퇴

(1) 사원의 퇴사

1) 임의퇴사

사원의 퇴사에 관하여는 정관으로 회사의 존립기간을 정하지 아니하거나 어느 사원의 종신까지 존속할 것을 정한 때에는 사원은 영업년도말에 한하여 퇴사할 수 있다. 그러나 6월전에 이를 예고하여야 한다($\frac{\text{상}}{217}\frac{287의24.}{①}$).

2) 당연퇴사

사원에게 ① 사원에게 정관이 정한 사유가 발생한 때 ② 총사원의 동의가 있을 때 ③ 사원이 사망하였을 때 ④ 사원이 금치산선고를 받았을 때 ⑤ 사원이 파산선고를 받았을 때 ⑥ 사원이 제명되었을 때에는 당연히 퇴사한다($\frac{\text{상}}{25,}\frac{287의}{218}$).

사원이 사망하였을 때 당연 퇴사원인이 되나, 정관으로 사원이 사망한 경우에 그 상속인이 회사에 대한 피상속인의 권리의무를 승계하여 사원이 될 수 있음을 정한 때에는 상속인이 사원이 될 수 있다. 그러나 이때에는 상속인은 상속의 개시를 안 날로부터 3월 내에 회사에 대하여 승계 또는 포기의 통지를 발송하여야 한다($\frac{\text{상}}{219}\frac{287의26}{①}$). 상속인이 위의 통지 없이 3월을 경과한 때에는 사원이 될 권리를 포기한 것으로 본다($\frac{\text{상}}{219}\frac{287의26}{②}$).

3) 강제퇴사

사원의 지분을 압류한 채권자가 그 사원을 퇴사시키는 경우에는 압류채권자는 회사와 채무자인 사원에게 6월 전에 예고하고 영업년도 말에 한하여 그 사원을 퇴사시킬 수 있다($\frac{\text{상}}{224}\frac{287의29.}{①}$). 그러나 채무자인 사원이 변제를 하거나 상당한 담보를 제공한 경우에는 퇴사예고가 그 효력을 잃는다($\frac{\text{상}}{224}\frac{287의29.}{②}$).

(2) 사원의 제명

사원의 제명에 관하여는 사원에게 ① 사원이 출자의무를 이행하지 아니한 때 ② 사원이 경업피지의무를 위반한 때 ③ 사원에게 회사의 업무집행 또는 대표행위에 관하여 부정한 행위가 있는 때, 또는 권한 없이 업무집행을 하거나 회사를 대표한 때 ④ 기타 중요한 사유가 있는 때에는 제명된다($\frac{\text{상}}{220}\frac{287의27}{①}$). 제명청구의 소는 회사의 본점소재지의 지방법원의 관할에 속하며($_{220 ②, 206}^{상 287의27}$), 법원의 제명선고의 판결이 확정되면 본점과 지점의 소재지에서 등기하여야 한다($_{②, 205 ②}^{상 287의27 220}$). 다만, 사원의 제명에 필요한 결의는 정관에서 달리 정할 수 있다($_{27 단서}^{상 287의}$).

(3) 퇴사 사원 지분의 환급

퇴사 사원은 그 지분의 환급을 금전으로 받을 수 있다($_{의28 ①}^{상 287}$). 퇴사 사원에 대한 환급금액은 퇴사 시의 회사의 재산 상황에 따라 정한다($_{의28 ②}^{상 287}$). 퇴사 사원의 지분 환급에 대하여는 정관에서 달리 정할 수 있다($_{의28 ③}^{상 287}$).

(4) 회사채권자의 보호절차

유한책임회사의 채권자는 퇴사하는 사원에게 환급하는 금액이 잉여금(대차대조표상 순자산액 – 자본금)을 초과한 경우에는 그 환급에 대하여 회사에 이의를 제기할 수 있다($_{①, 287의37}^{상 287의30}$).

이의 제기에 관하여는 회사는 환급이 있은 날로부터 2주간 내에 회사채권자에 대하여 환급에 대하여 이의가 있으면 1월 이상의 기간 내에 이를 제출할 것을 공고하고 알고 있는 채권자에 대하여는 개별적으로 이를 최고하여야 한다($_{②, 232 ①}^{상 287의30}$). 이때에 채권자가 그 기간 내에 이의를 제출하지 아니한 때에는 환급을 승인한 것으로 본다($_{②, 232 ②}^{상 287의30}$). 다만, 지분을 환급하더라도 채권자에게 손해를 끼칠 우려가 없는 경우에는 회사는 그 채권자에 대하여 변제 또는 상당한 담보를 제공하거나 이를 목적으로 하여 상당한 재산을 신탁회사에 신탁하지 않아도 된다($_{②, 232 ③}^{상 287의30}$).

(5) 퇴사 사원의 상호변경 청구권

퇴사한 사원의 성명이 유한책임회사의 상호 중에 사용된 경우에는 그 사원은 유한책임회사에 대하여 그 사용의 폐지를 청구할 수 있다($_{의31}^{상 287}$).

3.5.6. 유한책임회사의 회계

3.5.6.1. 회계

3.5.6.1.1. 재표제표의 작성·비치

유한책임회사의 회계는 상법과 대통령령으로 규정한 것 외에는 일반적으로 공정하고 타당한 회계관행에 따른다(상 287의32). 업무집행자는 결산기마다 대차대조표, 손익계산서, 그 밖에 유한책임회사의 재무상태와 경영성과를 표시하는 것으로서 대통령령으로 정하는 서류를 작성하여야 한다(상 287의33). 업무집행자는 위 서류를 본점에 5년간 갖추어 두어야 하고, 그 등본을 지점에 3년간 갖추어 두어야 한다(상 287의34 ①). 사원과 유한책임회사의 채권자는 회사의 영업시간 내에는 언제든지 재무제표(財務諸表)의 열람과 등사를 청구할 수 있다(상 287의34 ②, 287의33).

3.5.6.1.2. 자본금

사원이 출자한 금전이나 그 밖의 재산의 가액을 유한책임회사의 자본금으로 한다(상 287의35). 유한책임회사는 정관 변경의 방법으로 자본금을 감소할 수 있다(상 287의36 ①). 이 경우에는 채권자보호절차(상 232)를 준용한다. 다만, 감소 후의 자본금의 액이 순자산액 이상인 경우에는 그러하지 아니하다(상 287의36 ②).

3.5.6.1.3. 잉여금 분배

유한책임회사는 대차대조표상의 순자산액으로부터 자본금의 액을 뺀 액("잉여금")을 한도로 하여 잉여금을 분배할 수 있다(상 287의37 ①). 이를 위반하여 잉여금을 분배한 경우에는 유한책임회사의 채권자는 그 잉여금을 분배받은 자에 대하여 회사에 반환할 것을 청구할 수 있다(상 287의37 ②). 이 청구에 관한 소는 본점소재지의 지방법원의 관할에 전속한다(상 287의37 ③).

잉여금은 정관에 다른 규정이 없으면 각 사원이 출자한 가액에 비례하여 분배한다(상 287의37 ④). 잉여금의 분배를 청구하는 방법이나 그 밖에 잉여금의 분배에 관한 사항은 정관에서 정할 수 있다(상 287의37 ⑤).

사원의 지분의 압류는 잉여금의 배당을 청구하는 권리에 대하여도 그 효력이 있다(상 287의37 ⑥).

3.5.7.1. 조직변경

주식회사는 총회에서 총주주의 동의로 결의한 경우에는 그 조직을 변경하여 유한책임회사로 할 수 있다(상287의43①). 유한책임회사는 총사원의 동의에 의하여 주식회사로 변경할 수 있다(상287의43②). 유한책임회사의 조직의 변경에 관하여는 채권자보호절차(상232) 및 제604(주식회사의 유한회사에의 조직변경), 제605조(이사, 주주의 순재산액전보책임), 제606조 (조직변경의 등기), 제607조(유한회사의 주식회사로의 조직변경)까지의 규정을 준용한다(상287의44).

3.5.8.1. 해산

유한책임회사는 다음 각 호의 어느 하나에 해당하는 사유로 해산한다(상287의38, 227 i, ii, iv, v, vi).

① 존립기간의 만료 기타 정관 소정사유의 발생 → 사원의 전부 또는 일부의 동의로 회사를 계속할 수 있다. 그러나 동의를 하지 아니한 사원은 퇴사한 것으로 본다. 이미 회사의 해산등기를 하였을 때에는 본점소재지에서는 2주간내, 지점소재지에서는 3주간내에 회사의 계속등기를 하여야 한나(상229 28/의40①③).

② 총사원의 동의 → 사원의 전부 또는 일부의 동의로 회사를 계속할 수 있다. 그러나 동의를 하지 아니한 사원은 퇴사한 것으로 본다. 이미 회사의 해산등기를 하였을 때에는 본점소재지에서는 2주간내, 지점소재지에서는 3주간내에 회사의 계속등기를 하여야 한다(상229 287의40①③).

③ 합병 → 유한책임회사의 합병에 관하여는 합명회사의 합병에 관한 규정(제230조부터 제240조까지)을 준용한다(상287의41).

④ 파산

⑤ 법원의 해산명령 및 해산판결 → 유한책임회사의 사원이 해산을 청구하는 경우에는 제241조(사원에 의한 해산청구)를 준용한다($^{상\ 287}_{의42}$).

⑥ 사원이 없게 된 경우

유한책임회사가 해산된 경우에는 합병과 파산의 경우 외에는 그 해산사유가 있었던 날부터 본점소재지에서는 2주 내에 해산등기를 하고, 지점소재지에서는 3주 내에 해산등기를 하여야 한다($^{상\ 287}_{의39}$).

3.5.8.2. 청산

유한책임회사의 청산(淸算)에 관하여는 제245조 (청산중의 회사), 제246조 (수인의 지분상속인이 있는 경우), 제251조 (청산인), 제252조 (법원선임에 의한 청산인), 제253조 (청산인의 등기), 제254조 (청산인의 직무권한), 제255조 (청산인의 회사대표), 제256조 (청산인의 의무), 제257조 (영업의 양도), 제259조 (채무의 변제), 제260조 (잔여재산의 분배), 제261조·제262조 (청산인의 해임), 제263조 (청산인의 임무종료), 제264조 (청산종결의 등기), 제265조 (준용규정), 제266조 (장부, 서류의 보존), 제267조 (사원의 책임의 소멸시기)의 규정을 준용한다($^{상\ 287}_{의45}$).

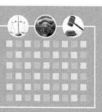

3.6. 주식회사

☞ 주식회사의 서술체계

3.6.1. 주식회사의 의의

3.6.1.1. 주식회사의 의의

주식회사란 주식으로 분할된 일정한 자본에 대하여 지분을 가지고 있는 주주가 주식의 인수가액을 한도로 출자의무를 부담하는 자본, 주식, 주주의 유한책임 등 세 가지 특질을 본질적 요소(주식회사 개념의 3요소)로 하는 회사이다.

3.6.1.1.1. 자 본

(1) 자본의 의의

주식회사의 자본금은 이 법에 달리 규정한 경우 외에는 발행주식의 액면총액으로 한다($^{상\,451}_{①}$). 주주는 주식인수가액(주식을 매수할 때의 납입의무만 부담)을 한도로 책임을 지고 회사의 재산, 즉 자본만이 회사채권자 등에 대해 담보의 역할을 하기 때문에 주식회사에 있어서는 자본에 관한 원칙이 중요하다.

회사가 무액면주식을 발행하는 경우 회사의 자본금은 주식 발행가액의 2분의 1 이상의 금액으로서 이사회(신주 발행사항의 결정에 관하여 주주총회로 주식을 발행하는 경우($^{상}_{416}$)에서 자본금으로 계상하기로 한 금액의 총액으로 한다. 이 경우 주식의 발행가액 중 자본금으로 계상하지 아니하는 금액은 자본준비금으로 계상하여야 한다($^{상\,451}_{②}$). 회사의 자본금은 액면주식을 무액면주식으로 전환하거나 무액면주식을 액면주식으로 전환함으로써 변경할 수 없다($^{상\,451}_{③}$).

(2) 자본의 규모

자본은 금액으로 표시되는데 정관의 기재사항은 아니고 등기사항에 불과하다($^{상\,317}_{②\,ii}$). 주식회사의 최저자본에 대한 제한은 없고($^{상\,329}_{①\,폐지}$), 최고자본에 대하여도 제한이 없다.

(3) 자본에 관한 입법례

주식회사의 자본에 관한 입법례는 회사의 설립 시에 자본총액에 해당하는 주식의 인수를 요하는가의 여부에 따라 총액인수제도(확정자본주의)와 수권자본제도(창립주의)가 있다.

총액인수제도는 자본이 정관의 기재사항이고 회사의 설립 시에 자본총액에 해당하는 주식의 인수를 요하는 제도이다. 총액인수제도 하에서 증자할 경우에는 정관을 변경하여야 하므로 신주를 발행할 경우에는 주주총회의 특별결의로 정관을 변경하여야 한다.

수권자본제도는 자본은 정관의 기재사항이 아니고 정관에는 다만 회사가 발행할 주식총수(수권주식총수)만이 기재되며, 회사의 설립 시에는 수권주식총수 중 일부만이 인수되어도 회사는 설립되고 회사는 설립 후 나머지에 대하여 이사회결의만으로 신주발행을 하여 자본조달을 할 수 있는 제도이다.

상법은 수권자본제도를 따른 입법을 하고 있다($\frac{\text{상}}{\text{①}}, \frac{289}{416}$). 구 상법은 회사의 설립 시에는 수권주식총수의 4분의 1 이상이 반드시 발행되도록 하고 있어서($\frac{\text{구상}}{\text{②}}$ 289) 수권자본제도를 취하면서도 확정자본제도를 가미하고 있었으나 이 규정이 2011년 개정상법에서 삭제됨으로서 수권자본제도를 취하고 있다. 다만 금액이 확정이 되지는 않지만 상법은 설립시에 발행하는 주식의 총수를 인수하도록 하고 전액납입을 하도록 하고 있는 점에서 ($\frac{\text{상}}{305}$295.) 확정자본제도를 가미하고 있다고 보여지나 이는 엄밀한 의미에서 확정자본에 관칙이라기 보다는 자본충실의 원칙이라고 생각된다.

(4) 자본에 관한 원칙

물적 회사인 주식회사에서의 자본은 회사채권자 등에게 유일한 담보가 되는 기능을 하므로 주식회사에 있어서 자본은 중요하다. 따라서 회사설립 시 및 회사존속 중에 자본을 훼손하는 행위를 금지하고 있다.

1) 자본확정의 원칙

자본확정의 원칙은 회사의 자본이 정관에 의하여 확정되고, 그 자본에 대응하는 주식인수가 이루어져야 하는 것을 의미한다. 이 자본확정의 원칙은 설립 시 총액이 인수될 것을 요구하는 총액인수제도에서는 자본이 확정되나, 수권자본제도하에서는 정관에 기재되어 있는 자본이 전액 또는 일부만이 인수된다. 즉 수권자본제도를 채택하고 있는 상법에서는 회사의 설립 시에 발행하는 주식의 총수는 정관에 적어야 하고($\frac{\text{상}}{\text{①}}$289), 발행된 주식에 대하여는 전부 인수와 전액납입이 되어야 한다($\frac{\text{상}}{305}$295.)고 규정하고 있다.

2) 자본유지(충실, 구속)의 원칙

이 원칙은 회사는 자본에 상당하는 현실적인 재산을 항상 유지해야 한다는 원칙으로, 이는 회사채권자를 보호하기 위한 것이다. 상법상 ① 납입기일에 있어서의 전액납입 또는 현물출자의 전부이행($^{상\ 295,\ 303}_{421,\ 425}$) ② 현물출자 기타 변태설립사항의 엄격한 규제($^{상\ 299,\ 310,}_{313,\ 314,\ 422}$) ③ 발기인과 이사의 인수 및 납입담보책임($^{상\ 321,}_{428}$) ④ 주식의 할인발행(액면 미달발행)의 제한($^{상}_{330}$) ⑤ 자기주식의 취득 및 질취의 제한($^{상\ 341,}_{341의2}$) ⑥ 법정준비금의 적립($^{상\ 458,}_{459}$) ⑦ 이익배당의 제한($^{상}_{462}$) 등이 이 자본유지원칙을 뒷받침하는 제도들이다.

변태설립사항이란 정관의 상대적 기재사항 중 회사의 설립 시에 자본충실을 기하기 위하여 반드시 정관에 적어야만 그 효력이 있는 것으로 규정하고 있는 사항을 말한다($^{상}_{290}$). 변태설립사항은 그것이 남용된 경우 회사의 재산적 기초를 약화시켜 채권자 및 모집 주주의 이익을 침해할 위험이 있으므로 상법은 첫째 반드시 정관에 적어야 그 효력이 발생하도록 함은 물론, 둘째 주식청약서에도 기재하도록 하고($^{상\ 320}_{②\ ⅱ}$), 셋째 원칙적으로 법원이 선임한 검사인에 의하여 엄격한 조사를 받도록 하고 있다($^{상\ 299}_{①\ 310}$).

3) 자본불변의 원칙(자본감소제한의 원칙)

이 원칙은 회사의 자본액은 주주총회의 특별결의와 채권자보호절차 등 엄격한 법정 절차($^{상\ 438}_{\sim446}$)에 의하지 않고서는 변경(감소)할 수 없다는 원칙이다. 원래 자본변경은 증가와 감소 두 가지가 있을 수 있으나 수권자본제도를 채택한 상법상 자본증가는 이사회의 결의만으로 가능하도록 하여($^{상}_{416}$) 엄격한 법적 절차를 요하지 않고 자본감소의 경우에만 엄격한 법적 절차를 요하고 있으므로 자본불변의 원칙은 자본의 감소에만 해당한다고 할 것이다. 따라서 자본불변의 원칙은 상법상 자본감소제한의 원칙이라고 할 수 있다.

☞ 수권자본제도하에서의 자본의 개념
① 수권자본: 회사가 발행할 주식의 액면 총액(정관기재)
② 설립자본: 회사설립 시 발행하는 자본
③ 발행자본: 회사가 발행한 주식의 액면총액, 일반적으로 자본은 발행자본 의미
④ 미발행자본: 수권자본에서 발행자본을 제외한 것(이사회 결의에 의해)
⑤ 최저자본: 최저자본에 대한 제한은 없음($^{상\ 329}_{①\ 폐지}$)

3.6.1.1.2. 주 식

주식은 두 가지 의미가 있는데 첫째는 회사의 자본과 관련하여서는 자본의 구성단위인 금액을 의미하며(100원 이상), 둘째는 주주의 회사에 대한 권리·의무의 단위인 주주권을 의미한다.

3.6.1.1.3. 주주의 유한책임

주주는 회사에 대하여만 그가 가진 주식의 인수가액을 한도로 출자의무를 지고($\frac{\text{상}}{331}$), 그 밖의 사원으로서 회사 또는 회사채권자 등에게 아무런 의무를 지지 않는데 이를 주주의 유한책임의 원칙이라 한다. 주주의 이러한 유한책임은 주식회사의 본질에 관한 것이므로 정관 또는 주주총회의 결의로도 이와 달리 정할 수 없다. 이러한 주주유한책임원칙은 주주의 의사에 반하여 주식의 인수가액을 초과하는 새로운 부담을 시킬 수 없다는 취지에 불과하고 주주들의 동의가 있으면 회사채무를 주주들이 분담할 수 있다.[30]

3.6.1.2. 주식회사법의 특색

3.6.1.2.1. 강행법규성

주식회사는 인적 유대관계가 없는 다수의 이해관계인을 보호하기 위하여 원칙적으로 강행법규성을 지니고 있다.

3.6.1.2.2. 공시주의 강화

주식회사는 이해관계인이 광범위하기 때문에 회사의 재산상태 기타 중요 사항을 공시하도록 하여 주주와 회사채권자를 불측의 손해로부터 보호하고자 한다.

3.6.1.2.3. 단체주의

주식회사는 다수의 출자자로 형성되어 있기 때문에 법률관계의 집단적 처리가 요청되므로 회사법은 일반소송과 달리 소송결과를 획일적으로 처리하고 있다. 즉 상법은 회사의 설립, 주주총회의 결의, 신주발행, 자본감소 또는 합병 등이 위법인 경우에 그 무효를 획일적으로 처리하기 위하여 소송에 의하도록 하고 있다.

3.6.1.2.4. 민사·형사 제재

회사에 관련된 이해관계인이 많고 자본을 중심으로 경제적인 이해관계가 복잡함에 따라 이해관계인을 보호하기 위하여 손해배상 이외에도 벌칙규정을 두어 엄격한 형벌규정을 두고 있다.

---

30) 大判 1983.12.13, 82도735; 大判 1989.09.12, 89다카890.

3.6.2. 주식회사의 설립

3.6.2.1. 서 설

3.6.2.1.1. 주식회사설립의 특색

주식회사의 설립은 다른 합명회사나 합자회사의 경우와는 달리 실체형성절차인 정관작성 이외에 여러 단계의 절차(주식인수절차, 기관구성절차)를 밟도록 하고 있으며, 이 설립절차에 관한 규정은 모두 엄격한 강행규정으로 이해되고 있다(통설). 이는 주주의 유한책임에서 비롯된 것으로 회사의 자본의 충실을 기하기 위한 것이다.

주식회사의 설립과 관련된 특색을 보면 회사의 설립사무는 사원이 아닌 발기인이 담당하며, 사원은 주식인수절차에 의하여 확정되며, 회사를 운영할 기관구성절차가 필요하다.

3.6.2.1.2. 주식회사 설립의 방법

(1) 발기설립·모집설립

주식회사 설립의 방법에는 회사의 설립 시에 발생하는 주식의 인수방법에 따라 발기설립과 모집설립으로 나뉜다. 발기설립이란 설립 시에 발생하는 주식의 전부를 발기인이 인수하여 회사를 설립하는 방법이고($\frac{\text{상}}{295}$), 모집설립이란 설립 시에 발행하는 주식 중 그 일부는 발기인이 인수하고 나머지 주식은 주주를 모집하여 회사를 설립하는 방법이다($\frac{\text{상 } 301}{\text{이하}}$).

(2) 발기설립·모집설립의 차이

발기설립과 모집설립의 큰 차이점은 다음과 같다.

① 주식인수: 발기설립은 발기인들이 주식을 전부 인수하게 되나 모집설립의 경우에는 발기인이 일부 인수하고 나머지는 주주를 모집하게 된다.

② 납입해태 효과: 발기설립의 경우 납입의 해태는 채무불이행이 되어 채무불이행의 일반 원칙($\frac{\text{민 389,}}{390, 544}$)에 의하여 처리되나 모집설립의 경우 납입의 해태에 관하여는 실권절차가 인정된다($\frac{\text{상}}{307}$).

③ 창립총회 및 이사·감사의 선임: 발기설립의 경우에는 발기인들만으로 구성되므로

불필요하나 모집설립의 경우에는 일반 주식인수인의 참여를 위한 창립총회가 필요하다. 따라서 이사·감사의 선임도 발기설립의 경우에는 발기인 조합에서 과반수로, 모집설립의 경우에는 창립총회에서 출석한 의결권의 2/3 이상과 인수된 주식총수의 과반수로 하게 된다.

④ 설립경과: 발기설립의 경우에는 이사·감사의 조사보고는 발기인에게 하며($\frac{상}{①}$ 298) 변태설립사항을 조사하기 위하여 하는 법원에 대한 검사인의 선임청구는 이사가 하며($\frac{상}{④}$ 298) 변태설립사항이 부당한 때의 변경은 법원이 한다($\frac{상}{300}$). 이에 반하여 모집설립의 경우에는 이사·감사의 조사보고는 창립총회에 하며($\frac{상}{①}$ 313) 변태설립사항을 조사하기 위하여 하는 법원에 대한 검사인의 선임청구는 발기인이 하며($\frac{상}{①}$ 310) 변태설립사항이 부당한 때의 변경은 창립총회가 한다($\frac{상}{314}$).

☞ **발기설립과 모집설립의 차이**

	발기설립	모집설립
주식인수	발기인들이 주식을 전부 인수(293) → 설립 중의 회사 구성원: 발기인	발기인이 일부 인수, 나머지 주주모집(301) → 설립 중의 회사구성원: 발기인+주식인수인
	발기인의 주식인수는 서면에 의하고, 구두인수는 무효	
납입장소	납입·이행장소는 은행 기타 금융기관(295 ①): 제한(X)	주식청약서에 기재된 은행 기타 금융기관(305 ②, 302 ② ix)
납입해태	채무불이행에 의한 강제집행	주식인수인의 납입해태→실권절차(307) 채무불이행에 의한 강제집행
창립총회	불필요.	필요(308, 316)
이사·감사 선임	발기인조합에서 선임; 발기인의 의결권의 과반수로 선임(296 ①)	창립총회에서 선임; 출석한 주식인수인의 의결권의 2/3 이상이며, 인수된 주식총수의 과반수(309, 312)
설립경과	변태설립사항이 없는 경우: 발기인조합에서 선임한 이사·감사의 내부조사, 발기인에게 조사보고 변태설립이 있는 경우: 이사의 청구로, 법원이 선임한 검사인 또는 공증인·감정인 등이 외부조사를 하여 법원에 보고(298, 299의2, 299 ①) 법원변경권	변태설립사항이 없는 경우: 창립총회에서 선임한 이사·감사 내부조사, 창립총회에 조사보고 변태설립이 있는 경우: 발기인의 청구로(310), 법원이 선임한 검사인 또는 공증인·감정인 등이 외부조사를 하여 창립총회에 보고 창립총회의 변경권(314)
원시정관의 변경	각 발기인의 동의와 공증인의 인증	창립총회의 결의로 변경, 공증인의 인증 불필요

3.6.2.1.3. 발기인

(1) 발기인의 의의

발기인은 정관에 발기인으로 기명날인하거나 서명한 자($^{상\,289}_①$)로서 회사의 설립사무에 종사한다. 그 발기인의 여부는 회사설립 사무에 종사하는지 여부에 관계없이 정관에 발기인으로 기명날인 또는 서명되어 있는가를 기준으로 한다.

(2) 발기인의 자격

발기인의 자격에 대하여는 제한이 없다. 따라서 법인도 발기인이 될 수 있고 무능력자도 발기인이 될 수 있다(다수설). 미성년자 기타 무능력자가 발기인이 되려면 민법상의 요건을 갖추어야 한다. 발기인의 수도 제한이 없다($^{상}_{288}$).

(3) 발기인의 의무·책임

발기인은 설립사무와 관련하여 주식인수의무($^{상}_{293}$)·의사록작성의무($^{상}_{297}$) 등의 의무를 부담하며, 주식의 인수 및 납입담보책임($^{상}_{321}$)·임무해태로 인한 손해배상책임($^{상}_{322}$) 등의 책임을 진다.

3.6.2.1.4. 발기인조합

발기인들이 공동으로 회사를 설립하면서 설립절차를 개시하기 전에 회사의 설립을 목적으로 하는 계약을 체결하는 경우 그 계약의 형태는 조합계약이고 그러한 계약에 의하여 성립하는 조합이 발기인조합이다. 이러한 발기인 조합에 대해서는 민법상의 조합의 규정이 적용된다(통설). 발기인조합은 정관작성 등 회사의 설립사무를 담당하는 권한을 갖는다. 발기인 조합은 설립등기를 하기 전까지 존재하며 설립 중의 회사와 독립된 별개의 기관이다.

3.6.2.1.5. 설립 중의 회사

(1) 설립 중의 회사의 개념

설립 중의 회사란 회사 성립 전의 회사로서의 실체를 갖춘 미완성의 회사를 말한다. 즉 설립 중의 회사라 함은 주식회사의 설립과정에 있어서 발기인이 회사의 설립을 위하여 필요한 행위로 인하여 취득 또는 부담하였던 권리·의무가 회사의 설립과 동시에 그 설립된 회사에 귀속되는 관계를 설명하기 위한 강학상의 개념이다.[31]

(2) 설립 중의 회사의 법적 성질

설립 중의 회사는 설립등기를 하기 전의 회사이지만 발기인(업무집행기관), 이사·감사 (감사기관: 설립 중의 회사의 이사는 감사기관이고 업무집행기관이 아님), 창립총회가 있으므로 회사의 실체를 갖추었기 때문에 인정되는 것이다. 설립 중의 회사의 성립 시기는 정관이 작성되고 발기인이 1주 이상의 주식을 인수한 때이며, 설립등기까지 존속하며, 법적 성질은 권리능력이 없는 사단으로 이해되고 있다(통설·판례).[32]

(3) 성립된 회사로의 귀속

설립 중의 회사로서의 실체가 갖추어지기 이전에 발기인이 취득한 권리, 의무는 구체적 사정에 따라 발기인 개인 또는 발기인조합에 귀속되는 것으로서 이들에게 귀속된 권리의무를 설립 후의 회사에 귀속시키기 위해서는 양수나 채무인수 등의 특별한 이전행위가 있어야 한다.[33]

참고로 설립 중의 회사의 기관인 발기인(발기인 조합)이 취득한 권리·의무는 설립 중의 회사로 별도의 이전행위가 없이 자동으로 이전되는 점에서 발기인(발기인 조합)이 취득한 권리·의무가 회사설립 후 회사에 이전되기 위해서는 별도의 이전행위가 필요하다는 점에서 구별된다.

(4) 설립 중 회사의 행위능력

설립 중의 회사는 설립관련 행위뿐만 아니라 개업준비 행위도 할 수 있다.

(5) 설립 중 회사의 불법행위능력

발기인 중 1인이 회사의 설립을 추진 중에 행한 불법행위가 외형상 객관적으로 설립 후 회사의 대표이사로서의 직무와 밀접한 관련이 있는 경우에는 회사의 불법행위책임이 인정된다.[34]

---

31) 大判 1970.8.31, 70다1357; 大判 1994.01.28, 93다50215.
32) 大判 1985.07.23, 84누678; 大判 1990.12.26, 90누2536; 大判 2000.01.28, 99다35737.
33) 大判 1994.01.28, 93다50215.

☞ 주식회사 설립절차

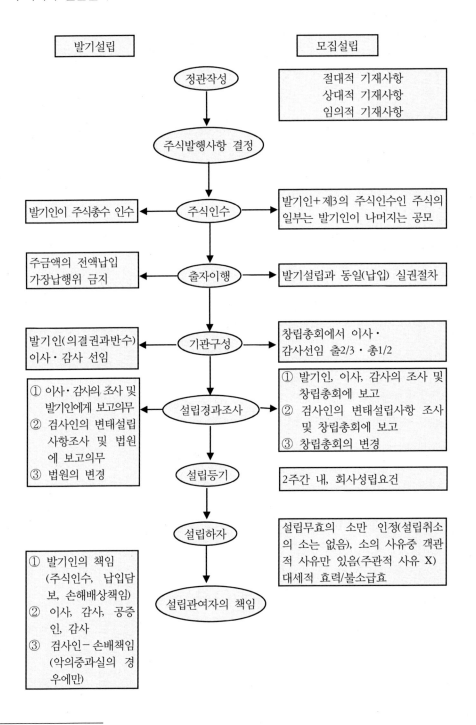

발기설립		모집설립

정관작성 → 절대적 기재사항 / 상대적 기재사항 / 임의적 기재사항

주식발행사항 결정

발기인이 주식총수 인수 ← 주식인수 → 발기인+제3의 주식인수인 주식의 일부는 발기인이 나머지는 공모

주금액의 전액납입 / 가장납행위 금지 ← 출자이행 → 발기설립과 동일(납입) 실권절차

발기인(의결권과반수) 이사·감사 선임 ← 기관구성 → 창립총회에서 이사· 감사선임 출2/3·총1/2

① 이사·감사의 조사 및 발기인에게 보고의무 ② 검사인의 변태설립 사항조사 및 법원에 보고의무 ③ 법원의 변경 ← 설립경과조사 → ① 발기인, 이사, 감사의 조사 및 창립총회에 보고 ② 검사인의 변태설립사항 조사 및 창립총회에 보고 ③ 창립총회의 변경

설립등기 — 2주간 내, 회사성립요건

설립하자 — 설립무효의 소만 인정(설립취소의 소는 없음), 소의 사유중 객관적 사유만 있음(주관적 사유 X) 대세적 효력/불소급효

① 발기인의 책임 (주식인수, 납입담보, 손해배상책임) ② 이사, 감사, 공증인, 감사 ③ 검사인 – 손배책임 (악의중과실의 경우에만) — 설립관여자의 책임

---

34) 大判 2000.01.28, 99다35737.

3.6.2.2. 정관의 작성

3.6.2.2.1. 정관의 의의

정관이란 실질적으로는 회사의 조직과 활동에 관하여 규정한 근본규칙을 말하며, 형식적으로는 이러한 근본규칙을 기재한 서면을 말한다. 정관의 법적 성질에 대해 계약의 성질을 갖는다는 설과 단체의 자치법규(다수설)로 이해하는 설로 나뉘어 있다. 판례는 사단법인의 정관은 이를 작성한 사원뿐만 아니라 그 후에 가입한 사원이나 사단법인의 기관 등도 구속하는 점에 비추어 보면 그 법적 성질은 계약이 아니라 자치법규로 보는 것이 타당하다고 한다.[35] 따라서 정관은 회사의 자치법규로써 그 내용이 법령의 강행법규에 반하지 않는 한 발기인뿐만 아니라 회사의 주주 및 기관을 구속하는 효력이 있다.

회사설립 시에 작성된 최초의 정관을 원시정관이라 하고, 그 뒤의 변경된 정관을 변경정관이라 한다. 영미법에서는 회사의 조직 및 운영에 관한 기본적인 사항을 기재하는 기본정관(memorandum of association; articles of incorporation)과 회사의 업무집행에 관하여 회사와 기관 및 주주의 행동을 규제하기 위한 사항을 기재하는 부속정관(articles of association, by laws)으로 구분하고 있다.

3.6.2.2.2. 정관의 작성

(1) 정관작성의 방법

주식회사의 정관은 발기인 전원이 작성하여야 하고($\frac{商}{288}$), 발기인 전원이 이에 기명날인 또는 서명하여야 한다($\frac{商}{289}$). 또한 원시정관은 회사의 설립관계를 명확히 하기 위하여 공증인의 인증을 받아야 한다($\frac{商}{292}$).

주식회사의 원시정관은 공증인의 인증을 받음으로써 효력이 생기는 것이지만 일단 유효하게 작성된 정관을 변경할 경우에는 주주총회의 특별결의가 있으면 그때 유효하게 정관변경이 이루어지는 것이고, 서면인 정관이 고쳐지거나 변경 내용이 등기사항인 때의 등기 여부 내지는 공증인의 인증 여부는 정관변경의 효력발생에는 아무 영향이 없다.[36]

---

35) 大判 2000.11.24, 99다12437.

36) 大判 2007.06.28, 2006다62362

(2) 정관의 기재사항

정관의 기재사항에는 정관에 반드시 적어야 하는 절대적 기재사항, 정관에 기재하지 않으면 효력이 생기지 않는 상대적 기재사항, 정관에 적어야만 효력이 인정되는 것은 아니지만 기재함으로써 특별한 효력이 발생하는 임의적 기재사항이 있다.

1) 절대적 기재사항

정관의 절대적 기재사항이란 반드시 정관에 기재되어야 하는 사항이다($^{상\ 289}_{①}$). 절대적 기재사항에 기재의 흠결이 있으면 정관의 무효사유가 된다.

① 목 적

목적은 회사가 목적하는 사업을 말하며 구체적으로 적어야 한다. 회사는 영리를 목적으로 하나 강행법규나 사회질서에 반하여서는 안 된다. 회사의 권리능력이 정관 소정의 목적에 의하여 제한된다는 설 및 판례에 의하면 정관은 회사의 권리능력의 범위를 정하는 역할을 한다. 즉 회사의 권리능력은 회사의 설립 근거가 된 법률과 회사의 정관상의 목적에 의하여 제한되나 그 목적범위 내의 행위라 함은 정관에 명시된 목적 자체에 국한되는 것이 아니라, 그 목적을 수행하는 데 있어 직접, 간접으로 필요한 행위는 모두 포함된다. 목적수행에 필요한지의 여부는 행위의 객관적 성질에 따라 판단할 것이고 행위자의 주관적, 구체적 의사에 따라 판단할 것은 아니다.[37]

② 상 호

상호란 회사의 명칭으로 반드시 주식회사라는 문자를 사용하여야 한다($^{상}_{19}$). 회사가 설립등기를 하면 등기상호로써 상호사용권 및 상호배척권이 인정된다.

③ 회사가 발행할 주식의 총수

회사가 발행할 주식의 총수란 수권주식총수이며, 최저자본에 대한 제한은 없다($^{상\ 329}_{①\ 폐지}$). 또한 2011년 개정상법 전에는 회사의 설립 시에 발행하는 주식의 총수는 수권주식총수의 4분의 1 이상이 발행되도록 하고 있었으나($^{상\ 289}_{②}$) 삭제되었다.

---

37) 大判 1999.10.8, 98다2488.

④ 액면주식을 발행하는 경우 1주의 금액

1주의 금액은 100원 이상이어야 하고(상 329), 균일하여야 한다(상 329). 2011년 개정상법 전에는 액면주식의 발행만 인정하고 무액면주식의 발행을 인정하고 있지 않았으나 무액면주식의 발행을 인정함으로써 액면주식을 발행하는 경우에는 1주의 금액을 적도로 하고 있는 것이다.

⑤ 본점의 소재지

본점은 주된 영업소이고 회사의 주소지이기 때문에 정관에 기재하도록 하는 것이다. 본점소재지는 자연인의 주소와 같은 회사의 주소 역할을 하게 된다(상 171). 소재지는 본점이 있는 최소행정구역만 표시하면 된다(예컨대, 중구).

⑥ 회사가 공고를 하는 방법

회사가 공고를 하는 방법을 기재하도록 하는 것은 주주와 회사채권자 기타의 이해관계자를 보호하기 위한 것이다. 회사의 공고는 관보 또는 시사에 관한 사항을 게재하는 일간신문에 하여야 한다. 다만, 회사는 그 공고를 정관에서 정하는 바에 따라 전자적 방법으로 공고할 수 있다(상 289). 판례는 주주가 1인인 경우 해당 주주가 주주총회에 참석하면 소집공고 해태로 인한 하자는 치유되므로 신문공고를 생략하여도 법적·실질적으로 문제가 없다는 입장을 취하고 있다.

회사는 전자적 방법으로 공고할 경우 대통령령으로 정하는 기간까지 계속 공고하고, 재무제표를 전자적 방법으로 공고할 경우에는 2년(상 450)까지 계속 공고하여야 한다. 다만, 공고기간 이후에도 누구나 그 내용을 열람할 수 있도록 하여야 한다(상 289). 회사가 전자적 방법으로 공고를 할 경우에는 게시 기간과 게시 내용에 대하여 증명하여야 한다(상 289). 회사의 전자적 방법으로 하는 공고에 관하여 필요한 사항은 대통령령으로 정한다(상 289).

⑦ 발기인의 성명·주민등록번호 및 주소

발기인의 성명·주민등록번호 및 주소를 절대적 기재사항으로 한 것은 발기인은 설립 관여자의 책임을 지고 주식을 인수하여야 하는 등의 의무를 부담하고 있기 때문에 그 책임의 소재를 확실하게 하기 위한 것이다.

2) 상대적 기재사항(변태설립사항)

가. 변태설립사항의 의의

상대적 기재사항이란 정관에 적어야 비로소 효력을 갖는 것을 말하며 개별조문에 규정되어 있다. 상대적 기재사항 중 특히 문제가 되는 것은 변태설립사항이다. 변태설립사항은 정관에 적어야 그 효력이 발생하며 주식청약서에도 기재하도록 하고 있다(상 $\frac{302}{11}$). 또한 원칙적으로 법원이 선임한 검사인에 의하여 엄격한 조사를 받도록 하고 있다(상 $\frac{299}{310}$).

나. 변태설립사항의 종류

상법에 규정되어 있는 변태설립사항은 다음과 같다.

① 발기인이 받을 특별이익과 이를 받을 자의 성명: 발기인이 받을 특별이익이란 발기인의 회사 설립에 대한 공로로서 발기인에게 부여되는 이익을 말한다. 특별이익의 예에는 이익배당, 잔여재산의 분배, 신주발행 등의 경우에 우선권 부여 등이 있을 수 있으나 자본에 관한 원칙처럼 회사법상 강행규정이라 할 수 있는 규정에 위반되는 특별이익은 부여될 수 없다. 특별이익은 주주의 지위와 분리될 수 있다.

② 현물출자를 하는 자의 성명과 그 목적인 재산의 종류, 수량, 가격과 이에 대하여 부여할 주식의 종류와 수: 현물출자란 금전 이외의 재산을 목적으로 하는 출자이다. 현물출자할 수 있는 재산으로는 동산·부동산뿐만 아니라 특허권이나 광업권 및 상호와 영업상의 비결 등은 가능하나 노무나 신용은 현물출자의 대상이 될 수 없다. 이 현물출자되는 재산을 과대평가하면 자본충실의 원칙에 위배되고 이에 따라 회사채권자를 해하게 되며, 기존주주와의 형평성에 문제가 있어서 변태설립사항으로 한 것이다.

③ 회사성립 후에 양수할 것을 약정한 재산의 종류, 수량, 가격과 그 양도인의 성명: 재산인수란 발기인이 회사의 성립을 조건으로 다른 발기인이나 주식인수인 또는 제3자로부터 일정한 재산을 매매의 형식으로 양수할 것을 약정하는 개인법상의 계약을 말한다. 회사 성립 후에 양수할 것을 약정한다 함은 회사의 변태설립의 일종인 재산인수로서 발기인이 설립될 회사를 위하여 회사의 성립을 조건으로 다른 발기인이나 주식인수인 또는 제3자로부터 일정한 재산을 매매의 형식으로 양수할 것을 약정하는 계약을 의미한다.[38] 아직 원시정관의 작성 전이어서 발기인의 자격이

없는 자가 장래 성립할 회사를 위하여 위와 같은 계약을 체결하고 그 후 그 회사의 설립을 위한 발기인이 되었다면 위 계약은 재산인수에 해당하고 정관에 기재가 없는 한 무효이다.[39] 무효인 행위에 대해 추인이 가능한가에 대해 가능하다는 견해와 불가능하다는 견해가 나뉘어 있다.

☞ **현물출자 · 재산인수 · 사후설립**

현물출자, 재산인수, 사후설립 모두가 주식회사의 자본충실의 원칙을 지키기 위하여 금전출자로 하지 않은 경우 물건이나 재산 등의 과대평가를 방지하기 위한 것이라는 점에서는 공통점을 가지고 있다. 그러나 현물출자는 단체법상의 현물행위라는 점에서, 재산인수는 개인법상의 거래행위란 점에서 구별되고, 재산인수는 회사성립 전의 계약이나 사후설립은 회사 성립 후의 계약이라는 점에서 구별된다.

④ 회사가 부담할 설립비용과 발기인이 받을 보수액: 설립비용이란 발기인이 회사의 설립을 위하여 지출한 비용, 즉 정관·주식청약서 등의 인쇄비, 주주모집을 위한 광고비 등을 말한다. 그러나 회사의 개업준비를 위하여 지출한 공장·건물·원료 등의 구입비인 개업준비 비용은 이에 포함되지 않는다(통설). 설립비용을 변태설립 사항으로 한 것은 과다한 비용지출을 방지하여 회사의 재산을 충실히 하고자 하는 데에 있다. 발기인이 받을 보수액이란 발기인이 회사를 설립하기 위하여 제공한 노무에 대한 보수이다. 보수액을 기재하는 것 역시 보수액의 과다책정에 의한 회사자본의 잠탈을 막기 위한 것이다.

다. 조사 등에 관한 특례

회사의 설립비용(1호) 및 발기인의 보수(4호)에 관한 조사 및 보고는 공증인이 할 수 있고, 현물출자(2호) 및 재산인수(3호)에 관한 조사 및 보고는 감정인의 감정으로 위의 검사인의 조사·보고에 갈음할 수 있다(상299의2). 이러한 변태설립사항을 정관에 기재하지 않고 하였거나 또는 정관에는 기재하였으나 검사인 등에 의한 검사를 받지 않고 한 경우에는 원칙적으로 무효라고 본다.

---

38) 大判 1994.5.13, 94다323.

39) 大判 1992.09.14, 91다33087.

3) 임의적 기재사항

상법에 규정이 없더라도 강행법규 또는 주식회사의 본질에 반하지 않는 한 정관에 기재할 수 있고 이로써 그 효력이 발생하는 사항을 이를 임의적 기재사항이라고 한다. 임의적 기재사항에는 다음과 같은 것이 있다. ① 주식발행사항(상291) ② 명의개서대리인의 설치(상337) ③ 주식매수선택권의 부여(상340의2제) ④ 종류주식을 발행하는 경우(상344) ⑤ 주권불소지제도의 불채택(상358의2) ⑥ 무기명주권의 발행(상357①) ⑦ 주주총회의 권한사항(상361) ⑧ 주주총회의 결의방법(상368①) ⑨ 서면에 의한 의결권의 행사(상368의3) ⑩ 이사의 임기의 연장(상383③) ⑪ 이사의 보수(상388) ⑫ 이사의 소집기간의 단축(상390의2②단서) ⑬ 이사회결의방법의 엄격화(상391①단서) ⑭ 이사회의 화상회의 배제(상391②) ⑮ 이사회 내 위원회의 설치(상393의2) ⑯ 감사위원회의 설치(상415의2) ⑰ 주주의 신주인수권의 배제(상418) ⑱ 총회에 의한 준비금의 자본전입(상461①단서) ⑲ 건설이자의 배당(상463①) ⑳ 총회에 의한 전환사채발행결정(상513②단서) 등이다.

3.6.2.2.3. 정관의 효력

(1) 대내적 효력

정관은 회사의 자치법규로서 강행법규에 반하지 않는 한 회사의 주주 및 기관을 구속하는 효력을 갖는다.

(2) 대외적(제3자에 대한) 효력

정관에 제3자의 신주인수권에 관한 내용이 포함될 수 있지만 정관의 내용이 제3자에게 직접적으로 효력을 미치지 않는다.

3.6.2.2.4. 정관의 해석

정관은 어디까지나 객관적인 기준에 따라 그 규범적인 의미 내용을 확정하는 법규해석의 방법으로 해석되어야지 작성자의 주관이나 해석 당시의 사원의 다수결에 의한 방법 등으로 자의적으로 해석될 수는 없다. 따라서 어느 시점의 사단법인의 사원들이 정관의 규범적인 의미 내용과 다른 해석을 사원총회의 결의라는 방법으로 표명하였다 하더라도 그 결의에 의한 해석은 그 사단법인의 구성원인 사원들이나 법원을 구속하는 효력이 없다.[40]

---

40) 大判 2000.11.24, 99다12437.

3.6.2.3. 기타 실체형성 절차

기타 실체형성 절차에는 주식발행사항의 결정절차, 주식인수절차, 출자이행절차, 기관구성절차 및 설립경과조사절차가 있다.

3.6.2.3.1. 주식발행사항의 결정

회사의 설립 시에 발생하는 주식의 총수($_{①\ V}^{상\ 289}$)와 1주의 금액($_{①\ IV}^{상\ 289}$)은 정관의 절대적 기재사항이므로 반드시 정관에 정하여야 한다. 그 밖의 주식발행사항 예컨대, ① 주식의 종류와 수 ② 액면주식의 경우에 액면 이상의 주식을 발행하는 때에는 그 수와 금액 ③ 무액면주식을 발행하는 경우에는 주식의 발행가액과 주식의 발행가액 중 자본금으로 계상하는 금액에 대해서는 정관에 정하거나 정관에서 정하지 않은 경우에는 발기인 전원의 동의로써 정한다($_{291}^{상}$). 위의 세 가지 사항은 발기인 전원이 정하여야 하나, 나머지 예컨대, 주식의 청약기간, 납입기일, 납입취급은행 등은 발기인 과반수의 다수결로써 정한다(통설).

3.6.2.3.2. 주식인수

(1) 발기설립의 경우

발기설립의 경우 회사의 설립 시에 발행하는 주식의 총수를 발기인이 반드시 서면에 의하여 인수하여야 한다($_{293}^{상}$). 이러한 발기인의 주식인수의 법적 성질은 합동행위(통설)이다.

(2) 모집설립의 경우

1) 모집설립의 개념

모집설립은 회사의 설립 시에 발행하는 주식의 일부는 발기인이 인수하고($_{293}^{상\ 301,}$), 나머지는 공모에 의하여 주주를 모집하는 방법이다($_{301}^{상}$).

2) 주식청약서주의

모집설립에 있어서 주식인수의 청약을 하고자 하는 자는 주식청약서 2통에 인수할 주식의 종류·수 및 주소를 기재하고 기명날인 또는 서명하여야 한다($_{}^{상\ 302}$). 이는 응모주주를 보호하기 위한 것이다.

3) 주식청약서 기재사항

주식청약서는 발기인이 작성하고 다음의 사항을 적어야 한다($\frac{\text{상}}{\text{①}}$ 302). 주식청약서는 일정한 사항이 기재되어야 하는 점에서 요식증서이다.

① 정관의 인증 년월일과 공증인의 성명

② 제289조제1항과 제290조에 게기한 사항[① 목적 ② 상호 ③ 회사가 발행할 주식의 총수 ④ 1주의 금액 ⑤ 회사의 설립 시에 발행하는 주식의 총수 ⑥ 본점의 소재지 ⑦ 회사가 공고를 하는 방법 ⑧ 발기인의 성명·주민등록번호 및 주소 ⑨ 발기인이 받을 특별이익 ⑩ 현물출자 ⑪ 재산인수 ⑫ 회사가 부담할 설립비용 및 발기인이 받을 보수액]

③ 회사의 존립기간 또는 해산사유를 정한 때에는 그 규정

④ 각 발기인이 인수한 주식의 종류와 수

⑤ 제291조에 게기한 사항[① 주식의 종류와 수 ② 액면 이상의 주식을 발행하는 때에는 그 수와 금액 ③무액면주식을 발행하는 경우에는 주식의 발행가액과 주식의 발행가액 중 자본금으로 계상하는 금액]

⑥ 주식의 양도에 관하여 이사회의 승인을 얻도록 정한 때에는 그 규정

⑦ 주주에게 배당할 이익으로 주식을 소각할 것을 정한 때에는 그 규정

⑧ 일정한 시기까지 창립총회를 종결하지 아니한 때에는 주식의 인수를 취소할 수 있다는 뜻

⑨ 납입을 맡을 은행 기타 금융기관과 납입장소

⑩ 명의개서대리인을 둔 때에는 그 성명·주소 및 영업소

4) 가설인·차명인의 주식인수

모집설립에 있어서 주식인수의 청약을 하고자 하는 자는 주식청약서 2통에 인수할 주식의 종류·수 및 주소를 기재하고 기명날인 또는 서명하여야 한다($\frac{\text{상}}{\text{①}}$ 302). 가공인물의 명의 또는 타인의 승낙을 얻지 않고 타인명의로 하는 경우에는 실제로 청약을 한 자가 주식 배정 후 주식인수인이 되어 그가 주식인수인으로서의 납입책임 등을 부담한다($\frac{\text{상}}{\text{①}}$ 332). 주식을 인수함에 있어서 타인명의를 차용하여 그 명의로 출자하여 주식인수가액을 납입한 경우에는 명의개서와 관계없이 실제로 주식을 인수하여 그 가액을 납입한 명의차용자만이 주주가 된다.41)

---

41) 大判 1977.10.11, 76다1448; 大判 1980.09.19, 80마396; 大判 1985.12.10, 84다카319; 大判 1998.04.10,

타인의 승낙을 얻어 타인명의로 주식 인수한 자는 연대하여 주금액을 납입할 책임을 부담한다(상332②). 주식회사의 자본충실의 요청상 주금을 납입하기 전에 명의대여자 및 명의차용자 모두에게 주금납입의 연대책임을 부과하는 규정인 상법 제332조 제2항은 이미 주금납입의 효력이 발생한 주금의 가장납입의 경우에는 적용되지 않는다고 할 것이고, 또한 주금의 가장납입이 일시 차입금을 가지고 주주들의 주금을 체당납입한 것과 같이 볼 수 있어 주금납입이 종료된 후에도 주주는 회사에 대하여 체당납입한 주금을 상환할 의무가 있다고 하여도 이러한 주금상환채무는 실질상 주주인 명의차용자가 부담하는 것일 뿐 단지 명의대여자로서 주식회사의 주주가 될 수 없는 자가 부담하는 채무라고는 할 수 없다.[42]

5) 민법의 특례

주식인수의 청약은 일반 민법상의 의사표시에 대한 몇 가지의 특칙을 두고 있는데 ① 주식인수의 청약자가 비진의표시를 하고 상대방(발기인)이 이를 알았거나 또는 알 수 있었을 경우에도 그 청약은 무효가 되지 않으며(상302③) ② 회사성립(설립등기) 후 또는 설립등기 전이라도 창립총회에 출석하여 권리를 행사한 후에는 주식청약서의 요건의 흠결을 이유로 하여 주식인수의 무효를 주장하거나, 착오(상109) 또는 사기나 강박(상320)을 이유로 인수를 취소하지 못한다. 그러나 다른 경우에는 청약의 의사표시에 민법의 일반 원칙이 적용된다.

6) 배정자유주의

주식인수의 청약에 대하여 발기인은 배정방법을 미리 공고하지 않은 이상 자유로이 배정할 수 있다. 발기인은 배정의 통지를 주식청약서에 기재된 주소 또는 그 자로부터 회사에 통지한 주소로 하면 되는데(상304①), 이러한 통지는 보통 그 도달할 시기에 도달한 것으로 본다(상304②). 주식인수의 청약에 대하여 배정이 있으면 주식의 인수가 성립하는데 이때에 청약자는 인수인이 되어 배정받은 주식의 수에 따라서 인수가액을 납입할 의무를 부담한다(상303). 납입을 하게 되면 주주의 지위가 될 수 있는 자격을 가지므로 권리주(상319)가 된다.

97다50619.

42) 大判 2004.03.26, 2002다29138.

3.6.2.3.3. 출자이행

(1) 발기설립의 경우

1) 주금액의 납입

발기인이 회사의 설립 시에 발행하는 주식의 총수를 인수한 때에는 지체 없이 각 주식에 대하여 그 인수가액의 전액을 납입하여야 한다. 이 경우 발기인은 납입을 맡을 은행 기타 금융기관과 납입장소를 지정하여야 한다($\frac{상}{①}$ 295). 납입금의 보관은행 등은 법원의 허가가 있는 경우에만 변경될 수 있다($\frac{상}{306}$).

2) 가장납입행위

납입금을 보관한 은행이나 그 밖의 금융기관은 발기인 또는 이사의 청구를 받으면 그 보관금액에 관하여 증명서를 발급하여야 한다($\frac{상}{①}$ 318). 위의 은행이나 그 밖의 금융기관은 증명한 보관금액에 대하여는 납입이 부실하거나 그 금액의 반환에 제한이 있다는 것을 이유로 회사에 대항하지 못한다($\frac{상}{②}$ 318). 이 규정은 자본충실을 위한 가장납입행위를 막기 위한 것이다.

가장납입행위는 ① 납입은행과 결탁하여 하는 통모가장납입 ② 납입은행과의 결탁 없이 잠시 타인으로부터 차용하여 입금한 후 등기 즉시 인출 변제하는 위장납입 ③ 양자의 중간형태가 있다. 통모가장납입행위는 상법에 의하여 금지되나, 위장납입행위에 대하여는 명문의 규정이 없다.

이러한 가장납입행위에 대하여 우리나라의 통설은 이를 무효로 보고 있으나 판례는 이를 유효로 보고 있다. 즉 판례는 주식회사를 설립하면서 일시적인 차입금으로 주금납입의 외형을 갖추고 회사 설립절차를 마친 다음 바로 그 납입금을 인출하여 차입금을 변제하는 이른바 가장납입의 경우에도 주금납입의 효력을 부인할 수는 없다고 하고 있다.[43]

주금의 가장납입의 경우에도 주금납입의 효력을 부인할 수 없으므로 주금납입절차는 일단 완료되고 주식인수인이나 주주의 주금납입의무도 종결되었다고 보아야 하나, 이러한 가장납입에 있어서 회사는 일시 차입금을 가지고 주주들의 주금을 체당 납입한 것과 같이 볼 수 있으므로 주금납입의 절차가 완료된 후에 회사는 주주에 대하여 체당 납입한 주금의 상환을 청구할 수 있다.[44] 따라서 판례에 따르면 주금액이 납입된 것으로 보기

---

43) 大判 1998.12.23, 97다20649.

때문에 발기인은 자본충실의 책임이 없다고 본다.

자본금 총액이 10억 원 미만인 회사를 발기설립하는 경우에는 위 증명서를 은행이나 그 밖의 금융기관의 잔고증명서로 대체할 수 있다(상 318).

3) 현물출자의 이행

현물출자를 하는 발기인은 납입기일에 지체 없이 출자의 목적인 재산을 인도하고 등기, 등록 기타 권리의 설정 또는 이전을 요할 경우에는 이에 관한 서류를 완비하여 교부하여야 한다(상 295). 발기인이 출자의 이행을 하지 않는 경우에는 채무불이행의 일반 원칙에 따라 그 이행을 강제하던가 또는 회사불성립의 결과가 된다.

(2) 모집설립의 경우

1) 주금액의 납입

모집설립의 경우 발기인은 발기인 이외의 주식인수인에 대하여 납입기일에 각 주식에 대한 인수가액의 전액을 납입시켜야 한다(상① 305). 금액출자의 납입장소(상② 305) 및 현물출자의 이행방법도 발기설립의 경우와 같다(상③ 305).

모집설립의 경우에 주식인수인의 금전출자는 반드시 주식청약서에 기재된 납입장소에서만 납입할 수 있는데, 이러한 납입장소는 은행 또는 기타 금융기관에 한한다(상 305 ②/302 ② ix). 또한 이러한 납입금의 보관은행 등은 법원의 허가가 있는 경우에만 변경될 수 있다(상 306).

2) 실권절차

주식인수인이 출자이행을 하지 않은 때에는 발기인은 일정한 기일을 정하여 그 기일 내에 이행을 하지 않으면 실권한다는 통지(실권예고부 최고)를 그 기일의 2주간 전에 주식 인수인에게 하여야 하며(상① 307), 이때 주식인수인이 그 기일 내에 이행을 하지 않으면 그는 주식인수인으로서의 권리를 잃고 발기인은 다시 그 주식에 대한 주주를 모집할 수 있다(상② 307). 이때 설립 중의 회사에게 손해가 있으면 발기인은 실권한 주식인수인에 대하여 손해배상도 청구할 수 있다(상③ 307).

---

44) 大判 1985.01.29, 84다카1823, 1824.

3) 주금액납입의 상계금지

2011년 개정상법 전에는 주식인수인은 주금납입에 관하여 상계로써 회사에 대항할 수 없었다($^{7상}_{334}$). 즉 주금불입은 현실적 이행이 있어야 했다.[45] 그러나 잠재적 주식의 성질을 갖고 있는 전환사채는 발행 당시에는 사채이고, 사채권자가 전환권을 행사한 때 비로소 주식으로 전환되어 회사의 자본을 구성하게 되므로, 전환사채의 인수에 관해서는 상계금지에 관한 구상법 제334조의 규정이 적용되지 않았다.[46] 그러나 2011년 개정상법에서 주금액납입의 상계금지에 관한 제334조가 삭제됨으로써 주주는 납입에 관하여 상계로써 회사에 대항할 수 있게 되었다.

3.6.2.3.4. 기관구성

(1) 발기설립의 경우

발기설립의 경우 발기인의 의결권의 과반수로써 이사와 감사를 선임한다($^{상}_{§\,296}$). 의결권은 1주에 대하여 1개로 한다($^{상}_{§\,296}$). 또한 이 경우에 발기인은 의사록을 작성하여 의사의 경과와 그 결과를 기재하고 기명날인 또는 서명하여야 한다($^{상}_{297}$). 이사·감사는 감독기관의 역할을 한다.

(2) 모집설립의 경우

모집설립의 경우 발기인이 소집한($^{상}_{§\,308}$) 창립총회에서 출석한 주식인수인의 의결권의 3분의 2 이상이며 인수된 주식총수의 과반수에 해당하는 다수에 의해서($^{상}_{309}$) 이사와 감사가 선임된다($^{상}_{312}$). 선임된 이사들은 정관에 달리 정한 바가 없으면 이사회를 열어 회사의 대표이사를 선임하여야 한다($^{상}_{317}\,^{389}_{②}\,^{①}_{ix}$).

---

45) 大判 1963.10.22, 63다494.

46) 大判 2004.08.20, 2003다20060.

3.6.2.3.5. 설립경과 조사

(1) 발기설립의 경우

1) 이사·감사의 조사 및 보고의무

이사와 감사는 취임 후 지체 없이 회사의 설립에 관한 모든 사항이 법령 또는 정관의 규정에 위반되지 아니하는지의 여부를 조사하여 발기인에게 보고하여야 한다(상298①). 이사와 감사 중 발기인이었던 자·현물출자자 또는 회사성립 후 양수할 재산의 계약당사자인 자는 위의 조사·보고에 참가하지 못한다(상298②). 이사와 감사의 전원이 발기인, 현물출자자, 재산양수인에 해당하는 때에는 이사는 공증인으로 하여금 조사·보고를 하게 하여야 한다(상298③). 이사는 발기인이 받을 특별이익(상290ⅰ), 현물출자(상290ⅱ), 재산인수(상290ⅲ), 회사가 부담할 설립비용 및 발기인이 받을 보수액(상290ⅳ)에 관한 조사를 하게 하기 위하여 검사인의 선임을 법원에 청구하여야 한다(상298④). 다만 현물출자 등의 증명(상299의2) 등에 관한 규정에 의한 때에는 그러하지 아니하다.

2) 검사인의 변태설립사항의 조사 및 법원에의 보고

검사인은 발기인이 받을 특별이익(상290ⅰ), 현물출자(상290ⅱ), 재산인수(상290ⅲ), 회사가 부담할 설립비용 및 발기인이 받을 보수액(상290ⅳ), 발기설립의 경우의 납입과 현물출자의 이행(상295)을 조사하여 법원에 보고하여야 한다(상299①). 다만 다음의 어느 하나에 해당할 경우에는 적용하지 아니한다(상299②).

① 제290조제2호(현물출자를 하는 자의 성명과 그 목적인 재산의 종류, 수량, 가격과 이에 대하여 부여할 주식의 종류와 수) 및 제3호(회사성립 후에 양수할 것을 약정한 재산의 종류, 수량, 가격과 그 양도인의 성명)의 재산총액이 자본금의 5분의 1을 초과하지 아니하고 대통령령으로 정한 금액을 초과하지 아니하는 경우

② 위 현물출자(상290ⅱ), 재산인수(상290ⅲ)의 재산이 거래소에서 시세가 있는 유가증권인 경우로서 정관에 적힌 가격이 대통령령으로 정한 방법으로 산정된 시세를 초과하지 아니하는 경우

③ 그 밖에 위 ① 및 ②에 준하는 경우로서 대통령령으로 정하는 경우

검사인은 조사보고서를 작성한 후 지체 없이 그 등본을 각 발기인에게 교부하여야 한다(상299③). 발기인은 검사인의 조사보고서에 사실과 상이한 사항이 있으면 이에 대한 설명

서를 법원에 제출할 수 있다($\frac{상}{④}$ 299).

3) 법원의 변경

법원은 검사인 또는 공증인의 조사보고서 또는 감정인의 감정결과와 발기인의 설명서를 심사하여 변태설립사항에 관한 사항이 부당하다고 인정한 때에는 이를 변경하여 각 발기인에게 통고할 수 있다($\frac{상}{①}$ 300). 위의 변경에 불복하는 발기인은 그 주식의 인수를 취소할 수 있다. 이 경우에 정관을 변경하여 설립에 관한 절차를 속행할 수 있다($\frac{상}{②}$ 300). 법원의 통고가 있은 후 2주 내에 주식의 인수를 취소한 발기인이 없는 때에는 정관은 통고에 따라서 변경된 것으로 본다($\frac{상}{③}$ 300).

(2) 모집설립의 경우

1) 발기인, 이사·감사의 창립총회에 조사 및 보고의무

발기인은 회사의 창립에 관한 사항을 서면에 의하여 창립총회에 보고하여야 한다($\frac{상}{①}$ 311). 위 보고서에는 ① 주식인수와 납입에 관한 제반 상황 ② 변태설립사항에 관한 실태를 명확히 적어야 한다($\frac{상}{②}$ 311). 이사와 감사는 취임 후 지체 없이 회사의 설립에 관한 모든 사항이 법령 또는 정관의 규정에 위반되지 아니하는지의 여부를 조사하여 창립총회에 보고하여야 한다($\frac{상}{313}$). 이 보고에는 주식인수절차 및 출자이행절차에 관한 사항과 변태설립에 관한 사항이 명백히 기재되어야 한다($\frac{상}{②}$ 311).

이사와 감사 중 발기인이었던 자·현물출자자 또는 회사성립 후 양수할 재산의 계약 당사자인 자는 위의 조사·보고에 참가하지 못한다($\frac{상 313}{298 ②}$ ②.). 이사와 감사의 전원이 해당하는 때에는 이사는 공증인으로 하여금 조사·보고를 하게 하여야 한다($\frac{상}{②}$, 8 $\frac{313}{③}$).

2) 검사인의 변태설립사항 조사 및 창립총회에의 보고의무

변태설립사항에 관한 것은 발기설립의 경우와 같다. 즉 변태설립에 관한 사항은 원칙적으로 검사인에 의하여 조사를 받아야 하는데, 이때의 검사인은 발기인의 청구에 의하여 법원이 선임한다($\frac{상}{①}$ 310). 검사인은 변태설립사항을 조사한 후 보고서를 작성하여 창립총회에 제출하여야 한다($\frac{상}{②}$ 310).

변태설립사항 중 발기인이 받을 특별이익($\frac{상}{}$ 290)과 회사가 부담할 설립비용 및 발기인이 받을 보수액($\frac{상}{IV}$ 290)에 관하여는 공증인의 조사·보고로, 또한 현물출자($\frac{상}{II}$ 290)와 재산인수

($\frac{상}{\text{III}}$ ^{290}) 및 현물출자의 이행($\frac{상}{②}$ ^{295})에 관하여는 공인된 감정인의 감정으로 법원이 선임한 검사인의 조사에 갈음할 수 있다($\frac{상\ 310}{299\ ②}$ $^{③}_{1문}$). 이러한 공증인 또는 감정인은 조사 또는 감정결과를 창립총회에 보고하여야 한다($\frac{상\ 310}{299의2}$ $^{③}_{2문}$).

3) 창립총회의 변경

위의 보고에 의하여 창립총회는 변태설립사항이 부당하다고 인정한 때에는 이를 변경할 수 있다($\frac{상}{①}$ ^{314}). 이때 창립총회의 변경에 불복하는 발기인은 그 주식의 인수를 취소할 수 있는데($\frac{상\ 314}{300\ ②}$ ^{②}), 창립총회의 변경통고가 있은 후 2주 내에 주식의 인수를 취소한 발기인이 없는 때에는 정관은 변경통고에 따라 변경된 것으로 간주된다($\frac{상\ 314}{300\ ②}$ ^{②}). 창립총회의 변경의 규정은 발기인에 대한 손해배상의 청구에 영향을 미치지 아니한다($\frac{상}{315}$).

3.6.2.4. **설립등기**

3.6.2.4.1. 등기기간

주식회사의 설립등기는 발기설립의 경우에는 검사인에 의한 변태설립사항 조사보고 후 또는 법원의 변태설립사항 변경처분 후 2주간 내에, 모집설립의 경우에는 창립총회 종결 후 또는 창립총회에 의한 변태설립사항 변경 후 2주간 내에 하여야 한다($\frac{상}{①}$ ^{317}).

3.6.2.4.2. 설립등기 사항

등기사항은 다음과 같다($\frac{상}{②}$ ^{317}).

① 제289 제1항 제1호 내지 4호, 6호와 7호에 게기한 사항(① 목적 ② 상호 ③ 회사가
   발행할 주식의 총수 ④ 1주의 금액 ⑥ 본점의 소재지 ⑦ 회사가 공고를 하는 방법)
② 자본금의 액
③ 발행주식의 총수, 그 종류와 각종 주식의 내용과 수
④ 주식의 양도에 관하여 이사회의 승인을 얻도록 정한 때에는 그 규정
⑤ 주식매수선택권을 부여하도록 정한 때에는 그 규정
⑥ 지점의 소재지
⑦ 회사의 존립기간 또는 해산사유를 정한 때에는 그 기간 또는 사유
⑧ 주주에게 배당할 이익으로 주식을 소각할 것을 정한 때에는 그 규정
⑨ 전환주식을 발행하는 경우에는 제347조에 게기한 사항(① 주식을 다른 종류의 주

식으로 전환할 수 있다는 뜻 ② 전환의 조건 ③ 전환으로 인하여 발행할 주식의 내용 ④ 전환을 청구할 수 있는 기간)

⑩ 사내이사, 사외이사, 그 밖에 상무에 종사하지 아니하는 이사, 감사 및 집행임원의 성명과 주민등록번호

⑪ 회사를 대표할 이사 또는 집행임원의 성명·주민등록번호 및 주소

⑫ 둘 이상의 대표이사 또는 대표집행임원이 공동으로 회사를 대표할 것을 정한 때에는 그 규정

⑬ 명의개서대리인을 둔 때에는 그 상호 및 본점소재지

⑭ 감사위원회 설치 시 감사위원회의 위원에 관한 성명이나 주민등록번호

주식회사의 지점 설치 및 이전 시 지점소재지 또는 신지점소재지에서 등기를 할 때에는 제289조제1항 제1호(목적), 제2호(상호), 제6호(본점소재지), 제7호(회사가 공고를 하는 방법) 및 제317조제2항 제4호(회사의 존립기간 또는 해산사유를 정한 때에는 그 기간 또는 사유), 제9호(회사를 대표할 이사 또는 집행임원의 성명·주민등록번호 및 주소), 제10호(둘 이상의 대표이사 또는 대표집행임원이 공동으로 회사를 대표할 것을 정한 때에는 그 규정)의 규정에 의한 사항을 등기하여야 한다($\frac{상}{3}$ ^{317}). 그리고 지점의 설치($\frac{상}{181}$), 본점·지점의 이전($\frac{상}{182}$), 등기사항의 변경($\frac{상}{183}$)이 있는 때에는 일정한 기간 내에 등기를 하여야 한다($\frac{상}{4}$ ^{317}).

3.6.2.4.3. 설립등기 효력

설립등기에 의하여 회사가 성립하며($\frac{상}{172}$), 상호권이 발생한다. 뿐만 아니라 주식인수의 무효나 취소가 제한되고($\frac{상}{320}$), 권리주 양도제한이 해제되고($\frac{상}{335}$ $\frac{319}{②}$), 주권발행이 허용 및 강제되며($\frac{상}{355}$), 설립무효의 주장이 제한되고($\frac{상}{328}$), 발기인의 자본충실의 책임이 개시된다($\frac{상}{321}$).

설립등기를 게을리 하면 과태료의 제재를 받으며($\frac{상}{①}$ $\frac{635}{vii}$), 설립등기를 위하여 주식의 납입이나 현물출자의 이행 기타 변태설립사항에 관하여 법원 또는 창립총회에 부실보고를 하거나 사실을 은폐하면 처벌을 받는다($\frac{상}{①}$ ^{625}).

3.6.2.5. 설립하자: 설립무효의소

3.6.2.5.1. 소의 원인

주식회사의 설립하자에 대해서는 설립취소의 소는 없고 설립무효의 소만이 있다. 뿐만 아니라 주식회사의 설립무효의 소의 원인이 되는 하자에는 주관적 하자는 없고 객관적

하자만이 있다. 객관적 하자의 중요한 예로는 ① 정관에 공증인의 인증을 받지 않은 경우($\frac{상}{292}$) ② 창립총회를 소집하지 않았거나($\frac{상}{308}$) 그 법정업무를 수행하지 않았거나($\frac{상 310}{이하}$) 또는 그 결의에 하자가 있는 경우($\frac{상}{309}$) 등이다.

3.6.2.5.2. 주장방법 · 소의 당사자 · 제소기간

주식회사의 설립무효의 원인이 있는 경우에는 소로써만 주장할 수 있고 또 제소기간은 회사성립의 날, 즉 본점소재지에서 설립등기를 한 날로부터 2년 내이다($\frac{상 328}{①}$). 제소권자는 주주, 이사, 감사이다($\frac{상 328}{①}$). 피고는 회사이다.

3.6.2.5.3. 소의 절차

합명회사의 경우와 동일하다($\frac{상 328,}{186~189}$).

3.6.2.5.4. 판결의 효과

합명회사의 경우와 대체로 동일하다($\frac{상 328 ②}{190~193}$). 즉 원고가 승소하면 설립무효·취소의 판결의 효력은 당사자 이외의 제3자에게도 미치며(대세적 효력), 판결의 효력이 소급하지 않으므로 그 판결확정 전에 생긴 회사와 사원 및 제3자 간의 권리의무에 영향을 미치지 않는다(불소급효)($\frac{상}{190}$). 설립무효의 판결이 확정된 때에는 본점과 지점의 소재지에서 등기하여야 한다($\frac{상}{192}$).

원고가 패소하면 그 판결의 효력에는 상법이 적용되지 않고 당사자 간에만 효력이 미치므로, 다른 제소권자는 다시 소를 제기할 수 있다. 이때에 패소한 원고에게 악의 또는 중과실이 있는 경우에는 원고는 회사에 대하여 연대하여 손해를 배상할 책임이 있다($\frac{상}{191}$). 다만 합명회사와 다른 점은 주식회사에서는 주관적 하자로 인한 설립무효는 인정되지 않으므로, 특정한 사원에게 무효원인이 있어 설립무효가 된 경우의 회사계속의 제도는 없다($\frac{상 328 ②에서 194}{조 를 준용하지 않음}$).

3.6.2.5.5. 사후설립

사후설립이란 회사가 그 성립 후 2년 내에 그 성립 전부터 존재하는 재산으로서 영업을 위하여 계속하여 사용하여야 할 것을 자본의 100분의 5 이상에 해당하는 대가로 취득하는 계약을 말한다($\frac{상}{375}$). 사후설립에 관한 계약을 체결할 때에는 주주총회의 특별결의를 얻어야 한다($\frac{상 375}{374}$). 사후설립은 현물출자와 재산인수에 관한 엄격한 통제를 회피하기 위한 수단으로 이용되므로 규제되고 있다.

갑과 을이 공동으로 축산업 등을 목적으로 하는 회사를 설립하기로 합의하고 갑은 부동산을 현물로 출자하고 을은 현금을 출자하되, 현물출자에 따른 번잡함을 피하기 위하여 회사의 성립 후 회사와 갑 간의 매매계약에 의한 소유권 이전등기의 방법에 의하여 위 현물출자를 완성하기로 약정하고 그 후 회사설립을 위한 소정의 절차를 거쳐 위 약정에 따른 현물출자가 이루어진 것이라면, 위 현물출자를 위한 약정은 그대로 상법 제290조 제3호가 규정하는 변태설립사항 중 재산인수에 해당한다고 할 것이어서 정관에 기재되지 아니하는 한 무효라고 할 것이나,[47] 위와 같은 방법에 의한 현물출자가 동시에 상법 제375조가 규정하는 사후설립에 해당하고 이에 대하여 주주총회의 특별결의에 의한 추인이 있었다면 회사는 유효하게 위 현물출자로 인한 부동산의 소유권을 취득한다.[48]

3.6.2.6. 설립에 관한 책임

3.6.2.6.1. 발기인의 책임

(1) 회사가 성립한 경우

1) 회사에 대한 책임

ⅰ) 자본충실의 책임(인수담보책임, 납입담보책임)

회사설립 시에 발행한 주식으로서 회사성립 후에 아직 인수되지 아니한 주식이 있거나 주식인수의 청약이 취소된 때에는 발기인이 이를 공동으로 인수한 것으로 본다($\overset{상}{\S}$ 321). 공동인수하게 되면 공유주가 된다($\overset{상}{333}$). 회사성립 후 납입을 완료하지 아니한 주식이 있는 때에는 발기인은 연대하여 그 납입을 하여야 한다($\overset{상 321 ②;}{295 ①, 305①}$). 위 인수담보책임 및 납입담보책임은 무과실 책임이어서 총주주의 동의로도 면제되지 않는다.

ⅱ) 손해배상책임

발기인이 회사의 설립에 관하여 그 임무를 해태한 때, 즉 과실이 있는 때(경과실 포함)

---

47) 大判 1994.05.13, 94다323.
48) 大判 1992.09.14, 91다33087.

에는 그 발기인은 회사에 대하여 연대하여 손해를 배상할 책임이 있다($\S_{400}^{상 322}$). 발기인의 이 책임은 총주주의 동의에 의하여 면제될 수 있다($\S_{400}^{상 324}$). 발기인의 손해배상책임은 소수주주에 의한 대표소송에 의하여 추궁될 수도 있다($\S_{403～406}^{상 324}$).

2) 제3자에 대한 책임

발기인이 악의 또는 중대한 과실(경과실 포함 안함)로 인하여 그 임무를 해태한 때에는 그 발기인은 제3자에 대하여도 연대하여 손해를 배상할 책임이 있다($\S^{상 322}$). 이사의 제3자에 대한 책임에 있어서의 손해 및 제3자의 범위와 같다. 제3자에 대한 책임은 총주주의 동의로도 면제되지 않는다.

(2) 회사가 불성립한 경우

회사가 성립하지 못한 경우에 발기인은 과실유무에 관계없이 그 설립에 관한 행위에 대하여 연대하여 책임을 진다. 이 경우에 회사의 설립에 관하여 지급한 비용은 발기인이 부담한다($\S^{상 326}$).

3.6.2.6.2. 이사·감사·공증인·감정인의 책임

이사 또는 감사가 설립 중의 회사의 감사기관으로서 설립경과를 조사하여 창립총회에 보고하여야 할 임무를 해태하여 회사 또는 제3자에 대하여 손해배상책임을 지는 경우에 발기인도 책임을 지는 경우에는 그 이사, 감사와 발기인은 연대하여 손해를 배상할 책임이 있다($\S_{323}^{상}$).

3.6.2.6.3. 검사인의 책임

법원이 선임한 검사인이 악의 또는 중대한 과실로 인하여 그 임무를 해태한 때에는 회사 또는 제3자에 대하여 손해를 배상할 책임이 있다($\S_{325}^{상}$). 법원이 선임한 검사인의 이러한 손해배상책임은 회사에 대한 책임의 경우에도 악의 또는 중과실이 있는 경우에만 발생한다는 점에서 발기인·이사·감사의 회사에 대한 책임과 다르다.

3.6.2.6.4. 유사발기인의 책임

주식청약서 기타 주식모집에 관한 서면에 성명과 회사의 설립에 찬조하는 뜻을 기재할 것을 승낙한 자는 발기인과 동일한 책임이 있다($\S_{327}^{상}$). 즉 정관에 기재하지 않고 기명날인 또는 서명은 되지 않은 자이지만 설립에 관여한 자를 말한다.

3.6.2.6.5. 납입취금융기관의 책임

납입금을 보관한 은행 기타의 금융기관은 발기인 또는 이사의 청구가 있는 때에는 그 보관금액에 관하여 증명서를 교부하여야 한다(상 318). 은행 기타의 금융기관은 증명한 보관금액에 대하여는 납입의 부실 또는 그 금액의 반환에 관한 제한이 있음을 이유로 하여 회사에 대항하지 못한다(상 318).

☞ 설립관여자의 책임

회사가 성립한 경우	
발기인	자본충실책임: 인수담보책임·납입담보책임(321), 손해배상책임, 악의 또는 중과실의 경우 제3자에게 손해배상책임(322)
이사·감사	회사에 대한 손해배상책임, 악의 또는 중과실의 경우 제3자에 대한 손해배상책임(323)
검사인	회사 및 제3자에 대한 손해배상책임(325)
유사발기인	자본충실책임(327, 321)
회사가 불성립한 경우	
발기인	설립에 관한 행위에 대해 개인·무한·연대책임
유사발기인	설립에 관한 행위에 대해 발기인과 동일책임(327)
형사상·행정상 책임	
발기인·이사·감사·검사인·공증인 형사상책임	주식 또는 출자의 인수나 납입 현물출자의 이행 등을 법원·총회 부실보고 사실은폐(625) 부정청탁(청탁죄)(630), 5년 이하의 징역, 1500만 원 이하 벌금, 특별배임죄(622) 500만 원 이하 과태료(635)
발기인·이사·감사·납입보관자	가장납입 5년 이하의 징역 1500만 원 이하의 벌금(628)

3.6.3. 주식 일반

3.6.3.1. 주식의 의의

주식은 자본의 구성단위이고, 주주의 회사에 대한 권리의무의 단위인 주주권을 의미한다. 이 주식은 주주권을 표창하는 유가증권인 주권과 구별된다.

3.6.3.1.1. 자본의 구성단위로서의 주식

(1) 균등한 비례적 단위

구상법에서는 1주의 금액이 기재된 액면주식(par-value share)만 인정되고 무액면주식 (non par-value share)은 인정되지 않았으나 2011년 상법개정으로 무액면주식제도가 도입되었다. 즉 회사는 정관에서 정한 경우에는 주식의 전부를 무액면주식으로 발행할 수 있으나, 무액면주식을 발행하는 경우에는 액면주식을 발행할 수 없도록 하고 있다($\frac{\text{상}}{①}$329).

액면주식제도 하에서의 자본을 균등하게 나눈 단위로서의 금액을 의미하는 주식은 주금액의 최저액이 100원(액면주) 이상이어야 하고 주금액은 균일하여야 한다($\frac{\text{상}}{②③}$329). 따라서 주식회사의 주주는 비율적 단위로 세분화된 복수의 지분(지분복수주의)을 갖는 점에서 사원이 한 개의 지분을 갖는(지분단일주의) 합명회사 사원과 다르다.

(2) 주식과 자본과의 관계

상법상 (액면주식의 경우) 자본은 1주의 액면가액을 발행주식총수로 곱한 합계액이다 ($\frac{\text{상}}{451}$). 따라서 액면가액이 일정하다면 발행주식총수와 자본과의 관계는 비례성을 가지게 되는데, 이에 대한 예외로 발행주식수는 줄이면서도 자본이 변동되지 않는 경우가 있다. 그러한 예로 상법에서 규정하고 있는 것은 상환주식의 상환($\frac{\text{상}}{345}$), 주식의 이익소각($\frac{\text{상}}{343}$), 총회의 결의에 의한 주식소각($\frac{\text{상}}{343}$) 등의 경우가 그렇다. 따라서 이러한 경우에는 자본 계산의 기초가 되는 주식 수와 현재 발행되어 있는 주식 수 간에 불일치 현상이 나타나게 된다.

(3) 주식의 불가분성

주식은 단위 미만으로 세분화하거나 분해할 수 없다. 그러나 1단위의 주식 자체를 수인이 공유하는 것은 상관이 없다($\frac{\text{상}}{333}$). 주식이 수인의 공유에 속하는 때에는 공유자는 주주의 권리를 행사할 자 1인을 정하여야 한다($\frac{\text{상}}{②}$332). 주주의 권리를 행사할 자가 없는 때에는 공유자에 대한 통지나 최고는 그 1인에 대하여 하면 된다($\frac{\text{상}}{③}$332).

3.6.3.1.2. 주주의 지위로서의 주식

주식은 주주가 주식회사에 대하여 갖는 여러 권리 및 의무의 기초인 사원의 지위 또는 자격(사원권)을 나타낸다. 이러한 사원권의 기초가 되는 주식의 성질에 대하여 사원권설,

사원권부인설, 채권설, 주식회사재단설 등이 있다. 통설인 사원권설에 의하면 주식은 주식회사에 있어서 주주가 가지는 사원으로서의 법적 지위를 나타낸다고 한다. 따라서 주주가 회사에 대해 가지는 각종의 권리나 의무는 회사에 대한 법률상의 지위의 기초로 인정되는 것이다. 이에 따라 주주는 주주의 자익권과 공익권을 내용으로 하는 주식을 회사에 대하여 권리를 행사하거나 주식 그 자체를 양도 또는 처분하는 것이 가능하다.

3.6.3.2. 주식의 종류

3.6.3.2.1. 액면주식·무액면주식

(1) 액면주식

액면주식이란 권면액, 즉 1주의 금액이 정관($\frac{\text{상}}{\text{①}}\frac{289}{\text{IV}}$)과 주권($\frac{\text{상}}{\text{IV}}$ 356)에 표시되는 주식을 말한다. 무액면주식이란 1주의 금액이 정관 및 주권에 표시되지 않고 단지 주식의 수(미국) 또는 자본에 대한 비율(유럽)만이 표시되는 주식을 말한다. 구상법은 액면주식의 발행만을 인정하였으며, 1주의 금액은 100원 이상 균일하도록 요구하였다.

(2) 무액면주식의 발행

무액면주식은 시가발행이 가능하므로 발행한 액면주식의 시가가 액면보다 낮은 회사에서는 그 낮은 시가로 신주를 발행할 수 있어 자본의 조달이 용이할 뿐만 아니라, 주식이 현재의 경제적 가치를 정확히 나타내므로 주식의 경제적 가치에 대한 오해의 염려가 없다. 하지만 주식사기의 원인이 되고 자본유지(충실)의 원칙에 반할 위험이 있다.

(3) 액면·무액면주식 상호간의 전환

회사는 정관에서 정하는 바에 따라 발행된 액면주식을 무액면주식으로 전환하거나 무액면주식을 액면주식으로 전환할 수 있다($\frac{\text{상}}{\text{④}}$ 329). 주식의 종류를 전환하는 경우에 회사는 1월 이상의 기간을 정하여 그 뜻과 그 기간 내에 주권을 회사에 제출할 것을 공고하고 주주명부에 기재된 주주와 질권자에 대하여는 각별로 그 통지를 하여야 한다($\frac{\text{상}}{440}$ 329 ⑤). 효력은 기간이 만료한 때에 생긴다($\frac{\text{상}}{\text{⑤}, 441}$ 329). 주식의 종류를 전환하는 경우에 구주권을 회사에 제출할 수 없는 자가 있는 때에는 회사는 그 자의 청구에 의하여 3월이상의 기간을 정하고 이해관계인에 대하여 그 주권에 대한 이의가 있으면 그 기간내에 제출할 뜻을 공고하고 그 기간이 경과한 후에 신주권을 청구자에게 교부할 수 있다($\substack{상\ 329 ⑤\\ 442 ①}$). 공고의 비용은 청구자의 부담으로 한다($\substack{상\ 329 ⑤\\ 442 ②}$).

3.6.3.2.2. 기명주식·무기명주식

기명주식이란 주주의 성명이 주권과 주주명부에 표시되는 주식을 말하며, 무기명주식이란 주주의 성명이 주권과 주주명부에 표시되지 않는 주식을 말한다. 상법은 원칙적으로 기명주식을 발행하도록 규정하고 있다($상\ 357$). 무기명주식은 예외적으로 정관에 규정이 있는 경우에 한하여 발행을 인정하고 있으며($상\ 357$), 무기명주식을 발행한 경우에도 주주는 언제든지 무기명주식을 기명주식으로 변경하여 줄 것을 청구할 수 있다($\substack{상\ 357\\ ②}$). 기명주식과 무기명주식의 구별은 회사에 대한 권리행사의 방법에 있어서 차이가 있다는 점에 있다.

권리행사와 관련하여 기명주식의 주주는 주주명부에 기재되어 있으므로 주주로서의 자격이 추정되므로 주권이 없이도 권리를 행사할 수 있으나 무기명주식의 주주는 주권의 소지에 의하여 적법한 권리자로 추정받게 되므로 주권이 없이는 권리행사가 불가능하다. 그리고 기명주식의 주주에게는 총회를 소집하는 경우 회일을 정하여 2주간 전에 각 주주에 대하여 서면 또는 전자문서로 통지를 발송하여야 하나($\substack{상\ 363\\ ①}$), 무기명식의 경우에는 회일의 3주간 전에 총회를 소집하는 뜻과 회의의 목적사항을 공고하여야 한다($\substack{상\ 363\\ ③}$), 무기명주식의 주주의 경우에는 그 소재를 알 수가 없기 때문에 공고에 의하도록 한 것이다. 기명주식의 양도를 회사에 대항하기 위하여는 별도로 주주명부에의 명의개서를 하여야 하고($\substack{상\\ 337}$), 무기명주식의 경우에는 주권을 회사에 공탁하여야 한다($\substack{상\\ 358}$).

☞ 기명주식과 무기명주식

	기명주식	무기명주식
의의	주권에 주주성명이 표시 (주주명부에도 기재)	주권에 주주성명 불표시
발행사항	원칙적	정관에서 정한 경우에 가능
소집	통지	공고
권리행사 시 인적 동일성확인	주주명부에 의함	주권의 공탁
주주의 인식	주주명부에 의함	주권자체의 의함
주권불소지제도	이용가능	이용불가
양도방법	교부	교부
입질	(교부에 의한) 약식질 (주주명부에 기재) 등록질	등록질 없음
전환가능 여부	불가능	가능

3.6.3.2.3. 기타의 분류

(1) 유상주·무상주

유상주란 신주를 발행할 때에 주금을 납입시키면서 발행하는 것을 말하고 무상주란 준비금을 자본에 전입하면서 주주에게 무상으로 신주를 교부하는 것을 말한다.

(2) 구주·신주

구주란 회사가 최초로 발행한 주식을 말하고 신주란 이후 증자를 위하여 발행한 주식을 말한다.

(3) 단 주

단주란 1주 미만의 주식을 말한다. 이는 주식병합 등의 경우에 발생하며, 단주에 대한 처리는 주식배당, 무상주의 교부, 주식의 병합, 합병의 경우 등에 각각 법정되어 있다.

3.6.3.2.4. 종류주식

(1) 의 의

회사는 이익의 배당, 잔여재산의 분배, 주주총회에서의 의결권의 행사, 상환 및 전환 등에 관하여 내용이 다른 종류의 주식(종류주식)을 발행할 수 있다($^{상}_{①}$ ^{344}). 이처럼 이익의 배당 또는 잔여재산의 분배에 관하여 내용이 다른 주식을 종류주식이라 한다. 상법이 종류주식을 인정하고 있는 것은 회사의 자본조달을 용이하게 할 수 있도록 하기 위해서이다.

(2) 발 행

회사가 종류주식을 발행하는 경우에는 정관으로 각종의 주식의 내용과 수를 정하여야 한다($^{상}_{②}$ ^{344}), 즉 종류주식의 발행에 관한 사항은 정관의 상대적 기재사항이다.

회사가 종류주식을 발행하는 때에는 정관에 다른 정함이 없는 경우에도 주식의 종류에 따라 신주의 인수, 주식의 병합·분할·소각 또는 회사의 합병·분할로 인한 주식의 배정에 관하여 특수하게 정할 수 있다($^{상}_{③}$ ^{344}).

종류주식 주주의 종류주주총회의 결의에 관하여는 출석한 주주의 의결권의 3분의 2 이상의 수와 그 종류의 발행주식총수의 3분의 1 이상의 수로써 하여야 한다($^{상}_{435}$ $^{344}_{②}$ ^{④}).

(3) 결 의

회사설립 시에는 발기인 전원의 동의로 정관에 기재된 범위 내에서 구체적으로 발행할 주식의 종류와 수를 결정하고($^{상\,291}$), 회사성립 후에는 원칙적으로 이사회의 결의($^{상\,391}$)로 발행되는 신주의 종류와 수를 결정한다($^{상\,416}$).

(4) 종 류

1) 우선주

우선주는 이익이나 이자의 배당 또는 잔여재산의 분배에 관하여 다른 주식보다 우선적 지위가 부여된 주식이다. 그러나 이 의미는 다른 주식보다 언제나 고율의 배당을 받는다는 의미는 아니다.

이익배당에 관한 우선주에 대하여는 정관으로 최저배당률을 정하여야 한다($^{상\,344}$). 최저배당률이란 그 배당률이 9% 등으로 수치로 확정되어 있는 것을 의미하므로 보통주보다 1%를 더 배당한다는 식의 규정은 인정되지 않는다. 따라서 일반적으로 이익배당에 관한 우선주에 대하여는 주식액면금액에 대하여 배당률을 정하여 놓은 경우에, 이로 인하여 배당률에 대하여 제한이 없는 보통주가 우선주보다 고율의 배당을 받는 경우도 있을 수 있다.

이러한 우선주에는 정관에서 정한 소정비율의 우선배당을 받고도 이익이 남는 경우에 우선주주가 다시 보통주주와 함께 배당에 참가할 수 있는 참가적 우선주와 소정비율의 우선배당을 받는 데 그치고 잔여이익은 모두 보통주에 배당하는 비참가적 우선주가 있다. 참가적 우선주에도 잔여이익에 대해 보통주와 같이 동률로 참가하는 즉시참가와 보통주도 우선주와 같이 동률의 배당을 먼저하고 잔여이익이 있을 때 보통주와 같이 동률로 참여하는 단순참가의 방법이 있다. 비참가적 우선주는 이익이 많은 경우에는 이익배당에 있어서 보통주보다 불리할 수도 있다.

어떤 년도의 배당이 소정의 우선배당률에 미치지 못할 경우 그 부족액을 후년도의 이익에서 충당할 수 있는 우선주가 누적적 우선주이고 부족액을 후년도의 이익에서 충당하지 않고 그 년도의 이익만을 표준으로 하는 우선주를 비누적적 우선주라고 한다. 우선주는 우선배당률이 미리 명시되어 있으나 이러한 우선배당률의 예정은 사채의 이자율과는 달리 어떠한 보증도 의미하는 것은 아니다. 따라서 우선주는 그 소득의 변동을 면할 수 없다. 그러나 누적적 우선주는 이익이 적은 경우라도 우선배당률만큼의 배당이 확보되는 것으로서, 이는 배당의 이자화 현상이며 우선주와 사채와의 접근을 의미하는 것이다.

2) 보통주

보통주란 우선주와 후배주의 표준이 되는 주식을 말한다. 그러나 한 종류의 주식만을 발행할 때에는 정관에 특별한 정함이 없는 경우에는 보통주이다.

3) 후배주

후배주란 이익이나 이자의 배당 또는 잔여재산의 분배에 관하여 열후적 지위가 부여된 주식을 말한다. 즉 보통주식에 대하여 소정의 배당을 한 다음에 잔여미처분이익이 있는 경우에 한하여 배당을 받는 주식을 말한다.

4) 혼합주

혼합주란 우선주와 후배주가 결합된 주식으로 어떤 권리에 있어서는 우선적 지위가 부여되고 다른 권리에 있어서는 열후적 지위가 부여된 주식을 말한다. 예컨대 이익배당에 있어서는 보통주에 우선하고 잔여재산분배에 있어서는 열후한 지위가 부여된 것과 같은 주식을 말한다.

5) 이익배당, 잔여재산분배에 관한 종류주식

회사가 이익배당에 관하여 내용이 다른 종류주식을 발행하는 경우에는 정관에 그 종류주식의 주주에게 교부하는 배당재산의 종류, 배당재산의 가액의 결정방법, 이익을 배당하는 조건 등 이익배당에 관한 내용을 정하여야 한다($^{상\ 344}_{의2}$ ①).

회사가 잔여재산의 분배에 관하여 내용이 다른 종류주식을 발행하는 경우에는 정관에 잔여재산의 종류, 잔여재산의 가액의 결정방법, 그 밖에 잔여재산분배에 관한 내용을 정하여야 한다($^{상\ 344}_{의2}$ ②).

6) 의결권의 배제·제한에 관한 종류주식

회사가 의결권이 없는 종류주식이나 의결권이 제한되는 종류주식을 발행하는 경우에는 정관에 의결권을 행사할 수 없는 사항과, 의결권행사 또는 부활의 조건을 정한 경우에는 그 조건 등을 정하여야 한다($^{상\ 344}_{의3}$ ①).

의결권의 배제·제한의 종류주식의 총수는 발행주식총수의 4분의 1을 초과하지 못한다. 이 경우 의결권이 없거나 제한되는 종류주식이 발행주식총수의 4분의 1을 초과하여 발행된 경우에는 회사는 지체 없이 그 제한을 초과하지 아니하도록 하기 위하여 필요한 조치를 하여야 한다($^{상\ 344}_{의3}$ ②).

(5) 종류주주총회

회사가 종류주식을 발행한 경우에는 정관을 변경함으로써 어느 종류의 주주에게 손해를 미치게 될 때에는 그에 관한 이사회 또는 주주총회의 결의 외에 종류주주총회의 결의가 있어야 한다(상 435).

3.6.3.2.5. 특수한 주식

(1) 상환주식

상환주식이란 이익배당에 관하여 우선적 내용이 있는 종류의 주식에 대하여 이익으로써 소각할 수 있는 것으로 할 수 있는 주식(배당우선주식)을 말한다. 회사는 정관에서 정하는 바에 따라 회사의 이익으로써 소각할 수 있는 종류주식을 발행할 수 있다. 이 경우 회사는 정관에 상환가액, 상환기간, 상환의 방법과 상환할 주식의 수를 정하여야 한다(상 345). 즉 상환주식의 발행은 정관의 상대적 기재사항이다.

회사는 정관에서 정하는 바에 따라 주주가 회사에 대하여 상환을 청구할 수 있는 종류주식을 발행할 수 있다. 이 경우 회사는 정관에 주주가 회사에 대하여 상환을 청구할 수 있다는 뜻, 상환가액, 상환청구기간, 상환의 방법을 정하여야 한다(상 345).

회사가 상환주식을 발행하거나 주주가 회사에 대하여 상환을 청구할 수 있는 종류주식을 발행한 경우 회사는 주식의 취득의 대가로 현금 외에 유가증권(다른 종류주식 제외)이나 그 밖의 자산을 교부할 수 있다. 다만, 이 경우에는 그 자산의 장부가액이 제462조(이익의 배당)에 따른 배당가능이익을 초과하여서는 아니 된다(상 345).

회사가 상환주식을 발행하거나 주주가 회사에 대하여 상환을 청구할 수 있는 종류주식을 발행한 경우의 주식은 종류주식(상환과 전환에 관한 것은 제외)에 한정하여 발행할 수 있다(상 345).

회사가 상환주식을 발행하는 경우에 회사는 상환대상인 주식의 취득일부터 2주 전에 그 사실을 그 주식의 주주 및 주주명부에 적힌 권리자에게 따로 통지하여야 한다. 다만, 통지는 공고로 갈음할 수 있다(상 345).

상환주식의 상환은 배당이익으로 상환을 하는 것이기 때문에 자본감소와 같은 절차에 의하지 아니하므로 자본에 미치는 영향은 상환주식의 상환으로 상환주식만큼 주식 수는 줄어드나 자본은 감소되지 않는다. 따라서 주식 수의 변동에 대한 변경등기는 필요하지만 회사의 자본액이 감소하지 않기 때문에 채권자보호절차는 필요하지 않다.

상환주식의 상환이 수권주식총수에 미치는 영향은 상환주식의 발행으로 인하여 이미 주식의 발행권한이 행사된 것이므로 동 상환주식이 상환되었다고 하여도 수권주식총수는 감소되지 않는다고 본다. 그런데 상환된 주식 수만큼 주식을 재발행할 수 있는지 여부에 대해 상환주식이 이미 발행되었고 그 발행에 관한 수권은 이미 행사되었으므로 주식의 재발행은 할 수 없다고 보는 견해(통설)와 상환된 주식 수만큼 미발행주식 수가 증가하므로 그만큼 주식을 재발행할 수 있다고 보는 견해로 나뉘어 있다.

(2) 무의결권주식

1) 의 의

무의결권주식이란 회사가 종류주식을 발행하는 경우에 정관으로 이익배당에 관한 우선적 내용이 있는 종류의 주식에 대하여 주주에게 의결권 없는 것으로 할 수 있는 주식을 말한다($^{344}_{의3}$ ①).

무의결권주식은 의결권을 전제로 하는 주주총회의 소집통지를 받을 권리($^{상\ 363}_{①}$), 주주총회의 소집청구권은 인정되지 않으며 무의결권주식은 발행주식총수에 산입되지 않는다($^{상\ 371}_{①}$). 의결권이 없는 경우에도 주주총회의 참석 및 토론도 할 수 있다고 할 수 있을 것이고 주주총회의 결의취소의 소나 무효 및 부존재확인의 소를 제기할 수 있다고 할 것이다.

2) 발행의 제한

무의결권주식의 총수는 발행주식의 총수의 4분의 1을 초과하지 못한다($^{344}_{의3}$ ②).

3) 의결권의 부활

무의결권주식의 주주는 의결권을 행사할 수 없는 것이 원칙이나 의결권행사 또는 부활의 조건을 정한 경우에 그 조건이 성취된 경우에는 의결권이 있다($^{344}_{의3}$ ①). 따라서 무의결권주식은 의결권이 아주 박탈된 것이 아니라 의결권의 정지를 조건으로 이익배당에 있어서 유리한 주식이라 할 수 있다.

그 밖에 주식의 양도를 제한하는 경우($^{상\ 335}_{①}$), 창립총회의 경우($^{상}_{390}$), 회사분할의 경우($^{상\ 530}_{의3}$ ①), 총주주의 동의가 필요한 경우, 즉 이사·감사의 책임면제($^{상\ 400,}_{417}$) 또는 유한회사로의 조직변경($^{상}_{604}$)의 경우에는 무의결권주식을 가진 주주의 동의가 필요하므로 의결권이 있다.

(3) 전환주식

1) 전환주식의 의의

전환주식이란 회사가 종류주식을 발행하는 경우에 정관으로 주주가 인수한 주식을 다른 종류의 주식으로 전환을 청구할 수 있음을 정하여 놓은 주식을 말한다. 즉 회사가 종류주식을 발행하는 경우에는 정관에서 정하는 바에 따라 주주는 인수한 주식을 다른 종류주식으로 전환할 것을 청구할 수 있다. 이 경우 전환의 조건, 전환의 청구기간, 전환으로 인하여 발행할 주식의 수와 내용을 정하여야 한다(상 346 ①).

회사가 종류주식을 발행하는 경우에는 정관에 일정한 사유가 발생할 때 회사가 주주의 인수 주식을 다른 종류주식으로 전환할 수 있음을 정할 수 있다. 이 경우 회사는 전환의 사유, 전환의 조건, 전환의 기간, 전환으로 인하여 발행할 주식의 수와 내용을 정하여야 한다(상 346 ②). 이 경우에 이사회는 ① 전환할 주식 ② 2주 이상의 일정한 기간 내에 그 주권을 회사에 제출하여야 한다는 뜻 ③ 그 기간 내에 주권을 제출하지 아니할 때에는 그 주권이 무효로 된다는 뜻을 그 주식의 주주 및 주주명부에 적힌 권리자에게 따로 통지하여야 한다. 다만, 통지는 공고로 갈음할 수 있다(상 346 ③). 이에 따른 종류주식의 수 중 새로 발행할 주식의 수는 전환청구기간 또는 전환의 기간 내에는 그 발행을 유보(留保)하여야 한다(상 346 ④).

전환주식과 상환주식의 차이점은 상환주식의 경우에 상환주식이 상환되면 그만큼 주식 수가 줄어들기 때문에 수권주식총수가 감소된다고 볼 여지가 있으나, 전환주식의 경우에는 종류가 다른 주식 상호 간의 교체이므로 수권주식총수가 전환되는 주식 수만큼 감소된다고 볼 수 없다. 따라서 주식이 전환된다 하더라도 수권주식총수에는 변동이 없는데 전환에 의하여 소멸된 전환주식의 수만큼 그 종류의 미발행주식 수가 부활하여 재발행이 가능한가에 대하여 소수설은 전환으로 인하여 소멸된 종류의 주식은 미발행주식으로 부활하지 않는다고 보아 재발행을 인정하지 않고, 다수설은 전환으로 인하여 소멸된 주식 수만큼 그 종류의 미발행주식으로 부활한다고 본다. 다만 전환권이 없는 주식으로의 재발행만을 인정한다.

2) 발행의 조건

전환주식을 발행하는 내용을 주식청약서 또는 신주인수권증서에 ① 주식을 다른 종류의 주식으로 전환할 수 있다는 뜻 ② 전환의 조건 ③ 전환으로 인하여 발행할 주식의 내용 ④ 전환청구기간 또는 전환의 기간을 적어야 한다(상 347).

3) 신주의 발행가액

전환에 의하여 발행하는 주식의 발행가액총액과 동액이어야 한다(상348).

4) 전환의 청구절차

주식의 전환을 청구하는 자는 청구서 2통에 주권을 첨부하여 회사에 제출하여야 한다(상349①). 이 청구서에는 전환하고자 하는 주식의 종류, 수와 청구년월일을 기재하고 기명날인 또는 서명하여야 한다(상349②).

5) 효 력

전환주식의 주주가 갖고 있는 전환권은 형성권이므로 전환을 청구한 때에 그 효력이 발생한다. 즉 주식의 전환은 주주가 전환을 청구한 경우에는 그 청구한 때에, 회사가 전환을 한 경우에는 회사가 정한 기간(제346조 제3항 제2호의 기간 : 2주 이상의 일정한 기간 내에 그 주권을 회사에 제출하도록 한 기간)이 끝난 때에 그 효력이 발생한다(상350①). 그러나 전환으로 인한 신구주간의 일할계산 등의 번잡을 피하기 위하여 전환에 의하여 발행된 주식의 이익배당에 관하여는 주주가 전환을 청구한 때 또는 회사가 정한 기간이 끝난 때가 속하는 영업년도 말에 전환된 것으로 본다(상350③1문). 이 경우 신주에 대한 이익이나 이자의 배당에 관하여는 정관에서 정하는 바에 따라 그 청구를 한 때 또는 회사가 정한 기간이 끝난 때가 속하는 영업년도의 직전 영업년도 말에 전환된 것으로 할 수 있다(상350③2문).

주주명부 폐쇄기간 중에 전환된 주식의 주주는 그 기간 중의 총회의 결의에 관하여는 의결권을 행사할 수 없다(상350②). 전환으로 인한 등기사항의 변경등기는 주식의 전환으로 인한 변경등기는 전환을 청구한 날 또는 회사가 정한 기간이 끝난 날이 속하는 달의 마지막 날부터 2주 내에 본점소재지에서 하여야 한다(상351). 또 전환주식에 설정된 질권의 효력은 전환으로 인하여 발행되는 신주식에 미친다.

전환주식의 전환이 자본에 어떠한 영향을 미치는가의 문제는 상법 제348조의 전환으로 인하여 발행하는 주식의 발행가액의 제한과 관련된다. 즉 동조에 의하여 전환전의 주식의 발행가액총액과 신주식의 발행가액총액이 일치하여야 한다. 따라서 전환의 결과 자본의 증가는 인정될 수 있지만 자본이 감소하게 되는 전환은 인정되지 않는다.

3.6.3.3. 주식분할·병합

3.6.3.3.1. 주식분할

(1) 의 의

주식의 분할이란 단위주식의 시가가 너무 상승하여 거래가 불편할 때 주식 수를 증가시키거나 기타 두 회사가 합병 시 주가 차이를 없애기 위하여 주가를 통일할 목적으로 주식을 분할하는 경우 등에 쓰인다. 예컨대 SK텔레콤의 경우 액면가 5,000원일 때 주가가 250만 원 이상 하자 액면가를 500원으로 하여 주식 수를 10배로 늘린 경우가 그것이다.

(2) 절 차

회사는 주주총회의 특별결의로 주식을 분할할 수 있다(상 329의2 ①). 특별결의가 있어야 하는 이유는 주식분할을 하려면 액면가를 변경하여야 하고 액면가를 변경하기 위해서는 정관을 변경하여야 하기 때문이다. 분할 후의 1주의 금액은 100원 이상이어야 한다(상 329의2 ②).

주식분할로 주권을 새로이 발행하여야 하는 경우에는 자본감소 시에 적용되는 주식병합절차가 준용된다(상 329의2 ③, 440~444). 즉 주식을 분할하고자 하는 경우에 회사는 1월 이상의 기간을 정하여 그 뜻과 그 기간 내에 주권을 회사에 제출할 것을 공고하고 주주명부에 기재된 주주와 질권자에 대하여는 개별적으로 통지를 하여야 하며, 주식분할은 제출기간이 만료한 때에 그 효력이 생긴다. 이때 구주권을 회사에 제출할 수 없는 자가 있는 때에는 회사는 그 자의 청구와 비용으로 3월 이상의 기간을 정하고 이해관계인에 대하여 그 주권에 대한 이의가 있으면 그 기간 내에 제출할 뜻을 공고하고 그 기간이 경과한 후에 신주권을 청구자에게 교부할 수 있다.

주식분할에 적당하지 아니한 수의 주식이 있는 때에는 그 병합에 적당하지 아니한 부분에 대하여 발행한 신주를 경매하여 각 주 수에 따라 그 대금을 종전의 주주에게 지급하여야 한다. 그러나 거래소의 시세 있는 주식은 거래소를 통하여 매각하고, 거래소의 시세 없는 주식은 법원의 허가를 받아 경매 외의 방법으로 매각할 수 있다(상 329의2 ③, 443 ①).

(3) 효 과

주식분할의 결과 발행주식총수는 증가하나 회사의 자본과 재산에는 변동이 없다. 이때 분할 전의 주식에 대한 질권은 분할 후의 주식에 대하여도 그 효력이 미친다(상 339). 또한 회사는 주주에 대하여 신주권을 발행하여야 하고 발행주식총수가 증가하므로 이에 따른 변경등기를 하여야 한다($\frac{상}{②}\frac{317}{iii}$).

3.6.3.3.2. 주식병합

주식의 병합은 여러 주식을 합쳐서 하나의 동일한 금액의 주식으로 만들기 때문에 자본이 감소하게 된다. 그러나 단순히 주식을 병합시키고 그 금액을 높이게 되는 경우에는 자본의 변동이 없게 된다.

3.6.3.4. 주　권

3.6.3.4.1. 주권의 의의와 성질

(1) 주권의 의의

주권이란 주주의 회사에 대한 지위를 의미하는 주주권을 표창하는 사원권적 유가증권이다. 주권의 기재사항이 법정되어 있으나($\frac{상}{356}$) 흠결된 경우에도 반드시 무효가 되지 않는다는 점에서 요식증권성이 완화되어 있고 기명주권의 양도는 배서에 의하지 않으므로 당연한 지시증권이 아니고 상환을 요하지 않는다는 점에서 비상환증권의 성질을 갖는다.

(2) 주권의 법적 성질

주권은 회사의 설립등기가 있거나 신주발행의 경우에는 납입기일의 다음날로부터 성립하므로 주주의 지위가 실질적으로 존재하고 그것이 주권에 표상되는 것뿐이므로 비설권증권성을 갖는다. 증권상의 권리는 원인관계로부터 영향을 받으므로 유인증권이권이고, 주주권의 내용은 주권에 기재된 문언에 따라 결정되는 것은 아니므로 비문언증권성의 성질을 갖고 있다. 또한 주권은 어음수표와 달리 기재사항에 흠결이 있어도 무효가 되지 않는다는 점에서 완환된 요식증권이며, 주권의 사용을 위하여 상환하지 않는다는 점에서 비상환증권성을 갖는다.

상법상 주권은 주식과 구별되는바 주식은 자본구성의 단위 또는 주주의 지위(株主權)를 의미하고, 주주권을 표창하는 유가증권인 주권(株券)과는 구분이 되는바, 주권(株券)은 유가증권으로서 재물에 해당되므로 횡령죄의 객체가 될 수 있으나, 자본의 구성단위 또는 주주권을 의미하는 주식은 재물이 아니므로 횡령죄의 객체가 될 수 없다.[49]

3.6.3.4.2. 주권의 종류

상법상 규정된 주권의 종류에는 주권에 주주의 성명이 기재되느냐의 여부에 따라 기명주권과 무기명주권이 있다. 상법상 기명주권 발행이 원칙이고 무기명주권 발행은 정관에 규정이 있는 경우에 한하여 발행할 수 있다(商 357). 무기명주권을 발행한 경우에도 주주는 언제든지 기명주권으로 할 것을 회사에 청구할 수 있다(商 357). 명문의 규정은 없지만 기명주권을 무기명주권으로의 전환청구가 가능하다는 설과 불가능하다는 설(다수설)로 나뉘어 있다.

기명주권은 주주가 그 주권에 의하여 주주명부상의 명의를 개서하여 권리를 행사하고, 무기명주권은 주주가 주권을 회사에 공탁하고 권리를 행사하게 된다. 주권은 그것이 표창하는 주식 수에 따라 1주권에 1주식을 표창하는 단일주권과 1주권에 수 개의 주식을 표창하는 병합주권으로 나눠진다. 주권의 분할이나 병합은 주주가 소유하는 주권의 장수를 증가 또는 감소시킬 뿐이므로 주주의 소유주식에는 아무런 변동이 생기지 않는다.

그리고 대표이사가 정관에 규정된 병합 주권의 종류와 다른 주권을 발행하였다고 하더라도 회사가 이미 발행한 주식을 표창하는 주권을 발행한 것이라면, 단순히 정관의 임의적 기재사항에 불과한 병합 주권의 종류에 관한 규정에 위배되었다는 사유만으로 이미 발행된 주권이 무효라고 할 수는 없다.[50]

3.6.3.4.3. 주권의 발행

(1) 주권발행 강제주의

회사는 회사의 성립 후 또는 신주의 납입기일 후에만 주권을 발행하여야 하는데(商 355) 일정한 경우를 제외하고는 발행이 강제된다(주권발행강제주의). 회사는 성립 후 또는 신주의 납입기일 후 6개월 이내에 주권을 발행하여야 한다(商 355).

회사가 이에 위반하여 회사의 성립 전 또는 신주의 납입기일 전에 주권을 발행하면 그 주권은 무효가 되고(商 355), 이를 발행한 자는 손해를 입은 자에 대하여 손해배상책임을 부담한다. 그리고 회사가 주권을 발행하지 않으면 과태료의 제재를 받는다(商 635 xix).

(2) 주권기재사항

주권은 요식증권으로서 상법이 규정하고 있는 일정한 사항과 번호를 기재하고 대표이

---

49) 大判 2005.02.18, 2002도2822.

50) 大判 1996.01.26, 94다24039.

사가 기명날인 또는 서명하여야 한다($\frac{3}{356}$). 적어야 할 사항으로는 ① 회사의 상호 ② 회사의 성립년월일 ③ 회사가 발행할 주식의 총수 ④ 액면주식을 발행하는 경우 1주의 금액 ⑤ 회사의 성립 후 발행된 주식에 관하여는 그 발행년월일 ⑥ 종류주식이 있는 경우에는 그 주식의 종류와 내용 ⑦ 주식의 양도에 관하여 이사회의 승인을 얻도록 정한 때에는 그 규정 등이다. 위의 기재사항은 어음·수표와 같이 엄격하지 않으므로, 본질적인 사항이 아닌 한 그 기재를 흠결하여도 주권의 효력에 영향이 없다.

대표이사가 주권 발행에 관한 주주총회나 이사회의 결의 없이 주주명의와 발행년월일을 누락한 채 단독으로 주권을 발행한 경우, 특별한 사정이 없는 한 주권의 발행은 대표이사의 권한이라고 할 것이고, 그 회사 정관의 규정상으로도 주권의 발행에 주주총회나 이사회의 의결을 거치도록 되어 있다고 볼 근거도 없으며, 기명주권의 경우에 주주의 이름이 기재되어 있지 않다거나 또한 주식의 발행년월일의 기재가 누락되어 있다고 하더라도 이는 주식의 본질에 관한 사항이 아니므로, 주권의 무효사유가 된다고 할 수 없다.[51]

(3) 주권 효력발생 시기

주권의 효력발생 시기를 언제로 볼 것인가에 대하여는 회사가 주권을 작성한 때에 주권으로서의 효력이 발생한다는 작성시설·회사가 주권을 작성하여 누구에게든 교부한다면 주권으로서의 효력이 발생한다는 발행시설 및 회사가 주권을 작성하여 주주에게 교부한 때에 주권으로서의 효력이 발생한다는 교부시설(통설·판례)이 있다.

판례에 따르면 상법 제355조의 주권발행은 동법 제356조 소정의 형식을 구비한 문서를 작성하여 이를 주주에게 교부된 때에 비로소 주권으로서의 효력을 발생하는 것이므로 회사가 주주권을 표창하는 문서를 작성하여 이를 주주가 아닌 제3자에게 교부하여 주었다 할지라도 위 문서는 아직 회사의 주권으로서의 효력을 가지지 못한다고 판시하고 있다.[52]

---

51) 大判 1996.01.26, 94다24039.
52) 大判 1987.05.26, 86다카982, 983.

(4) 주식의 전자등록

회사는 주권을 발행하는 대신 정관에서 정하는 바에 따라 전자등록기관(유가증권 등의 전자등록 업무를 취급하도록 지정된 기관)의 전자등록부에 주식을 등록할 수 있다($^{\text{상}}_{의2}\,^{356}_①$). 전자등록부에 등록된 주식의 양도나 입질(入質)은 전자등록부에 등록하여야 효력이 발생한다($^{\text{상}}_{의2}\,^{356}_②$).

전자등록부에 주식을 등록한 자는 그 등록된 주식에 대한 권리를 적법하게 보유한 것으로 추정하며, 이러한 전자등록부를 선의(善意)로, 그리고 중대한 과실 없이 신뢰하고 위의 등록에 따라 권리를 취득한 자는 그 권리를 적법하게 취득한다($^{\text{상}}_{의2}\,^{356}_③$).

전자등록의 절차·방법 및 효과, 전자등록기관의 지정·감독 등 주식의 전자등록에 관하여 필요한 사항은 대통령령으로 정한다($^{\text{상}}_{의2}\,^{356}_④$).

3.6.3.4.4. 주권의 불소지제도

(1) 의 의

주권불소지제도라 함은 기명주식의 주주가 주권의 소지를 하지 아니하겠다는 뜻을 회사에 신고함으로써 회사가 그 신고된 기명주식의 주권을 발행하지 아니하는 제도를 말한다. 기명주식의 주주는 정관에 다른 정함이 없는 한 회사에 대하여 주권의 불소지신고를 할 수 있다($^{\text{상}}_{의2}\,^{358}_①$). 무기명주식의 주주는 주권의 소지가 권리의 행사를 위하여 반드시 필요하므로($^{\text{상}}_{358}$) 불소지신고를 할 수 없다. 신고의 시기는 주권발행전후를 불문한다.

(2) 주권의 제출과 회사의 조치

주주 주권의 불소지신고가 있으면 회사는 지체 없이 주권을 발행하지 아니한다는 뜻을 주주명부와 그 복본에 기재하고 그 사실을 주주에게 통지하여야 하며 그 주권을 발행할 수 없다($^{\text{상}}_{\text{의2}}\,^{358}_{②}$). 주권불소지신고가 있는 경우 주주는 이미 발행된 주권이 있는 때에는 이를 회사에 제출하여야 하나 주권을 제출할 수 없는 때에는 주권을 제출할 필요가 없다. 주식을 입질한 경우에는 주권은 질권자가 점유하게 되므로 불소지신고를 할 수 없다. 회사는 제출된 주권을 무효로 하거나 명의개서대리인에게 임치하여야 한다($^{\text{상}}_{\text{의2}}\,^{358}_{③}$).

(3) 효 력

주권불소지의 신고가 있으면 이를 주주명부에 기재하고, 주주명부에 기재함으로써 회사는 주권을 발행하지 못하고, 회사에 제출된 주권은 무효가 된다. 그 무효의 시점은 주주명부에 기재된 때이므로 그 후에 주권이 유통되더라도 선의취득은 인정되지 않는다. 기명주식의 주주가 주권의 불소지신고를 한 경우에도, 주식을 양도하거나 입질하기 위하여 주권이 필요한 경우에는 언제든지 회사에 대하여 주권의 발행 또는 반환을 청구할 수 있다($^{\text{상}}_{\text{의2}}\,^{358}_{④}$). 주권의 반환은 제출된 주권을 회사가 명의개서대리인에게 임치한 경우에 인정되는 것으로 반환청구는 회사에 대하여 하여야 할 것이다.

3.6.3.4.5. 주권의 선의취득과 제권판결

(1) 선의취득

민법상 선의취득은 취득자가 무권리자로부터 동산을 선의로 취득한 경우 반환의무가 없는 경우를 말한다. 선의라 함은 무과실이어야 함을 의미한다. 민법에는 도품 및 유실물에 관한 특칙이 있다. 그러나 상법상 주권의 선의취득은 중과실이 없는 것을 요구한다는 점에서 차이가 있으며, 도품 및 유실물에 관한 특칙이 없으므로 절도 및 유실물에 의한 선의취득도 인정되고 반환할 필요가 없다. 주권의 선의취득은 주권의 점유자는 이를 적법한 소지인으로 추정되기 때문에 인정된다($^{\text{상}}_{②}\,^{336}$).

주권의 선의취득을 위한 주권의 점유를 취득하는 방법에는 현실의 인도(교부) 외에 간이인도, 반환청구권의 양도가 있으며, 양도인이 소유자로부터 보관을 위탁받은 주권을 제

3자에게 보관시킨 경우에 반환청구권의 양도에 의하여 주권의 선의취득에 필요한 요건인 주권의 점유를 취득하였다고 하려면, 양도인이 그 제3자에 대한 반환청구권을 양수인에게 양도하고 지명채권 양도의 대항요건을 갖추어야 한다.[53]

주권의 취득이 악의 또는 중대한 과실로 인한 때에는 선의취득이 인정되지 않는바($_{수\ 21}^{상\ 359}$), 여기서 악의 또는 중대한 과실의 존부는 주권 취득의 시기를 기준으로 결정하여야 하며, 중대한 과실이란 거래에서 필요로 하는 주의의무를 현저히 결여한 것을 말한다.

(2) 제권판결

주주가 주권을 상실하게 되면 권리를 양도할 수 없고 행사할 수도 없다. 반면에 상실된 주권은 선의의 제3자에 의하여 선의취득될 수가 있다($_{359}^{상}$). 따라서 상법은 주권을 상실한 자가 일정한 절차를 걸쳐 권리행사를 할 수 있도록 하고 있다. 즉 주권은 공시최고의 절차에 의하여 이를 무효로 할 수 있고($_{①}^{상\ 360}$), 제권판결을 얻어 회사에 대하여 주권의 재발행을 청구할 수 있다($_{②}^{상\ 360}$). 따라서 주권이 상실된 경우에는 공시최고절차에 의하여 제권판결을 얻지 아니하는 이상 회사에 대하여 주권의 재발행을 청구할 수 없다.[54]

제권판결에 의하여 주권이 무효가 되고 주권을 잃은 최후의 소지인에게 주권을 소지하고 있는 것과 같은 효력을 부여한다. 따라서 주권은 주권의 추정력, 면책력, 선의취득의 효력을 상실한다.

공시최고의 공고가 있어도 그로 인하여 그 후에 주권을 취득한 자가 당연히 악의가 되는 것은 아니다. 그러므로 공시최고의 공고가 있은 후에 주권을 제시하여 명의개서를 신청하는 자가 있는 경우에는 회사는 그 무권리를 증명하지 않는 한 이를 거절하지 못한다. 제권판결이 있기 전에 이미 제3자의 명의로 명의개서가 되어 있는 경우에 학설은 제권판결이 우선한다는 설(제권판결우선설)과 선의취득이 우선한다는 설(선의취득우선설)로 나뉘어 있다.

---

53) 大判 2000.09.08, 99다58471.

54) 大判 1981.09.08, 81다141.

3.6.4. 주식관련 제도

3.6.4.1. 주식의 양도

3.6.4.1.1. 주식양도의 의의

주식양도란 주주권 혹은 주주로서의 지위를 법률행위에 의해 타인에게 이전하는 것이다. 주식의 양도로 인해 주주의 권리는 공익권이든 자익권이든 포괄적으로 양수인에게 이전한다. 다만 주주의 지위에서 생긴 권리라 하더라도 주총 배당결의가 있은 후 발생하는 특정결산기의 배당금 지급청구권과 같은 채권적 권리는 이전하지 아니한다. 주식양도의 법적 성질은 직접 주식이전의 효과를 생기게 하는 것이므로 준물권행위이다(통설).

3.6.4.1.2. 주식양도 자유의 원칙

주식은 법률이나 정관에 다른 규정이 없으면 원칙적으로 자유롭게 양도될 수 있다(상 335). 그러나 정관이 정하는 바에 따라 이사회의 승인을 얻어서 양도할 수 있도록 하고 있다(상 335 단서). 이에 위반하여 이사회의 승인을 얻지 아니한 주식의 양도는 회사에 대하여 효력이 없다(상 335).

상법 제335조 제1항 본문은 "주식은 타인에게 이를 양도할 수 있다"고 하여 주식양도의 자유를 보장하고 있으므로 회사와 경쟁관계에 있거나 분쟁 중에 있어 그 회사의 경영에 간섭할 목적을 가지고 있는 자에게 주식을 양도하였다고 하여 그러한 사정만으로 이를 반사회질서 법률행위라고 할 수 없다.[55]

3.6.4.1.3. 주식양도의 제한

(1) 상법상 주식양도의 제한

1) 권리주 양도의 제한
권리주란 회사의 성립 전 또는 신주발행의 효력발생 전의 주식인수인의 지위를 말하는

---

55) 大判 2010.07.22, 2008다37193

데, 상법은 이러한 권리주의 양도는 회사에 대한 관계에 있어 그 효력이 없다($\frac{상}{319}$). 즉 회사가 권리주의 양도를 승인하더라도 효력이 없다(통설·판례). 상법 제319조가 강행법규이기 때문에 회사의 승인이 안 된다고 보아야 할 것이다.

2) 주권발행 전의 주식양도의 제한

회사의 성립 후 또는 신주발행의 효력발생 후라도 주권발행 전에 한 주식의 양도는 회사에 대하여 효력이 없다($\frac{상}{335}$). 즉 주권발행 전의 주식의 양도는 회사에 대하여 아무런 효력이 없고 후일 주권이 발행되었다 하더라도 주권양도의 효력이 발생되지 않는다.[56] 따라서 뒤에 주권이 발행되었다 하여도 그 하자가 치유되는 것도 아니고 회사가 승인하여 주주의 명의까지 개서한 경우에도 역시 무효이다.[57] 주권발행 전의 주식의 양도는 그것이 회사가 주권을 발행할 충분하고도 합리적인 시기를 도과한 후에 이루어졌다고 하더라도 회사에 대하여 무효이다.[58]

이는 주권발행 전에는 주주명부가 작성되어 있지 아니하므로 회사에 대한 대항요건을 갖출 수 없다는 기술적 이유 때문에 주식양도의 효력이 제한되는 것이다. 그러나 회사성립 후 또는 신주의 납입기일 후 6월이 경과한 때에는 주권발행 전의 주식양도는 유효하다($\frac{상}{335}$단서). 즉 주권이 발행되지 않았다고 하여도 회사성립 후 6월이 경과한 경우에는 회사에 대하여 주식양도의 효력을 주장할 수 있고 주권발행 전의 주식의 양도는 지명채권양도의 일반 원칙에 따라 당사자 사이의 의사표시만으로 성립하는 것이므로, 주권이 발행된 경우에 기명주식 양도의 절차를 밟지 않았다고 하여 주식양도의 효력이 없다고는 할 수 없다.[59]

따라서 주주명부상의 명의개서는 주식의 양수인이 회사에 대한 관계에서 주주의 권리를 행사하기 위한 대항요건에 지나지 아니하므로, 주권발행 전 주식을 양수한 사람은 특별한 사정이 없는 한 양도인의 협력을 받을 필요 없이 단독으로 자신이 주식을 양수한 사실을 증명함으로써 회사에 대하여 그 명의개서를 청구할 수 있으므로, 주주명부상의 명의개서가 없어도 회사에 대하여 자신이 적법하게 주식을 양수한 자로서 주주권자임을 주장할 수 있다.[60]

---

56) 大判 1963.11.07, 62다117; 大判 1965.04.06, 64다205; 大判 1967.01.31, 66다2221; 大判 1970.03.10, 69다1812; 大判 1977.04.12, 77다232; 大判 1977.10.11, 77다1244; 大判 1980.03.11, 78다1793.

57) 大判 1967.01.31, 66다2221.

58) 大判 1980.03.11, 78다1793.

59) 大判 1988.10.11, 87누481.

주권발행 전의 주식양도는 민법상 지명채권의 양도방법과 같이 당사자 사이의 의사표시에 의하여 이루어지고, 회사 기타 제3자에게 대항력을 갖추기 위하여는 회사에 대한 통지 또는 회사의 승낙을 요한다($^{판}_{①}$ ^{450})고 보는 것이 통설·판례이다.

3) 자기주식취득의 금지

ⅰ) 자기주식취득의 금지의 의의

회사의 자기주식취득은 실질적으로 출자를 환급하는 결과가 되어 자본충실(유지)의 원칙에 반하고, 또 회사는 기업위험을 부담하는 외에 주가변동에 따른 위험을 이중으로 부담하게 되며, 또 회사의 내부자에 의한 투기거래로 악용될 우려가 있는 등 여러 가지의 폐해가 있으므로 이는 원칙적으로 금지된다($^{상}_{341}$). 즉 주식회사가 자기의 계산으로 자기의 주식을 취득하는 것은 회사의 자본적 기초를 위태롭게 하여 회사와 주주 및 채권자의 이익을 해하고 주주평등의 원칙을 해하며 대표이사 등에 의한 불공정한 회사지배를 초래하는 등의 여러 가지 폐해를 생기게 할 우려가 있으므로 상법은 일반 예방적인 목적에서 이를 일률적으로 금지하는 것이다.[61]

회사 아닌 제3자의 명의로 회사의 주식을 취득하더라도 그 주식취득을 위한 자금이 회사의 출연에 의한 것이고 그 주식취득에 따른 손익이 회사에 귀속되는 경우라면 그러한 주식의 취득은 회사의 계산으로 이루어져 회사의 자본적 기초를 위태롭게 할 우려가 있는 것으로서 상법 제341조가 금지하는 자기주식의 취득에 해당한다.

그러나 일정한 경우에는 회사가 자기의 계산으로 이미 발행된 자신의 주식을 취득할 수 있도록 하고 있다. 즉 회사는 원칙적으로 자기의 계산으로 자기의 주식을 취득하지 못하는 것이지만, 회사가 무상으로 자기주식을 취득하는 때와 같이 회사의 자본적 기초를 위태롭게 하거나 회사 채권자와 주주의 이익을 해한다고 할 수가 없는 경우에는 예외적으로 자기주식의 취득을 허용할 수 있다.[62]

ⅱ) 취득금지위반의 효과

회사의 자기주식의 취득을 금지하는 규정은 강행규정으로서 이에 위반한 자기주식의 취득행위의 사법상 효력에 대해 학설은 무효설(판례), 유효설로 나눠진다.

---

60) 大判 1995.05.23, 94다36421.

61) 大判 2003.05.16, 2001다44109.

62) 大判 1996.06.25, 96다12726.

iii) 취득금지의 예외

(가) 자기주식의 취득

회사는 거래소, 주식상환의 방법에 따라 자기의 명의와 계산으로 자기의 주식을 취득할 수 있다. 다만, 그 취득가액의 총액은 직전 결산기의 대차대조표상의 순자산액에서 자본의 액, 그 결산기까지 적립된 자본준비금과 이익준비금의 합계액, 그 결산기에 적립하여야 할 이익준비금의 액을 뺀 금액을 초과하지 못한다(상341의2①①).

구체적인 방법은 다음과 같다.

① 거래소에서 시세(時勢)가 있는 주식의 경우에는 거래소에서 취득하는 방법

② 제345조제1항의 주식의 상환에 관한 종류주식(상환주식(償還株式)) 경우 외에 각 주주가 가진 주식 수에 따라 균등한 조건으로 취득하는 것으로서 대통령령으로 정하는 방법

자기주식을 취득하려는 회사는 미리 주주총회의 결의로 ① 취득할 수 있는 주식의 종류 및 수 ② 취득가액의 총액의 한도 ③ 1년을 초과하지 아니하는 범위에서 자기주식을 취득할 수 있는 기간을 결정하여야 한다. 다만, 이사회의 결의로 이익배당을 할 수 있다고 정관에서 정하고 있는 경우에는 이사회의 결의로써 주주총회의 결의를 갈음할 수 있다(상341②).

회사는 해당 영업년도의 결산기에 대차대조표상의 순자산액이 이익배당가능금액(상462①)의 합계액에 미치지 못할 우려가 있는 경우에는 주식의 취득을 하여서는 아니 된다(상341③). 해당 영업년도의 결산기에 대차대조표상의 순자산액이 이익배당가능금액의 합계액에 미치지 못함에도 불구하고 회사가 주식을 취득한 경우 이사는 회사에 대하여 연대하여 그 미치지 못한 금액을 배상할 책임이 있다. 다만, 이사가 이익배당가능금액의 합계액에 미치지 못할 우려가 없다고 판단하는 때에 주의를 게을리 하지 아니하였음을 증명한 경우에는 그리하지 아니하다(상341④).

(나) 특정목적에 의한 자기주식의 취득

회사는 다음의 어느 하나에 해당하는 경우에는 자기주식의 취득에 관한 제한(상341)에도 불구하고 자기의 주식을 취득할 수 있다(상341의2).

① 회사의 합병 또는 다른 회사의 영업 전부의 양수로 인한 때

② 회사의 권리를 실행함에 있어 그 목적을 달성하기 위하여 필요한 때 : 회사의 권리를 실행함에 있어서 그 목적을 달성하기 위하여 필요한 때라 함은 회사가 그의 권

리를 실행하기 위하여 강제집행, 담보권의 실행 등에 당하여 채무자에 회사의 주식 이외에 재산이 없는 때에 한하여 회사가 자기주식을 경락 또는 대물변제 등으로 취득할 수 있는 경우이다.[63]

③ 단주의 처리를 위하여 필요한 때

④ 주주가 주식매수청구권을 행사한 때

(다) 자기주식의 처분

회사가 예외적으로 자기주식을 취득한 경우에도 회사는 그러한 자기주식을 장기간 보유할 수는 없고 이를 처분하여야 한다. 즉 회사가 보유하는 자기의 주식을 처분하는 경우에 ① 처분할 주식의 종류와 수 ② 처분할 주식의 처분가액과 대가의 지급일 ③ 주식을 처분할 상대방 및 처분방법이 정관에 규정되어 있어야 하고, 정관에 규정이 없을 때에는 이사회가 결정한다($\frac{상}{342}$).

처분이 있어야 하므로 주식을 매각하는 등 양도하여야 하며 담보제공은 허용되지 않는다. 상당한 시기란 막연한 개념이나 주식은 시세의 등락이 심하므로 이사가 주의를 기울여 유리한 가격으로 처분할 기회를 택할 시간적 여유를 주는 뜻으로 해석하여야 할 것이다. 대개 6개월 이내면 족하다고 본다.

(라) 자기주식의 지위

이와 같이 회사가 자기주식을 예외적으로 취득하는 경우에 회사는 그 주식에 대하여 의결권이 없을 뿐만 아니라($\frac{상}{371}\frac{369}{①}\frac{②}{}$), 이익배당청구권, 잔여재산분배청구권, 신주인수권 등과 같은 일체의 주주권이 휴지된다고 본다(전면적 휴지설)(통설). 다만 주식의 분할이나 주식의 병합으로 인한 신주교부청구권은 인정된다.

4) 상호주 취득금지

i) 모자회사관계

모회사가 자회사의 발행주식총수의 100분의 50을 초과하는 주식을 소유하는 경우에는 자회사는 원칙적으로 모회사의 주식을 취득할 수 없다($\frac{상}{342}\frac{342}{①}$). 또한 제3회사의 발행주식총수의 100분의 50을 초과하는 주식을 모회사 및 자회사가 소유하거나 또는 자회사가 소

---

63) 大判 1977.3.8, 76다1292.

유하는 경우에도, 손회사(제3회사)를 조모회사의 자회사로 의제하여 제3회사에 의한 모회사의 주식취득도 원칙적으로 금지하고 있다($\substack{상 342 \\ 의2 ③}$). 상법에는 명문의 규정이 없지만 증손회사도 증조모회사의 자회사로 보아 증손회사는 증조모회사의 주식취득이 금지되는지 여부에 대해 학설은 긍정설(다수설)과 부정설(소수설)로 나뉘어 있다.

자회사가 모회사의 주식을 취득한 경우에, 그 취득행위의 사법상 효력에 대해 ① (절대적)무효설 ② 상대적 무효설(자회사의 모회사 주식취득은 상대방의 선의·악의를 불문하고 무효이나 선의의 제3자 예컨대, 전득자나 압류채권자 등에 대해서는 대항하지 못한다) ③ 유효설이 있다.

모자회사관계에서는 원칙적으로 자회사가 모회사의 주식을 취득할 수 없지만 예외적인 경우 즉 ① 자회사가 모회사의 주식을 갖고 있는 다른 회사와 주식의 교환, 주식의 이전, 회사와 흡수합병하거나 영업 전부를 양수하는 경우와 ② 회사의 권리를 실행함에 있어 그 목적을 달성하기 위하여 필요한 경우에는 자회사는 모회사의 주식을 예외적으로 취득할 수 있다($\substack{상 342의2 \\ ① ⅰ~ⅱ}$). 이러한 경우에 자회사는 모회사의 주식을 취득한 날로부터 6월 이내에 처분해야 한다($\substack{상 342 \\ 의2 ②}$).

자회사가 예외적으로 모회사의 주식을 취득하는 경우에 자회사는 그 주식에 대하여 의결권뿐만 아니라($\substack{상 369 \\ ③참조}$), 명문의 규정은 없지만 의결권 이외의 공익권 및 자익권에 대해서도 자기주식을 취득한 경우와 같이 일체의 주주권이 휴지된다고 본다(통설). 자회사의 이사 등이 모회사의 주식을 취득한 경우 및 예외적으로 취득한 경우에도 일정한 기간 내에 처분하도록 하는 규정을 위반한 경우에는 회사($\substack{상 \\ 399}$) 및 제3자에($\substack{상 \\ 401}$) 대하여 손해배상책임을 부담하는 외에 2,000만 원 이하의 벌금형의 제재를 받는다($\substack{상 625 \\ 의2}$).

ⅱ) 비모자회사관계

모자회사관계가 아니지만 회사가 다른 회사의 주식의 10분의 1을 초과하여 주식을 가지고 있는 경우에는 그 다른 회사가 가지고 있는 모회사 또는 회사의 주식은 의결권이 없다($\substack{상 \\ ③369}$). 즉 모자회사관계에서는 자회사가 모회사의 주식을 전혀 가지고 있을 수 없음에 반하여 비모자회사관계에서는 회사의 주식을 취득할 수는 있지만 의결권이 없다. 따라서 이러한 경우에는 주식취득에 대해 통지하도록 하고 있다($\substack{상 \\ ③342}$). 그 다른 회사는 회사의 주식은 10분의 1 이하이어야 한다. 서로가 10분의 1을 초과하여 상대방 회사의 주식을 소유하게 되는 경우에는 서로 의결권을 행사하지 못한다. 취득시기의 선후는 문제되지 않는다.

이처럼 회사가 다른 회사의 발행주식총수의 10분의 1을 초과하여 취득한 때에는 다른 회사에 통지하도록 하고 있는 상법 제342조의3의 취지는 회사가 다른 회사의 발행주식 총수의 10분의 1 이상을 취득하여 의결권을 행사하는 경우 경영권의 안정을 위협받게 된 그 다른 회사는 역으로 상대방 회사의 발행주식의 10분의 1 이상을 취득함으로써 이른바 상호보유주식의 의결권 제한 규정(상 369③)에 따라 서로 상대 회사에 대하여 의결권을 행사할 수 없도록 방어조치를 취하여 다른 회사의 지배가능성을 배제하고 경영권의 안정을 도모하도록 하기 위한 것이다.[64] 또한 모자회사 관계가 없는 회사 사이의 주식의 상호소유를 규제하는 주된 목적은 상호주를 통해 출자 없는 자가 의결권 행사를 함으로써 주주총회결의와 회사의 지배구조가 왜곡되는 것을 방지하기 위한 것이다.[65]

비모자 회사관계의 판단 시점은 실제로 의결권이 행사되는 주주총회일에 위 요건을 충족하는 경우이며, 회사, 모회사 및 자회사 또는 자회사가 다른 회사 발행주식 총수의 10분의 1을 초과하는 주식을 가지고 있는지 여부는 실제로 소유하고 있는 주식수를 기준으로 판단하여야 하며 그에 관하여 주주명부상의 명의개서를 하였는지 여부와는 관계가 없다.[66]

의결권이 제한되는 결과로 주주총회소집통지 등의 경우처럼 의결권을 전제로 하는 권리는 행사하지 못하므로 주주총회에서 의결권을 행사하였다면 주주총회결의취소의 사유가 된다. 그러나 종류주주총회에서는 의결권이 있다고 본다. 의결권을 제외한 다른 주주권은 명문의 규정이 없는 한 자익권이든 공익권이든 제한되지 않는다.

5) 타회사 주식취득 시의 통지의무

ⅰ) 의 의

회사 간 주식의 상호보유는 제한되고 있으므로(상 342의2, 396③), 상법은 회사가 다른 회사의 발행주식총수의 10분의 1을 초과하여 취득한 때에는 신의칙상 그 다른 회사에 대하여 지체 없이 이를 통지하도록 규정하고 있다(상 342의3). 이 규정은 대량의 주식을 은밀하게 취득하여 상대방회사를 지배하는 것을 막고, 선의의 지배경쟁을 보장하여 주기 위한 것이다.

---

64) 大判 2001.05.15, 2001다12973.

65) 大判 2009.01.30, 2006다31269

66) 大判 2009.01.30, 2006다31269

ii) 통지방법과 시기

통지방법에 관하여는 제한이 없으므로 어떠한 방법으로든 상대회사에게 주식취득 사실을 알려 주면 족하다. 통지사항은 취득한 주식의 종류와 수이다. 통지의무는 100분의 10 이상의 취득과 동시에 생겨나므로, 통지 시기는 10분의 10 이상에 해당하는 주식을 취득한 후 지체 없이 하여야 한다.

iii) 위반의 효과

통지를 하지 아니하여도 주식취득의 사법상의 효력에는 영향이 없다. 통지를 게을리한 자에게 의결권의 행사를 인정할 것인가에 대하여 상법에 아무런 규정이 없으나 제도의 취지에 비추어 이를 부정하는 것이 옳다고 본다.

(2) 특별법상 주식양도의 제한

1) 은행법에 의한 제한

은행법은 금융자본의 독점화를 방지할 목적으로 은행이 타 금융기관의 주식을 취득하거나 소유하지 못하게 하며($^{은행}_{38\ IX}$), 또한 타 주식회사의 발행주식의 100분의 15 이상의 주식을 소유하지 못하게 하고, 또한 주주 1인과 그와 특수관계에 있는 자는 금융기관의 의결권이 있는 발행주식총수의 100분의 4를 초과하는 주식을 소유하거나 사실상 지배하지 못하게 하고 있다.

2) 독점규제 및 공정거래에 관한 법률에 의한 제한

독점규제 및 공정거래에 관한 법률에 의하여 누구든지 직접 또는 특수관계인을 통하여 다른 회사의 주식을 취득함으로써 일정한 거래 분야에서 경쟁력을 실질적으로 제한하려는 경우에는 원칙적으로 그러한 주식취득을 할 수 없으며, 또한 대규모 기업집단에 속하는 회사는 자기의 주식을 취득 또는 소유하고 있는 계열회사의 주식을 원칙적으로 취득할 수 없다($^{동법}_{9\ ①}$). 그러나 ① 회사의 합병 또는 영업 전부의 양수 ② 담보권의 실행 또는 대물변제의 수령에 의해 상호주를 소유하게 되는 때에는 제한받지 아니한다. 그러나 그 주식은 6개월 내에 처분하여야 한다. 위의 제한에 위반하여 주식을 취득한 경우 벌칙이 적용되고, 공정거래위원회가 시정조치를 명할 수 있다($^{동법}_{16\ ①}$). 시정조치를 명한 경우에는 해당주식은 의결권이 없어진다($^{동법}_{18}$).

또한 다른 회사의 의결권 없는 주식을 제외한 발행주식총수의 100분의 20 이상을 취득하는 경우에는 그 주식취득을 공정거래위원회에 신고하도록 하고 있는바($_①^{동법}$ $_{vii}^{12}$ iv) 이 한도 내에서는 제한되고 있다. 이 외에 동법에 의하여 지주회사로 전환하기 위하여 주식을 취득할 수 없다.

3) 회사정리법상의 예외

회사정리법상 정리계획의 수행방법으로서 신주를 발행하였으나 실권주가 생긴 때에는 회사가 이를 취득할 수 있다($_{262}^{회사정리법}$ ⑤).

4) 해석상의 예외

회사가 무상으로 취득하는 경우, 위탁매매업자가 위탁자의 계산으로 자기주식을 매수하는 경우, 신탁회사가 자기주식의 신탁을 인수하는 경우 등이 있다.

(3) 정관에 의한 제한

1) 주식양도제한의 의의

주식의 양도는 정관이 정하는 바에 따라 이사회의 승인을 얻도록 할 수 있다($_①^{상}$ $_{단서}^{335}$). 정관의 규정에 의하여 주식양도에 이사회의 승인을 얻도록 되어 있는 경우, 이러한 이사회의 승인 없이 한 주식의 양도는 회사에 대하여 효력이 없다($_②^{상}$ ^{335}).

상법 제335조 제1항 단서는 주식의 양도를 전제로 하고, 다만 이를 제한하는 방법으로서 이사회의 승인을 요하도록 정관에 정할 수 있다는 취지이지 주식의 양도 그 자체를 금지할 수 있음을 정할 수 있다는 뜻은 아니기 때문에, 정관의 규정으로 주식의 양도를 제한하는 경우에도 주식양도를 전면적으로 금지할 수는 없다.[67] 따라서 설립 후 일정 기간 일체 주식의 양도를 금지하는 내용을 정관으로 규정하였다고 하더라도 주주의 투하자본회수의 가능성을 전면적으로 부정하는 것으로서 무효이고, 정관으로 규정하여도 무효가 되는 내용을 나아가 회사와 주주들 사이에서, 혹은 주주들 사이에서 약정하였다고 하더라도 이 또한 무효이다. 그러나 주주들 사이에서 주식의 양도를 일부 제한하는 내용의 약정을 한 경우, 그 약정은 주주의 투하자본회수의 가능성을 전면적으로 부정하는 것이 아니고, 공서양속에 반하지 않는다면 당사자 사이에서는 원칙적으로 유효하다고 할 것이다.[68]

---

67) 大判 2000.09.26., 99다48429; 大判 2008.07.10, 2007다14193

2) 양도제한의 대상 및 태양

주식의 양도에 관하여 정관의 규정에 의하여 이사회의 승인을 얻어야 하는 경우에 주식을 양도하고자 하는 주주는 회사에 대하여 양도의 상대방 및 양도하고자 하는 주식의 종류와 수를 기재한 서면으로 양도의 승인을 청구할 수 있는데(상 335의2①), 회사는 이러한 청구가 있는 날로부터 1월 내에 이사회의 승인을 거쳐 주주에게 그 승인 여부를 서면으로 통지하여야 하고(상 335의2②), 회사가 이 기간 내에 승인거부의 통지를 하지 아니한 때에는 주식의 양도에 관하여 이사회의 승인이 있는 것으로 본다(상 335의2③).

3) 양도제한의 방법 및 공시

주주의 주식양도를 제한하기 위해서는 반드시 사전에 정관에 그러한 내용을 규정하여야 한다(상 335①). 원시정관에 의해서 혹은 정관변경에 의해서도 가능하다. 또한 회사가 정관에 주식의 양도에 관하여 이사회의 승인을 얻도록 정한 때에는 그 규정을 주식청약서와 주권에 적어야 하고, 또 등기에 의하여 이를 공시하여야 한다(상 302②, 356).

4) 이사회의 승인을 결한 주식양도의 효력

정관에 이사회의 승인을 얻어 주식을 양도하도록 한 회사의 주주가 이사회의 승인을 얻지 아니하고 주식을 양도한 경우에는 회사에 대항하지 못한다(상 335②). 그러나 당사자 간에는 양도의 효력이 있다. 즉 주식의 양도는 이사회의 승인을 얻도록 규정되어 있는 회사의 정관에도 불구하고 이사회의 승인을 얻지 아니하고 주식을 양도한 경우에 그 주식의 양도는 회사에 대하여 효력이 없을 뿐, 주주 사이의 주식양도계약 자체가 무효라고 할 수는 없다.[69]

회사에 대해서는 무효이나 당사자 간에는 유효하기 때문에 양수인의 법률적 지위가 불안하기 때문에 양수인은 회사에 대해 주식매수를 청구할 수 있다.

5) 양도승인청구 및 승인절차

주주 또는 양수인은 회사에 대하여 양도상대방 및 양도하고자 하는 주식의 종류와 수를 기재한 서면으로 양도승인 청구할 수 있다(상 335의2①). 회사는 이러한 청구에 대하여 1월 이내에 주주 또는 주식양수인에게 서면으로 승인 여부를 통지하여야 한다(상 335의2②, 335의7②). 이

---

68) 大判 2008.07.10, 2007다14193
69) 大判 2008.07.10, 2007다14193

기간 내에 통지하지 아니한 때에는 주식의 양도를 승인한 것으로 본다(상 335의2 ③, 335조의 7 ②). 회사가 소정 기간 내에 양도승인 거부통지를 한 경우에는 주주 또는 주식양수인은 그 거부통지를 받은 날로부터 20일 이내에 회사에 대하여 상대방 지정청구 또는 그 주식의 매수를 청구할 수 있다(상 335의2 ④, 335의7 ②).

☞ **주식매수청구절차**

청구일	1월 이내	20일 이내			2월 이내
주주 또는 양수인은 회사에 대하여 양도 서면청구	회사는 주주 또는 양수인에서면승인 여부 통지 -> 통지X: 승인	주주 또는 양수인은 회사에 대하여 ① 주식매수청구 →			회사는 주식을 매수 가격은 협의 → 협의가 안 된 경우 법원에 청구 (30일 이내에)
		② 상대방지정청구 →	2주간	10일 이내	30일 이내에
			회사는 주주 및 지정된 자에게 서면통지 -> 통지X: 승인	지정된 자는 주주에 대하여 서면매도청구 -> 청구X: 승인	매도가격협의가 안된 경우에 법원에 매수가액결정 청구

주주가 회사에 대하여 양도 상대방을 지정하여 줄 것을 청구한 경우에는 회사는 이사회의 결의에 의하여 이를 지정하고 그 청구가 있는 날부터 2주간 내에 주주 및 지정된 상대방에게 서면으로 이를 통지하여야 한다(상 335의3 ①). 만일 회사가 양도상대방 지정청구가 있은 날부터 2주간 내에 주주에게 양도상대방의 지정통지를 하지 아니한 때에는 그 주식의 양도에 대하여 회사의 이사회의 승인이 있는 것으로 본다(상 335의3 ②).

이사회의 결의에 의해 양도상대방으로 지정된 자는 지정통지를 받은 날로부터 10일 내에 주주(지정청구자)에 대하여 서면으로 당해 주식을 자기에게 매도할 것을 청구할 수 있다(상 335의4 ①). 피지정자의 이러한 권리는 이른바 매도청구권으로서 형성권으로 해석된다. 양도상대방으로 지정된 자가 매도청구권의 포기 기타의 사유로 이 기간 내에 청구자에게 당해 주식에 대한 매도를 청구하지 아니한 때에는 그 주식의 양도에 관하여 회사의 이사회의 승인이 있는 것으로 본다(상 335의4 ②, 335의3 ②).

매수가격은 당사자, 즉 지정청구인과 지정매수인 간의 협의로 결정된다(상 335의5 ①). 그러나 매수청구를 받은 날부터 30일 이내에 협의가 이루어지지 아니한 경우에는 회사 또는 주식의 매수를 청구한 주주는 법원에 대하여 매수가액의 결정을 청구할 수 있다(상 335의5 ②; 374의2 ④). 법원이 주식의 매수가액을 결정하는 경우에는 회사의 재산상태 그 밖의 사정을 참작하여 공정한 가액으로 이를 산정하여야 한다(상 335의5 ②; 374의2 ⑤).

6) 회사에 대한 주식매수청구권

ⅰ) 주식매수의 청구

주식양도인(주주) 혹은 주식양수인이 회사로부터 주식양도의 승인거부의 통지를 받은 때에는 그 통지를 받은 날로부터 20일 이내에 회사에 대하여 그 주식의 매수를 청구할 수 있다(상335의2④). 이 청구권은 형성권이다.

ⅱ) 회사의 주식매수

주주가 회사에 대하여 주식매수청구권을 행사한 경우에 회사는 이 청구를 받은 날로부터 2월 이내에 그 주식을 매수하여야 한다(상335의2②374의2②). 이때 회사와의 주식매매가격의 산정은 위의 방법과 동일하다. 주주가 행사하는 주식매수청구권의 법적 성질은 형성권이며, 회사가 주식매수청구를 받은 날로부터 2월은 주식매매대금 지급의무의 이행기이며, 이 기간 내에 주식매수가액이 확정되지 않더라도 그 기간 경과로 회사에 지체책임이 발생한다.[70]

7) 승인청구

주식의 양도에 관하여 이사회의 승인을 얻어야 하는 경우에 주식을 취득한 자도 회사에 대하여 그 주식의 종류와 수를 기재한 서면으로 그 취득의 승인을 청구할 수 있는데(상335의7①), 이때에는 양도인의 경우와 동일한 절차에 의한다(상335의7②).

3.6.4.1.4. 주식양도의 방법

(1) 주권발행전의 양도방법

주권발행 전에 한 주식의 양도는 회사에 대하여 효력이 없다. 그러나 회사성립 후 또는 신주의 납입기일 후 6월이 경과한 때에는 양도할 수 있다(상335③). 그러나 주식의 양도방법에 대하여는 특별히 규정하고 있지 않으므로 민법의 일반 원칙에 의할 수밖에 없다. 즉 주권발행 전의 주식의 양도는 지명채권양도의 일반 원칙을 유추하여 당사자 사이의 의사표시의 합치만으로 그 양도의 효력이 발생하나 이를 회사에 대항하기 위하여는 양도에 관하여 양도인이 회사에 통지하거나 회사의 승낙을 받아야 한다(민450). 그러나 주권발행 전의 주식양도의 경우에도 회사에 대하여 주주권을 행사하기 위한 대항요건은 명의개서이다(민450).

---

70) 大判 2011.04.28, 2009다72667; 大判 2011.04.28, 2010다94953

(2) 주권발행 후의 양도방법

주권발행 후의 주식의 양도는 그 주식이 기명주식이냐 무기명주식이냐를 불문하고 주권의 교부만에 의하여 한다($\frac{\text{상}}{①}$336). 주권발행 전의 주식의 양도는 지명채권양도의 일반 원칙에 따라 당사자 사이의 의사의 합치만으로 효력이 발생하는 것이지만 주권발행 후의 주식의 양도에 있어서는 주권을 교부하여야만 효력이 발생한다.[71]

기명주식의 양도는 주권의 배서 또는 주권과 이에 주주로 표시된 자의 기명날인 있는 양도증서의 교부에 의하도록 되어 있으므로 당사자 간에 양도계약이 이루어졌으나 주권의 배서 또는 주권과 이에 주주로 표시된 자의 기명날인 있는 양도증서가 교부되지 아니하였다면 그와 같은 양도계약만으로는 당사자 간에 주식을 양도하기로 하는 채권적 효력밖에 없는 것으로서 주식양도의 효력이 발생하였다고 볼 수는 없다.[72]

기명주식의 양도를 회사에 대항하기 위하여는 별도로 주주명부에의 명의개서를 하여야 하고($\frac{\text{상}}{337}$), 무기명주식의 경우에는 주권을 회사에 공탁하여야 한다($\frac{\text{상}}{358}$).

(3) 명의개서

1) 의 의

명의개서란 기명주식의 양도를 회사에 대항하기 위하여 주식양수인의 성명과 주소를 주주명부에 기재하는 것을 말한다($\frac{\text{상}}{337}$). 무기명주식은 명의개서가 인정되지 않는다.

2) 명의개서의 절차

명의개서청구권자는 주권소지인이고, 명의개서청구의 상대방은 회사이다. 주권의 점유자는 적법한 소지인으로 추정되므로($\frac{\text{상}}{②}$336), 이러한 주권소지인이 주권을 제시하고 명의개서를 청구하여 오면 회사는 그가 무권리자임을 입증하지 못하는 한 명의개서를 하여야 한다.

취득자가 그 명의개서를 청구할 때에는 특별한 사정이 없는 한 회사에게 그 취득한 주권을 제시하여야 하므로, 주식을 증여받은 자가 회사에 그 양수한 내용만 통지하였다면 그 통지 사실만 가지고는 회사에 명의개서를 요구한 것이 아니다.[73]

---

71) 大判 1993.12.28, 93다8719.

72) 大判 1987.11.10, 87누620.

73) 大判 1995.07.28, 94다25735.

3) 명의개서의 효력

명의개서가 있으면 양수인은 회사에 대하여 주주임을 대항할 수 있고(대항력)($\frac{8}{8}$ ³³⁷), 주주명부에 기재된 주주는 권리창설적 효력은 없으나 적법한 주주로 추정되며(추정력), 회사가 명부에 기재된 주주를 적법한 주주로 인정하여 그에게 통지·최고 등을 하면 면책된다(면책력)($\frac{8}{8}$ ³⁵³).

따라서 주식회사가 주주명부상의 주주에게 주주총회의 소집을 통지하고 그 주주로 하여금 의결권을 행사하게 하면, 그 주주가 단순히 명의만을 대여한 이른바 형식주주에 불과하여도 그 의결권 행사는 적법하다. 그러나 주식회사가 주주명부상의 주주가 형식주주에 불과하다는 것을 알았거나 중대한 과실로 알지 못하였고 또한 이를 용이하게 증명하여 의결권 행사를 거절할 수 있었음에도 의결권 행사를 용인하거나 의결권을 행사하게 한 경우에는 그 의결권 행사는 위법하게 된다.[74]

상법상 주권의 점유자는 적법한 소지인으로 추정되고 있으나($\frac{8}{8}$ ³³⁶) 이는 주권을 점유하는 자는 반증이 없는 한 그 권리자로 인정된다는 것, 즉 주권의 점유에 자격수여적 효력을 부여한 것이므로 이를 다투는 자는 반대사실을 입증하여 반증할 수 있고, 또한 기명주식의 이전은 취득자의 성명과 주소를 주주명부에 적어야만 회사에 대하여 대항할 수 있는바($\frac{8}{8}$ ³³⁷), 이 역시 주주명부에 기재된 명의상의 주주는 실질적 권리를 증명하지 않아도 주주의 권리를 행사할 수 있게 한 자격수여적 효력만을 인정한 것뿐이지 주주명부의 기재에 창설적 효력을 인정하는 것이 아니므로 반증에 의하여 실질상 주식을 취득하지 못하였다고 인정되는 자가 명의개서를 받았다 하여 주주의 권리를 행사할 수 있는 것은 아니다.[75]

4) 명의개서미필주주의 지위

주식의 양수인이 주권을 제시하여 적법하게 명의개서를 청구하였음에도 불구하고 회사가 정당한 이유 없이 명의개서를 거절하였을 경우, 회사는 명의개서를 청구한 자에게 손해배상책임을 지고 또한 회사의 이사 등은 일정한 과태료의 제재를 받는다($\frac{8}{8}$ ⁶³⁵). 이때 양수인은 회사에 대하여 명의개서청구의 소를 제기할 수 있고, 필요한 경우에는 감시주주의 지위를 정하는 가처분을 청구할 수 있다($\frac{필소}{②}$ ⁷¹⁴).

그리고 회사가 부당하게 명의개서를 거절하거나 지체하였을 때에는 주식취득자는 명의

---

74) 大判 1998.09.08, 96다45818.

75) 大判 1989.07.11, 89다카5345.

개서를 하지 않고도 회사에 대하여 주주의 권리를 행사할 수 있다. 또 회사는 명의개서 미필주주를 주주로 인정하여 권리행사를 허용할 수 있다(통설·판례76)). 즉 상법 제337 조 제1항의 규정은 기명주식의 취득자가 주주명부상의 주주명의를 개서하지 아니하면 스스로 회사에 대하여 주주권을 주장할 수 없다는 의미이고, 명의개서를 하지 아니한 실질상의 주주를 회사 측에서 주주로 인정하는 것은 무방하다(편면적 구속설).

5) 명의개서대리인

명의개서대리인이란 회사를 위하여 명의개서사무를 대행하는 자이다. 회사는 정관이 정하는 바에 의하여 명의개서대리인을 둘 수 있는데, 회사가 명의개서대리인을 둔 경우에는 그의 성명·주소 및 영업소를 등기하여야 하고($\frac{상}{②}\frac{317}{xi}$), 또 주식청약서·신주인수권증서·사채청약서 등에 적어야 한다($\frac{상 302 ② x, 420 ②, 420}{의2 ② ii, 474 ② xv}$). 회사가 명의개서대리인을 둔 경우에는 주주명부나 사채원부 또는 그 복본을 명의개서대리인의 영업소에 비치할 수 있다($\frac{상}{①}$ 396). 명의개서대리인이 주주명부의 복본에 명의개서를 한 때에는 그의 원본에 한 것과 동일한 효력이 있다($\frac{상}{②}$ 337).

3.6.4.2. **주식의 담보**

3.6.4.2.1. 의 의

주식을 담보로 하는 방법으로는 주식을 질권의 목적으로 하는 방법과 주식의 양도담보가 있다. 주식담보의 본질에 대해 학설은 주주의 지위의 담보라는 설과 유가증권인 주권의 담보라는 설로 나뉘어 있다.

3.6.4.2.2. 주식담보의 자유와 제한

(1) 주식담보의 자유

주식양도가 자유롭게 인정되듯 주식의 담보도 자유롭게 인정된다.

---

76) 大判 2001.05.15, 2001다12973.

(2) 주식담보의 제한

1) 권리주의 담보
주권발행 전의 주식에 관해 담보설정이 가능한가에 대해 권리주의 양도는 회사에 대하여 효력이 없는 것과 같이($\frac{상}{319}$), 권리주에 대한 담보 설정도 회사에 대하여 효력이 없다고 본다.

2) 주권발행 전의 주식의 담보
역시 주권발행 전에 한 주식의 양도는 회사에 대하여 효력이 없는 것과 같이 주권발행 전의 주식에 대한 담보설정도 회사에 대하여 효력이 없다고 본다. 그러나 회사의 성립 후 또는 신주의 납입기일 후 6월이 경과한 때에는 주권이 없어도 주식에 대하여 담보를 설정하여 회사에 대항할 수 있다고 본다($\frac{상\ 335\ ③}{단서\ 참조}$).

3) 자기주식에 대한 담보 제한

ⅰ) 자기주식에 대한 담보제한의 의의
자기주식을 질권의 목적으로 하는 경우에 회사는 발행주식총수의 20분의 1을 초과하여 자기주식을 질권의 목적으로 취득하지 못한다($\frac{상}{341}$).

ⅱ) 제한의 예외
자기주식의 질취에 관하여 ① 회사의 합병 또는 다른 회사의 영업 전부를 양수하는 경우 ② 회사의 권리를 실행함에 있어서 그 목적을 달성하기 위하여 필요한 경우($\frac{상\ 341}{의2\ ⅰ,\ ⅱ}$)에는 그 한도를 초과하여 질권의 목적으로 할 수 있다($\frac{상\ 341}{의3\ 후단}$).

ⅲ) 제한위반의 효과
회사가 제한규정에 위반하여 자기주식을 질권의 목적으로 취득한 경우 그 질권의 효력에 대하여는 자기주식 취득금지($\frac{상}{341}$)의 위반의 경우와 같이 (절대적)무효설·상대적무효설·유효설로 나뉘어 있다. 무효설에서는 자기주식취득의 경우와 마찬가지로 질취의 경우에 그 위반행위는 무효로 된다고 보는 견해이며, 상대적 무효설은 원칙적으로 무효이지만 질권설정자가 선의인 때에는 무효를 주장할 수 없다고 하며, 유효설은 자기주식취득은 원칙적으로 금지되는데 자기주식의 질취는 원칙적으로 허용되고 다만 그 수량만이 제한되어 있으며, 회사는 자기주식이라도 담보로 잡아 두는 것이 담보가 없는 경우보다 더 유리하므로 유효로 보아야 한다고 한다.

이사가 질취제한에 위반하여 자기주식을 취득한 경우에는 회사의 재산을 위태롭게 하는 죄에 해당하여 5년 이하의 징역 또는 1,500만 원 이하의 벌금에 처하게 된다($\frac{\text{상}}{625}$). 또한 이로 인하여 회사에 손해가 있는 때에는 회사에 대하여 이사는 연대하여 손해배상책임이 있고($\frac{\text{상}}{399}$), 악의 또는 중대한 과실이 있는 때에는 제3자에 대하여도 이사는 연대하여 손해배상책임을 진다($\frac{\text{상}}{401}$).

iv) 질취한 자기주식의 지위

회사가 적법하게 자기주식을 질취한 경우에는 의결권 등의 공익권과 더불어 이익배당청구권, 잔여재산분배청구권 등의 자익권도 전면적으로 휴지한다고 하는 입장(통설)과 우선변제권($\frac{\text{민}}{329}$), 전질권($\frac{\text{민}}{336}$), 물상대위권($\frac{\text{상 339}}{461 ⑥}$) 등을 행사할 수 있다고 보는 견해로 나뉜다. 따라서 후설에 따르면 등록질의 경우에는 이익배당청구권과 잔여재산분배청구권도 행사할 수 있다고 본다($\frac{\text{상}}{①}{340}$). 그러나 질취한 자기주식에 대하여 의결권 등 공익권은 질권설정자인 주주가 갖는다.

4) 주권불소지의 경우

주권이 주주의 불소지신고에 따라 발행되지 않거나 또는 무효로 되거나 명의개서대리인에게 임치된 경우에는($\frac{\text{상}}{의2}{358}$) 주식에 질권이나 양도담보를 설정하는 것은 불가능하므로 주식에 담보권을 설정하려는 주주가 회사에 대하여 주권의 발행 또는 반환을 청구하여 ($\frac{\text{상}}{의2}{358}④$) 이것을 담보권자에게 교부하여야 할 것이다.

5) 정관으로 주식양도가 제한되는 경우

정관에 주식양도제한의 규정이 있는 경우에도 주식의 입질은 자유이고, 단지 그 실행에 있어서 이사회의 승인을 받으면 된다고 할 것이다. 승인이 거부된 때에는 주식을 취득한 자는 상대방의 지정 또는 주식의 매수를 청구할 수 있다($\frac{\text{상}}{④}{335}$).

양도담보에 제공하는 경우에도 이사회의 승인을 필요로 하지 않는다고 볼 것이다. 그러나 주주명부에 명의개서를 하는 경우에는 이사회의 승인을 요한다고 본다.

3.6.4.2.3. 주식의 입질

(1) 기명주식의 입질
기명주식에 대한 질권설정의 방법은 약식질과 등록질의 두 가지가 있다.

1) 약식질
기명주식의 약식질은 당사자 간의 질권설정의 합의와 질권자에 대한 주권의 교부에 의하여 그 효력이 발생한다($\overset{\text{상}}{\underset{①}{338}}$). 회사 및 제3자에게 대항하기 위하여는 질권자에 의한 주권의 계속점유를 요한다($\overset{\text{상}}{\underset{②}{338}}$).

주권발행 전의 주식에 대한 양도도 인정되고, 주권발행 전 주식의 담보제공을 금하는 법률규정도 없으므로 주권발행 전 주식에 대한 질권설정도 가능하다고 할 것이다. 상법 제338조 제1항은 기명주식을 질권의 목적으로 하는 때에는 주권을 교부하여야 한다고 규정하고 있으나, 이는 주권이 발행된 기명주식의 경우에 해당하는 규정이라고 해석함이 타당하므로 주권발행 전의 주식 입질에 관하여는 권리질권 설정의 일반 원칙인 민법 제345조에 의하여 그 권리의 양도방법에 의하여 질권을 설정할 수 있다고 하여야 할 것이다.[77]

기명주식의 약식질권자는 권리질권자와 같이 유치권($\overset{\text{민}355,}{\underset{335}{}}$), 우선변제권($\overset{\text{민}355,}{\underset{329}{}}$), 전질권($\overset{\text{민}355,}{\underset{336}{}}$) 및 물상대위권($\overset{\text{상}355,}{\underset{342}{}}$)을 갖는다. 물상대위와 관련하여 물상대위의 목적물의 범위를 확대하고 있는데, 상법은 주식의 소각·병합·분할·전환이 있는 때에는 이로 인하여 종전의 주주가 받을 금전이나 주식에 대하여도 종전의 주식을 목적으로 한 질권을 행사할 수 있다고 규정하고 있다($\overset{\text{상}}{\underset{339}{}}$).

2) 등록질

ⅰ) 등록질의 의의
등록질이란 당사자 간의 질권설정의 합의와 질권자에 대한 주권의 교부 외에 질권설정자의 청구에 의하여 질권자의 성명과 주소를 주주명부상에 부기(덧붙여 씀)함으로써 질권자의 회사와의 관계에서의 자격을 수여하여 법률관계를 명확히 하기 위한 제도이다. 회사가 질권설정자의 청구에 의하여 질권자의 성명과 주소를 주주명부에 부기(덧붙여 씀)하

---

77) 大判 2000.08.16. 99그1.

고 그 성명을 주권에 기재한 때에는 질권자는 회사로부터 이익배당, 잔여재산의 분배를 받아 다른 채권자에 우선하여 자기채권의 변제에 충당할 수 있다($\frac{\text{상}}{①}$ 340).

ii) 등록질의 요건

등록질은 질권설정자가 회사에 대하여 질권의 등록을 청구하고 회사가 주주명부상에 질권자의 성명과 주소를 부기(덧붙여 씀)함으로써 한다($\frac{\text{상}}{①}$ 340 전단). 회사는 의결권을 행사하거나 배당을 받을 자 기타 주주 또는 질권자로서 권리를 행사할 자를 정하기 위하여 일정한 기간을 정하여 주주명부의 기재변경을 정지할 수 있으므로($\frac{\text{상}}{①}$ 354), 주주명부의 폐쇄기간 중에는 질권의 등록청구가 허용되지 않는다고 할 것이다. 회사가 정관이 정하는 바에 의하여 명의개서대리인을 둔 경우에는 그 영업소에 비치된 주주명부 또는 그 복본에 질권자의 성명과 주소를 기재하면 등록질의 효력이 있다($\frac{\text{상}}{②}$ 337). 등록질권자라도 그의 권리를 제3자에게 대항하기 위하여는 주권의 계속점유가 있어야 한다($\frac{\text{상}}{③}$ 338).

iii) 등록질의 효과

등록질권자는 약식질권자의 모든 권리를 갖는 외에 물상대위의 목적물을 그 지급 또는 인도 전에 압류할 필요가 없이($\frac{\text{민}}{\text{단서}}$ 342) 직접 회사로부터 지급받을 수 있다. 뿐만 아니라 질권자는 회사로부터 이익배당, 잔여재산의 분배, 주식의 소각·병합·분할·전환으로 인하여 종전의 주주가 받을 금전이나 주식에 대하여도 종전의 주식을 목적으로 한 질권을 행사할 수 있는 등 약식질권자보다 물상대위의 목적물의 범위가 넓다($\frac{\text{상}}{③}$ 340). 물상대위의 목적물이 금전이고 그 목적물의 변제기가 질권자의 채권의 변제기보다 먼저 도래한 때에는 회사에 대하여 그 금전의 공탁을 청구할 수 있고($\frac{\text{상}}{\text{민}}$ 340 ②/353 ③), 물상대위의 목적물이 주식인 경우에는 그 주식에 대한 주권의 교부를 회사에 대하여 직접 청구할 수 있다($\frac{\text{상}}{③}$ 340).

(2) 무기명주식의 입질

무기명주식의 경우에는 주주의 성명·주소 등을 기재할 주주명부가 없으므로 등록질이란 있을 수 없다. 따라서 무기명주식의 입질방법은 상법에 규정이 없으나 무기명채권에 대한 질권의 설정방법을 규정한 민법의 규정($\frac{\text{민}}{351}$)을 준용하여, 당사자 간의 질권설정의 합의와 질권자에 대한 주권의 교부에 의하여 그 효력이 발생한다. 또 입질을 회사 및 제3자에게 대항하기 위하여는 질권자에 의한 주권의 계속점유를 요한다($\frac{\text{상}}{②}$ 338 유추).

3.6.4.2.4. 주식의 양도담보

주식의 양도담보란 주식의 담보를 위해 채무자가 주식을 채권자에게 양도한 후 채무를 변제하면 채권자가 주식을 반환하고, 채무자가 채무를 변제하지 않을 경우에는 채권자가 확정적으로 주식을 취득하기로 약정하는 것을 말한다. 양도담보의 경우에는 대개 처분승락서가 첨부된다.

주식의 양도담보는 주식의 입질의 경우와 같이 기명주식의 경우에는 약식양도담보와 등록양도담보가 있는데, 무기명주식의 경우에는 등록양도담보가 없다. 기명주식의 약식양도담보와 무기명주식의 양도담보의 설정방법은 기명주식의 약식질과 같이 당사자 간의 양도담보의 합의와 주권의 교부에 의하여 그 효력이 발생하고($\frac{상}{①}$ 336), 양도담보권자에 의한 주권의 계속점유가 회사 및 제3자에 대한 대항요건이다($\frac{상}{②}$ 338 유추).

3.6.4.2.5. 주식담보의 효과

질권자는 피담보채권의 변제를 받을 때까지 질물을 유치할 수 있다($\frac{민}{335}$ 355). 그리고 질권자는 그 권리의 범위 내에서 자기의 책임으로 질물을 전질할 수 있다($\frac{민}{336}$ 355). 채무자가 변제기에 채무를 변제하지 아니하면 주식 질권자는 주권을 환가처분하여 그 대금으로부터 다른 채권자에 우선하여 자기의 채권의 변제를 받을 수 있다($\frac{민}{355}$ 329). 그리고 물상대위적 효력이 있는데, 주식에 대한 질권에는 물상대위에 관한 민법의 일반규정($\frac{민}{342}$ 355)이 적용되지만 주식의 소각($\frac{상}{343}$), 주식의 병합($\frac{상}{~444}$ 440), 주식의 전환($\frac{상}{350}$ 346~)이 있는 때에는 이로 인하여 종전의 주주가 받을 금전이나 주식에 대하여도 종전의 주식을 목적으로 한 질권을 행사할 수 있다($\frac{상}{339}$).

주식의 등록질을 설정한 경우에 회사가 주주에게 주식배당을 하는 때에는 그 주식배당으로 질권설정자가 받을 신주에 등록질의 효력이 미친다($\frac{상}{⑥}$ 462의2, $\frac{}{340}$ ①). 따라서 이 경우에 질권자는 회사로부터 주권의 교부를 받아($\frac{상}{⑥}$ 462의2, $\frac{}{340}$ ③) 질권을 행사할 수 있다. 이것은 등록양도담보의 경우에도 같다. 의결권 및 기타의 공익권은 약식질이나 등록질의 경우, 질권설정자인 주주가 이를 행사할 수 있다는 점에 관하여 학설이 일치되어 있다. 이것은 약식 양도담보에 관해서도 마찬가지이다. 다만 무기명주권의 경우, 입질하는 동안은 주주가 주권을 회사에 공탁할 수 없으므로 주주는 의결권 등에 관하여도 질권자에게 회사에 대한 권리를 행사할 수 있는 권한을 부여한 것이라는 설과 무기명주권의 질권자는 질권설정자인 주주의 권리행사를 위하여 주권의 공탁($\frac{상}{②}$ 368)에 협조하여야 한다는 설이 있다.

3.6.4.3. **주식의 소각**

3.6.4.3.1. 의 의
주식의 소각이란 주식을 절대적으로 소멸시키는 회사의 행위이다.

3.6.4.3.2. 종 류
상법상 주식소각 방법으로는 자본감소의 절차에 따라 하는 경우($\substack{\text{상 343} \\ \text{① 본문}}$), 이사회의 결의에 의하여 회사가 보유하는 자기주식을 소각하는 경우($\substack{\text{상 343} \\ \text{① 단서}}$), 상환주식을 상환하는 경우($^{\text{상 345}}$), 총회의 결의에 의한 주식소각 등이 있다.

자본감소의 경우에는 ① 주주총회의 특별결의 ② 채권자보호의 절차 ③ 등기 등을 걸쳐야 하고, 이익소각은 정관변경을 하여야 하는데 다수의 견해가 총주주의 동의를 얻어야 한다고 해석한다. 이러한 주식소각은 주주총회의 결의를 요하도록 한 점에서 경제사정 등의 변화에 따라 영업년도 중 기동적으로 자기주식을 소각할 필요가 있을 경우에는 효과적으로 대처할 수 없다는 한계가 있다. 따라서 장기적으로는 정기총회 후 예견할 수 없는 상황이 발생하는 등 특히 그 필요성이 인정되는 경우에는 정관에 의한 수권이 있으면 이사회의 결의만으로 자기주식을 취득·소각할 수 있도록 이사회의 결의에 의한 주식소각 제도가 새로이 도입되었다.

3.6.4.3.3. 이익소각

(1) 요 건
이익소각을 하기 위하여는 ① 정관에 이익소각에 관한 규정이 있어야 하고($^{\text{상 343}}$) ② 배당가능이익이 존재해야 하며 ③ 이익소각에 관한 사항은 등기하고($\substack{\text{상 317} \\ \text{② vi}}$) 또 주식청약서($\substack{\text{상 302 ②} \\ \text{vii, 402}}$) 및 신주인수권증서($\substack{\text{상 420의} \\ \text{2 ② ii}}$)에 기재하여 공시하여야 한다. 이때의 정관은 원시정관뿐 아니라, 정관변경에 의한 변경정관도 포함한다. 변경정관은 총주주의 동의에 의해 변경된 정관만을 의미한다고 해석하는 견해와(통설), 주주총회의 특별결의($^{\text{상 434}}$)에 의하여 변경된 정관이면 충분하다는 견해가 있다.

(2) 방 법

이익소각의 방법에는 임의소각과 강제소각의 두 방법이 있다.

1) 임의소각

임의소각은 회사와 주주 간의 자유로운 계약 등에 의하여 회사가 특정한 주식을 취득하여 소각시키는 방법이다($\frac{\text{상}}{1}$ 341). 주식소각의 효력은 주식실효절차의 종료 시에 발생한다. 즉 회사가 특정 주식의 소각에 관하여 주주의 동의를 얻고 그 주식을 자기주식으로서 취득하여 소각하는 이른바 주식의 임의소각에 있어서는, 회사가 그 주식을 취득하고 상법 소정의 자본감소의 절차뿐만 아니라 상법 제342조가 정한 주식실효 절차까지 마친 때에 소각의 효력이 생긴다.[78] 다만 주식 임의소각의 경우 그 소각의 효력이 주식실효 절차까지 마쳐진 때에 발생한다 하더라도, 주주가 주식소각대금채권을 취득하는 시점은 임의소각의 효력발생시점과 동일한 것은 아니며, 적어도 임의소각에 관한 주주의 동의가 있고 상법 소정의 자본감소의 절차가 마쳐진 때에는 주식소각대금채권이 발생하고, 다만 그때까지 주주로부터 회사에 주권이 교부되지 않은 경우에는 회사는 주주의 주식소각대금청구에 대하여 주권의 교부를 동시이행항변 사유로 주장할 수 있을 뿐이다.[79]

2) 강제소각

강제소각은 회사가 추첨안분비례 등에 의하여 주주의 의사와 관계없이 특정한 주식을 취득하여 소각시키는 방법이다. 이 경우에는 1월 이상의 일정한 기간을 정하여 주식을 소각한다는 뜻과 그 기간 내에 주권을 회사에 제출할 것을 공고하고, 주주명부에 기재된 주주와 질권자에 대하여는 각별로 통지를 하여야 한다($\frac{\text{상}}{2}$, $\frac{343}{440}$). 주식소각의 효력은 기간이 만료한 때에 생긴다($\frac{\text{상}}{2}$, $\frac{343}{441}$).

(3) 효 과

이익소각으로 발행주식 수는 감소하지만, 이는 배당이익으로 주식을 소각한 것이므로 자본에는 영향이 없다. 그리고 이익소각으로 발행주식 수가 감소했다고 하더라도 이미 주식이 발행된 것이므로 수권주식총수가 감소하는 것도 아니다. 따라서 이익소각이 있다고 해서 미발행주식 수가 그만큼 증가하는 것은 아니다(통설).

---

78) 大判 2008.07.10, 2005다24981
79) 大判 2008.07.10, 2005다24981

3.6.5. 주 주

3.6.5.1. 주주의 의의

3.6.5.1.1. 주주의 의의

주주란 주식회사의 사원을 의미한다. 주주가 될 수 있는 자격에는 원칙적으로 제한이 없다. 주주인가 아닌가는 실질적 법률관계에서 정하여지며 명의의 여하를 불문한다. 판례도 주식을 인수함에 있어서 타인의 명의를 차용하여 그 명의로 출자하여 주식인수가액을 납입한 경우에는 명의개서와 관계없이 실제로 주식을 인수하여 그 가액을 납입한 명의차용자만이 주주가 된다고 판시하고 있다.[80] 그리고 가공인물의 명의 또는 타인의 승낙을 얻지 않고 타인명의로 하는 경우에는 실제로 청약을 한 자가 주식 배정 후 주식인수인이 되어 그가 주식인수인으로서의 납입책임 등을 부담한다($상_①^{332}$). 반면에 타인의 승낙을 얻어 타인명의로 주식 인수한 자는 연대하여 주금액을 납입할 책임을 부담한다($상_②^{332}$).

3.6.5.1.2. 주식의 특성

(1) 주식의 불가분성

주식은 액면의 분할뿐만 아니라 그 내용인 권리(자익권 및 공익권)의 분할도 인정되지 않는다.

(2) 공유주주

주식은 단위미만으로 세분화하거나 분해할 수 없으나 1단위의 주식 자체를 수인이 공유할 수 있는데($상_{333}$) 이 경우가 주식공유, 즉 공유주주가 되는 것이다. 주식이 수인의 공유에 속하는 때에는 공유자는 주주의 권리를 행사할 자 1인을 정하여야 한다($상_②^{332}$). 권리행사자는 공유주주들의 임의대리인으로서 공유주주들의 지시에 구속된다. 주주의 권리를 행사할 자가 없는 때에는 공유자에 대한 통지나 최고는 그 1인에 대하여 하면 된다($상_③^{332}$).

---

80) 大判 1977.10.11, 76다1448; 大判 1980.9.19, 80마396; 大判 1985.12.10, 84다카319; 大判 1998.4.10, 97다50619.

3.6.5.2. 주주의 종류

주주의 종류는 보통 주식의 종류에 따라 보통주주, 우선주주, 후배주주, 혼합주주, 상환주주, 의결권 없는 주주 등으로 분류되기도 하고 주식소유의 수량에 따라 대주주·소수주주 등으로 분류되기도 한다. 그 밖에 실질주주가 있는데 일반적으로 실질주주란 주식인수의 명의와 관계없이 실질적으로 주금을 납입한 자나 주식의 양수 후 명의개서를 하지 않는 자를 말한다. 증권거래와 관련한 실질주주는 증권예탁결제원에 주식을 예탁한 예탁자이며, 예탁자가 증권회사인 경우 증권회사의 고객을 말한다. 이는 예탁한 주식의 관리 편의를 위하여 증권예탁결제원이 증권예탁결제원의 명의로 주주명부에 명의개서를 하기 때문에 생기는 개념이다.

3.6.5.3. 주주의 권리·의무

3.6.5.3.1. 주주의 권리·의무

주주의 권리·의무는 주식의 소유자인 주주가 회사에 대하여 가지는 권리 및 의무를 말한다. 주주의 회사에 대한 관계에 대해서, 주식회사의 주주는 주식의 소유자로서 회사의 경영에 이해관계를 가지고 있다고 할 것이나, 회사의 재산관계에 대하여는 단순히 사실상, 경제상 또는 일반적, 추상적인 이해관계만을 가질 뿐 구체적 또는 법률상의 이해관계를 가진다고는 할 수 없고, 직접 회사의 경영에 참여하지 못하고 주주총회의 결의를 통해서 또는 주주의 감독권에 의하여 회사의 영업에 영향을 미칠 수 있을 뿐이므로 주주는 일정한 요건에 따라 이사를 상대로 그 이사의 행위에 대하여 유지청구권을 행사하여 그 행위를 유지시키거나, 또는 대표소송에 의하여 그 책임을 추궁하는 소를 제기할 수 있을 뿐 직접 제3자와의 거래관계에 개입하여 회사가 체결한 계약의 무효를 주장할 수는 없다.[81]

3.6.5.3.2. 주주의 권리의 종류

주주권의 내용은 주주가 회사로부터 경제적 이익을 받을 권리(자익권)와 이를 확보하기 위한 권리(공익권)의 두 가지로 크게 분류할 수 있다. 주주권은 상법상의 이익배당청구권 등의 자익권과 의결권 등의 공익권을 그 본질적 내용으로 할 뿐 주식회사 소유의

---

81) 大判 2001.02.28, 2000마7839.

재산을 직접 이용하거나 지배, 처분할 수 있는 권한은 여기에 포함되지 않는다.[82]

(1) 자익권

자익권은 다시 투자자금에 대한 수익을 위한 권리와 투자자금의 회수를 위한 권리로 분류된다. 투자자금에 대한 수익을 위한 권리 중 대표적인 것으로는 이익배당청구권($\frac{상}{462}$)이 있고, 이것을 보완하는 권리로서 이자배당청구권($\frac{상}{463}$)과 신주인수권($\frac{상}{418}$) 등이 있다.

출자금의 회수를 위한 권리로서 대표적인 것으로는 잔여재산분배청구권($\frac{상}{538}$)이 있으며, 이 외에 영업양도·합병 등의 경우에 그 결의에 반대한 주주의 주식매수청구권($\frac{상\ 374의2,}{522의3}$)도 출자금회수를 위한 권리이다.

그 밖에 주권교부청구권($\frac{상}{355}$), 주식명의개서청구권($\frac{상}{337}$), 주식전환청구권($\frac{상}{346}$), 전환사채인수권($\frac{상\ 513}{의\ ①}$), 신주인수권부사채의 인수권($\frac{상\ 516의\ 10,}{513의2}$), 주권전환청구권($\frac{상\ 357}{②}$), 주권의 불소지신고권($\frac{상}{358의}$), 주권불소지신고주주의 주권발행·반환청구권($\frac{상\ 358}{의2\ ④}$), 준비자본금 전입시의 신주배정청구권($\frac{상}{461}$) 등이 있다.

(2) 공익권

경영참여를 위한 권리로서 대표적인 것은 주주총회에서의 의결권($\frac{상\ 368,}{369}$)이 있는데, 의결권은 상법 또는 정관에 정해진 사항에 따라서($\frac{상}{361}$) 제한되어 있다. 경영감독을 위한 권리는 다시 단독주주권과 소수주주권으로 분류된다.

1) 단독주주권

단독주주권은 지주수(持株數)에 관계없이 주주가 단독으로 행사할 수 있는 주주권으로 설립무효소권($\frac{상}{328}$), 의결권($\frac{상\ 369}{①}$), 총회결의취소의 소권($\frac{상}{376}$), 총회결의무효소권($\frac{상}{380}$), 정관 등의 열람권($\frac{상}{396}$), 신주발행유지청구권($\frac{상}{424}$), 신주발행무효의 소권($\frac{상}{429}$), 감자무효소권($\frac{상}{445}$), 재무제표 및 부속명세서·영업보고서·감사보고서 등의 열람권($\frac{상\ 448}{②}$), 불공정한 전환사채·신주인수권부사채발행 유지청구권($\frac{상\ 516\ ①,}{424,\ 516의11}$), 합병무효의 소권($\frac{상}{529}$) 등이 있다.

2) 소수주주권

소수주주권은 주주권의 남용을 방지하기 위하여 발행주식 총수에 대한 일정비율의 주

---

82) 大判 1990.11.27, 90다카10862.

식을 가진 주주만이 행사할 수 있도록 규정한 것으로서 그 비율은 소수주주권의 내용에 따라 다르다.

상장법인의 소수주주요건은 완화되어 있으나 6개월 이상의 주식보유를 요건으로 하고 있다($^{\text{상}}_{\text{의}6}$542). 그러나 상장회사는 정관에서 상장법인의 특례에 관한 규정보다 단기의 주식 보유기간을 정하거나 낮은 주식 보유비율을 정할 수 있다($^{\text{상}}_{\text{의}6}$542 ⑦). 그리고 "주식을 보유한 자"란 주식을 소유한 자, 주주권 행사에 관한 위임을 받은 자, 2명 이상 주주의 주주권 을 공동으로 행사하는 자를 말한다($^{\text{상}}_{\text{의}6}$542 ⑧).

☞ 소수주주권

	소수주주권의 종류	상법	상장회사의 경우(상 542의6)	
1	집중투표청구권(382의2)<무의결주식제외>	3%	1%(대통령으로 정하는 경우, 자산 2조원)	
2	주주총회소집청구권(366) <무의결주식제외에 대해 학설은 나뉨>	3%	1.5%	6개월 보유
3	주주제안권(363의2)<무의결주식제외>	3%	1%(0.5%)	6개월 보유
4	이사·감사 해임청구권(385②, 415)	3%	0.5%(0.25%)	6개월 보유
5	위법행위유지청구권(402)	1%	0.05%(0.025%)	6개월 보유
6	대표소송제기권(403)	1%	0.01%	6개월 보유
7	회계장부열람청구권(466)	3%	0.1%(0.05%)	6개월 보유
8	업무·재산상태의 검사청구권(467)	3%	1.5%	6개월 보유
9	청산인의 해임청구권(539 ②)	3%	0.5%(0.25%)	6개월 보유
10	해산판결청구권(520)	10%		
11	정리개시청구권	10%	10%(회사정리법 30 ②)	

① 6개월 전부터 계속하여 상장회사 발행주식총수의 1천분의 15 이상에 해당하는 주 식을 보유한 자는 주주총회소집청구권($^{\text{상 366, 542에서 준}}_{\text{용하는 경우 포함}}$) 및 업무·재산상태의 검사청구 권($^{\text{상}}_{467}$)에 따른 주주의 권리를 행사할 수 있다($^{\text{상}}_{\text{의}6}$542 ①).

② 6개월 전부터 계속하여 상장회사의 의결권 없는 주식을 제외한 발행주식총수의 1천분 의 10(대통령령으로 정하는 상장회사의 경우에는 1천분의 5) 이상에 해당하는 주식을 보유한 자는 주주제안권($^{\text{상 363의2, 542에서}}_{\text{준용하는 경우 포함}}$)에 따른 주주의 권리를 행사할 수 있다($^{\text{상}}_{\text{의}6}$542 ②).

③ 6개월 전부터 계속하여 상장회사 발행주식총수의 1만분의 50(대통령령으로 정하는 상장회사의 경우에는 1만분의 25) 이상에 해당하는 주식을 보유한 자는 이사·감 사 해임청구권($^{\text{상 385, 415에서 준}}_{\text{용하는 경우 포함}}$) 및 청산인의 해임청구권($^{\text{상}}_{539}$)에 따른 주주의 권리를 행사 할 수 있다($^{\text{상}}_{\text{의}6}$542 ③).

④ 6개월 전부터 계속하여 상장회사 발행주식총수의 1만분의 10(대통령령으로 정하는 상장회사의 경우에는 1만분의 5) 이상에 해당하는 주식을 보유한 자는 회계장부열람청구권($^{상\ 466,\ 408의9\ 및\ 542}_{에서\ 준용하는\ 경우\ 포함}$)에 따른 주주의 권리를 행사할 수 있다($^{상\ 542}_{의6\ ④}$).

⑤ 6개월 전부터 계속하여 상장회사 발행주식총수의 10만분의 50(대통령령으로 정하는 상장회사의 경우에는 10만분의 25) 이상에 해당하는 주식을 보유한 자는 위법행위유지청구권($^{상\ 402,\ 542에서\ 준}_{용하는\ 경우\ 포함}$)에 따른 주주의 권리를 행사할 수 있다($^{상\ 542}_{의6\ ⑤}$).

⑥ 6개월 전부터 계속하여 상장회사 발행주식총수의 1만분의 1 이상에 해당하는 주식을 보유한 자는 대표소송제기권($^{상\ 403,\ 324,\ 408의9,\ 415,\ 424의2,\ 467}_{의2\ 및\ 542에서\ 준용하는\ 경우\ 포함}$)에 따른 주주의 권리를 행사할 수 있다($^{상\ 542}_{의6\ ⑥}$).

(3) 고유권

고유권이란 주주의 동의가 없이는 정관의 규정이나 주주총회 또는 이사회의 결의로도 박탈할 수 없는 권리를 말한다. 이는 다수결의 원칙을 억제할 수 있는 장치로 쓰일 수도 있다.

3.6.5.3.3. 주식이 나타내는 의무

(1) 납입의무

주주가 회사에 대하여지는 유일한 의무는 주식의 인수가액에 대한 납입의무뿐이다($^{상}_{331}$).

(2) 충실의무

주주의 충실의무란 주주가 주주권을 행사하면서 회사와 다른 주주의 이익을 고려하여야 하는 의무를 말한다. 주주의 충실의무를 인정할 것인가에 대해 의견이 나뉘고 있으나 소수주주 보호를 위한 지배주주의 충실의무를 인정하는 것이 다수의 견해이다.

3.6.5.3.4. 주주평등의 원칙

(1) 의 의

주주평등의 원칙이란 각 주주가 사원의 자격에서 회사와의 법률관계에 대해 그가 가지고 있는 주식 수에 따라 평등한 취급을 받아야 하는 원칙을 말한다. 주주평등의 원칙은 회사와 주주 간에만 적용된다.

(2) 주주평등원칙의 내용

주주의 평등대우원칙이란 두수(頭數)가 아닌 주주가 갖고 있는 주식 수에 따른 자본적 평등을 뜻한다. 주주평등의 원칙은 강행법적 성격의 기본원칙이기 때문에 이 원칙을 위반한 정관의 규정·주주총회의 결의·이사회의 결정 및 이사의 업무집행은 모두 무효가 된다. 그러나 당해 주주의 동의가 있으면 그 무효가 치유된다고 할 것이다.

(3) 평등원칙의 예외

원래 주주평등의 원칙은 모든 주주에게 그가 가지고 있는 주식 수에 따라 동등하게 대우하여야 하는 것이지만 종류주식이 발행된 경우($\frac{상}{344}$), 단주처리의 경우($\frac{상}{443}$), 감사선임의 경우에 있어서 발행주식총수의 100분의 3 이상을 가진 주주($\frac{상}{②}^{409}$), 자기주식($\frac{상}{②}·\frac{369}{③}$)의 법률규정에 의하는 경우 등에는 예외가 인정된다.

3.6.5.4. 실질주주

실질주주에는 광의의 실질주주와 협의의 실질주주로 나뉘는데 광의의 실질주주란 명의개서미필의 주식양수인처럼 주주명부에 기재된 주주는 아니지만 실질적으로 주식의 소유자로서 그 주식에 관하여 직접적인 이해관계를 가지는 자를 말한다. 협의의 실질주주는 증권예탁결제원에 주권을 보관시키고 있는 예탁자와 예탁자의 고객을 의미한다.

3.6.5.5. 주주명부

3.6.5.5.1. 의 의

주주명부란 주주 및 주권에 관한 사항을 명확히 하기 위하여 상법에 의하여 작성하는 강제장부이다. 주주명부는 기명주식의 등록질·신탁재산의 표시 등에 있어서 중요한 의의가 있으며, 주주 또는 질권자에 대한 통지·최고의 기준이 된다.

3.6.5.5.2. 기재사항

주주명부의 기재사항은 법정되어 있는데 기명주식을 발행한 경우($\frac{상}{①}^{352}$), 무기명주식을 발행한 경우($\frac{상}{②}^{352}$), 전환주식을 발행한 경우($\frac{상}{③}^{352}$)로 각각 분류하여 규정하고 있다.

기명주식을 발행한 때에는 주주명부에 ① 주주의 성명과 주소 ② 각 주주가 가진 주식의 종류와 그 수 ③ 각 주주가 가진 주식의 주권을 발행한 때에는 그 주권의 번호 ④ 각 주식의 취득년월일 등을 적어야 한다. 무기명주식을 발행한 때에는 주주명부에 그 종류, 수, 번호와 발행년월일을 적어야 한다. 그 밖에 기명주식의 주권불소지신고가 있으면 주권불발행의 기재를 하여야 한다.

전환주식을 발행한 때에는 기명주식의 기재사항이나 무기명주식의 기재사항 외에도 ① 주식을 다른 종류의 주식으로 전환할 수 있다는 뜻 ② 전환의 조건 ③ 전환으로 인하여 발행할 주식의 내용 ④ 전환을 청구할 수 있는 기간 등과 같은 사항도 주주명부에 적어야 한다.

주주명부 및 그 복본에 법정기재사항을 기재하지 않거나 부실기재한 경우에는 이사 또는 명의개서대리인은 과태료의 제재를 받는다($_①^상$ $_{ix}^{635}$).

3.6.5.5.3. 비치공시

이사는 주주명부를 작성하여 회사의 본점에 비치하여야 하는데, 명의개서대리인을 둔 경우에는 주주명부 또는 그 복본을 명의개서대리인의 영업소에 비치할 수 있다($_③^상$ ^{396}). 주주명부의 복본은 그 효력이 주주명부와 동일한 것으로 복본에 한 명의개서는 주주명부에 한 명의개서와 동일한 효력이 있다($_③^상$ ^{337}).

주주와 회사채권자는 영업시간 내에는 언제든지 주주명부 또는 그 복본의 열람 또는 등사를 청구할 수 있다($_③^상$ ^{396}). 주주 또는 회사채권자의 주주명부 등에 대한 열람등사 청구는 회사가 그 청구의 목적이 정당하지 아니함을 주장·입증하는 경우에는 이를 거부할 수 있다.[83]

3.6.5.5.4. 주주명부의 효력

(1) 대항력

기명주식의 양도는 주권의 교부에 의하여 효력이 발생되나($_①^상$ ^{336}) 그가 주주라는 점에 대하여 회사에 대항력을 갖기 위해서는 주주명부에 그의 성명과 주소를 적어야 한다($_①^상$ ^{337}). 즉 명의개서에 의하여 주주는 회사에 대하여 자기가 주주임을 주장할 수 있으며 각종 주주권을 행사할 수 있으나 실질상의 주주라도 명의개서가 없는 동안에는 회사에 대하여 주주임을 주장할 수 없다. 그러나 회사가 명의개서를 하지 않은 주식양수인을 주주로 인정하는 것이 가능한가에 대하여 학설은 부정하는 입장과 긍정하는 입장(통설·판례)으로 나뉘어 있다. 회사 이외의 제3자와의 관계에서는 명의개서 유무에 관계없이 실

---

83) 大判 1997.03.19., 97ㄱ7; 大判 2010.07.22, 2008다37193

질상의 주주임을 주장·입증하면 된다.

주주명부에 기재된 명의상 주주는 회사에 대한 관계에서 자신의 실질적 권리를 증명하지 않아도 주주 권리를 행사할 수 있는 자격수여적 효력을 인정받을 뿐이지 주주명부 기재에 의하여 창설적 효력을 인정받는 것은 아니므로, 주식을 인수하면서 타인의 승낙을 얻어 그 명의로 출자하여 주식대금을 납입한 경우에는 실제로 주식을 인수하여 대금을 납입한 명의차용인만이 실질상 주식인수인으로서 주주가 되고 단순한 명의대여인은 주주가 될 수 없으며, 이는 회사를 설립하면서 타인 명의를 차용하여 주식을 인수한 경우에도 마찬가지이다.[84]

(2) 추정력

기명주식의 양수인이 주주명부에 명의개서를 하면 이후 주주로 추정되어 자기가 실질적 권리자라는 것을 주장·입증하지 않고도 적법한 주주로서의 권리를 행사할 수 있다. 동시에 주주권을 행사할 때마다 무기명주주와 같이 일일이 주권을 회사에 공탁할 필요도 없다($^{\circ}_{358}$). 또한 주주명부에 등록질권자로 기재된 자는 적법한 질권자로 추정되어 질권을 행사할 수 있다. 기명주권의 점유에 의해서도 적법한 소지인으로 추정된다($^{\circ}_{336}$). 명의개서의 추정적 효력은 명의개서에 의하여 명의주주에게 실질상의 권리를 부여하는 것이 아니므로 명의주주가 실질상의 주주가 아님이 명백한 때에는 회사는 권리행사를 거절하여야 한다. 반대로 형식적 자격은 없어도 실질상의 권리자임이 명백한 때에는 회사는 권리행사를 거절할 수 없다고 할 것이다.

(3) 면책력

회사는 주주명부상의 주주를 적법한 주주로 인정하여 그에게 각종의 통지, 최고, 교부 등을 하면 면책이 된다($^{\circ}_{353}$). 다만 명의주주가 실질상의 주주가 아님을 회사가 알고 그것을 용이하게 증명할 수 있음에도 불구하고 고의 또는 중과실로 권리행사를 인정한 때에는 회사는 그 책임을 면하지 못하며 때로는 주주총회결의 취소의 사유가 되기도 한다.[85]

---

84) 大判 2011.05.26, 2010다22552
85) 大判 1998.9.8, 96다45818.

3.6.5.5.5. 주주명부의 폐쇄와 기준일

(1) 주주명부의 폐쇄

주주명부의 폐쇄와 기준일제도는 일정한 시기에 주주 또는 질권자로서 권리를 행사할 자를 확정하기 위하여 회사가 대표이사 또는 이사회의 결의로 일정 기간 동안 주주명부의 기재변경을 정지시키는 것을 말한다. 폐쇄기간은 3월을 초과할 수 없으며, 그 기간의 2주간 전에 이를 공고하여야 한다.

회사는 폐쇄기간 중에는 그 주식에 관하여 주주 또는 질권자의 권리를 변동시키는 일체의 기재 예컨대 명의개서, 질권의 등록, 신탁재산표시 등을 할 수 없다. 그러나 주주변동과 관계없는 사항 예컨대 주주의 개명, 주소변경, 주권불소지 신고 등은 주주명부 폐쇄기간 중에도 개서할 수 있다.

(2) 기준일

기준일은 주주명부폐쇄와 같은 목적으로 일정한 날을 정하여 그날의 주주명부에 기재되어 있는 주주 또는 질권자를 권리행사자로 일률적으로 확정하기 위한 날을 말한다(상354①). 이러한 기준일은 주주 또는 질권자로서 권리를 행사할 날에 앞선 3월 내의 날로 정하여야 한다(상354③). 주주명부의 폐쇄의 경우와 같이 이러한 기준일이 정관으로 정하여지지 않은 경우에는 기준일의 2주간 전에 이를 공고하여야 한다(상354④). 기준일의 공고에는 반드시 그 목적을 적어야 하는데, 기준일은 공고된 목적 이외에는 이용될 수 없다.

3.6.5.5.6. 실질주주명부

실질주주명부란 실질주주에 관하여 일정한 사항 예컨대 그의 성명 및 주소, 그가 가진 주식의 종류 및 수 등을 기재하여 작성한 주주명부를 말한다.

3.6.5.5.7. 전자주주명부

회사는 정관으로 정하는 바에 따라 전자문서로 주주명부(전자주주명부)를 작성할 수 있다(상352의2①). 전자주주명부에는 주주명부상의 기재사항 외에 전자우편주소를 적어야 한다(상352의2②). 전자주주명부의 비치·공시 및 열람의 방법에 관하여 필요한 사항은 대통령령으로 정한다(상352의2③).

3.6.6. 주식회사 기관 총설

상법상 주식회사의 기관은 반드시 설치되어 있어야 하는 필요기관과 필요시 그때마다 설치되는 임시기관이 있다. 주식회사의 필요기관은 헌법상의 3권분립처럼 주주총회, 이사회 및 대표이사 그리고 감사 및 감사위원회로 구성되어 있다.

주주로 구성되는 주주총회에서는 주식회사의 기본적 사항에 대해서 결정하는 역할을 하고, 이사회는 주주총회의 결정사항을 제외하고 비교적 중요한 회사의 업무에 대해 의사결정을 하고, 대표이사는 이사회의 결의사항 집행 및 주주총회 및 이사회의 결정사항 이외의 사소한 것을 결정하고 집행하는 역할을 한다. 감사는 이사의 업무 및 회계에 관한 감사역할을 한다. 이러한 전통적인 기관에 1997년 IMF 이후 기업의 지배구조와 관련하여 3차례의 상법개정 중 1999년 개정상법에 이사회에 대한 불신으로 사외이사의 도입 및 이사회 내 위원회를 도입하였고, 감사에 대한 불신으로 사외이사를 주구성원으로 하는 감사위원회를 도입하였다.

임시기관에는 주식회사의 설립절차 또는 업무나 재산상태 등을 조사하기 위하여 법원 또는 주주총회에 의하여 선임되는 검사인이 있다. 이 외에 특별법인 주식회사의 외부감사에 관한 법률(_{법 제3927호}^{1980.12.31.})에 의하여 일정규모 이상의 주식회사에 대한 회계감사기관으로서 외부감사인이 있다.

☞ 주식회사의 기관구조

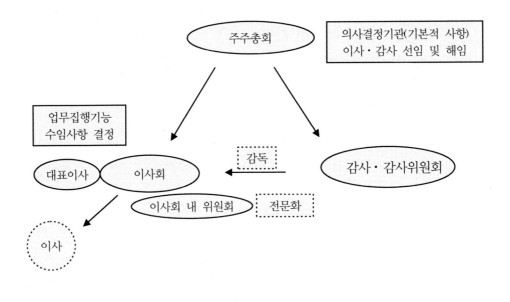

3.6.7. 주주총회

3.6.7.1. 주주총회의 의의

주주총회란 주주로 구성되는 필요적 상설기관으로서 회사의 기본조직과 경영에 관한 중요사항 등 법률 또는 정관에 정하여진 사항을 결의하는 주식회사의 최고의사결정기구이다.

3.6.7.2. 주주총회의 권한

주주총회는 상법 또는 정관에 정하는 사항에 한하여만 결의할 수 있는 권한을 갖는다($^{\text{상}}_{361}$). 주주총회의 권한은 다른 기관에 유보할 수 없다. 그러나 정관으로 주주총회권한을 더욱 확대할 수는 있다. 주주총회의 상법상의 권한을 분류하면 다음과 같다.

(1) 기관구성과 관련한 권한

기관구성과 관련한 권한으로는 이사·감사·청산인의 선임 및 해임, 검사인의 선임 등이 있다.

(2) 업무감독과 관련한 권한

업무감독과 관련한 권한으로는 이사·감사·청산인의 보수결정, 사후설립, 발기인·이사·감사·청산인의 책임면제, 이사·감사·청산인의 책임면제의 유보, 주주 이외의 자에 대한 전환사채 또는 신주인수권부사채의 발행 등이 있다.

(3) 회계와 관련한 권한

회계와 관련한 권한으로는 재무제표의 승인, 주식배당의 결정, 배당금지급시기의 결정, 청산의 승인 등이 있다.

(4) 조직의 변경과 관련한 권한

조직의 변경과 관련한 권한으로는 영업의 전부 또는 중요한 일부의 양도, 정관변경, 자본감소, 합병, 분할, 조직변경, 해산 등이 있다.

3.6.7.3. 소 집

3.6.7.3.1. 소집권자

주주총회의 소집은 이사회가 총회의 소집과 그 일시·장소·의안 등을 결정하고($상_{362}$), 대표이사가 소집한다. 예외적으로 소수주주(발행주식 총수의 3/100 이상에 해당하는 주식 수를 가진 주주)가 회의 목적사항과 소집의 이유를 적은 서면 또는 전자문서를 이사회에 제출하여 소집을 청구할 수 있다($상_③^{366}$). 이사회가 이에 불응 시 법원의 허가를 얻어 직접 소집되거나($상_②^{366}$) 법원의 명령에 의하여 소집되거나($상_③^{467}$), 감사 또는 감사위원회에 의하여 소집되는 경우가 있다($상_③^{412}$). 소수주주가 소집청구를 하는 경우 주주총회의 의장은 법원이 이해관계인의 청구나 직권으로 선임할 수 있다($상_②^{366}$).

주식회사에서 총 주식을 한 사람이 소유하고 있는 1인회사의 경우에는 그 주주가 유일한 주주로서 주주총회에 출석하면 전원총회로서 성립하고 그 주주의 의사대로 결의될 것임이 명백하므로 따로 총회소집절차가 필요없 다 할 것이고, 실제로 총회를 개최한 사실이 없다 하더라도 1인 주주에 의하여 의결이 있었던 것으로 주주총회 의사록이 작성되었다면 특별한 사정이 없는 한 그 내용의 결의가 있었던 것으로 볼 수 있어 형식적인 사유에 의하여 결의가 없었던 것으로 다툴 수는 없다.[86] 이 점은 한 사람이 다른 사람의 명의를 빌려 주주로 등재하였으나 총 주식을 실질적으로 그 한 사람이 모두 소유한 경우에도 마찬가지라고 할 수 있으나, 이와 달리 주식의 소유가 실질적으로 분산되어 있는 경우에는 상법상의 원칙으로 돌아가 실제의 소집절차와 결의절차를 거치지 아니한 채 주주총회의 결의가 있었던 것처럼 주주총회 의사록을 허위로 작성한 것이라면 설사 1인이 총 주식의 대다수를 가지고 있고 그 지배주주에 의하여 의결이 있었던 것으로 주주총회 의사록이 작성되어 있다 하더라도 도저히 그 결의가 존재한다고 볼 수 없을 정도로 중대한 하자가 있는 때에 해당하여 그 주주총회의 결의는 부존재하다고 보아야 한다.[87]

3.6.7.3.2. 소집시기

주주총회는 그 소집시기를 기준으로 하여 정기총회와 임시총회로 나뉠 수 있는데 그 권한에 있어서 차이가 나는 것은 아니다.

정기총회는 매년 1회 일정한 시기 즉, 결산기에 이를 소집하여야 한다(상 365). 정기총회는 재무제표를 승인하고 이익배당을 결정하기 위하여 소집된다. 따라서 정기총회를 결산주주총회라고도 한다. 연 2회 이상의 결산기를 정한 회사는 매기에 총회를 소집하여야 한다(상 365).

임시총회는 필요 있는 경우에 수시로 이를 소집한다(상 365). 따라서 임시총회는 일정한 사유가 있을 때마다 이사회, 소수주주, 감사의 청구 또는 법원의 명령으로 소집한다.

3.6.7.3.3. 소집지와 소집장소

주주총회의 소집지는 정관에 다른 정함이 없으면 본점소재지 또는 이에 인접한 지이어야 한다(상 364). 소집장소에 대하여는 상법에 규정이 없으나 소집지 내의 특정한 장소이어야 한다.

3.6.7.3.4. 소집절차

(1) 통지·공고의 필요성

주주총회를 소집함에 있어서는 주주에게 출석의 기회와 준비의 시간을 주기 위하여 기

---

86) 大判 1993.06.11, 93다8702.
87) 大判 2007.02.22, 2005다73020.

명주주에게는 통지하여야 하고 무기명주주에게는 공고하여야 한다. 그러나 주주총회에서 의결권이 없는 경우에는 의결권을 행사할 수 없으므로 의결권이 없는 주식을 가진 주주에 대하여는 이러한 통지나 공고를 할 필요가 없다($\frac{상}{8}$ 363).

(2) 통지 · 공고

주주총회를 소집할 때에는 주주총회일의 2주 전에 각 주주에게 서면으로 통지를 발송하거나 각 주주의 동의를 받아 전자문서로 통지를 발송하여야 한다. 다만, 그 통지가 주주명부상 주주의 주소에 계속 3년간 도달하지 아니한 경우에는 회사는 해당 주주에게 총회의 소집을 통지하지 아니할 수 있다($\frac{상}{①}$ 363). 위 통지서에는 회의의 목적사항을 적어야 한다($\frac{상}{②}$ 363). 회사가 무기명식 주권을 발행한 경우에는 주주총회일의 3주 전에 총회를 소집하는 뜻과 회의의 목적사항을 공고하여야 한다($\frac{상}{③}$ 363).

다만 자본금 총액이 10억 원 미만인 회사가 주주총회를 소집하는 경우에는 주주총회일의 10일 전에 각 주주에게 서면으로 통지를 발송하거나 각 주주의 동의를 받아 전자문서로 통지를 발송할 수 있고, 무기명식의 주권을 발행한 경우에는 주주총회일의 2주 전에 주주총회를 소집하는 뜻과 회의의 목적사항을 공고할 수 있다($\frac{상}{④}$ 363). 자본금 총액이 10억원 미만인 회사는 주주 전원의 동의가 있을 경우에는 소집절차 없이 주주총회를 개최할 수 있고, 서면에 의한 결의로써 주주총회의 결의를 갈음할 수 있다. 결의의 목적사항에 대하여 주주 전원이 서면으로 동의를 한 때에는 서면에 의한 결의가 있는 것으로 본다($\frac{상}{⑤}$ 363). 이상의 규정은 의결권 없는 주주에게는 적용하지 아니한다($\frac{상}{⑧}$ 363). 위 서면에 의한 결의는 주주총회의 결의와 같은 효력이 있다($\frac{상}{⑥}$ 363). 서면에 의한 결의에 대하여는 주주총회에 관한 규정을 준용한다($\frac{상}{⑦}$ 363).

임시주주총회가 법정기간을 준수한 서면통지를 하지 아니한 채 소집되었다 하더라도 정족수가 넘는 주주의 출석으로 결의를 하였다면 그 결의는 적법하다.[88]

상장회사가 주주총회를 소집하는 경우 대통령령으로 정하는 수 이하의 주식을 소유하는 주주에게는 정관에서 정하는 바에 따라 주주총회일의 2주 전에 주주총회를 소집하는 뜻과 회의의 목적사항을 둘 이상의 일간신문에 각각 2회 이상 공고하거나 대통령령으로 정하는 바에 따라 전자적 방법으로 공고함으로써 위 소집통지를 갈음할 수 있다($\frac{상}{의4 ①}$ 542).

상장회사가 주주총회 소집의 통지 또는 공고를 하는 경우에는 사외이사 등의 활동내역과 보수에 관한 사항, 사업개요 등 대통령령으로 정하는 사항을 통지 또는 공고하여야

---

88) 大判 1991.05.28, 90다6774.

한다. 다만, 상장회사가 그 사항을 대통령령으로 정하는 방법으로 일반인이 열람할 수 있도록 하는 경우에는 그러하지 아니하다($\frac{상}{542}^{542}_{94}$ ③).

(3) 상장회사의 이사·감사의 선임시의 공고

상장회사가 이사·감사의 선임에 관한 사항을 목적으로 하는 주주총회를 소집통지 또는 공고하는 경우에는 이사·감사 후보자의 성명, 약력, 추천인, 그 밖에 대통령령으로 정하는 후보자에 관한 사항을 통지하거나 공고하여야 한다($\frac{상}{94}^{542}_{②}$).

(4) 연기와 속행

1) 의 의

주주총회의 연기란 총회가 성립한 후 의사에 들어가지 않고 회일을 후일로 다시 정하는 것이고, 속행이란 의사에 들어가기는 하였으나 시간 또는 자료 등의 부족으로 인하여 종결하지 못하고 나머지는 의사를 다음 회일에 계속하여 동일의안을 다루는 것을 말한다.

2) 소집절차의 생략

연기·속행을 하고자 하는 때에는 반드시 총회에서 결의하여야 한다($\frac{상}{①}^{372}$). 이러한 결의에 의하여 후일 성립하는 연기회나 계속회는 당초의 총회와 동일성을 유지하므로 다시 소집절차를 밟을 필요가 없다($\frac{상}{②}^{372}$). 따라서 주주총회의 계속회가 동일한 안건토의를 위하여 당초의 회의일로부터 상당한 기간 내에 적법하게 거듭 속행되어 개최되었다면 당초의 주주총회와 동일성을 유지하고 있다고 할 것이므로 별도의 소집절차를 밟을 필요가 없다.[89]

3) 효 과

연기회나 계속회는 최초의 총회와 동일하므로 결의사항도 최초의 총회소집을 위한 소집통지에 기재한 사항에 한정된다. 연기회와 계속회에서 의안의 동일성이 유지되어야 하는 것은 당연하다. 그리고 당초 총회의 의결권 행사의 대리인은 연기회나 계속회에서도 당연히 대리권을 갖는다. 다시 열리는 시기는 상당한 기간 내에 열어야 할 것이다. 또한 위임장도 연회와 계속회를 위하여 새로 발행할 필요 없이 유효하며, 연기 또는 속행의 결의에서는 일반적으로 그 기일과 장소를 정하기 때문에 별도로 통지할 필요도 없다. 다

---

89) 大判 1989.2.14, 87다카3200.

만 기일과 장소를 정함이 없이 연기·속행의 결의를 할 때에는 후에 그 기일과 장소를 통지하여야 하지만, 이 경우에 하는 통지는 상법 제363조에 의한 소집통지가 아니므로 반드시 통지가 총회 2주간 전에 통지하여야 하는 것은 아니고 주주가 출석이 가능한 정도의 시간적 여유를 가질 수 있을 정도로 통지하면 될 것이다.[90]

(5) 소집절차를 흠결한 총회

소집절차를 흠결한 주주총회의 결의의 효력은 취소($\frac{상}{376}$) 또는 부존재의 원인($\frac{상}{380}$)이 되고 또 그러한 절차를 흠결한 대표이사는 과태료의 제재를 받는다($\frac{상}{①}\frac{635}{11}$).

1) 전원출석총회

법정된 소집절차를 흠결하였으나 총주주가 주주총회의 개최에 동의하여 출석하면 그 총회에서의 결의는 유효라고 본다(통설·판례).

2) 총주주의 동의에 의한 소집절차의 생략

주주총회소집의 절차는 기본적으로 주주를 보호하기 위한 것인데 주주 스스로가 포기한 경우에는 보호할 필요가 없는 점, 주주총회에 직접 출석하지 않고도 서면결의 등의 방법에 의하여 할 수 있는 점 등에 비추어 보아 총주주의 동의가 있으면 그 회의 주주총회에 한하여 소집절차를 생략할 수 있다.[91]

3.6.7.4. 주주제안권

3.6.7.4.1. 의   의

주주제안권이란 주주가 일정한 사항을 주주총회의 목적사항으로 할 것을 제안할 수 있는 권리를 말한다($\frac{상363}{의2 ①}$). 주주제안에는 의안제안과 의제제안이 있다.

---

90) 大判 1989.2.14, 다카3200.
91) 大判 1976.4.13, 74다1755; 1979.6.26, 78다1794.

3.6.7.4.2. 당사자

(1) 제안권자

상법상 제안권자는 의결권 없는 주식을 제외한 발행주식총수의 100분의 3 이상에 해당하는 주식을 가진 주주이다. 상장회사의 경우 제안권자는 6월 전부터 계속하여 주권상장법인의 의결권 있는 발행주식총수의 1,000분의 10(대통령령이 정하는 법인의 경우에 $\binom{\text{자본금이 1천억 원 이상}}{\text{인 경우 는 1천분의 5}}$) 이상에 해당하는 주식을 대통령령이 정하는 바에 의하여 보유한 자이다($\substack{상\\의6}\substack{542\\②}$).

(2) 상대방

상법상 주주제안권의 상대방은 이사이다($\substack{상\\의2}\substack{363\\②}$).

3.6.7.4.3. 행사방법

주주제안권을 행사하려는 주주는 이사에게 주주총회일의 6주 전에 서면 또는 전자문서로 회의의 목적으로 할 사항에 추가하여 당해 주주가 제출하는 의안의 요령을 주주총회의 소집의 통지 및 공고에 기재할 것을 청구할 수 있다($\substack{상\\의2}\substack{363\\②}$). 정기주주총회의 경우 직전 년도의 정기주주총회일에 해당하는 그 해의 해당일로부터 6주 전에 서면 또는 전자문서로 일정한 사항을 株主總會의 目的事項으로 할 것을 提案할 수 있다($\substack{상\\의2}\substack{363\\①}$).

3.6.7.4.4. 효 과

이사는 소수주주의 주주제안이 있는 경우에는 이를 이사회에 보고하고, 이사회는 주주제안의 내용이 법령 또는 정관을 위반하는 경우와 그 밖에 대통령령으로 정하는 경우를 제외하고는 이를 주주총회의 목적사항으로 하여야 한다. 이 경우 주주제안을 한 자의 청구가 있는 때에는 주주총회에서 당해 의안을 설명할 기회를 주어야 한다($\substack{상\\의2}\substack{363\\③}$).

3.6.7.5. 의결권

3.6.7.5.1. 의 의

의결권이란 주주가 주주총회에 출석하여 결의에 참가할 수 있는 권리이다. 주주의 의결권은 고유권으로 회사는 정관에 의해서도 이를 박탈하거나 제한할 수 없다. 법률에 의한 제한만이 가능하다.

3.6.7.5.2. 의결권의 수

(1) 원 칙

의결권은 1주식마다 1개의 의결권이 있다(상369①). 1주 1의결권의 원칙을 규정하고 있는 바, 위 규정은 강행규정이므로 법률에서 위 원칙에 대한 예외를 인정하는 경우를 제외하고, 정관의 규정이나 주주총회의 결의 등으로 위 원칙에 반하여 의결권을 제한하더라도 효력이 없다.[92]

(2) 예 외

상법에 의하여 의결권이 인정되지 않는 주식으로는 무의결권주식(상344①)·자기주식(상369②,371①)·상호보유주식(상369③,371①)이 있고, 의결권의 행사가 제한되는 주식으로는 특별이해관계인의 소유주식(상368④,371①) 및 감사선임시의 100분의 3을 초과하는 주식을 가진 주주의 그 초과분의 주식(상409②,371②), 감사위원회위원 선임시 100분의 3을 초과하는 주식을 가진 주주의 그 초과분의 주식(상512의12③,371②④) 등이 있다.

1) 의결권 없는 주식

의결권 없는 주식은 원칙적으로 의결권이 없다. 다만 무의결권주의 주주가 정관에 정한 우선적 배당을 받지 못하는 동안에는 의결권이 부활한다(상344①). 의결권 없는 주식은 발행주식 총수에 산입하지 않는다.

2) 자기주식

회사는 원칙적으로 자기주식을 취득할 수 없는데 예외적으로 사기주식을 보유하는 경우에도 의결권을 행사할 수 없다(상369②).

3) 상호보유주식

회사, 모회사 및 자회사 또는 자회사가 다른 회사의 발행주식의 총수의 10분의 1을 초

---

[92] 大判 2009.11.26, 2009다51820 : 구 증권거래법(2007. 08.03.법률 제8635호 자본시장과 금융투자업에 관한 법률 부칙 제2조로 폐지) 제191조의11은 '최대주주와 그 특수관계인 등'이 일정 비율을 초과하여 소유하는 주권상장법인의 주식에 관하여 감사의 선임 및 해임에 있어서 의결권을 제한하고 있을 뿐이므로, '최대주주가 아닌 주주와 그 특수관계인 등'에 대하여도 일정 비율을 초과하여 소유하는 주식에 관하여 감사의 선임 및 해임에 있어서 의결권을 제한하는 내용의 정관 규정이나 주주총회결의 등은 무효이다.

과하는 주식을 가지고 있는 경우 그 다른 회사가 가지고 있는 회사 또는 모회사의 주식은 의결권이 없다($\frac{상}{3}$369). 양 회사가 각각 상대방회사의 발행주식총수의 10분의 1을 초과하여 주식을 보유하고 있는 경우에는 양 회사가 다같이 상대방회사의 주식에 관하여 의결권이 없다. 의결권이 제한되는 경우에도 원칙적으로 자익권은 제한되지 않는다.

4) 특별이해관계인의 소유주식

총회의 결의에 관하여 특별한 이해관계가 있는 자는 의결권을 행사하지 못한다 ($\frac{상}{4}$368). 특별이해관계인의 의결권은 발행주식총수가 아닌 의결권 주식에 산입하지 않는다. 특별이해관계인이란 결의사항(의안)에 관하여 개인적인 이해관계를 갖는 경우를 말한다. 예컨대, 이사의 책임추궁 시 이사인 주주가 가지는 의결권은 제한된다. 다만 이사·감사의 선임이나 해임에 있어서는 후보자인 주주는 특별이해관계인이 아니다. 이는 이해관계에 관한 것이 아니라 기관구성에 관한 것이기 때문이다(통설).

5) 감사선임 시의 주식의 의결권

감사의 선임에 있어서는 의결권 없는 주식을 제외한 발행주식총수의 100분의 3을 초과하는 수의 주식을 가진 주주는 그 초과하는 주식에 관하여 의결권을 행사할 수 없다 ($\frac{상}{2}$409). 따라서 감사의 선임에 있어 의결권 있는 발행주식총수의 3%를 초과하여 의결권을 행사할 수 없는 주식은 발행주식총수에 산입하지 아니할 것이며($\frac{상 371②}{409 ② ③}$), 의결권수에도 산입하지 아니한다($\frac{상}{②}$371). 이는 감사위원회의 위원의 선임 및 해임에도 적용된다($\frac{상 371 ②, 542}{의12 ③ ④}$).

3.6.7.5.3. 의결권의 행사방법

(1) 서

기명주식을 가진 주주는 주주명부상의 명의개서만으로 주권의 제시 없이 의결권을 행사할 수 있고, 무기명주식을 가진 주주는 회일의 1주간 전에 그 주권을 회사에 공탁함으로써 의결권을 행사할 수 있다($\frac{상}{②}$368).

주식회사의 주주권 행사는 포괄적으로 위임할 수 있고 수임자는 위임자나 그 회사재산에 불리한 영향을 미칠 사항에 관하여도 주주권을 행사할 수 있다.[93]

---

93) 大判 1969.07.08, 69다688.

(2) 서면투표

서면투표란 회사가 주주총회소집통지에 첨부하여 주주에게 송부한 투표용지(의결권행사서)를 이용하여 주주총회에 출석하지 않는 주주가 총회결의에 직접 참가하는 제도로서 주주총회의 개최를 전제로 하는 점에서 서면결의제도와 구분되며, 일종의 부재자투표로서의 성질을 갖는다.

서면투표제와 구별되는 개념에 의결권대리행사제도가 있는데, 서면투표는 총회에 참석할 수 없는 주주가 서면에 의하여 직접 자신의 의사를 표시하는 방법인 데 비하여, 의결권대리행사는 대리인을 통하여 간접적으로 자신의 의사를 표시하는 방법이다. 서면투표의 경우에는 서면에 기재된 사항에 대하여만 찬·부의 의사표시로 권리를 행사할 수 있을 뿐이나, 의결권대리행사에 있어서 대리인은 총회에 있어 주주로서의 모든 권리를 행사할 수 있기 때문에 질문·설명을 청취할 수 있고 기제출된 의제 및 동의안에 대하여도 찬·부의 의사표시를 할 수 있다.

상법상으로도 서면에 의한 의결권 행사를 할 수도 있는데, 이는 주주의 회사의 운영에 관여할 수 있는 기회를 보장하기 위해서이다. 즉 주주가 총회에 출석하지 아니하고 서면에 의하여 의결권을 행사할 수 있도록 함으로써 회의진행을 신속하게 하여 경영의 편의를 도모하고자 하는 것이다(상368①). 서면에 의한 의결권을 행사하기 위해서는 회사는 총회의 소집통지서에 주주가 의결권을 행사하는 데 필요한 서면과 참고자료를 첨부하여야 한다(상368②).

서면투표를 하게 되면 주주가 직접 주주총회에 출석하여 의결권을 행사한 것과 동일한 효과가 있다. 따라서 출석정족수 및 의결정족수에 산입하게 된다.

(3) 의결권의 대리행사

주주는 대리인으로 하여금 그 의결권을 행사하게 할 수 있다. 이 경우에는 그 대리인은 대리권을 증명하는 서면을 총회에 제출하여야 한다(상368③). 이 규정은 강행규정이므로 정관에 의해서도 이를 금지하거나 부당하게 제한하지 못한다(통설).

주주의 의결권을 대리행사하고자 하는 자의 대리권을 증명하는 서면을 총회에 제출하도록 규정하고 있는바, 그 규정은 대리권의 존부에 관한 법률관계를 명확히 하여 주주총회 결의의 성립을 원활하게 하기 위한 데 그 목적이 있다고 할 것이므로, 대리권을 증명하는 서면은 위조나 변조 여부를 쉽게 식별할 수 있는 원본이어야 하고 특별한 사정이 없는 한 사본은 그 서면에 해당하지 않는다.[94] 따라서 팩스를 통하여 출력된 팩스본 위

---

94) 大判 1995.02.28, 94다34579.

임장 역시 성질상 원본으로 볼 수 없다.[95] 대리권의 범위에 대해 판례는 포괄적인 위임이 가능하다고 한다.

주주의 자유로운 의결권 행사를 보장하기 위하여 주주가 의결권의 행사를 대리인에게 위임하는 것이 보장되어야 한다고 하더라도 주주의 의결권 행사를 위한 대리인 선임이 무제한적으로 허용되는 것은 아니고, 그 의결권의 대리행사로 말미암아 주주총회의 개최가 부당하게 저해되거나 혹은 회사의 이익이 부당하게 침해될 염려가 있는 등의 특별한 사정이 있는 경우에는 회사는 이를 거절할 수 있다.[96]

'대리권을 증명하는 서면'이라 함은 위임장을 일컫는 것으로서 회사가 위임장과 함께 인감증명서, 참석장 등을 제출하도록 요구하는 것은 대리인의 자격을 보다 확실하게 확인하기 위하여 요구하는 것일 뿐, 이러한 서류 등을 지참하지 아니하였다 하더라도 주주 또는 대리인이 다른 방법으로 위임장의 진정성 내지 위임의 사실을 증명할 수 있다면 회사는 그 대리권을 부정할 수 없다. 한편, 회사가 주주 본인에 대하여 주주총회 참석장을 지참할 것을 요구하는 것 역시 주주 본인임을 보다 확실하게 확인하기 위한 방편에 불과하므로, 다른 방법으로 주주 본인임을 확인할 수 있는 경우에는 회사는 주주 본인의 의결권 행사를 거부할 수 없다.[97]

주주의 대리인의 자격을 제한할 만한 합리적인 이유가 있는 경우 정관의 규정에 의하여 상당하다고 인정되는 정도의 제한을 가하는 것까지 금지하는 취지는 아니라고 해석되는바, 대리인의 자격을 주주로 한정하는 취지의 주식회사의 정관 규정은 주주총회가 주주 이외의 제3자에 의하여 교란되는 것을 방지하여 회사 이익을 보호하는 취지에서 마련된 것으로서 합리적인 이유에 의한 상당한 정도의 제한이라고 볼 수 있으므로 이를 무효라고 볼 수는 없으나, 위와 같은 정관규정이 있다 하더라도 주주인 국가, 지방공공단체 또는 주식회사 등이 그 소속의 공무원, 직원 또는 피용자 등에게 의결권을 대리행사하도록 하는 때에는 특별한 사정이 없는 한 그들의 의결권 행사에는 주주 내부의 의사결정에 따른 대표자의 의사가 그대로 반영된다고 할 수 있고 이에 따라 주주총회가 교란되어 회사 이익이 침해되는 위험은 없는 반면에, 이들의 대리권 행사를 거부하게 되면 사실상 국가, 지방공공단체 또는 주식회사 등의 의결권 행사의 기회를 박탈하는 것과 같은 부당한 결과를 초래할 수 있으므로, 주주인 국가, 지방공공단체 또는 주식회사 소속의 공무

---

95) 大判 2004.04.27, 2003다29616.

96) 大判 2001.09.07, 2001도2917; 大判 2009.04.23, 2005다22701,22718

97) 大判 2009.04.23, 2005다22701,22718

원, 직원 또는 피용자 등이 그 주주를 위한 대리인으로서 의결권을 대리행사하는 것은 허용되어야 하고 이를 가리켜 정관 규정에 위반한 무효의 의결권 대리행사라고 할 수는 없다.[98]

(4) 의결권의 불통일행사

주주가 2 이상의 의결권을 가지고 있는 때에는 이를 통일하지 아니하고 행사할 수 있다. 이 경우 주주총회일의 3일 전에 회사에 대하여 서면 또는 전자문서로 그 뜻과 이유를 통지하여야 한다(상368의2 ①). 이러한 통지는 3일 전까지 회사에 도달하여야 한다(통설).

여기서 3일의 기간이라 함은 의결권의 불통일행사가 행하여지는 경우에 회사 측에 그 불통일행사를 거부할 것인가를 판단할 수 있는 시간적 여유를 주고, 회사의 총회 사무운영에 지장을 주지 아니하도록 하기 위하여 부여된 기간으로서, 그 불통일행사의 통지는 주주총회 회일의 3일 전에 회사에 도달할 것을 요한다. 다만, 위와 같은 3일의 기간이 부여된 취지에 비추어 보면, 비록 불통일행사의 통지가 주주총회 회일의 3일 전이라는 시한보다 늦게 도착하였다고 하더라도 회사가 스스로 총회운영에 지장이 없다고 판단하여 이를 받아들이기로 하고 이에 따라 의결권의 불통일행사가 이루어진 것이라면, 그것이 주주평등의 원칙을 위반하거나 의결권 행사의 결과를 조작하기 위하여 자의적으로 이루어진 것이라는 등의 특별한 사정이 없는 한, 그와 같은 의결권의 불통일행사를 위법하다고 볼 수는 없다.[99]

주주가 주식의 신탁을 인수하였거나 기타 타인을 위하여 주식을 가지고 있는 경우 외에는 회사는 주주의 의결권의 불통일행사를 거부할 수 있다(상368의2 ②). 불통일 행사를 통지한 후에도 주주는 의결권을 통일하여 행사할 수 있다.

(5) 전자적 방법에 의한 의결권의 행사

회사는 이사회의 결의로 주주가 총회에 출석하지 아니하고 전자적 방법으로 의결권을 행사할 수 있음을 정할 수 있다(상368의4 ①). 회사는 주주총회 소집통지나 공고를 할 때에는 주주가 총회에 출석하지 아니하고 전자적 방법으로 의결권을 행사할 수 있다는 내용을 통지하거나 공고하여야 한다(상368의4 ②). 회사가 전자적 방법에 의한 의결권행사를 정한 경우에 주주는 주주 확인절차 등 대통령령으로 정하는 바에 따라 의결권을 행사하여야 한다. 이

---

98) 大判 2009.04.23, 2005다22701,22718
99) 大判 2009.04.23, 2005다22701,22718

경우 회사는 의결권행사에 필요한 양식과 참고자료를 주주에게 전자적 방법으로 제공하여야 한다($상_{회4}^{368}③$). 동일한 주식에 관하여 전자적인 방법 또는 서면에 의한 의결권의 행사($상_{회4}^{368}①$)에 따라 의결권을 행사하는 경우 전자적 방법 또는 서면 중 어느 하나의 방법을 선택하여야 한다($상_{회4}^{368}④$). 회사는 의결권 행사에 관한 전자적 기록을 총회가 끝난 날부터 3개월간 본점에 갖추어 두어 열람하게 하고 총회가 끝난 날부터 5년간 보존하여야 한다($상_{회4}^{368}⑤$). 주주 확인절차 등 전자적 방법에 의한 의결권행사의 절차와 그 밖에 필요한 사항은 대통령령으로 정한다($상_{회4}^{368}⑥$).

3.6.7.6. 의사와 결의

3.6.7.6.1. 의 사

주주총회의 의사방법에 관하여는 상법에 명문의 규정이 없으므로 정관 또는 총회결의에 의한다. 총회의 의장은 정관에서 정함이 없는 때에는 총회에서 선임한다($상_{회2}^{366}①$). 총회의 의장은 총회의 질서를 유지하고 의사를 정리한다($상_{회2}^{366}②$).

총회의 의장은 고의로 의사진행을 방해하기 위한 발언·행동을 하는 등 현저히 질서를 문란하게 하는 자에 대하여 그 발언의 정지 또는 퇴장을 명할 수 있다($상_{회2}^{366}③$). 이 주주총회 질서유지권은 주주총회의 의장에게 주주총회의 질서유지권을 부여하여 주주총회의 운영을 원활하게 하기 위한 것이다. 주주총회 질서유지와 관련하여 퇴장당한 경우의 정족수 산정문제는 의결정족수에서 제외하되 그 절차에 대해 하자가 있는 경우에는 주총결의취소 등의 방법으로 해결할 수 있을 것이다.

회사의 정기주주총회에 적법하게 참석한 주주라고 할지라도 주주총회장에서의 질문, 의사진행 발언, 의결권의 행사 등의 주주총회에서의 통상적인 권리행사 범위를 넘어서서 회사의 구체적인 회계장부나 서류철 등을 열람하기 위해서는 별도로 상법 제466조 등에 정해진 바에 따라 회사에 대하여 그 열람을 청구하여야 하고, 만일 회사에서 정당한 이유 없이 이를 거부하는 경우에는 법원에 그 이행을 청구하여 그 결과에 따라 회계장부 등을 열람할 수 있을 뿐 주주총회 장소라고 하여 회사 측의 의사에 반하여 회사의 회계장부를 강제로 찾아 열람할 수는 없다고 할 것이며, 설사 회사 측이 회사 운영을 부실하게 하여 소수주주들에게 손해를 입게 하였다고 하더라도 위와 같은 사정만으로 주주총회에 참석한 주주가 강제로 사무실을 뒤져 회계장부를 찾아내는 것이 사회통념상 용인되는 정당행위로 되는 것은 아니다.[100]

주주총회의 의사에 관하여는 의사록을 작성하여야 하는데($\frac{상}{①}$ 373), 이 의사록에는 의사록에는 의사의 경과요령과 그 결과를 기재하고 의장과 출석한 이사가 기명날인 또는 서명하여야 한다($\frac{상}{②}$ 373). 주주총회 의사록은 열람대상이나 이사회 의사록은 열람대상이 아니다($\frac{상}{396}$).

3.6.7.6.2. 결 의

(1) 결의의 의의

주주총회의 결의는 다수결의 원리에 의하여 형성된 주주총회의 의사표시이다. 일단 주주총회에서 가결된 것은 반대주주 및 회사의 모든 기관을 구속한다.

(2) 결의요건

1) 보통결의

주주총회의 보통결의는 상법 또는 정관에 다른 정함이 있는 경우를 제외하고는 출석한 주주의 의결권의 과반수와 발행주식총수의 4분의 1 이상의 수로써 하는 결의이다($\frac{상}{①}$ 368). 보통결의요건은 예외적으로 정관의 규정에 의하여 의결정족수를 가중할 수는 있으나 감경할 수는 없다($\frac{상}{①}$ 368). 결의 시에 가부동수인 경우에는 그 의안은 부결된 것으로 본다(통설). 이때에 의장에게 그 결정권을 주는 내용의 정관의 규정은 1주 1결의권의 원칙에 반하므로 무효라고 본다. 이 경우에 이미 의결권이 없는 주식·자기 주식·자회사가 갖고 있는 모회사의 주식·상호보유주식, 특별이해관계인의 소유주식, 감사선임에 있어서의 3/100을 초과하는 주식은 발행주식총수 및 의결정족수에 산입되지 않는다.

보통결의사항은 상법이나 정관에서 특별결의사항이나 특수결의사항으로 정한 이외의 모든 사항이다($\frac{상}{①}$ 368).

2) 특별결의

특별결의는 출석한 주주의 의결권의 3분의 2 이상이며 발행주식총수의 3분의 1 이상인 수로써 하는 결의이다($\frac{상}{434}$). 특별결의의 요건을 정관의 규정에 의하여 감경할 수는 없으나, 가중할 수 있는가에 대하여는 긍정설과 부정설로 나뉘어 있다.

상법상 규정된 특별결의사항으로는 다음과 같은 것이 있다.

---

100) 大判 2001.09.07, 2001도2917.

① 신설합병의 경우 설립위원의 선임($^{상}_{②}$ ^{175})

② 주식의 분할($^{상}_{①}$ ^{329})

③ 회사의 영업의 전부 또는 중요한 일부의 양도($^{상}_{①}$ $^{374}_{i}$), 영업 전부의 임대 또는 경영위임, 타인과 영업의 손익 전부를 같이하는 계약, 그 밖에 이에 준하는 계약의 체결이나 변경 또는 해약($^{상}_{①}$ $^{374}_{ii}$), 회사의 영업에 중대한 영향을 미치는 다른 회사의 영업 전부 또는 일부의 양수($^{상}_{①}$ $^{374}_{iii}$), 회사의 영업에 중대한 영향을 미치는 다른 회사의 영업 일부의 양수($^{상}_{①}$ $^{374}_{iv}$)

④ 사후설립($^{상}_{375}$)

⑤ 이사·감사의 해임($^{상}_{①, 415}$ ^{385})

⑥ 주식의 할인발행($^{상}_{①}$ ^{417})

⑦ 정관의 변경($^{상}_{434}$)

⑧ 자본의 감소($^{상}_{438}$)

⑨ 주주 이외의 자에 대한 전환사채·신주인수권부사채의 발행($^{상 513 \ ②}_{516의2 \ ③}$)

⑩ 회사의 해산($^{상}_{518}$)

⑪ 회사의 계속($^{상}_{519}$)

⑫ 회사의 합병($^{상}_{522}$)

⑬ 회사의 분할($^{상 \ 530}_{의3 \ ②}$)

3) 특수결의

특수결의에는 총주주의 일치에 의한 결의와 출석한 주식인수인의 3분의 2 이상의 찬성과 인수된 주주총수의 과반수에 의한 결의의 두 가지의 경우가 있다.

① 총주주의 동의를 요하는 사항에는 발기인·이사·감사·청산인의 회사에 대한 책임면제($^{상 324, 400,}_{415, 542 \ ②}$)에 관한 사항이 있고, 총주주의 일치에 의한 총회의 결의를 요하는 것은 주식회사의 유한회사로의 조직변경($^{상}_{①}$ ^{604})에 관한 사항이 있다. 총주주의 일치에 의한 총회의 결의를 요하는 사항에는 의결권 없는 주식도 포함된다.

② 출석한 주식인수인의 3분의 2 이상이며 인수된 주식총수의 과반수에 의한 결의를 요하는 사항에는, 모집설립·신설합병 시의 창립총회의 결의사항이 있다($^{상 \ 309,}_{527 \ ③}$). 이 때에도 의결권 없는 주식도 포함된다.

(3) 결의와 관련한 문제

개회 선언된 임시주주총회에서 의안에 대한 심사도 아니 한 채 법률상으로나 사실상으로 의사를 진행할 수 있는 상태에서 주주들의 의사에 반하여 대표이사나 이사가 자진하여 퇴장한 경우 임시주주총회가 폐회되었다거나 종결되었다고 할 수는 없으며, 설령 당시 대표이사가 독단으로 폐회선언을 하고 퇴장하였더라도 의장으로서 적절한 의사운영을 하여 의사일정의 전부를 종료케 하는 등의 직책을 포기하고 그의 권한 및 권리행사를 하지 아니하였다고 볼 것이니 그 당시 회의장에 남아 있던 총 주식 수의 과반수 주주들이 전주주의 동의로서 임시의장을 선출하여 진행한 임시주주총회의 결의는 적법하다.[101]

3.6.7.7. 종류주주총회

3.6.7.7.1. 의 의

종류주주총회라고 함은 회사가 종류주식을 발행한 경우에 주주총회 또는 이사회의 결의가 어느 특정한 종류의 주주에게 손해를 미치게 될 때에는 그 종류의 주식을 가진 주주들만으로 구성되는 주주총회를 말한다. 회사가 종류주식을 발행한 경우에 정관을 변경함으로써 어느 종류의 주주에게 손해를 미치게 될 때에는 주주총회의 결의 외에 그 종류의 주주의 총회의 결의가 있어야 한다(상 435).

3.6.7.7.2. 종 류

상법상 종류주주총회를 요하는 경우는 다음과 같은 네 가지 경우가 있다.

① 회사가 정관을 변경함으로써 어느 종류의 주주에게 손해를 미치게 될 때(상 435)

② 종류주식 사이에 신주의 인수, 주식의 병합, 소각 또는 합병으로 인한 주식의 배정에 관하여 특수한 정함을 하는 경우에 어느 종류의 주주에게 손해를 미치게 될 때(상344 ③, 436)

③ 회사의 합병으로 인하여 어느 종류의 주주에게 손해를 미치게 될 때 등의 경우(상 436)

④ 주식교환이나 주식이전의 경우 어느 종류의 주주에게 손해를 미치게 될 때(상 436)

---

101) 大判 1983.08.23, 83도748.

3.6.7.7.3. 요 건

결의는 출석한 주주의 의결권의 3분의 2 이상의 수와 그 종류의 발행주식총수의 3분의 1 이상의 수로써 하여야 한다(상435②). 주주총회에 관한 규정은 종류주주총회에 준용된다(상435③).

3.6.7.7.4. 효 과

종류주주총회의 결의는 일반주주총회의 결의 또는 이사회의 결의 등이 효력을 발생하기 위한 요건이다.

3.6.7.8. 주주총회결의의 하자

3.6.7.8.1. 서 설

주식회사는 단체법적 특성 때문에 다수의 이해관계자가 있다. 따라서 그 법률관계의 획일적 처리를 위하여 원칙적으로 소의 방법에 의하여서만 그 행위의 무효나 취소를 주장할 수 있도록 하고 있다. 상법은 주주총회결의 역시 하자가 있다고 하더라도 소에 의하여서만 그 효력을 다투도록 하고 있다. 상법상 주주총회의 결의의 하자와 관련하여서는 결의취소의 소(상376~379), 결의무효확인의 소(상380), 결의부존재확인의 소(상380) 및 부당결의취소변경의 소(상381) 등 네 가지를 인정하고 있다.

3.6.7.8.2. 결의취소의 소

(1) 소의 원인

결의취소의 소는 총회의 소집절차 또는 결의방법이 법령 또는 정관에 위반하거나 현저하게 불공정한 때 또는 그 결의의 내용이 정관에 위반한 때이다(상376①).

① 주주총회의 소집절차가 위법하다 하더라도 1인 주주회사에서 그 주주가 참석하여 총회개최에 동의하고 아무 이의 없이 결의한 것이라면 그 결의 자체를 위법한 것이라고 할 수 없다.[102]

② 이사회의 결정 없이 주주총회가 소집되었다고 하더라고 외관상 이사회의 결정이

---

102) 大判 1966.09.20, 66다1187, 1188; 大判 1967.02.28, 63다981.

있었던 것과 같은 소집형식을 갖추어 소집권한 있는 자가 적법한 소집절차를 밟은 이상 이사회의 결정이 없었다는 사정은 주주총회결의부존재의 사유는 되지 않고 주주총회결의 취소의 사유가 됨에 불과하다.[103]

③ 주식회사의 임시주주총회가 법령 및 정관상 요구되는 이사회의 결의 및 소집절차 없이 이루어졌다 하더라도, 주주명부상의 주주 전원이 참석하여 총회를 개최하는 데 동의하고 아무런 이의 없이 만장일치로 결의가 이루어졌다면 그 결의는 특별한 사정이 없는 한 유효하다.[104]

④ 정당한 소집권자에 의하여 소집된 주주총회에서 정족수가 넘는 주주의 출석으로 출석주주 전원의 찬성에 의하여 이루어진 결의라면, 설사 일부 주주에게 소집통지를 하지 아니하였거나 법정기간을 준수하지 아니한 서면통지에 의하여 주주총회가 소집되었다 하더라도 그와 같은 주주총회소집절차상의 하자는 주주총회결의의 부존재 또는 무효사유가 아니라 단순한 취소사유에 불과하다.[105]

⑤ 주주총회에 있어서는 원칙으로 주주총회 소집을 함에 있어서 회의의 목적 사항으로 한 것 이외에는 결의할 수 없으며, 이에 위배된 결의는 특별한 사정이 없는 한, 상법 제376조 소정의 총회의 소집 절차 또는 결의 방법이 법령에 위반하는 것으로 보아야 하고, 다만 회사 정관에 주주 전원의 동의가 있으면 미리 주주에게 통지하지 아니한 목적 사항에 관하여도 결의할 수 있다고 되어 있는 때는 예외이나, 그 경우의 주주 전원이란 재적주주 전원을 의미한다.[106]

⑥ 임시주주총회가 법령 및 정관상 요구되는 이사회의 결의 없이 또는 그 소집절차를 생략하고 이루어졌다고 하더라도, 주주의 의결권을 적법하게 위임받은 수임인과 다른 주주 전원이 참석하여 총회를 개최하는 데 동의하고 아무런 이의 없이 만장일치로 결의가 이루어졌다면 이는 다른 특별한 사정이 없는 한 유효한 것이다.[107]

(2) 소의 당사자

주주총회결의취소의 소의 원고는 주주·이사·감사이고($상^{376}$), 피고는 회사만이 될 수 있다(통설·판례).

---

103) 大判 1980.10.27, 79다1264.
104) 大判 2002.12.24, 2000다69927.
105) 大判 1993.10.12, 92다21692.
106) 大判 1979.03.27, 79다19.
107) 大判 1993.02.26, 92다48727.

(3) 제소기간

주주총회결의취소의 소의 제소기간은 결의의 날로부터 2월 내이다($_①^{상\ 376}$).

(4) 소의 절차

주주총회결의취소의 소의 절차에 대하여는 합명회사의 설립무효취소의 소의 절차에 관한 많은 규정이 준용되고 있다($_②^{상\ 376}$). 다만 남소를 방지하기 위하여 이사・감사가 아닌 주주가 결의취소의 소를 제기한 때에는 회사의 청구에 의하여 (악의임을 소명하여) 법원은 그러한 주주에게 상당한 담보를 제공할 것을 명할 수 있으며($_①^{상\ 377}$), 또 법원은 결의취소의 소가 제기된 경우에 결의의 내용, 회사의 현황과 제반 사정을 참작하여 그 취소가 부적당하다고 인정한 때에는 그 청구를 기각할 수 있다($_{379}^{상}$).

주주총회결의 취소의 소에 있어 법원의 재량에 의하여 청구를 기각할 수 있음을 밝힌 상법 제379조는, 결의의 절차에 하자가 있는 경우에 결의를 취소하여도 회사 또는 주주에게 이익이 되지 않든가 이미 결의가 집행되었기 때문에 이를 취소하여도 아무런 효과가 없든가 하는 때에 결의를 취소함으로써, 회사에 손해를 끼치거나 일반 거래의 안전을 해치는 것을 막고 결의취소의 소의 남용을 방지하려는 취지이며, 또한 위와 같은 사정이 인정되는 경우에는 당사자의 주장이 없더라도 법원이 직권으로 재량에 의하여 취소청구를 기각할 수도 있다.[108]

(5) 판결의 효력

원고가 승소한 경우에는 주주총회결의취소의 판결의 효력은 대세적 효력($_{②, 190}^{상\ 376}$), 소급효($_{단서\ 준용배제}^{상\ 376\ ②, 190}$)가 인정된다. 주주총회의 결의사항이 등기된 경우에는 결의취소의 판결이 확정된 때에 본점과 지점의 소재지에서 등기하여야 한다($_{378}^{상}$). 그러나 원고가 패소한 경우에는 그 판결의 효력은 민사소송법의 일반 원칙에 따라 당사자 사이에만 미친다($_①^{민소\ 204}$). 이 경우 원고에게 악의 또는 중과실이 있으면 원고는 연대하여 회사에 대하여 손해를 배상할 책임이 있다($_{②, 191}^{상\ 376}$).

(6) 소의 성질

결의취소의 소의 성질은 형성의 소이다.

---

108) 大判 2003.07.11, 2001다45584.

3.6.7.8.3. 결의무효확인의 소

(1) 소의 원인

총회의 결의의 내용이 법령에 위반한 것을 이유로 하는 경우이다($\frac{상}{380}$).

(2) 소의 당사자

주주총회결의무효확인의 소의 원고에 대하여는 취소의 소의 경우와는 달리 상법상 제한이 없으므로 누구나 무효확인의 소를 제기할 수 있다. 다만 판례는 그 무효확인에 관하여 정당한 법률상의 이익이 있는 자로 한정하고 있다. 주주총회결의무효확인의 소의 피고는 회사이다(통설·판례).

(3) 제소기간

결의취소의 소와는 달리 상법상 제소기간의 제한이 없다.

(4) 소의 절차

결의취소의 소의 절차에 관한 상법상의 대부분의 규정은 결의무효확인의 소에도 준용되나($\frac{상 380, 186}{~188, 377}$) 법원의 재량에 의한 청구기각에 관한 규정($\frac{상}{379}$)은 무효확인의 소에 준용되지 않는다.

(5) 판결의 효력

결의무효확인의 소의 판결의 효력도 결의취소의 소의 판결의 효력과 같다($\frac{상 380, 190,}{191, 378}$). 주주총회결의의 부존재·무효를 확인하거나 결의를 취소하는 판결이 확정되면 당사자 이외의 제3자에게도 그 효력이 미쳐 제3자도 이를 다툴 수 없게 되므로, 주주총회결의의 하자를 다투는 소에 있어서 청구의 인낙이나 그 결의의 부존재·무효를 확인하는 내용의 화해·조정은 할 수 없고, 가사 이러한 내용의 청구인낙 또는 화해·조정이 이루어졌다 하여도 그 인낙조서나 화해·조정조서는 효력이 없다.[109]

---

109) 大判 2004.09.24, 2004다28047.

(6) 소의 성질

결의무효확인의 소의 성질이 무엇이냐에 대하여 학설은 확인소송설과 형성소송설로 나뉘어 있다. 확인소송설에 의하면 주주총회의 결의의 내용이 법령에 위반하거나 총회의 소집절차 또는 결의방법에 총회의 결의가 존재한다고 볼 수 없을 정도의 중대한 하자가 있는 경우에는 결의는 당연히 무효이므로, 누구나 언제든지 어떠한 방법에 의하여 이를 주장할 수 있고, 반드시 소에 의하여 무효 또는 부존재를 주장하여야 하는 것은 아니라고 한다.[110] 형성소송설에 의하면 주식회사라는 단체에 관한 법률관계를 획일적으로 처리할 필요성 및 이 판결에 대세적 효력이 부여되어 있는 점 등을 근거로 결의의 무효 또는 부존재는 반드시 상법 제380조에 규정한 소의 방법으로만 주장할 수 있다고 풀이한다.

3.6.7.8.4. 결의부존재확인의 소

(1) 소의 원인

총회의 소집절차 또는 결의방법에 총회결의가 존재한다고 볼 수 없을 정도의 중대한 하자가 있는 경우에 결의부존재확인의 소의 원인이 된다($\frac{\text{상}}{\text{후단}}$380). 즉 결의의 절차상 중대한 하자가 소의 원인이 된다.

결의부존재라 함은 외형상 당해 회사의 주주총회로서 소집, 개최되어 결의가 성립하였으나 그 소집절차나 결의방법에 중대한 하자가 있어 법률상 결의의 부존재로 볼 수밖에 없는 경우만을 가리키고, 전혀 주주총회를 소집, 개최함이 없이 주주총회 의사록만 작성하였거나 또는 외형상 당해 회사의 주주총회의 회의 존재를 인정하기 어려운 경우는 여기에 해당하지 않는다. 다만 후자의 경우에도 의사록을 작성하는 등 주주총회결의의 외관을 현출시킨 자가 회사의 과반수 주식을 보유하거나 또는 과반수의 주식을 보유하지 않더라도 사실상 회사의 운영을 지배하는 주주인 경우와 같이 주주총회결의 외관 현출에 회사가 관련된 것으로 보아야 할 경우에는 전자의 경우에 준하여 회사의 책임을 인정할 여지가 있을 것이다.[111]

(2) 소의 당사자

결의무효확인의 소의 경우와 같다. 즉 주주총회결의무효확인의 소의 원고에 대하여는

---

110) 大判 1992.8.18, 91다39924.
111) 大判 1992.08.18, 91다14369.

취소의 소의 경우와는 달리 상법상 제한이 없으므로 누구나 무효확인의 소를 제기할 수 있다. 다만 판례는 그 무효확인에 관하여 정당한 법률상의 이익이 있는 자로 한정하고 있다. 주주총회결의무효확인의 소의 피고는 회사이다(통설·판례).

주주총회결의부존재확인의 소는 통상의 확인소송이므로 회사의 채권자라도 확인의 이익이 있는 이상 이를 제기할 수 있는 것이지만 이 경우 확인의 이익이 있다 함은 그 주주총회의결의가 회사채권자의 권리 또는 법적 지위를 구체적으로 침해하고 직접적으로 이에 영향을 미치는 경우에 한하는 것이다.[112]

(3) 제소기간

결의무효확인의 소의 경우와 같다.

(4) 소의 절차

결의무효확인의 소의 경우와 같다.

(5) 판결의 효력

결의무효확인의 소의 경우와 같다. 주주총회결의 부존재확인의 소송은 일응 외형적으로는 존재하는 것같이 보이는 주주총회결의가 그 성립과정에 있어서의 흠결이 중대하고도 명백하기 때문에 그 결의 자체가 존재하는 것으로 볼 수 없을 때에 법률상 유효한 결의로서 존재하지 아니한다는 것의 확인을 소구하는 것으로서 주주총회결의 무효확인의 소송과는 주주총회결의가 법률상 유효한 결의로서는 존재하지 않는다는 것의 확인을 구하는 것을 목적으로 한다는 점에서 공통의 성질을 가진다 할 것이므로 주주총회결의부존재확인의 소송에는 그 결의 무효확인의 소송에 관한 상법 제380조의 규정이 준용된다. 따라서 그 결의 부존재확인판결의 효력은 제3자에게 마치고 그 부존재확인소송에 있어서 피고가 될 수 있는 자도 회사로 한정된다.[113]

주주총회결의 부존재확인 판결에 이른바 판결의 불소급효를 규정하고 있는 상법 제190조 단서를 준용하고 있지 않다. 따라서 상법 제190조 단서를 준용하여 주주총회결의 부존재확인 판결의 효력을 제한할 수는 없는 것이고, 그 결과 발생하는 제3자 보호의 문제는 상법이나 민법상의 선의의 제3자 보호규정 등에 의하여 개별적으로 해결하여야 할 것

---

112) 大判 1980.10.27, 79다2267.
113) 大判 1982.09.14, 80다2425.

이다.[114]

(6) 소의 성질

결의무효확인의 소의 경우와 같이 확인소송설과 형성소송설로 나뉘어 있다. 원래 상법 제380조에 규정된 주주총회결의부존재확인의 소는 그 법적 성질이 확인의 소에 속하고 그 부존재확인판결도 확인판결이라고 보아야 할 것이어서, 설립무효의 판결과 같은 형성판결에 적용되는 상법 제190조의 규정을 주주총회결의부존재확인 판결에도 준용하는 것이 타당한 것인지의 여부가 이론상 문제될 수 있다. 그럼에도 불구하고 상법 제380조가 제190조의 규정을 준용하고 있는 것은, 제380조 소정의 주주총회결의부존재확인의 소도 이를 회사법상의 소로 취급하여 그 판결에 대세적 효력을 부여하되, 주주나 제3자를 보호하기 위하여 그 판결이 확정되기까지 그 주주총회의 결의를 기초로 하여 이미 형성된 법률관계를 유효한 것으로 취급함으로써 회사에 관한 법률관계에 법적 안정성을 보장하여 주려는 법정책적인 판단의 결과이다.[115]

3.6.7.8.5. 부당결의취소·변경의 소

(1) 소의 원인

주주총회의 결의에 관하여 특별한 이해관계가 있는 자는 의결권을 행사하지 못하는데(상368④), 이러한 자가 의결권을 행사하지 못함으로 말미암아 주주총회의 결의가 현저하게 부당하게 되었고 그 주주가 의결권을 행사하였더라면 이를 저지할 수 있었을 경우이다(상381①).

(2) 소의 당사자

원고는 주주총회결의에 관하여 특별한 이해관계가 있어 의결권을 행사할 수 없었던 자이고(상381①), 피고는 회사이다.

(3) 제소기간

결의의 날로부터 2월 내이다(상381①).

---

114) 大判 2011.10.13, 2009다2996

115) 大判 1992.08.18, 91다39924.

(4) 소의 절차

결의취소의 소의 경우와 동일한데 다만 법원의 재량에 의한 청구기각에 관한 규정($^{상}_{379}$)은 준용되지 않는다($^{상}_{②}$ ^{381}).

(5) 판결의 효력

소급효가 인정되고 있다($^{상\ 381\ ②}_{190,\ 191}$).

(6) 소의 성질

형성의 소라는 점에 대하여 이설이 없다.

☞ 소의 원인 분류

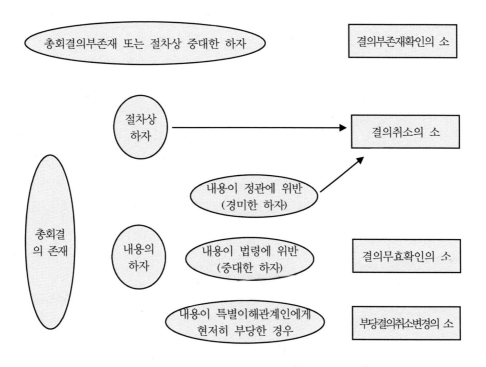

☞ 주주총회결의의 하자

비교 사항	결의취소의 소	결의무효확인의 소	결의부존재확인의소	부당결의취소변경의소
조문	376조	380조	380조	381조

소의
원인
	절차상의 하자 또는
	내용상 경미한 하자
	- 소집절차·결의방법이
	  법령·정관에 위반하거
	  나 현저히 불공정한 경우
	- 결의 내용이 정관에 위
	  반한 때
	- 형식적 하자
		내용상의 중대한
		하자
		- 결의내용이 법
		  령·사회질서·
		  주식회사의 본질
		  에 위반하는 경우
			결의의 절차상 중
			대한 하자
			- 소집절차·결의
			  방법에 총회결의
			  가 존재한다고 볼
			  수 없을 때
				내용상의 하자
				- 특별한 이해관계 있는
				  주주를 배제하고 한 결
				  의 내용이 현저하게
				  부당한 경우, 의결권
				  행사 했더라면 저지
				  할 수 있었을 경우

소의 성질	형성의 소	형성의 소설 확인의 소설	형성의 소설 확인의 소설	형성의 소
주장 방법	소만으로	형성소송설 - 소만으로 확인소송설 - 소 또는 다른 방법(항변)		소만으로
제소 권자	주주·이사·감사	소의 이익이 있는 자는 누구나	소의 이익이 있는 자는 누구나	의결권을 행사하지 못한 특별이해관계 있는 주주
피고	회 사			
제소 기간	결의일로부터 2월 내	제한 없음	제한 없음	결의일로부터 2월 내
절차	본점소재지의 지방법원에 소제기, 회사의 공고, 수 개의 소 병합심리, 주주의 경우 회사가 악의 소명, 법원의 담보제공을 명함			
판결 효과	원고승소의 경우 대세적 효력, 소급효의 인정 원고패소의 경우 대세적 효력이 없음, 악의 중과실이 있을 때 회사에 대해 연대책임			
재량 기각	법원의 자유재량 기각 가 능(379)	불 가		

3.6.8. 이사회·대표이사·집행임원

3.6.8.1. 서 설

이사회의 구성원인 이사의 기관성 여부에 대하여는 긍정설(소수설)과 부정설(다수설)로
나뉜다. 따라서 다수설에 의하면 업무집행기관은 회사의 업무집행에 관한 의사결정을 하
는 이사회와 대내적으로는 회사의 업무를 집행하고 대외적으로는 회사를 대표하는 대표

이사로 구성된다. 즉 회사의 업무집행과 관련한 기관은 이사회와 대표이사이다. 상법상 이사와 감사는 주주총회의 선임 결의를 거쳐 임명하고 그 등기를 하여야 하며, 이사와 감사의 법정 권한은 적법하게 선임된 이사와 감사만이 행사할 수 있을 뿐이고 그러한 선임절차를 거치지 아니한 채 다만 회사로부터 이사라는 직함을 형식적·명목적으로 부여받은 것에 불과한 자는 상법상 이사로서의 직무권한을 행사할 수 없다.[116]

주식회사의 이사, 감사 등 임원은 회사로부터 일정한 사무처리의 위임을 받고 있으므로, 사용자의 지휘·감독 아래 일정한 근로를 제공하고 소정의 임금을 받는 고용관계에 있는 것이 아니며, 따라서 일정한 보수를 받는 경우에도 이를 근로기준법 소정의 임금이라 할 수 없고, 회사의 규정에 의하여 이사 등 임원에게 퇴직금을 지급하는 경우에도 그 퇴직금은 근로기준법 소정의 퇴직금이 아니라 재직 중의 직무집행에 대한 대가로 지급되는 보수에 불과하다.[117]

1997년 말 IMF 이후 상법개정으로 사외이사를 중심으로 하는 이사회 내 위원회제도가 도입되었다. 이 이사회 내 위원회제도는 이사회의 활성화 및 전문성을 제고하고자 도입되었다. 2011년 개정상법에서는 대규모 상장회사(上場會社)의 경우 실무상 정관이나 내규로 집행임원을 두고 있으나 이를 뒷받침할 법적 근거가 없어 많은 문제가 발생하고 있었다. 이에 따라 이사회의 감독 하에 회사의 업무 집행을 전담하는 기관인 집행임원에 대한 근거 규정을 마련하되, 제도의 도입 여부는 개별 회사가 자율적으로 선택할 수 있도록 하고자 개정상법에 집행임원제도의 법적 근거를 마련하였다. 집행임원제도를 도입함으로써 대내적으로 경영의 안정성을 확보하고 대외적으로 거래의 안전을 도모할 수 있도록 하였다.

3.6.8.2. 이 사

3.6.8.2.1. 의의

이사는 이사회의 구성원으로서 회사의 업무집행에 관한 의사결정과 이사회를 통하여 대표이사를 감독하는 권한을 가지는 자이다. 이사와 회사와의 관계는 위임이므로 민법의 위임에 관한 규정이 이에 준용된다(商382).

---

116) 大判 2003.09.26, 2002다64681.

117) 大判 2003.09.26, 2002다64681.

3.6.8.2.2. 선임·종임

(1) 선 임

1) 선임방법

가) 주주총회 보통결의에 의한 선임

이사는 주주총회에서 보통결의로 선임된다($^{상}_{①}$ ^{382}). 상장회사가 주주총회에서 이사를 선임하려는 경우에는 이사의 선임사항에 관하여 주주총회 소집에 관하여 통지하거나 공고한 후보자 중에서 선임하여야 한다($^{상}_{의5}$ ^{542}).

나) 집중투표방법에 의한 선임

이사는 또한 집중투표에 의하여 선임될 수도 있다. 즉 2인 이상 이사의 선임 시 의결권 없는 주식을 제외한 발행주식총수의 100분의 3 이상의 주식을 보유한 주주는 정관에 달리 정하는 경우를 제외하고는 그 의결권을 이사후보자 1인에게 집중하여 행사하거나 또는 2인 이상에게 분산하여 투표하는 방법에 의하여 이사를 선임할 것을 청구할 수 있도록 하고 있다($^{상}_{의2}$ $^{382}_{①}$).

이 청구는 이사선임을 위한 주주총회일의 7일전까지 서면 또는 전자문서로 하여야 한다($^{상}_{의2}$ $^{382}_{②}$). 이 서면은 주주총회가 종결될 때까지 본점에 비치하고 주주로 하여금 영업시간 내에 열람할 수 있게 하여야 한다($^{상}_{의2}$ $^{382}_{⑥}$). 그리고 주주총회의 의장은 주주총회에서 이사선임결의를 하기 전에 집중투표의 청구가 있었음을 알려야 한다($^{상}_{의2}$ $^{382}_{⑤}$).

청구가 있는 경우에 이사의 선임결의에 관하여 각 주주는 1주마다 선임할 이사의 수와 동일한 수의 의결권을 가지며, 그 의결권은 이사 후보자 1인 또는 수인에게 집중하여 투표하는 방법으로 행사할 수 있다($^{상}_{의2}$ $^{382}_{③}$). 이러한 투표의 방법으로 이사를 선임하는 경우에는 투표의 최다수를 얻은 자부터 순차적으로 이사에 선임되는 것으로 한다($^{상}_{의2}$ $^{382}_{④}$).

회사설립 시 이사의 선임은 발기설립의 경우에는 발기인의 의결권의 과반수로($^{상}_{①}$ ^{296}), 모집설립의 경우에는 창립총회에 출석한 주식인수인의 의결권의 3분의 2 이상이며 인수된 주식의 총수의 과반수에 해당하는 다수로써 한다($^{상}_{309}$).

다) 집중투표제에 관한 상장회인의 특례

상장회사에 대하여 집중투표의 방법으로 이사를 선임할 것을 청구하는 경우 주주총회일(정기주주총회의 경우에는 직전 년도의 정기주주총회일에 해당하는 그 해의 해당일) 6주 전까지 서면 또는 전자문서로 회사에 청구하여야 한다(상법 542조7 ①).

자산 규모 등을 고려하여 대통령령으로 정하는 상장회사의 의결권 없는 주식을 제외한 발행주식총수의 100분의 1 이상에 해당하는 주식을 보유한 자는 집중투표의 방법으로 이사를 선임할 것을 청구할 수 있다(상법 542조7 ②). 상장회사가 정관으로 집중투표를 배제하거나 그 배제된 정관을 변경하려는 경우에는 의결권 없는 주식을 제외한 발행주식총수의 100분의 3을 초과하는 수의 주식을 가진 주주는 그 초과하는 주식에 관하여 의결권을 행사하지 못한다. 다만, 정관에서 이보다 낮은 주식 보유비율을 정할 수 있다(상법 542조7 ③). 상장회사가 주주총회의 목적사항으로 집중투표 배제에 관한 정관 변경에 관한 의안을 상정하려는 경우에는 그 밖의 사항의 정관 변경에 관한 의안과 별도로 상정하여 의결하여야 한다(상법 542조7 ④).

라) 집중투표제에 관한 판례

이사 선임에 있어 집중투표를 정관으로 배제하지 않은 주식회사는 이사 선임에 관한 주주총회의 통지와 공고에 선임할 이사의 원수를 반드시 기재하여야 한다. 왜냐하면 주주는 선임될 이사의 원수에 따라 회사에 대한 집중투표의 청구 여부를 결정할 것이기 때문이다. 예컨대, 5인의 이사를 선임한다면 자신의 보유 지분에 의하여 이사 선임에 영향력을 미칠 수 있지만, 2인의 이사를 선임할 경우에는 별다른 영향력을 행사할 수 없는 주주는 선임될 이사의 원수에 따라 집중투표의 청구 여부를 달리 결정할 것이다. 따라서 정관에 의하여 집중투표를 배제하지 않은 주식회사가 주주총회의 소집통지에서 회의의 목적사항으로 '이사선임의 건'이라고 기재하였다면 이는 단수이사의 선임으로 보아야 하고, 복수이사의 선임을 힐 경우에는 반드시 '이사 ○인 선임'의 건으로 그 인원수를 표기하여야 한다.[118]

상법 기타 관련 법령에서 주주총회의 소집통지를 함에 있어 선임할 이사를 사내이사·사외이사·기타비상무이사로 구별하여 통지하도록 규정하지 않고 있는 점, 상장회사에 관해서는 임원 선임을 위한 주주총회에 앞서 해당 후보자를 개별적으로 특정하도록 하는 특례 규정이 있지만(상법 제542조의4 제2항, 제542조의5), 비상장회사에 관해서는 그에 관한 별도의 규정이 없는 점을 감안하면, 비상장회사의 주주총회 소집통지 단계에서 선

---

118) 서울고법 2010.11.15, 2010라1065

임할 이사 후보를 사내이사·사외이사·기타비상무이사로 구분하여 통지할 의무는 없다. 상법 제317조 제2항 제8호에 의하면 주식회사는 설립등기를 함에 있어 '사내이사, 사외이사, 그 밖에 상무에 종사하지 아니하는 이사, 감사의 성명과 주민등록번호'를 등기하도록 규정하고 있으나, 위 규정은 회사가 이사를 위와 같이 구분하여 선임하였을 경우에 등기 방법에 관해 규정한 것이지, 위 규정으로 말미암아 주주총회 소집통지에 있어서 사내이사, 사외이사, 기타비상무이사로 구별하여 통지할 의무가 발생한다고 볼 수는 없다.[119]

2) 자 격

이사가 될 수 있는 자격에는 원칙적으로 제한이 없다. 따라서 주주가 아니어도 이사가 될 수 있다. 그러나 주주가 이사가 되는 경우에는 그 주식(자격주)을 감사에게 공탁하여야 한다($^{상}_{387}$). 감사는 회사 및 자회사의 이사 또는 지배인 기타의 사용인의 직무를 겸하지 못한다($^{상}_{411}$).

3) 이사의 수

이사는 3명 이상이어야 한다. 다만, 자본금 총액이 10억 원 미만인 회사는 1명 또는 2명으로 할 수 있다($^{상 383}$). 이사가 1인 또는 2인 경우에는 다음과 같은 특칙이 있다. 이사가 1인 또는 2인이 된 경우에는 이사회가 구성되기 힘들므로 이사회를 주주총회로 보며 ($^{상 302}$ ② v의2, 317 ② iii의2, 335 ① 단서 및 ②, 335의2 ① · ③, 335의3 ① · ②, 335의7 ①, 340의3 ① 5호, 3566조의2, 397 ① · ②, 397의2 ①, 398, 416 본문, 451 ②, 461 ① 본문 및 ③, 462의3 ①, 464의2 ①, 469, 513 ② 본문 및 516의2 ② 본문(준용되는 경우 포함)), 이사회 결의가 있는 때를 주주총회의 소집통지가 있는 때로($^{상}_{및}$ $^{360의5}_{522의3}$ ①) 본다($^{상 383}_④$).

이사가 1인 또는 2인 경우에는 이사회 구성이 안되거나 아니면 주주총회로 갈음되기 때문에 일부 법조문($^{상 341}_{42호,}$ ② 단서, 390, 391, 391의2, 391의3, 392, 393 ② 부터 ④ 까지, 399 ②, 408의2 ③ · ④, 408의3 ②, 408의 408의5 ①, 408의6, 408의7, 412의4, 449의2, 462 ② 단서, 526 ③, 527 ④, 527의2, 527의3 ① 및 527의5 ②)은 적용되지 않는 경우도 있다($^{상 383}_⑤$).

이사가 1인 또는 2인 경우에는 각 이사(정관에 따라 대표이사를 정한 경우에는 그 대표이사를 말함)가 회사를 대표하며 이사회($^{상 343}$ ① 단서, 346 ③, 362, 363의2 ③, 366)($^①,$ 368의4 ①, 393 ①, 412의3 ① 및 462의3 ①)의 기능을 담당한다($^{상 383}_⑥$).

4) 선임의 효과

주주총회에서 이사를 선임한 것은 회사내부의 의사결정에 불과하므로 다시 임용계약이 체결되어야 한다.[120] 이 계약에 의하여 위임관계가 발생한다. 그리고 이사가 선임되면 회

---

119) 서울고법 2010.11.15, 2010라1065
120) 大判 1995.2.28, 94다31440(감사선임에 관한 판례).

사는 이사의 성명과 주민등록번호를 등기하여야 한다(상317 ②viii). 법인등기부에 이사 또는 감사로 등재되어 있는 경우에는 특단의 사정이 없는 한 정당한 절차에 의하여 선임된 적법한 이사 또는 감사로 추정된다.[121]

5) 임 기

이사의 임기는 3년을 초과하지 못한다(상383). 그러나 임기 중의 최종의 결산기에 관한 정기주주총회가 종결하기 전에 임기가 만료할 때에는 정관의 규정에 의하여 정기주주총회의 종결에 이르기까지 임기를 연장할 수 있다(상383).

임기 중의 최종의 결산기에 관한 정기주주총회라 함은 임기 중에 도래하는 최종의 결산기에 관한 정기주주총회를 말하고, 임기 만료 후 최초로 도래하는 결산기에 관한 정기주주총회 또는 최초로 소집되는 정기주주총회를 의미하는 것은 아니므로, 위 규정은 결국 이사의 임기가 최종 결산기의 말일과 당해 결산기에 관한 정기주주총회 사이에 만료되는 경우에 정관으로 그 임기를 정기주주총회 종결일까지 연장할 수 있도록 허용하는 규정이라고 보아야 한다.[122]

(2) 종 임

1) 일반적 사유

이사와 회사 간에는 위임관계가 있기 때문에, 이사는 위임의 종료사유, 즉 사망·파산·금치산, 위임계약의 해지에 의하여 종임된다(민689 690). 그 밖에 이사는 임기의 만료, 정관소정의 자격상실 등에 의하여도 종임된다. 이사가 사임하는 경우에도 종임된다. 즉 주식회사와 이사의 관계는 위임에 관한 규정이 준용되므로 이사는 언제든지 사임할 수 있고 사임의 의사표시가 대표이사에게 도달하면 그 효과가 발생하나 대표이사에게 사표의 처리를 일임한 경우에는 사임 의사표시의 효과 발생 여부를 대표이사의 의사에 따르도록 한 것이므로 대표이사가 사표를 수리함으로써 사임의 효과가 생긴다.[123]

---

121) 大判 1983.12.27, 83다카331.

122) 大判 2010.06.24, 2010다13541.

123) 大判 1998.4.28, 98다8615.

2) 주주총회의 해임

주주총회가 해임권을 행사함에는 특별결의에 의하여야 하며, 만일 정당한 이유 없이 그 임기 도중에 해임한 때에는 회사는 그 이사에 대하여 손해배상책임을 진다($^{\mathrm{상}\,385}_{①}$). 주주총회의 특별결의에 의하여 언제든지 이사를 해임할 수 있게 하는 한편, 임기가 정하여진 이사가 그 임기 전에 정당한 이유 없이 해임당한 경우에는 회사에 대하여 손해배상을 청구할 수 있게 함으로써 주주의 회사에 대한 지배권 확보와 경영자 지위의 안정이라는 주주와 이사의 이익을 조화시키려는 규정이고, 이사의 보수청구권을 보장하는 것을 주된 목적으로 하는 것은 아니다.[124]

회사가 손해배상책임을 지는 경우는 주식회사의 이사가 주주총회의 특별결의에 의하여 그 임기 전에 해임된 경우에 한하고 의원면직의 형식으로 해임된 경우에는 지지 않는다.[125]

이사의 임기를 정한 경우라 함은 정관 또는 주주총회의 결의로 임기를 정하고 있는 경우를 말하고, 이사의 임기를 정하지 않은 때에는 이사의 임기의 최장기인 3년을 경과하지 않는 동안에 해임되더라도 그로 인한 손해의 배상을 청구할 수 없다.[126]

정당한 이유란 주주와 이사 사이에 불화 등 단순히 주관적인 신뢰관계가 상실된 것만으로는 부족하고, 이사가 법령이나 정관에 위배된 행위를 하였거나 정신적·육체적으로 경영자로서의 직무를 감당하기 현저하게 곤란한 경우, 회사의 중요한 사업계획 수립이나 그 추진에 실패함으로써 경영능력에 대한 근본적인 신뢰관계가 상실된 경우 등과 같이 당해 이사가 경영자로서 업무를 집행하는 데 장애가 될 객관적 상황이 발생한 경우에 비로소 임기 전에 해임할 수 있는 정당한 이유가 있다고 할 것이다.[127]

3) 소수주주의 이사해임 청구

이사가 그 직무에 관하여 부정행위 또는 법령이나 정관에 위반한 중대한 사실이 있음에도 불구하고 주주총회에서 그 해임을 부결한 때에는 발행주식총수의 100분의 3 이상에 해당하는 주식을 가진 주주는 그 결의가 있은 날로부터 1월 내에 본점소재지의 지방법원에 그 이사의 해임을 청구할 수 있다($^{\mathrm{상}\,385}_{②·③}$).

大判 2010.09.30, 2010다35985

---

124) 大判 2004.12.10, 2004다25123.

125) 大判 1993.08.24, 92다3298.

126) 大判 2001.06.15, 2001다23928.

127) 大判 2004.10.15, 2004다25611.

직무에 관한 부정행위 또는 법령이나 정관에 위반한 중대한 사실이 있어 해임되어야 할 이사가 대주주의 옹호로 그 지위에 그대로 머물게 되는 불합리를 시정함으로써 소수 주주 등을 보호하기 위한 상법 제385조 제2항의 입법 취지 및 회사 자본의 충실을 기하려는 상법의 취지를 해치는 행위를 단속하기 위한 상법 제628조 제1항에 의하여 처벌대상이 되는 납입 또는 현물출자의 이행을 가장하는 행위는 특별한 다른 사정이 없는 한, 상법 제385조 제2항에 규정된 '그 직무에 관하여 부정행위 또는 법령에 위반한 중대한 사실'이 있는 경우에 해당한다고 보아야 한다.[128]

4) 등 기

이사가 종임한 때에는 그 등기를 하여야 한다($^{상\ 317\ ②}_{viii,\ 183}$).

(3) 이사의 결원·이사직무대행자

이사의 종임과 관련하여 법률 또는 정관에 정한 이사의 원수를 결한 경우에는 신이사가 취임할 때까지 임기의 만료 또는 사임으로 인하여 퇴임한 이사는 이사의 권리의무를 계속 가지는데($^{상\ 386}_①$), 필요하다고 인정한 때에는 법원은 이사, 감사, 기타의 이해관계인의 청구에 의하여 일시 이사의 직무를 행할 자를 선임할 수 있다. 이 경우에는 본점의 소재지에서 그 등기를 하여야 한다($^{상\ 386}_②$).

상법은 '법률 또는 정관에 정한 이사의 원수를 결한 경우에는 임기의 만료 또는 사임으로 인하여 퇴임한 이사는 새로 선임된 이사가 취임할 때까지 이사의 권리의무가 있다.'고 규정하고 있는바, 수인의 이사가 동시에 임기의 만료나 사임에 의하여 퇴임함으로 말미암아 법률 또는 정관에 정한 이사의 원수(최저인원수 또는 특정한 인원수)를 채우지 못하게 되는 결과가 일어나는 경우, 특별한 사정이 없는 한 그 퇴임한 이사 전원은 새로 선임된 이사가 취임할 때까지 이사로서의 권리의무가 있다고 봄이 상당하다.[129]

필요하다고 인정한 때라 함은 법률 또는 정관에 정한 이사의 원수를 결한 일체의 경우를 말하는 것이지 단지 임기의 만료 또는 사임으로 인하여 이사의 원수를 결한 경우만을 지적하는 것은 아니라고 해석되므로 어떠한 경우이든 이사의 결원이 있을 때에는 법원은 이사직무를 행할 자를 선임할 수 있다.[130] 따라서 이사가 해임되거나 파산한 경우 등이

---

128) 大判 2010.09.30, 2010다35985
129) 大判 2007.03.29, 2006다83697
130) 大判 1964.04.28, 63다518.

해당될 수 있다.

이사의 선임결의의 무효나 취소의 소 또는 이사해임의 소가 제기된 경우, 본안의 관할법원은 당사자의 신청에 의하여 가처분으로써 이사의 직무집행을 정지하고 직무대행자를 선임할 수 있으며, 급박한 사정이 있는 때에는 본안소송의 제기 전이라도 그 처분을 할 수 있다(상407①). 법원은 당사자의 신청에 의하여 위의 가처분을 변경 또는 취소할 수 있다(상407②). 처분이 있는 때에는 본점과 지점의 소재지에서 그 등기를 하여야 한다(상407③).

3.6.8.2.3. 이사의 권한

(1) 서

이사는 이사회의 구성원으로서 회사의 업무집행에 관한 의사결정과 다른 이사의 직무집행을 감독할 권한이 있다. 대표이사만이 회사의 업무집행권 및 대표권이 있으므로 대표이사 아닌 이사는 회사의 업무집행권 및 대표권이 없다. 다만 회사 내부적으로 일정한 이사(예컨대, 전무이사)에게 일정한 직무와 관련하여 업무집행의 권한을 행사하게 하는 경우가 있는데 이를 업무담당이사라고 한다.

(2) 업무집행권

이사가 결원된 상황에서의 직무대행자는 회사의 일반적인 업무행위만을 할 수 있다고 할 것이다. 즉 직무대행자는 가처분명령에 다른 정함이 있는 경우 외에는 회사의 상무에 속하지 아니한 행위를 하지 못하는데, '상무(常務)'는 일반적으로 회사의 영업을 계속함에 있어 통상업무범위 내의 사무, 즉 회사의 경영에 중요한 영향을 미치지 않는 보통의 업무를 뜻한다.[131] 예컨대, 중요한 자산의 처분 및 양도, 대규모 재산의 차입, 지배인의 선임 또는 해임과 지점의 설치·이전 또는 폐지 등(상393)은 상무에 속하지 않는다고 할 것이다. 즉, 상무라 함은 일반적으로 회사에서 일상 행해져야 하는 사무, 회사가 영업을 계속함에 있어서 통상 행하는 영업범위 내의 사무 또는 회사경영에 중요한 영향을 주지 않는 통상의 업무 등을 의미하고, 어느 행위가 구체적으로 이 상무에 속하는가 하는 것은 당해 회사의 기구, 업무의 종류·성질, 기타 제반 사정을 고려하여 객관적으로 판단되어야 할 것인바, 직무대행자가 정기주주총회를 소집함에 있어서도 그 안건에 이사회의 구성 자체를 변경하는 행위나 상법 제374조의 특별결의사항에 해당하는 행위 등 회사의

---

131) 大判 1991.12.24, 91다4355.

경영 및 지배에 영향을 미칠 수 있는 것이 포함되어 있다면 그 안건의 범위에서 정기총회의 소집이 상무에 속하지 않는다고 할 것이고, 직무대행자가 정기주주총회를 소집하는 행위가 상무에 속하지 아니함에도 법원의 허가 없이 이를 소집하여 결의한 때에는 소집절차상의 하자로 결의취소사유에 해당한다.[132]

그러나 가처분명령에 다른 정함이 있거나 또는 법원의 허가가 있으면 그렇지 않다($\overset{상 408}{①}$). 직무대행자가 그 권한을 초과한 행위를 한 경우에도 거래안전을 위하여 회사는 선의의 제3자에 대하여는 책임을 진다($\overset{상 408}{②}$).

3.6.8.2.4. 이사의 보수

민법상 수임인은 무상이 원칙이지만, 이사는 비록 수임인이라 하더라도 보수를 청구할 수 있다.[133] 이사의 보수는 이사의 직무집행에 대한 대가로서 지급되는 것으로 그 명칭을 불문한다. 따라서 봉급·각종의 수당·상여금·퇴직위로금 등을 포함한다. 이사의 보수액은 정관에 그 액을 정하지 아니한 때에는 주주총회의 결의로 이를 정하도록 되어 있다($\overset{상}{388}$). 이때 이사의 보수를 각 이사별로 정할 필요는 없다. 따라서 이사전원에 대한 보수의 총액 또는 한도액을 정하고 각 이사에 대한 보수의 배분결정을 이사회에 위임할 수 있다. 이사가 종임할 때에 지급되는 퇴직금도 보수에 포함된다.[134]

이사의 보수를 주주총회에서 결정하도록 한 것은 이사들의 고용계약과 관련하여 그 사익 도모의 폐해를 방지하여 회사와 주주의 이익을 보호하고자 하는 것이다.[135]

3.6.8.2.5. 사외이사

(1) 사외이사의 의의

사외이사(社外理事)는 해당 회사의 상무(常務)에 종사하지 아니하는 이사로서 사외이사 결격사유에 해당하지 아니하는 자를 말한다($\overset{상 382}{③}$).

---

132) 大判 2007.06.28, 2006다62362

133) 大判 1964.3.31, 63다715; 大判 1965.8.31, 65다1156.

134) 大判 1977.11.22, 77다1742.

135) 大判 2006.11.23, 2004다49570.

(2) 상장회사의 사외이사의 선임

상장회사는 자산 규모 등을 고려하여 대통령령으로 정하는 경우를 제외하고는 이사 총수의 4분의 1 이상을 사외이사로 하여야 한다. 다만, 자산 규모 등을 고려하여 대통령령으로 정하는 상장회사의 사외이사는 3명 이상으로 하되, 이사 총수의 과반수가 되도록 하여야 한다($\frac{상}{의8}\frac{542}{①}$).

(3) 사외이사 결격자

사외이사가 다음 각 호의 어느 하나에 해당하는 경우에는 그 직을 상실한다($\frac{상}{③}$382).

① 회사의 상무에 종사하는 이사·집행임원 및 피용자 또는 최근 2년 이내에 회사의 상무에 종사한 이사·감사·집행임원 및 피용자

② 최대주주가 자연인인 경우 본인과 그 배우자 및 직계 존·비속

③ 최대주주가 법인인 경우 그 법인의 이사·감사·집행임원 및 피용자

④ 이사·감사·집행임원의 배우자 및 직계 존·비속

⑤ 회사의 모회사 또는 자회사의 이사·감사·집행임원 및 피용자

⑥ 회사와 거래관계 등 중요한 이해관계에 있는 법인의 이사·감사·집행임원 및 피용자

⑦ 회사의 이사·집행임원 및 피용자가 이사·집행임원으로 있는 다른 회사의 이사·감사·집행임원 및 피용자

상장회사의 사외이사는 위 결격사유 이외에도 다음 각 호의 어느 하나에 해당되지 않아야 하며, 이에 해당하게 된 경우에는 그 직을 상실한다($\frac{상}{의8}\frac{542}{②}$).

① 미성년자, 금치산자 또는 한정치산자

② 파산선고를 받고 복권되지 아니한 자

③ 금고 이상의 형을 선고받고 그 집행이 끝나거나 집행이 면제된 후 2년이 지나지 아니한 자

④ 대통령령으로 별도로 정하는 법률을 위반하여 해임되거나 면직된 후 2년이 지나지 아니한 자

⑤ 상장회사의 주주로서 의결권 없는 주식을 제외한 발행주식총수를 기준으로 본인 및 그와 대통령령으로 정하는 특수한 관계에 있는 자(특수관계인)가 소유하는 주식의 수가 가장 많은 경우 그 본인(최대주주) 및 그의 특수관계인

⑥ 누구의 명의로 하든지 자기의 계산으로 의결권 없는 주식을 제외한 발행주식총수의 100분의 10 이상의 주식을 소유하거나 이사·집행임원·감사의 선임과 해임 등 상장회사의 주요 경영사항에 대하여 사실상의 영향력을 행사하는 주주(주요주주) 및 그의 배우자와 직계존비속

⑦ 그 밖에 사외이사로서의 직무를 충실하게 수행하기 곤란하거나 상장회사의 경영에
영향을 미칠 수 있는 자로서 대통령령으로 정하는 자

(4) 사외이사후보추천위원회 설치 강제

자산 규모 등을 고려하여 대통령령으로 정하는 상장회사의 사외이사는 3명 이상으로
하여야 하는 경우, 상장회사는 사외이사 후보를 추천하기 위하여 사외이사 후보추천위원
회를 설치하여야 한다. 이 경우 사외이사 후보추천위원회는 사외이사가 과반수가 되도록
구성하여야 한다($\frac{\text{상}}{\text{의8}}\frac{542}{④}$). 상장회사가 주주총회에서 사외이사를 선임하려는 때에는 사외이사
후보추천위원회의 추천을 받은 자 중에서 선임하여야 한다. 이 경우 사외이사 후보추천
위원회가 사외이사 후보를 추천할 때에는 주주제안권($\frac{\text{상}}{\text{의2}}\frac{363}{①}$)을 행사할 수 있는 요건을 갖
춘 주주 및 소수주주권을 행사할 수 있는 주주($\frac{\text{상}}{\text{6①·②}}\frac{542의}{}$)가 주주총회일(정기주주총회의 경우
직전년도의 정기주주총회일에 해당하는 해당 년도의 해당일)의 6주 전에 추천한 사외이
사 후보를 포함시켜야 한다($\frac{\text{상}}{\text{의8}}\frac{542}{⑤}$).

(5) 결원의 선임시한

상장회사는 사외이사의 사임·사망 등의 사유로 인하여 사외이사의 수가 이사회의 구
성요건에 미달하게 되면 그 사유가 발생한 후 처음으로 소집되는 주주총회에서 위 요건
에 합치되도록 사외이사를 선임하여야 한다($\frac{\text{상}}{\text{의8}}\frac{542}{③}$).

3.6.8.3. 이사회

3.6.8.3.1. 의 의

이사회는 회사의 업무집행에 관한 의사결정과 이사의 직무집행을 감독하는 권한을 갖
는 주식회사의 필요상설기관이다.

3.6.8.3.2. 소 집

(1) 소집권자

이사회는 각 이사가 소집할 수 있으나 이사회의 결의로 소집할 이사를 정한 때에는 그
이사가 소집한다($\frac{\text{상}}{①}\,390$). 소집권자로 지정되지 않은 다른 이사는 소집권자인 이사에게 이사

회 소집을 요구할 수 있고 소집권자인 이사가 정당한 이유 없이 이사회 소집을 거절하는 경우에는 다른 이사가 이사회를 소집할 수 있다($^{상}_{②}$ ^{390}).

(2) 소집절차

이사회를 소집함에는 회일을 정하고 그 1주간 전에 각 이사 및 감사에 대하여 통지를 발송하여야 한다. 그러나 그 기간은 정관으로 단축할 수 있다($^{상}_{③}$ ^{390}). 이사회는 이사 및 감사전원의 동의가 있는 때에는 위의 절차 없이 언제든지 회의할 수 있다($^{상}_{④}$ ^{390}).

3.6.8.3.3. 권　한

(1) 의사결정권

이사회는 법령 또는 정관에 의하여 주주총회의 권한사항으로 되어 있는 것을 제외하고는 모든 업무집행에 관하여 의사결정을 할 권한을 갖는다($^{상}_{①}$ ^{393}). 즉 법률 또는 정관 등의 규정에 의하여 주주총회 또는 이사회의 결의를 필요로 하는 것으로 되어 있지 아니한 업무 중 이사회가 일반적·구체적으로 대표이사에게 위임하지 않은 업무로서 일상 업무에 속하지 아니한 중요한 업무에 대하여는 이사회에게 그 의사결정권한이 있다.[136]

상법상 열거되어 있는 이사회의 권한은 다음과 같다. 주식양도의 승인 및 양도상대방의 지정($^{상}_{335의2,}$ ^{335의7}), 주주총회의 소집($^{상}_{362}$), 대표이사의 선임과 공동대표의 결정($^{상}_{389}$), 이사회 소집권자의 특정($^{상}_{①}$ ^{390}), 중요한 자산의 처분 및 양도, 대규모 재산의 차입, 지배인의 선임 또는 해임과 지점의 설치·이전 또는 폐지($^{상}_{①}$ ^{393}), 이사의 경업거래와 겸직의 승인 및 경업의 경우의 개입권의 행사($^{상}_{397}$), 이사의 자기거래의 승인($^{상}_{398}$), 신주발행사항의 결정($^{상}_{416}$), 재무제표와 영업보고서의 승인($^{상}_{447의2}$ ^{447,}), 준비금의 자본전입($^{상}_{461}$), 사채의 모집($^{상}_{469}$), 전환사채 및 신주인수권부사채의 발행($^{상}_{516의2,}$ ^{513,}), 간이합병($^{상}_{의2}$ ^{527}), 소규모합병($^{상}_{의3}$ ^{527}) 등이 있다.

상법 제393조 제1항은 주식회사의 중요한 자산의 처분 및 양도는 이사회의 결의로 한다고 규정하고 있는데, 여기서 말하는 중요한 자산의 처분에 해당하는가 아닌가는 당해 재산의 가액, 총자산에서 차지하는 비율, 회사의 규모, 회사의 영업 또는 재산의 상황, 경영상태, 자산의 보유목적, 회사의 일상적 업무와 관련성, 당해 회사에서의 종래의 취급 등에 비추어 대표이사의 결정에 맡기는 것이 상당한지 여부에 따라 판단하여야 할 것이

---

136) 大判 1997.06.13, 96다48282.

고, 중요한 자산의 처분에 해당하는 경우에는 이사회가 그에 관하여 직접 결의하지 아니한 채 대표이사에게 그 처분에 관한 사항을 일임할 수 없는 것이므로 이사회 규정상 이사회 부의사항으로 정해져 있지 아니하더라도 반드시 이사회의 결의를 거쳐야 한다.[137]

주식회사의 대규모 재산의 차입 등은 이사회의 결의로 한다고 규정하고 있는바, 여기서 대규모 재산의 차입에 해당하는지 여부는 당해 차입재산의 가액, 회사의 규모, 회사의 영업 또는 재산의 상황, 경영상태, 당해 재산의 차입목적 및 사용처, 회사의 일상적 업무와 관련성, 당해 회사에서의 종래의 취급 등 여러 사정에 비추어 대표이사의 결정에 맡기는 것이 상당한지 여부에 따라 판단하여야 할 것이다.[138]

(2) 이사의 감독권

이사회는 이사의 직무집행을 감독한다(상 393③).이사회가 감독할 이사에는 대표이사와 사외이사도 포함한다. 이사회는 이사회를 소집하여 그 결의로써 감독권을 행사한다.

자본금이 5억 원 미만으로서 이사가 1인인 소규모 주식회사의 경우에는 이사회가 존재하지 않으므로 이사에 대한 감독권이 이사회에 있을 여지는 없고 주주총회에 있다고 보아야 할 것이다.

(3) 이사의 정보접근권

상법은 이사가 대표이사로 하여금 다른 이사 또는 피용자의 업무에 관하여 이사회에 보고할 것을 요구할 수 있도록 하고(상 393③), 이사로 하여금 업무집행상황을 3월에 1회 이상 이사회에 보고하도록 함으로써 이사의 정보접근권을 보다 강화하고 있다(상 393④).

3.6.8.3.4. 결 의

(1) 결의요건

이사회의 결의는 이사 과반수의 출석과 출석이사의 과반수로 한다. 그러나 정관으로 그 비율을 높게 정할 수 있다(상 391①). 이사회의 결의에 특별한 이해관계를 가진 이사는 의결권을 행사하지 못한다(상 391③ 368④). 이 규정의 의미는 특별이해관계가 있는 이사는 이사회에서 의결권을 행사할 수는 없으나 의사정족수 산정의 기초가 되는 이사의 수에는 포함되

---

137) 大判 2005.07.28, 2005다3649.

138) 大判 2008.05.15, 2007다23807

고 다만 의결 성립에 필요한 출석이사에는 산입되지 아니하는 것이므로 회사의 3명의 이사 중 대표이사와 특별이해관계에 있는 이사 등 2명이 출석하여 의결을 하였다면 이사 3명 중 2명이 출석하여 과반수출석의 요건을 구비하였고 특별이해관계에 있는 이사가 행사한 의결권을 제외하더라도 결의에 참여할 수 있는 유일한 출석이사인 대표이사의 찬성으로 과반수의 찬성이 있는 것으로 되어 그 결의는 적법하다.[139]

(2) 대리행사

이사회는 주주총회의 경우와는 달리 원칙적으로 이사자신이 직접 출석하여 결의에 참가하여야 하며 대리인에 의한 출석은 인정되지 않고 따라서 이사가 타인에게 출석과 의결권을 위임할 수도 없으며 이에 위배된 이사회의 결의는 무효이다.[140] 그러나 대리행사는 인정되지 않지만 일정한 경우에는 인정된다. 이사 3명 중 회사의 경영에 전혀 참여하지 않고 경영에 관한 모든 사항을 다른 이사들에게 위임하여 놓고 그들의 결정에 따르며 필요시 이사회 회의록 등에 날인만 하여 주고 있는 이사에 대한 소집 통지 없이 열린 이사회에서 한 결의는 위 이사가 소집통지를 받고 참석하였다 하더라도 그 결과에 영향이 없었다고 보이므로 유효하다고 판시하고 있다.[141]

구체적인 회의를 요하는 점에서 전화나 서면에 의한 결의 또는 공람·회람 등에 의한 결의도 불가능한 것으로 본다(통설). 다만 정관에서 달리 정하는 경우를 제외하고 이사회는 이사의 전부 또는 일부가 직접 회의에 출석하지 아니하고 모든 이사가 음성을 동시에 송수신하는 원격통신수단에 의하여 결의에 참가하는 것을 허용할 수 있다. 이 경우 당해 이사는 이사회에 직접 출석한 것으로 본다(상 391).

(3) 감사의 출석·의견진술권

감사는 이사회에 출석하여 의견을 진술할 수 있고(상 391의2 ①), 이사가 법령 또는 정관에 위반한 행위를 하거나 그 행위를 할 염려가 있다고 인정한 때에는 이사회에 이를 보고하여야 한다(상 391의2 ②).

---

139) 大判 1992.4.14, 90다카22698; 大判 1991.5.28, 90다20084.

140) 大判 1982.7.13, 80다2441.

141) 大判 1992.4.14, 90다카22698.

(4) 회의의 연기 또는 속행

이사회는 회의의 연기나 속행의 결의를 할 수 있으며 이때에는 다시 소집절차를 밟을 필요가 없다($\frac{\text{상}}{372}$ ^{392}).

(5) 결의의 하자

이사회의 결의에 절차상 또는 내용상의 하자가 있는 경우 그 결의의 효력에 관하여는 상법상 규정이 없다. 따라서 이 경우 민법의 일반 원칙에 의하여 처리하여야 한다(통설·판례). 이사회의 결의에 하자가 있는 경우에 관하여 상법은 아무런 규정을 두고 있지 아니하나, 그 결의에 무효사유가 있는 경우에는 이해관계인은 언제든지 또는 어떤 방법에 의하든지 그 무효를 주장할 수 있다고 할 것이지만 이와 같은 무효주장의 방법으로서 이사회결의무효확인소송이 제기되어 승소확정판결을 받은 경우, 그 판결의 효력에 관하여는 주주총회결의무효확인소송 등과는 달리 상법 제190조가 준용될 근거가 없으므로 대세적 효력은 없다.[142]

3.6.8.3.5. 의사록

이사회의 의사에 관하여 대표이사는 의사록을 작성하여야 하는데, 이 이사회의사록은 이사의 책임을 물을 수 있는 증거이므로 이 의사록에는 의사의 안건, 경과요령, 그 결과, 반대하는 자와 그 반대이유를 기재하고 의장 및 출석한 이사와 감사가 기명날인 또는 서명하여야 한다($\frac{\text{상}}{\text{제}3}$ ^{391} ②). 의사록은 본점에 비치된다.

아울러 이사회에서 회사 경영상 여러 고급정보들이 논의되는 관계로 이 이사회 의사록을 단독주주권의 대상으로 한다는 것은 회사의 영업비밀의 유출을 염려하지 않을 수 없다. 따라서 이사회 의사록의 기재사항을 엄격히 하는 대신에 이 이사회 의사록 열람요건을 강화하였다($\frac{\text{상}}{\text{제}조}$ ^{396}).

주주와 회사채권자가 영업시간 내에 이사회 의사록의 열람 또는 등사청구를 하더라도 회사는 이를 거절할 수 있다. 이러한 경우에 주주와 회사채권자는 법원의 허가를 얻어서 열람 또는 등사를 청구하도록 하고 있다($\frac{\text{상}}{\text{제}3}$ ^{391} ④).

---

142) 大判 1988.4.25, 87누399.

3.6.8.4. **이사회 내 위원회**

3.6.8.4.1. 위원회제도의 필요성

이사회는 회의체이므로 그 규모와 회의시간, 구성원 등의 사정으로 인하여 이사회를 빈번하게 개최하기도 어렵고, 경영의 복잡성, 전문성에 비추어 볼 때 회의에서 만족할 만한 성과를 얻기도 어렵다. 이 때문에 특정의 중요한 문제에 대하여 위원회를 설치하여 전문가를 배치하고 회사의 중요한 문제를 다루게 하면 이사회를 소집하느라 소요되는 시간과 결정의 비효율성을 제거할 수 있기 때문에 미국제도인 이사회 내 위원회제도를 도입한 것이다.

3.6.8.4.2. 위원회의 종류

이사회 내 위원회 종류로는 감사위원회, 보수위원회, 이사후보지명위원회, 집행위원회, 재무위원회, 홍보위원회, 공공정책위원회 등이 있다.

3.6.8.4.3. 상법상의 위원회

(1) 위원회의 근거

이사회는 정관에서 정하는 바에 따라 위원회를 설치할 수 있다($\frac{상}{의2}\frac{393}{①}$).

(2) 위원회의 구성

위원회는 2인 이상의 이사로 구성한다($\frac{상}{의2}\frac{393}{③}$). 3인 위원회의 경우 의결은 2인 이상 찬성하면 되나 2인 위원회의 경우에는 의결이 만장일치가 되어야만 그 결의가 효력이 있다. 이사회 내 위원회의 위원이 법률 또는 정관에 정한 이사의 원수를 결한 경우에는 임기의 만료 또는 사임으로 인하여 퇴임한 위원은 새로 선임된 위원이 취임할 때까지 위원으로서의 권리·의무가 있다($\frac{상393의2}{386①}\frac{⑤}{}$).

(3) 위원회의 운영

위원회의 운영은 원칙적으로 이사회의 운영과 같다($\frac{상}{⑤,}\frac{393의2}{390}$). 따라서 이사회의 소집($\frac{상}{390}$), 이사회의 결의방법($\frac{상}{391}$), 이사회의 의사록($\frac{상}{의3}\frac{391}{}$)에 관한 규정이 준용된다.

(4) 위원회의 권한

이사 내 위원회는 이사회의 보조기관적 성격을 갖고 있으므로 원칙적으로 이사회에서 부여받은 권한범위 내에서만 결정할 권한이 있다. 따라서 주주총회의 권한은 논리상 당연히 이사회 내 위원회의 권한으로 할 수 없다. 상법에서 열거하고 있는 이사회 내 위원회의 권한으로 할 수 없는 사항으로는 ① 주주총회의 승인을 요하는 사항의 제안 ② 대표이사의 선임 및 해임 ③ 위원회의 설치와 그 위원의 선임 및 해임 ④ 정관에서 정하는 사항이 있다(상393의2②).

3.6.8.5. **대표이사**

3.6.8.5.1. 의 의

대표이사는 대내적으로는 회사의 업무집행을 하고 대외적으로는 회사를 대표하는 권한을 가진 주식회사의 필요상설기관이다.

3.6.8.5.2. 선임·종임

(1) 선 임

1) 선임기관

회사는 이사회의 결의로 회사를 대표할 이사를 선정하여야 한다. 그러나 정관으로 주주총회에서 이를 선정할 것을 정할 수 있다(상389①).

2) 자 격

대표이사의 자격은 이사이면 되고 그 밖의 특별한 자격제한은 없다.

3) 원 수

대표이사의 수에 대해서는 제한이 없다. 따라서 1인 또는 수인의 대표이사가 공동으로 회사를 대표하도록 이사회 또는 주주총회에서 정할 수 있다(상389②).

4) 등 기

대표이사의 성명, 주민등록번호 및 주소는 등기사항이다($\overset{\text{상}}{\underset{\text{②}}{\text{ix}}}\overset{317}{}$).

(2) 종 임

1) 종임사유

대표이사는 이사의 자격이 전제가 되므로 이사의 자격상실은 대표이사 자격상실의 사유가 된다. 그러나 대표이사의 지위를 상실하였다고 하여 이사의 자격을 상실하는 것은 아니다.

회사는 정당한 사유의 유무를 불문하고 언제든지 이사회의 결의로 대표이사를 해임할수 있다. 정관으로 주주총회에서 대표이사를 선임하도록 한 경우에는 주주총회의 결의로 대표이사를 해임할 수 있다. 임기를 정한 경우에 회사가 정당한 사유 없이 그 임기만료 전에 대표이사를 해임한 때에는, 그 대표이사는 회사에 대하여 해임으로 인하여 생긴 손해의 배상을 청구할 수 있다($\overset{\text{상}}{\underset{\text{①}}{}}\overset{385}{}$).

'정당한 이유'란 주주와 이사 사이에 불화 등 단순히 주관적인 신뢰관계가 상실된 것만으로는 부족하고, 이사가 법령이나 정관에 위배된 행위를 하였거나 정신적·육체적으로 경영자로서의 직무를 감당하기 현저하게 곤란한 경우, 회사의 중요한 사업계획 수립이나 그 추진에 실패함으로써 경영능력에 대한 근본적인 신뢰관계가 상실된 경우 등과 같이 당해 이사가 경영자로서 업무를 집행하는 데 장해가 될 객관적 상황이 발생한 경우에 비로소 임기 전에 해임할 수 있는 정당한 이유가 있다고 할 것이다.[143]

대표이사는 언제든지 그 직을 사임할 수 있다. 다만 회사에 불리한 시기에 사임하여 회사에 손해가 발생한 때에는 이를 배상하여야 한다($\overset{\text{민}}{\underset{\text{②}}{}}\overset{689}{}$). 법인의 이사를 사임하는 행위는 상대방 있는 단독행위라 할 것이어서 그 의사표시가 상대방에게 도달함과 동시에 그 효력을 발생하고 그 의사표시가 효력을 발생한 후에는 마음대로 이를 철회할 수 없음이 원칙이나, 사임서 제시 당시 즉각적인 철회권유로 사임서 제출을 미루거나, 대표자에게 사표의 처리를 일임하거나, 사임서의 작성일자를 제출일 이후로 기재한 경우 등 사임의사가 즉각적이라고 볼 수 없는 특별한 사정이 있을 경우에는 별도의 사임서 제출이나 대표자의 수리행위 등이 있어야 사임의 효력이 발생하고, 그 이전에 사임의사를 철회할 수 있다.[144]

---

143) 大判 2011.09.08, 2009다31260
144) 大判 2011.09.08, 2009다31260

2) 등 기

대표이사가 종임한 때에는 회사는 이를 등기하여야 한다($_{IX \cdot ③, 183}^{상 317 ②}$).

3) 결원의 경우의 조치

법률 또는 정관에서 정한 대표이사가 결원된 경우에는 임기의 만료 또는 사임으로 인하여 퇴임한 대표이사는 새로 선임된 대표이사가 취임할 때까지 대표이사의 권리의무가 있다($_{386 ①}^{상 389 ③}$). 또 필요한 때에는 일시 대표이사의 직무를 행할 자, 즉 임시대표이사 또는 직무대행자의 선임을 법원에 청구할 수 있다($_{386 ②}^{상 389 ③}$).

3.6.8.5.3. 권한

법률 또는 정관 등의 규정에 의하여 주주총회 또는 이사회의 결의를 필요로 하는 것으로 되어 있지 아니한 업무 중 이사회가 일반적·구체적으로 대표이사에게 위임한 경우에만 대표이사가 업무집행에 관한 의사결정권이 있다. 그러나 대표이사에게 위임된 사항이 아닌 사항을 결정하였을 경우에는 대내적 행위(예컨대 지배인의 선임행위)는 무효이고, 대외적 행위에 대해서는 제3자가 선의이고 중과실이 없으면 거래의 안전을 위하여 유효하고 악의 중과실의 경우에도 무효이므로 악의의 3자는 회사에 대하여 대표이사의 행위의 유효를 주장할 수 없다.[145]

(1) 업무집행권

대표이사는 이사회가 결정한 사항을 집행하고, 이사회가 일반적·구체적으로 위임한 사항과 일상업무에 관한 사항을 결정·집행할 권한을 갖는다. 상법상 이사의 권한으로 규정하고 있는 부분도 대표이사의 권한사항이다. 예컨대 주주총회 또는 이사회의 의사록·정관·주주명부·사채원부의 비치($_{396}^{상}$), 재무제표의 작성·비치·공고·제출($_{의3, 448, 449}^{상 447, 447}$), 주식·사채청약서의 작성($_{474 ②}^{상 420,}$), 신주인수권증서·신주인수권증권의 기명날인 또는 서명($_{516의5 ②}^{상 420의2 ②,}$) 등이다.

주식회사의 대표이사가 이사회의 결의를 거쳐야 할 대외적 거래 행위에 관하여 이를 거치지 아니하고 한 경우라도 이와 같은 이사회결의사항은 회사의 내부적 의사결정에 불과하다 할 것이므로 그 거래 상대방이 그와 같은 이사회결의가 없었음을 알거나 알 수 있었을 경우가 아니라면 그 거래 행위는 유효하다고 해석되고 위와 같은 상대방의 악의

---

145) 大判 1997.6.13, 96다48282.

는 이를 주장하는 회사 측이 주장·입증하여야 할 것이다.[146)]

따라서 상법상 이사회 결의사항, 정관에 주주총회나 이사회 결의사항에 의하지 않은 대외적 거래에 대해 제3자가 선의이고 중과실이 없으면 제3자에 대해 효력이 발생한다고 할 것이다. 대표이사가 주주총회 결의사항을 거치지 아니하고 한 사항은 회사의 중대한 이익을 보호하기 위하여 제3자의 선악에 관계없이 무효라고 할 것이다.

(2) 대표권

1) 대표권의 범위

대표이사는 회사의 영업에 관하여 재판상 또는 재판 외의 모든 행위를 할 권한이 있으며(상 209), 이 대표이사의 권한에 대한 제한은 선의의 제3자에게 대항하지 못한다(상 209). 이렇게 대표권한이 내부적으로 제한된 경우에는 그 대표이사는 제한 범위 내에서만 대표권한이 있는 데 불과하게 되는 것이지만 대표권의 제한을 위반한 행위라 하더라도 그것이 회사의 권리능력의 범위 내에 속한 행위이기만 하다면 대표권의 제한을 알지 못하는 제3자는 그 행위를 회사의 대표행위라고 믿는 것이 당연하고 이러한 신뢰는 보호되어야 한다.[147)]

☞ **대표이사의 대표권과 지배인의 지배권과의 이동**

공통점
① 정형성·포괄성·불가제한성을 갖는 점에서 동일(389, 209; 11)
→ 회사나 영업주의 영업에 관한 재판상·재판 외의 모든 행위에 미친다.
② 내부적 제한은 선의의 제3자에게 대항하지 못한다.
③ 공동대표와 공동지배인(389②, 12), 표현대표이사와 표현지배인(359, 14)제도가 있다.

차이점
① 지배인은 회사의 상업사용인으로서 대리인이고 대표이사는 회사의 기관이다.
② 지배인의 권한은 특정영업소의 영업에 한정되나 대표이사는 회사영업 전반에 권한이 있다.
③ 지배인의 불법행위는 영업주 또는 회사의 사용자책임(민 756), 대표이사의 불법행위책임은 회사와 대표이사가 연대하여 책임을 진다(389 ③).
④ 경업피지의무에 있어서는 지배인은 동종·이종을 불문하고 회사의 이사·무한책임사원 다른 상인의 사용인이 되지 못하고(17①), 이사는 동종영업에 무한책임사원·이사가 되지 못한다(397).

---

146) 大判 1993.06.25, 93다13391; 大判 2005.07.28., 2005다3649; 大判 2008.05.15, 2007다23807.

147) 大判 1997.08.29, 97다18059.

2) 대표권의 행사방법

대표이사가 1인이 있는 경우에는 1인이 회사를 대표하는 것은 당연하지만 수인의 대표이사가 공동으로 회사를 대표하도록 정한 경우($\frac{상}{2}$ 389)에는 수인이 공동으로 하여야 한다. 따라서 대표이사의 각자가 능동적으로 하는 대표행위는 그 효력이 없으나 상대방으로부터 의사표시를 수령하는 경우에는 공동대표이사 중의 1인이 하여도 그 효력이 생긴다($\frac{상}{208}\frac{389}{2}\frac{③}{}$).

공동대표이사는 그 1인에게 대표권의 행사를 위임할 수 있는가에 관하여 판례는 주식회사에 있어서의 공동대표제도는 대외관계에서 수인의 대표이사가 공동으로만 대표권을 행사할 수 있게 하여 업무집행의 통일성을 확보하고, 대표권행사의 신중을 기함과 아울러 대표이사 상호 간의 견제에 의하여 대표권의 남용 내지는 오용을 방지하여 회사의 이익을 도모하려는 데 그 취지가 있으므로 공동대표이사의 1인이 그 대표권의 행사를 특정사항에 관하여 개별적으로 다른 공동대표이사에게 위임함은 별론으로 하고, 일반적, 포괄적으로 위임함은 허용되지 아니한다고 판시하고 있다.[148]

3) 대표권의 제한

회사가 이사에 대하여 또는 이사가 회사에 대하여 소를 제기하는 경우에 감사는 그 소에 관하여 회사를 대표한다($\frac{상}{①}$ 394). 따라서 회사와 이사의 소송에는 대표이사에게 대표권이 없다. 감사위원회를 둔 경우 감사위원회의 위원이 소의 당사자인 경우에는 감사위원회 또는 이사는 법원에 회사를 대표할 자를 선임하여 줄 것을 신청하여야 한다($\frac{상}{2}$ 394).

주식회사의 이사가 회사를 상대로 제기한 소에서 감사가 아닌 대표이사가 회사를 대표하여 한 소송행위의 효력은 무효이며, 이사가 감사가 아닌 대표이사에 대하여 한 소송행위의 효력도 무효이다.[149]

4) 대표권의 남용 등

대표권의 효력과 관련하여 대표이사의 불법행위, 위법한 대표행위 및 대표권의 남용행위 등의 효력이 문제가 된다. 대표이사가 그 업무집행으로 인하여 타인에게 손해를 가한 때에는 회사와 그 대표이사는 연대하여 그 손해를 배상할 책임이 있다($\frac{상}{③}\frac{389}{210}$). 주식회사의 대표이사가 그 대표권의 범위 내에서 한 행위는 설사 대표이사가 회사의 영리목적과 관계없이 자기 또는 제3자의 이익을 도모할 목적으로 그 권한을 남용한 것이라 할지라도

---

148) 大判 1989.5.23, 89다카3677.
149) 大判 2011.07.28, 2009다86918.

일응 회사의 행위로서 유효하고, 다만 그 행위의 상대방이 그와 같은 정을 알았던 경우에는 그로 인하여 취득한 권리를 회사에 대하여 주장하는 것이 신의칙에 반하므로 회사는 상대방의 악의를 입증하여 그 행위의 효과를 부인할 수 있다.[150]

일반적으로 주식회사 대표이사는 회사의 권리능력의 범위 내에서 재판상 또는 재판 외의 일체의 행위를 할 수 있고, 이러한 대표권 그 자체는 성질상 제한될 수 없는 것이지만 대외적인 업무집행에 관한 결정 권한으로서의 대표권은 법률의 규정에 의하여 제한될 뿐만 아니라 회사의 정관, 이사회의 결의 등의 내부적 절차 또는 내규 등에 의하여 내부적으로 제한될 수 있다. 이렇게 대표권한이 내부적으로 제한된 경우에는 그 대표이사는 제한 범위 내에서만 대표권한이 있지만 대표권한의 범위를 벗어난 행위가 회사의 권리능력의 범위 내에 속한 행위이기만 하다면 대표권의 제한을 알지 못하는 제3자는 보호된다. 이 경우 상대방의 악의는 이를 주장하는 회사 측이 주장·입증하여야 한다.[151]

3.6.8.5.4. 표현대표이사

(1) 의 의

사장, 부사장, 전무, 상무 기타 회사를 대표할 권한이 있는 것으로 인정될 만한 명칭을 사용한 이사의 행위에 대하여는 그 이사가 회사를 대표할 권한이 없는 경우에도 회사는 선의의 제3자에 대하여 그 책임을 진다($\frac{\text{상}}{395}$).[152] 사장, 부사장, 전무, 상무 등의 명칭은 표현대표이사의 명칭으로 될 수 있는 직함을 예시한 것으로서 그와 같은 명칭이 표현대표이사의 명칭에 해당하는가 하는 것은 사회 일반의 거래통념에 따라 결정하여야 할 것이다.[153]

표현대표에 대한 회사의 책임을 규정한 취지는 표현대표에 대하여 회사에게 책임이 있고, 그를 믿었던 제3자가 선의인 경우에 회사는 제3자에게 책임을 져야 한다는 데 있다.[154] 즉 회사의 대표이사가 아닌 이사가 외관상 회사의 대표권이 있는 것으로 인정될 만한 명칭을 사용하여 거래행위를 하고 그러한 외관이 생겨난 데에 회사의 귀책사유가 있는 경우에 그 외관을 믿은 선의의 제3자를 보호함으로써 상거래의 신뢰와 안전을 도모하려는

---

150) 大判 1987.10.13, 86다카1522.

151) 大判 1993.6.25, 93다13391; 1987.10.13, 86다카1522; 大判 1988.8.9, 86다카1858; 大判 1997.8.29, 97다18059; 大判 1999.10.8, 98다2488.

152) 大判 1968.7.30, 68다127.

153) 大判 1999.11.12, 99다19797.

154) 大判 1977.05.10, 76다878.

데 있다.[155]

이사의 자격이 없는 자에게 회사의 표현대표이사의 명칭을 사용케 한 경우나 이사자격 없이 표현대표이사의 명칭을 사용하는 것을 회사가 알고도 그대로 두거나 아무런 조치도 쓰지 않고 용인상태에 놓아둔 경우에도 위 규정이 유추적용된다.[156]

거래의 상대방인 제3자가 대표이사가 아닌 이사에게 그 거래행위를 함에 있어 회사를 대표할 권한이 있다고 믿었다 할지라도 그와 같이 믿은 데에 중대한 과실이 있는 경우에는 회사는 책임을 지지 아니한다. 여기서 제3자의 중대한 과실이라 함은 제3자가 조금만 주의를 기울였더라면 표현대표이사의 행위가 대표권에 기한 것이 아니라는 사정을 알 수 있었음에도 만연히 이를 대표권에 기한 행위라고 믿음으로써 거래통념상 요구되는 주의의무에 현저히 위반하는 것으로서, 공평의 관점에서 제3자를 구태여 보호할 필요가 없다고 봄이 상당하다고 인정되는 상태를 말하고 제3자에게 중과실이 있는지는 거래통념에 비추어 개별적·구체적으로 판단하여야 한다.[157]

상대방의 악의 또는 중대한 과실은 표현대표이사의 대표권이 아니라 대표이사를 대리하여 행위를 할 권한이 있는지에 관한 것이다. 따라서 갑 회사의 표현대표이사 을이 대표이사를 대리하여 자신의 채권자 병에게 차용증을 작성해 준 사안에서, 상대방인 병의 악의 또는 중과실은 을에게 대표권이 있는지가 아니라 그에게 대표이사를 대리하여 위 차용증을 작성함으로써 채무를 부담할 권한이 있는지 여부에 따라 판단되어야.[158]

자본금이 5억 원 미만으로서 이사가 1인인 소규모 주식회사의 경우에는 그 이사에게 회사의 대표권이 있으므로($\frac{상}{6}$ 383) 이러한 이사에 대하여는 표현대표이사에 관한 규정($\frac{상}{395}$)이 적용될 여지가 없다.

(2) 표현지배인과의 관계

상법은 표현지배인에 대해 본점 또는 지점의 영업주임 기타 유사한 명칭을 가진 사용인은 본점 또는 지점의 지배인과 동일한 권한이 있는 것으로 보지만 재판상의 행위에 관하여는 그러하지 아니하며($\frac{상}{①}$ 14), 상대방이 악의인 경우에는 적용하지 아니한다($\frac{상}{②}$ 14)고 규정하고 있다.

---

155) 大判 2013.02.14, 2010다91985
156) 大判 1985.06.11, 84다카963.
157) 大判 2013.02.14, 2010다91985
158) 大判 2011.03.10, 2010다100339

(3) 요 건

1) 외관의 존재

거래의 통념상 회사대표권의 존재를 표시하는 것으로 인정될 만한 명칭을 사용하여야 한다. 상법은 사장·부사장·전무·상무를 예시하고 있으나 이에 한하지 않는다.

2) 외관의 부여

회사가 표현대표이사의 명칭사용을 허락한 경우에 한하여 적용된다. 허용은 명시적이든 묵시적이든 관계없다.

3) 외관의 신뢰

제3자는 행위자가 대표권이 없음을 알지 못하여야 한다.

(4) 효 과

표현대표이사가 아닌 회사가 선의의 제3자에 대하여 그 책임을 진다($^{상}_{395}$). 선의의 제3자는 원칙적으로 거래의 상대방이다. 회사는 표현대표이사에게 구상권을 행사할 수 있다.

(5) 적용범위

표현대표이사의 행위와 책임은 거래의 안전을 보호하기 위하여 회사의 책임을 물은 것이므로 법률행위에 대해서만 적용되고 불법행위에는 적용되지 않는다. 또한 재판상의 행위에는 적용되지 않는다.

3.6.8.6. 집행임원

3.6.8.6.1. 집행임원의 의의

회사는 집행임원을 둘 수 있다. 이 경우 집행임원을 둔 회사(집행임원 설치회사)는 대표이사를 두지 못한다($^{상}_{의2}$ $^{408}_{①}$). 집행임원 설치회사와 집행임원의 관계는 「민법」 중 위임에 관한 규정을 준용한다($^{상}_{의2}$ $^{408}_{②}$).

집행임원이 설치된 회사의 이사회는 다음의 권한을 갖는다($^{상}_{의2}$ $^{408}_{③}$).

① 집행임원과 대표집행임원의 선임·해임

② 집행임원의 업무집행 감독

③ 집행임원과 집행임원 설치회사의 소송에서 집행임원 설치회사를 대표할 자의 선임

④ 집행임원에게 업무집행에 관한 의사결정의 위임(이 법에서 이사회 권한사항으로 정한 경우는 제외)

⑤ 집행임원이 여러 명인 경우 집행임원의 직무 분담 및 지휘·명령관계, 그 밖에 집행임원의 상호관계에 관한 사항의 결정

⑥ 정관에 규정이 없거나 주주총회의 승인이 없는 경우 집행임원의 보수 결정

집행임원 설치회사는 이사회의 회의를 주관하기 위하여 이사회 의장을 두어야 한다. 이 경우 이사회 의장은 정관의 규정이 없으면 이사회 결의로 선임한다($^{\,408}_{의2}$ ④).

3.6.8.6.2. 집행임원의 임기

집행임원의 임기는 정관에 다른 규정이 없으면 2년을 초과하지 못한다($^{\,408}_{의3}$ ①). 그 임기는 정관에 그 임기 중의 최종 결산기에 관한 정기주주총회가 종결한 후 가장 먼저 소집하는 이사회의 종결시까지로 정할 수 있다($^{\,408}_{의3}$ ②).

3.6.8.6.3. 집행임원의 권한

집행임원의 권한은 다음 각 호의 사항으로 한다($^{\,408}_{의4}$).

① 집행임원 설치회사의 업무집행

② 정관이나 이사회의 결의에 의하여 위임받은 업무집행에 관한 의사결정

3.6.8.6.4. 대표집행임원

2명 이상의 집행임원이 선임된 경우에는 이사회 결의로 집행임원 설치회사를 대표할 대표집행임원을 선임하여야 한다. 다만, 집행임원이 1명인 경우에는 그 집행임원이 대표집행임원이 된다($^{\,408}_{의5}$ ①). 대표집행임원에 관하여 이 법에 다른 규정이 없으면 주식회사의 대표이사에 관한 규정을 준용한다($^{\,408}_{의5}$ ②).

집행임원 설치회사에 대하여는 표현대표이사의 행위와 회사의 책임에 관한 규정을 준용한다($^{408의5}_{③, 395}$). 따라서 사장, 부사장, 전무, 상무 기타 회사를 대표할 권한이 있는 것으로 인정될만한 명칭을 사용한 집행임원의 행위에 대하여는 그 집행임원이 회사를 대표할 권한이 없는 경우에도 회사는 선의의 제삼자에 대하여 그 책임을 진다.

3.6.8.6.5. 집행임원과 이사회

(1) 집행임원의 이사회에 대한 보고

집행임원은 3개월에 1회 이상 업무의 집행상황을 이사회에 보고하여야 한다($\frac{상}{96}\frac{408}{①}$). 집행임원은 위 경우 외에도 이사회의 요구가 있으면 언제든지 이사회에 출석하여 요구한 사항을 보고하여야 한다($\frac{상}{96}\frac{408}{②}$). 이사는 대표집행임원으로 하여금 다른 집행임원 또는 피용자의 업무에 관하여 이사회에 보고할 것을 요구할 수 있다($\frac{상}{96}\frac{408}{③}$).

(2) 집행임원의 이사회 소집 청구

집행임원은 필요하면 회의의 목적사항과 소집이유를 적은 서면을 이사(소집권자가 있는 경우에는 소집권자를 말함)에게 제출하여 이사회 소집을 청구할 수 있다($\frac{상}{97}\frac{408}{①}$). 소집청구를 한 후 이사가 지체 없이 이사회 소집의 절차를 밟지 아니하면 소집을 청구한 집행임원은 법원의 허가를 받아 이사회를 소집할 수 있다. 이 경우 이사회 의장은 법원이 이해관계자의 청구에 의하여 또는 직권으로 선임할 수 있다($\frac{상}{97}\frac{408}{②}$).

3.6.8.6.6. 집행임원의 책임

집행임원이 고의 또는 과실로 법령이나 정관을 위반한 행위를 하거나 그 임무를 게을리 한 경우에는 그 집행임원은 집행임원 설치회사에 손해를 배상할 책임이 있다($\frac{상}{98}\frac{408}{①}$). 집행임원이 고의 또는 중대한 과실로 그 임무를 게을리 한 경우에는 그 집행임원은 제3자에게 손해를 배상할 책임이 있다($\frac{상}{98}\frac{408}{②}$). 집행임원이 집행임원 설치회사 또는 제3자에게 손해를 배상할 책임이 있는 경우에 다른 집행임원·이사 또는 감사도 그 책임이 있으면 다른 집행임원·이사 또는 감사와 연대하여 배상할 책임이 있다($\frac{상}{98}\frac{408}{③}$).

3.6.8.6.7. 준용

집행임원에 대하여는 제382조의3 (이사의 충실의무), 제382조의4 (이사의 비밀유지의무), 제396조 (정관등의 비치, 공시의무), 제397조 (경업금지), 제397조의2(회사의 기회 및 자산의 유용 금지), 제398조(이사 등과 회사 간의 거래), 제400조(회사에 대한 책임의 감면), 제401조의2 (업무집행지시자 등의 책임), 제402조 (유지청구권), 제403조 (주주의 대표소송), 제404조 (대표소송과 소송참가, 소송고지), 제405조 (제소주주의 권리의무), 제406조 (대표소송과 재심의 소), 제407조 (직무집행정지, 직무대행자선임), 제408조 (직무대행자의 권한), 제412조 (감사의 직무와 보고요구, 조사의 권한), 제412조의2 (이사의 보고의무)를 준용한다($^{\text{상}}_{\text{의9}}$ ^{408}).

3.6.8.7. 이사의 의무

3.6.8.7.1. 일반적 의무

이사와 회사의 관계는 위임관계이므로($^{\text{상}}_{\text{②}}$ ^{382}) 이사는 회사와의 위임관계에 따라 선량한 관리자의 주의의무를 지고 있다($^{\text{민}}_{681}$). 뿐만 아니라 상법상 충실의무, 비밀유지의무, 보고의무, 판례법상 감시의무 등이 있다.

(1) 이사의 충실의무

이사는 법령과 정관의 규정에 따라 회사를 위하여 그 직무를 충실하게 수행하여야 한다($^{\text{상}}_{\text{의3}}$ ^{382}). 주식회사의 대표이사가 대표이사의 업무 일체를 다른 이사 등에게 위임하고 대표이사의 직무를 전혀 집행하지 않는 것은 그 자체가 이사의 직무상 충실 및 선관의무를 위반하는 행위에 해당하므로 명의상 대표이사에 불과하더라도 상법 제401조 제1항에 의한 손해배상책임이 있다.[159]

금융기관의 임원은 소속 금융기관에 대하여 선량한 관리자의 주의의무를 지므로 그 의무를 충실히 한 때에야 임원으로서의 임무를 다한 것으로 된다고 할 것이지만, 금융기관이 그 임원을 상대로 대출과 관련된 임무 해태를 내세워 채무불이행으로 인한 손해배상책임을 물음에 있어서는 임원이 한 대출이 결과적으로 회수곤란 또는 회수불능으로 되었다고 하더라도 그것만으로 바로 대출결정을 내린 임원에게 그러한 미회수금 손해 등의 결과가 전혀 발생하지 않도록 하여야 할 책임을 물어 그러한 대출결정을 내린 임원의 판단이 선량한 관리자로서의 주의의무 내지 충실의무를 위반한 것이라고 단정할 수 없고, 대출과 관련된 경영판단을 함에 있어서 통상의 합리적인 금융기관 임원으로서 그 상황에서 합당한 정보를 가지고 적합한 절차에 따라 회사의 최대이익을 위하여 신의성실에 따라 대출심사를 한 것이라면 그 의사결정과정에 현저한 불합리가 없는 한 그 임원의 경영판단은 허용되는 재량의 범위 내의 것으로서 회사에 대한 선량한 관리자의 주의의무 내지 충실의무를 다한 것으로 볼 것이며, 금융기관의 임원이 위와 같은 선량한 관리자의

---

159) 大判 2006.09.08, 2006다21880.

주의의무에 위반하여 자신의 임무를 해태하였는지의 여부는 그 대출결정에 통상의 대출담당임원으로서 간과해서는 안 될 잘못이 있는지의 여부를 대출의 조건과 내용, 규모, 변제계획, 담보의 유무와 내용, 채무자의 재산 및 경영상황, 성장가능성 등 여러 가지 사항에 비추어 종합적으로 판정해야 한다.[160] 이처럼 이사가 임무를 수행함에 있어서 선량한 관리자의 주의의무를 위반하여 임무위반으로 인한 손해배상책임이 문제되는 경우에도, 통상의 합리적인 금융기관의 임원이 그 당시의 상황에서 적합한 절차에 따라 회사의 최대이익을 위하여 신의성실에 따라 직무를 수행하였고 그 의사결정과정 및 내용이 현저하게 불합리하지 않다면, 그 임원의 행위는 경영판단이 허용되는 재량범위 내에 있다고 할 것이나, 위와 같이 이사가 법령에 위반한 행위에 대하여는 원칙적으로 경영판단의 원칙이 적용되지 않는다.[161]

기업의 경영에는 원천적으로 위험이 내재하여 있어서 경영자가 아무런 개인적인 이익을 취할 의도 없이 선의에 기하여 가능한 범위 내에서 수집된 정보를 바탕으로 기업의 이익에 합치된다는 믿음을 가지고 신중하게 결정을 내렸다 하더라도 그 예측이 빗나가 기업에 손해가 발생하는 경우가 있을 수 있는바, 이러한 경우에까지 고의에 관한 해석기준을 완화하여 업무상배임죄의 형사책임을 물을 수는 없으나, 기업의 경영자가 문제된 행위를 함에 있어 합리적으로 가능한 범위 내에서 수집한 정보를 근거로 하여 당해 기업이 처한 경제적 상황이나 그 행위로 인한 손실발생과 이익획득의 개연성 등의 제반 사정을 신중하게 검토하지 아니한 채, 당해 기업이나 경영자 개인이 정치적인 이유 등으로 곤란함을 겪고 있는 상황에서 벗어나기 위해서는 비록 경제적인 관점에서 기업에 재산상 손해를 가하는 결과가 초래되더라도 이를 용인할 수밖에 없다는 인식하에 의도적으로 그와 같은 행위를 하였다면 업무상배임죄의 고의는 있었다고 봄이 상당하다.[162]

(2) 이사의 비밀유지의무

이사는 재임 중뿐만 아니라 퇴임 후에도 직무상 알게 된 회사의 영업상 비밀을 누설하여서는 안 된다(商382의4). 이 이사의 비밀유지의무는 사외이사 제도의 도입으로 인한 사외이사의 회사에 관한 비밀정보의 누설 우려에 대한 보완책으로 보인다. 같은 이유로 감사도 비밀유지의무가 있다(商415).

---

160) 大判 2002.06.14., 2001다52407; 大判 2007.09.21, 2005다34797

161) 大判 2007.07.26, 2006다33609

162) 大判 2007.03.15, 2004도5742

(3) 보고의무

이사는 회사에 현저하게 손해를 미칠 염려가 있는 사실을 발견한 때에는 즉시 감사에게 이를 보고하여야 한다($\frac{상}{412}$). 다만, 감사를 선임하지 아니한 경우에는 주주총회에 보고하여야 한다($\frac{상}{⑥}$ 409). 이사가 이러한 보고의무에 위반하여 회사에 손해가 발생한 경우에는 손해배상책임을 진다($\frac{상}{①}$ 399).

(4) 감시의무

대표이사는 다른 이사의 직무집행을 감시할 의무가 있고, 공동대표이사인 경우에는 상호 감시할 의무가 있다. 단순히 이사회의 구성원인 평이사는 이사회를 통하여 다른 이사의 직무집행을 감시한다($\frac{상}{②}$ 393).

주식회사의 업무집행을 담당하지 아니한 평이사는 이사회의 일원으로서 이사회를 통하여 대표이사를 비롯한 업무담당이사의 업무집행을 감시하는 것이 통상적이긴 하나 평이사의 임무는 단지 이사회에 상정된 의안에 대하여 찬부의 의사표시를 하는 데에 그치지 않으며 대표이사를 비롯한 업무담당이사의 전반적인 업무집행을 감시할 수 있는 것이므로, 업무담당이사의 업무집행이 위법하다고 의심할 만한 이유가 있음에도 불구하고 평이사가 감시의무를 위반하여 이를 방치한 때에는 이사에게 요구되는 선관주의의무 내지 감시의무를 해태한 것이므로 이로 말미암아 회사가 입은 손해에 대하여 배상책임이 있다.[163] 일정한 업무분장 하에 회사의 일상적인 업무를 집행하는 업무집행이사는 회사의 업무집행을 전혀 담당하지 아니하는 평이사에 비하여 보다 높은 주의의무를 부담한다.[164]

3.6.8.7.2. 경업피지의무

이사의 경업피지의무는 상업사용인과 마찬가지로 경업금지의무와 겸직금지의무가 있다.

(1) 경업금지의무

이사는 이사회의 승인이 없으면 자기 또는 제3자의 계산으로 회사의 영업부류에 속한 거래를 하지 못한다($\frac{상}{①}$ 397). 이사가 이를 위반하여 거래를 한 경우에 회사는 이사회의 결의로 그 이사의 거래가 자기의 계산으로 한 것인 때에는 이를 회사의 계산으로 한 것으로 볼 수 있고 제3자의 계산으로 한 것인 때에는 그 이사에 대하여 이로 인한 이득의 양도

---

163) 大判 1985.6.25, 84다카1954; 大判 2007.09.20, 2007다25865; 大判 2007.09.21, 2005다34797
164) 大判 2008.09.11, 2007다31518

를 청구할 수 있다($\frac{상}{397}$). 따라서 거래 자체는 유효하고 이사회의 결의로 개입권을 행사할 수 있을 뿐이다. 이 개입권은 거래가 있는 날로부터 1년을 경과하면 소멸한다($\frac{상}{397}$). 이사회의 승인은 개별적이고 구체적으로 이루어져야 한다. 사후에 승인이 가능한가에 대해서는 의견이 나뉘어 있다.

상법 제397조 제1항이 이사의 경업금지의무를 규정한 취지는 이사가 그 지위를 이용하여 자신의 개인적 이익을 추구함으로써 회사의 이익을 침해할 우려가 큰 경업을 금지하여 이사로 하여금 선량한 관리자의 주의로써 회사를 유효적절하게 운영하여 그 직무를 충실하게 수행하지 않으면 안 될 의무를 다하도록 하려는 데 있다. 따라서 아직 영업을 개시하지 못한 채 공장의 부지를 매수하는 등 영업의 준비작업을 추진하고 있는 회사라고 하여 경업이 금지된 위 법조항에 규정된 '동종영업을 목적으로 하는 다른 회사'가 아니라고 볼 것이 아니다.[165]

(2) 겸직금지의무

이사는 이사회의 승인이 없으면 동종영업을 목적으로 하는 다른 회사의 무한책임사원이나 이사가 되지 못한다($\frac{상}{397}$). 상업사용인의 겸직금지의무는 다른 모든 회사의 무한책임사원, 이사 또는 다른 상인의 사용인이 되지 못하나, 주식회사의 이사의 경우는 동종영업을 목적으로 하는 다른 회사의 무한책임사원이나 이사가 되지 못한다는 점에서 차이가 있다. 이사가 겸직금지의무에 위반한 경우에는 손해배상청구를 할 수 있다($\frac{상}{399}$).

3.6.8.7.3. 회사의 기회 및 자산 유용금지 의무

이사는 이사회의 승인 없이 현재 또는 장래에 회사의 이익이 될 수 있는 ① 직무를 수행하는 과정에서 알게 되거나 회사의 정보를 이용한 사업기회 ② 회사가 수행하고 있거나 수행할 사업과 밀접한 관계가 있는 사업기회를 자기 또는 제3자의 이익을 위하여 이용하여서는 아니 된다. 이 경우 이사회의 승인은 이사 3분의 2 이상의 수로써 하여야 한다($\frac{상}{397의2}$).

이를 위반하여 회사에 손해를 발생시킨 이사 및 승인한 이사는 연대하여 손해를 배상할 책임이 있으며 이로 인하여 이사 또는 제3자가 얻은 이익은 손해로 추정한다($\frac{상}{397의2}$).

---

165) 大判 1990.11.02, 90마745.

3.6.8.7.4. 자기거래 금지의무

(1) 의 의

① 이사·주요주주(누구의 명의로 하든지 자기의 계산으로 의결권 없는 주식을 제외한 발행주식총수의 100분의 10 이상의 주식을 소유하거나 이사·집행임원·감사의 선임과 해임 등 상장회사의 주요 경영사항에 대하여 사실상의 영향력을 행사하는 주주) ② 주요주주의 배우자와 직계 존비속 ③ 주요주주 배우자의 직계존비속 ④ 주요주주·주요주주의 배우자·주요주주의 존비속·주요주주 배우자의 직계존비속이 단독 또는 공동으로 의결권 있는 발행주식 총수의 100분의 50 이상을 가진 회사 및 그 자회사 ⑤ 위의 모든 자가 위 회사와 합하여 의결권 있는 발행주식총수의 100분의 50 이상을 가진 회사에 해당하는 자가 자기 또는 제3자의 계산으로 회사와 거래를 하기 위하여는 미리 이사회에서 해당 거래에 관한 중요사실을 밝히고 이사회의 승인을 받아야 한다. 이 경우 이사회의 승인은 이사 3분의 2 이상의 수로써 하여야 하고, 그 거래의 내용과 절차는 공정하여야 한다($\frac{상}{398}$).166)

(2) 거래의 범위

이사의 자기거래 금지의무는 이사와 회사 간의 이해충돌이 있을 염려가 있는 거래행위에만 적용된다고 할 것이다(통설). 따라서 이사의 회사에 대한 채무의 이행처럼 이해충돌이 없는 경우에는 적용되지 않는다. 주식회사의 이사가 자신을 피보험자 및 수익자로 하여 회사 명의로 퇴직보험에 가입한 사안에서, 회사가 이사를 피보험자로 하여 퇴직보험계약을 체결한 것은 임원퇴직금지급규정상 임원의 보수를 지급하기 위한 수단에 불과하고, 회사에게 퇴직금을 조성하기 위한 일반적인 자금 운영의 범위를 넘는 실질적인 불이익을 초래할 우려가 없으므로, 이에 관하여 이사회의 승인을 얻을 필요가 없다.167)

자기거래금지 취지는 이사가 회사의 이익을 희생으로 하여 자기 또는 제3자의 이익을 도모할 염려가 있기 때문에 이것을 방지하여 회사의 이익을 보호하려는 데 목적이 있는 것이므로 여기에서 이사라 함은 거래당시의 이사와 이에 준하는 자(이사직무대행자, 청산인 등)에 한정할 것이고 거래당시 이사의 직위를 떠난 사람은 여기에 포함되지 않는다.168)

별개 두 회사의 대표이사를 겸하고 있는 자가 어느 일방 회사의 채무에 관하여 나머지

---

166) 개정전에는 민법의 자기계약 또는 쌍방대리의 제한에 관한 규정을 적용하지 아니한다($\frac{구상}{민 124}$ 398)고 규정하고 있었으나 2011년 개정상법에서 삭제되었다.

167) 大判 2010.03.11, 2007다71271

168) 大判 1988.09.13, 88다카9098.

회사를 대표하여 연대보증을 한 경우에도 역시 적용되며,[169] 대표이사의 어음행위에 대해서 자기거래 금지의무의 적용 여부에 대해 통설·판례는 긍정하고 있다.

(3) 이사회의 승인

이사회의 승인은 거래의 개별적 거래 또는 제한을 붙인 포괄적인 범위에 대하여 사전에 승인이 있어야 한다. 판례는 이사회의 승인을 얻은 경우 민법 제124조의 적용을 배제하도록 규정한 상법 제398조 후문의 반대해석상 이사회의 승인을 얻지 아니하고 회사와 거래를 한 이사의 행위는 일종의 무권대리인의 행위로 볼 수 있고 무권대리인의 행위에 대하여 추인이 가능한 점에 비추어 보면, 이사와 회사 사이의 이익상반거래에 대하여 사후승인도 가능하다는 입장이다.[170] 회사가 이익상반거래를 묵시적으로 추인하였다고 보기 위해서는 그 거래에 대하여 승인 권한을 갖고 있는 이사회가 그 거래와 관련된 이사의 이해관계 및 그와 관련된 중요한 사실들을 지득한 상태에서 그 거래를 추인할 경우 원래 무효인 거래가 유효로 전환됨으로써 회사에 손해가 발생할 수 있고 그에 대하여 이사들이 연대책임을 부담할 수 있다는 점을 용인하면서까지 추인에 나아갔다고 볼 만한 사유가 인정되어야 한다.[171] 따라서 이사와 회사 사이의 이익상반거래가 비밀리에 행해지는 것을 방지하고 그 거래의 공정성을 확보함과 아울러 이사회에 의한 적정한 직무감독권의 행사를 보장하기 위해서는 그 거래와 관련된 이사는 이사회의 승인을 받기에 앞서 이사회에 그 거래에 관한 자기의 이해관계 및 그 거래에 관한 중요한 사실들을 개시하여야 할 의무가 있고, 만일 이러한 사항들이 이사회에 개시되지 아니한 채 그 거래가 이익상반거래로서 공정한 것인지 여부가 심의된 것이 아니라 단순히 통상의 거래로서 이를 허용하는 이사회의 결의가 이루어진 것에 불과한 경우 등에는 이사회의 승인이 있다고 할 수는 없다.[172]

이사회의 승인을 주주총회의 결의로 갈음할 수 있는가에 대해서는 긍정하는 견해와 부정하는 견해로 나뉜다. 판례는 회사의 이사에 대한 채무부담행위가 상법 제398조 소정의 이사의 자기거래에 해당하여 이사회의 승인을 요한다고 할지라도, 위 규정의 취지가 회사 및 주주에게 예기치 못한 손해를 끼치는 것을 방지함에 있다고 할 것이므로, 그 채무

---

169) 大判 1982.12.11, 84다카1591.

170) 大判 2007.05.10, 2005다4284

171) 大判 2007.05.10, 2005다4284

172) 大判 2007.05.10, 2005다4284

부담행위에 대하여 사전에 주주 전원의 동의가 있었다면 회사는 이사회의 승인이 없었음을 이유로 그 책임을 회피할 수 없다고 하여 갈음할 수 있다고 하거나,[173] 이사와 회사 사이의 이익상반거래에 대한 승인은 주주 전원의 동의가 있다거나 그 승인이 정관에 주주총회의 권한사항으로 정해져 있다는 등의 특별한 사정이 없는 한 이사회의 전결사항이라 할 것이므로, 이사회의 승인을 받지 못한 이익상반거래에 대하여 아무런 승인 권한이 없는 주주총회에서 사후적으로 추인 결의를 하였다 하여 그 거래가 유효하게 될 수는 없다고 판시하고 있다.[174] 회사와 이사 간의 거래가 회사의 채무부담행위인 경우에는 큰 이해관계가 없다고 할 수 있으나 새로운 이해관계를 맺는 경우에는 주주총회의 사후적 추인으로도 불가하다고 보여진다.

이사가 1인인 경우에는 주주총회의 승인을 얻어야 한다.

(4) 의무위반의 효과

1) 거래행위의 사법상의 효력
이사의 자기거래 금지의무에 위반한 행위의 효력에 대하여 무효설·유효설 및 상대적 무효설(통설·판례)이 있다. 이 통설에 의하면 승인이 없는 거래는 무효이지만 선의의 제3자에 대해서는 무효를 주장할 수 없다고 한다.

2) 이사의 책임
이사가 고의 또는 과실로 법령 또는 정관에 위반한 행위를 하거나 그 임무를 게을리한 경우에는 그 이사는 회사에 대하여 연대하여 손해를 배상할 책임이 있다(상 399). 거래행위가 이사회의 결의에 의한 것인 때에는 그 결의에 찬성한 이사도 책임이 있다(상 399). 이러한 이사의 책임은 주주 전원의 동의로 면제할 수 있다(상 400).

총주주의 동의로 면제할 수 있는 이사의 회사에 대한 책임은 위임관계로 인한 채무불이행 책임이지 불법행위 책임이 아니므로, 사실상의 1인 주주가 책임면제의 의사표시를 하였더라도 이사의 회사에 대한 불법행위 책임은 면제할 수 없다.[175] 총주주의 동의는 묵시적 의사표시의 방법으로 할 수 있고 반드시 명시적, 적극적으로 이루어질 필요는 없

---

173) 大判 1992.3.31, 91다16310.
174) 大判 2007.05.10, 2005다4284
175) 大判 1996.04.09, 95다56316.

다.[176] 다만 묵시적 의사표시라도 책임을 더 이상 묻지 않기로 하는 의사표시를 하였다고 볼만한 사정이 있어야 할 것이다.[177]

주주 전원의 동의로 이사의 책임을 면제하는 경우에 회사는 정관에서 정하는 바에 따라 이사의 책임을 이사가 불법행위를 한 날 이전 최근 1년 간의 보수액(상여금과 주식매수선택권의 행사로 인한 이익 등을 포함)의 6배(사외이사의 경우는 3배)를 초과하는 금액에 대하여 면제할 수 있다. 다만, 이사가 고의 또는 중대한 과실로 손해를 발생시킨 경우와 경업금지(상397)에 위반한 경우, 회사의 기회 및 자산의 유용금지(상397의2)를 위반한 경우 및 이사 등과 회사 간의 거래(상398)에 해당하는 경우에는 제한 없이 책임을 물을 수 있다(상400②).

3.6.8.7.5. 상장회사의 주요주주 등 이해관계자와의 거래

상장회사는 ① 주요주주 및 그의 특수관계인 ② 이사(업무집행지시자 등, 제401조의2제1항 각 호의 어느 하나에 해당하는 자 포함) 및 집행임원 ③ 감사를 상대방으로 하거나 그를 위하여 신용공여(금전 등 경제적 가치가 있는 재산의 대여, 채무이행의 보증, 자금 지원적 성격의 증권 매입, 그 밖에 거래상의 신용위험이 따르는 직접적·간접적 거래로서 대통령령으로 정하는 거래)를 하여서는 아니 된다(상542의9①). 주요주주 등 이해관계자와의 거래 위반의 죄(상542의9①)를 위반하여 신용공여를 한 자는 5년 이하의 징역 또는 2억 원 이하의 벌금에 처한다(상624의2). 이 죄는 양벌규정이다(상634의3). 즉 회사의 대표자나 대리인, 사용인, 그 밖의 종업원이 그 회사의 업무에 관하여 이해관계자와의 거래에 관한 제624조의2의 위반행위를 하면 그 행위자를 벌하는 외에 그 회사에도 해당 조문의 벌금형을 과(科)한다. 다만, 회사가 준법통제기준 및 준법지원인(상542의13)에 따른 의무를 성실히 이행한 경우 등 회사가 그 위반행위를 방지하기 위하여 해당 업무에 관하여 상당한 주의와 감독을 게을리 하지 아니한 경우에는 그러하지 아니하다.

그러나 다음의 어느 하나에 해당하는 경우에는 신용공여를 할 수 있다(상542의9②).
① 복리후생을 위한 이사·집행임원 또는 감사에 대한 금전대여 등으로서 대통령령으로 정하는 신용공여
② 다른 법령에서 허용하는 신용공여
③ 그 밖에 상장회사의 경영건전성을 해칠 우려가 없는 금전대여 등으로서 대통령령으로 정하는 신용공여
자산 규모 등을 고려하여 대통령령으로 정하는 상장회사는 최대주주, 그의 특수관계인

---

176) 大判 2002.06.14, 2002다11441.
177) 大判 2008.12.11, 2005다51471.

및 그 상장회사의 특수관계인으로서 대통령령으로 정하는 자를 상대방으로 하거나 그를 위하여 ① 단일 거래규모가 대통령령으로 정하는 규모 이상인 거래 ② 해당 사업연도 중에 특정인과 해당 거래를 포함한 거래총액이 대통령령으로 정하는 규모 이상이 되는 경우의 해당 거래에 해당하는 거래(금지되는 거래는 제외)를 하려는 경우에는 이사회의 승인을 받아야 한다(상 542의9 ③).

이 경우 상장회사는 이사회의 승인 결의 후 처음으로 소집되는 정기주주총회에 해당 거래의 목적, 상대방, 그 밖에 대통령령으로 정하는 사항을 보고하여야 한다(상 542의9 ④).

상장회사가 경영하는 업종에 따른 일상적인 거래로서 ① 약관에 따라 정형화된 거래로서 대통령령으로 정하는 거래 ② 이사회에서 승인한 거래총액의 범위 안에서 이행하는 거래에 해당하는 거래는 이사회의 승인을 받지 아니하고 할 수 있으며, 이사회에서 승인한 거래총액의 범위 안에서 이행하는 거래에 대하여는 그 거래내용을 주주총회에 보고하지 아니할 수 있다(상 542의9 ⑤).

3.6.8.8. 이사의 책임

3.6.8.8.1. 회사에 대한 책임

(1) 손해배상책임

이사가 법령 또는 정관에 위반한 행위를 하거나 그 임무를 해태한 때에는 그 이사는 회사에 대하여 연대하여 손해를 배상할 책임이 있다(상 399 ①). 위의 행위가 이사회의 결의에 의한 것인 때에는 그 결의에 찬성한 이사도 전항의 책임이 있다(상 399 ②). 이사회결의에 참가한 이사로서 이의를 한 기재가 의사록에 없는 자는 그 결의에 찬성한 것으로 추정한다(상 399 ③). 이사이 손해배상책임은 임무해태를 요건으로 하므로 과실책임이다.

법령에 위반한 행위에 대하여는 이사가 임무를 수행함에 있어서 선관주의의무를 위반하여 임무해태로 인한 손해배상책임이 문제되는 경우에 고려될 수 있는 경영판단의 원칙은 적용될 여지가 없다.[178] 법령을 위반한 행위라고 할 때 말하는 '법령'은 일반적인 의미에서의 법령, 즉 법률과 그 밖의 법규명령으로서의 대통령령, 총리령, 부령 등을 의미하는 것인바, 종합금융회사 업무운용지침, 외화자금거래취급요령, 외국환업무·외국환은행신설 및 대외환거래계약체결 인가공문, 외국환관리규정, 종합금융회사 내부의 심사관리

---

178) 大判 2005.07.15, 2004다34929.

규정 등은 이에 해당하지 않는다.[179]

이사의 손해배상책임은 총주주의 동의로 면제할 수 있다. 이사의 회사에 대한 손해배상책임의 시효기간은 10년이다(통설·판례[180]).

(2) 자본충실의 책임

신주의 발행으로 인한 변경등기가 있은 후에 아직 인수하지 아니한 주식이 있거나 주식인수의 청약이 취소된 때에는 이사가 이를 공동으로 인수한 것으로 본다($\overset{\text{상}}{\textcircled{1}}$ 428). 발기인의 경우에는 인수담보책임 외에도 납입담보책임이 있으나 이사는 회사성립 후의 신주발행과 관련한 인수담보책임만 있다는 점에서 차이가 있다.

또한 이사는 손해배상책임도 지는 경우가 있다($\overset{\text{상}}{\textcircled{2}}$ 428). 이사의 자본충실의 책임은 회사채권자에 대한 담보의 기능을 가지기 때문에 무과실책임이며, 총주주의 동의에 의해서도 면제될 수 없다.

3.6.8.8.2. 제3자에 대한 책임

이사가 고의 또는 중대한 과실로 그 임무를 게을리한 때에는 그 이사는 제3자에 대하여 연대하여 손해를 배상할 책임이 있다($\overset{\text{상}}{\textcircled{1}}$ 401). 이사의 제3자에 대한 책임의 법적 성질에 대하여 학설은 법정책임설(다수설), 불법행위책임설(소수설), 특수불법행위책임설로 나뉘어 있다. '고의 또는 중대한 과실로 인한 임무해태행위'는 회사의 기관으로서 인정되는 직무상 충실 및 선관의무 위반의 행위로서 위법한 사정이 있어야 하므로 통상의 거래 행위로 부담하는 회사의 채무를 이행할 능력이 있었음에도 단순히 그 이행을 지체하여 상대방에게 손해를 끼치는 사실만으로는 임무를 해태한 위법한 경우라고 할 수 없다.[181]

제3자에게 발생한 손해란 직접손해를 의미하며(판례), 제3자의 범위에 주주 또는 주식인수인은 언제나 포함된다고 본다(통설). 이사의 임무해태행위가 이사회의 결의에 의한 경우는 결의에 찬성한 이사도 연대책임을 지며($\overset{\text{상 401}}{399}$ ②), 그 결의에 참가한 이사로서 의사록에 이의를 제기한 기재가 없는 경우에는 그 의결에 찬성한 것으로 추정한다($\overset{\text{상 401}}{399}$ ③).

이사의 제3자에 대한 손해배상책임이 제3자를 보호하기 위하여 상법이 인정하는 특수한 책임이라는 점을 감안할 때, 일반 불법행위책임의 단기소멸시효를 규정한 민법 제766

---

179) 大判 2006.11.09, 2004다41651, 41668.

180) 大判 1985.6.25, 84다카1954.

181) 大判 2006.08.25, 2004다26119.

조 제1항은 적용될 여지가 없고, 달리 별도로 시효를 정한 규정이 없는 이상 일반 채권으로서 그 소멸시효기간은 10년이다.[182]

3.6.8.8.3. 업무집행지시자 등의 책임

(1) 업무집행지시자 책임의 의의

회사에 대한 자신의 영향력을 이용하여 이사에게 업무집행을 지시하거나 이사의 이름으로 직접 회사의 업무를 집행한 자는 그 지시하거나 집행한 업무에 관하여 회사 또는 제3자에 대해 손해배상책임을 지고 대표소송의 상대방이 된다. 영향력이란 타인이 어떠한 의사결정을 함에 있어 그 타인으로 하여금 자신이 의도하는 바대로 의사결정을 하게 할 수 있는 사실상의 힘을 의미한다.‘회사에 대한 자신의 영향력을 이용하여 이사에게 업무집행을 지시한 자’에는 자연인뿐만 아니라 법인인 지배회사도 포함된다.[183]

(2) 업무집행지지사의 범위

업무집행지시자의 범주에는 ① 회사에 대한 자신의 영향력을 이용하여 이사에게 업무집행을 지시한 자 ② 이사의 이름으로 직접 업무를 집행한 자 ③ 이사가 아니면서 명예회장·회장·사장·부사장·전무·상무·이사 기타 회사의 업무를 집행할 권한이 있는 것으로 인정될 만한 명칭을 사용하여 회사의 업무를 집행한 자 등이다. 이들의 회사에 대한 책임은 총주주의 동의로도 면제할 수 없다(상 401 ①). 회사 또는 제3자에 대하여 손해를 배상할 책임이 있는 이사는 업무집행지시자 등과 연대하여 그 책임을 진다(상 401 ②).

① 회사에 대한 자신의 영향력을 이용하여 이사에게 업무집행을 지시한 자 ② 이사의 이름으로 직접 업무를 집행한 자는 회사에 대해 영향력을 가진 자를 전제로 하고 있으나, ③ 이사가 아니면서 명예회장·회장·사장·부사장·전무·상무·이사 기타 회사의 업무를 집행할 권한이 있는 것으로 인정될 만한 명칭을 사용하여 회사의 업무를 집행한 자는 직명 자체에 업무집행권이 표상되어 있기 때문에 그에 더하여 회사에 대해 영향력을 가진 자일 것까지 요건으로 하고 있는 것은 아니다.[184]

---

182) 大判 2006.12.22, 2004다63354; 大判 2008.01.18, 2005다65579

183) 大判 2006.08.25, 2004다26119.

184) 大判 2009.11.26, 2009다39240

3.6.8.9 주주의 이사에 대한 감독

3.6.8.9.1. 서

이사회의 업무집행에 대해서는 주주총회가 일정한 사항을 제외하고는 위임하여 주고 있지만 직접 감독할 필요성도 있어서 상법은 위법행위유지청구권과 대표소송권을 소수주주권의 형태로 인정하고 있다. 위법행위유지청구권은 사전적 조치이나 대표소송은 사후적인 조치이다.

3.6.8.9.2. 위법행위유지청구권

(1) 의 의

이사가 법령 또는 정관에 위반한 행위를 하여 이로 인하여 회사에 회복할 수 없는 손해가 생길 염려가 있는 경우에는 감사 또는 발행주식의 총수의 100분의 1 이상에 해당하는 주식을 가진 주주는 회사를 위하여 이사에 대하여 그 행위를 유지할 것을 청구할 수 있다($\frac{상}{402}$).

(2) 요 건

이사가 법령 또는 정관에 위반한 행위로 회사에 회복할 수 없는 손해가 생길 염려가 있어야 한다($\frac{상}{402}$).

(3) 당사자

청구권자는 감사 또는 발행주식총수의 100분의 1 이상에 해당하는 주식을 가진 주주이고, 피청구권자인 위법행위유지청구의 상대방은 법령 또는 정관에 위반한 행위를 한 이사이다. 감사는 업무집행을 감독하는 기관이기 때문에 인정되는 것이다.

(4) 행사방법

위법행위유지청구는 소뿐만 아니라 소 이외의 방법에 의하여 할 수 있다.

(5) 효 과

감사 또는 소수주주가 위법행위유지청구권을 행사하면, 그 이사는 그 행위를 중지하여야 할 것이다.

3.6.8.9.3. 대표소송

(1) 의 의

대표소송이란 주주가 사후에 이사의 책임을 물을 수 있는 제도로서 발행주식 총수의 100분의 1 이상에 해당하는 주식을 가진 주주가 회사에 대하여 이사의 책임을 추궁할 소의 제기를 청구할 수 있는 권리를 말한다($\stackrel{상}{①}{}^{403}$).

(2) 책임범위

대표소송의 대상이 되는 이사의 책임범위에 대하여 이사가 회사에 대하여 부담하는 모든 채무로 보는 것이 다수설이다.

(3) 당사자

원고는 발행주식총수의 100분의 1 이상의 주식을 가진 주주이고 피고는 이사 또는 이사이었던 자이다. 이사로 재직하던 중에 발생한 책임에 대해 소를 제기할 필요가 있기 때문에 전 이사였던 자도 포함되는 것이다. 소를 제기한 주주의 보유주식이 제소 후 발행주식총수의 100분의 1 미만으로 감소한 경우(발행주식을 보유하지 아니하게 된 경우를 제외)에도 제소의 효력에는 영향이 없다($\stackrel{상}{⑤}{}^{403}$).

(4) 방 법

발행주식의 총수의 100분의 1 이상에 해당하는 주식을 가진 주주는 회사에 대하여 그 이유를 기재한 서면으로 이사의 책임을 추궁할 소의 제기를 청구할 수 있다($\stackrel{상}{①②}{}^{403}$). 회사는 청구를 받은 날로부터 30일 내에 소를 제기하여야 하며, 회사가 소를 제기하지 아니한 때에는 주주는 즉시 회사를 위하여 소를 제기할 수 있다($\stackrel{상}{③}{}^{403}$). 다만 기간의 경과로 인하여 회사에 회복할 수 없는 손해가 생길 염려가 있는 경우에는 주주는 30일을 기다리지 아니하고 즉시 소를 제기할 수 있다($\stackrel{상}{④}{}^{403}$). 회복할 수 없는 손해가 생길 염려가 있는 경우라 함은 이사에 대한 손해배상청구권의 시효가 완성된다든지 이사가 도피하거나 재산을 처분하려는 때와 같이 이사에 대한 책임추궁이 불가능 또는 무익해질 염려가 있는 경우 등을 의미한다.[185]

1%는 소제기의 요건이고 유지요건은 아니므로 후에 1%에 미달되더라도 소유지에는 영향이 없다. 그러나 소제기 후 모든 주주가 주식을 양도한 경우에는 대표소송의 유지요건이 결여되었다고 보아야 할 것이다.

(5) 절 차

1) 전속관할
대표소송의 소는 본점소재지의 지방법원의 전속관할에 속한다($\frac{상}{⑦, 186}^{403}$).

2) 담보제공
소수주주가 악의로 대표소송을 제기하는 경우, 피고인 이사는 원고인 주주의 악의를 소명하여 주주에게 상당한 담보를 제공하게 할 것을 법원에 청구할 수 있다($\frac{상}{176 ③ ④}^{403 ⑦}$).

3) 소송참가와 소송고지
회사는 소송에 참가할 수 있으며($\frac{상}{①}^{404}$), 소를 제기한 주주는 소를 제기한 후 지체 없이 회사에 대하여 그 소송의 고지를 하여야 한다($\frac{상}{②}^{404}$).

4) 소의 취하 등의 제한
회사가 소수주주의 이사에 대한 책임소의 소송의 청구에 따라 소를 제기하거나 주주가 직접 訴를 제기한 경우 당사자는 법원의 허가를 얻지 아니하고는 소의 취하, 청구의 포기·인락, 화해를 할 수 없다($\frac{상}{⑥}^{403}$).

5) 재심의 소
소가 제기된 경우에 원고와 피고의 공모로 인하여 소송의 목적인 회사의 권리를 사해할 목적으로써 판결을 하게 한 때에는 회사 또는 주주는 확정한 종국판결에 대하여 재심의 소를 제기할 수 있다($\frac{상}{①}^{406}$).

(6) 효 과
소를 제기한 주주가 승소한 때에는 그 주주는 회사에 대하여 소송비용 및 그 밖에 소

---

185) 大判 2010.04.15, 2009다98058

송으로 인하여 지출한 비용 중 상당한 금액의 지급을 청구할 수 있다. 이 경우 소송비용을 지급한 회사는 이사 또는 감사에 대하여 구상권이 있다($^{\text{상 }405}_{\text{①}}$). 소를 제기한 주주가 패소한 때에도 악의인 경우 외에는 회사에 대하여 손해를 배상할 책임이 없다($^{\text{상 }405}_{\text{②}}$).

3.6.9. 감사 · 감사위원회 · 검사인

3.6.9.1. 감 사

3.6.9.1.1. 감사의 의의

(1) 비상장회사의 감사

감사는 이사의 업무집행과 회계를 감사하는 권한을 가진 주식회사의 필요상설기관이다. 감사는 이사와 겸직할 수 없는 성질의 것이므로 감사가 회사 또는 자회사의 이사 또는 지배인 기타의 사용인에 선임되거나 반대로 회사 또는 자회사의 이사 또는 지배인 기타의 사용인이 회사의 감사에 선임된 경우에는 그 선임행위는 각각의 선임 당시에 있어 현직을 사임하는 것을 조건으로 하여 효력을 가지고, 피선임자가 새로이 선임된 지위에 취임할 것을 승낙한 때에는 종전의 직을 사임하는 의사를 표시한 것으로 해석하여야 한다.[186]

(2) 상장회사의 상근감사에 관한 특례

대통령령으로 정하는 상장회사는 주주총회 결의에 의하여 회사에 상근하면서 감사업무를 수행하는 감사(상근감사)를 1명 이상 두어야 한다. 다만, 감사위원회를 설치한 경우(감사위원회 설치 의무가 없는 상장회사가 감사위원회를 설치한 경우 포함)에는 그러하지 아니하다($^{\text{상 }542}_{\text{의10 ①}}$).

상법상 반드시 상근일 필요는 없으나, 상법은 감사를 상임 감사와 비상임 감사로 구별하여 비상임 감사는 상임 감사에 비해 그 직무와 책임이 감경되는 것으로 규정하고 있지도 않을 뿐 아니라, 우리나라의 회사들이 비상임 감사를 두어 비상임 감사는 상임 감사

---

186) 大判 2007.12.13, 2007다60080

의 유고시에만 감사의 직무를 수행하도록 하고 있다는 상관습의 존재도 인정할 수 없으므로, 비상임 감사는 감사로서의 선관주의의무 위반에 따른 책임을 지지 않는다는 주장은 허용될 수 없다.[187] 상장회사의 경우에는 상근과 비상근으로 구별하는 규정을 두고 있지만 비상근 감사의 책임도 상근감사의 책임과 동일하다고 하여야 할 것이다.

다음 각 호의 어느 하나에 해당하는 자는 상장회사의 상근감사가 되지 못하며, 이에 해당하게 되는 경우에는 그 직을 상실한다($\overset{상}{542의10}$ ②).

① 미성년자, 금치산자 또는 한정치산자

② 파산선고를 받고 복권되지 아니한 자

③ 금고 이상의 형을 선고받고 그 집행이 끝나거나 집행이 면제된 후 2년이 지나지 아니한 자

④ 대통령령으로 별도로 정하는 법률에 위반하여 해임되거나 면직된 후 2년이 지나지 아니한 자

⑤ 누구의 명의로 하든지 자기의 계산으로 의결권 없는 주식을 제외한 발행주식총수의 100분의 10 이상의 주식을 소유하거나 이사·감사의 선임과 해임 등 상장회사의 주요 경영사항에 대하여 사실상의 영향력을 행사하는 주주(주요주주) 및 그의 배우자와 직계존비속

⑥ 회사의 상무(常務)에 종사하는 이사·집행임원 및 피용자 또는 최근 2년 이내에 회사의 상무에 종사한 이사·집행임원 및 피용자. 다만, 상장회사에 대한 특례에 따른 감사위원회 위원으로 재임 중이거나 재임하였던 이사는 제외한다.

⑦ 회사의 경영에 영향을 미칠 수 있는 자로서 대통령령으로 정하는 자

3.6.9.1.2. 감사의 선임·종임

(1) 선 임

감사는 주주총회에서 선임한다($\overset{상}{①}$ 409). 다만 자본금의 총액이 10억 원 미만인 회사의 경우에는 감사를 선임하지 않을 수 있다($\overset{상}{④}$ 409). 감사 선임시 의결권 없는 주식을 제외한 발행주식의 총수의 100분의 3을 초과하는 수의 주식을 가진 주주는 그 초과하는 주식에 관하여 감사의 선임에 있어서는 의결권을 행사하지 못한다($\overset{상}{②}$ 409). 회사는 정관으로 3%의 비율보다 낮은 비율을 정할 수 있다($\overset{상}{③}$ 409). 감사의 성명과 주민등록번호는 등기사항이다($\overset{상}{②}$ $\overset{317}{viii}$).

---

187) 大判 2007.12.13, 2007다60080.

감사의 선임에 관한 주주총회의 결의는 피선임자를 회사의 기관인 감사로 한다는 취지의 회사 내부의 결정에 불과한 것이므로, 주주총회에서 감사선임결의가 있었다고 하여 바로 피선임자가 감사의 지위를 취득하게 되는 것은 아니고, 주주총회의 선임결의에 따라 회사의 대표기관이 임용계약의 청약을 하고 피선임자가 이에 승낙을 함으로써 비로소 피선임자가 감사의 지위에 취임하여 감사로서의 직무를 수행할 수 있게 되는 것이다.[188]

상장회사가 주주총회에서 감사를 선임하려는 경우에는 감사의 선임사항에 관하여 주주총회 소집에 관하여 통지하거나 공고한 후보자 중에서 선임하여야 한다($^{\text{상}}_{542}$).

(2) 종 임

감사의 종임사유는 위임관계의 종료에 의하여 종임되고 주주총회의 특별결의에 의하여 해임될 수 있다. 감사는 주주총회에서 감사의 해임에 관하여 의견을 진술할 수 있다($^{\text{상}}_{409}$). 해산에 의하여 이사는 당연 종임되나 감사는 당연 종임되지 않는다.

(3) 임 기

감사의 임기는 취임 후 3년 내의 최종의 결산기에 관한 정기총회의 종결 시까지로 한다($^{\text{상}}_{410}$).

3.6.9.1.3. 감사의 권한

(1) 업무감사권

감사는 이사의 직무의 집행을 감사한다($^{\text{상}}_{412}$). 감사의 업무감사권의 범위는 원칙적으로 위법성 감사에 한하고 상법에 명문의 규정($^{\text{상}}_{413, 447}$)이 있는 경우에 한하여 타당성 감사에도 미친다고 보는 다수설과 감사의 감사권한은 이사의 업무집행의 위법성뿐만 아니라 타당성에도 미친다고 보는 소수설로 나뉘어 있다.

감사의 구체적인 주의의무의 내용과 범위는 회사의 종류나 규모, 업종, 지배구조 및 내부통제시스템, 재정상태, 법령상 규제의 정도, 감사 개개인의 능력과 경력, 근무 여건 등에 따라 다를 수 있다 하더라도, 감사가 주식회사의 필요적 상설기관으로서 회계감사를 비롯하여 이사의 업무집행 전반을 감사할 권한을 갖는 등 상법 기타 법령이나 정관에서 정한 권한과 의무를 가지고 있는 점에 비추어 볼 때, 대규모 상장기업에서 일부 임직

---

188) 大判 1995.02.28, 94다31440.

원의 전횡이 방치되고 있거나 중요한 재무정보에 대한 감사의 접근이 조직적·지속적으로 차단되고 있는 상황이라면, 감사의 주의의무는 경감되는 것이 아니라 오히려 현격히 가중된다.[189]

감사를 선임하지 아니한 경우에는 주주총회가 그 역할을 하는 것으로 본다($\frac{상}{⑥}^{409}$).

(2) 영업보고요구권·업무재산조사권

감사는 언제든지 이사에 대하여 영업에 관한 보고를 요구하거나 회사의 업무와 재산상태를 조사할 수 있다($\frac{상}{②}^{412}$). 다만, 감사를 선임하지 아니한 경우에는 주주총회가 그 역할을 하는 것으로 본다($\frac{상}{⑥}^{409}$). 감사는 업무재산을 조사할 경우 등 필요한 경우 회사의 비용으로 전문가의 도움을 구할 수 있다($\frac{상}{③}^{412}$).

(3) 총회의 소집청구

감사는 회의의 목적사항과 소집의 이유를 기재한 서면을 이사회에 제출하여 임시총회의 소집을 청구할 수 있다($\frac{상}{의3}^{412}$ ①). 소집청구가 있은 후 지체 없이 총회소집의 절차를 밟지 아니한 때에는 청구한 감사는 법원의 허가를 얻어 총회를 소집할 수 있다($\frac{상}{의3}^{412}$ ②).

(4) 감사의 이사회 소집 청구

감사는 필요하면 회의의 목적사항과 소집이유를 서면에 적어 이사(소집권자가 있는 경우에는 소집권자를 말함)에게 제출하여 이사회 소집을 청구할 수 있다($\frac{상}{의4}^{412}$ ①). 이사회 소집청구를 하였는데도 이사가 지체 없이 이사회를 소집하지 아니하면 그 청구한 감사가 이사회를 소집할 수 있다($\frac{상}{의4}^{412}$ ②).

(5) 자회사의 조사권

모회사의 감사는 그 직무를 수행하기 위하여 필요한 때에는 자회사에 대하여 영업의 보고를 요구할 수 있다($\frac{상}{의5}^{412}$ ①). 자회사가 지체 없이 보고를 하지 아니할 때 또는 그 보고의 내용을 확인할 필요가 있는 때에는 자회사의 업무와 재산상태를 조사할 수 있다($\frac{상}{의5}^{412}$ ②). 자회사는 정당한 이유가 없는 한 위의 조사를 거부하지 못한다($\frac{상}{의5}^{412}$ ③).

---

189) 大判 2008.09.11, 2006다68636

(6) 기 타

그 밖에도 감사는 이사회출석·의견진술권($^{391}_{상 _{의2 ①}}$), 이사회의사록기명날인·서명권 ($^{391}_{상 _{의3}}$), 이사의 위법행위유지청구권($^{상}_{402}$), 이사와 회사 간의 소에 관한 회사대표권($^{상}_{394}$) 등을 가진다. 단, 감사를 선임하지 아니한 회사가 이사에 대하여 또는 이사가 그 회사에 대하여 소를 제기하는 경우에 회사, 이사, 또는 이해관계인은 법원에 회사를 대표할 자를 선임하여 줄 것을 신청하여야 한다($^{상}_{⑤ 409}$).

(7) 각종의 소권

감사는 회사설립무효의 소($^{상}_{328}$), 총회결의취소의 소($^{상}_{376}$), 신주발행무효의 소($^{상}_{429}$), 자본감소무효의 소($^{상}_{445}$), 합병무효의 소($^{상}_{529}$), 분할 및 분할합병무효의 소($^{상 _{530의11}}_{① , 529}$) 등 각종의 소 제기권을 가지고 있다.

3.6.9.1.4. 감사의 의무

(1) 선관의무

회사와 감사 간의 관계는 위임관계이므로 감사는 수임인으로서 선관주의의무를 부담한다($^{상 415}_{382 ②}$). 따라서 감사는 업무 및 회계감사의 기능을 공정하게 하기 위하여 회사 및 자회사의 업무집행기관을 구성하는 이사나 회사대리인인 지배인 기타의 사용인의 직무를 겸하지 못한다($^{상}_{411}$).

주식회사의 감사는 이사의 직무집행을 감사하고, 이사가 법령 또는 정관에 위반한 행위를 하거나 그 행위를 할 염려가 있다고 인정한 때에는 이사회에 이를 보고하여야 하며, 이사가 법령 또는 정관에 위반한 행위를 하여 이로 인하여 회사에 회복할 수 없는 손해가 생길 염려가 있는 경우에는 그 행위에 대한 유지청구를 하는 등의 의무가 있으므로, 감사는 상법상의 위와 같은 의무 또는 기타 법령이나 정관에서 정한 의무를 선량한 관리자의 주의의무를 다하여 이행하여야 하고, 고의·과실로 선량한 관리자의 주의의무에 위반하여 그 임무를 해태한 때에는 그로 인하여 회사가 입은 손해를 배상할 책임이 있다. 또한, 이사가 임무를 수행함에 있어서 법령에 위반한 행위를 한 때에는 그 행위 자체가 회사에 대하여 채무불이행에 해당되므로 감사는 경영판단의 재량권을 들어 감사의무를 면할 수 없고, 회사의 감사직무규정에서 최종결재자의 결재에 앞서 내용을 검토하고 의견을 첨부하는 방법에 의하여 사전감사를 할 의무를 정하고 있는 사항에 대하여는 감사에게 그와 같은 사전감사가 충실히 이루어질 수 있도록 할 의무가 있는 것이므로 결재절차가 마련되어 있지 않았다거나 이사의 임의적인 업무처리로 인하여 감사사항을 알지 못하였다는 사정만으로는 그 책임을 면할 수 없다고 할 것이다.[190]

(2) 이사회에 대한 보고의무

감사는 이사가 법령 또는 정관에 위반한 행위를 하거나 그 행위를 할 염려가 있다고 인정한 때에는 이사회에 이를 보고하여야 한다($^{상}_{의2}{}^{391}_{②}$).

(3) 주주총회에 대한 의견진술의무

감사는 이사가 주주총회에 제출할 의안 및 서류를 조사하여 법령 또는 정관에 위반하거나 현저하게 부당한 사항이 있는지의 여부에 관하여 주주총회에 그 의견을 진술하여야 한다($^{상}_{413}$).

(4) 감사록의 작성의무

감사는 감사에 관하여 감사록을 작성하여야 한다($^{상}_{의2}{}^{413}_{①}$). 감사록에는 감사의 실시요령과 그 결과를 기재하고 감사를 실시한 감사가 기명날인 또는 서명하여야 한다($^{상}_{의2}{}^{413}_{②}$).

(5) 감사보고서의 작성·제출의무

감사는 재무제표 등의 서류를 받은 날로부터 4주간 내에 감사보고서를 이사에게 제출하여야 한다($^{상}_{의4}{}^{447}_{①}$).감사보고서에는 다음의 사항을 적어야 한다($^{상}_{의4}{}^{447}_{②}$).

① 감사방법의 개요
② 회계장부에 기재될 사항이 기재되지 아니하거나 부실기재된 경우 또는 대차대조표나 손익계산서의 기재 내용이 회계장부와 맞지 아니하는 경우에는 그 뜻
③ 대차대조표 및 손익계산서가 법령과 정관에 따라 회사의 재무상태와 경영성과를 적정하게 표시하고 있는 경우에는 그 뜻
④ 대차대조표 또는 손익계산서가 법령이나 정관을 위반하여 회사의 재무상태와 경영성과를 적정하게 표시하지 아니하는 경우에는 그 뜻과 이유
⑤ 대차대조표 또는 손익계산서의 작성에 관한 회계방침의 변경이 타당한지 여부와 그 이유

---

190) 大判 2007.11.16, 2005다58830

⑥ 영업보고서가 법령과 정관에 따라 회사의 상황을 적정하게 표시하고 있는지 여부

⑦ 이익잉여금의 처분 또는 결손금의 처리가 법령 또는 정관에 맞는지 여부

⑧ 이익잉여금의 처분 또는 결손금의 처리가 회사의 재무상태나 그 밖의 사정에 비추어 현저하게 부당한 경우에는 그 뜻

⑨ 재무제표의 부속명세서에 기재할 사항이 기재되지 아니하거나 부실기재된 경우 또는 회계장부·대차대조표·손익계산서나 영업보고서의 기재 내용과 맞지 아니하게 기재된 경우에는 그 뜻

⑩ 이사의 직무수행에 관하여 부정한 행위 또는 법령이나 정관의 규정을 위반하는 중대한 사실이 있는 경우에는 그 사실

⑪ 감사를 하기 위하여 필요한 조사를 할 수 없었던 경우에는 그 뜻과 이유

감사가 감사를 하기 위하여 필요한 조사를 할 수 없었던 경우에는 감사보고서에 그 뜻과 이유를 적어야 한다($\frac{\text{상}}{\text{제}4}\frac{447}{③}$).

3.6.9.1.5. 감사의 책임

(1) 회사에 대한 책임

감사가 그 임무를 해태한 때에는 그 감사는 회사에 대하여 연대하여 손해를 배상할 책임이 있다($\frac{\text{상}}{①}$ 414).

(2) 제3자에 대한 책임

감사가 악의 또는 중대한 과실로 인하여 그 임무를 해태한 때에는 그 감사는 제3자에 대하여 연대하여 손해를 배상할 책임이 있다($\frac{\text{상}}{②}$ 414). 감사가 회사 또는 제3자에 대하여 손해를 배상할 책임이 있는 경우에 이사도 그 책임이 있는 때에는 그 감사와 이사는 연대하여 배상할 책임이 있다($\frac{\text{상}}{③}$ 414).

주식회사의 감사가 결산과 관련한 업무 자체를 수행하기는 하였으나 재무제표 등이 허위로 기재되었다는 사실을 과실로 알지 못한 경우에는, 문제된 분식결산이 쉽게 발견 가능한 것이어서 조금만 주의를 기울였더라면 허위로 작성된 사실을 알 수 있는 경우에는 손해배상의 책임을 인정할 수 있으나 분식결산이 회사의 다른 임직원들에 의하여 조직적으로 교묘하게 이루어진 것이어서 감사가 쉽게 발견할 수 없었던 때에는 분식결산을 발견하지 못하였다는 사정만으로 중대한 과실이 있다고 할 수는 없어서, 감사에게 분식결

산으로 인하여 제3자가 입은 손해에 대한 배상책임을 인정할 수 없다.[191]

(3) 감사의 준용규정

제382조(이사의 선임, 회사와의 관계 및 사외이사) 제2항(민법 위임에 관한 규정 준용), 제382조의4(이사의 비밀유지의무), 제385조(해임), 제386조(결원의 경우), 제388조(이사의 보수), 제400조(회사에 대한 책임 – 총주주의 동의에 의한 면제), 제401조 (제삼자에 대한 책임)와 제403조(주주의 대표소송), 제404조(대표소송과 소송참가, 소송고지), 제405조(제소주주의 권리의무), 제406조(대표소송과 재심의 소), 제407조(직무집행정지, 직무대행자 선임) 규정은 감사에 준용한다($\frac{\text{상}}{415}$).

3.6.9.2. 감사위원회

3.6.9.2.1. 감사위원회의 의의

회사는 감사에 갈음하여 감사위원회를 설치할 수 있다. 감사위원회를 설치한 경우에는 감사를 둘 수 없다($\frac{\text{상}415}{\text{의2}}$①). 따라서 감사위원회는 감사의 대체기관으로서의 지위를 가지고 있다. 자산 규모 등을 고려하여 대통령령으로 정하는 상장회사는 감사위원회를 의무적으로 설치하여야 한다($\frac{\text{상}542}{\text{의11}}$①).

3.6.9.2.2. 감사위원회의 구성

(1) 선임 · 해임

이사회는 보통결의로 감사위원회를 설치하고($\frac{\text{상}415}{\text{의2}}$①), 특정 이사를 감사위원으로 선임하여야 한다. 이사는 위원회의 설치에 관한 결의에는 관여할 수 있으나, 감사위원의 후보로서의 이사는 당해 선·해임결의에는 참가하지 못한다. 감사위원회의 위원의 해임에 관한 이사회의 결의는 이사 총수의 3분의 2 이상의 결의로 하여야 한다($\frac{\text{상}415}{\text{의2}}$③). 감사위원회의 위원의 지위를 박탈하여도 이사로서의 지위는 계속 유지한다. 감사위원회의 폐지에 관해서는 명문의 규정이 없으나 설치의 경우와 같이 이사회의 보통결의로 폐지할 수 있다고 본다.

감사위원회를 설치한 상장회사의 경우에는 다음의 어느 하나에 해당하는 자는 상장회

---

191) 大判 2008.02.14, 2006다82601; 大判 2009.07.23, 2008다80326

사의 사외이사가 아닌 감사위원회 위원이 될 수 없고, 이에 해당하게 된 경우에는 그 직을 상실한다(상542의11③).

① 미성년자, 금치산자 또는 한정치산자

② 파산선고를 받고 복권되지 아니한 자

③ 금고 이상의 형을 선고받고 그 집행이 끝나거나 집행이 면제된 후 2년이 지나지 아니한 자

④ 대통령령으로 별도로 정하는 법률에 위반하여 해임되거나 면직된 후 2년이 지나지 아니한 자

⑤ 누구의 명의로 하든지 자기의 계산으로 의결권 없는 주식을 제외한 발행주식총수의 100분의 10 이상의 주식을 소유하거나 이사·집행임원·감사의 선임과 해임 등 상장회사의 주요 경영사항에 대하여 사실상의 영향력을 행사하는 주주(주요주주) 및 그의 배우자와 직계존비속

⑥ 회사의 상무(常務)에 종사하는 이사·집행임원 및 피용자 또는 최근 2년 이내에 회사의 상무에 종사한 이사·집행임원 및 피용자. 다만, 이 절에 따른 감사위원회 위원으로 재임 중이거나 재임하였던 이사는 제외

⑦ 회사의 경영에 영향을 미칠 수 있는 자로서 대통령령으로 정하는 자

상장회사의 경우 감사위원회 위원을 선임하거나 해임하는 권한은 주주총회에 있다(상542의12①). 상장회사는 주주총회에서 이사를 선임한 후 선임된 이사 중에서 감사위원회 위원을 선임하여야 한다(상542의12②).

최대주주, 최대주주의 특수관계인, 그 밖에 대통령령으로 정하는 자가 소유하는 상장회사의 의결권 있는 주식의 합계가 그 회사의 의결권 없는 주식을 제외한 발행주식총수의 100분의 3을 초과하는 경우 그 주주는 그 초과하는 주식에 관하여 감사 또는 사외이사가 아닌 감사위원회 위원을 선임하거나 해임할 때에는 의결권을 행사하지 못한다. 다만, 정관에서 이보다 낮은 주식 보유비율을 정할 수 있다(상542의12③). 대통령령으로 정하는 상장회사의 의결권 없는 주식을 제외한 발행주식총수의 100분의 3을 초과하는 수의 주식을 가진 주주는 그 초과하는 주식에 관하여 사외이사인 감사위원회 위원을 선임할 때에 의결권을 행사하지 못한다. 다만, 정관에서 이보다 낮은 주식 보유비율을 정할 수 있다(상542의12④). 상장회사가 주주총회의 목적사항으로 감사의 선임 또는 감사의 보수결정을 위한 의안을 상정하려는 경우에는 이사의 선임 또는 이사의 보수결정을 위한 의안과는 별도로 상정하여 의결하여야 한다(상542의12⑤). 상장회사의 감사 또는 감사위원회는 비상장회사의 감사

가 4주간 내에 감사보고서를 이사에게 제출하도록 하고 있는 제447조의4 제1항에도 불구하고 이사에게 감사보고서를 주주총회일의 1주 전까지 제출할 수 있다($\frac{상 542}{의12}$ ⑥).

(2) 감사위원회의 구성

감사위원회는 이사회내 위원회가 2인 이상의 이사로 구성된다는 규정($\frac{상 393}{의2}$ ③)에도 불구하고 3명 이상의 이사로 구성한다. 다만, 사외이사가 위원의 3분의 2 이상이어야 한다($\frac{상 415}{의2}$ ②).

상장회사의 감사위원회는 다음의 요건을 모두 갖추어야 한다($\frac{상 542}{의11}$ ②). 상장회사는 감사위원회 위원인 사외이사의 사임·사망 등의 사유로 인하여 사외이사의 수가 다음 각 호의 감사위원회의 구성요건에 미달하게 되면 그 사유가 발생한 후 처음으로 소집되는 주주총회에서 그 요건에 합치되도록 하여야 한다($\frac{상 542}{의11}$ ④).

① 3명 이상의 이사로 구성하되, 사외이사가 위원의 3분의 2 이상일 것($\frac{상 415}{의2}$ ②)

② 위원 중 1명 이상은 대통령령으로 정하는 회계 또는 재무 전문가일 것

③ 감사위원회의 대표는 사외이사일 것

3.6.9.2.3. 감사위원회 위원의 선임 관련 문제점

감사위원회 위원의 선임과 관련해서 상법은 특별한 규정을 두고 있지 않다. 그러므로 일반적인 위원회의 위원과 마찬가지로 이사회에서 선임하는 것으로 해석한다. 따라서 감사위원회의 위원이라도 주주총회에서 이사의 자격으로 선임되므로 일반 이사의 선임과 마찬가지로 주주총회의 보통결의로 선임된다고 할 것이다. 이에 대해서는 감사위원회 위원의 독립성과 관련해서 주주총회에서 선임하는 것이 타당하다는 주장도 제기되고 있다. 나아가서는 감사의 선임 시와 마찬가지로 한 주주가 행사할 수 있는 의결권의 최고한도를 제한해야 한다는 주장도 제기되고 있다.

3.6.9.2.4. 감사위원회의 임기

감사위원회의 구성원의 임기에 대해서는 상법에 규정이 없다. 따라서 정관에 임기의 정함이 있으면 그에 따르고, 정관에 정함이 없는 경우에는 이사회가 정할 수 있으나, 이사의 임기를 넘어서 정할 수는 없다고 본다. 이사의 임기가 종료하면 감사위원의 임기도 종료한다.

3.6.9.2.5. 감사위원회의 지위

감사위원회의 지위가 단순히 이사회 내 위원회 중의 하나인가, 아니면 감사처럼 독립된 기관인가에 대해 논란이 있을 수 있다. 다만 2009년 개정상법에서는 다음과 규정함으로써 감사위원회의 이사회내 위원회와 다른 성격의 기관임을 규정함으로써 감사처럼 독립된 기관으로 하려는 입법의 태도를 보이고 있다고 하겠다. 이 규정에 의하면 이사회는 이사회내 위원회가 결의한 사항을 재결의 할 수 있지만 감사위원회가 결의한 사항에 대하여서는 다시 결의할 수 없다(상 415의2 ⑥, 393의2 ④ 후단).

3.6.9.2.6. 감사위원회의 운영

감사위원회는 이사회 내의 한 위원회이므로 감사위원회의 운영은 이사회 내 위원회와의 운영과 같다(상 415의2 ①). 따라서 위원회의 소집과 결의방법은 이사회의 그것과 동일하며(상 393의2 ⑤, 390, 391), 감사위원회의 회의 시 의사록을 작성하여 소정사항을 기재하고 출석한 위원이 기명날인 또는 서명하여야 한다(상 393의2 ⑤, 391의3). 감사위원회의 회의의 연기와 속행도 이사회의 경우와 같다(상 393의2 ⑤, 392).

감사위원회는 그 결의로 위원회를 대표할 자를 선정하여야 한다. 이 경우 수인의 위원이 공동으로 위원회를 대표할 것을 정할 수 있다(상 415의2 ④). 회사가 이사에 대하여 또는 이사가 회사에 대하여 소를 제기하는 경우에 감사위원회의 대표는 그 소에 관하여 회사를 대표한다. 발행주식의 총수의 100분의 1 이상에 해당하는 주식을 가진 주주가 회사에 대하여 이사의 책임을 추궁할 소의 제기한 경우에도 같다(상 415의2 ⑦, 394 ①). 감사위원회의 규정에 의한 감사위원회의 위원이 소의 당사자인 경우에는 감사위원회 또는 이사는 법원에 회사를 대표할 자를 선임하여 줄 것을 신청하여야 한다(상 394).

감사위원회가 실질적으로 감독기능을 수행하기 위해서는 외부 전문가의 조력을 얻어야만 하는 경우가 있다. 따라서 감사위원회는 회사의 비용으로 전문가의 조력을 구할 수 있도록 하고 있다(상 415의2 ⑤).

3.6.9.2.7. 감사위원회의 권한

감사위원회는 감사에 갈음하는 기관으로서 감사와 같은 감사권을 갖는다. 따라서 ① 업무감사권(상 412 ①) ② 영업보고요구권·업무재산조사권(상 412 ②) ③ 총회의 소집청구권(상 412의3) ④ 자회사의 조사권(상 412의4) ⑤ 이사회출석·의견진술권(상 391의2 ①) ⑥ 이사회의사록기명날인·서명권(상 391의3) ⑦ 이사의 위법행위유지청구권(상 402) ⑧ 이사와 회사 간의 소에 관한 회사대표권(상 394) ⑨ 각종의 소권(회사설립무효의 소($^{\diamond}_{328}$)) ⑩ 총회결의취소의 소($^{\diamond}_{376}$) ⑪ 신주발행무효의 소($^{\diamond}_{429}$) ⑫ 자본감소무효의 소($^{\diamond}_{445}$) ⑬ 합병무효의 소($^{\diamond}_{529}$) ⑭ 분할 및 분할합병무효의 소($^{\diamond\ 530의11}_{①,\ 529}$)등의 권한을 갖는다.

3.6.9.2.8. 감사위원회의 의무

감사위원회도 감사와 마찬가지로 ① 선관의무($^{\diamond\ 415}_{382\ ②}$) ② 이사회에 대한 보고의무($^{\diamond\ 391}_{의2\ ②}$) ③ 주주총회에 대한 의견진술의무($^{\diamond}_{413}$) ④ 감사록의 작성의무($^{\diamond\ 413}_{의2}$) ⑤ 감사보고서의 작성·제출의무($^{\diamond\ 447}_{의4\ ①}$)를 부담한다.

3.6.9.2.9. 감사위원회의 책임

(1) 회사에 대한 책임

감사위원회의 위원이 그 임무를 해태한 때에는 회사에 대하여 연대하여 손해를 배상할 책임이 있다($^{\diamond\ 414}_{①}$).

(2) 제3자에 대한 책임

감사위원회의 위원이 악의 또는 중대한 과실로 인하여 그 임무를 해태한 때에는 제3자에 대하여 연대하여 손해를 배상할 책임이 있다($^{\diamond\ 414}_{②}$).

(3) 책임의 면제 등

감사위원회의 책임의 면제는 총주주의 동의가 있어야 한다($^{\diamond\ 415의}_{2\ ⑥,\ 400}$). 정기총회에서 재무제표 등의 서류 등의 승인을 한 후 2년 내에 다른 결의가 없으면 회사는 감사위원회위원의 부정행위가 없는 한 그 책임을 해제한 것으로 본다($^{\diamond\ 415의}_{2\ ⑥,\ 450}$). 이 경우 이사, 감사의 책임 해제는 재무제표 등에 그 책임사유가 기재되어 정기총회에서 승인을 얻은 경우에 한정된다.[192]

감사위원회위원의 책임을 추궁하기 위해 소수주주에 의한 대표소송이 인정되어 있다($^{\diamond\ 415의}_{2\ ⑥,\ 403}$). 감사위원회위원은 동시에 이사이므로 이사로서의 책임을 추궁하기 위한 대표소송도 인정된다.

---

192) 大判 2007.12.13, 2007다60080

3.6.9.3. 검사인

3.6.9.3.1. 검사인의 의의
검사인은 주식회사의 설립절차 또는 회사의 업무나 재산상태에 관한 발기인이나 이사 등의 조치가 적법한가를 조사하는 주식회사의 임시 감사기관이다.

3.6.9.3.2. 자 격
검사인의 자격에는 제한이 없다. 그러나 성질상 자연인에 한하며 당해 회사의 이사·감사 및 사용인은 검사인이 될 수 없다. 검사인의 원수에도 제한이 없다.

3.6.9.3.3. 선임기관 및 직무권한

(1) 법원이 선임하는 경우
법원이 검사인을 선임하는 경우로는 ① 설립경과 조사를 위하여 이사(발기설립의 경우) 또는 발기인(모집설립의 경우)의 청구가 있는 경우($^{상\ 298\ ④}_{본문,\ 310\ ①}$) ② 회사 또는 발행주식총수의 100분의 1 이상에 해당하는 주식을 가진 주주가 총회의 소집절차나 결의방법의 적법성을 조사하기 위하여 총회 전에 법원에 검사인의 선임을 청구한 경우($^{상\ 367}$) ③ 할인발행의 인가(認可) 여부를 결정하기 위하여 회사의 재산상태를 조사하게 하기 위하여 법원이 직권으로 선임하는 경우($^{상\ 417}_{③}$) ④ 신주발행 시 현물출자를 검사하기 위하여 이사의 청구가 있는 경우($^{상\ 422}_{①}$) ⑤ 업무집행에 관하여 부정행위 또는 법령이나 정관에 위반한 중대한 사실이 있음을 의심할 사유가 있는 때에 소수주주의 청구가 있는 경우($^{상}_{467}$) 등이다.

(2) 주주총회가 선임하는 경우
주주총회가 검사인을 선임하는 경우로는 ① 모집설립 시 이사와 감사의 전원이 발기인인 때에 설립경과를 조사하게 하기 위하여 창립총회가 선임하는 경우($^{상\ 313}_{③}$) ② 소수주주에 의하여 소집된 임시주주총회가 회사의 업무와 재산상태를 조사하게 하기 위한 경우($^{상}_{③\ 366}$) ③ 이사나 청산인의 제출서류와 감사의 보고서를 조사하게 하기 위하여 주주총회가 선임하는 경우($^{상\ 367\ ①}_{542\ ②}$) 등이다.

(3) 종 임

임기에 관하여는 규정이 없고 보통 그 직무의 종료로써 끝나게 된다. 이 밖에 총회에서 선임된 경우에는 총회의 결의로 해임할 수 있고, 법원이 선임한 검사인은 법원이 해임할 수 있다. 또 총회가 선임한 검사인은 회사에 대하여 위임관계가 있으므로 위임의 종료사유로써 종임이 된다.

3.6.9.3.4. 의무·책임

(1) 의 무

검사인은 총회에 의하여 선임된 경우에는 회사에 대하여 수임인의 지위에 있으므로 그 직무의 수행에 있어서는 선량한 관리자의 주의로써 하여야 한다($민_{681}$). 그러나 법원에 의하여 선임되는 검사인에 관하여는 회사와의 위임관계에 관한 규정이 없다. 이에 대해 회사에 대하여 위임관계를 긍정하는 학설과 부정하는 학설이 대립한다.

(2) 책 임

법원이 설립경과를 조사하게 하기 위하여 선임한 검사인이 상법상 악의 또는 중대한 과실로 인하여 회사설립에 관한 그 임무를 해태한 때에는 회사 또는 제3자에 대하여 손해를 배상할 책임이 있다($상_{325}$). 주주총회가 선임한 검사인은 수임인으로서 채무불이행의 책임을 지고($민_{390}$), 제3자에 대하여는 불법행위의 책임($민_{750}$)만을 부담할 뿐이다.

3.6.9.3.5. 벌 칙

검사인은 또 일정한 경우에 형벌($상_{530}$ $^{625.}$) 또는 과태료에 의한 제재를 받는다.

3.6.9.4. 외부감사인

주식회사외부감사에 관한 법률에 의하여 일정규모(직전상업 년도 말의 자산총액이 70억)의 주식회사는 감사 또는 감사위원회에 의한 내부감사 외에 주식회사로부터 독립된 회계법인 등에 의하여 감사를 받도록 되어 있는데, 이 독립된 회계법인 등이 외부감사인이다.

3.6.9.5. **준법지원인제도**

3.6.9.5.1. 준법지원인제도의 의의

일반적으로 기업과 관련하여 내부통제시스템은 회사의 임직원이 회사와 관련된 법령 및 회사 내규 등을 준수하는지를 체크하고 통제하는 일련의 체계를 말한다고 할 수 있다.[193] 2011년 개정상법은 준법지원인 제도를 도입하였는데($\frac{상\ 542의}{13\ 신설}$), 이는 대규모 기업이 준법경영을 위한 제도가 미비하여 윤리경영이 강화되고 있는 세계적 추세에 맞지 않는다는 지적에 따라 자산 규모 등을 고려하여 대통령령으로 정하는 상장회사의 준법통제기준을 마련하도록 하고, 이 기준의 준수에 관한 업무를 담당하는 준법지원인을 1인 이상 두도록 하자는 뜻에서 준법지원인 제도가 도입되었다.

3.6.9.5.2. 준법지원인의 임면·자격·임기

(1) 준법지원인 설치의무

자산 규모 등을 고려하여 대통령령으로 정하는 상장회사는 법령을 준수하고 회사경영을 적정하게 하기 위하여 임직원이 그 직무를 수행할 때 따라야 할 준법통제에 관한 기준 및 절차(준법통제기준)를 마련하여야 한다($\frac{상\ 542}{의13\ ①}$). 상장회사는 준법지원인을 임면하려면 이사회 결의를 거쳐야 한다($\frac{상\ 542}{의13\ ④}$).

(2) 준법지원인의 자격

상장회사는 준법통제기준의 준수에 관한 업무를 담당하는 사람(준법지원인)을 1인 이상 두어야 하며($\frac{상\ 542}{의13\ ②}$), 준법지원인은 다음의 사람 중에서 임명하여야 한다($\frac{상\ 542}{의13\ ⑤}$).

① 변호사 자격을 가진 사람

② 「고등교육법」 제2조에 따른 학교에서 법률학을 가르치는 조교수 이상의 직에 5년 이상 근무한 사람

---

193) 기업의 부실한 내부통제시스템으로 인해 횡령이나 배임이 자주 발생하고, 자원개발사업 신규추진 등 증권시장에서 테마주에 편승하여 해당 기업이 시세조정 등 불공정거래의 대상이 되거나 임직원 등이 연루되는 특징을 보인 기업들이 부실한 자금운영 등으로 인하여 상장되는 폐지되기도 한다고 한다. 상장폐지 되는 기업이 재무구조 이외에도 종합적인 상장폐지 실질심사를 하도록 하는 상장규정('09.12.2) 때문이기도 하지만 상장폐지 되는 기업 수가 2007년에는 11개사, 2008년 19개사, 2009년에는 70개사로 급격하게 상승하는 추세를 보이고 있다(금감원, 상장폐지 기업의 특징 및 시사점, 금융감독원 보도자료, 2010.3.4.)

③ 그 밖에 법률적 지식과 경험이 풍부한 사람으로서 대통령령으로 정하는 사람

준법지원인의 임기는 3년으로 하고, 준법지원인은 상근으로 한다($\frac{상}{의13}\frac{542}{⑥}$). 다만, 다른 법률의 규정이 준법지원인의 임기를 3년보다 단기로 정하고 있는 경우에는 다른 법률에 우선하여 3년으로 본다($\frac{상}{의13}\frac{542}{⑪}$).

(3) 준법지원인의 의무

준법지원인은 준법통제기준의 준수여부를 점검하여 그 결과를 이사회에 보고하여야 한다($\frac{상}{의13}\frac{542}{③}$). 준법지원인은 선량한 관리자의 주의로 그 직무를 수행하여야 한다($\frac{상}{의13}\frac{542}{⑦}$). 준법지원인은 재임중 뿐만 아니라 퇴임후에도 직무상 알게 된 회사의 영업상 비밀을 누설하여서는 아니 된다($\frac{상}{의13}\frac{542}{⑧}$).

(4) 준법지원인의 권리(회사의 의무)

상장회사는 준법지원인이 그 직무를 독립적으로 수행할 수 있도록 하여야 하고, 상장회사의 임직원은 준법지원인이 그 직무를 수행할 때 자료나 정보의 제출을 요구하는 경우 이에 성실하게 응하여야 한다($\frac{상}{의13}\frac{542}{⑨}$). 또한 상장회사는 준법지원인이었던 사람에 대하여 그 직무수행과 관련된 사유로 부당한 인사상의 불이익을 주어서는 아니 된다($\frac{상}{의13}\frac{542}{⑩}$).

(5) 준법지원인의 법적용 관계

준법지원인에 관하여 다른 법률에 특별한 규정이 있는 경우를 제외하고는 이 법에서 정하는 바에 따른다($\frac{상}{의13}\frac{542}{⑪}$). 그 밖의 준법통제기준 및 준법지원인에 관하여 필요한 사항은 대통령령으로 정한다($\frac{상}{의13}\frac{542}{⑫}$).

3.6.10. 자본조달제도

3.6.10.1. 상법상 자본조달의 방법

상법상 자본을 증가하기 위해서는 신주를 발행하여 자본을 증가시키거나 사채를 발행하여 자본조달을 하게 된다. 다만 신주를 발행하게 되는 경우에는 원금이나 이자를 상환

할 필요가 없이 주식만 발행하여 주면 되기 때문에 기업의 입장에서는 상환 등의 부담을 느낄 필요가 없다. 따라서 이를 자기자본 조달방법이라 한다. 반면에 사채는 발행회사가 원금과 이자를 지급하여야 하기 때문에 남의 돈을 임시로 빌려 쓰는 것과 같은 결과를 가져오므로 이를 타인자본이라 한다. 발행회사 입장에서는 자기자본 조달방법이 선호될 것이나 회사의 재무상태의 악화 등으로 인하여 주식 값이 액면가 이하거나 액면가 이상이라 하더라도 실무상 30% 정도 할인발행하는 관행에 비추어 보면, 주식의 발행가액이 액면가 이상이 되지 못할 경우에는 상법상 액면미달 발행이 원칙적으로 금지되어 있으므로 자본조달하는 데에 애로가 있다.

3.6.10.2. 신주발행에 의한 자본조달

3.6.10.2.1. 유상증자

상법상 자본증가를 위해서는 신주를 발행하게 되는데 이러한 신주발행은 회사의 재산이 증가하므로 이를 실질상 자본증가 또는 유상증자라 한다. 그런데 이때 증가되는 재산액은 증가되는 자본액과 반드시 일치하는 것은 아니다.

3.6.10.2.2. 무상증자

자본은 증가하지만 회사의 재산은 원칙적으로 변동이 없는 경우가 있는데, 이를 명의상 자본증가 또는 무상증자라 한다. 이러한 특수한 신주발행으로서 상법이 인정하고 있는 것으로는 준비금의 자본전입에 의한 신주발행($\frac{상}{461}$), 주식배당에 의한 신주발행($\frac{상}{462의2}$ ①), 전환주식($\frac{상}{0하}346$) 또는 전환사채($\frac{상}{0하}513$)의 전환에 의한 신주발행, 신주인수권부사채의 신주인수권의 행사에 의한 신주발행(대용납입이 인정되는 경우)($\frac{상}{V,}$ $\frac{516의2}{516의8}$ ②), 주식의 병합 또는 분할에 의한 신주발행($\frac{상}{392의2}$ $\frac{440~}{444}$), 회사의 흡수합병으로 인한 신주발행($\frac{상}{0하}523$) 등이 있다.

3.6.10.2.3. 자본조달의 권한

자본은 정관의 절대적 기재사항이 아니고 등기사항에 불과하므로($\frac{상}{②}\frac{317}{ii}$), 자본의 변동은 정관변경과는 무관하고 등기사항만을 변경하면 된다. 즉 자본조달에 관한 사항은 정관과 관계없으므로 주주총회의 권한사항이 아니고 이사회의 권한사항임을 의미하게 된다.

3.6.11. 신주발행

3.6.11.1. 보통의 신주발행

3.6.11.1.1. 의 의

보통의 신주발행이란 회사성립 후 회사의 자금조달을 목적으로 수권주식총수의 범위 내에서 미발행주식을 발행하는 것을 말한다. 이 신주발행은 원칙적으로 이사회의 결의, 예외적으로 주주총회의 결의에 의하여 발행한다. 보통의 신주발행방법은 주식의 인수방법에 따라 주주배정·제3자 배정 및 모집의 세 가지가 있다. 주주를 보호하기 위하여 주주배정을 원칙으로 한다.

☞ 통상의 신주발행과 모집설립의 차이

	통상의 신주발행	모집설립 시 주식발행
자본확정원칙	준수불필요, 일부의 인수·납입·이행만으로 효력발생(일부 인수 인정)	준수됨; 설립 시 발행주식 총수 정관기재, 그 전부 인수·납입요함
주식발행사항의 결정	원칙 - 이사회결정, 예외 - 정관으로 주주총회	기본사항 정관에 정함 발기인 전원동의
현물출자	이사회결정과 검사인의 검사만 받으면 됨. 법원에 검사인청구	정관 상대적 기재되어야 하고 검사인의 검사와 창립총회의 승인을 얻어야 함
실권절차	적용 안됨, 납입기일까지 미납입-인수인 당연실권	주식인수인납입 안한 경우 실권예고부최고 후 미납입 재모집, 스스로 인수
주식배정 원칙	주주에게 신주인수권 부여 원칙, 그 외 모집 배정 자유	배정자유
주주가 되는 시기	납입기일 다음날	설립등기를 한 때
주식인수 무효·취소 주장	신주발행 등기 후 1년 경과 후, 해당 주식 권리행사 시 주장 불가	설립등기 후, 창립총회에서 권리행사 후에는 주장불가
주식발행 유지	주주의 신주발행유지청구권 인정	불인정

3.6.11.1.2. 신주인수권

(1) 의 의

신주인수권이라 함은 회사의 성립 후 신주발행의 경우에 다른 사람보다 우선하여 신주를 인수할 수 있는 권리를 말한다. 신주를 발행하는 경우에 직접적인 영향을 받는 이해관계자는 기존주주이기 때문에 회사의 지배관계 변동, 종래 주주총회에서의 영향력 감소 등의 이유로 기존의 주주에게 신주의 인수를 우선적으로 청구할 수 있는 권리를 부여하고 있다. 신주인수의 법률적 성질은 상법상으로는 사원관계의 발생을 목적으로 하는 입사계약이다.[194]

신주인수권에는 주주의 신주인수권과 제3자의 신주인수권이 있다. 상법은 주주의 신주인수권을 원칙적으로 하고, 다만 예외적으로 정관에 의하여 주주의 신주인수권을 제한하거나 제3자(연고자)에게 신주인수권을 부여할 수 있도록 하고 있다($^{\text{상}}_{418}$).

신주 등의 발행에서 주주배정방식과 제3자배정방식을 구별하는 기준은 회사가 신주 등을 발행하면서 주주들에게 그들의 지분비율에 따라 신주 등을 우선적으로 인수할 기회를 부여하였는지 여부에 따라 객관적으로 결정되어야 하고, 신주 등의 인수권을 부여받은 주주들이 실제로 인수권을 행사함으로써 신주 등을 배정받았는지 여부에 좌우되는 것은 아니다. 회사가 주주배정방식에 의하여 신주를 발행하려는데 주주가 인수를 포기하거나 청약을 하지 아니함으로써 그 인수권을 잃은 때에는 회사는 이사회 결의로 인수가 없는 부분에 대하여 자유로이 이를 제3자에게 처분할 수 있고, 이 경우 실권된 신주를 제3자에게 발행하는 것에 관하여 정관에 반드시 근거 규정이 있어야 하는 것은 아니다.[195]

정관에 의하여 특정인에게 하는 것을 제3자배정이라 하고 불특정다수를 상대로 배정하는 것은 일반공모증자, 주주에게 우선공모권을 주고 잔여주식에 대해서만 일반공모를 하는 것을 주주우선공모라 한다.[196]

(2) 주주의 신주인수권

주주가 종래 가지고 있던 주식의 수에 비례하여 우선적으로 신주를 배정받을 수 있는

---

194) 大判 1989.12.22, 88누7255.

195) 大判 2012.11.15, 2010다49380

196) 제3자배정의 경우에는 특정인에게 이익 주는 것을 막기 위하여 시가의 90% 이상으로 발행하여야 하며, 다만 워크아웃, 구조조정, DR발행 시에는 예외가 인정된다. 일반공모증자는 70% 이상으로 하도록 되어 있다(재무관리규정).

권리인 신주인수권은 법률의 규정에 의하여 주주에게 당연히 생기는 권리이다($\overset{\text{상}}{418}$). 주주의 신주인수권은 주식회사가 신주를 발행하면서 주주 아닌 제3자에게 신주를 배정할 경우 기존 주주에게 보유 주식의 가치 하락이나 회사에 대한 지배권 상실 등 불이익을 끼칠 우려가 있다는 점을 감안하여, 신주를 발행할 경우 원칙적으로 기존 주주에게 이를 배정하고 제3자에 대한 신주배정은 정관이 정한 바에 따라서만 가능하도록 하면서, 그 사유도 신기술의 도입이나 재무구조 개선 등 기업 경영의 필요상 부득이한 예외적인 경우로 제한함으로써 기존 주주의 신주인수권에 대한 보호를 강화하고자 하는 데 그 취지가 있다. 따라서 주식회사가 신주를 발행함에 있어 신기술의 도입, 재무구조의 개선 등 회사의 경영상 목적을 달성하기 위하여 필요한 범위 안에서 정관이 정한 사유가 없는데도, 회사의 경영권 분쟁이 현실화된 상황에서 경영진의 경영권이나 지배권 방어라는 목적을 달성하기 위하여 제3자에게 신주를 배정하는 것은 주주의 신주인수권을 침해하는 것이다.[197]

주주의 신주인수권은 주주권의 한 내용을 이루고 있는 추상적 신주인수권과, 이것을 기본권으로 하여 이사회의 신주발행의 결의에 의하여 구체화된 지분권인 구체적 신주인수권으로 구별된다. 구체적 신주인수권은 회사에 대한 채권적 권리이므로 이사회나 주주총회의 결의 또는 정관의 규정으로도 불리하게 변경하거나 박탈할 수 없다.

주식회사가 주주총회나 이사회의 결의로 신주를 발행할 경우에 발생하는 구체적 신주인수권은 주주의 고유권에 속하는 것이 아니고 위 상법의 규정에 의하여 주주총회나 이사회의 결의에 의하여 발생하는 구체적 권리에 불과하므로, 그 신주인수권은 주주권의 이전에 수반되어 이전되지 아니하는바, 회사가 신주를 발행하면서 그 권리의 귀속자를 주주총회나 이사회의 결의에 의한 일정 시점에 있어서의 주주명부에 기재된 주주로 한정할 경우, 그 신주인수권은 그 일정 시점에 있어서의 실질상의 주주인가의 여부와 관계없이 회사에 대하여 법적으로 대항할 수 있는 주주, 즉 주주명부에 기재된 주주에게 귀속된다.[198] 즉 즉 통상의 신주발행절차에서 주주의 신주인수권은 주주가 종래 가지고 있던 주식의 수에 비례하여 우선적으로 신주의 배정을 받을 권리를 말하는 것으로서 주식과 독립하여 양도할 수 있는 것이고, 신주인수권부사채에 따른 신주인수권은 회사가 사채를 발행하면서 그에 부수하여 주식을 인수할 수 있는 권리를 부여한 것으로서 주주권에 근거하여 부여된 권리가 아니므로, 신주인수권은 법률적, 경제적으로 주주로서의 권리를 표창하는 주식과 동일한 것으로 보기는 어렵다.[199]

---

197) 大判 2009.01.30, 2008다50776
198) 大判 1995.07.28, 94다25735.

(3) 신주인수권의 대상이 되는 주식

주주는 법률상 당연히 신주인수권을 가지고 있으므로 원칙적으로 장래 발행될 모든 신주가 신주인수권의 대상이 된다. 그러나 예외적으로 준비금의 자본전입에 의한 신주발행($^{\text{상}}_{461}$), 주식배당에 의한 신주발행($^{\text{상}}_{\text{의}2}$462), 주식병합에 의한 신주발행($^{\text{상}}_{440}$) 등의 경우에는 신주인수인이 모든 주주로 미리 정하여져 있어 주주의 신주인수권이 문제되지 않는다.

또한 현물출자자에게 배정하기 위한 신주발행($^{\text{상 416}}_{\text{IV}}$)·전환주식 또는 전환사채의 전환에 의한 신주발행($^{\text{상 346,}}_{513 \text{ 이하}}$)·신주인수권부사채권자의 신주인수권의 행사에 의한 신주발행($^{\text{상 516}}_{\text{의}8}$)·흡수합병으로 인하여 존속회사가 소멸회사의 주주에게 배정하기 위한 신주발행($^{\text{상 523}}_{\text{III}}$) 등의 경우에도 신주인수인으로 될 자가 미리 특정되어 있으므로 일반주주의 신주인수권의 대상이 되지 않는다.

☞ 일반주주의 신주인수권이 없는 경우
① 준비금의 자본전입(461)
② 주식배당(462의2)
③ 전환주식·전환사채의 전환(348, 513)
④ 주식병합(440, 442)
⑤ 회사합병(523③)
⑥ 현물출자(416④)
⑦ 실권주처리(419)
⑧ 신주인수권부사채권자의 청구(516의8)
⑨ 회사정리법(회사정리법 254 ①·②)

(4) 신주인수권의 제한

주주의 신주인수권은 법률 또는 정관($^{\text{상 418 ①,}}_{420 \text{ V}}$)에 의하여 제한될 수 있다. 즉 주주에게 신주인수권을 부여하는 것을 원칙으로 하고 정관에 정함이 있는 경우에만 예외적으로 주주 이외의 제3자에게 신주인수권을 부여할 수 있도록 규정하고 있다($^{\text{상 418}}_{①}$). 즉 신기술의 도입, 재무구조의 개선 등 회사의 경영상 목적을 달성하기 위하여 필요한 경우에 한하여 정관에 정하는 바에 따라 주주 외의 자에게 신주를 배정할 수 있도록 하고 있다($^{\text{상 418}}_{②}$).

그 밖에 해석상 주주의 신주인수권이 제한되는 경우는 회사가 취득하고 있는 자기주식, 자회사가 취득하고 있는 모회사의 주식($^{\text{상 342의2}}_{① \text{ vii} \sim \text{ii}}$) 및 실권주·단주이다.

---

199) 大判 2008.05.08, 2007두4490

주식회사가 타인으로부터 돈을 빌리는 소비대차계약을 체결하면서 "채권자는 만기까지 대여금액의 일부 또는 전부를 회사 주식으로 액면가에 따라 언제든지 전환할 수 있는 권한을 갖는다"는 내용의 계약조항을 둔 경우, 달리 특별한 사정이 없는 한 이는 전환의 청구를 한 때에 그 효력이 생기는 형성권으로서의 전환권을 부여하는 조항이라고 보아야 하는바, 신주의 발행과 관련하여 특별법에서 달리 정한 경우를 제외하고 신주의 발행은 상법이 정하는 방법 및 절차에 의하여만 가능하다는 점에 비추어 볼 때, 위와 같은 전환권 부여조항은 상법이 정한 방법과 절차에 의하지 아니한 신주발행 내지는 주식으로의 전환을 예정하는 것이어서 효력이 없다.[200]

(5) 신주인수권의 양도

주주의 신주인수권은 정관 또는 이사회결의로 이를 양도할 수 있음을 정한 경우에만 회사에 대한 관계에서 유효하게 양도할 수 있다($^{상}_{V}$416). 이에 위반한 신주인수권의 양도의 효력에 대해 ① 신주인수권을 전혀 양도할 수 없다는 설 ② 신주인수권의 양도는 회사에 대하여 효력이 없다는 설(다수설) ③ 회사가 승낙하면 유효하게 양도할 수 있다는 견해(판례) 등이 대립하고 있다.

판례는 신주인수권증서가 발행되지 아니한 신주인수권의 양도는 주권발행 전의 주식양도에 준하여 지명채권 양도의 일반 원칙에 따른다고 보아 주권발행 전의 주식양도나 신주인수권증서가 발행되지 아니한 신주인수권 양도의 제3자에 대한 대항요건으로는 지명채권의 양도와 마찬가지로 확정일자 있는 증서에 의한 양도통지 또는 회사의 승낙이라고 보는 것이 상당하다고 하며, 주주명부상의 명의개서는 주식 또는 신주인수권의 양수인들 상호 간의 대항요건이 아니라 적법한 양수인이 회사에 대한 관계에서 주주의 권리를 행사하기 위한 대항요건에 지나지 아니한다고 한다.[201]

양도방법은 분리형인 경우에는 신주인수권증서에 의하여, 비분리형인 경우에는 채권의 양도방법에 의하여 양도할 수 있다.

(6) 신주인수권증서

신주인수권증서는 주주의 신주인수권을 표창하는 유가증권으로 신주인수권부사채권자에게 발행되는 신주인수권증권($^{상}_{V}$516)과 구별된다.

---

200) 大判 2007.02.22, 2005다73020
201) 大判 1995.5.23, 94다36421.

정관 또는 이사회결의 또는 주주총회결의로 주주의 청구가 있는 때에만 신주인수권증서를 발행한다는 것과 그 청구기간을 정한 경우($_{제}^{상}$ 416)에는 회사는 그 청구기간 내에 신주인수권증서의 발행을 청구한 주주에 한하여 신주인수권증서를 발행하여야 한다($_{의2 ①}^{상 420}$). 이와 같은 청구기간 등의 정함이 없는 경우에는 신주의 청약기일($_{①}^{상 419}$)의 2주간 전에 모든 주주에게 신주인수권증서를 발행하여야 한다($_{의2 ①}^{상 420}$).

신주인수권의 양도는 신주인수권증서의 교부에 의하여서만 이를 행한다($_{의3 ①}^{상 420}$). 또 신주인수권증서는 유가증권으로서 유통성을 강화하기 위하여 이에는 권리추정력과 선의취득이 인정된다($_{336 ②, 수 21}^{상 420의3 ②}$). 그러나 공시최고와 제권판결에 관한 규정($_{360}^{상}$)은 준용되지 않는다. 신주인수권증서는 약 2주간 정도 발행되는 단기증권이기 때문이다.

신주인수권증서를 발행한 경우에는 신주인수권증서에 의하여 주식인수의 청약을 한다($_{의5 ①}^{상 420}$). 신주인수권증서를 상실한 자는 주식청약서에 의하여 주식의 청약을 할 수 있다. 그러나 그 청약은 신주인수권증서에 의한 청약이 있는 때에는 그 효력을 잃는다($_{의5 ②}^{상 420}$).

(7) 위반의 효과

신주발행과정에서 법령 또는 정관에 위반하는 경우에는 발행 전에는 신주발행유지청구권과 발행 후의 신주발행무효의 소에 의하여 구제될 수 있다.

신주발행유지청구권은 회사가 법령 또는 정관에 위반하거나 현저하게 불공정한 방법에 의하여 주식을 발행함으로써 주주가 불이익을 받을 염려가 있는 경우에는 그 주주는 회사에 대하여 그 발행을 유지할 것을 청구할 수 있는 제도이다($_{424}^{상}$).

신주발행의 무효는 주주·이사 또는 감사에 한하여 신주를 발행한 날로부터 6월 내에 소만으로 이를 주장할 수 있다($_{429}^{상}$). 신주발행의 무효는 주주·이사 또는 감사에 한하여 신주를 발행한 날부터 6월 내에 소만으로 주장할 수 있다고 규정하고 있는데, 이는 신주발행에 수반되는 복잡한 법률관계를 조기에 확정하고자 하는 것으로서, 새로운 무효사유를 출소기간 경과 후에도 주장할 수 있도록 하면 법률관계가 불안정하게 되어 위 규정의 취지가 몰각된다는 점에 비추어, 위 규정은 무효사유의 주장시기도 제한하고 있는 것이라고 해석함이 타당하므로, 신주발행무효의 소에서 신주를 발행한 날부터 6월의 출소기간이 경과한 후에는 새로운 무효사유를 추가하여 주장할 수 없다.[202]

그 밖에 주주는 회사에 대하여 불법행위를 원인으로 손해배상을 청구할 수 있으며($_{210}^{상 389,}$), 이사에 대하여는 악의 또는 중과실로 그 임무를 해태한 것으로서 손해배상을 청

---

202) 大判 2012.11.15, 2010다49380

구할 수 있다($\frac{\text{상}}{401}$).

이사와 통모하여 현저하게 불공정한 발행가액으로 주식을 인수한 자는 회사에 대하여 공정한 발행가액과의 차액에 상당한 금액을 지급할 의무가 있다($\frac{\text{상}}{\text{의2}}\frac{424}{①}$).

(8) 제3자의 신주인수권

제3자의 신주인수권이라 함은 주주 이외의 제3자가 우선적으로 신주를 배정받을 수 있는 권리를 말한다. 상법은 기업의 유상증자 시에 원칙적으로 기존주주에게만 신주인수권을 부여하고, 정관에서 정하는 경우에만 특정 제3자에게 신주인수권의 배정을 허용하고 있다. 즉 신기술의 도입, 재무구조의 개선 등 회사의 경영상 목적을 달성하기 위하여 필요한 경우에 한하여 정관에 정하는 바에 따라 주주 외의 자에게 신주를 배정할 수 있다($\frac{\text{상}}{②}$418). 주주 외의 자에게 신주를 배정하는 경우 회사는 ① 신주의 종류와 수 ② 신주의 발행가액과 납입기일 ③ 무액면주식의 경우에는 신주의 발행가액 중 자본금으로 계상하는 금액 ④ 신주의 인수방법 ⑤ 현물출자를 하는 자의 성명과 그 목적인 재산의 종류, 수량, 가액과 이에 대하여 부여할 주식의 종류와 수 등에 관한 사항을 그 납입기일의 2주 전까지 주주에게 통지하거나 공고하여야 한다($\frac{\text{상}}{④}$418).

제3자에게 신주인수권을 부여하는 경우에는 회사와 제3자 간에 개별계약에 의해 발행할 수 있으므로 주주평등에 관한 원칙이 적용되지 않는다고 보므로 신주발행유지청구권이나 신주발행무효의 소는 제기할 수 없다. 다만 제3자에게 신주를 발행하는 경우에는 회사의 손해는 발생할 수 있으므로 손해배상청구는 가능하다. 제3자에 대한 신주인수권의 양도는 회사와 제3자 간의 신뢰를 중요시하기 때문에 양도할 수 없으므로 신주인수권증서가 발행되지 않는다.

제3자에게 신주를 발행하는 경우 이사의 책임이 문제가 될 수 있다. 회사의 이사로서는 주주 배정의 방법으로 신주를 발행하는 경우 원칙적으로 액면가를 하회하여서는 아니된다는 제약 외에는 주주 전체의 이익, 회사의 자금조달의 필요성, 급박성 등을 감안하여 경영판단에 따라 자유로이 그 발행조건을 정할 수 있다고 보아야 하므로, 시가보다 낮게 발행가액 등을 정함으로써 주주들로부터 가능한 최대한의 자금을 유치하지 못하였다고 하여 배임죄의 구성요건인 임무위배, 즉 회사의 재산보호의무를 위반하였다고 볼 것은 아니다. 그러나 주주배정의 방법이 아니라 제3자에게 인수권을 부여하는 제3자 배정방법의 경우, 현저하게 불공정한 가액으로 제3자 배정방식에 의하여 신주 등을 발행하는 행위는 이사의 임무위배행위에 해당하는 것으로서 그로 인하여 회사에 공정한 발행가액과의 차액에 상당하는 자금을 취득하지 못하게 되는 손해를 입힌 이상 이사에 대하여 배임 죄의 죄책을 물을 수 있다는 다수의 견해와 반대의 소수견해가 나뉘어 있다.[203]

주주배정에 의한 실권주를 이사가 그 실권된 부분에 관한 신주 등의 발행을 중단하지도 아니하고 그 발행가액 등의 발행조건을 제3자 배정방식으로 발행하는 경우와 마찬가지로 취급하여 시가로 변경하지도 아니한 채 발행을 계속하여 그 실권주 해당부분을 제3자에게 배정하고 인수되도록 하였다면, 이는 이사가 회사에 대한 관계에서 선관의무를 다하지 아니한 것에 해당하고, 그로 인하여 회사에 자금이 덜 유입되는 손해가 발행하였다면 업무상배임죄가 성립한다고 보는 견해와 반대의 소수견해가 나뉘어 있다.[204]

(9) 실기주·실권주 및 단주

1) 실기주의 의의

실기주는 광의의 실기주와 협의의 실기주로 나뉜다. 광의의 실기주는 소정의 기일까지 명의개서를 하지 않고 기일을 넘긴 주식을 말한다. 협의의 실기주는 신주발행의 경우 양수인이 배정일까지 명의개서를 하지 않은 결과 주주명부상의 주주인 주식양도인에게 배정된 신주를 말한다. 주권예탁제도와 관련하여서는 예탁자에게 주권을 반환한 후에도 예탁자가 예탁자 등의 명의로 명의개서를 하지 않는 등의 사유로 인해 주주명부에 예탁원이 주주로 등재되어 있는 경우가 있다. 이러한 경우에 예탁원은 그 주식과 관련한 신주인수권, 배당금 등이 발생하는 경우 그 권리를 행사하고 있다(유가증권예탁 및 결제등에 관한 규정 제37조 제1항, 동규칙 제37조~38조 참조).

2) 실기주의 처리

신주배정일까지 명의개서를 하지 않은 주식양수인의 주식인 광의의 실기주의 경우에는 주식양수인은 주식양도인이 회사로부터 지급받은 이익배당금·합병교부금 등을 부당이득의 법리에 의하여 반환청구할 수 있다.

신주배정일까지 명의개서를 하지 않음으로 인하여 회사가 주주명부상의 주주인 주식양도인에게 배정한 신주인 협의의 실기주의 경우에도 주식양수인이 주식양도인에 대하여 신주배정에 의하여 취득한 권리를 반환청구할 수 있다는 점은 이론이 없다. 다만 주식양수인이 주식양도인에 대하여 어떠한 법리에 대하여 이의 반환을 청구할 수 있는가에 대하여 부당이득설, 사무관리설, 준사무관리설로 나뉘어 있다.

---

203) 大判 2009.05.29, 2007도4949
204) 大判 2009.05.29, 2007도4949

3) 실권주·단주

신주인수권을 갖는 주주가 청약기일까지 주식인수의 청약을 하지 않으면 신주인수권을 잃게 되고($\frac{\text{상}}{\text{④}}$ ^{419}) 또 청약기일까지 주식인수의 청약을 하였더라도 납입기일에 납입을 하지 않으면 주식인수인으로서의 지위를 잃게 되어($\frac{\text{상}}{\text{②}}$ ^{423}) 실권주가 발생하게 된다. 단주란 신주인수권자에게 신주를 배정하는 과정에서 발생하는 1주 미만의 주식을 말한다. 이러한 신주발행의 경우 발생되는 실권주에 대하여 이사가 인수와 납입의 책임을 지지 않으며, 실권주를 제외한 한도 내에서 신주발행의 효력이 생긴다($\frac{\text{상}}{\text{①}}$ $\frac{423}{②}$).

3.6.11.1.3. 신주발행의 절차

☞ 신주발행절차

이사회결의(5가지)	신주 배정일	실권예고부최고	청약기일	납입기일	익일	변경등기	
신주발행사항결정 (상 416)	(2주전 공고) (상 418 ③)	(2주전 공고) 신주인수권자 확정(상 419)	(상 421)	(상421)X – 실권 (실권주)	신주효력발생 현물출자조사 절차(상 422)	효력발생일(등기시점X) 권리주 → 주식 주식인수인 → 주주 주권발행가능 일할배당기산일	공시효과

* 납입기일을 이사가 결정하므로 효력발생일도 이사회가 결정하게 됨.

(1) 신주발행사항의 결정

보통의 신주발행사항은 정관에 의하여 주주총회에서 정하기로 정한 경우를 제외하고는 이사회가 수권주식의 범위 내에서 ① 신주의 종류와 수 ② 신주의 발행가액과 납입기일 ③ 무액면주식의 경우에는 신주의 발행가액 중 자본금으로 계상하는 금액 ④ 신주의 인수방법 ⑤ 현물출자를 하는 자의 성명과 그 목적인 재산의 종류, 수량, 가액과 이에 대하여 부여할 주식의 종류와 수 ⑥ 주주가 가지는 신주인수권을 양도할 수 있는 것에 관한 사항 ⑦ 주주의 청구가 있는 때에만 신주인수권증서를 발행한다는 것과 그 청구기간 등을 결정한다($\frac{\text{상}}{416}$).

(2) 신주배정일 공고 및 청약최고

1) 신주배정일 공고

회사는 신주인수권자를 확정하기 위한 신주의 신주배정일을 정해야 하고, 신주배정일은 그날의 2주간 전에 공고하여야 하며, 그날이 주주명부의 폐쇄기간 중인 때에는 그 폐쇄기간의 초일의 2주간 전에 공고하여야 한다($\overset{상}{\textcircled{3}}{}^{418}$). 이와 같은 공고에도 불구하고 신주배정일까지 명의개서를 하지 않은 주식은 광의의 실기주가 된다.

2) 신주인수권자에 대한 청약최고

회사는 신주의 인수권을 가진 자에 대하여 그 인수권을 가지는 주식의 종류 및 수와 일정한 기일까지 주식인수의 청약을 하지 아니하면 그 권리를 잃는다는 뜻을 통지하여야 한다. 이 경우 주주가 가지는 신주인수권을 양도할 수 있는 것에 관한 사항, 주주의 청구가 있는 때에만 신주인수권증서를 발행한다는 것과 그 청구기간 등의 정함이 있는 때에는 그 내용도 통지하여야 한다($\overset{상}{\textcircled{1}}{}^{419}$). 회사가 무기명식의 주권을 발행한 때에는 공고하여야 한다($\overset{상}{\textcircled{3}}{}^{419}$). 위의 통지 또는 공고는 기일의 2주간 전에 이를 하여야 한다($\overset{상}{\textcircled{3}}{}^{419}$).

통지 또는 공고에도 불구하고 그 기일까지 주식인수의 청약을 하지 아니한 때에는 신주의 인수권을 가진 자는 그 권리를 잃는다($\overset{상}{\textcircled{4}}{}^{419}$). 이러한 주식이 실권주이다.

(3) 인 수

1) 청 약

주식인수의 청약을 하고자 하는 자는 이사가 작성한 주식청약서 2통($\overset{상}{\textcircled{420}}$)에 기명날인 또는 서명을 하여야 한다($\overset{상}{{}^{425}_{302}}\overset{①·}{\textcircled{1}}$). 주식청약서에 기재되어야 할 사항은 다음과 같다($\overset{상}{\textcircled{420}}$).

① 상호

② 회사가 발행할 주식의 총수

③ 1주의 금액

④ 주주에게 배당할 이익으로 주식을 소각할 것을 정한 때에는 그 규정

⑤ 납입을 맡을 은행 기타 금융기관과 납입장소

⑥ 명의개서대리인을 둔 때에는 그 성명·주소 및 영업소

⑦ 신주의 종류와 수

⑧ 신주의 발행가액과 납입기일

⑨ 신주의 인수방법

⑩ 현물출자를 하는 자의 성명과 그 목적인 재산의 종류, 수량, 가액과 이에 대하여 부여할 주식의 종류와 수

⑪ 액면미달발행의 규정에 의한 주식을 발행한 때에는 그 발행조건과 그 미상각액

⑫ 주주에 대한 신주인수권의 제한에 관한 사항 또는 특정한 제3자에게 이를 부여할 것을 정한 때에는 그 사항

⑬ 주식발행의 결의 년월일

신주인수권증서를 발행한 경우에는 원칙적으로 신주인수권증서에 의하여 청약을 한다($\frac{상}{의5}\frac{420}{①}$). 일단 청약을 한 이상은 비진의표시가 무효인 경우에 관한 민법의 규정($\frac{민}{①}\frac{107}{}$)이 적용되지 않는다($\frac{상}{302}\frac{425}{③}$). 청약하는 경우에 청약증거금을 납부하는데 통상적으로 증거금이 아니라 발행가액 전액을 납입 받아 납입기일에 이를 납입으로 충당하는 것이 관행인데 이는 실권주 예방을 위한 업계의 관행이다.

신주인수권증서를 상실한 자는 주식청약서에 의하여 주식의 청약을 할 수 있다. 그러나 그 청약은 신주인수권증서에 의한 청약이 있는 때에는 그 효력을 잃는다($\frac{상}{의5}\frac{420}{②}$).

2) 신주인수권증서의 발행

주주가 가지는 신주인수권을 양도할 수 있는 것에 관한 사항($\frac{상}{v}$ 416)을 정한 경우에 회사는 주주의 청구가 있는 때에만 신주인수권증서를 발행한다는 것과 그 청구기간($\frac{상}{vi}$ 416)이 있는 때에는 그 정함에 따라, 그 정함이 없는 때에는 신주인수권자에 대한 최고($\frac{상}{①}$ 419)의 기일의 2주전에 신주인수권증서를 발행하여야 한다($\frac{상}{의2}\frac{420}{①}$).

신주인수권증서에는 다음 사항과 번호를 기재하고 이사가 기명날인 또는 서명하여야 한다($\frac{상}{의2}\frac{420}{②}$).

① 신주인수권증서라는 뜻의 표시

② 주식청약서의 기재사항[205]($\frac{상}{420}$)

---

205) ① 상호 ② 회사가 발행할 주식의 총수 ③ 1주의 금액 ④ 주주에게 배당할 이익으로 주식을 소각할 것을 정한 때에는 그 규정 ⑤ 납입을 맡을 은행 기타 금융기관과 납입장소 ⑥ 명의개서대리인을 둔 때에는 그 성명·주소 및 영업소 ⑦ 신주의 종류와 수 ⑧ 신주의 발행가액과 납입기일 ⑨ 신주의 인수방법 ⑩ 현물출자를 하는 자의 성명과 그 목적인 재산의 종류, 수량, 가액과 이에 대하여 부여할 주식의 종류와 수 ⑪ 액면미달발행의 규정에 의한 주식을 발행한 때에는 그 발행조건과 그 미상각액 ⑫ 주주에 대한 신주인수권의 제한에 관한 사항 또는 특정한 제3자에게 이를 부여할 것을 정한 때에는 그 사항 ⑬ 주식발행의 결의 년월일

③ 신주인수권의 목적인 주식의 종류와 수

④ 일정기일까지 주식의 청약을 하지 아니할 때에는 그 권리를 잃는다는 뜻

3) 신주인수권의 전자등록

회사는 신주인수권증서를 발행하는 대신 정관에서 정하는 바에 따라 전자등록기관의 전자등록부에 신주인수권을 등록할 수 있다($^{420}_{의4}$). 이 경우 전자등록부에 등록된 주식의 양도나 입질(入質)은 전자등록부에 등록하여야 효력이 발생하며, 전자등록부에 주식을 등록한 자는 그 등록된 주식에 대한 권리를 적법하게 보유한 것으로 추정하며, 이러한 전자등록부를 선의(善意)로, 그리고 중대한 과실 없이 신뢰하고 위 등록에 따라 권리를 취득한 자는 그 권리를 적법하게 취득한 것으로 본다. 전자등록의 절차·방법 및 효과, 전자등록기관의 지정·감독 등 주식의 전자등록 등에 관하여 필요한 사항은 대통령령으로 정한다($^{상}_{356의2}$ $^{420}_{②~④}$ $^{상}_{의4}$).

4) 배　정

주식인수의 청약에 대하여 회사는 배정을 함으로써 주식인수가 성립한다. 주식인수는 주식인수의 청약과 배정에 의하여 성립하는 입사계약이다(통설).

(4) 납입 및 현물출자의 이행

이사는 신주의 인수인으로 하여금 그 배정한 주수(株數)에 따라 납입기일에 그 인수한 주식에 대한 인수가액의 전액을 납입시켜야 한다($^{상}_{①}$^{421}). 신주의 인수인은 회사의 동의 없이 위 납입채무와 주식회사에 대한 채권을 상계할 수 없다($^{상}_{②}$^{421}).

현물출자를 하는 자가 있는 경우에는 이사는 현물출자를 하는 자의 성명과 그 목적인 재산의 종류, 수량, 가액과 이에 대하여 부여할 주식의 종류와 수의 사항을 조사하게 하기 위하여 검사인의 선임을 법원에 청구하여야 한다. 이 경우 공인된 감정인의 감정으로 검사인의 조사에 갈음할 수 있다($^{상}_{①}$^{422}). 그러나 다음의 어느 하나에 해당할 경우에는 이를 적용하지 아니한다($^{상}_{②}$^{422}). 주식회사의 현물출자에 있어서 이사는 법원에 검사인의 선임을 청구하여 일정한 사항을 조사하도록 하고 법원은 그 보고서를 심사하도록 되어 있으나 이와 같은 절차를 거치지 아니한 신주발행 및 변경등기가 당연무효가 되는 것은 아니다.[206]

---

206) 大判 1980.02.12, 79다509.

① 현물출자($_{IV}^{상\ 416}$)의 목적인 재산의 가액이 자본금의 5분의 1을 초과하지 아니하고 대통령령으로 정한 금액을 초과하지 아니하는 경우

② 현물출자($_{IV}^{상\ 416}$)의 목적인 재산이 거래소의 시세 있는 유가증권인 경우 결정된 가격이 대통령령으로 정한 방법으로 산정된 시세를 초과하지 아니하는 경우

③ 변제기가 돌아온 회사에 대한 금전채권을 출자의 목적으로 하는 경우로서 그 가액이 회사장부에 적혀 있는 가액을 초과하지 아니하는 경우

④ 그 밖에 위 규정에 준하는 경우로서 대통령령으로 정하는 경우

법원은 검사인의 조사보고서 또는 감정인 감정결과를 심사하여 위의 사항을 부당하다고 인정한 때에는 이를 변경하여 이사와 현물출자를 한 자에게 통고할 수 있다($_{③}^{상\ 422}$). 이 변경에 불복하는 현물출자를 한 자는 그 주식의 인수를 취소할 수 있다($_{④}^{상\ 422}$). 법원의 통고가 있은 후 2주 내에 주식의 인수를 취소한 현물출자를 한 자가 없는 때에는 통고에 따라 변경된 것으로 본다($_{⑤}^{상\ 422}$).

현물출자를 하는 주식인수인은 납입기일에 지체 없이 출자의 목적인 재산을 인도하고 등기, 등록 기타 권리의 설정 또는 이전을 요할 경우에는 이에 관한 서류를 완비하여 교부하여야 한다($_{③,\ 295\ ②}^{상\ 425,\ 305}$). 주금액의 납입은 주식청약서 또는 신주인수권증서에 기재된 납입장소에서 하고($_{305\ ②}^{상\ 425\ ②}$), 납입금의 보관자 또는 납입장소를 변경할 때에는 법원의 허가를 얻어야 한다($_{①,\ 306}^{상\ 425}$).

(5) 신주발행의 효력발생

신주의 인수인은 납입 또는 현물출자의 이행을 한 때에는 납입기일의 다음날로부터 주주의 권리의무가 있다($_{①}^{상\ 423}$). 이 경우 신주에 대한 이익이나 이자의 배당에 관하여는 정관이 정하는 바에 따라 그 납일기일이 속하는 영업년도의 직전 영업년도 말에 주주가 된 것으로 할 수 있다($_{350\ ③\ ①}^{상\ 423}$).

신주발행의 방법에 의하여 자본증가가 이루어진 경우에는 증자등기를 마친 때에 그 효력이 생기는 것이 아니라 그 주금납입기일에 각 신주인수인들이 그 주금을 완납한 때에 그 효력이 생긴다.[207]

신주의 인수인이 납입기일에 납입 또는 현물출자의 이행을 하지 아니한 때에는 그 권리를 잃는다($_{②}^{상\ 423}$). 실권주가 되면 미발행주식으로 될 뿐 이사의 납입담보책임이 없다. 위의 규정은 신주의 인수인에 대한 손해배상의 청구에 영향을 미치지 아니한다($_{③}^{상\ 423}$).

---

207) 大判 1978.02.14, 77누278.

(6) 등 기

신주발행의 효력이 생기면 발행주식총수($\frac{\diamond}{\textcircled{2}}\frac{317}{\text{iii}}$) · 주식의 종류와 수에 변경이 생기게 되고, 자본의 총액($\frac{\diamond}{\textcircled{2}}\frac{317}{\text{ii}}$)도 당연히 증가하므로 본점소재지에서는 납입기일로부터 2주간 내, 지점소재지에서는 납입기일로부터 3주간 내에 변경등기를 하여야 한다($\frac{\diamond}{\textcircled{4},}\frac{317}{183}$). 할인발행을 한 경우에는 변경등기에 미상각액도 아울러 등기하여야 한다($\frac{\diamond}{426}$).

(7) 인수의 무효주장, 취소의 제한

신주의 발행으로 인한 변경등기를 한 날로부터 1년을 경과한 후에는 신주를 인수한 자는 주식청약서 또는 신주인수권증서의 요건의 흠결을 이유로 하여 그 인수의 무효를 주장하거나 사기, 강박 또는 착오를 이유로 하여 그 인수를 취소하지 못한다. 그 주식에 대하여 주주의 권리를 행사한 때에도 같다($\frac{\diamond}{427}$).

3.6.11.1.4. 신주의 할인발행

회사설립의 경우에는 자본충실의 원칙상 주식의 액면미달발행이 금지되어 있으나($\frac{\diamond}{330}$), 이 원칙을 고수하면 회사성립 후의 자금조달이 곤란할 경우가 있을 것이므로 상법은 신주발행 시에는 엄격한 제한하에 주식의 할인발행을 할 수 있음을 규정하고 있다($\frac{\diamond}{417}$). 즉 회사가 신주발행의 경우에 할인발행을 하기 위하여는 ① 회사성립 후 2년이 경과할 것($\frac{\diamond}{\textcircled{1}}417$) ② 주주총회의 특별결의에 의한 할인발행의 여부와 최저발행가액의 결정($\frac{\diamond}{\textcircled{2}}\frac{417}{}$) ③ 법원의 인가($\frac{\diamond}{\text{비송}}\frac{417}{86}\textcircled{3}$) ④ 회사는 법원의 인가를 얻은 날로부터 원칙적으로 1월 내, 예외적으로 법원이 기간연장한 경우에는 그 기간 내의 신주발행($\frac{\diamond}{\textcircled{4}}417$) 등의 요건이 필요하다.

법원이 인가할 경우에는 회사의 현황과 제반사정을 참작하여 최저발행가액을 변경하여 인가할 수 있다. 이 경우에 법원은 회사의 재산상태 기타 필요한 사항을 조사하게 하기 위하여 검사인을 선임할 수 있다($\frac{\diamond}{\textcircled{3}}417$).

3.6.11.1.5. 이사의 책임

(1) 이사의 인수담보책임

신주의 발행으로 인한 변경등기가 있은 후에 아직 인수하지 아니한 주식이 있거나 주식인수의 청약이 취소된 때에는 이사가 이를 공동으로 인수한 것으로 본다($\frac{\diamond}{}428$). 따라서 각 이사가 연대하여 납입할 책임을 진다($\frac{\diamond}{\textcircled{1}}333$). 이사의 자본충실책임은 설립의 경우의 발기인의 책임과 같이 무과실책임이고, 총주주의 동의로도 면제할 수 없다. 그러나 이사의 자본충실책임에는 발기인의 그것과는 달리 인수담보책임만이 있고 납입담보책임이 없다.

(2) 손해배상책임

이사는 자본충실책임(인수담보책임)과는 별도로 이로 인하여 회사에 손해가 발생한 경우에는 회사에 대하여 손해배상책임을 진다($\frac{\text{상}}{\text{②}}\,^{428}_{399}$).

3.6.11.1.6. 신주의 위법 · 불공정발행에 대한 조치

(1) 서

상법은 수권자본제도하에서 신주발행을 원칙적으로 이사회의 권한에 속하게 함으로써 자금조달에 기동성을 부여하되 이사회의 위법 · 불공정한 신주발행의 억제하도록 하는 제도를 동시에 두고 있다. 그 제도로는 신주발행유지청구권, 불공정한 발행가액으로 주식을 인수한 자에 대한 책임, 신주발행무효의 소 등이 있다.

(2) 주주의 신주발행유지청구권

회사가 법령 또는 정관에 위반하거나 현저하게 불공정한 방법에 의하여 주식을 발행함으로써 주주가 불이익을 받을 염려가 있는 경우에는 그 주주는 회사에 대하여 그 발행을 유지할 것을 청구할 수 있다($\frac{\text{상}}{424}$). 유지청구는 효력이 생기기 전, 즉 납입기일까지 이를 행사하여야 한다.208)

법령에 위반한 경우로는 이사회의 결의에 의하지 않은 신주발행, 법정요건을 무시한 신주의 할인발행 등이고, 정관에 위반한 경우로는 정관에서 정한 수권주식 수를 초과하거나 정관에 없는 종류주식을 발행한 경우 등이고, 현저하게 불공정한 방법의 경우로는 특정인에 지나치게 과다한 주식을 배정하는 등이다.

신주발행유지청구권은 위법행위유지청구권과 구별되는데, 신주발행유지청구권은 주주의 손해방지를 목적으로 하는 점에서 주주의 자익권이고 그 상대방은 회사임에 반하여, 이사의 위법행위유지청구권은 회사의 손해를 방지하기 위하여 주주에게 주어지는 권리로서 주주의 공익권이며 그 상대방이 이사라는 점에서 구별된다.

회사가 주주의 신주발행유지청구를 무시하고 신주발행절차를 속행한 경우의 효력에 대

---

208) 大判 2004.08.20, 2003다20060.

하여는 소제기에 의한 판결과 어긋나는 신주발행은 무효가 된다(통설). 그러나 소의 제기에 의하지 않고 단순히 의사표시를 한 경우에는 신주발행은 무효가 되지 않고, 다만 이사의 책임($\frac{상}{401}$)이 생길 뿐이다(통설).

(3) 통모인수인의 책임

이사와 통모하여 현저하게 불공정한 발행가액으로 주식을 인수한 자는 회사에 대하여 공정한 발행가액과의 차액에 상당한 금액을 지급할 의무가 있다($\frac{상424}{의2 ①}$). 통모한 이사에 대하여 소수주주의 대표소송이 인정되며($\frac{상424}{의2 ②}$), 통모인수인이 이러한 책임을 지는 경우에도, 이사는 회사($\frac{상}{399}$) 및 주주($\frac{상}{401}$)에 대한 책임을 면하지 못한다($\frac{상424}{의2 ③}$).

판례는 저가 인수인의 주주에 대한 손해배상은 별론으로 하고 회사에 대한 책임은 부정된다는 입장을 보이고 있다. 이 판례에 따르면 자금을 조달하려는 목적이 아니라 증여세 등 조세를 회피하면서 지배권을 이전할 목적으로 신주 등을 저가로 발행하는 경우, 회사의 경영자에게, 발행되는 주식의 수량과 같은 수량의 주식을 적정가격으로 발행하는 내용의 증자 등을 함으로써 그에 상당하는 자금(증자대금 등)이 회사에 유입되도록 할 임무가 있다고 볼 수는 없다. 따라서 그 발행가액 등을 적정가격보다 저가로 정하여 발행한 경우, 회사의 경영자가 적정가격으로 그와 같은 수량의 주식을 발행하였더라면 회사로 유입되었을 자금이 저가로 발행하여 유입된 자금보다 많았을 것이라고 하여 회사에 그 차액 상당의 손해가 발생하였다고 볼 수는 없다. 그런데 주주 배정방식의 발행의 경우에는 주주들에게 주주평등의 원칙에 따라 신주가 공평하게 발행되므로, 주주들이 저가 발행으로 인한 기존주식의 가치 하락으로 손해를 입는 한편, 신주의 가치 상승으로 동액 상당의 이익을 얻게 되어 그 손해와 이익이 상쇄되므로, 주주들 사이에 아무런 이해의 득실이 없고 지분가치의 변동이 없어 주주들에게나 회사에 손해가 없다. 그러나 제3자 배정방식의 발행의 경우에는 기존주주들에게 기존주식의 가치 하락으로 인한 손해가 발생하는데, 주주와 회사는 별개의 법인격을 가지고 있을 뿐만 아니라 주주의 손해와 회사의 손해가 일치한다고 할 수도 없으므로, 상법 제424조의2의 규정만을 근거로 기존주주들의 손해를 회사의 손해로 포섭할 수 없다. 따라서 회사 경영자가 조세를 회피하면서 지배권 이전을 목적으로 신주 등을 저가로 발행한 경우, 회사의 경영자에 대하여 기존주주들에 대한 임무위배를 이유로 손해배상을 청구하는 등의 방법을 통하여 그 책임을 묻는 것은 별론으로 하고, 회사에 대한 임무위배를 이유로 업무상배임죄의 책임을 물을 수는 없다.[209]

(4) 신주발행의 무효

1) 의 의

신주발행의 무효란 신주발행이 법령이나 정관에 위반한 하자가 있어 그 효력을 인정할 수 없는 경우에 발행되는 주식을 무효로 하는 것이다. 신주발행유지청구권은 위법한 발행에 대한 사전 구제수단임에 반하여 신주발행 무효의 소는 사후에 이를 무효로 함으로써 거래의 안전과 법적 안정성을 해칠 위험이 큰 점을 고려할 때, 그 무효원인은 가급적 엄격하게 해석하여야 하고, 따라서 법령이나 정관의 중대한 위반 또는 현저한 불공정이 있어 그것이 주식회사의 본질이나 회사법의 기본원칙에 반하거나 기존 주주들의 이익과 회사의 경영권 내지 지배권에 중대한 영향을 미치는 경우로서 신주와 관련된 거래의 안전, 주주 기타 이해관계인의 이익 등을 고려하더라도 도저히 묵과할 수 없는 정도라고 평가되는 경우에 한하여 신주의 발행을 무효로 할 수 있을 것이다.[210]

이러한 신주발행이 무효가 되기 위해서는 법령이나 정관에 위반할 정도의 중대한 하자라고 할 것이다. 판례도 주주들에게 통지하거나 주주들의 참석 없이 주주 아닌 자들이 모여서 개최한 임시 주주총회에서 발행예정주식총수에 관한 정관변경결의와 이사선임결의를 하고, 그와 같이 선임된 이사들이 모인 이사회에서 대표이사선임 및 신주발행결의를 하였다면 그 이사회는 부존재한 주주총회에서 선임된 이사들로 구성된 부존재한 이사회에 지나지 않고 그 이사들에 의하여 선임된 대표이사도 역시 부존재한 이사회에서 선임된 자이어서 그 이사회의 결의에 의한 부존재한 결의와 회사를 대표할 권한이 없는 자에 의하여 이루어진 것으로서 그 발행에 있어 절차적, 실체적 하자가 극히 중대하여 신주발행이 존재하지 않는다고 볼 수밖에 없으므로 주주는 신주발행에 관한 이사회결의에 대하여 신주발행무효의 소 또는 부존재확인의 소를 제기할 수 있다고 판시하고 있다.[211]

2) 절 차

신주발행의 무효는 주주·이사 또는 감사에 한하여 신주를 발행한 날로부터 6월 내에 소만으로 이를 주장할 수 있다($\frac{상}{429}$). 상법상 주식발행에 대한 무효의 주장은 회사의 법률관계의 안정을 위하여 주주 또는 이사에 한하여 신주발행일로부터 6월 내에 신주발행무

---

209) 서울고법 2008.10.10, 2008노1841

210) 大判 2010.04.29, 2008다65860

211) 1989.7.25, 87다카2316.

효의 소를 제기하는 방법에 의하여서만 이를 할 수 있고, 신주발행절차의 일부로서 이루어진 특정인의 신주인수에 대하여 일반 민사소송절차로서 신주인수무효의 소를 제기하는 것은 허용되지 아니한다.[212]

제3자는 신주발행무효의 소를 제기하지 못한다. 즉 신주발행의 무효는 주주·이사 또는 감사에 한하여 신주를 발행한 날로부터 6월 내에 소만으로 이를 주장할 수 있다고 규정되어 있는바, 이는 신주발행에 수반되는 복잡한 법률관계를 조기에 확정하고자 하는 것이므로, 새로운 무효사유를 출소시간의 경과 후에도 주장할 수 있도록 하면 법률관계가 불안정하게 되어 위 규정의 취지가 몰각된다는 점에 비추어 위 규정은 무효사유의 주장시기도 제한하고 있는 것이다.[213]

소의 절차에 관하여는 회사의 설립무효의 소에 관한 규정이 준용된다($\frac{상\ 430,}{186\sim192}$). 또한 제소주주의 담보제공의무($\frac{상}{377}$)는 주주총회결의취소의 소에 관한 규정이 준용된다($\frac{상}{430}$).

3) 신주발행무효판결의 효력

신주발행무효판결이 확정된 때에는 법률관계의 획일적 처리를 위하여 대세적 효력이 인정되며($\frac{상\ 430,}{190}$), 거래의 안전을 위하여 장래에 대하여만 효력이 없다($\frac{상\ 430,\ 190조}{단서\ 준용\ 배제}$).

4) 신주발행무효판결 후의 조치

신주발행무효의 판결이 확정된 때에는 회사는 지체 없이 그 뜻과 3월 이상의 일정한 기간 내에 신주의 주권을 회사에 제출할 것을 공고하고 주주명부에 기재된 주주와 질권자에 대하여는 각별로 그 통지를 하여야 한다($\frac{상}{431}$).

신주발행무효의 판결이 확정된 때에는 회사는 신주의 주주에 대하여 그 납입한 금액을 반환하여야 한다($\frac{상}{①}$432). 반환금액이 판결확정 시의 회사의 재산상태에 비추어 현저하게 부당한 때에는 법원은 회사 또는 주주의 청구에 의하여 그 금액의 증감을 명할 수 있다($\frac{상}{②}$432). 종전의 주주가 받을 금전이나 주식에 대하여도 종전의 주식을 목적으로 한 질권을 행사할 수 있으며($\frac{상\ 432}{③\ 339}$), 기명주식을 질권의 목적으로 한 경우에 회사가 질권설정자의 청구에 의하여 그 성명과 주소를 주주명부에 부기(덧붙여 씀)하고 그 성명을 주권에 기재한 때에는 질권자는 회사로부터 이익배당, 잔여재산의 분배 또는 전조의 규정에 의한 금전의 지급을 받아 다른 채권자에 우선하여 자기채권의 변제에 충당할 수 있다($\frac{상\ 432}{340\ ①}$ ③).

---

212) 서울고법 1987.04.02, 86나3345.

213) 大判 2004.06.25, 2000다37326.

3.6.11.2. 특수한 신주발행

3.6.11.2.1. 서

특수한 신주발행이란 자금조달 이외의 목적으로 신주를 발행하는 경우인데 법에 열거되어 있다. 특수한 신주발행으로는 ① 준비금의 자본전입에 의한 신주발행 ② 주식배당에 의한 신주발행 ③ 전환주식이나 전환사채의 전환에 의한 신주발행 ④ 신주인수권부사채의 신주인수권 행사에 의한 신주발행 ⑤ 흡수합병에 의한 신주발행 ⑥ 회사의 분할·분할합병에 의한 신주발행 ⑦ 주식분할이나 주식병합에 의한 신주발행 ⑧ 주식교환·주식이전 등에 의한 신주발행 등이 있다.

3.6.11.2.2. 준비금의 자본전입에 의한 신주발행

회사는 정관으로 주주총회에서 결정하기로 정한 경우를 제외하고는 이사회의 결의에 의하여 준비금의 전부 또는 일부를 자본에 전입할 수 있다($\overset{상\ 461}{①}$). 이사회의 결의가 있은 때에는 회사는 일정한 날을 정하여 그날에 주주명부에 기재된 주주가 신주의 주주가 된다는 뜻을 그날의 2주간 전에 공고하여야 한다. 그러나 그날이 주주명부폐쇄 기간 중인 때에는 그 기간의 초일의 2주간 전에 이를 공고하여야 한다($\overset{상\ 461}{③}$).

자본전입의 효력은 이사회의 결의에 의한 경우에는 신주배정일에 발생하고($\overset{상\ 461}{③}$), 주주는 주주총회의 결의에 의하는 경우에는 그 주주총회 결의가 있은 때로부터 신주의 주주가 된다($\overset{상\ 461}{④}$). 신주의 주주가 된 때에는 이사는 지체 없이 신주를 받은 주주와 주주명부에 기재된 질권자에 대하여 그 주주가 받은 주식의 종류와 수를 통지하고, 무기명식의 주권을 발행한 경우에는 내용을 공고하여야 한다($\overset{상\ 461}{⑤}$). 이 경우 신주에 대한 이익이나 이자의 배당에 관하여는 정관이 정하는 바에 따라 그 청구를 한 때가 속하는 영업년도의 직전 영업년도 말에 자본전입의 효력이 발생하는 것으로 할 수 있다($\overset{상\ 461}{350\ ③}\overset{⑥}{}$).

자본전입의 효력이 발생한 때에는 소정의 금액만큼 준비금이 감소하는 동시에 자본이 증가한다. 회사는 자본전입에 따라 증가하는 자본액만큼 신주를 발행하여 주주에 대하여 그가 가진 주식의 수에 따라 주식을 발행하여야 한다($\overset{상\ 461}{②}$). 이 경우 1주에 미달하는 단수에 대하여는 단주의 처리에 관한 규정($\overset{상\ 443}{②}$)을 준용한다($\overset{상\ 461}{②}$). 또한 질권의 물상대위에 관한 규정이 준용된다($\overset{상\ 461}{⑦,\ 339}$).

3.6.11.2.3. 주식배당에 의한 신주발행

회사는 주주총회의 결의에 의하여 이익의 배당을 새로이 발행하는 주식으로써 할 수 있다. 그러나 주식에 의한 배당은 이익배당총액의 2분의 1에 상당하는 금액을 초과하지 못한다(상 462의2 ①). 배당은 주식의 권면액으로 하며, 회사가 종류주식을 발행한 때에는 각각 그와 같은 종류의 주식으로 할 수 있다(상 462의2 ②). 주식으로 배당할 이익의 금액 중 주식의 권면액에 미달하는 단주가 있는 때에는 그 부분에 대하여는 단주처리에 관한 규정을 준용한다(상 462의 ③; 443의 ②).

주식으로 배당을 받은 주주는 배당결의가 있는 주주총회가 종결한 때부터 신주의 주주가 된다. 이 경우 신주에 대한 이익이나 이자의 배당에 관하여는 정관이 정하는 바에 따라 그 청구를 한 때가 속하는 영업년도의 직전 영업년도 말에 전환된 것으로 할 수 있다(상 462의2 ④; 350 ③)

이사는 주식배당에 의한 신주발행의 결의가 있는 때에는 지체 없이 배당을 받을 주주와 주주명부에 기재된 질권자에게 그 주주가 받을 주식의 종류와 수를 통지하고, 무기명식의 주권을 발행한 때에는 주식배당에 의한 신주발행의 결의의 내용을 공고하여야 한다(상 462의2 ⑤). 질권자의 권리는 주주가 받을 주식에 미치는데, 기명주식의 등록질에 관한 규정을 준용한다(상 462의2 ⑥; 340 ①, ③).

3.6.11.2.4. 전환주식 또는 전환사채의 전환에 의한 신주발행

(1) 전환주식에 의한 신주발행

회사가 종류주식을 발행하는 경우에는 정관으로 주주는 인수한 주식을 다른 종류의 주식으로 전환을 청구할 수 있음을 정할 수 있다. 이 경우에는 전환의 조건, 전환의 청구기간과 전환으로 인하여 발행할 주식의 수와 내용을 정하여야 한다(상 346 ①).

(2) 전환사채에 의한 신주발행

사채발행회사는 주식으로 전환할 것을 청구할 수 있는 전환사채를 발행할 수 있다(상 513 ①).

(3) 전환에 의한 신주발행

전환권자가 전환기간 중에 전환을 청구하면 회사는 신주를 발행하여 전환권자에게 교부하여야 한다. 이러한 전환권은 형성권이므로 전환의 효력은 전환권자가 전환을 청구한 때에 생긴다(상 516 ②; 350 ①). 다만 이때에 이익이나 이자의 배당에 관하여는 그 청구를 한 때가 속하는 영업년도 말에 전환된 것으로 보는데($^{\text{상}\,350}_{516\,②}$ ③), 이 경우 정관이 정하는 바에 따라 그 청구를 한 때가 속하는 영업년도의 직전 영업년도 말에 전환된 것으로 할 수 있다($^{\text{상}\,350}_{516\,②}$ ③).

(4) 전환의 효과

전환사채가 전환주식으로 전환되는 경우에는 회사의 재산이 실제로 증가되는 일은 없고, 이미 회사 내에 들어와 있는 재산이 장부상 사채에서 자본금으로 이동되고, 자본금은 발행되는 신주의 액면총액만큼 명목상 증가한다.

3.6.11.2.5. 신주인수권부사채의 신주인수권의 행사에 의한 신주발행

(1) 의 의

신주인수권부사채란 사채권자 또는 신주인수권증권의 취득자에게 신주인수권이 부여된 사채로서, 사채권자는 이러한 신주인수권에 의하여 소정의 가액으로 신주의 발행을 기채회사에 청구할 수 있다.

(2) 효력발생 시기·효과

사채권자의 신주인수권의 행사에 의하여 발행된 신주의 효력발생시기는 원칙적으로 신주의 발행가액의 전액을 납입한 때이다($^{\text{상}\,516}_{\text{의}10}$). 그러나 이익이나 이자의 배당에 관하여는 신주인수권을 행사한 때가 속하는 영업년도 말에 신주발행의 효력이 생긴 것으로 보는데, 이 경우 정관이 정하는 바에 따라 그 청구를 한 때가 속하는 영업년도의 직전 영업년도 말에 효력이 생기는 것으로 할 수 있다($^{\text{상}\,516\text{의}\,10,}_{350\,③}$). 이러한 신주발행의 경우에는 늘어나는 주식의 액면금액만큼 회사의 자본이 증가함은 물론 재산도 증가한다.

(3) 납입대용

신주인수권부사채의 상환에 갈음하여 신주인수권의 행사에 의하여 발행되는 신주의 발행가액의 납입으로 하는 것이 인정되는 경우에는($^{\text{상}\,516\text{의}}_{2\,②}$ V) 신주인수권의 행사 시에 신주발행의 효력이 발생한다고 할 것이다($^{\text{상}\,350}_{\text{유추적용}}$ ①). 이러한 신주발행의 경우에는 자본은 증가하나 재산은 증가하지 않는다. 이는 납입이 필요하지 않기 때문이다.

3.6.11.2.6. 회사의 흡수합병으로 인한 신주발행

한 회사가 다른 회사를 흡수하여 합병하는 경우 존속회사는 소멸회사의 순재산을 승계하는 대신 신주를 발행하여 소멸회사의 주주에게 교부하게 된다. 이때 발행되는 신주는 합병의 효력이 발생하는 때에 그 효력이 발생한다고 본다. 흡수합병의 효력은 존속회사가 본점소재지에서 합병으로 인한 변경등기를 하는 때에 발생한다($\frac{상}{530}\frac{234,}{②}$).

3.6.11.2.7. 주식의 병합 또는 분할에 의한 신주발행

(1) 주식병합

주식의 병합은 수개의 주식을 합하여 하나의 주식으로 만듦으로써 발행주식총수를 감소시키는 것으로 자본감소($\frac{상}{442}^{440\sim}$)나 합병($\frac{상}{③}^{530}$)의 절차로 이용된다. 주식을 병합하는 경우에 회사는 1월 이상의 기간을 정하여 그 뜻과 그 기간 내에 주권을 회사에 제출할 것을 공고하고 주주명부에 기재된 주주와 질권자에 대하여는 각별로 그 통지를 하여야 한다($\frac{상}{440}$). 주식병합에 있어서 일정한 기간을 두어 공고와 통지의 절차를 거치도록 한 취지는 신주권을 수령할 자를 파악하고 실효되는 구주권의 유통을 저지하기 위하여 회사가 미리 구주권을 회수하여 두려는 데 있다.[214]

병합은 이 기간이 만료한 때에 그 효력이 생긴다. 그러나 채권자보호절차($\frac{상}{232}$)가 종료하지 아니한 때에는 그 절차가 종료한 때에 효력이 생긴다($\frac{상}{441}$).

(2) 주식분할

주식의 분할은 기존의 주식을 나누어 발행주식총수를 증가하는 것이다. 회사는 주주총회의 특별결의로 주식을 분할할 수 있다($\frac{상}{의2}^{329}$①). 이 경우에 분할 후의 1주의 금액은 100원 미만으로 하지 못한다($\frac{상}{의2}^{329}$②).주식병합의 규정은 주식분할의 경우에 이를 준용한다($\frac{상}{의2}^{329}$③). 따라서 주식분할은 제출기간이 만료한 때에 그 효력이 생긴다($\frac{상}{441}$). 주식분할의 의한 신주발행의 경우에는 회사의 재산 및 자본은 변동이 없고 주식 수만 증가할 뿐이다.

3.6.11.2.8. 주식의 교환·이전에 의한 신주발행

주식교환이란 회사(완전모회사)가 다른 회사(완전자회사)의 발행주식의 총수와 자기회사의 주식을 교환함으로써 완전자회사의 주식은 완전모회사로 된 회사에 이전되고, 그 완전자회사로 된 회사의 주주는 그 완전모회사로 된 회사가 발행한 신주의 배정을 받아

---

214) 大判 2005.12.09, 2004다40306.

그 회사의 주주로 되는 것을 말한다($\substack{상 \\ 의2}^{360}$). 주식교환의 경우에 신주발행의 효력은 주식교환일에 발생한다($\substack{상 \\ 의2}^{360}$ ②).

주식이전이란 완전모자회사관계를 창설하기 위하여 완전자회사가 되는 회사가 갖는 그 회사의 주식을 완전모회사에 이전시키고 완전자회사가 되는 회사의 주주에게는 완전모회사가 주식이전에 있어서 발행하는 주식을 배정함으로써 완전모회사를 설립시키는 제도이다($\substack{상 \\ 의15}^{360}$). 주식이전의 경우에는 새로이 회사를 설립하는 제도이므로 설립 후에 발행한 특수한 신주발행의 유형은 아니다.

☞ **통상의 신주발행과 특수한 신주발행의 이동**

공통점					
정관에서 정한 발행예정주식총수의 범위 내에서 발행할 수 있고, 종류주식은 정관의 규정에 따라서만 발행할 수 있다.					

차이점					
구분	발행권한	효력발생시기	신주인수권자	자본증가유무	순 자산의 변동
통상의 신주발행	이사회 (주주총회)	납일기일 익일	주식인수인	증가	증가
준비금의 자본전입	이사회 (주주총회)	신주배정일-주총결의 시	주주	증가	불변
주식병합	특별주주총회	주권제출만료 또는 채권자보호절차종료	주주	감소	실질상감자: 감소 명목상감자: 불변
주식분할	특별주주총회	주권제출만료 또는 채권자보호절차종료	주주	변동없음	변동 없음
주식배당	주주총회	주총종결 시	주주	증가	이익배당설-증가 자본전입설-불변
흡수합병 전환주식전환	특별주주총회 정관	합병등기 시 전환청구 시	소멸회사의 주주	증가 전환조건으로 증가, 무, 감소 (허용 안 됨)	증가
전환사채전환	이사회원칙 정관, 정관으로 주총.	전환청구 시 (형성권)	사채권자	증가	법률학자-증가 회계학자-불변
전환주식의 전환	주주	전환권 행사 즉시(형성권)	주주	전환조건에 따라 불변 또는 증가	불변
신주인수권부 사채인수권 행사	분리형-신 주인수권증권 소지인 비분리형-사 채권자	주금액완납 시 *대용납입의제-신 주발행청구 시	분리형-신주인 수권증권소지인 비분리형-사 채권자	증가	증가 *대용납입제 법률학자-증가 회계학자-불변
주식교환	특별주주총회	주식교환일	주주		

3.6.11.3. 주식매수선택권

3.6.11.3.1. 주식매수선택권의 의의

주식매수선택권이란 회사가 정관에서 정하는 바에 따라 제434조의 주주총회의 특별결의로 회사의 설립·경영 및 기술혁신 등에 기여하거나 기여할 수 있는 회사의 이사, 집행임원, 감사 또는 피용자(被用者)에게 미리 정한 가액(주식매수선택권의 행사가액)으로 신주를 인수하거나 자기의 주식을 매수할 수 있는 권리(주식매수선택권)를 부여한 권리이다(상340의2 ①).

상장회사는 제340조의2 제1항 본문에 규정된 자 외에도 대통령령으로 정하는 관계 회사의 이사, 집행임원, 감사 또는 피용자에게 주식매수선택권을 부여할 수 있다. 다만, 제542조의8 제2항 제5호의 최대주주 등 대통령령으로 정하는 자에게는 주식매수선택권을 부여할 수 없다(상542의3 ①).

3.6.11.3.2. 주식매수선택권의 행사요건

(1) 부여 주체와 대상자

상법상 주식매수선택권을 부여할 수 있는 주체는 회사이다(상340의2 ①).

주식매수선택권의 대상자는 회사의 이사, 집행임원, 감사 또는 피용자이다. 상장회사는 이사, 집행임원, 감사 또는 피용자 외에도 대통령령으로 정하는 관계회사의 이사, 집행임원, 감사 또는 피용자에게 주식매수선택권을 부여할 수 있다(상542의3 ①).

주식매수선택권을 부여받을 수 없는 자로는 ① 의결권 없는 주식을 제외한 발행주식총수의 100분의 10 이상의 주식을 소유한 주주 ② 이사·집행임원·감사의 선임과 해임 등 회사의 주요 경영사항에 대하여 사실상 영향력을 행사하는 자 ③ 위 주주의 배우자와 직계존·비속이다(상340의2 ②). 다만, 상장회사는 주주총회의 특별결의 이외에도 정관에서 정하는 바에 따라 발행주식총수의 100분의 10의 범위에서 대통령령으로 정하는 한도까지 이사회가 주주총회가 결의하여야 할 사항(제340조의3제2항 각 호의 사항)을 결의함으로써 해당 회사의 집행임원·감사 또는 피용자 및 관계회사의 이사·집행임원·감사 또는 피용자에게 주식매수선택권을 부여할 수 있다. 이 경우 주식매수선택권을 부여한 후 처음으로 소집되는 주주총회의 승인을 받아야 한다(상542의3 ③).

상장회사는 최대주주 등 대통령령으로 정하는 다음의 자 즉, 상장회사의 주주로서 의결권 없는 주식을 제외한 발행주식총수를 기준으로 본인 및 그와 대통령령으로 정하는 특수한 관계에 있는 자(특수관계인)가 소유하는 주식의 수가 가장 많은 경우 그 본인(최대주주) 및 그의 특수관계인에게는 주식매수선택권을 부여할 수 없다($\frac{상\ 542의3}{542의8}$ ①ᵥ).

(2) 부여한도

상법에 의한 주식매수선택권의 부여한도는 회사의 발행주식총수의 100분의 10이다($\frac{상\ 340}{의2}$③). 다만, 상장회사는 발행주식총수의 100분의 20의 범위에서 대통령령으로 정하는 한도까지 주식매수선택권을 부여할 수 있다($\frac{상\ 542}{의3}$②).

(3) 정관의 규정

주식매수선택권에 관한 정관의 규정에는 ① 일정한 경우 주식매수선택권을 부여할 수 있다는 뜻 ② 주식매수선택권의 행사로 교부할 주식의 종류와 수 ③ 주식매수선택권을 부여받을 자의 자격요건 ④ 주식매수선택권의 행사기간 ⑤ 일정한 경우 이사회결의로 주식매수선택권의 부여를 취소할 수 있다는 뜻 등의 사항을 적어야 한다($\frac{상\ 340}{의3}$①).

(4) 주주총회의 결의

주식매수선택권에 관한 주주총회의 결의에 있어서는 ① 주식매수선택권을 부여받을 자의 성명 ② 주식매수선택권의 부여방법 ③ 주식매수선택권의 행사가격과 그 조정에 관한 사항 ④ 주식매수선택권의 행사기간 ⑤ 주식매수선택권을 부여받을 자 각각에 대하여 주식매수선택권의 행사로 발행하거나 양도할 주식의 종류와 수 등의 사항을 정하여야 한다($\frac{상\ 340}{의3}$②).

회사는 주주총회 결의에 의하여 주식매수선택권을 부여 받은 자와 계약을 체결하고 상당한 기간 내에 그에 관한 계약서를 작성하여야 한다($\frac{상\ 340}{의3}$③). 회사는 계약서를 주식매수선택권의 행사기간이 종료할 때까지 본점에 비치하고 주주로 하여금 영업시간 내에 이를 열람할 수 있도록 하여야 한다($\frac{상\ 340}{의3}$④).

(5) 행사기간

주식매수선택권은 주주총회결의일부터 2년 이상 재임 또는 재직하여야 행사할 수 있다($\frac{상\ 340}{의4}$①). 상장회사의 주식매수선택권을 부여받은 자는 대통령령으로 정하는 경우를 제외하고는 주식매수선택권을 부여하기로 한 주주총회 또는 이사회의 결의일부터 2년 이상 재임하거나 재직하여야 주식매수선택권을 행사할 수 있다($\frac{상\ 542}{의3}$④).

상법에서 정하는 주식매수선택권 행사요건을 판단할 때에는 구 증권거래법 및 그 내용을 이어받은 상법 제542조의3 제4항을 적용할 수 없고, 정관이나 주주총회의 특별결의를 통해서도 상법 제340조의4 제1항의 요건을 완화하는 것은 허용되지 않는다고 해석하여야 한다. 따라서 본인의 귀책사유가 아닌 사유로 퇴임 또는 퇴직하게 되더라도 퇴임 또는 퇴직일까지 상법 제340조의4 제1항의 '2년 이상 재임 또는 재직' 요건을 충족하지 못한다면 위 조항에 따른 주식매수선택권을 행사할 수 없다.[215]

(6) 주식매수선택권의 양도금지

주식매수선택권은 이를 양도할 수 없다. 다만, 제340조 제2항의 규정에 의하여 주식매수선택권을 행사할 수 있는 자가 사망한 경우에는 그 상속인이 이를 행사할 수 있다(상340의4 ②). 제340조 제2항은 주식매수선택권을 행사할 수 없는 자를 규정하고 있는데, 본 규정에 의하면 주식매수선택권의 양도는 회사에 영향력을 행사할 수 있는 이외의 자에게는 그 양도가 허용되는 것으로 해석하여야 할 것이다.

3.6.11.3.3. 주식매수선택권의 행사방법

주식매수선택권의 행사방법에는 자기주식교부방법, 신주교부방법, 차액교부방법 등 세 가지가 있다.

자기주식교부방법이란 주식매입선택권의 행사가격으로 자기주식을 교부하는 방법이다. 다만 자기의 주식을 교부하는 경우에는 주식매수선택권의 부여일을 기준으로 한 주식의 실질가격을 주식매수선택권의 행사가격으로 한다(상340의2 ④).

신주교부방법이란 주식매입선택권의 행사가격으로 신주를 발행하여 교부하는 방법이다. 다만 신주를 발행하는 경우에는 주식매수선택권의 부여일을 기준으로 한 주식이 실질가액과 주식의 권면액 중 높은 금액을 주식매수선택권의 행사가격으로 한다. 다만, 무액면주식을 발행한 경우에는 자본으로 계상되는 금액 중 1주에 해당하는 금액을 권면액으로 본다(상340의2 ④).

차액교부방법은 주식매수선택권의 행사가격이 주식의 실질가격보다 낮은 경우에 회사는 그 차액을 금전으로 지급하거나 자기의 주식으로 교부할 수 있는데, 이 경우 주식의 실질가격은 주식매수선택권의 행사일을 기준으로 하여 평가한다(상340의2 ①).

---

215) 大判 2011.03.24, 2010다85027

3.6.11.3.4. 주식매수선택권행사의 효과

신주교부방식의 경우 즉, 신주인수권을 행사하려는 자는 청구서 2통을 회사에 제출하고, 신주의 발행가액의 전액을 납입한 때 주주가 된다($\substack{상\ 340의5;\\516의9}$ ①). 납입은 채권 또는 신주인수권증권에 기재한 은행 기타 금융기관의 납입장소에서 하여야 한다($\substack{상\ 340의5;\\516의9}$ ③). 주식인수의 청약, 주식청약서의 기재사항($\substack{상\\302}$)의 규정은 위 청구서에, 제납입금의 보관자 등의 변경 ($\substack{상\\306}$) 및 납입금 보관자의 증명과 책임($\substack{상\\318}$)의 규정은 납입을 맡은 은행 기타 금융기관에 이를 준용한다($\substack{상\ 340의5;\\516의9}$ ④).

자기주식의 교부방식의 경우에는 매수대금을 지급하고 주식을 교부받은 때에 주주가 된다.

주가차익수익금을 지급하는 방법으로 자기주식을 교부하는 경우에는 주식을 교부받은 때에 주주가 된다($\substack{상\ 336\\①}$).

주식매수선택권의 행사로 신주를 발행하는 경우에 주주명부의 폐쇄, 기준일의 기간 중에 전환된 주식의 주주는 그 기간 중의 총회의 의결에 관하여는 의결권을 행사할 수 없다($\substack{상\ 340의 5;\\350\ ②}$). 전환권을 행사한 주식의 이익이나 이자의 배당에 관하여는 그 청구를 한 때가 속하는 영업년도말에 전환된 것으로 본다. 이 경우 신주에 대한 이익이나 이자의 배당에 관하여는 정관이 정하는 바에 따라 그 청구를 한 때가 속하는 영업년도의 직전 영업년도말에 전환된 것으로 할 수 있다($\substack{상\ 340의 5;\\350\ ③}$).

주식의 전환으로 인한 변경등기는 전환을 청구한 날이 속하는 달의 말일부터 2주간 내에 본점소재지에서 이를 하여야 한다($\substack{상\ 340의 5;\\351}$).

3.6.11.3.5. 상장회사의 특례

상장회사의 주식매수선택권 부여, 취소, 그 밖에 필요한 사항은 대통령령으로 정한다($\substack{상\ 542\\의3\ ⑤}$).

3.6.12. 회사의 계산

3.6.12.1. 회사의 계산규정의 필요성

주주는 회사의 채무에 대하여 직접 아무런 책임을 지지 아니하기 때문에 회사채권자를 위한 유일한 담보는 회사의 재산뿐이다. 따라서 상법은 주식회사에 대하여 회사재산의 확보를 위해 자본충실의 원칙을 강조하고 이사로 하여금 매 결산기마다 재무제표와 영업보고서를 작성하여 정기주주총회의 승인을 받은 후 지체 없이 공고하도록 하고 있다($\frac{상}{450}^{447\sim}$). 그 밖에 대차대조표에 기재할 재산과 그 항목 및 그 평가($\frac{상}{461}^{451\sim}$) ③ 이익이나 이자의 배당, 주식배당에 관한 규정($\frac{상}{464의2}^{462\sim}$) ④ 회사의 업무와 재산상태의 검사에 관한 규정($\frac{상}{467}^{466\sim}$) 등을 두고 있다. 2011년 개정상법에서는 회계의 원칙에 대해 규정을 신설하였는데, 회사의 회계는 이 법과 대통령령으로 규정한 것을 제외하고는 일반적으로 공정하고 타당한 회계관행에 따른다고 규정하고 있다($\frac{상}{의2}^{466}$).

3.6.12.2. 계산절차

3.6.12.2.1. 재무제표 등의 작성

주식회사의 이사는 결산기마다 ① 대차대조표 ② 손익계산서 ③ 그 밖에 회사의 재무상태와 경영성과를 표시하는 것으로서 대통령령으로 정하는 서류(구 상법은 이익잉여금처분계산서 또는 결손금처리계산서라고 규정하였음)와 그 부속명세서를 작성하여 이사회의 승인을 받아야 한다($\frac{상}{①}^{447}$).

대통령령으로 정하는 회사의 이사는 연결재무제표(聯結財務諸表)를 작성하여 이사회의 승인을 받아야 한다($\frac{상}{②}^{447}$).

☞ 상업장부와 재무제표의 이동(異同)

	상업장부	재무제표
공통점	① 상인이 작성하는 장부이다. ② 상법상의 의무로서 작성한다. ③ 대차대조표는 상업장부와 재무제표에 다 같이 포함된다.	
종류	① 대차대조표 ② 회계장부	① 대차대조표 ② 손익계산서 ③ 이익잉여금처분계산서 또는 결손금처리계산서 ④ 현금흐름표(기업회계기준)
차이점	① 모든 상인에게 적용된다. ② 법원에 제출의무가 있다. ③ 후일의 분쟁에 대비하기 위한 것	① 주식회사·유한회사에만 적용된다. ② 감사에게 제출의무가 있다. ③ 모든 이해관계인의 이익을 보호 위한 것

3.6.12.2.2. 재무제표 등의 감사와 비치공시

이사는 재무제표와 그 부속명세서($\frac{상}{447}$) 및 영업보고서($\frac{상}{447의2}$)를 작성하여 이사회의 승인을 받은 후($\frac{상 447,}{447의2}$), 감사의 감사를 받기 위하여 정기총회의 회일의 6주간 전에 감사에게 제출하여야 한다($\frac{상}{447의3}$). 감사는 위의 서류를 받은 날로부터 4주간 내에 감사를 하여 감사보고서를 이사에게 제출하여야 한다($\frac{상 447}{의4 ①}$).

이러한 감사보고서에는 다음의 사항을 적어야 한다($\frac{상 447}{의4 ②}$).

① 감사방법의 개요

② 회계장부에 기재될 사항이 기재되지 아니하거나 부실기재된 경우 또는 대차대조표나 손익계산서의 기재 내용이 회계장부와 맞지 아니하는 경우에는 그 뜻

③ 대차대조표 및 손익계산서가 법령과 정관에 따라 회사의 재무상태와 경영성과를 적정하게 표시하고 있는 경우에는 그 뜻

④ 대차대조표 또는 손익계산서가 법령이나 정관을 위반하여 회사의 재무상태와 경영성과를 적정하게 표시하지 아니하는 경우에는 그 뜻과 이유

⑤ 대차대조표 또는 손익계산서의 작성에 관한 회계방침의 변경이 타당한지 여부와 그 이유

⑥ 영업보고서가 법령과 정관에 따라 회사의 상황을 적정하게 표시하고 있는지 여부

⑦ 이익잉여금의 처분 또는 결손금의 처리가 법령 또는 정관에 맞는지 여부

⑧ 이익잉여금의 처분 또는 결손금의 처리가 회사의 재무상태나 그 밖의 사정에 비추어 현저하게 부당한 경우에는 그 뜻

⑨ 부속명세서에 기재할 사항이 기재되지 아니하거나 부실기재된 경우 또는 회계장부·대차대조표·손익계산서나 영업보고서의 기재 내용과 맞지 아니하게 기재된 경우에는 그 뜻

⑩ 이사의 직무수행에 관하여 부정한 행위 또는 법령이나 정관의 규정을 위반하는 중대한 사실이 있는 경우에는 그 사실

감사가 감사를 하기 위하여 필요한 조사를 할 수 없었던 경우에는 감사보고서에 그 뜻과 이유를 적어야 한다($\frac{상 447}{의4 ③}$).

이사는 재무제표, 그 부속명세서, 영업보고서 및 감사보고서를 정기총회회일의 1주간 전부터 본점에 5년간, 그 등본을 지점에 3년간 비치하여야 한다($\frac{상 448}{①}$). 주주와 회사채권자는 영업시간 내에 언제든지 위 비치서류를 열람할 수 있으며, 회사가 정한 비용을 지급하고 그 서류의 등본이나 초본의 교부를 청구할 수 있다($\frac{상 448}{②}$).

3.6.12.2.3. 재무제표 등의 승인·공고

이사는 영업보고서를 정기총회에 제출하되 그 내용을 보고하고($\frac{상}{2}$⁴⁴⁹), 재무제표는 정기총회에 제출하여 그 승인을 요구하여야 한다($\frac{상}{①}$⁴⁴⁹). 이사는 재무제표에 대한 주주총회의 승인을 얻은 때에는 지체 없이 대차대조표를 공고하여야 한다($\frac{상}{3}$⁴⁴⁹). 위 규정에도 불구하고 회사는 정관에서 정하는 바에 따라 ① 재무제표의 서류($\frac{상}{447}$)가 법령 및 정관에 따라 회사의 재무상태 및 경영성과를 적정하게 표시하고 있다는 외부감사인의 의견이 있을 것과 ② 감사(감사위원) 전원의 동의가 있는 경우에는 이사회의 결의로 재무제표의 서류($\frac{상}{447}$)를 승인할 수 있다($\frac{상}{의2}$⁴⁴⁹ ①). 이사회가 승인한 경우에는 이사는 재무제표의 서류($\frac{상}{447}$)의 내용을 주주총회에 보고하여야 한다($\frac{상}{의2}$⁴⁴⁹ ②).

정기총회에서 재무제표의 승인을 한 후 2년 내에 다른 결의가 없으면 회사는 이사와 감사의 책임을 해제한 것으로 본다. 그러나 이사 또는 감사의 부정행위에 대하여는 그러하지 아니하다($\frac{상}{450}$). 상법 제450조에 따른 이사나 감사의 책임해제는 재무제표 등에 기재되어 정기총회에서 승인을 얻은 사항에 한정된다.[216]

3.6.12.3. 재무제표의 기재사항

3.6.12.3.1. 자산의 평가방법

구 상법은 유동자산, 금전채권, 회사채, 주식, 영업권의 평가방법에 대해 규정하고 있었으나($\frac{구상}{452}$), 2011년 개정상법에서 회계에 대해 공정하고 타당한 회계관행에 따르도록 하고($\frac{상}{의2}$⁴⁴⁶) 자산의 평가방법에 관한 상법상의 규정을 삭제하였다.

3.6.12.3.2. 이연자산

(1) 의 의

이연자산이란 회사가 지출한 비용을 자산의 항목에 계상한 것을 말한다. 이는 회사의 창업이나 기타 큰 비용이 발생하는 경우, 당해 결산기에 한꺼번에 비용으로 처리하면 이익이 경감되고, 손실이 발생하는 등의 재무구조상 큰 충격을 주므로 이를 완화하고자 하는 것이다. 비용을 자산으로 처리하는 만큼 예외적인 조치이므로 일정한 경우에만 인정하고 있다.

---

216) 大判 1969.01.28, 68다305; 大判 2002.02.26, 2001다76854; 大判 2006.08.25, 2004다24144.

(2) 상법상의 이연자산

구 상법은 창업비, 개업비, 신주발행비용, 액면미달금액, 사채차액, 건설이자[217], 연구개발비 등 이연자산의에 대해 규정하고 있었으나($\frac{구상}{457의2}$ ~ ^{453}), 2011년 개정상법에서 회계에 대해 공정하고 타당한 회계관행에 따르도록 하고($\frac{상}{의2}$ ^{446}) 구 상법상의 이연자산에 관한 규정을 삭제하였다.

3.6.12.3.3. 준비금

(1) 의 의

준비금이라 함은 회사가 순재산액으로부터 자본액을 공제한 금액, 즉 잉여금 중 주주에게 배당하지 아니하고 일정한 목적을 위하여 회사에 적립해 두는 금액을 말한다. 이러한 준비금에는 상법의 규정에 의하여 적립하는 법정준비금과 정관 또는 주주총회의 결의에 의하여 적립하는 임의준비금이 있다. 법정준비금에는 자본준비금($\frac{상}{459}$)과 이익준비금($\frac{상}{458}$)이 있는데, 상법이 단순히 준비금이라고 규정하는 경우에는($\frac{상}{①}$ ^{460}) 이러한 법정준비금을 의미한다.

☞ 자본준비금

준비금		
법률규정 강제 자본준비금(459), 이익준비금(458) 용도: 결손전보(이익준비금 먼저 보충 자본준비금; 460)와 자본전입(461)에만 사용(둘 중 순서 차이 없음)		
법정준 비금	자본준비금	액면초과금액, 주식교환차익금, 주식이전차익금, 감자차익금, 분할·합병차익금 기타 자본잉여금(재평가적립금, 국고보조금 등)(459) → 자본에 준함. 배당불가, 적립한도 없음. 사용순서: 후순위
	이익준비금	매 결산기의 금전에 의한 이익배당액의 1/10 이상의 금액을 자본금의 1/2에 달할 때까지 적립(458), 사용순서: 선순위
임의준 비금	정관·주주총회결의에 의함(매 결산기의 영업이익 중 이익준비금을 공제한 잔액을 재원으로 함)	

---

217) 건설이자배당이란 철도, 운하, 발전, 조선 등과 같이 개업을 위하여 상당한 시일을 요하는 사업의 경영을 목적으로 하는 회사가 이러한 건설기간 동안 이익이 없는 경우에도 일정한 엄격한 조건하에 주주에게 이자를 배당하는 것을 의미한다. 건설이자배당의 법적 성질에 대해 자본의 일부환급으로 이해하는 설(자본환급설), 이익배당의 선급으로 보는 설(이익배당선급설) 등으로 나뉘어 있다. 2011년 개정상법에서는 건설이자배당에 관한 규정을 삭제하였다.

(2) 법정준비금

1) 법정준비금의 내용

법정준비금은 자본의 결손을 보충하기 위하여 상법의 규정에 의해서 그 적립이 강제되어 있는 준비금이다. 적립의 재원에 따라 이익준비금과 자본준비금으로 나눠진다.

ⅰ) 이익준비금

이익준비금이란 이익잉여금을 적립재원으로 하는 법정준비금을 말한다. 회사는 그 자본금의 2분의 1에 달할 때까지 매 결산기의 금전에 의한 이익배당액의 10분의 1 이상의 금액을 이익준비금으로 적립하여야 한다. 다만, 주식배당의 경우에는 그러하지 아니하다($\frac{상}{458}$).

ⅱ) 자본준비금

자본준비금이란 영업이익 이외의 자본거래에서 발생한 자본잉여금을 재원으로 하여 적립되는 법정준비금을 말한다. 회사는 자본거래에서 발생한 잉여금을 대통령령으로 정하는 바에 따라 자본준비금으로 적립하여야 한다($\frac{상}{459}$). 구 상법은 자본준비금의 재원에 대하여 ① 액면초과액(주식발행초과금) ② 주식교환차익금 ③ 주식이전차익금 ④ 감자차익금(감자잉여금) ⑤ 합병차익금(합병잉여금) 및 ⑥ 분할차익금(분할잉여금) ⑦ 기타 자본잉여금(자산수증이익, 채무면제이익, 자기주식처분이익 및 그 밖의 기타 자본잉여금) 등 제한적으로 열거하고 있었으나($\frac{구상 459}{ⅰ~ⅳ}$) 삭제하였다.

합병이나 제530조의2에 따른 회사분할 또는 분할합병의 경우 소멸 또는 분할되는 회사의 이익준비금이나 그 밖의 법정준비금은 합병·분할·분할합병 후 존속되거나 새로 설립되는 회사가 승계할 수 있다($\frac{상}{②}$ 459).

2) 법정준비금의 사용

이상 두 가지 법정준비금은 원칙적으로 자본의 결손전보에만 충당하여야 하는데($\frac{상}{460}$), 예외적으로 이를 자본에 전입할 수 있다($\frac{상}{461}$). 즉 준비금은 자본금의 결손 보전에 충당하는 경우 외에는 처분하지 못하며($\frac{상}{460}$), 회사는 정관으로 주주총회에서 결정하기로 정한 경우를 제외하고는 이사회의 결의에 의하여 준비금의 전부 또는 일부를 자본금에 전입할 수 있다($\frac{상}{①}$ 461).

자본의 결손이란 회사의 순 자산액이 자본과 법정준비금의 합계액에 미달되는 경우를 말한다. 자본의 결손은 이익준비금으로 전보하고, 부족한 경우 자본준비금으로 전보한다. 법정준비금은 자본에 전입하더라도 회사채권자의 이익을 해하는 것이 아니고, 법정준비금은 주주에 대한 이익배당을 제약하는 점에서는 자본과 같다고 할 수 있다. 즉 법정준비금은 주주에게 이익배당으로 금전배당을 할 수 없으므로 준비금의 자본전입을 통한 무상신주 발행방식으로 주주에게 이익을 환원할 수 있다. 따라서 상법은 이사회 결의에 의해 준비금의 전부 또는 일부를 자본에 전입하는 것을 허용하고 있다.

상법 제461조에 의하여 주식회사가 이사회의 결의로 준비금을 자본에 전입하여 주식을 발행할 경우에는 회사에 대한 관계에서는 이사회의 결의로 정한 일정한 날에 주주명부에 주주로 기재된 자만이 신주의 주주가 된다고 할 것이다.[218]

(3) 임의준비금

임의준비금(임의적립금)이란 법의 강제에 의하지 않고 정관의 규정 또는 주주총회의 결의에 의하여 적립되는 준비금을 말한다. 법정준비금은 이익배당의 재원으로 할 수 없으나 임의준비금은 이익배당의 재원으로 쓸 수 있다는 점에서 차이가 있다. 임의준비금의 목적은 사채의 상환, 주식의 소각 등 여러 가지가 있을 수 있으며, 그 금액이나 적립방법에는 제한이 없다.

(4) 비밀준비금

비밀준비금이란 고의로 자산항목을 과소평가 하거나 부채항목을 과대표시하여 대차대조표에 준비금으로 나타나지는 않으나 은닉된 회사재산을 말한다.

(5) 준비금의 자본전입

준비금의 자본전입이라 함은 회사의 계산상 준비금계정에 속하는 금액을 자본금계정에 이체하는 것으로 이것으로 인하여 자본에 전입한 금액만큼 준비금이 감소하는 동시에 자본이 증가하게 된다. 준비금을 자본에 전입한 경우 신주를 발행하여 이를 종래의 주주에게 그 소유주식 수에 따라서 무상으로 교부하게 된다(무상증자).

상법 제461조에 의한 무상증자는 준비금이 자본에 전입되어 자본이 증가하는 경우 주주에 대하여 그가 가진 주식의 수에 따라 주식이 발행되는 것으로서 회사재산의 증가 없이 주식의 수만 증가하게 되므로 주주가 보유하는 주식(무상증자로 발행된 주식 포함)의

---

218) 大判 1988.06.14, 87다카2599, 2600(반소).

경제적 가치에는 변화가 없다.[219]

자본전입의 효력은 그 전입을 이사회가 결의한 때에는 신주배정일에 발생하며, 주주총회가 결의한 때에는 당해 결의 시에 발생한다. 이것은 유상증자 시에는 납입기일 익일에 발생하나 무상증자의 경우에는 납입기일이 없으므로 신주배정일에 발생하도록 한 것이다. 이익이나 이자의 배당에 관하여는 정관의 규정에 의하여 직전 영업년도 말을 기산일로 잡을 수 있다($\frac{\text{상}\ 461\ ⑥}{350\ ③}$).

(6) 준비금의 감소

회사는 적립된 자본준비금 및 이익준비금의 총액이 자본금의 1.5배를 초과하는 경우에 주주총회의 결의에 따라 그 초과한 금액 범위에서 자본준비금과 이익준비금을 감액할 수 있다($\frac{\text{상}\ 461}{\text{의}2}$).

3.6.12.4. **이익배당**

3.6.12.4.1. 서

상법은 이익배당의 요건($\frac{\text{상}\ 462,}{464}$)과 배당금지급시기를 규정하고 있다($\frac{\text{상}\ 465}{\text{의}2}$). 이익배당의 방법에는 현금배당, 재산배당 및 주식배당의 세 가지가 있는데, 상법은 현금배당 및 주식배당만을 인정하고 있다.[220]

3.6.12.4.2. 이익배당

(1) 의 의

이익배당이란 회사의 이익을 주주에게 분배하는 것을 말하는데, 협의의 이익배당이란 회사의 이익을 주주에게 현금으로 분배하는 것을 말한다.

(2) 이익배당의 요건

회사는 대차대조표상의 순재산액으로부터 ① 자본금의 액 ② 그 결산기까지 적립된

---

219) 大判 2005.12.09, 2003두10015.

220) 구상법은 이익배당의 선급이라고 볼 수 있는 건설이자의 배당(구상 463)을 인정하고 있었으나 2011년 개정상법에서는 삭제하였다.

자본준비금과 이익준비금의 합계액 ③ 그 결산기에 적립하여야 할 이익준비금의 액 ④ 대통령령으로 정하는 미실현이익을 공제한 배당가능이익을 한도로 하여 이익배당을 할 수 있다($\frac{\text{상}}{①}$ 462). 이는 회사채권자를 보호하기 위한 것이다.

(3) 이익배당의 확정

이익배당의 결정은 주주총회의 전권사항이다($\frac{\text{상}}{449}$). 즉 이익배당은 주주총회의 결의로 정한다. 다만 재무제표를 이사회가 승인하는 경우($\frac{\text{상 449}}{\text{의2 ①}}$)에는 이사회의 결의로 정한다($\frac{\text{상}}{②}$ 462).

(4) 이익배당의 기준

1) 주주평등의 원칙

이익배당은 원칙적으로 주주평등의 원칙에 의하여 각 주주가 가진 주식의 수에 따라 지급하여야 한다($\frac{\text{상}}{464}$). 그러나 상법상의 예외로 회사가 정관의 규정에 따라 우선주(최저배당률), 후배주 등 이익배당에 관하여 내용이 다른 종류주식을 발행한 경우에는($\frac{\text{상 344}}{①}$) 종류주식 사이에 차등배당한다($\frac{\text{상}}{464}$).

2) 일할배당·동액배당

일할배당이란 영업년도의 중간에 신주의 발행이 있는 경우에는 그 년도의 결산기에 배당을 함에 있어 신주에 대하여 구주와 동액의 배당을 하지 않고, 신주의 효력발생일로부터 결산일까지의 일수를 따져 계산한 액을 배당하는 것을 말한다. 일할배당으로 할 것인가 동액배당으로 할 것인가는 회사의 임의이다.

(5) 이익배당금의 지급

1) 이익배당청구권

주주의 이익배당청구권은 주주의 고유권이다. 총회의 이익잉여금처분의 결의가 있으면 순전히 채권적 성질을 가진 구체적인 이익배당청구권으로 변하는데, 이것은 독립하여 양도, 압류, 전부명령 등의 목적이 될 수 있고 또 시효에도 걸리게 된다. 이러한 구체적인 이익배당청구권의 시효기간은 5년이다($\frac{\text{상 464}}{\text{의2 ②}}$).

2) 배당금지급시기

회사는 주주총회에 의한 재무제표의 승인 또는 중간배당에 관한 이사회의 결의($\substack{상\ 449\ ①\\462의3\ ①}$)가 있은 날로부터 1월 내에 배당금을 지급하여야 한다($\substack{상\ 464\\의2\ ①}$). 그러나 주주총회 또는 이사회에서 배당금의 지급시기를 따로 정한 경우에는 그에 의한다($\substack{상\ 464\\의2\ ①}$).

(6) 위법배당의 효과

1) 위법배당의 의의

위법배당이란 배당가능이익이 없음에도 불구하고 이익배당을 하거나, 배당가능이익을 초과하여 이익배당을 하는 것을 말한다.

2) 위법배당액의 반환청구

위법배당은 당연무효이므로 위법배당을 받은 주주는 배당받은 이익을 부당이득으로 회사에 반환할 의무를 부담한다($\substack{민\ 741,\\748}$). 이때 주주가 스스로 반환하지 않거나 회사에서 반환청구를 하지 않는 경우에는 회사채권자가 직접 주주에 대하여 위법배당액을 회사에 반환할 것을 청구할 수 있다($\substack{상\ 462\\③}$). 청구에 관한 소에 대하여는 전속관할에 관한 제186조를 준용한다($\substack{상\ 462\\④}$).

3) 이사·감사 등의 책임

위법배당안을 이사회에서 찬성하고($\substack{상\\447}$) 이를 정기주주총회에 제출한 이사 등은 회사에 대하여 연대하여 손해배상책임을 부담하고($\substack{상\\399}$) 또한 이러한 이사 등에 악의 또는 중과실이 있는 경우에는 그는 회사채권자 및 주주 등에 대하여도 손해배상책임을 부담한다($\substack{상\\401}$). 감사도 재무제표를 감시하여 감사보고서를 제출하고($\substack{상\\의4\ 447}$) 또 주주총회에 그 의견을 보고할 의무가 있으므로($\substack{상\\413}$) 재무제표에 부정이나 허위가 있음에도 불구하고 이를 정당한 것으로 보고한 때에는 회사 또는 제3자에 대하여 연대하여 손해배상책임을 부담한다($\substack{상\\414}$).

3.6.12.4.3. 중간배당

(1) 중간배당의 의의

1) 중간배당의 개념

상법상 중간배당이란 년 1회의 결산기를 정한 회사가 정관의 규정에 의하여 영업년도 중 1회에 한하여 이사회의 결의로 일정한 날을 정하여 그날의 주주에 대하여 이익을 배당하는 것을 말한다(상 462 ①).

2) 중간배당의 법적 성질

상법은 중간배당에 관하여 금전으로 이익을 배당하는 것이라고 규정(상 462 ①)하고 있고, 준용규정의 적용에 관하여 중간배당을 이익의 배당으로 본다고 규정하고 있다(상 462 ⑤). 따라서 중간배당을 이익배당의 일종으로 보고 있다. 이 중간배당의 법적 성질에 대하여 학설이 대립되어 있는데, 이는 이익배당의 재원을 무엇으로 보는가에 따라 전기이익후불설과 이익배당가지급설(이익배당가불설; 당기이익선급설)로 나뉘어 있다.

(2) 중간배당의 요건

1) 정관의 규정

중간배당을 할 수 있는 회사는 결산기를 년 1회로 정한 회사로서 정관에 이사회의 결의로 일정한 날에 중간배당을 할 수 있다는 규정을 두고 있는 회사이다(상 462 ①). 따라서 결산기가 년 2회인 회사는 이를 년 1회로 변경하여야 하며, 년 2회 이상의 중간배당을 정한 경우에 그 정관의 규정은 무효가 된다.

2) 중간배당일

중간배당기준일에 대해 상법상 중간배당일은 정해지지 않아 이사회에서 결의를 정할 수 있다(상 462 ①). 회사가 중간배당을 할 일정한 날이란 중간배당을 받을 주주를 확정하는 날로서 상법상의 주주명부폐쇄나 기준일과 같은 개념이라고 할 수 있다(상 354).

3) 중간배당가능이익의 존재

상법은 중간배당을 이사회에서 결의하기 위해서는 중간배당이 가능한 만큼의 재산(미처분이익)이 존재하고 있을 것을 규정하고 있다. 즉 최종의 대차대조표상의 순 자산액(대차대조표의 자산액으로부터 부채액을 뺀 잔액)에서 ① 직전 결산기의 자본금의 액 ② 직전결산기까지 적립된 법정준비금(자본준비금과 이익준비금)의 합계액 ③ 중간배당에 따라 당해 결산기에 적립하여야 할 이익준비금의 액(중간배당금액의 10분의 1) ④ 직전 결산기의 정기총회에서 이익으로 배당하거나 또는 지급하기로 정한 금액을 뺀 금액이 중간배당가능이익이 된다($\substack{상 \\ 의3}\substack{462 \\ ②}$).

(3) 중간배당절차

1) 이사회의 중간배당결의

중간배당은 정관의 규정에 따라서 이사회의 결의에 의하여 하게 된다($\substack{상 \\ 의3}\substack{462 \\ ①}$). 중간배당을 이사회가 하기 때문에 이사가 1인인 소규모회사에서는 주주총회가 중간배당의 결정권을 갖는다고 할 것이다($\substack{상 \\ ①}\substack{383}$).

2) 주주의 확정

중간배당을 받을 주주는 정관에 정하여지거나 혹은 이사회에서 정한 날의 주주이다. 다만 주주를 확정하기 위해서는 기준일 제도를 이용하거나 주주명부를 폐쇄하여야 할 것이다.

3) 배당금 지급

배당 시기는 이사회가 정할 수 있다($\substack{상 \\ 의2}\substack{464 \\ ①}$). 중간배당 여부는 다른 요건이 충족되는 한 이사회의 재량으로 정한다. 중간배당은 이사회의 결의로 확정되고, 추후 주주총회의 추인을 요하지 않는다.

(4) 위법배당과 이사·감사의 책임

1) 이사의 책임

중간배당한도액을 초과하여 배당한 경우 또는 중간배당에 관한 규정이 없음에도 불구하고 중간배당을 실시한 경우 등은 위법중간배당에 해당하여 무효가 된다. 위법중간배당의 효과 및 이에 따른 이사·감사의 책임 등은 위법이익배당의 경우와 같다(상462의3⑥). 따라서 당해 결산기의 대차대조표상의 순재산액이 자본의액, 그 결산기까지의 자본준비금과 이익준비금의 합계액, 그 결산기에 적립하여야 할 이익준비금의 액의 합계액에 미치지 못함에도 불구하고 중간배당을 한 경우 이사는 회사에 대하여 연대하여 그 차액을 배상할 책임을 지고, 배당액이 그 차액보다 적을 경우에는 배당액을 배상할 책임이 있다(상462의3④본문). 그러나 이사가 당기결산기에 손실이 발생할 우려가 없다고 판단함에 있어 주의를 게을리 하지 아니하였음을 증명한 때에는 배상책임을 면한다. 이사의 손해배상책임을 추궁함에 있어서는 원칙적으로 이사의 책임을 추궁하는 자가 이사의 임무해태에 관해 입증책임을 지는 데 반하여, 중간배당에 대해서는 이사에게 무과실의 입증을 요하므로 이사의 책임에 관한 일반 원칙의 예외를 이룬다. 이사회의 중간배당결의에 찬성한 이사도 연대하여 책임을 지며(상462의3⑥, 399②), 이사의 책임을 면제하기 위하여는 총주주의 동의를 요한다(상462의3⑥, 400). 당해 결산기 말에 이익배당을 할 수 없을 우려가 있음에도 불구하고 중간배당을 한 경우 이사는 대차대조표상의 순 자산액에서 자본액, 그 결산기까지의 준비금의 합계액 및 당해 결산기에 적립할 이익준비금의 합계액을 뺀 차액과 중간배당액 중 적은 금액을 회사에 대하여 연대하여 배상할 책임이 있다(상462의3④본문). 다만, 이 책임은 과실책임으로서 당해 중간배당 결의에 반대한 이사는 책임을 면하고, 그 결과를 가져오게 한 데 대하여 주의를 게을리 하지 아니하였음을 증명한 경우에도 책임을 면한다(상462의3④단서).

이사의 민사책임 이외에도 이사 등이 주주에 대한 업적과시용으로 무리한 중간배당을 실시하여 회사의 자본의 충실을 해하게 하였다면 이에 대한 제재를 하여야 할 것이다. 따라서 상법은 법령이나 정관의 규정에 위반하여 이익이나 이자의 배당을 한 때에는 5년 이하의 징역이나 1500만 원 이하의 벌금에 처하도록 하고 있다(상462의3⑤, 625 iii).

2) 감사의 책임

중간배당과 관련한 감사의 책임에 대해 이사회가 중간배당을 결의함에 있어서 감사가 의견진술이나 보고의무를 해태하였거나(상391의2참조) 이사의 위법행위에 대한 유지청구권의 행사(상402)를 해태하여 회사에 중간배당으로 인한 손해가 생긴 때에는 이사와 연대하여 손해배상책임을 진다고 하는 견해가 있다(상414①참조).

3.6.12.4.4. 주식배당

(1) 주식배당의 의의

주식배당이란 주식회사가 주주에게 배당할 수 있는 이익배당 총액의 2분의 1 범위 내에서 새로이 발행하는 주식으로써 주주에게 그 지분비율에 따라 무상으로 배당하는 것을 말한다($\overset{상}{의2}\overset{462}{①}$).

(2) 주식배당의 본질

주식배당의 본질에 관하여 학설은 이익배당설(다수설)과 주식분할설(자본전입설)(소수설)로 나뉘어 있다.

(3) 주식배당의 요건

주식배당이 가능하기 위해서는 ① 배당가능이익이 존재하여야 하며($\overset{상}{①}\overset{462}{}$) ② 배당가능이익 중 2분의 1까지만 가능하며($\overset{상}{의2}\overset{462}{①}$) ③ 미발행수권주식이 존재하여야 한다.

(4) 주식배당의 절차

1) 주식배당의 결정

주식배당을 하기 위해서는 먼저 이익잉여금처분계산서에 그 내용을 기재하여 이사회의 승인을 받고 주주총회의 결의가 있어야 한다($\overset{상}{의2}\overset{462}{①}$). 주식배당의 결의가 있는 때에는 대표이사는 지체 없이 배당받을 주주와 등록질권자에게 받을 주식의 종류와 수를 통지하고 무기명주권을 발행한 때에는 그 결의의 내용을 공고하여야 한다($\overset{상}{의2}\overset{462}{⑤}$).

2) 주식배당의 통지·공고

주식배당이 주주총회에서 결의된 때에는 이사는 지체 없이 배당을 받을 주주와 주주명부에 기재된 질권자에게 그 주주가 받을 주식의 종류와 수를 통지하고, 무기명식의 주권이 발행된 때에는 주식배당에 관한 주주총회의 결의내용을 공고하여야 한다($\overset{상}{의2}\overset{462}{⑤}$).

3) 신주의 발행

주주총회의 주식배당결의가 있는 경우에는 회사는 그 결의에 따라 배당가능이익을 자본전입하고, 그에 해당하는 신주를 발행하여야 한다. 신주의 효력발생시기는 주식배당의 결의를 한 주주총회가 끝난 때(종결시)부터이며, 신주의 효력발생시기도 이때부터이다($\substack{\text{상} 462 \\ \text{의2} ④}$).

이때의 신주의 발행가액은 권면액으로 하며 권면액 미달 부분은 단주로 처리한다. 따라서 액면미달 또는 액면초과의 발행가액을 정할 수 없다. 주식배당에 의한 신주발행의 경우에 단주가 생기는 경우에는 단주의 처리에 의한다($\substack{\text{상} 462 \\ \text{의} ③, 443 ①}$). 따라서 회사는 이러한 단주를 경매하여 각 주 수에 따라 그 대금을 종전의 주주에게 지급하여야 하는데 거래소의 시세 있는 주식은 거래소를 통하여 매각하고 거래소의 시세 없는 주식은 법원의 허가를 받아 경매 외의 방법으로 매각할 수 있다.

회사가 종류주식을 발행한 때에는 각각 그와 같은 종류의 주식으로만 배당을 하여야 하는가가 문제된다. 주식배당의 본질에 관하여 통설인 이익배당설에 의하면 주식배당의 경우에 회사가 종류주식을 발행하였다 하더라도 모두 한 가지 주식으로 교부하여야 한다고 한다. 그러나 자본전입설 내지 주식분할설에 의하면 회사가 종류주식을 발행한 경우에는 각 주주가 갖는 주식의 종류에 따라 그에 해당하는 주식을 발행하여야 한다고 한다. 회사가 종류주식을 발행한 때에는 각각 그와 같은 종류의 주식으로 할 수 있다($\substack{\text{상} 462 \\ \text{의2} ②}$).

이때에 배당받은 신주에 대하여 주주가 되는 시기는 원칙적으로 주주총회의 종결 시인데 예외적으로 정관에 규정이 있으면 이익이나 이자의 배당에 관하여는 주식배당을 한 때가 속하는 영업년도의 직전 영업년도 말에 주식배당을 한 것으로 할 수 있다($\substack{\text{상} 462 \\ \text{의} ④, 350 ③}$).

4) 등 기

주식배당에 의하여 신주를 발행하게 되면 자본의 총액($\substack{\text{상} 317 \\ ② ii}$)이 증가하게 됨과 동시에 회사의 발행주식총수 및 그 종류와 각종 주식의 내용과 수($\substack{\text{상} 317 \\ ② iii}$)에 변경이 있게 된다. 따라서 회사는 신주발행의 효력이 발생하는 주주총회종결일부터 본점소재지에서는 2주간 내, 지점소재지에서는 3주간 내에 이에 관한 변경등기를 하여야 한다($\substack{\text{상} 317 \\ ③, 183}$).

(5) 주식배당의 효과

1) 자본금 및 주식 수의 증가

주식배당을 하면 신주가 발행되므로 발행주식 수가 증가하게 되고, 자본금이 증가하게 된다.

2) 질권의 효력

주식배당의 경우에 등록질권자의 권리는 채무자인 주주가 받을 신주에 미친다($\frac{상}{6}, \frac{462의}{340} \frac{의2}{①}$). 이때 질권자는 회사에 대하여 질권의 효력이 미치는 신주에 대한 주권의 교부를 청구할 수 있다($\frac{상}{6}, \frac{462의2}{340} \frac{}{③}$). 이와는 달리 약식질의 경우에는 질권자의 물상대위에 관하여 명문규정이 없는 관계로 주식배당의 본질과의 관계에서 그 효력이 문제가 되고 있다. 우리나라의 통설인 이익배당설에 의하면 약식질이 회사와 무관하게 이루어지고 오직 주식 자체의 재산적 가치만을 담보로 한다는 이유로 약식질의 질권자는 입질계약에서 다른 정함이 없는 한 이익이나 이자의 배당을 받을 수 없다고 한다. 따라서 이 입장에 의하면 약식질에는 배당수익권이 인정되지 않으므로 주식배당에 의한 배당주식에는 약식질의 효력이 미치지 않는다고 본다. 그러나 자본전입설 내지 주식분할설에 의하면 배당되는 신주에 약식질의 효력이 미친다고 한다.

3) 자기주식의 문제

주식배당의 본질에 관하여 통설인 이익배당설을 취할 경우 자기주식의 권리에 관하여 다수설인 전면적 휴지설에 의하면 회사가 보유하고 있는 자기주식에 대한 주식배당은 인정되지 않으나, 의결권만이 휴지된다는 일면적 휴지설에 따른다면 회사의 자기주식에 대하여도 주식배당을 하여야 할 것이다. 그러나 자본전입설(주식분할설)에 의하면 회사가 보유하고 있는 자기주식에 대하여도 주식배당을 하여야 할 것이다.

(6) 위법한 주식배당

주식배당을 하기 위하여는 배당가능이익이 존재하여야 하는데 배당가능이익이 존재하지 않음에도 불구하고 주식배당을 한 경우에, 신주발행의 효력에 대하여 학설은 무효설과 유효설로 나뉘어 있다. 그리고 신주발행의 요건을 위반한 경우에는 신주발행무효의 소에 관한 규정($\frac{상}{이하}^{429}$)을 유추적용하여 주주·이사 또는 감사는 신주를 발행한 날로부터 6월 내에 소로써만 이러한 신주발행의 무효를 주장할 수 있다.

3.6.12.4.5. 현물배당

회사는 정관에서 금전 외의 재산으로 배당을 할 수 있음을 정할 수 있는데($\frac{상}{의4}^{462}①$), 배당을 결정한 회사는 다음 사항을 정할 수 있다($\frac{상}{의4}^{462}②$).

① 주주가 배당되는 금전 외의 재산 대신 금전의 지급을 회사에 청구할 수 있도록 한

경우에는 그 금액 및 청구할 수 있는 기간

② 일정 수 미만의 주식을 보유한 주주에게 금전 외의 재산 대신 금전을 지급하기로
한 경우에는 그 일정 수 및 금액

3.6.12.5. **주주의 경리감독**

3.6.12.5.1. 재무제표, 영업보고서 및 감사보고서의 열람권

이사는 재무제표, 그 부속명세서, 영업보고서 및 감사보고서를 정기총회회일의 1주간
전부터 본점에 5년간, 그 등본을 지점에 3년간 비치하여야 한다($\frac{상}{①}$ 448). 주주와 회사채권자
는 영업시간 내에 언제든지 위 비치서류를 열람할 수 있으며, 회사가 정한 비용을 지급
하고 그 서류의 등본이나 초본의 교부를 청구할 수 있다($\frac{상}{②}$ 448).

3.6.12.5.2. 회계장부열람권

발행주식의 총수의 100분의 3 이상에 해당하는 주식을 가진 주주는 이유를 붙인 서면
으로 회계의 장부와 서류의 열람 또는 등사를 청구할 수 있다($\frac{상}{①}$ 466). 회사는 주주의 청구
가 부당함을 증명하지 아니하면 이를 거부하지 못한다($\frac{상}{②}$ 466).

소수주주의 열람·등사청구의 대상이 되는 '회계의 장부 및 서류'에는 소수주주가 열
람·등사를 구하는 이유와 실질적으로 관련이 있는 회계장부와 그 근거자료가 되는 회계
서류를 가리키는 것으로서, 그것이 회계서류인 경우에는 그 작성명의인이 반드시 열람·등
사제공의무를 부담하는 회사로 국한되어야 하거나, 원본에 국한되는 것은 아니며, 열람·
등사제공의무를 부담하는 회사의 출자 또는 투자로 성립한 자회사의 회계장부라 할지라
도 그것이 모자관계에 있는 모회사에 보관되어 있고, 또한 모회사의 회계상황을 파악하
기 위한 근거자료로서 실질적으로 필요한 경우에는 모회사의 회계서류로서 모회사 소수
주주의 열람·등사청구의 대상이 될 수 있다.[221]

발행주식의 총수의 100분의 3 이상에 해당하는 주식을 가진 주주에게 인정되는 회계
장부 및 서류의 열람 및 등사청구권은 주주의 회사경영 상태에 대한 알 권리 및 감독·
시정할 권리와 한편 열람 및 등사청구를 인정할 경우에 발생할 수 있는 부작용, 즉 이를
무제한적으로 허용할 경우 회사의 영업에 지장을 주거나, 회사의 영업상 비밀이 외부로

---

221) 大判 2001.10.26, 99다58051.

유출될 염려가 있고, 이로 인하여 회계정보를 부당하게 이용할 가능성 등을 비교 형량하여 그 결과 주주의 권리를 보호하여야 할 필요성이 더 크다고 인정되는 경우에만 인정되어야 한다.[222)

주주의 이사회의 의사록 또는 회계의 장부와 서류 등에 대한 열람·등사청구가 있는 경우, 회사는 그 청구가 부당함을 증명하여 이를 거부할 수 있는바, 주주의 열람·등사권 행사가 부당한 것인지 여부는 그 행사에 이르게 된 경위, 행사의 목적, 악의성 유무 등 제반 사정을 종합적으로 고려하여 판단하여야 할 것이다. 특히 주주의 이와 같은 열람·등사권의 행사가 회사업무의 운영 또는 주주 공동의 이익을 해치거나 주주가 회사의 경쟁자로서 그 취득한 정보를 경업에 이용할 우려가 있거나, 또는 회사에 지나치게 불리한 시기를 택하여 행사하는 경우 등에는 정당한 목적을 결하여 부당한 것이라고 보아야 한다.[223)

3.6.12.5.3. 검사인을 통한 회사의 업무·재산상태조사권

회사의 업무집행에 관하여 부정행위 또는 법령이나 정관에 위반한 중대한 사실이 있음을 의심할 사유가 있는 때에는 발행주식의 총수의 100분의 3 이상에 해당하는 주식을 가진 주주는 회사의 업무와 재산상태를 조사하게 하기 위하여 법원에 검사인의 선임을 청구할 수 있다($\substack{상 467 \\ ①}$).

'회사의 업무집행에 관하여 부정행위 또는 법령이나 정관에 위반한 중대한 사실이 있음을 의심할 사유가 있는 때'에 대하여는, 그 내용을 구체적으로 명확히 적시하여 입증하여야 하고 단순히 일반적으로 그러한 의심이 간다는 정도의 막연한 것만으로는 그 사유로 삼을 수 없다.[224)

검사인은 그 조사의 결과를 법원에 보고하여야 한다($\substack{상 467 \\ ②}$). 법원은 위의 보고에 의하여 필요하다고 인정한 때에는 대표이사에게 주주총회의 소집을 명할 수 있다($\substack{상 467 \\ ③}$). 주주총회가 소집되는 경우 검사인은 그 조사보고서를 주주총회에도 제출하여야 한다($\substack{상 467 ③ \\ 후단, 310 ②}$). 이사와 감사는 지체 없이 검사인의 보고서의 정확 여부를 조사하여 이를 주주총회에 보고하여야 한다($\substack{상 467 \\ ④}$).

---

222) 서울지법 1998.04.01, 97가합68790.

223) 大判 2004.12.24, 2003마1575.

224) 大判 1996.07.03, 95마1335.

3.6.12.6. 회사의 계산에 관한 기타 규정

3.6.12.6.1. 회사의 이익공여금지

상법은 회사의 경영의 투명성을 위해 주주의 권리행사와 관련한 회사의 이익공여를 금지하고 있다. 즉 회사는 누구에게든지 주주의 권리행사와 관련하여 재산상의 이익을 공여할 수 없다(상467조의2 ①). 회사가 특정의 주주에 대하여 무상으로 재산상의 이익을 공여한 경우에는 주주의 권리행사와 관련하여 이를 공여한 것으로 추정한다. 회사가 특정의 주주에 대하여 유상으로 재산상의 이익을 공여한 경우에 있어서 회사가 얻은 이익이 공여한 이익에 비하여 현저하게 적은 때에도 또한 같다(상467조의2 ②).

회사가 이를 위반하여 재산상의 이익을 공여한 때에는 그 이익을 공여받은 자는 이를 회사에 반환하여야 한다. 이 경우 회사에 대하여 대가를 지급한 것이 있는 때에는 그 반환을 받을 수 있다(상467조의2 ③). 회사의 이러한 이익반환청구는 보통 대표이사가 하겠으나, 소수주주도 회사의 이익을 위하여 이익반환청구에 관한 대표소송을 제기할 수 있다(상403~406조 ④).

주주의 의결권행사와 관련하여 주주가 회사로부터 이익공여를 받았다고 하더라도, 주주의 의결권행사 그 자체의 효력에는 아무런 영향이 없다.

3.6.12.6.2. 회사사용인의 우선변제권

신원보증금의 반환을 받을 채권 기타 회사와 사용인 간의 고용관계로 인한 채권이 있는 자는 회사의 총재산에 대하여 우선변제를 받을 권리가 있다. 그러나 질권이나 저당권이나 「동산·채권 등의 담보에 관한 법률」에 따른 담보권에 우선하지 못한다(상468조). 우선변제권은 상법이 사회정책적인 입장에서 특별히 인정한 법정담보물권이다.

3.6.13. 사　채

3.6.13.1. 일반사채

3.6.13.1.1. 사채의 개념

(1) 사채의 의의

사채란 회사가 일반인으로부터 자금을 모집하기 위하여 집단적·대량적으로 채권(債券)이라는 유가증권을 발행하여 부담하는 채무를 말한다. 자본조달방법 중 신주의 발행은 자기자본의 형태로 자금을 조달할 수 있지만 주식 수가 증가하여 기존주주에 대한 이익배당과 지배권에 영향을 미치게 되므로 타인자본으로 장기에 걸쳐 거액의 자금을 조달할 수 있는 데에 사채의 장점이 있다. 일반적으로 사채라고 할 때에는 주식회사가 발행하는 것만을 말하며, 상법상의 사채에 관한 규정은 무담보사채에 관한 것으로서 사채에 관한 일반적 규정이라 할 수 있다.

(2) 사채와 주식의 비교

사채와 주식은 모두 경제적으로 공중으로부터 대량의 자금을 조달하는 수단이라는 점에서는 공통적이나 사채는 회사의 채무이어서 후에 상환을 하여야 한다는 점에서 주식과 근본적으로 구별되는데 주식과의 차이점은 다음과 같다.

1) 양자의 공통점

사채와 주식은 모두 자금조달을 위한 수단으로 다음과 같은 공통점이 있다. ① 주식이나 사채는 모두 자금조달의 목적으로 발행된다. ② 주식이나 사채는 모두 균등한 비례적 단위로 분할되고, 이 단위에는 최저액이 정하여지며, 또 유가증권화하여 유통성을 높이고 있다. ③ 주식이나 사채는 모두 그 발행을 원칙적으로 이사회가 결정한다($\frac{상}{469}$416,). ④ 주식이나 사채는 모두 그 인수를 일정한 형식을 갖춘 청약서에 의하도록 하고 있다($\frac{상}{474}$420,). ⑤ 주식이나 사채는 모두 기명식과 무기명식으로 발행할 수 있는데, 기명식으로 발행한 경우에는 그의 이전에 소정의 대항요건을 갖추어야 한다($\frac{상}{479}$337,).

2) 양자의 차이점

① 주식발행에 의하여 조달된 금액은 회사의 자기자본을 형성하지만, 사채발행에 의한 것은 타인자본이 된다. 즉 회사는 사채에 의하여 자금을 취득하는 동시에 이것을 반환할 채무를 부담한다. ② 주식에 대하여는 주권이, 사채에 대하여는 채권이 발행된다. ③ 주식에는 이익배당이 있고, 사채에는 확정이자가 있다. 사채의 확정이자는 언제나 주식에 우선한다. 즉 사채의 이자는 이익의 유무·다소에 의하여 영향을 받지 않지만, 주식의 이익배당은 이익의 유무·다소에 의하여 영향을 받는다. ④ 이로 인하여 주식은 투기증권인 데 대하여, 사채는 투자증권(이자증권)이다. ⑤ 사채는 상환기에 상환되지만, 주식에 있어서는 상환주식 이외에는 원칙적으로 출자의 환급이란 있을 수 없고 회사해산의 경우에 잔여재산의 분배에 참여할 수 있을 뿐이다. ⑥ 주주는 회사의 사원으로서 회사의 관리운영에 참가하는 권리, 즉 주주총회에 있어서의 결의권 및 각종의 감독시정권을 갖는 데 대하여, 사채권자는 회사의 채권자에 지나지 않으므로 사업경영에 참여하는 권리를 갖지 않으며 사채권자가 결의권을 통하여 회사를 지배한다는 일도 없다. ⑦ 사채발행 총액은 제한이 없으나($^{구상\ 470}_{폐지}$), 신주발행은 발행예정주식총수의 범위 내에서만 가능하며, 주식에는 수권주식총수($^{상\ 289}_{①\ ⅲ}$)와 액면가액($^{상}_{330}$)에 의한 발행제한이 있으나, 사채에는 발행총액 및 발행요건에 의한 제한($^{구상\ 470}_{471}$)이 없다. ⑧ 주식에는 현물출자가 인정되나, 사채에는 금전납입만이 인정된다($^{상}_{476}$). ⑨ 자기주식의 취득은 원칙적으로 금지되고 있으나($^{상}_{341}$), 자기사채의 취득은 원칙적으로 금지되지 않는다. ⑩ 주식에는 입질에 관한 특별규정이 있으나($^{상\ 338}_{340}$), 사채의 입질에는 특별규정이 없고 민법의 일반 원칙에 따른다(등록사채의 경우는 예외). ⑪ 사채의 경우에는 분할납입이 가능하지만($^{상}_{①\ 467}$), 주식의 경우에는 전액납입주의에 의한다($^{상}_{305}$). ⑫ 사채의 액면은 회사에 대한 채권의 금액을 의미하지만, 주식의 액면은 회사의 자본금에 대한 비율적 단위에 불과하다.

3) 양자의 접근

최근에는 회사의 자금조달의 편의를 위하여 주식의 사채화와 사채의 주식화 현상이 발생하여 양자의 중간적 성질을 가지는 증권이 많이 생기고 있다. 이러한 예로 주식의 사채화 현상으로 발생한 주식에는 무의결권주·비참가적 우선주·상환주 등이 있고, 사채의 주식화 현상으로 발생한 사채에는 상법이 인정하는 전환사채·신주인수권부사채와 구증권거래법상 인정되는 이익참가부사채·교환사채 등이 있다.

(3) 사채의 종류

사채의 종류에는 ① 사채권자에게 부여된 권리의 내용에 따라 보통사채·특수사채로 분류되고 ② 사채권에 사채권자의 성명이 기재되어 있는지 여부에 따라 기명사채·무기 명사채로 분류되고 ③ 사채를 위하여 물상담보가 설정되어 있는지 여부에 따라 무담보사 채·담보부사채로 분류되고 ④ 사채의 등록 여부에 따라 현물사채·등록사채로 분류되고 있다.

(4) 사채계약의 법적 성질

사채를 발행함으로 인해 회사와 사채를 인수하는 자 사이에 계약이 성립하는데, 이러한 사채의 성립의 원인이 되는 사채계약의 법적 성질에 관하여는 ① 소비대차설과 ② 소비대차에 유사한 무명계약설 ③ 채권매매설(다수설) 등이 있다.

☞ **사채와 주식과의 관계**

		주 식	사 채
		차이점	
자본의 구성	1	자기자본, 자본증가, 현물출자가능	타인자본, 회사의 채무, 금전납입만 가능
	2	액면미달발행원칙금지	액면미달발행허용
	3	전액납입, 상계불허용	분할납입, 상계허용(불허용규정 무)
	4	자본구성, 상환불가→자기주식취득금지	상환기한, 상환허용 → 자기사채 취득가능
	5	액면, 자본금의 단위 균일, 100원 이상 - 등기	삭제(구상법상 10,000원)
귀속자의 지위	6	사원의 지위, 주주 경영에 참가	회사채권자, 3자 경영에 불참가
	7	이익배당청구, 투기증권	이자지급, 이식증권(투자증권)
	8	회사해산 시 잔여재산분배청구권, 사채권자보다 후순위	주주의 잔여재산분배청구권보다 선순위로 변제받음(잔여재산분배청구권 없음)
	9	자기주식취득 금지	자기사채취득 허용
		양자의 접근	
		* 주식의 사채로의 접근 - 무의결권 주식 - 비참가적·누적적 우선주 - 상환주식	* 사채의 주식으로의 접근 - 전환사채 - 신주인수권부 사채 - (구증권거래법)이익참가부사채·교환사채
		유사점	
	1	이사회의 결의에 의함(416, 469조)	
	2	신주발행 발행예정주식 총수의 범위 내 가능	삭제(제한없음)
	3	증권발행, 주권발행	증권발행, 사채권발행
	4	액면의 최저법정액(329조, 427 ①)	
	5	증권이 기명식인 경우 명의개서(337조, 479조) - (주주명부, 사채원부)	
	6	자금조달의 일환(주식회사의 대규모 자금조달방법)	

3.6.13.1.2. 사채의 모집

(1) 사채모집의 제한

1) 사채총액의 제한

구상법은 회사의 과다한 채무부담을 억제하기 위하여, 사채의 총액은 최종의 대차대조표에 의하여 회사에 현존하는 순 자산액의 4배를 초과하지 못한다고 규정($^{구상\ 470}_{①}$)하고 있었으나 2011년 개정상법시 폐지하여 사채총액의 제한을 없앴다. 뿐만 아니라 구상법상 구사채를 상환하기 위하여 사채를 모집하는 경우에는 구사채의 액은 사채의 총액에 산입하지 아니하며, 이 경우에는 신사채의 납입기일, 수회에 분납하는 때에는 제1회의 납입기일로부터 6월 내에 구 사채를 상환하여야 한다고 규정($^{구상\ 470}_{②}$)하고 있었으나 이 규정 또한 삭제하였다.

2) 재모집의 제한

구상법은 사채의 남설을 억제하기 위해 회사는 전에 모집한 사채총액을 납입시킨 후가 아니면 다시 사채를 모집하지 못한다고 규정하고 있었으나($^{구상}_{471}$) 2011년 개정상법에서 삭제하였다.

3) 사채금액의 제한

구상법은 각 사채의 금액은 1만 원 이상으로 하도록 하고 있었으나($^{구상\ 472}_{①}$) 2011년 개정상법에서 삭제하였다. 뿐만 아니라 2011년 개정전 상법에서는 동일종류의 사채에서는 각 사채의 금액은 균일하거나 최저액으로 정제할 수 있는 것이어야 한다고 규정($^{구상\ 472}_{②}$)하였으나 역시 삭제되었다.

(2) 사채모집의 방법

사채모집의 방법에는 총액인수와 공모가 있다. 총액인수는 기채회사와 특정인간의 계약으로 특정인으로 하여금 사채총액을 일괄하여 인수시키는 방법으로 사채청약서의 작성을 요하지 않는다($^{상}_{475}$). 공모는 기채회사가 일반공중으로부터 사채를 모집하는 방법인데, 이에는 직접모집·간접모집 및 매출발행이 있다. 직접공모란 발행회사(기채회사)가 직접 공중으로부터 모집하는 방법으로 발행회사가 스스로 모집하거나 금융기관이나 증권회사를 대리인으로 하여 모집할 수 있다. 간접모집에는 다시 위탁모집($^{상}_{476}$)과 도급모집 또는 위탁인수모집($^{상 474}_{② xiv}$)이 있다. 위탁모집은 모집절차를 타인에 위탁하는 방법으로서 사채청약서의 작성을 요하며, 사채관리회사는 사채의 발행회사를 위하여 자기명의로 타인으로부터 청약을 받고 이에 대해 배정하고 납입을 받을 수 있다. 인수모집(도급모집·위탁도급모집)은 위탁모집에 있어서 사채응모액이 총액에 달하지 않을 때에는 사채관리회사가 그 잔액을 인수할 것을 약정하는 방법이다. 사채청약서의 작성을 요하나 사채관리회사가 인수하는 부분에 대해서는 사채청약서를 요하지 않는다($^{상 475}_{후단}$). 매출모집은 일정 기간을 정하여 미리 작성한 채권을 매출하는 방법으로서 일반공모에 있어서와 같은 사채청약서의 작성·배정·납입·채권교부 등의 절차를 요하지 않는다.

☞ **일반모집방법(공모발행)**

모집	총액인수			기채회사와 특정인간의 계약으로 특정인으로 하여금 사채총액을 일괄하여 인수시키는 방법. 사채청약서 불요(불요식서면)
	공모	직접		기채회사가 직접 공중으로부터 모집
		간접	위탁	− 회사가 다른 회사(사채관리회사)에 사채발행사무를 위탁 − 사채관리회사명의로 청약·배정·납입
			인수(도급/위탁인수모집)	위탁모집의 한 형태로 도급자인 인수모집자가 위탁모집 시 응모액이 사채총액에 미달하는 경우 그 부족분을 인수(전액인수를 위해 인수단(Syndicate) 구성)
		매출발행		회사가 직접 사채발행사무를 보는 것(대리인에 의한 모집 포함)

(3) 사채모집의 절차

1) 이사회의 결의

사채의 모집은 이사회의 결의만으로 한다($^{상}_{①}$469). 이것은 신주발행의 경우와 같이 회사의 자금조달의 신속을 위하여 이사회의 결의사항으로 한 것이다. 또한 정관에서 정하는 바에 따라 이사회는 대표이사에게 사채의 금액 및 종류를 정하여 1년을 초과하지 아니하는 기간 내에 사채를 발행할 것을 위임할 수 있다($^{상}_{④}$469).

사채에는 다음의 사채를 포함한다($^{상}_{②}$469).

① 이익배당에 참가할 수 있는 사채

② 주식이나 그 밖의 다른 유가증권으로 교환 또는 상환할 수 있는 사채

③ 유가증권이나 통화 또는 그 밖에 대통령령으로 정하는 자산이나 지표 등의 변동과 연계하여 미리 정하여진 방법에 따라 상환 또는 지급금액이 결정되는 사채

위의 발행하는 사채의 내용 및 발행 방법 등 발행에 필요한 구체적인 사항은 대통령령으로 정한다($\frac{상}{③}$469).

2) 사채계약의 성립
사채계약은 청약과 배정에 의하여 성립한다.

ⅰ) 청　약
사채의 청약방법은 사채의 모집방법에 따라 다른데, 직접모집과 위탁모집의 방법에 의하는 경우에는 투자자를 보호하기 위하여 사채청약서주의에 의하고 있다($\frac{상\ 474,}{476\ ②}$). 사채청약서에는 법정기재사항인 다음의 사항을 이사가 이를 작성하여야 한다($\frac{상}{②}$474).

① 회사의 상호
② 자본금과 준비금의 총액
③ 최종의 대차대조표에 의하여 회사에 현존하는 순재산액
④ 사채의 총액
⑤ 각 사채의 금액
⑥ 사채발행의 가액 또는 그 최저가액
⑦ 사채의 이율
⑧ 사채의 상환과 이자지급의 방법과 기한
⑨ 사채를 수회에 분납할 것을 정한 때에는 그 분납금액과 시기
⑩ 채권을 기명식 또는 무기명식에 한한 때에는 그 뜻
⑪ 채권을 발행하는 대신 전자등록기관의 전자등록부에 사채권자의 권리를 등록하는 때에는 그 뜻
⑫ 전에 모집한 사채가 있는 때에는 그 상환하지 아니한 금액
⑬ 사채모집의 위탁을 받은 회사가 있는 때에는 그 상호와 주소
⑭ 사채관리회사가 있는 때에는 그 상호와 주소
⑮ 사채관리회사가 사채권자집회결의에 의하지 아니하고 해당 사채 전부에 관한 소송행위 또는 채무자회생 및 파산에 관한 절차에 속하는 행위($\frac{상}{④\ ⅱ}$484)를 할 수 있도록 정한 때에는 그 뜻

⑯ 위탁을 받은 회사가 그 모집액이 총액에 달하지 못한 경우에 그 잔액을 인수할 것을 약정한 때에는 그 뜻

⑰ 명의개서대리인을 둔 때에는 그 성명·주소 및 영업소

그 밖에도 임의적 기재사항으로서 청약기간, 청약증거금, 납입기일, 납입취급은행 또는 신탁회사를 기재할 수 있다. 그러나 총액인수·도급인수 및 매출발행의 경우에는 사채청약서에 의한 청약을 요하지 않는다.

사채발행의 최저가액을 정한 경우에는 응모자는 사채청약서에 응모가액을 적어야 한다($상_③^{474}$).

ii) 배정·인수

청약에 대하여 기채회사 또는 사채관리회사가 배정을 하면 사채계약이 성립하고, 사채의 인수가 있게 된다. 이때 응모총액이 사채총액에 미달한 경우에는 무효로 보는 견해와 응모총액을 한도로 하여 사채발행의 효력이 생긴다고 보는 견해로 나뉜다.

3) 납 입

사채모집이 완료되면 기채회사의 이사 또는 사채관리회사는 지체 없이 사채인수인에 대하여 사채의 전액 또는 제1회의 납입을 시켜야 한다($상_{476}$). 납입지체에 대하여는 회사설립에 있어서의 주식모집과 같은 실권절차는 인정되지 않는다. 또한 주금납입의 경우와는 달리 현금납입에 한하지 않으므로 상계·경개·대물변제도 가능하고($구상_{334}$), 납입장소의 제한($상_②^{302}{}_{ix}$)도 없다.

4) 등 기

전환사채 및 신주인수권부사채를 제외하고는 일반사채의 경우는 등기를 요하지 않는다. 사채는 일정 기간 후에는 상환하여야 할 채무이므로 공시의 실익이 없기 때문이다.

(4) 사채관리회사의 법률관계

1) 사채관리회사의 지정

회사는 사채를 발행하는 경우에 사채관리회사를 정하여 변제의 수령, 채권의 보전, 그 밖에 사채의 관리를 위탁할 수 있다($상_{의2}^{480}$). 사채관리회사는 은행, 신탁회사, 그 밖에 대통령령으로 정하는 자가 아니면 사채관리회사가 될 수 없다($상_{의3}^{480}$ ①). 사채의 인수인은 그 사채

의 사채관리회사가 될 수 없으며(상 480 의3 ②), 또한 사채를 발행한 회사와 특수한 이해관계가 있는 자로서 대통령령으로 정하는 자는 사채관리회사가 될 수 없다(상 480 의3 ③).

2) 사채관리회사의 지위

사채관리회사는 사채의 발행회사로부터 사채관리를 위임받은 회사이다. 그러므로 발행회사와의 관계는 위임이며, 사채관리회사는 수임인의 지위에 선다. 사채관리회사의 사임은 자유롭지 않다. 발행회사와 사채권자집회의 동의를 얻어서만 사임할 수 있다. 부득이한 사유가 있어 법원의 허가를 받은 경우에도 같다(상 481).225) 사채관리회사가 그 사무를 처리하기에 적임이 아니거나 그 밖에 정당한 사유가 있을 때에는 법원은 사채를 발행하는 회사 또는 사채권자집회의 청구에 의하여 사채관리회사를 해임할 수 있다(상 482).

사채관리회사의 사임 또는 해임으로 인하여 사채관리회사가 없게 된 경우에는 사채를 발행한 회사는 그 사무를 승계할 사채관리회사를 정하여 사채권자를 위하여 사채관리를 위탁하여야 한다. 이 경우 회사는 지체없이 사채권자집회를 소집하여 동의를 받아야 한다(상 483 ①). 부득이한 사유가 있는 때에는 이해관계인은 사무승계자의 선임을 법원에 청구할 수 있다(상 483 ②).

3) 사채관리회사의 권한과 의무

(가) 사채관리회사의 권한과 의무 개요

사채관리회사는 그 명의로 위탁회사를 위하여 사채를 모집할 수 있다(상 476 ②). 자기의 명의로 사채청약서를 작성하고 청약을 받고, 사채를 배정하고, 납입을 받는 행위를 포함한다. 사채관리회사의 직무권한에 속하는 것으로서 중요한 것은 ① 사채모집에 관한 본래의 권한(상 476 ②) 외에 ② 사채의 상환을 받는 데 필요한 모든 행위를 할 수 있는 권한(상 484) ③ 기채회사의 부정행위에 대한 취소의 소를 제기할 수 있는 권한(상 511) ④ 사채권자집회의 소집 기타에 관한 권한(상 491 ①, 493 ①, 494, 501) 등이다. 이하 상설하면 다음과 같다.

---

225) 단서의 "법원의 허가를 받은 경우에도 발행회사와 사채권자집회의 동의를 얻어서만 사임할 수 있다."라는 부분의 표현이 애매하다. 다만 부득이한 사유가 있을 때에는 법원의 허가를 얻어 사임할 수 있다라는 취지로 이해하여야 할 것이다.

(나) 변제수령

사채관리회사는 사채권자를 위하여 사채에 관한 채권을 변제받거나 채권의 실현을 보전하기 위하여 필요한 재판상 또는 재판 외의 모든 행위를 할 수 있다($\frac{\text{상}}{\text{①}}$484). 사채관리회사는 그 관리를 위탁받은 사채에 관하여 필요하면 법원의 허가를 받아 사채를 발행한 회사의 업무와 재산상태를 조사할 수 있다($\frac{\text{상}}{\text{⑦}}$484).

(다) 사채상환의무

사채관리회사는 변제를 받으면 지체 없이 그 뜻을 공고하고, 알고 있는 사채권자에게 통지하여야 한다($\frac{\text{상}}{\text{②}}$484). 공고는 사채를 발행한 회사가 하는 공고와 같은 방법으로 하여야 한다($\frac{\text{상}}{\text{⑥}}$484). 이 경우에 사채권자는 사채관리회사에 사채 상환액 및 이자 지급을 청구할 수 있다. 이 경우 사채권이 발행된 때에는 사채권과 상환하여 상환액지급청구를 하고, 이권(利券)과 상환하여 이자지급청구를 하여야 한다($\frac{\text{상}}{\text{③}}$484).

(라) 사채권자집회소집권 등

사채관리회사가 ① 해당 사채 전부에 대한 지급의 유예, 그 채무의 불이행으로 발생한 책임의 면제 또는 화해 ② 해당 사채 전부에 관한 소송행위 또는 채무자회생 및 파산에 관한 절차에 속하는 행위(사채에 관한 채권을 변제받거나 채권의 실현을 보전하기 위한 행위는 제외)를 하는 경우에는 사채권자집회의 결의에 의하여야 한다. 다만, 사채를 발행하는 회사는 해당 사채 전부에 관한 소송행위 또는 채무자회생 및 파산에 관한 절차에 속하는 행위를 사채관리회사가 사채권자집회결의에 의하지 아니하고 할 수 있음을 정할 수 있다($\frac{\text{상}}{\text{④}}$484). 사채관리회사가 사채권자집회의 결의에 의하지 아니하고 위의 행위를 한 때에는 지체 없이 그 뜻을 공고하고, 알고 있는 사채권자에게는 따로 통지하여야 한다($\frac{\text{상}}{\text{⑤}}$484). 공고는 사채를 발행한 회사가 하는 공고와 같은 방법으로 하여야 한다($\frac{\text{상}}{\text{⑥}}$484). 사채관리회사는 그 관리를 위탁받은 사채에 관하여 필요하면 법원의 허가를 받아 사채를 발행한 회사의 업무와 재산상태를 조사할 수 있다($\frac{\text{상}}{\text{⑦}}$484).

(마) 보수의 우선권

사채관리회사의 권한과 의무가 중대함에 대한 보상으로 사채관리회사의 보수는 사채권자에 우선하여 변제 받는다($\frac{\text{상}}{\text{②}}$507).

(바) 공동사채관리회사

사채관리회사가 2 이상 있을 때에는 그 권한에 속하는 행위는 공동으로 하여야 한다($\frac{상}{①}$ 485). 이 경우에 사채관리회사가 사채권자를 위하여 사채에 관한 채권을 변제를 받은 때에는 사채관리회사는 사채권자에 대하여 연대하여 변제액을 지급할 의무가 있다($\frac{상}{②}$ 485).

4) 사채관리회사의 의무 및 책임

사채관리회사는 사채권자를 위하여 공평하고 성실하게 사채를 관리하여야 한다($\frac{상}{의2}$ $\frac{484}{①}$). 사채관리회사는 사채권자에 대하여 선량한 관리자의 주의로 사채를 관리하여야 한다 ($\frac{상}{의2}$ $\frac{484}{②}$). 사채관리회사가 상법이나 사채권자집회결의를 위반한 행위를 한 때에는 사채권자에 대하여 연대하여 이로 인하여 발생한 손해를 배상할 책임이 있다($\frac{상}{의2}$ $\frac{484}{③}$).

3.6.13.1.3. 사채의 유통

(1) 사채권

사채의 상환기간은 보통 장기이므로 만기 이전에도 사채권자로 하여금 자금을 회수할 길을 열어 주어야 한다. 그러므로 사채의 유통을 위해 주식과 마찬가지로 유가증권화 하고 사채원부를 갖추도록 하는 등의 장치를 마련하였다.

채권 또는 사채권이란 사채를 표창하는 요식의 유가증권으로서 채권증권·상환증권·요식증권($\frac{상}{②}$ 478)·문언증권의 성질이 있다. 무인증권성인가에 대해서는 학설이 나뉘나 이는 채권계약의 법적 성질에 따른 연장선상이다. 즉 채권매매로 보는 설에서는 무인증권으로 보나 소비대차라고 보는 설에서는 유인증권으로 본다.

(2) 사채의 발행

채권은 사채전액의 납입이 완료한 후가 아니면 이를 발행하지 못한다($\frac{상}{①}$ 478). 채권에는 ① 채권번호 ② 회사의 상호 ③ 사채의 총액 ④ 각 사채의 금액 ⑤ 사채의 이율 ⑥ 사채의 상환과 이자지급의 방법과 기한 ⑦ 채권을 기명식 또는 무기명식에 한한 때에는 그 뜻 ⑧ 사채관리회사가 있는 때에는 그 상호와 주소 ⑨ 사채모집의 위탁을 받은 회사가 있는 때에는 그 상호와 주소 ⑩ 사채관리회사가 사채권자집회결의에 의하지 아니하고 해당 사채 전부에 관한 소송행위 또는 채무자회생 및 파산에 관한 절차에 속하는 행위를 할 수 있도록 정한 때에는 그 뜻 등의 사항을 적고 대표이사가 기명날인 또는 서명하여야 한다($\substack{상\\②}$ 478). 사채권자는 언제든지 기명식의 채권을 무기명식으로, 무기명식의 채권을 기명식으로 할 것을 회사에 청구할 수 있다. 그러나 채권을 기명식 또는 무기명식에 한할 것으로 정한 때에는 그러하지 아니하다($\substack{상\\480}$).

☞ 견양채권

(3) 사채원부

사채원부란 사채채권 및 사채권자에 관한 사항을 명백하게 하기 위하여 작성되는 장부이다. 기명사채를 발행한 때에는 사채권자에 관한 사항을 명백히 하기 위하여 회사의 이사는 사채원부를 작성하고 보존할 의무를 부담하며, 본점 또는 명의개서대리인의 영업소에 비치하여 주주와 회사채권자의 열람에 제공하여야 한다($\substack{상\\396}$). 사채원부의 기재사항은 법정되어 있으며($\substack{상\\488}$), 이 사채원부의 기능은 주주명부의 그것과 같이($\substack{상\\①}$ 489) 기명사채이전의 대항요건이며($\substack{상\\479}$), 사채권자에 대한 통지, 최고, 신탁의 공시 등의 경우에 있어서 중요한 의의를 갖는다($\substack{상\\①}$ 489).

사채원부에 적어야 할 사항은 다음과 같다($\substack{상\\488}$).

① 사채권자(무기명식 채권이 발행되어 있는 사채의 사채권자는 제외)의 성명과 주소

② 채권의 번호

③ 사채의 총액, 각 사채의 금액, 사채의 이율, 사채의 상환과 이자지급의 방법과 기한, 사채를 수회에 분납할 것을 정한 때에는 그 분납금액과 시기, 사채모집의 위탁을 받은 회사가 있는 때에는 그 상호와 주소, 사채관리회사가 있는 때에는 그 상호와 주소, 사채관리회사가 사채권자집회결의에 의하지 아니하고 해당 사채 전부에

관한 소송행위 또는 채무자회생 및 파산에 관한 절차에 속하는 행위를 할 수 있도록 정한 때에는 그 뜻

④ 각 사채의 납입금액과 납입 년월일

⑤ 채권의 발행년월일 또는 채권을 발행하는 대신 전자등록기관의 전자등록부에 사채권자의 권리를 등록하는 때에는 그 뜻

⑥ 각 사채의 취득 연월일

⑦ 무기명식의 채권을 발행한 때에는 그 종류, 수, 번호와 발행년월일

(4) 공사채등록부

공사채등록부는 공사채등록법에 의한 사채 등의 이전 또는 담보설정 등의 등록을 하는 경우의 장부로서 등록기관이 비치하여야 할 장부이며(공사채등록법 9), 등록사채권자 이외의 이해관계인의 열람·등초본의 교부의 청구에 따라 이를 제공하여야 한다(동법 12). 등록기관은 증권예탁결제원, 금융기관 및 공사채발행자이며, 채권 등의 공채권의 채권자·질권자 기타 이해관계인은 공사채발행자가 지정한 등록기관에 그 권리를 등록할 수 있다(동법 4). 등록기관은 공사채등록원부를 비치하여 소정의 사항을 적어야 하며(동법 9), 등록기관은 사채발행자에게 이를 지체 없이 통지하고, 사채발행자는 그 뜻을 공사채원부에 적어야 한다(동법 10). 등록된 공사채에 대해서는 채권을 발행하지 않으며(동법 5 ①), 등록된 사채의 이전이나 담보설정 등은 이를 등록하지 아니하면 발행자 기타 제3자에게 대항하지 못한다(동법 6). 즉 사채와 주식과의 장부를 비교하면 사채원부는 주주명부에 해당할 것이고, 공사채등록부는 증권예탁결제원의 예탁자계좌부에 해당할 것이다. 다만 주식은 증권예탁결제원에만 집중보관되는 반면 공사채등록부는 증권예탁결제원뿐만 아니라 여러 금융기관에도 보관될 수 있다.

(5) 사채의 전자등록

회사는 채권(債券)을 발행하는 대신 정관에서 정하는 바에 따라 전자등록기관의 전자등록부에 채권(債權)을 등록할 수 있다(상 478). 이 경우 회사는 채권을 발행하는 대신 정관에서 정하는 바에 따라 전자등록기관(유가증권 등의 전자등록 업무를 취급하는 것으로 지정된 기관을 말함)의 전자등록부에 채권을 등록할 수 있다. 이 경우 전자등록부에 등록된 채권의 양도나 입질(入質)은 전자등록부에 등록하여야 효력이 발생하며, 전자등록부에 채권을 등록한 자는 그 등록된 채권에 대한 권리를 적법하게 보유한 것으로 추정하며, 이러한 전자등록부를 선의(善意)로 그리고 중대한 과실 없이 신뢰하고 위 등록에 따

라 권리를 취득한 자는 그 권리를 적법하게 취득한 것으로 본다. 전자등록의 절차·방법 및 효과, 전자등록기관의 지정·감독 등 주식의 전자등록 등에 관하여 필요한 사항은 대통령령으로 정한다($\frac{상}{회}\frac{478}{2}\frac{③}{2}\sim④\,^{356}$).

3.6.13.1.4. 사채의 양도와 입질

(1) 무기명사채의 양도와 입질

사채의 양도와 입질은 자유이며, 주식의 경우와는 달리 자사사채의 취득이나 입질도 허용된다. 무기명사채의 양도와 입질에 관하여는 상법에 아무런 규정이 없으므로 민법의 규정에 따라서 한다. 즉 무기명사채의 양도는 양수인에게 채권을 교부함으로써 그 효력이 발생하고($\frac{민}{523}$), 무기명사채의 입질은 질권자에게 채권을 교부함으로써 그 효력이 생긴다($\frac{민}{351}$). 등록한 무기명사채의 양도나 입질은 사채등록부에 등록을 하여야 기채회사나 기타 제3자에게 대항할 수 있다.

(2) 기명사채의 양도와 입질

1) 기명사채의 양도

기명사채의 양도에 관하여 기명주식에 관한 상법 제336조와 같은 규정을 두고 있지 않으며, 법률상 당연한 지시증권성을 인정하지도 않고 있다. 따라서 기명사채의 양도는 지명채권의 양도방법에 의한다. 즉 기명사채의 양도는 양도의 의사표시에 의하여 그 효력이 발생하는데, 기명채권은 기명증권으로서 권리가 증권에 화체된 유가증권이므로 이외에 증권의 교부가 있어야 양도의 효력이 발생한다(효력요건). 이 점에서 민법상 지명채권의 양도방법과 구별된다. 다만 상속 또는 회사의 합병과 같은 포괄승계의 경우에는 채권의 교부를 요구하지 않는다고 할 것이다.

등록한 기명사채의 양도는 등록기관의 사채등록부에 등록을 하고 또한 기채회사의 사채원부에 취득자의 성명과 주소를 적어야 기채회사나 기타 제3자에게 대항할 수 있다(대항요건)($\frac{상}{①}\,^{479}$). 이 점에서 민법상 지명채권의 양도의 대항요건과 구별된다. 명의개서대리인이 있으면 명의개서대리인으로 하여금 이 절차를 밟게 할 수 있다($\frac{상}{②}\,^{479}$). 기명채권은 법률상 당연한 지시증권이 아니므로 배서에 의하여 양도할 수는 없다(통설). 기명사채의 경우 지시식으로 발행할 수 있는가에 대해 발행할 수 있다는 견해와 발행할 수 없다고 하는 견해가 있다.

지시식으로 발행하는 것을 인정하는 견해에 의하면 당연히 배서에 의하여 양도할 수 있다.

기명사채의 이전을 대항하기 위해서는 취득자의 성명과 주소를 사채원부에 적어야 하고(명의개서), 그 성명을 채권에 기재하지 않으면 회사 기타의 제3자에게 대항하지 못한다($^{\text{상}}_{479}$). 회사가 명의개서대리인을 둔 경우에는 그 영업소에 비치된 사채원부 또는 그 복본에 대리인이 취득자의 성명·주소를 기재하여도 같은 효력이 있다($^{\text{상 479 ②;}}_{337 ②}$).

2) 기명사채의 입질

기명사채의 입질방법에 대하여도 상법에 특별한 규정이 없다. 따라서 민법의 권리질의 입질방법($^{\text{민 346}}_{\sim 347}$)에 의해야 한다. 그러므로 기명사채의 입질은 질권설정의 의사표시와 채권을 질권자에게 교부함으로써 질권설정의 효력이 발생한다(통설). 기명사채의 입질의 대항요건에 관하여는 학설이 나뉘어 있는데, 다수설은 제3채무자인 사채발행회사에 대한 통지 또는 승낙이 있어야 회사에 대항할 수 있다고 한다. 등록한 기명사채의 입질은 양도의 경우와 같이 등록기관의 사채등록부에 등록을 하고, 또 기채회사의 사채원부에 적어야 기채회사나 기타 제3자에게 대항할 수 있다.

(3) 무기명사채의 양도와 입질

1) 무기명사채의 양도

무기명사채의 양도의 경우에도 아무런 규정이 없으므로 민법의 일반 원칙에 따르게 된다. 즉 당사자의 의사표시에 의하여 양도할 수 있으나, 채권이 발행된 경우에는 그 채권을 양수인에게 교부함으로써 양도의 효력이 생긴다($^{\text{민}}_{351}$)(통설).

2) 무기명사채의 입질

무기명사채의 입질은 의사표시로써 할 수 있으나($^{\text{민}}_{346}$), 채권이 발행된 경우에는 이것을 질권자에게 교부함으로써 질권설정의 효력이 생기며($^{\text{민}}_{351}$), 질권자는 채권을 계속 점유함으로써 제3자에게 대항할 수 있다.

(4) 선의취득

무기명채권은 금전의 지급을 목적으로 하는 유가증권이므로 당연히 선의취득이 인정된다($^{\text{상 65, 민}}_{524, 514}$). 그러나 기명채권은 기명증권으로서 그 점유에 자격수여적 효력이 없으므로($^{\text{상 336}}_{② 참조}$) 선의취득이 인정되지 않는다. 그러나 무기명채권의 경우에는 선의취득이 인정된다(통설).

3.6.13.1.5. 사채의 이자지급과 상환

(1) 사채의 이자지급

이자의 지급은 기명채권의 경우는 사채원부에 기재된 사채권자에게 지급되고, 무기명채권의 경우는 이권의 소지인에게 그 이권과 상환으로 지급된다. 이권은 무기명사채에서 각 이자지급기에 있어서의 이자지급청구권을 표창하는 유가증권이다. 이는 채권과 분리되어 독립하여 유통의 대상이 될 수 있으므로 회사가 상환기한 도래 전에 무기명사채를 상환하는 경우에 지급기가 도래하지 않은 이권이 흠결된 경우에는 흠결된 이권의 권면액에 상당한 금액을 사채상환액에서 공제하여 사채의 지급을 하고($\frac{\text{상}}{①}$486), 그 후 이권소지인은 언제든지 이권과 상환하여 이 공제금액의 지급을 청구할 수 있다($\frac{\text{상}}{②}$486). 이자지급청구권과 이권소지인의 공제액지급청구권은 5년간 행사하지 않으면 소멸시효가 완성한다($\frac{\text{상}}{③}$487).

(2) 사채의 상환

사채의 상환이란 회사가 사채권자에 대하여 부담하는 채무를 변제하는 것을 말한다. 사채의 금액은 권면액을 원칙으로 하나 권면액을 초과하는 액 또는 권면액에 미달하는 액으로 상환할 것을 약정할 수 있다.

이권 있는 무기명식의 사채를 상환하는 경우에 이권이 흠결된 때에는 그 이권에 상당한 금액을 상환액으로부터 공제한다($\frac{\text{상}}{①}$486). 이권소지인은 언제든지 그 이권과 상환하여 공제액의 지급을 청구할 수 있다($\frac{\text{상}}{②}$486).

사채의 상환은 채권과 상환하여 한다. 다만 채권이 발행되지 않은 등록사채의 경우에는 등록기관이 지급장소에 사채의 상환을 통지하고($\frac{\text{공사채등록법}}{\text{시행규칙 }46}$), 사채권자에게 등록사채 원금영수증을 송부하여, 사채권자는 지급장소에서 이 등록사채 원금영수증과 상환하여 사채의 상환을 받는다.

사채관리회사는 사채권자를 위하여 사채의 상환을 받음에 필요한 재판상 또는 재판 외의 모든 행위를 할 권한이 있다($\frac{\text{상}}{①}$484). 회사가 사채의 상환을 받은 때에는 지체 없이 그 뜻을 공고하고 알고 있는 사채권자에 대하여는 각별로 이를 통지하여야 한다($\frac{\text{상}}{②}$484). 이 경우에 사채권자는 채권과 상환하여 상환액의 지급을 청구할 수 있다($\frac{\text{상}}{③}$484). 사채관리회사가 2 이상 있을 때에는 그 권한에 속하는 행위는 공동으로 하여야 한다($\frac{\text{상}}{①}$485). 이 경우에 각 회사는 사채권자에 대하여 연대하여 상환액을 지급할 의무가 있다($\frac{\text{상}}{②}$485).

사채권자의 기채회사에 대한 상환청구권과 사채관리회사에 대한 상환액지급청구권은

10년간 행사하지 않으면 소멸시효가 완성하며, 이자 및 이권소지인의 이권공제액지급청구권에 대해서는 5년간 행사하지 않으면 소멸시효가 완성한다($\frac{상}{487}$).

3.6.13.1.6. 사채관리회사

(1) 의 의

기채회사로부터 사채모집을 위탁받은 사채관리회사는 그 명의로 위탁회사를 위하여 청약서를 작성하고 사채의 모집이 완료한 때에는 이사는 지체 없이 인수인에 대하여 각 사채의 전액 또는 제1회의 납입을 시켜야 한다($\frac{상}{476}$).

(2) 권 한

사채권자의 이익을 보호하기 위하여 사채관리회사에게 다음과 같은 권한을 부여하고 있다. 사채관리회사가 2 이상 있을 때에는 그 권한에 속하는 행위는 공동으로 하여야 한다($\frac{상 485}{①}$). 이 경우에 각 회사는 사채권자에 대하여 연대하여 상환액을 지급할 의무가 있다($\frac{상 485}{②}$).

① 사채권자를 위하여 사채의 상환을 받음에 필요한 재판상 또는 재판 외의 모든 행위를 할 권한이 있다($\frac{상 484}{①}$).

② 사채를 발행한 회사 또는 사채관리회사는 그 대표자를 사채권자집회에 출석하게 하거나 서면으로 의견을 제출할 수 있다($\frac{상 493}{①}$).

③ 사채권자집회 또는 그 소집자는 필요 있다고 인정하는 때에는 사채를 발행한 회사에 대하여 그 대표자의 출석을 청구할 수 있다($\frac{상}{494}$).

④ 사채권자집회의 결의는 사채관리회사가 집행한다($\frac{상}{50}$).

⑤ 회사가 어느 사채권자에게 한 변제, 화해, 그 밖의 행위가 현저하게 불공정한 때에는 사채관리회사는 소(訴)만으로 그 행위의 취소를 청구할 수 있다($\frac{상 511}{①}$). 소는 사채관리회사가 취소의 원인인 사실을 안 때로부터 6월, 행위가 있은 때로부터 1년 내에 제기하여야 한다($\frac{상 511}{②}$). 전속관할($\frac{상}{186}$), 민법상 채권자 취소권의 제한($\frac{민 406}{① 단서}$), 채권자취소의 효력($\frac{상}{407}$)은 소에 준용한다($\frac{상 511}{③}$).

(3) 사임·사무승계자

사채관리회사는 사채를 발행한 회사와 사채권자집회의 동의를 얻어서 사임할 수 있다. 부득이한 사유가 있는 경우에 법원의 허가를 얻은 때에도 같다($\frac{상}{481}$). 사채관리회사가 그 사무를 처리함에 부적임하거나 기타 정당한 사유가 있을 때에는 법원은 사채를 발행하는 회사 또는 사채권자집회의 청구에 의하여 이를 해임할 수 있다($\frac{상}{482}$).

사채관리회사가 없게 된 때에는 사채를 발행한 회사와 사채권자집회의 일치로써 그 사무의 승계자를 정할 수 있다($\frac{상}{①}$483). 즉 발행회사가 사무승계자를 선임할 때에는 사채권자의 동의를 얻어야 한다. 부득이한 사유가 있는 때에는 이해관계인은 사무승계자의 선임을 법원에 청구할 수 있다($\frac{상}{②}$483).

(4) 보수·비용

사채관리회사, 대표자 또는 집행자에게 줄 보수와 그 사무 처리에 필요한 비용은 사채를 발행한 회사와의 계약에 약정된 경우 외에는 법원의 허가를 받아 사채를 발행한 회사로 하여금 부담하게 할 수 있다($\frac{상}{①}$507). 사채관리회사, 대표자 또는 집행자는 사채에 관한 채권을 변제받은 금액에서 사채권자보다 우선하여 보수와 비용의 변제를 받을 수 있다($\frac{상}{②}$507).

3.6.13.1.7. 사채권자집회

(1) 의　의

사채권자집회는 사채권자의 이익을 보호하기 위하여 같은 종류의 사채권자에 의하여 사채권자에게 중대한 이해관계가 있는 사항에 관하여 의사를 모으고 결정하는 회의체이다. 즉 수종의 사채를 발행한 경우에는 사채권자집회는 각종의 사채에 관하여 이를 소집하여야 한다($\frac{상}{509}$).

(2) 소　집

사채권자집회는 사채를 발행한 회사 또는 사채관리회사가 소집한다($\frac{상}{①}$491). 또한 사채의 종류별로 해당 종류의 사채 총액(상환받은 액은 제외)의 10분의 1 이상에 해당하는 사채를 가진 사채권자는 회의 목적인 사항과 소집 이유를 적은 서면 또는 전자문서를 사채를 발행한 회사 또는 사채관리회사에 제출하여 사채권자집회의 소집을 청구할 수 있다($\frac{상}{②}$491). 청구가 있은 후 지체 없이 사채권자집회의 절차를 밟지 아니한 때에는 소집을 청구한 사채권자는 법원의 허가를 얻어서 사채권자집회를 소집할 수 있다($\frac{상491③,}{366②}$). 다만 무기명식의 채권을 가진 자는 그 채권을 공탁하여야 한다($\frac{상}{④}$491).

사채를 발행한 회사 또는 사채관리회사는 그 대표자를 사채권자집회에 출석하게 하거나 서면으로 의견을 제출할 수 있다($\frac{상}{①}$ 493). 이 경우 사채권자집회의 소집은 회사에 통지하여야 한다($\frac{상}{②}$ 493). 주주총회 소집의 통지, 공고에 관한 사항은 위의 통지에 관한 사항에 적용한다($\frac{상 493}{363 ①, ②}$ ③,). 따라서 사채권자집회를 소집할 때에는 사채권자집회일의 2주 전에 각 사채권자에게 서면으로 통지를 발송하거나 각 사채권자의 동의를 받아 전자문서로 통지를 발송하여야 한다. 다만, 그 통지가 사채원부상 사채권자의 주소에 계속 3년간 도달하지 아니한 경우에는 회사는 해당 사채권자에게 총회의 소집을 통지하지 아니할 수 있다. 통지서에는 회의의 목적사항을 적어야 한다.

(3) 결 의

1) 결의사항

결의사항은 상법이 규정한 것과, 사채권자의 이해에 중대한 관계가 있는 사항이다($\frac{상}{490}$). 상법에 규정되어 있는 권한으로는 자본감소의 이의($\frac{상}{③}$ 439), 사채관리회사의 사임동의($\frac{상}{481}$), 사채관리회사의 해임결의($\frac{상}{482}$), 사채관리회사의 사무승계자를 정하는 경우($\frac{상}{①}$ 483), 사채발행회사의 대표자의 출석요구($\frac{상}{494}$), 사채권자집회의 대표자의 선임($\frac{상}{490}$ 500), 결의의 집행자를 정하는 경우($\frac{상}{501}$), 대표자와 집행자의 해임($\frac{상}{504}$) 등이다.

2) 의결권

각 사채권자는 그가 가지는 해당 종류의 사채 금액의 합계액(상환받은 액은 제외)에 따라 의결권을 가진다($\frac{상}{①}$ 492). 무기명채권을 가진 자는 회일로부터 1주간 전에 그 채권을 공탁하여야 의결권을 행사할 수 있다($\frac{상}{②}$ 492). 의결권의 대리행사($\frac{상 510 ①,}{368 ③}$), 회사가 소유하는 자기사채의 의결권행사의 제한($\frac{상 510 ①,}{369 ②}$), 특별이해관계인의 의결권행사의 제한($\frac{상 510 ①,}{368 ④}$), 정족수 및 의결권수의 계산($\frac{상 510,}{371}$) 등은 주주총회의 경우와 같다.

3) 결의의 방법

사채권자집회의 결의는 주주총회의 특별결의에 의한다($\frac{상}{①}$ 495). 다만 ① 사채관리회사의 사임동의 ② 사채관리회사의 해임청구 ③ 사채관리회사의 사무승계자의 선임 ④ 기채회사의 대표자의 사채권자집회에 출석청구 등의 경우에는 출석한 사채권자의 의결권의 과반수로써 할 수 있다($\frac{상 495 ②,}{481～483, 494}$). 사채권자집회에 출석하지 아니한 사채권자는 서면에 의하여 의결권을 행사할 수 있다($\frac{상}{③}$ 495). 서면에 의한 의결권 행사는 의결권행사 서면에 필요한 사항을 적어 사채권자집회 전일까지 의결권행사서면을 소집자에게 제출하여야 한다($\frac{상}{④}$ 495). 서면에 의하여 행사한 의결권의 수는 출석한 의결권자의 의결권 수에 포함한다($\frac{상}{⑤}$ 495). 사채권자집회에 대하여는 전자적 방법에 의한 의결권의 행사에 관한 규정을 준용한다($\frac{상 495 ⑥}{368의4}$).

4) 결의의 효력

주주총회는 결의만 있으면 효력이 있으나 사채권자집회의 결의는 법원의 인가를 받음으로써 그 효력이 생긴다. 다만, 그 종류의 사채권자 전원이 동의한 결의는 법원의 인가가 필요하지 아니하다($\frac{상}{①}$ 498). 그 사채권자집회의 결의는 그 종류의 사채를 가진 모든 사채권자에게 그 효력이 있다($\frac{상}{②}$ 498).

사채권자집회의 소집자는 결의한 날로부터 1주간 내에 결의의 인가를 법원에 청구하여야 한다($\frac{상}{496}$). 법원은 ① 사채권자집회소집의 절차 또는 그 결의방법이 법령이나 사채모집의 계획서의 기재에 위반한 때 ② 결의가 부당한 방법에 의하여 성립하게 된 때 ③ 결의가 현저하게 불공정한 때 ④ 결의가 사채권자 일반의 이익에 반한 때에는 사채권자집회의 결의를 인가하지 못한다($\frac{상}{①}$ 497). ① ②의 경우는 절차상의 하자이므로 법원은 결의의 내용 기타 모든 사정을 참작하여 결의를 인가할 수 있다($\frac{상}{②}$ 497).

사채권자집회의 결의에 대하여 인가 또는 불인가의 결정이 있은 때에는 사채를 발행한 회사는 지체 없이 그 뜻을 공고하여야 한다($\frac{상}{499}$).

5) 결의의 집행

사채권자집회는 사채총액의 500분의 1 이상을 가진 사채권자 중에서 1인 또는 수인의 대표자를 선임하여 그 결의할 사항의 결정을 위임할 수 있다($\frac{상}{①}$ 500). 대표자가 수인인 때에는 전항의 결정은 그 과반수로 한다($\frac{상}{②}$ 500). 사채권자집회의 결의는 사채관리회사가 집행하고, 사채관리회사가 없는 때에는 사채권자집회의 대표자가 집행한다. 다만, 사채권자집회의 결의로써 따로 집행자를 정한 때에는 그러하지 아니하다($\frac{상}{501}$). 대표자나 집행자가 수인인 경우에는 공동으로 하여야 한다($\frac{상 502,}{485 ①}$).

대표자나 집행자가 사채의 상환에 관한 결의를 집행하는 경우에는 사채권자를 위하여 사채의 상환을 받음에 필요한 재판상 또는 재판 외의 모든 행위를 할 권한이 있으며, 사채권자에 대하여 연대책임이 있으며, 사채권자의 채권과 상환하여 지급한다($\frac{상 503 484,}{485 ②, 487 ②}$).

6) 의사록 등

사채권자집회에는 주주총회 소집의 통지 및 공고, 의결권대리, 특별이해관계인의 의결권제한, 회사가 가진 자기사채의 의결권제한, 정족수, 의결권수의 계산, 총회의 연기·속행의 결의, 의사록 작성 등에 관한 사항이 준용된다($^{\text{상}}_{④}{}^{510}$ ①; 363, 368 ③ ·, 369②, 371~373). 사채권자집회의 의사록은 사채를 발행한 회사가 그 본점에 비치하여야 한다($^{\text{상}}_{②}{}^{510}$). 사채관리회사와 사채권자는 영업시간 내에 언제든지 의사록의 열람을 청구할 수 있다($^{\text{상}}_{③}{}^{510}$).

(4) 대표자

사채권자집회는 해당 종류의 사채 총액(상환받은 금액은 제외)의 500분의 1 이상을 가진 사채권자 중에서 1명 또는 여러 명의 대표자를 선임하여 그 결의할 사항의 결정을 위임할 수 있다($^{\text{상}}_{①}{}^{500}$). 그리고 사채권자집회는 언제든지 대표자나 집행자를 해임하거나 위임한 사항을 변경할 수 있다($^{\text{상}}_{504}$).

(5) 비용의 부담

사채권자집회에 관한 비용은 사채를 발행한 회사가 부담한다($^{\text{상}}_{①}{}^{508}$). 결의의 인가의 청구에 관한 비용은 회사가 부담한다. 그러나 법원은 이해관계인의 신청에 의하여 또는 직권으로 그 전부 또는 일부에 관하여 따로 부담자를 정할 수 있다($^{\text{상}}_{②}{}^{508}$).

(6) 대표자 등에 의한 취소의 소

사채권자집회의 결의가 있는 때에는 대표자 또는 집행자도 사채관리회사에 의한 취소의 소를 제기할 수 있다. 다만 그 행위가 있은 날로부터 1년 내에 한한다. 즉 대표자 또는 집행자는 회사가 어느 사채권자에게 한 변제, 화해, 그 밖의 행위가 현저하게 불공정한 때에는 소(訴)로써 그 행위의 취소를 청구할 수 있다($^{\text{상}}_{511}{}^{512}$ ①).

3.6.13.2. 특수사채

주식과 사채의 중간형태 또는 혼합형태로서 회사의 자금조달을 원활하게 하는 공통된 기능을 수행하고 있는 특수사채에는 상법상 전환사채와 신주인수권부사채가 있고, 구증권거래법상 이익참가부사채($^{\text{구증거}}_{191의4}$), 교환사채($^{\text{구증거}}_{191의4}$) 등이 있다. 그 밖에 담보부사채신탁법상 담보부사채, 옵션부사채 등이 있다.

3.6.13.2.1. 전환사채

(1) 의 의

전환사채란 사채권자에게 사채를 회사의 주식으로 전환할 수 있는 권리가 인정된 사채이다. 이 전환사채는 이자와 원금을 보장받는 사채의 장점을 가지는 동시에 주식으로 전환하여 주식의 시세차익을 얻을 수 있는 이점도 가지고 있다.

(2) 발 행

1) 발행사항의 결정

상법은 주주배정에 의한 전환사채의 발행의 경우와 주주 외의 자에 대하여 전환사채를 발행하는 경우로 나누어 규정하고 있다.

주주배정에 의한 전환사채의 발행은 정관으로 주주총회에서 결정하기로 정한 경우를 제외하고는 이사회가 결정한다. 이러한 사항으로는 ① 전환사채의 총액 ② 전환의 조건 ③ 전환으로 인하여 발행할 주식의 내용 ④ 전환을 청구할 수 있는 기간 ⑤ 주주에게 전환사채의 인수권을 준다는 뜻과 인수권의 목적인 전환사채의 액 ⑥ 주주 외의 자(제3자배정과 모집)에게 전환사채를 발행하는 것과 이에 대하여 발행할 전환사채의 액 등이다($\frac{상 513 ②}{1 \sim vi}$).

주주 외의 자에 대하여 전환사채를 발행하는 경우에 그 발행할 수 있는 전환사채의 액, 전환의 조건, 전환으로 인하여 발행할 주식의 내용과 전환을 청구할 수 있는 기간에 관하여 원칙적으로 정관에 규정되어 있어야 하고, 정관에 규정이 없으면 주주총회의 특별결의로써 이를 정하여야 한다. 이 경우에는 신기술의 도입, 재무구조의 개선 등 회사의 경영상 목적을 달성하기 위하여 필요한 경우에 한한다($\frac{상 513 ③}{418 ②}$).

전환의 조건 등이 정관에 이미 규정되어 있어 주주총회의 특별결의를 다시 거칠 필요가 없기 위해서는 전환의 조건 등이 정관에 상당한 정도로 특정되어 있어야 한다. 그러나 주주총회의 특별결의에 의해서만 변경이 가능한 정관에 전환의 조건 등을 미리 획일적으로 확정하여 규정하도록 요구할 것은 아니며, 정관에 일응의 기준을 정해 놓은 다음 이에 기하여 실제로 발행할 전환사채의 구체적인 전환의 조건 등은 그 발행 시마다 정관에 벗어나지 않는 범위에서 이사회에서 결정하도록 위임하는 방법을 취하는 것도 허용된다.[226]

---

226) 大判 2004.06.25, 2000다37326.

2) 발행의 절차

ⅰ) 사채청약서 기재사항

전환사채에 관하여는 사채청약서, 채권과 사채원부에 ① 사채를 주식으로 전환할 수 있다는 뜻 ② 전환의 조건 ③ 전환으로 인하여 발행할 주식의 내용 ④ 전환을 청구할 수 있는 기간 ⑤ 주식의 양도에 관하여 이사회의 승인을 얻도록 정한 때에는 그 규정을 적어야 한다(상₅₁₄).

회사가 전환사채를 발행한 때에는 납입이 완료된 날로부터 2주간 내에 본점의 소재지에서 전환사채의 등기를 하여야 한다(상_{514의2①}). 등기할 사항은 ① 전환사채의 총액 ② 각 전환사채의 금액 ③ 각 전환사채의 납입금액 ④ 사채를 주식으로 전환할 수 있다는 뜻 ⑤ 전환의 조건 ⑥ 전환으로 인하여 발행할 주식의 내용 ⑦ 전환을 청구할 수 있는 기간 등이다(상_{514의2②}). 위에 게기한 사항에 변경이 있는 때에는 본점소재지에서는 2주간 내, 지점소재지에서는 3주간 내에 변경등기를 하여야 한다(상_{514의2③, 183}). 외국에서 전환사채를 모집한 경우에 등기할 사항이 외국에서 생긴 때에는 등기기간은 그 통지가 도달한 날로부터 기산한다(상_{514의2④}).

ⅱ) 주주의 인수권

전환사채를 발행하는 경우 주주가 당연히 전환사채인수권을 갖지는 않으며 정관 또는 이사회나 주주총회의 결의에 의하여 주주에게 전환사채인수권을 부여한 경우에 한하여 인정된다(상_{513②}). 전환사채의 인수권을 가진 주주는 그가 가진 주식의 수에 따라서 전환사채의 배정을 받을 권리가 있다. 그러나 각 전환사채의 금액 중 최저액에 미달하는 단수에 대하여는 그러하지 아니하다(상_{513의2①}). 회사는 일정한 날을 정하여 그 날에 주주명부에 기재된 주주가 전환사채의 인수권을 가진다는 뜻과 신주인수권을 양도할 수 있을 경우에는 그 뜻을, 그 날의 2주간 전에 공고하여야 한다. 그러나 그 날이 주주명부 폐쇄기간 중인 때에는 그 기간의 초일의 2주간 전에 공고하여야 한다(제_{513의2②, 418③}).

주주가 전환사채의 인수권을 가진 경우에는 각 주주에 대하여 그 인수권을 가지는 전환사채의 액, 발행가액, 전환의 조건, 전환으로 인하여 발행할 주식의 내용, 전환을 청구할 수 있는 기간과 일정한 기일까지 전환사채의 청약을 하지 아니하면 그 권리를 잃는다는 뜻을 통지하여야 한다(상_{513의3①}). 무기명식의 채권을 발행한 경우에는 공고하여야 하며, 통지 또는 공고는 기일의 2주간 전에 하여야 하며, 위의 통지 또는 공고에도 불구하고 기일까지 사채인수의 청약을 하지 아니한 때에는 전환사채의 전환권을 가진 자는 그 권리는 잃는다($\frac{상}{419}\frac{513의3 \ ②}{② \sim ④}$).

3) 발행의 제한

전환사채를 발행하는 경우에도 구상법상 사채발행한도에 관한 규정($\frac{구상}{①}$ 470)과 재발행의 제한에 관한 규정($\frac{구상}{471}$)에 의하여 일정한 제한이 있었으나[227] 2011년 개정상법에서 위 규정이 삭제됨으로써 전환사채의 발행한도에 제한이 없다.

4) 전환사채의 불공정발행

회사가 법령 또는 정관에 위반하거나 현저하게 불공정한 방법에 의하여 전환사채를 발행함으로써 주주가 불이익을 받을 염려가 있는 경우에는 주주는 회사에 대하여 그 발행을 유지할 것을 청구할 수 있다($\frac{상}{①}\frac{516}{424}$). 이사와 통모하여 현저하게 불공정한 가액으로 전환사채를 인수한 자는 회사에 대하여 공정한 발행가액과의 차액에 상당한 금액을 지급할 의무가 있다($\frac{상}{424의2}\frac{516 \ ①}{①}$). 이 경우에는 주주의 대표소송이 인정되고($\frac{상}{424의2}\frac{516 \ ①}{②}$), 이사는 회사 또는 주주에 대하여 손해배상책임을 진다($\frac{상}{424의2}\frac{516 \ ①}{③}$).

전환사채의 발행이 경영권 분쟁 상황하에서 열세에 처한 구지배세력이 지분 비율을 역전시켜 경영권을 방어하기 위하여 이사회를 장악하고 있음을 기화로 기존 주주를 완전히 배제한 채 제3자인 우호세력에게 집중적으로 '신주'를 배정하기 위한 하나의 방편으로 채택된 것이라면, 이는 전환사채 제도를 남용하여 전환사채라는 형식으로 사실상 신주를 발행한 것으로 보아야 하며, 그렇다면 그러한 전환사채의 발행은 주주의 신주인수권을 실질적으로 침해한 위법이 있어 신주 발행을 그와 같은 방식으로 행한 경우와 마찬가지로 무효이다.[228]

(3) 전환의 절차

전환사채를 주식으로 전환하기 위해서는 전환사채권자가 전환기간 중에 전환을 청구하여야 한다. 전환청구권자는 전환하고자 하는 사채와 청구의 년월일을 기재하고 기명날인 또는 서명한 청구서 2통에 채권을 첨부하여 회사에 제출하여야 한다($\frac{상}{515}$). 다만, 채권(債券)을 발행하는 대신 전자등록기관의 전자등록부에 채권(債權)을 등록한 경우($\frac{상}{③}$ 478)에는

---

227) 사채의 총액은 최종의 대차대조표에 의하여 회사에 현존하는 순 자산액의 4배를 초과하지 못하며, 회사는 전에 모집한 사채의 총액의 납입이 완료된 후가 아니면 다시 사채를 모집하지 못한다.

228) 서울고법 1997.05.13, 97라36.

그 채권을 증명할 수 있는 자료를 첨부하여 회사에 제출하여야 한다(상515). 전환의 청구는 주주명부의 폐쇄기간 중에도 할 수 있는데, 다만 이 경우에 전환된 주식의 주주는 주주명부폐쇄기간 중의 총회의 결의에 관하여는 의결권을 행사할 수 없다(상516 ②, 350 ②).

전환사채의 발행가액총액은 전환에 의하여 발행하는 주식의 발행가액총액과 동액이어야 한다(상516, 348). 따라서 전환청구가 있으면 회사는 사채의 발행가액총액을 전환가액으로 나눈 수의 주식을 교부하여야 한다.

전환사채의 전환으로 인하여 사채권자가 받을 주식에 대하여 종전의 사채를 목적으로 한 질권을 행사할 수 있으며(상516, 339), 전환으로 인한 변경등기는 전환을 청구한 날이 속하는 달의 말일부터 2주간 내에 본점소재지에서 이를 하여야 한다(상516, 351).

(4) 전환의 효력

전환의 청구는 전환사채권자의 일방적 의사표시로서 전환의 청구가 있으면 회사의 승낙을 요하지 않고 전환청구 시에 당연히 전환의 효력이 발생한다(상516 ②, 350 ①). 전환권은 형성권이므로 전환권의 행사에 의하여 전환사채는 소멸하고 신주발행의 효력을 갖는다. 판례도 전환사채를 주식으로 전환할 수 있는 전환권은 전환을 청구한 때에 그 효력이 생기고 별도로 회사의 승낙이 필요치 않는 형성권이므로 전환청구 행사기간이 경과하지 않았다고 해도 당사자가 전환권 포기의사를 밝혔다면 전환권이 인정되지 않는 일반사채와 동일한 성격의 사채로 확정된다고 판시하고 있다.[229]

사채의 이자지급 또는 주식의 이익이나 이자의 배당에 관하여는 영업년도 말에 전환된 것으로 본다. 이 경우 신주에 대한 이익이나 이자의 배당에 관하여는 정관이 정하는 바에 따라 그 청구를 한 때가 속하는 영업년도의 직전 영업년도 말에 전환된 것으로 할 수 있다(상516 ②, 350 ③). 이는 전환주식의 경우와 같이 획일적 취급을 함으로써 일할계산 따위의 번잡을 피하기 위한 것이다. 그러나 직전 영업년도 말에 전환된 것으로 하는 규정을 둔 경우에는 전환을 청구한 날이 속하는 영업년도에 관해서는 주식으로서 이익배당을 받을 수 있을 뿐 사채로서 이자를 지급받지 못하며, 지급한 이자가 있다면 회사에 반환하여야 한다. 또 전환사채를 목적으로 하는 질권에 대하여는 전환에 의하여 주주가 받을 주식에 대하여 물상대위가 인정된다(상516 ②, 339).

전환에 의하여 신주발행과 같은 결과가 되어 회사의 발행주식총수가 증가하여 회사의 자본금도 그만큼 증가한다. 전환사채의 전환에 의하여 신주가 발행되므로, 회사는 전환기

---

229) 서울지법 1999.02.04, 98가합69295.

간 중 전환에 의하여 발행될 주식의 수를 미발행주식 수 중에 유보하여($\frac{4}{346}\frac{516}{4}\frac{①}{④}$), 전환이 있으면 유보되었던 미발행주식 수 중에서 신주를 발행하여야 한다. 따라서 장차 정관변경에 의해 발행주식총수를 늘릴 것을 예정하고 전환사채를 발행할 수 없다. 전환사채의 전환에 의하여 회사에서는 전환청구를 받은 전환사채의 금액만큼 사채가 감소하고, 이에 상당하는 자본 및 자본준비금이 증가한다.

전환사채의 전환이 있으면 등기사항($\frac{4}{317}\frac{514의2}{②}\frac{②}{ii,}\frac{vii,}{iii}\frac{}{등}$)이 변경되므로 이에 관한 변경등기를 하여야 한다($\frac{4}{②}\frac{516}{351}$). 이러한 변경등기는 전환을 청구한 날이 속하는 달의 말일로부터 2주간 내에 본점소재지에서 이를 하여야 한다($\frac{4}{②}\frac{516}{351}$).

(5) 전환사채 발행무효의 소

전환사채는 전환권의 행사에 의하여 장차 주식으로 전환될 수 있어 이를 발행하는 것은 사실상 신주발행으로서의 의미를 가지므로, 전환사채의 발행에 무효사유가 있는 경우에는 신주발행무효의 소에 관한 상법 제429조 이하의 규정을 유추적용하여 주주·이사·감사에 한하여 회사를 상대로 전환사채발행무효의 소를 제기할 수 있다.[230] 즉 전환사채는 전환권의 행사에 의하여 장차 주식으로 전환될 수 있는 권리가 부여된 사채로서, 이러한 전환사채의 발행은 주식회사의 물적 기초와 기존 주주들의 이해관계에 영향을 미친다는 점에서 사실상 신주를 발행하는 것과 유사하므로, 전환사채 발행의 경우에도 신주발행무효의 소에 관한 상법 제429조가 유추적용된다.[231]

3.6.13.2.2. 신주인수권부사채

(1) 의 의

1) 개 념

신주인수권부사채란 사채권자 또는 신주인수권증권의 정당한 소지인에게 기채회사에 대한 신주인수권이 부여된 사채를 말한다. 즉 사채권자 또는 신주인수권증권의 정당한 소지인이 신주인수권을 행사하면 기채회사는 신주를 발행하여야 한다. 이처럼 신주인수권의 법적 성질은 형성권이다.

---

230) 수원지법 1997.12.16, 97카합7333.

231) 大判 2004.06.25, 2000다37326; 大判 2004.08.20, 2003다20060.

2) 종 류

신주인수권부사채에는 사채권을 표창하는 유가증권인 채권과 신주인수권을 표창하는 유가증권인 신주인수권증권을 별도로 발행하는 분리형 신주인수권부사채와 사채권과 신주인수권을 하나의 유가증권인 채권에 표창하여 발행하는 비분리형 신주인수권부사채가 있다. 양자의 차이는 신주인수권의 양도방법이 다르다는 데 있다. 상법은 비분리형을 원칙으로 하고 이사회에서 특히 분리형의 발행을 결의한 경우에 한하여 분리형을 발행할 수 있다고 규정하고 있다($_{2②}^{상~516의}_{ⅳ}$). 사채권자가 신주인수권을 행사한 경우에 이에 기하여 발행되는 신주의 발행가액의 납입방법에 따라 대용납입이 인정되는 것과 대용납입이 인정되지 않는 것(원칙)이 있다.

3) 전환사채와의 차이점

신주인수권부사채는 원칙적으로 이사회의 결의로 발행되고 사채권자에게 주식을 취득할 수 있는 권리가 부여되어 있으며, 사채와 주식의 중간형태를 취하여 투자의욕을 자극하여 회사의 자금조달을 쉽게 하기 위한 제도라는 점에서 전환사채와 유사하나 다음과 같은 점에서 차이가 있다.

① 신주인수권부사채는 신주인수권의 행사에 의해서도 사채가 소멸하지 않는다는 점에서 전환의 청구에 의해 사채가 소멸하는 전환사채와 다르다.

② 전환사채에 있어서는 전환권이 행사되더라도 사채의 상환의무를 면할 뿐 회사재산의 실질적 증가를 가져오지 않지만, 신주인수권부사채에 있어서는 신주인수권의 행사에 의하여 대용납입 외에는 주금액의 납입($_{의8①}^{상~516}$)으로 인하여 회사재산의 증가를 가져와 새로운 자금조달이 가능하다.

③ 전환사채에 있어서는 하나의 채권이 사채권과 전환권을 표창하지만, 신주인수권부사채에 있어서는 분리형으로 발행될 경우 사채권과 신주인수권이 별개의 유가증권인 채권과 신주인수권증권에 각각 표창된다($_{의5①}^{상~516}$).

④ 전환사채의 전환권행사로 발행되는 신주의 발행총액은 전환사채의 발행총액과 동일하여야 하지만($_{348}^{상~516,}$), 신주인수권부사채에 있어서 신주인수권행사로 발행되는 주식의 발행총액은 신주인수권부사채금액을 초과하지 않는 범위 내에서 자유로이 정할 수 있다($_{의2③}^{상~516}$).

⑤ 전환사채권자는 전환을 청구한 때 주주가 되지만($_{②, 350}^{상~516}$), 신주인수권부사채권자는 신주인수권을 행사한 때에 즉시 주주로 되는 것이 아니라 신주의 납입을 한 때에 비로소 주주가 된다($_{의9}^{상~516}$).

☞ 전환사채와 신주인수권부사채의 구별

	전환사채	신주인수권부사채
	유사점	
1	주식회사의 자금조달의 일환	
2	전환권행사로 주주	신주인수권행사와 신주의 납입을 한때 비로소 주주감 됨
	사채액 납입완료 시 등기를 하고, 자본증가로 변경등기를 요함	
3	정관, 주주총회의 결의로 하지 않는 경우에 이사회의 결의로 발행사항결정, 주주 이외의 자에게 발행은 정관 또는 주주총회특별결의, 인수권자에게 배정일 지정공고, 실권예고부최고, 유지청구, 통모인수인 차액지급의무 등	
	차이점	
1	전환권행사로 주주가 되고 사채가 소멸, 사채권자의 지위 상실	신주인수권 행사로 주주가 되고 사채불소멸, 사채권자지위불상실
2	전환권 행사로 주금액의 납입불필요 → 회사재산의 실질적 증가 X	신주인수권 행사로 별도의 납입, 대용납입의 경우는 제외 → 회사재산의 실질적 증가 ○
3	신주의 발행가액은 전환전의 사채의 발행가액, 주식발행총액은 사채발행총액과 일치	새로 발행하는 주식의 발행가액의 합계액은 신주인수권부사채의 금액을 초과할 수 없고 주식발행가액의 합계액이 사채총액을 초과할 수 없음
4	전환사채, 단일채권발행	분리형의 경우 사채권과 신주인수권증권이 따로 발행

(2) 발 행

1) 주주배정에 의하여 신주인수권부사채를 발행하는 경우

주주에게 신주인수권부사채를 발행하는 경우에는 주주의 이익을 해하지 않으므로, 회사는 원칙적으로 주주총회의 결의를 받을 필요 없이 이사회의 결의만으로 발행할 수 있다($^{상\ 516}_{의2\ ②}$). 그러나 정관으로 주주총회에서 이를 결정하기로 정한 때에는 보통결의에 의하여 발행한다.

신주인수권부사채도 사채이므로 원칙적으로 일반사채의 발행절차에 의하나, 예외적으로 일반사채의 발행절차와는 다른 특칙이 규정되어 있다($^{상\ 516의\ 4,}_{516의8}$). 그 밖의 사항은 주주배정에 의한 신주발행 또는 전환사채를 발행하는 경우와 같다($^{상\ 516의3,\ 516}_{의11,\ 513의2}$).

불공정한 신주인수권부사채의 발행에 대하여 주주는 회사에 대하여 그 발행을 유지할 것을 청구할 수 있고($^{상\ 516의11,}_{516\ ①,\ 424}$), 또 이사와 통모하여 현저하게 불공정한 발행가액으로 신주인수권부사채를 인수한 자가 있는 경우에는 그는 회사에 대하여 공정한 발행가액과의 차액에 상당한 금액을 지급할 의무를 부담하고($^{상\ 516의11,\ 516}_{①,\ 424의2\ ①}$) 주주는 이에 관하여 대표소송을 제기할 수 있다($^{상\ 516의11,\ 516}_{①,\ 424의2\ ②}$).

2) 주주 외의 자에 대하여 신주인수권부사채를 발행하는 경우

주주 외의 자에 대하여 신주인수권부사채를 발행하는 경우에 그 발행할 수 있는 신주인수권부사채의 액, 신주인수권의 내용과 신주인수권을 행사할 수 있는 기간에 관하여 정관에 규정이 없으면 주주총회의 특별결의로써 이를 정하여야 한다. 다만 이 경우에는 신기술의 도입, 재무구조의 개선 등 회사의 경영상 목적을 달성하기 위하여 필요한 경우에 한한다($\frac{상 516}{의2 ④}$). 이 경우 주주총회소집의 통지와 공고에는 신주인수권부사채의 발행에 관한 의안의 요령을 적어야 한다($\frac{상 516의2 ⑤,}{513 ④, 363}$).

주주 외의 자에 대하여 불공정한 신주인수권부사채의 발행에 대하여도 주주배정의 경우와 같이 주주의 발행유지청구권($\frac{상 516의11,}{516 ①, 424}$) 및 통모인수인의 책임($\frac{상 516의 10,}{516 ①, 424의2}$)이 인정된다.

3) 발행사항

정관으로 주주총회에서 결정하기로 정한 경우를 제외하고 정관에 규정이 없는 다음의 사항은 이사회에서 결정한다($\frac{상 516}{의2 ②}$).
① 신주인수권부사채의 총액
② 각 신주인수권에 부여된 신주인수권의 내용
③ 신주인수권을 행사할 수 있는 기간
④ 신주인수권만을 양도할 수 있는 것에 관한 사항
⑤ 신주인수권을 행사하려는 자의 청구가 있는 때에는 신주인수권부사채의 상환에 갈음하여 그 발행가액으로 신주발행 가액의 납입이 있는 것으로 본다는 뜻(대용납입)
⑥ 주주에게 신주인수권부사채의 인수권을 준다는 뜻과 인수권의 목적인 신주인수권부사채의 액
⑦ 주주 외의 자에게 신주인수권부사채를 발행하는 것과 이에 대하여 발행할 신주인수권부사채의 액.

4) 발행제한

각 신주인수권부사채에 부여된 신주인수권의 행사로 인하여 발행할 주식의 발행가액의 합계액은 각 신주인수권부사채의 금액을 초과할 수 없다($\frac{상 516}{의2 ③}$). 이 제한의 적용시점에 대해 학설은 사채의 발행 시에 적용된다고 해석하는 견해(발행시설)와 신주인수권의 행사 시에도 적용된다(행사시설)는 설로 나뉘어 있다. 발행시설에 의하면 발행 후 사채가 일부 상환·소각되더라도 인수할 주식의 수량에는 영향이 없다고 본다.

5) 발행절차

신주인수권부사채의 발행절차는 전환사채의 경우와 거의 유사하지만 주주에 대한 최고사항, 사채청약서 등의 기재사항, 등기사항 등에서 약간의 차이가 있다.

ⅰ) 주주에 대한 최고

주주가 신주인수권부사채의 인수권을 갖는 경우에 그 발행사항이 결정된 경우에는 ① 인수권을 가지는 신주인수권부사채의 액 ② 발행가액 ③ 신주인수권의 내용 ④ 신주인수권을 행사할 수 있는 기간 ⑤ 일정한 기일까지 신주인수권부사채의 청약을 하지 아니하면 그 권리를 잃는다는 뜻을 각 주주에 대해 통지 또는 공고해야 한다(상516).

ⅱ) 사채청약서·채권·사채원부의 기재사항

회사가 신주인수권부사채를 발행하는 때에는 사채청약서·채권·사채원부에 ① 신주인수권부사채라는 뜻 ② 각 신주인수권부사채에 부여된 신주인수권의 내용, 신주인수권을 행사할 수 있는 기간, 신주인수권만을 양도할 수 있는 것에 관한 사항, 신주인수권을 행사하려는 자의 청구가 있는 때에는 신주인수권부사채의 상환에 갈음하여 그 발행가액으로 납입이 있는 것으로 본다는 뜻(상 516의2 ②ⅱ~ⅴ) ③ 납입을 맡을 은행 그 밖의 금융기관 및 납입장소 ④ 주식의 양도에 관하여 이사회의 승인을 얻도록 정한 때에는 그 규정 등을 적어야 한다. 그러나 신주인수권부사채가 분리형인 경우에 신주인수권만을 양도할 수 있는 것에 관한 사항을 정한 경우에는 회사는 채권과 함께 신주인수권증권을 발행하여야 할 때에는 채권에는 이를 기재하지 않는다(상516의4).

ⅲ) 신주인수권의 전자등록

회사는 신주인수권증권을 발행하는 대신 정관으로 정하는 바에 따라 전자등록기관의 전자등록부에 신주인수권을 등록할 수 있다(상516). 이 경우 전자등록부에 등록된 주식의 양도나 입질(入質)은 전자등록부에 등록하여야 효력이 발생하며, 전자등록부에 주식을 등록한 자는 그 등록된 주식에 대한 권리를 적법하게 보유한 것으로 추정하며, 이러한 전자등록부를 선의(善意)로, 그리고 중대한 과실 없이 신뢰하고 위 등록에 따라 권리를 취득한 자는 그 권리를 적법하게 취득한 것으로 본다. 전자등록의 절차·방법 및 효과, 전자등록기관의 지정·감독 등 주식의 전자등록 등에 관하여 필요한 사항은 대통령령으로 정한다(상 516의7 ②, 356의2 ②~④).

(3) 양 도

비분리형 신주인수권부사채의 경우에는 채권의 양도에 의하여 양권리가 동시에 양수인에게 이전한다. 그러나 분리형 신주인수권부사채의 경우에는 채권과 신주인수권을 표창하는 신주인수권증권이 별도로 발행되므로 양 증권을 분리하여 양도할 수 있다. 신주인수권을 표창하는 신주인수권증권의 양도방법은 양도인의 의사표시와 동 증권의 교부이다(상 516의6 ①).

(4) 신주인수권증권

1) 의 의

신주인수권증권은 신주인수권부사채를 분리형으로 발행하는 경우에 채권과 별개로 발행되는 신주인수권을 표창하는 유가증권으로서 신주발행에 있어서 주주의 신주인수권을 표창하는 유가증권인 신주인수권증서와 구별된다.

2) 기재사항

신주인수권증권은 법정사항과 번호를 기재하고 이사가 기명날인 또는 서명하여야 한다(상 516의2 ②). 기재할 사항은 ① 신주인수권증권이라는 뜻의 표시 ② 회사의 상호 ③ 각 사채에 부여된 신주인수권의 내용, 신주인수권 행사기간, 사채상환에 갈음한 납입충당(상 516의2 ② ii·iii·v) ④ 주금납입을 맡을 은행 기타 금융기관과 납입장소(상 516의4 ③ iii) ⑤ 주식의 양도에 관하여 이사회의 승인을 얻도록 정한 때에는 그 규정 등이다(상 516의5 ② i~iv).

3) 신주인수권의 양도, 증권의 선의취득·상실

신주인수권이 발행된 경우에 신주인수권의 양도는 신주인수권증권의 교부에 의하여서만 할 수 있다. 신주인수권증권의 점유자는 적법한 소지인으로 추정되며 선의취득이 인정된다(상 516의6 ②, 336 ②. 수표법 21). 그리고 채권의 상실에 대해서는 제권판결과 재발행도 인정된다(상 516의6 ②, 360). 신주인수권증권이 기명식으로 발행된 때에도 교부에 의하여 이전된다는 점에서 그 성질은 무기명증권이다.

4) 신주인수권증서와의 차이점

신주인수권증권과 신주인수권증서는 신주인수권을 표창하는 유가증권이며, 그 권리의 양도는 증권의 교부에 의하며, 증권의 점유자는 적법한 소지인으로 추정되고, 선의취득이 인정된다는 점에서는 동일하다. 그러나 ① 신주인수권증권은 사채권자에 대해서 발행되나 신주인수권증서는 주주에 대해서 발행된다는 점 ② 신주인수권증권은 신주인수권부사채를 분리형으로 발행할 때에는 회사가 의무적으로 이를 발행하여야 하나 신주인수권증서는 주주의 청구가 있는 때에만 발행된다는 점 ③ 신주인수권증권은 그 존속기간이 장기이므로 상실의 경우 제권판결과 재발행이 인정되나, 신주인수권증서는 그 이용기간이 단기이므로 상실의 경우 주식청약서에 의한 주식의 청약이 인정되고 제권판결이 인정되지 않는다는 점 ④ 신주인수권의 행사에 있어서 신주인수권증권은 신주발행청구서에 첨부되나 신주인수권증서는 그 자체에 의하여 주식의 청약을 한다는 점에서 서로 다르다.

(5) 행　사

1) 행사방법과 주금액의 납입

신주인수권부사채에서 신주인수권을 행사하려는 자는 청구서 2통을 회사에 제출하여야 하는데(상 516의 ⑨ ①), 이 청구서에는 인수할 주식의 종류 및 수와 주소를 기재하고 기명날인 또는 서명하여야 한다(상 516의 ④, 302 ①). 신주인수권증권이 발행된 때에는 이를 첨부하고 발행하지 아니한 때에는 채권을 제시하여야 한다(상 516의 ⑨ ②). 다만, 채권(債券)이나 신주인수권증권을 발행하는 대신 전자등록기관의 전자등록부에 채권(債權)이나 신주인수권증권을 등록한 경우에는 그 채권이나 신주인수권증권을 증명할 수 있는 자료를 첨부하여 회사에 제출하여야 한다(상 516의9 ② 단서, 478 ③, 516의7).

이 경우에 제출된 신주인수권증권은 회사가 인수하고, 비분리형의 경우에 회사에 제시된 채권은 신주인수권의 행사가 있었다는 기재를 하고 다시 제시자에게 반환한다. 주주명부의 폐쇄기간 중에도 신주인수권을 행사할 수 있으나 그 기간 중의 총회의 결의에 관하여는 의결권을 행사할 수 없다. 회사는 신주인수권의 행사기간 동안은 신주인수권의 행사로 인하여 발행될 주식 수만큼 수권주식총수 중 미발행주식 수에 유보하여야 한다(상 516의11, 516의 ①, 346 ②).

신주인수권의 행사로 인하여 발행할 주식의 발행가액총액은 신주인수권부사채의 금액(발행가액총액)을 초과할 수 없다(상 516의2 ③). 신주인수권을 행사한 자는 원칙적으로 신주의 발행가액의 전액을 납입하여야 하며 대용납입이 인정되지 않는다(상 516의 ⑨ ①). 이때의 납입은 채권 또는 신주인수권증권에 기재된 납입장소인 은행 기타 금융기관에 하여야 하며(상 516의 ⑨ ③), 이러한 납입금보관은행의 변경은 법원의 허가를 얻어야 하고, 납입금을 보관한 은행 기타의 금융기관은 보관금액에 대한 증명서를 교부하여야 한다. 은행 기타의 금융기관은 증명한 보관금액에 대하여 납입의 부실 또는 그 금액의 반환에 관한 제한이 있음을 이유로 회사에 대하여 대항하지 못한다($\frac{상\ 516의9\ ④}{306,\ 318}$).

그러나 예외적으로 신주인수권을 행사하려는 자의 청구가 있는 때에는 신주인수권부사채의 상환에 갈음하여 그 발행가액으로 신주인수권의 행사에 의한 신주의 납입이 있는 것으로 본다는 뜻의 정함이 있는 때에는($\frac{상\ 516의}{2\ ②\ v}$) 사채권자는 사채의 상환금에 대한 대용납입이 가능하다. 즉 이 경우에는 예외적으로 사채의 상환금과의 상계에 의한 납입이 허용된다. 이의 법적 성질은 상계라고 할 것이다.

2) 행사의 효과

신주인수권을 행사한 자는 신주의 발행가액의 전액을 납입한 때에 주주가 된다($\frac{상\ 516의}{10\ 제1문}$). 즉 신주인수권부사채에 있어서 신주인수권의 행사로 인한 신주발행의 효력은 납입기일의 다음날로부터 효력이 발생하는 보통의 신주발행의 경우와는 달리 납입 시에 발생한다. 반면에 대용납입의 경우에는 신주인수권의 행사를 위한 청구서를 회사에 제출할 때에 주주가 된다 할 것이다. 다만 주주명부 폐쇄기간 중에 신주인수권을 행사한 경우에는 그 행사에 의하여 발행된 주식의 주주는 그 폐쇄기간 중의 주주총회의 결의에 관하여는 의결권을 행사할 수 없고, 신주인수권을 행사하여 발행된 주식의 이익이나 이자의 배당에 관하여는 그 청구를 한 때가 속하는 영업년도 말에 신주의 효력이 있는 것으로 보는데, 정관의 규정에 의하여 직전 영업년도 말에 신주의 효력이 있는 것으로 할 수 있다($\frac{상\ 516의10}{서,\ 350\ ②\cdot③}$).

신주인수권을 행사하면 등기사항인 신주인수권부사채의 총액($\frac{상\ 516의8\ ①\ v}{516의2\ ②\ vii}$)이 감소하는 경우가 있고, 또한 발행주식총수와 자본의 총액($\frac{상\ 317}{②\ ii,\ iii}$)이 증가하므로, 이에 관한 변경등기를 하여야 한다($\frac{상\ 516\ 의}{11,\ 351}$). 신주발행으로 인한 변경등기는 납입기일이 속하는 달의 말일부터, 대용납입의 경우($\frac{상\ 516의}{2\ ②\ v}$)에는 신주인수권의 행사를 위한 청구 시에 신주인수증권이나 채권을 첨부하여 회사에 제출한 날이 속하는 달의 말일로부터 2주간 내에 본점소재지에서 이를 하여야 한다($\frac{상\ 516의}{11,\ 351}$).

신주인수권부사채에 설정된 질권은 인수권행사로 발행된 신주에는 미치지 아니한다. 즉 추가로 납입하고 발행받은 신주이기 때문에 별개의 사채상의 담보의 효력이 신주에 미치지 않는다. 따라서 인수권을 행사하더라도 사채는 존속하게 된다. 그러나 사채상환에 갈음하여 대용납입을 한 경우($\frac{상\ 516조}{의\ 2항\ v}$)에는 사채는 소멸하므로 신주에 대하여 질권을 행사할 수 있다고 보아야 할 것이다.

신주인수권의 행사로 신주가 발행되므로 수권주식 수 중에 보류하였던 미발행주식주는 감소하고, 따라서 신주의 액면만큼 자본의 증가를 가져오며, 대용납입의 경우를 제외하고 회사의 재산이 실질적으로 늘어난다.

(6) 발행·변경등기

신주인수권부사채를 발행한 때에는 회사는 신주인수권부사채의 등기를 하여야 하고, 등기사항의 변경이 있는 때에는 변경등기를 하여야 한다. 신주인수권의 행사로 인하여 발행주식총수와 자본의 증가가 발생하므로 이에 관해서도 변경등기를 해야 한다($\frac{\text{상}}{\text{해}8}$ 516). 회사가 신주인수권부사채를 발행한 때에는 등기할 사항은 다음과 같다($\frac{\text{상}}{\text{해}8}$ 516 ①).

① 신주인수권부사채라는 뜻
② 신주인수권의 행사로 인하여 발행할 주식의 발행가액의 총액
③ 각 신주인수권부사채의 금액
④ 각 신주인수권부사채의 납입금액
⑤ 신주인수권부사채의 총액
⑥ 각 신주인수권부사채에 부여된 신주인수권의 내용
⑦ 신주인수권을 행사할 수 있는 기간

신주인수권부사채를 발행한 때 하는 등기에는 전환사채의 등기에 관한 사항이 준용된다($\frac{\text{상 516의8}}{514의2}$ ① ③ ④). 회사가 전환사채를 발행한 때에는 납입이 완료된 날로부터 2주간 내에 본점의 소재지에서 전환사채의 등기를 하여야 하며($\frac{\text{상 514}}{\text{의2}}$ ①), 등기사항에 변경이 있는 때에는 본점소재지에서는 2주간 내, 지점소재지에서는 3주간 내에 변경등기를 하여야 하며($\frac{\text{상 514의}}{2}$ ③, 183). 외국에서 전환사채를 모집한 경우에 등기할 사항이 외국에서 생긴 때에는 등기기간은 그 통지가 도달한 날로부터 기산한다($\frac{\text{상 514}}{\text{의2}}$ ④).

3.6.13.2.3. 담보부사채

(1) 의 의

담보부사채라 함은 사채권을 담보하기 위하여 물상담보가 붙여진 사채를 말한다. 인적 담보가 붙여진 사채는 보증사채라고 하며 담보부사채와 구별된다. 담보부사채는 담보부사채신탁법에서 규정하고 있다. 그런데 사채의 경우 수많은 사채권자가 존재하기 때문에 각 사채권자에 대해 각각의 담보를 설정하는 것은 불가능하다. 그래서 영미법상의 신탁

제도를 도입하여 신탁업자가 총사채권자의 이익을 위하여 물적 담보를 관리하는 형식을 취하도록 한 것이다(담보부사채신탁법 60, 61, 71).

(2) 사채관리회사

담보의 사채관리회사는 기채회사와의 신탁계약에 의하여 물상담보권을 취득하고, 이것을 총사채권자를 위하여 보존·실행하여야 한다(동법60). 또 사채관리회사는 사채의 관리도 담당하여 신탁계약에 따로 정함이 없는 때에는 총사채권자를 위하여 채권의 변제를 받음에 필요한 모든 행위를 할 권한을 가진다(동법73). 그리하여 사채가 기한이 만료되어도 변제되지 않는 경우에는 사채관리회사는 지체 없이 담보권을 실행하여야 하고(동법71), 또 강제집행을 하거나 담보권실행을 위한 경매를 할 수 있다(동법72). 그리고 사채관리회사는 사채권자집회를 소집하고 그 결의를 집행하는 등의 권한을 가진다(동법41, 5).

(3) 사채권자집회

담보부사채의 사채권자집회는 다음과 같은 특색이 있다. 즉 결의의 요건은 원칙적으로 보통결의에 의하고(동법45①), 결의사항에 있어서 담보부사채신탁법에 규정된 것 외에는 따로 신탁계약에 정한 것에 한하며(동법51), 의결권의 행사방법에 있어서 집회에 출석하지 아니한 사채권자는 신탁계약에 따로 정함이 있는 경우를 제외하고는 문서로써 의결권을 행사할 수 있고(동법45②), 결의의 효력에 있어서 사채권자집회의 결의는 집회의 소집절차 또는 결의방법이 적법하면 당연히 총사채권자를 구속하고, 법원의 인가를 요하지 않으며, 다만 집회의 소집절차 또는 결의방법이 담보부사채신탁법 또는 신탁계약의 조항에 위반한 때에는 위탁회사, 신탁업자 또는 각 사채권자는 그 결의의 무효선언을 법원에 청구할 수 있다(동법50). 이것은 주주총회 결의취소의 소와 같은 취지의 제도이다. 끝으로 집회의 결의는 원칙적으로 신탁업자가 이를 집행한다는 점도 그 특징의 하나다(동법54).

3.6.13.2.4. 옵션부사채

옵션부사채는 금리 등 여건변화에 따라 발행기업에게 매입소각권(call option)을 부여하는 반면 채권투자자에게는 상환청구권(put option)을 인정하는 제도이다. 즉 옵션부사채는 일정한 조건이 충족되면 사채상환기일 전이라도 발행회사가 사채의 원리금을 중도에 상환하거나, 사채권자가 사채원리금의 상환을 발행회사에 청구할 수 있는 권리(option)가 부여된 사채이다.

3.6.14. 주식회사의 변경제도

주식회사의 조직변경에는 내부적 변경과 외부적 변경으로 대별할 수 있을 것이다. 내부적 변경사항으로 정관의 변경과 자본의 감소가 있겠다. 자본의 감소는 자본의 증가와 같은 변경이지만 주식회사의 자본에 관한 원칙에 의하여 증가는 수권범위 내에서는 자유로우나 자본의 감소는 엄격한 제한을 하고 있으므로 주식회사의 변경에서 살펴보기로 한다.

주식회사의 외부적 변경과 관련되는 제도로는 상법상 주식회사의 유한회사로의 조직변경, 합병, 분할 등이 있다.

3.6.15. 정관의 변경

3.6.15.1. 정관변경의 의의

정관변경이라 함은 회사의 조직과 활동에 관한 근본규칙인 정관을 변경하는 것을 말한다.

3.6.15.2. 정관변경의 절차

3.6.15.2.1. 주주총회의 특별결의

정관을 변경하자면 반드시 주주총회의 특별결의가 있어야 하며($^{상\ 433}_{①}$), 총회소집의 통지와 공고에는 의안의 요령을 적어야 한다($^{상\ 433}_{②}$).

3.6.15.2.2. 종류주주총회의 결의

회사가 종류주식을 발행한 경우에 정관을 변경함으로써 어느 종류주식의 주주에게 손해를 미치게 될 때에는 주주총회의 결의 외에 그 종류주식의 주주의 총회의 결의가 있어야 한다($^{상\ 435}_{①}$). 종류주식 주주의 종류주주총회의 결의에 관하여는 출석한 주주의 의결권의 3분의 2 이상의 수와 그 종류의 발행주식총수의 3분의 1 이상의 수로써 하여야 한다($^{상\ 344\ ④}_{435\ ②}$).

의결권 없는 주식을 가진 주주도 종류주주총회에서는 의결권을 행사할 수 있다($^{\text{상}}_{③}$ 435).

위 규정의 취지는 주식회사가 보통주 이외의 종류주식을 발행하고 있는 경우에 보통주를 가진 다수의 주주들이 일방적으로 어느 종류의 주식을 가진 소수주주들에게 손해를 미치는 내용으로 정관을 변경할 수 있게 할 경우에 그 종류의 주식을 가진 소수주주들이 부당한 불이익을 받게 되는 결과를 방지하기 위한 것이다.[232] '어느 종류의 주주에게 손해를 미치게 될 때'라 함에는, 어느 종류의 주주에게 직접적으로 불이익을 가져오는 경우는 물론이고, 외견상 형식적으로는 평등한 것이라고 하더라도 실질적으로는 불이익한 결과를 가져오는 경우도 포함되며, 나아가 어느 종류의 주주의 지위가 정관의 변경에 따라 유리한 면이 있으면서 불이익한 면을 수반하는 경우도 이에 해당된다.[233]

3.6.15.2.3. 등 기

정관변경 그 자체는 등기를 요하지 아니하나, 정관변경이 등기사항의 변경을 생기게 하는 경우에는 그 변경등기를 하여야 한다($^{\text{상}}_{③}$ ${}^{317}_{183}$).

3.6.15.3. **정관변경의 효력**

정관변경은 원칙적으로 주주총회의 결의 시에 즉시 그 효력이 생긴다. 정관의 기재사항은 절대적 기재사항이든 상대적 기재사항이든 정관에 기재되어 있는 이상 변경하는 경우에는 정관변경의 절차를 거쳐야 한다.

3.6.15.4 **정관변경에서의 특수한 문제**

3.6.15.4.1. 수권주식총수의 증감

회사의 수권주식총수 즉 회사가 발행할 주식의 총수는 정관의 절대적기재사항이므로($^{\text{상}}_{①}$ ${}^{289}_{iii}$), 그것을 증가하는 경우에는 정관을 변경하여야 한다.

---

232) 大判 2006.01.27, 2004다44575, 44582.

233) 大判 2006.01.27, 2004다44575, 44582.

3.6.15.4.2. 주금액의 변경

(1) 주금액의 인상

주금액을 인상하려면 정관을 변경하는 동시에 주주에게 추가납입시키거나 주식을 병합하는 방법이 있다. 추가납입은 주주유한책임의 원칙에 반하며, 주식병합의 경우에는 단주가 생기면 주주평등의 원칙에 반하게 된다. 그러므로 어느 방법에 의하든 총주주의 동의가 있어야 한다(통설).

(2) 주금액의 인하

정관에 기재된 일주의 금액을 인하하기 위하여는 주주총회의 특별결의가 있어야 한다. 그러나 주금액의 인하로 자본의 감소가 생기는 경우에는 자본감소의 절차를 따로 밟아야 한다. 어떤 경우이든 새로운 주금액이 법정된 최저금액인 100원 미만이어서는 안 된다($\frac{\text{상}}{④}$ 329).

3.6.16. 자본의 감소

3.6.16.1. 의 의

자본의 감소란 회사의 자본, 즉 발행주식의 액면총액을 감소하는 것을 말한다. 자본이 감소하면 그만큼 회사가 유보하여야 할 현실재산이 감소되므로 대외적으로는 회사채권자에게 불리하게 된다. 따라서 자본감소의 경우에는 채권자보호절차 등과 같은 엄격한 요건을 규정하고 있다.

3.6.16.2. 자본감소의 방법

자본감소의 방법으로서 액면가액을 낮추거나 또는 발행주식 수를 줄이는 것은 주주유한책임과 충돌하는 것이 아니므로 어느 방법도 가능하다.

3.6.16.2.1. 주금액의 감소

주금액의 감소는 주식의 액면가액을 낮추는 방법이다. 그러나 주금액은 100원 미만일 수 없고($\frac{\text{상}^{329}}{④}$) 또 균일하여야 한다($\frac{\text{상}^{329}}{③}$). 또 1주의 금액은 정관의 절대적 기재사항($\frac{\text{상}^{289}}{① \text{iv}}$)이므로 주금액을 감소하기 위하여는 주주총회의 특별결의에 의한 정관변경절차($\frac{\text{상}^{433,}}{434}$)를 거쳐야 한다.

3.6.16.2.2. 주식 수의 감소

주식 수의 감소에는 주식의 병합과 주식의 소각의 두 가지 방법이 있다. 주식의 병합이란 여러 주식을 합하여 그보다 적은 수의 주식을 발행하는 방법이다($\frac{\text{상}^{440}}{\sim 444}$). 주식의 소각이란 주식을 소멸시키는 것을 말한다. 주식의 소각에는 그 주식의 주주의 승낙을 요건으로 하는지 여부에 따라 임의소각과 강제소각으로 나뉘나 상법은 강제소각의 방법에 대하여만 규정하고 있다($\frac{\text{상}^{343}}{②}$).

3.6.16.3. 감자의 절차

3.6.16.3.1. 주주총회의 특별결의

자본감소는 주주에게 중대한 이해관계가 있으므로 주주총회의 특별결의를 얻어야 한다($\frac{\text{상}^{438}}{①}$). 다만 결손의 보전(補塡)을 위한 자본금의 감소는 보통결의에 의한다($\frac{\text{상}^{438}}{368} \frac{②)}{①}$). 자본금의 감소에 관한 의안의 주요내용은 주주총회 소집의 통지·공고($\frac{\text{상}}{363}$)에 따른 통지와 공고에 적어야 한다($\frac{\text{상}^{438}}{③}$). 또 이러한 주주총회의 결의에서는 감자의 방법도 결정하여야 한다($\frac{\text{상}^{439}}{①}$). 따라서 감자방법을 이사회에 일임할 수는 없다. 다만 금융산업의구조개선에관한법률은 정부 등이 금융기관의 구조개선을 위해 출자를 한 경우 금융감독위원회는 당해 기관에 자본감소명령을 할 수 있고, 이 경우 당해 기관은 주총특별결의 없이 이사회결의만으로 자본감소를 할 수 있도록 하였다.

3.6.16.3.2. 채권자보호의 절차

자본감소는 직접·간접으로 사내유보재산의 액을 감소시킴으로써 채권자의 일반적 담보력에 영향을 준다. 따라서 상법은 이에 대한 보호책으로서 회사는 감자결의일로부터 2주 내에 1월 이상의 일정한 기간을 정하여 그 기간 내에 채권자는 이의를 제출하도록 하는 일반적 공고를 하고, 알고 있는 채권자에 대하여는 개별적으로 최고하도록 하고 있다

($_{232\ ①}^{상\ 439\ ②}$). 다만 결손의 보전(補塡)을 위한 자본금의 감소는 보통결의에 의하고($_{368\ ①}^{상\ 438\ ②}$), 위 232조에 따른 절차를 준용하지 아니한다($_{단서}^{상\ 439\ ②}$).

사채권자가 이의를 제기하려면 사채권자집회의 결의가 있어야 한다. 이 경우에는 법원은 이해관계인의 청구에 의하여 사채권자를 위하여 이의 제기 기간을 연장할 수 있다($_{③}^{상\ 439}$). 회사의 채권자가 이의를 제출한 때에는 회사는 그 채권자에게 채무를 변제하거나 상당한 담보를 제공하거나 또는 이를 목적으로 하여 신탁회사에 상당한 재산을 신탁하여야 한다($_{232\ ③}^{상\ 439\ ②}$). 그러나 회사의 채권자가 이의제기기간 내에 이의를 제출하지 아니한 때에는 감자를 승인한 것으로 본다($_{232\ ②}^{상\ 439\ ②}$).

3.6.16.3.3. 주식에 대한 조치

상법은 감자방법으로 주식의 병합($_{\sim\ 444}^{상\ 440}$)과 강제소각($_{②}^{상\ 343}$)을 규정하고 있다.

(1) 주식병합

주식을 병합할 경우에는 회사는 1월 이상의 기간을 정하여 그 뜻과 그 기간 내에 주권을 회사에 제출할 것을 공고하고 주주명부에 기재된 주주와 질권자에 대하여는 각별로 그 통지를 하여야 한다($_{440}^{상}$). 주식의 병합은 위 기간이 만료한 때에 그 효력이 생긴다. 그러나 채권자의 이의($_{232}^{상}$)에 의한 절차가 종료하지 아니한 때에는 그 종료한 때에 효력이 생긴다($_{441}^{상}$).

주식을 병합하는 경우에 구주권을 회사에 제출할 수 없는 자가 있는 때에는 회사는 그 자의 청구에 의하여 3월 이상의 기간을 정하고 이해관계인에 대하여 그 주권에 대한 이의가 있으면 그 기간 내에 제출할 뜻을 공고하고 그 기간이 경과한 후에 신주권을 청구자에게 교부할 수 있다($_{①}^{상\ 442}$). 공고의 비용은 청구자의 부담으로 한다($_{③}^{상\ 442}$).

병합에 적당하지 아니한 수의 주식이 있는 때에는 그 병합에 적당하지 아니한 부분에 대하여 발행한 신주를 경매하여 각 주수에 따라 그 대금을 종전의 주주에게 지급하여야 한다. 그러나 거래소의 시세있는 주식은 거래소를 통하여 매각하고, 거래소의 시세없는 주식은 법원의 허가를 받아 경매외의 방법으로 매각할 수 있다($_{①}^{상\ 443}$). 신주권의 교부($_{442}^{상}$)의 규정은 이 경우에 준용한다($_{③}^{상\ 443}$). 무기명식의 주권으로서 제출이 없는 것에서도 같이 적용된다($_{444}^{상}$).

(2) 강제소각

자본금감소에 관한 규정에 따라 주식을 소각하는 경우에는 주식병합에 관한 규정($^{상\ 440}_{~\ 444}$)을 준용한다($^{상}_{②}$ ^{343}).

3.6.16.3.4. 등 기

감자의 효력이 발생하면 자본의 액, 발행주식총수가 모두 감소하므로 소정기간 내에 변경등기를 하여야 한다($^{상\ 317\ ②\ ii}_{iii\ ③,\ 183}$). 등기는 자본감소의 효력발생요건은 아니고 다만 제3자에 대한 대항요건이 될 뿐이다.

3.6.16.4. 감자의 효력

3.6.16.4.1. 감자의 효력발생시기

감자의 효력은 여러 절차, 즉 주주총회의 결의, 채권자보호절차, 주식에 대한 조치가 모두 완료한 때에 생긴다. 그러나 병합 및 강제소각의 경우에는 채권자보호절차가 종료하고, 공고 또는 통지에서 정한 주권제출기간이 만료한 때에, 임의소각의 경우에는 회사가 소각을 위한 주식을 소멸한 때에 자본감소의 효력이 생긴다($^{상\ 343\ ②}_{440,\ 441}$).

3.6.16.4.2. 감자차익금의 처리

자본감소에 의하여 감소된 자본액이, 주식의 소각 또는 주금의 반환에 요한 금액과 결손의 전보에 충당한 금액을 초과하는 경우의 그 초과액, 즉 감자차익금은 자본준비금으로 적립하여야 한다($^{상}_{ii}$ ^{459}).

3.6.16.5. 감자의 무효

3.6.16.5.1. 무효원인

감자의 절차 또는 그 내용에 하자가 있는 경우 예컨대, 감자에 관한 주주총회의 특별결의가 소에 의하여 취소되거나 또는 무효가 확인된 경우, 채권자보호절차를 이행하지 않은 경우, 감자의 방법이 주주평등의 원칙에 반하는 경우 등의 경우에는 감자는 무효원인이 된다.

주식병합에 일정한 기간을 두어 공고와 통지의 절차를 거치도록 한 취지는, 신 주권을 수령할 자를 파악하고 실효되는 구 주권의 유통을 저지하기 위하여 회사가 미리 구 주권을 회수하여 두려는 데 있다. 회사가 위와 같은 공고 등의 절차를 거치지 아니한 경우에는 특별한 사정이 없는 한 주식병합의 무효사유가 존재한다고 할 것이지만, 회사가 주식병합에 관한 주주총회의 결의 등을 거쳐 주식병합 등기까지 마치되 그와 같은 공고만을 누락한 것에 불과한 경우에는 그러한 사정만으로 주식병합의 절차적·실체적 하자가 극히 중대하여 주식병합이 부존재한다고 볼 수는 없다.[234)

3.6.16.5.2. 소의 요건

자본금 감소의 무효는 주주·이사·감사·청산인·파산관재인 또는 자본금의 감소를 승인하지 아니한 채권자만이 자본금 감소로 인한 변경등기가 된 날부터 6개월 내에 소(訴)만으로 주장할 수 있다(商445). 이는 자본감소에 수반되는 복잡한 법률관계를 조기에 확정하고자 하는 것이므로 새로운 무효사유를 출소기간의 경과 후에도 주장할 수 있도록 하면 법률관계가 불안정하게 되어 위 규정의 취지가 몰각된다는 점에 비추어 위 규정은 무효사유의 주장시기도 제한하고 있는 것이라고 해석함이 상당하고 자본감소로 인한 변경등기가 있는 날로부터 6월의 출소기간이 경과한 후에는 새로운 무효사유를 추가하여 주장할 수 없다.[235)

3.6.16.5.3. 감자무효의 소와 총회결의취소의 소 등과의 관계

감자결의의 하자의 주장은 주주총회결의취소의 소 등에 의하게 되므로 감자무효의 소와 총회결의취소의 소와의 경합문제가 발생한다. 자본감소의 효력이 발생하기 전에는 주주총회결의취소의 소에 의하지만, 자본감소의 효력이 발생한 경우에는 자본감소에 관한 결의의 효력을 다투는 소는 자본감소무효의 소에 의하여 흡수된다고 보는 것 흡수설이 다수설이다. 다만 감자결의의 절차상의 하자를 이유로 하는 감자무효의 소는 결의의 날로부터 2월 내에 제기하여야 하며(商376), 감자결의의 효력발생 전에 결의취소의 소 등이 계속 중에 감자의 효력이 발생한 때에는 감자무효의 소제기기간 내에 감자무효의 소로 청구의 변경절차를 취하여야 한다(통설).

---

234) 大判 2009.12.24, 2008다15520
235) 大判 2010.04.29, 2007다12012

3.6.16.5.4. 소의 절차

감자무효의 소는 대체로 회사설립무효의 소의 경우와 같다($\overset{상}{④}{}^{446,\ 377,\ 176}_{186\sim189,\ 192}$).

3.6.16.5.5. 판결의 효력

감자무효의 소에서 원고가 승소하면 그 판결은 대세적 효력($\overset{상}{190}{}^{446,}$)과 소급효가 있다($\overset{상}{단서\ 준용배제}{}^{446,\ 190}$). 감자무효의 소에서 원고가 패소하는 경우 원고에게 악의 또는 중과실이 있는 때에는 원고는 회사에 대하여 연대하여 손해배상할 책임을 진다($\overset{상}{191}{}^{446,}$).

3.6.17. 주식회사의 유한회사로의 조직변경

3.6.17.1. 조직변경절차

주식회사는 총주주의 일치에 의한 총회의 결의로 유한회사로 조직변경을 할 수 있다($\overset{상}{①}{}^{604}$). 이 결의에서는 정관 기타 조직변경에 필요한 사항을 정하여야 한다($\overset{상}{③}{}^{604}$). 유한회사는 사채발행이 허용되지 않으므로 주식회사가 유한회사로 조직변경을 하는 경우 주식회사의 사채의 상환이 완료되지 않은 경우에는 먼저 이의 상환을 완료하여야 한다($\overset{상}{①\ 단서}{}^{604}$). 유한회사는 사채제도가 없기 때문이다. 참고로 합명회사와 합자회사 제도도 사채제도가 있으나 법에 명시적으로 규정하고 있지 않다. 그 이유는 무한책임을 지는 무한책임사원이 존재하기 때문이다.

주식회사를 유한회사로 조직변경을 하는 경우 유한회사의 자본금은 주식회사에 현존하는 순재산액보다 많을 수 없다($\overset{상}{②}{}^{604}$). 만일 유한회사의 자본금을 이보다 많은 금액으로 하는 경우에는, 조직변경의 결의당시의 이사와 주주는 회사에 대하여 연대하여 그 부족액을 지급할 책임이 있다($\overset{상}{①}{}^{605}$). 이때 이사의 책임은 총사원의 동의로 면제할 수 있으나, 주주의 책임은 면제하지 못한다($\overset{상}{②,\ 551\ ②\ ·\ ③}{}^{605\ ②,\ 550}$).

주식회사를 유한회사로 조직변경을 함에는 합병에서와 같은 채권자보호절차를 밟아야 한다($\overset{상}{232}{}^{608,}$). 즉 주식회사를 유한회사로 조직변경을 하는 경우 종전의 주식에 대하여 설정된 질권은 물상대위가 인정된다($\overset{상}{④,\ 601}{}^{604}$).

3.6.17.2. 등 기

주식회사를 유한회사로 조직변경을 한 경우에는 본점소재지에서는 2주간 내에, 지점소재지에서는 3주간 내에 주식회사에 있어서는 해산등기, 유한회사에 있어서는 설립등기를 하여야 한다($\frac{\text{상}}{606}$).

3.6.18. 회사의 합병

3.6.18.1. 합병의 의의

3.6.18.1.1. 합병의 개념

회사의 합병이란 2개 이상의 회사가 계약에 의하여 한 회사가 다른 회사를 흡수하거나 혹은 모두 소멸하고 새로운 회사로 설립되면서 소멸하는 회사의 전부 또는 일부의 재산이 포괄적으로 존속회사 또는 신설회사에 이전되며 사원의 지위도 함께 이전되는 효과를 가져오는 것을 말한다.

회사의 합병이라 함은 두 개 이상의 회사가 계약에 의하여 신회사를 설립하거나 또는 그중의 한 회사가 다른 회사를 흡수하고, 소멸회사의 재산과 사원(주주)이 신설회사 또는 존속회사에 법정 절차에 따라 이전·수용되는 효과를 가져오는 것으로서, 소멸회사의 사원(주주)은 합병에 의하여 1주 미만의 단주만을 취득하게 되는 경우나 혹은 합병에 반대한 주주로서의 주식매수청구권을 행사하는 경우 등과 같은 특별한 경우를 제외하고는 원칙적으로 합병계약상의 합병비율과 배정방식에 따라 존속회사 또는 신설회사의 사원권(주주권)을 취득하여, 존속회사 또는 신설회사의 사원(주주)이 된다.[236]

3.6.18.1.2. 합병의 종류

합병의 종류에는 강학상 흡수합병과 신설합병으로 분류할 수 있고 상법규정상으로는 간이합병과 소규모합병으로 나눠진다.

흡수합병이란 당사회사 중의 하나가 계속 존속하고 다른 회사는 해산하여 이에 흡수되

---

236) 大判 2003.02.11, 2001다14351.

는 경우이고, 신설합병은 모든 당사회사가 소멸하고 새로이 회사를 설립하는 형태이다.

3.6.18.2. 절　차

3.6.18.2.1. 합병계약서의 작성

주식회사의 합병에는 법정사항을 기재한 합병계약서를 작성하여 주주총회의 특별결의에 의한 승인을 얻어야 한다(상 522 ①, ③).

(1) 흡수합병의 경우

흡수합병, 즉 합병할 회사의 일방이 합병 후 존속하는 경우에는 합병계약서에 다음의 사항을 적어야 한다(상 523).

① 존속하는 회사가 합병으로 인하여 그 발행할 주식의 총수를 증가하는 때에는 그 증가할 주식의 총수, 종류와 수

② 존속하는 회사의 증가할 자본금과 준비금의 총액

- 본호는 원칙적으로 자본충실을 도모하기 위하여 존속회사의 증가할 자본액(즉, 소멸회사의 주주들에게 배정·교부할 합병신주의 액면총액)이 소멸회사의 순자산가액 범위 내로 제한되어야 한다는 취지라고 볼 여지가 있기는 하나, 상법의 특별법인 자본시장통합법(구 증권거래법) 등의 규정이 적용되는 흡수합병의 경우에는 존속회사의 증가할 자본액이 반드시 소멸회사의 순자산가액의 범위 내로 제한된다고 할 수 없다.[237]

③ 존속하는 회사가 합병당시에 발행하는 신주의 총수, 종류와 수 및 합병으로 인하여 소멸하는 회사의 주주에 대한 신주의 배정에 관한 사항

④ 존속하는 회사가 합병으로 소멸하는 회사의 주주에게 신주배정에도 불구하고 그 대가의 전부 또는 일부로서 금전이나 그 밖의 재산을 제공하는 경우에는 그 내용 및 배정에 관한 사항 → 자회사에 의한 모회사주식의 취득제한(상 342)에도 불구하고 소멸하는 회사의 주주에게 제공하는 재산이 존속하는 회사의 모회사주식을 포함하는 경우에는 존속하는 회사는 그 지급을 위하여 모회사주식을 취득할 수 있다(상 523의2).

⑤ 각 회사에서 합병의 승인결의를 할 사원 또는 주주의 총회의 기일

⑥ 합병을 할 날

---

237) 大判 2008.01.10, 2007다64136

⑦ 존속하는 회사가 합병으로 인하여 정관을 변경하기로 정한 때에는 그 규정

⑧ 각 회사가 합병으로 이익배당을 할 때에는 그 한도액

⑨ 합병으로 인하여 존속하는 회사에 취임할 이사와 감사 또는 감사위원회의 위원을 정한 때에는 그 성명 및 주민등록번호

존속회사의 증가할 자본액은 존속하는 회사가 합병 당시에 발행하는 신주의 총수에 액면가액을 곱한 것이다. 존속회사가 합병 시에 발행하는 신주는 존속회사가 승계하는 재산의 근거로 발행하는 것이므로 신주의 액면총액은 승계하는 재산액을 초과할 수 없다.

(2) 신설합병의 경우

합병으로 인하여 회사를 설립하는 경우에는 합병계약서에 다음의 사항을 적어야 한다(상524).

① 설립되는 회사에 대하여 제289조제1항제1호부터 제4호까지에 규정된 사항[목적, 상호, 회사가 발행할 주식의 총수, 1주의 금액]과 종류주식을 발행할 때에는 그 종류, 수와 본점소재지

② 설립되는 회사가 합병당시에 발행하는 주식의 총수와 종류, 수 및 각 회사의 주주에 대한 주식의 배정에 관한 사항

③ 설립되는 회사의 자본금과 준비금의 총액

④ 각 회사의 주주에게 지급할 금액을 정한 때에는 그 규정

⑤ 각 회사에서 합병의 승인결의를 할 사원 또는 주주의 총회의 기일

⑥ 합병을 할 날 등

⑦ 합병으로 인하여 설립되는 회사의 이사와 감사 또는 감사위원회의 위원을 정한 때에는 그 성명 및 주민등록번호

신설회사의 설립목적, 상호, 수권자본, 1주의 금액, 종류주식을 발행할 때에는 그 종류 및 수, 본점소재지를 적어야 하며, 그 밖의 기재사항은 흡수합병의 경우와 같다.

3.6.18.2.2. 합병계약서 등의 사전공시

이사는 주주총회 회일의 2주 전부터 합병을 한 날 이후 6월이 경과하는 날까지 합병계약서, 합병으로 인하여 소멸하는 회사의 주주에게 발행하는 주식의 배정에 관하여 그 이유를 기재한 서면, 각 회사의 최종의 대차대조표와 손익계산서를 본점에 비치하여야 한다. 합병계약서 등을 사전에 비치함으로써 회사의 이해관계인을 보호하고 있다. 주주 및 회사 채권자는 영업시간 내에는 언제든지 위의 서류들의 열람을 청구하거나 회사가

정한 비용을 지급하고 그 등본 또는 초본의 교부를 청구할 수 있다(상522, ②).

3.6.18.2.3. 합병승인결의

각 회사의 합병결의는 특별결의의 방법에 의하여 합병계약서를 승인하는 형식을 취한다(상522, ①③). 회사가 종류주식을 발행한 경우에는 불이익을 받게 될 종류주주의 총회의 결의도 필요하다(상436).

3.6.18.2.4. 채권자보호절차

회사는 주주총회의 승인결의가 있은 날부터 2주내에 채권자에 대하여 합병에 이의가 있으면 1월이상의 기간내에 이를 제출할 것을 공고하고 알고 있는 채권자에 대하여는 따로따로 이를 최고하여야 한다(상527의5, ①). 간이합병(상527의2)과 소규모합병(상527의3)은 이사회의 결의로 주주총회의 결의에 갈음할 수 있으므로 이사회의 결의로 주주총회에 갈음하는 경우에는 이사회의 결의일로부터 채권자이의 제출기간이 계산된다(상527의5, ②). 이 절차는 흡수합병 및 신설합병에 공통된다.

채권자가 기간 내에 이의를 제출하지 아니한 때에는 합병을 승인한 것으로 본다(상527의5, 232③). 이의를 제출한 채권자가 있는 때에는 회사는 그 채권자에 대하여 변제 또는 상당한 담보를 제공하거나 이를 목적으로 하여 상당한 재산을 신탁회사에 신탁하여야 한다(상527의5, 232③④).

3.6.18.2.5. 합병에 관한 서류의 사후공시

합병 후 존속회사 또는 신설회사의 이사는 채권자보호절차의 경과(상527의6, ①), 합병을 한 날, 합병으로 인해 소멸한 회사로부터 승계한 재산과 채무액, 기타 합병에 관한 사항을 기재한 서면을 합병을 한 날로부터 6월간 본점에 비치하여야 한다(상527의6, ①). 주주 및 채권자는 영업시간 내에는 언제든지 이 서류의 열람을 청구하거나, 회사가 정한 비용을 지급하고 그 등·초본의 교부를 청구할 수 있다(상527의6, 522의2②).

3.6.18.2.6. 주식의 합병의 주권의 제출

흡수합병의 경우에는 소멸회사의 주주에게 존속회사의 주식이 배정되나, 반드시 구주 1주에 대해 신주 1주가 배정되는 것이 아니고 합병비율에 따라 배정되므로 경우에 따라 주식 수가 감소할 수도 있다. 이 경우에 주식의 배정을 위한 준비로서 주식을 병합할 수 있는데, 자본감소 시의 주식병합의 절차를 준용한다.

3.6.18.2.7. 총회의 개최

(1) 흡수합병의 보고총회

흡수합병의 경우 존속회사의 이사는 채권자 보호절차($_{의3}^{상527}$ ①)의 종료 후, 합병으로 인한 주식의 병합이 있을 때에는 그 효력이 생긴 후, 병합에 적당하지 아니한 주식이 있을 때에는 합병 후, 존속하는 회사에 있어서는 단주의 처분($_{443}^{상}$)을 한 후, 소규모합병의 경우에는 공고 내지 주주에 대한 통지($_{의3}^{상527}$ ③) 및 100분의 20 이상의 주주가 소규모합병의 반대통지($_{의3}^{상527}$ ④) 등의 절차를 종료한 후 지체없이 주주총회를 소집하고 합병에 관한 사항을 보고하여야 한다($_①^{상526}$). 따라서 소규모의 합병의 경우에는 존속하는 회사는 합병계약서를 작성한 날부터 2주 내에 소멸하는 회사의 상호 및 본점의 소재지, 합병을 할 날, 주주총회의 승인을 얻지 아니하고 합병을 한다는 뜻을 공고하거나 주주에게 통지하고, 합병 후 존속하는 회사의 발행주식총수의 100분의 20 이상에 해당하는 주식을 소유한 주주가 앞의 방법에 의한 공고 또는 통지를 한 날부터 2주 내에 회사에 대하여 서면으로 합병에 반대하는 의사를 통지한 때에는 소규모 합병을 할 수 없도록 하는 절차를 마치고 나서야 흡수합병의 보고총회를 소집할 수 있도록 하고 있다.

합병당시에 발행하는 신주의 인수인은 주주총회에서 주주와 동일한 권리가 있다($_②^{상526}$). 보고총회는 이사회의 결의에 의해 공고로서 주주총회에 대한 보고에 갈음할 수 있다($_③^{상526}$).

(2) 신설합병의 보고총회

신설합병의 경우에는 설립위원은 채권자 보호절차($_{의5}^{상527}$)의 종료 후, 합병으로 인한 주식의 병합이 있을 때에는 그 효력이 생긴 후, 병합에 적당하지 아니한 주식이 있을 때에는 단주의 처분($_{443}^{상}$)을 한 후 지체없이 창립총회를 소집하여야 한다($_①^{상527}$). 창립총회에서는 정관변경의 결의를 할 수 있다. 그러나 합병계약의 취지에 위반하는 결의는 하지 못한다($_②^{상526}$).

창립총회의 소집통지($_{363}^{상308}$ ①), 소집지($_{364}^{상308}$ ②), 의결권의 대리행사($_{368}^{상308}$ ③), 특별한 이해관계인의 의결권제한($_{368}^{상308}$ ④), 의결권의 불통일 행사($_{368의2}^{상308}$ ②), 의결권의 수($_{369}^{상308}$ ①), 정족수, 의결권수의 계산($_{371}^{상308}$ ②), 연기 속행($_②^{상308}$, $_{372}$), 의사록($_②^{상308}$, $_{373}$), 결의취소의 소($_②^{상308}$, $_{376}$), 제소주주의 담보제공의무($_②^{상308}$, $_{377}$), 결의취소의 등기($_②^{상308}$, $_{378}$), 법원의 재량에 의한 청구기각($_②^{상308}$, $_{379}$), 결의무효 및 부존재확인의 소($_②^{상308}$, $_{380}$), 부당결의의 취소, 변경의 소($_②^{상308}$, $_{381}$), 종류주주초회($_②^{상308}$, $_{435}$), 창립총회($_{309}^{상}$), 발기인의 보고($_{311}^{상}$), 임원의 선임($_{312}^{상}$), 정관의 변경, 설립폐지의 결의($_②^{상316}$)는 창립총회에 준용한다($_③^{상526}$). 이사회는 공고로써 주주총회에 대한 보고에 갈음할 수 있다($_④^{상526}$).

3.6.18.2.8. 법원의 허가

유한회사가 주식회사와 합병을 하는 경우에 존속 또는 신설회사가 주식회사인 때에는 법원의 허가를 받지 않으면 합병의 효력이 없다($^{\,상\,600}_{\,①}$).

3.6.18.2.9. 등 기

합병은 등기에 의하여 그 효력이 생긴다. 존속회사에 있어서는 변경등기, 소멸회사에 있어서는 해산등기, 신설회사에 있어서는 설립등기를 각각 하여야 한다($^{\,상\,528}_{\,①}$). 존속 또는 신설회사가 전환사채 또는 신주인수권부사채를 승계한 때에는 합병등기와 동시에 사채의 등기도 하여야 한다($^{\,상\,528}_{\,②}$).

3.6.18.3. 합병의 무효

3.6.18.3.1. 무효의 원인

합병무효의 원인에 대하여는 상법에 규정이 없으나, 해석상 합병과정에서 중요한 절차(법위반, 채권자보호절차의 불이행, 결의의 하자)나 실체적 내용(합병계약의 중대한 하자, 합병비율의 불공정성)의 위반의 경우에 합병무효의 소를 제기할 수 있을 것이다.

회사합병에 있어서 합병등기에 의하여 합병의 효력이 발생한 후에는 합병무효 소를 제기하는 외에 합병결의무효확인청구만을 독립된 소로서 구할 수 없다.[238] 회사의 흡수합병의 경우에 있어 합병의 비율은 합병당사회사의 재산상태와 그에 따른 주식의 객관적 가치에 비추어 공정하게 정하여야 하고 현저하게 불공정한 합병비율을 정한 합병계약은 신의성실의 원칙이나 공평의 원칙에 반하여 무효이다.[239] 즉 현저하게 불공정한 합병비율을 정한 합병계약은 사법관계를 지배하는 신의성실의 원칙이나 공평의 원칙 등에 비추어 무효이고, 따라서 합병비율이 현저하게 불공정한 경우 합병할 각 회사의 주주 등은 소로써 합병의 무효를 구할 수 있다.[240]

다만 합병비율은 자산가치 이외에 시장가치, 수익가치, 상대가치 등의 다양한 요소를 고려하여 결정되어야 할 것인 만큼 엄밀한 객관적 정확성에 기하여 유일한 수치로 확정할 수 없고, 그 제반요소의 고려가 합리적인 범위 내에서 이루어진 것이라면 결정된 합

---

238) 大判 1993.05.27, 92누14908.

239) 인천지법 1986.08.29, 85가합1526.

240) 大判 2008.01.10, 2007다64136

병비율이 현저하게 부당하다고 할 수 없다. 따라서 합병당사회사의 전부 또는 일부가 주권상장법인인 경우 증권거래법과 그 시행령 등 관련 법령이 정한 요건과 방법 및 절차 등에 기하여 합병가액을 산정하고 그에 따라 합병비율을 정하였다면 그 합병가액 산정이 허위자료에 의한 것이라거나 터무니없는 예상 수치에 근거한 것이라는 등의 특별한 사정이 없는 한, 그 합병비율이 현저하게 불공정하여 합병계약이 무효로 된다고 볼 수 없다.[241]

3.6.18.3.2. 합병무효의 소

합병무효의 주장은 소만으로 할 수 있으며, 이 소를 제기할 수 있는 자는 제한되어 있다. 즉 제소권자는 주주(사원)·이사·감사·청산인·파산관재인 또는 합병을 승인하지 아니한 채권자에 한정하고 있다($\frac{\text{상}\,529}{①}$). 이 중에서 회사채권자가 합병무효의 소를 제기한 때에는 법원은 채권자의 합병무효의 소가 악의임을 소명한 회사의 청구에 의하여 채권자에게 상당한 담보를 제공하도록 명할 수 있다($\frac{\text{상}\,530\,②,\,237,}{176\,③·④,}$). 법원의 담보제공명령은 재량행위이다.

무효의 소를 제기한 원고가 패소한 경우, 그 원고에게 악의 또는 중과실이 있는 때에는 그 원고는 회사에 대하여 연대하여 손해배상책임을 지도록 하여($\frac{\text{상}\,530\,②,}{240,\,191,}$) 남소를 방지하고 있다. 합병무효의 소의 제소기간은 합병등기가 있은 날로부터 6월 내이다($\frac{\text{상}\,529}{②}$). 상법은 소의 전속관할, 소제기의 공고, 소의 병합심리, 하자의 보완과 청구의 기각 등에 관하여 설립무효의 소의 규정을 준용하고 있다($\frac{\text{상}\,530\,②,\,240,}{186\sim\,190}$).

3.6.18.3.3. 합병무효판결의 효과

합병무효판결이 확정된 때에는 본·지점의 소재지에서 존속회사는 변경등기, 신설회사는 해산등기, 소멸회사는 회복등기를 하여야 한다($\frac{\text{상}\,530}{②,\,238}$). 합병무효의 판결의 효력은 기왕에 소급하지 않고, 존속회사 또는 신설회사와 그 사원 및 제3자 사이에 생긴 권리의무에 영향을 미치지 아니한다($\frac{\text{상}\,530\,②,}{240,\,190}$).

합병무효의 판결이 확정된 경우 무효판결확정 전의 채무 및 재산의 처리에 관하여 상법은 부담채무에 관해서는 합병당사회사의 연대채무로 하고, 취득재산에 관하여는 그 공유로 하고 있다($\frac{\text{상}\,530\,②}{239\,①·②}$). 이 경우 각 회사의 부담 부분 또는 지분은 협의로 정하게 되어 있으나 만일 협의가 되지 않을 때에는 청구에 의하여 법원이 합병당시의 각 회사의 재산상태 기타의 사정을 참작하여 정한다($\frac{\text{상}\,530\,②,}{239\,③}$).

---

241) 大判 2009.04.23, 2005다22701,22718

3.6.18.4. 합병의 효력

3.6.18.4.1. 합병의 효력

합병으로 인하여 흡수합병의 경우에는 해산회사가, 신설합병의 경우에는 당사회사 모두가 해산하고, 합병과 동시에 별도의 청산절차를 거치지 않고 소멸하게 된다. 흡수합병의 경우에 존속회사는 정관변경이 생기게 되고, 신설합병의 경우에는 회사가 새로이 신설된다.

합병의 결과로 존속회사 또는 신설회사는 해산회사의 모든 권리의무를 포괄적으로 승계한다. 합병으로 인하여 해산회사의 사원은 원칙적으로 존속회사 또는 신설회사의 사원이 되게 된다.

3.6.18.4.2. 이사·감사의 임기

흡수합병의 보고총회와 신설합병의 창립총회는 생략할 수 있다($^{상 526 ③}_{527 ④}$). 합병보고총회와 창립총회를 생략하는 경우에는 이사와 감사의 선임이 문제되므로, 이사와 감사선임을 위한 주주총회를 생략할 수 있도록 하기 위하여 흡수합병의 경우 존속회사 이사와 감사의 임기를 결산기의 정기총회에서 후임자가 선임될 때까지 연기하도록 하여 종전의 이사와 감사가 이사와 감사의 직무를 수행하게 하였다. 그리하여 합병할 회사의 일방이 합병 후 존속하는 경우에는 존속하는 회사의 이사 및 감사로서 합병 전에 취임한 자는 합병계약서에 다른 정함이 있는 경우를 제외하고는 합병 후 최초로 도래하는 결산기의 정기총회가 종료할 때에 퇴임하는 것으로 한 것이다.

이는 존속회사의 이사 또는 감사의 임기가 합병 후 최초의 정기총회일 전에 종료할 경우에 최초의 정기총회일까지 임기가 연장된다는 뜻이다. 임기만료된 임원의 후임자를 선임하기 위하여 임시총회를 열어야 하는 불편을 덜기 위함이다. 원래 이같이 이사 또는 감사의 임기를 정기총회일까지 연장하기 위하여는 정관의 규정을 필요로 하나($^{상 383}_{③}$), 합병의 경우에는 정관의 규정이 없이도 임기가 연장되는 특례를 둔 것이다.

3.6.18.4.3. 질권의 효력

소멸회사의 주식은 합병에 의하여 소멸하나, 그 주식상의 질권은 주식을 병합한 경우에는 병합된 주식에 미치며, 병합하지 않은 경우라도 합병으로 인하여 주주가 받는 주식 또는 교부금에 질권의 효력이 미친다($^{상 530④, 339}_{340 ③}$).

3.6.18.4.4. 주식매수청구

회사합병의 경우에는 주주의 이해관계에 중대한 영향을 미치므로 주주총회의 특별결의를 요하는데, 이때 결의에 반대하는 소액주주에게는 그가 투하자금을 회수하고 회사를 떠날 수 있도록 하기 위하여 회사에 대하여 자기가 갖고 있는 주식의 매수청구를 할 수 있다.

주식회사가 합병하는 경우에 합병결의에 반대하는 주주에게는 자기소유주식을 회사로 하여금 매수하게 할 수 있는 주식매수청구권이 인정되고 있다. 즉 합병계약서의 주주총회 승인에 관하여 이사회의 결의가 있는 때에 그 결의에 반대하는 주주는 주주총회 전에 회사에 대하여 서면으로 그 결의에 반대하는 의사를 통지한 경우에 그 총회의 결의일로부터 20일 이내에 주식의 종류와 수를 기재한 서면으로 회사에 대하여 자기가 소유하고 있는 주식의 매수를 청구할 수 있다(상법 $\frac{522}{①}$). 회사는 청구 시로부터 2월 내에 매수하여야 한다.

간이합병의 경우에도 소멸회사가 주주총회의 승인을 얻지 않고 합병한다는 뜻을 공고하거나 또는 주주에게 통지한 날로부터 2주 내에 회사에 대하여 서면으로 합병에 반대하는 의사를 통지한 주주는 위 2주가 경과한 날로부터 20일 이내에 주식의 종류와 수를 기재한 서면으로 회사에 대하여 자기가 소유하고 있는 주식의 매수를 청구할 수 있다(상법 $\frac{522}{②}$). 소규모합병의 경우에는 주식매수청구권이 인정되지 않는 점과 대비된다(상법 $\frac{527}{⑤}$). 규모가 작은 회사를 합병하는 경우에는 존속회사의 주주에게 별 영향을 미치지 않기 때문이다.

3.6.18.5. 특수한 합병

3.6.18.5.1. 소규모합병

대규모회사가 극히 소규모의 회사를 흡수합병하는 경우에는 대규모회사의 입장에서는 일상적인 영업활동의 규모에 지나지 않는 자산취득임에도 불구하고 주주총회의 결의와 주식매수청구절차를 걸치는 것은 비경제적이라고 생각되어 이러한 비효율성을 제거하고자 존속회사의 규모에 비해 소규모(발행주식총수의 100분의 10)[242]의 합병인 경우 존속회사의 주주총회절차를 생략할 수 있도록 하였다. 즉 소멸되는 회사의 주주에게 발행해주는 존속회사의 신주발행규모가 존속회사의 발행주식총수의 100분의 10 이내인 경우에는 주주총회의 특별결의 대신 이사회 결의로 갈음할 수 있도록 하는 제도이다(상법 $\frac{527}{①}$).

다만 합병으로 인하여 소멸하는 회사의 주주에게 지급할 금액(합병교부금)을 정한 경

---

242) 2011년 개정전 상법은 100분의 5로 규정하였다.

우에 그 금액이 최종의 대차대조표상으로 존속하는 회사에 현존하는 순 자산액의 100분의 5243)를 초과하는 때에는 존속회사의 주주를 보호하기 위하여 정식절차에 따라 합병을 하도록 하였다. 즉 이 경우에는 존속회사의 주주총회 특별결의가 필요하다(상 527의3 ① 단서3).

주주총회를 생략함에 따라 존속회사의 주주보호를 위하여 공고 또는 통지의무를 부과하였고, 그 기산점을 합병계약서의 작성일로 명확히 하였다. 또한, 소규모합병에 반대하는 소수주주의 보호를 위하여 발행주식총수의 100분의 20 이상의 주주가 반대하는 경우에는 소규모합병절차로 합병할 수 없도록 하였다(상 527 의3 ④). 즉 이 경우에도 존속회사의 주주총회 특별결의가 필요하다.

3.6.18.5.2. 간이합병

합병으로 인하여 소멸하는 회사의 총주주의 동의가 있거나 그 회사의 발행주식총수의 100분의 90 이상을 합병 후 존속하는 회사가 소유하고 있는 때에는 소멸하는 회사의 주주총회의 승인은 이사회의 승인으로 갈음할 수 있도록 하고 있고(상 527 의2 ①), 후자의 경우 주주총회의 승인 없이 합병한다는 뜻을 공고하거나 주주에게 통지하도록 하는 등 합병절차를 대폭 간소화할 수 있는데, 이를 간이합병이라 한다.

소멸회사의 총주주가 동의하는 경우에는 반대주주가 없으므로 주식매수청구의 문제가 생기지 않는다. 그러나 존속회사가 소멸회사의 주식(100분의 90)을 소유하는 것을 사유로 하는 간이합병의 경우에는 반대주주가 있을 수 있으므로 반대주주의 주식매수청구절차는 생략할 수 없다(상 522 의3 ②). 그러므로 소멸회사는 합병계약서를 작성한 날로부터 2주 내에 주주총회의 승인을 얻지 않고 합병한다는 뜻을 공고하거나 주주들에게 통지하여야 한다(상 527의2 ② 본문).

주주는 이 공고 또는 통지를 한 날로부터 2주 내에 회사에 대하여 합병에 반대하는 의사를 통지할 수 있으며, 반대의 통지를 한 주주는 위 2주가 경과한 날로부터 20일 이내에 주식의 종류와 수를 기재한 서면으로 회사에 대하여 자기가 소유하는 주식의 매수를 청구할 수 있다(상 522 의3 ②).

간이합병절차는 흡수합병 시의 소멸회사에만 적용되는 것이므로, 신설합병을 할 경우에는 간이합병을 할 수 없으며, 또 흡수합병을 하더라도 존속회사에서는 적용할 수 없다.

---

243) 2011년 개정전 상법은 100분의 2로 규정하였다.

3.6.18.6. M&A

3.6.18.6.1. 개 념

M&A는 'Mergers and Acquisitions'의 약자로서 기업의 매수 합병 혹은 기업의 인수 합병으로 불린다.

3.6.18.6.2. 법적 문제점

(1) M&A의 법적 형식

M&A에는 기업의 합병과 경영권 획득을 위한 영업의 양수 및 지배주식의 매수가 포함된다. 영업의 양수는 유기적 일체로서의 영업을 구성하는 모든 재산, 즉 공장, 점포 등의 영업용 재산과 신용, 경영상의 노하우, 고객관계 및 종업원 등을 포함함 일체의 영업용 자산을 계약에 의하여 이전받는 것을 의미한다. 이 경우 대상회사의 영업이 매수회사로 이전되지만 그 주주까지 매수회사로 편입되는 것은 아니다. 영업의 양수도 합병과 마찬가지로 양수하는 회사와 양도하는 회사 사이의 거래로 행하여진다. 대상회사의 영업 전부를 양수받는 때는 매수회사의 주주총회에 의한 승인이 필요하고, 또 대상회사의 영업의 전부 또는 중요한 일부를 양수받는 때는 대상회사의 주주총회의 승인이 필요하다.

지배주식의 매수는 M&A의 대상으로 된 회사의 재산을 직접 취득하는 것은 아니고 그 주주로부터 주식을 매수하여 지배권을 취득하는 방법에 의하여 간접적으로 그 재산을 지배하에 두는 방법이다. 지배주식의 취득은 매수회사와 대상회사의 주주 사이에서 이루어지는 거래이므로 매수회사의 기업매수신청에 응할 것인가 아닌가의 결정은 대상회사가 하는 것이 아니라 그 개개의 주주가 하게 된다.

(2) M&A의 계약

회사의 합병이나 영업의 양수 및 지배주식의 매수는 모두 계약에 의하여 행하여진다는 점에서는 차이가 없다. 다만 계약의 법적 성질에 관하여 합병은 단체법상의 계약임에 반하여 영업양수, 즉 자산의 매수는 통상의 거래법상의 계약이다. 그 결과 합병에 있어서는 피합병회사의 전 재산이 포괄적으로 합병회사에 인계되고 영업재산의 일부만을 대상으로 하는 것은 허용될 수 없는 데에 반하여, 영업양수에서는 이것이 가능하다. 지배주식의 매수의 경우에는 다른 나머지 두 개의 방식과 큰 차이가 있다. 즉 합병 및 영업양수계약의 경우에는 적어도 최종적으로는 피매수회사 경영진의 동의가 없이는 성립될 수 없으나, 지배주식매수의 경우에는 대주주로부터 주식을 양수받는 경우와 같이 피매수회사 경영진의 의사에 반하여 행하여질 수도 있다.

(3) M&A에 대한 법적 규제

M&A는 기업의 필요에 의하여 실무적으로 발전된 것이기 때문에 아직 이를 포괄하는 법은 없다. 그러나 M&A가 취하는 법적 형식에 따라 그것을 규제하는 법규정들이 여러 곳에 흩어져 있으므로 M&A를 하고자 하는 기업은 이러한 여러 법률상의 요건을 모두 충족하지 않으면 안 된다.

M&A의 제 형태 중 회사가 합병 혹은 영업양수의 방법을 취하는 경우에 그것은 회사 주주의 이해관계에 중대한 영향을 미치는 거래가 되므로 상법은 주주의 이익을 보호하기 위하여 주식회사가 합병을 하거나 영업양수를 함에는 주주총회의 특별결의를 거치도록 하고 있다. 회사합병의 경우에는 주주총회의 특별결의를 얻어야 하나($\frac{상}{③}\frac{522}{434}^{①}$), 영업양도를 하는 매수대상회사의 경우에는 영업의 전부 또는 중요한 양도의 경우에($^{상}_{ⅰ}$^{374}), 영업양수를 하는 매수회사의 경우에는 다른 회사의 영업전부의 양수의 경우에($^{상}_{ⅲ}$^{374}) 주주총회의 특별결의를 요하게 함으로써 양도하는 측과 양수하는 측을 구별하여 규정하고 있다. 한편 M&A를 주식매수의 방법에 의하여 하는 경우 거래 상대방, 즉 주식매도인이 회사의 지배권을 형성하고 있는 지배주식을 가지고 있는 지배주주인 경우에는 그가 회사법상 어떠한 책임을 지게 되는지에 논란의 여지가 있다.

3.6.19. 회사의 분할

3.6.19.1. 의 의

회사의 분할이란 1개의 회사가 2개 이상의 회사로 나누어져, 분할 전 회사(피분할회사)의 권리의무가 분할 후 회사에 포괄승계되고 분할 전 회사가 소멸하는 경우에는 청산절차 없이 소멸되며, 원칙적으로 분할 전 회사의 사원이 분할 후 회사의 사원이 되는 회사법상의 법률요건을 말한다. 즉 회사분할은 청산절차를 걸치지 않고 그 회산의 재산을 1

개 또는 수개의 신회사에 출자하여 신회사를 설립하는 것을 말한다.

3.6.19.2. 분할의 종류

3.6.19.2.1. 단순분할 · 분할합병

합병과 관련을 갖지 않은 회사분할을 단순분할이라고 하고 합병과 결합된 회사분할을 분할합병이라고 한다. 단순분할에는 분할 전 회사(피분할회사)가 소멸되는 완전분할(해산분할)과 분할 전 회사(피분할회사)가 존속하는 불완전분할(존속분할)이 있다. 상법상 (단순)분할의 경우 분할 전 회사의 존속 유무를 불문하므로(상 530의2 ①) 완전분할과 불완전분할이 모두 인정된다(상 530의2 ①·②).

분할합병이란 어느 회사(분할 전 회사)가 분할한 후에 그 분할된 부분(회사)이 다른 기존회사나 또는 다른 회사의 분할된 부분(회사)과 합병하여 하나의 회사가 되는 형태를 말한다. 분할합병에는 다시 두 가지가 있는데, 분할된 부분(회사)이 다른 회사에 흡수되는 흡수분할합병과, 분할된 부분(회사)이 다른 기존 회사의 분할된 부분(회사)과 합쳐져 회사가 신설되는 신설분할합병이 있다.

3.6.19.2.2. 설립 · 분할합병

설립 · 분할합병이란 회사가 분할하여 새로운 회사가 설립되는 것과 동시에 다른 분할 후 신회사가 다른 회사와 합병되는 형태이다. 피분할회사(갑)는 존속할 수도 있고(불완전분할) 소멸할 수도 있다(완전분할).

☞ 분할의 종류

단순분할 (530조의 2 ①항)	해산분할 (완전분할)	甲 => 乙 + 丙 * 기존회사가 분할 후에 소멸	甲은 소멸 (乙, 丙의 주식은 甲의 주주에게 분배)
	존속분할 (불완전분할)	甲 => 甲' + 乙(또는 丙) *기존회사가 분할 후에 존속	甲은 존속 (乙, 丙의 주식은 甲의 주주에게 분배)
분할합병 (530조의 2 ②항)	흡수분할합병 (분할+흡수합병)	甲 => 甲' + 【乙 → 丁】 *출자되는 부분이 기존회사에 흡수	甲은 자본감소 丁(기존회사)은 자본증가

분할합병 (530조의 2 ②항)	신설분할합병 (분할＋신설합병)	甲=>甲'＋【乙＋丁】 → A * 출자되는 부분이 기존의 회사와 함 께 신회사(A) 설립	
530조의 2 ③항	설립·분할합병	甲=>甲'＋乙＋【丙 → 丁】 or 甲=>乙＋【丙 → 丁】	
530조의 2 ④항	완전분할만 인정 (甲은 소멸회사)	甲=>乙＋丙 or 甲=>乙＋【丙 → 丁】	甲이 해산사유가 있는 경우 → 해산됨

3.6.19.2.3. 해산회사의 완전분할

해산사유로 해산하는 회사는 그 해산회사 자체는 절대로 소멸해야 하며(완전분할), 회사분할을 하는 경우에도 존립 중의 회사를 존속회사로 하는 경우나 신회사를 설립하는 경우에만 분할 또는 분할합병할 수 있다.

3.6.19.2.4. 인적 분할·물적 분할

분할 부분에 해당하는 지분(신주)을 분할 전 회사의 사원(주주)에게 배당하는 형태의 회사분할을 인적 분할이라고 하고, 분할 부분에 해당하는 지분(신주)을 분할 전 회사의 사원(주주)에게 배당하지 않고 분할 전 회사가 취득하는 형태의 회사분할(자회사 설립)을 물적 분할이라고 한다. 상법은 이 양자를 모두 인정하고 있다(상 530의2, 530의12).

3.6.19.3. 분할의 법적 성질

회사분할의 법적 성질에 대하여 학설은 인격분할설, 현물출자설, 특별제도설로 나뉘어 있다. 인격분할설은 회사분할을 인격의 분할로 보는 설이고, 현물출자설은 회사분할을 재산의 분할로 보는 견해이며, 특별제도설은 회사의 분할을 인적분할과 동시에 물적 분할도 이루어지는 독립된 단체법적 법률사실이라고 이해하는 학설이다.

3.6.19.4. 분할의 제한

주식회사는 원칙적으로 자유롭게 분할할 수 있다(상 530의2 ① ~ ③, 530의12). 다만 해산 후의 회사는 분할 전 회사가 존속할 수 없기 때문에 존립 중의 회사를 존속회사로 하거나 새로 회사를 설립하는 경우에 한하여 분할할 수 있다(상 530의2 ④). 즉 해산 후의 회사는 흡수합병의 소멸회사만 될 수 있다.

3.6.19.5. 분할의 절차

		분 할	분할합병
정 의		회사를 분할에 의해 1개 또는 수개의 회사로 설립	회사를 분할에 의해 1개 또는 수개의 존립 중의 회사와 합병
절차	계약서 작성 ↓	설립되는 회사의 상호·목적·본점의 소재지 및 공고의 방법, 설립되는 회사가 발행할 주식의 총수 및 1주의 금액 등 10가지를 기재(상 530의5 ①) 분할 후 회사가 존속하는 경우에는 감소할 자본과 준비금의 액, 자본감소의 방법 등 6가지(동 ②)	분할되는 회사 일부가 다른 회사와 합병하여 그 다른 회사가 존속 시: 발행할 주식의 총수를 증가하는 경우에는 증가할 주식의 총수·종류 및 종류별 주식 수 등 11가지를 기재(상 530의6 ①) 분할되는 회사 일부가 다른 회사 또는 다른 회사 일부와 분할합병하여 회사설립 시: 설립되는 회사가 분할합병에 있어 발행하는 주식의 총수·종류 및 종류별 주식 수 등 7가지(동 ②)
절차	공시 ↓	주주총회의 회일의 2주 전부터 분할의 등기를 한 날 이후 6월간 본점에 비치(상 530의7)	주주총회의 회일 2주 전부터 분할합병을 한 날 이후 6월간 본점에 비치(상 530의7)
	주주총회승인 ↓	주주총회 특별결의(주주의 의결권의 3분의 2 이상의 수와 발행주식총수의 3분의 1 이상의 수로 결의)(상 434조) 종류주주총회결의(회사가 종류주식을 발행한 경우 어느 종류의 주주에게 손해를 미치게 되는 때)(상 435조) 주주 전원의 동의(회사분할로 인하여 각 회사의 주주의 부담이 가중되는 경우)(상 530의3 ⑥)	주주총회 특별결의(주주의 의결권의 3분의 2 이상의 수와 발행주식총수의 3분의 1 이상의 수로 결의)(상 434조) 종별주주총회결의(회사가 종류주식을 발행한 경우 어느 종류의 주주에게 손해를 미치게 되는 때)(상 435조) 주주 전원의 동의(회사분할로 인하여 각 회사의 주주의 부담이 가중되는 경우)(상 530의3 ⑥)
	회사의 설립	제530의4에서 신설 규정 (회사설립에 관한 규정 준용)	신설합병의 창립총회(상 527조)를 준용하여 설립(상 530의11)

3.6.19.5.1. 분할계획서 또는 분할합병계약서의 작성

분할절차는 분할계획서(단순분할의 경우) 또는 분할합병계약서(분할합병의 경우)의 작성을 기초로 하여 진행된다(상 530 ①).

(1) 분할계획서의 기재사항

분할을 위해 이사회와 주주총회의 결의를 거쳐야 할 분할계획서에는 다음 사항이 기재되어야 한다.

1) 소멸분할의 분할계획서($^{\text{상 530}}_{\text{의5 ①}}$)

① 설립되는 회사의 상호, 목적, 본점의 소재지 및 공고의 방법

② 설립되는 회사가 발행할 주식의 총수 및 액면주식·무액면주식의 구분

③ 설립되는 회사가 분할 당시에 발행하는 주식의 총수, 종류 및 종류주식의 수, 액면주식·무액면주식의 구분

④ 분할되는 회사의 주주에 대한 설립되는 회사의 주식의 배정에 관한 사항 및 배정에 따른 주식의 병합 또는 분할을 하는 경우에는 그에 관한 사항

⑤ 분할되는 회사의 주주에게 지급할 금액을 정한 때에는 그 규정

⑥ 설립되는 회사의 자본금과 준비금에 관한 사항

⑦ 설립되는 회사에 이전될 재산과 그 가액

⑧ 출자한 재산에 관한 채무만을 부담할 것을 정한 경우($^{\text{상 530}}_{\text{의9 ②}}$)에는 그 내용

⑨ 설립되는 회사의 이사와 감사를 정한 경우에는 그 성명과 주민등록번호

⑩ 설립되는 회사의 정관에 기재할 그 밖의 사항

2) 존속분할의 분할계획서($^{\text{상 530}}_{\text{의5 ②}}$)

① 감소할 자본금과 준비금의 액

② 자본감소의 방법

③ 분할로 인하여 이전할 재산과 그 가액

④ 분할 후의 발행주식의 총수

⑤ 회사가 발행할 주식의 총수를 감소하는 경우에는 그 감소할 주식의 총수, 종류 및 종류별 주식의 수

⑥ 정관변경을 가져오게 하는 그 밖의 사항

(2) 분할합병계약서의 기재사항

분할합병절차는 분할회사와 합병할 상대방회사의 대표기관 간에 분할합병계약서를 작성하여 이사회의 승인결의와 주주총회의 승인결의를 얻어야 한다. 분할합병계약서의 기재사항은 다음과 같다($^{\text{상 530의}}_{\text{6 ① ②}}$).

1) 흡수분할합병의 계약서

① 분할합병의 상대방 회사가 분할합병으로 인하여 발행할 주식의 총수를 증가하는

경우에는 증가할 주식의 총수, 종류 및 종류별 주식의 수

② 분할합병의 상대방 회사가 분할합병을 함에 있어서 발행하는 신주의 총수, 종류 및 종류별 주식의 수

③ 분할되는 회사의 주주에 대한 분할합병의 상대방 회사의 주식의 배정에 관한 사항 및 배정에 따른 주식의 병합 또는 분할을 하는 경우에는 그에 관한 사항

④ 분할되는 회사의 주주에 대하여 분할합병의 상대방 회사가 지급할 금액을 정한 때에는 그 규정

⑤ 분할합병의 상대방 회사의 증가할 자본금의 총액과 준비금에 관한 사항

⑥ 분할되는 회사가 분할합병의 상대방 회사에 이전할 재산과 그 가액

⑦ 분할합병의 상대방회사가 이전받은 재산에 관하여만 책임을 부담하는 경우에는 그 내용(연대책임의 예외)

⑧ 각 회사에서 분할의 승인결의를 할 주주총회의 기일

⑨ 분할합병을 할 날

⑩ 분할합병의 상대방 회사의 이사와 감사를 정한 때에는 그 성명과 주민등록번호

⑪ 분할합병의 상대방 회사의 정관변경을 가져오게 하는 그 밖의 사항

2) 신설분할합병의 분할합병계약서

① 설립되는 회사의 상호, 목적, 본점의 소재지 및 공고의 방법

② 설립되는 회사가 발행할 주식의 총수 및 액면주식·무액면주식의 구분

③ 설립되는 회사의 자본금과 준비금에 관한 사항

④ 설립되는 회사에 이전될 재산과 그 가액

⑤ 출자한 재산에 관한 채무만을 부담할 것을 정한 경우(상 530 ②)에는 그 내용

⑥ 설립되는 회사의 이사와 감사를 정한 경우에는 그 성명과 주민등록번호

⑦ 설립되는 회사의 정관에 기재할 그 밖의 사항

⑧ 설립되는 회사가 분할합병을 함에 있어서 발행하는 주식의 총수, 종류 및 종류별 주식의 수

⑨ 각 회사의 주주에 대한 주식의 배정에 관한 사항과 배정에 따른 주식의 병합 또는 분할을 하는 경우에는 그 규정

⑩ 각 회사가 설립되는 회사에 이전할 재산과 그 가액

⑪ 각 회사의 주주에게 지급할 금액을 정한 때에는 그 규정

⑫ 각 회사에서 분할합병의 승인결의를 할 주주총회의 기일

⑬ 분할합병을 할 날

3) 분할합병을 하지 않는 존속부분의 분할계획서 기재사항

위의 흡수분할합병, 신설분할합병의 경우에 각 회사의 분할합병을 하지 아니하는 부분에 관하여는 분할계획서를 작성하고 다음의 사항을 적어야 한다(상 530의6 ③).

① 감소할 자본금과 준비금의 액

② 자본감소의 방법

③ 분할로 인하여 이전할 재산과 그 가액

④ 분할 후의 발행주식의 총수

⑤ 회사가 발행할 주식의 총수를 감소하는 경우에는 그 감소할 주식의 총수, 종류 및 종류별 주식의 수

⑥ 정관변경을 가져오게 하는 그 밖의 사항

4) 주식매수청구권

분할합병의 경우에는 단순분할의 경우와는 달리 분할결의에 반대하는 주주에게 합병의 경우와 마찬가지로 주식매수청구권이 인정된다(상 530의11 ② 및 522의3). 즉 단순분할의 경우에는 주식매수청구권이 인정되지 않는다. 단순분할의 경우에는 주주의 지분에 변동이 없기 때문이다. 분할합병의 경우에는 분할 후 하나의 회사가 새로운 회사와 합병하기 때문에 주주에게 영향이 미치기 때문에 주식매수청구권이 인정되는 것이다.

3.6.19.5.2. 분할결의

(1) 이사회의 결의

명문의 규정은 없으나 회사분할은 이사회의 결의를 요한다.

(2) 분할회사의 주주총회의 결의

회사가 분할을 하고자 할 때에는 분할계획서(단순분할의 경우) 또는 분할합병계약서(분할합병의 경우)를 작성하여 주주총회의 특별결의에 의한 승인을 얻어야 한다(상 530의3 ① ②).

(3) 의결권

분할의 승인결의를 위한 총회에서는 종류주식이나 의결권이 제한되는 종류주식을 가진 주주(상 344 ①)도 의결권이 있다(상 530 의 3 ③). 이는 주식매수청구권이 인정되지 않기 때문에 주주를 보호하기 위한 것이다.

(4) 소집통지

총회의 소집통지서 및 공고에는 소집목적인 회사분할 또는 분할합병의 요령을 기재하도록 하고 있다(상 530 의 3 ④).

(5) 주주부담가중을 위한 특별절차

회사의 분할로 인하여 분할에 관련되는 각 회사의 주주의 부담이 가중되는 경우에는 주주총회의 특별결의, 종류주주총회에 그 주주전원의 동의가 다시 있어야 한다(상 530 의 3 ⑥). 주주의 부담이 가중되는 경우란 바로 주주의 추가출자를 뜻하는 것으로 해석하여야 한다. 그리고 여기서 총주주의 동의를 요하는 추가출자란 모든 주주에게 예외 없이 출자를 요구하는 경우만을 의미하고, 신주를 발행하여 주주에게 인수권을 부여하는 경우(상 530 의 3 ⑥)는 적용대상이 아니다.

3.6.19.5.3. 회사채권자의 보호

회사채권자 보호절차는 단순분할의 경우에는 원칙적으로 인정되지 않고 예외적인 경우에만 인정되나 분할합병의 경우에는 반드시 회사채권자 보호절차를 거쳐야 한다(상 530 의 11 ②, 527 의 5). 단순분할의 경우에 채권자보호절차가 필요하지 않는 이유는 분할 후의 회사는 채무에 대해 연대책임을 지기 때문이다(상 530 의 9 ①). 그러나 채무를 제한하는 경우에는 채권자보호절차를 거쳐야 한다(상 530 의 9 ②, 530 의 9 ④).

주식회사의 분할 또는 분할합병으로 인하여 설립되는 회사와 존속하는 회사가 회사 채권자에게 연대하여 변제할 책임이 있는 분할 또는 분할합병 전의 회사 채무에는, 회사분할 또는 분할합병의 효력발생 전에 발생하였으나 분할 또는 분할합병 당시에는 아직 그 변제기가 도래하지 아니한 채무도 포함된다.[244]

---

244) 大判 2008.02.14, 2007다73321

(1) 분할결의 전의 절차(사전공시: 분할대차대조표 등의 작성·비치·공시)

분할 전 회사의 이사는 분할을 승인하기 위한 주주총회의 회일의 2주 전부터 분할의 등기를 한 날 또는 분할합병을 한 날 이후 6월간 ① 분할계획서 또는 분할합병계약서 ② 분할되는 부분의 대차대조표 ③ 분할합병의 경우에는 분할합병의 상대방회사(분할 후 회사)의 대차대조표 ④ 분할 전 회사의 주주에게 발행할 주식의 배정에 관하여 그 이유를 기재한 서면을 본점에 비치하여야 한다($\frac{\text{상 530}}{\text{의7}}$ ①).

또한 흡수분할합병의 경우 분할합병의 상대방회사(분할 후 회사)의 이사는 분할합병을 승인하는 주주총회의 회일의 2주간 전부터 분할합병의 등기를 한 후 6월간 ① 분할합병계약서 ② 분할되는 회사의 분할되는 부분의 대차대조표 ③ 분할되는 회사의 주주에게 발행할 주식의 배정에 관하여 그 이유를 기재한 서면을 본점에 비치하여야 한다($\frac{\text{상 530}}{\text{의7}}$ ②).

주주 및 회사채권자는 영업시간 내에는 언제든지 위의 서류의 열람을 청구하거나, 회사가 정한 비용을 지급하고 그 등본 또는 초본의 교부를 청구할 수 있다($\frac{\text{상 530 의7}}{\text{522의2}}$ ③, ①, ②).

(2) 분할결의 후의 절차(회사채권자의 의의를 위한 조치)

분할합병의 경우 당사자인 회사는 주주총회의 분할승인결의가 있은 날로부터 2주 내에 채권자에 대하여 분할에 이의가 있으면 1월 이상의 기간 내에 이를 제출할 것을 공고하고 또 알고 있는 채권자에 대하여는 따로따로 이를 최고하여야 한다($\frac{\text{상 530의11}}{\text{527의5}}$ ②, ①). 채권자가 위의 기간 내에 이의를 제출하지 아니한 때에는 분할을 승인한 것으로 보고($\frac{\text{상 530의11}}{\text{의5}}$ ②, 527, ③, 232 ③), 이의를 제출한 때에는 회사는 그 채권자에 대하여 변제 또는 상당한 담보를 제공하거나 이를 목적으로 하여 상당한 재산을 신탁회사에 신탁하여야 한다($\frac{\text{상 530의11}}{\text{의5}}$ ②, 527, 232 ③). 이때 사채권자가 이의를 함에는 사채권자집회의 결의가 있어야 하는데, 이 경우 법원은 이해관계인의 청구에 의하여 사채권자를 위하여 이의의 기간을 연장할 수 있다($\frac{\text{상 530의11}}{\text{①, 439}}$ ③). 이러한 절차를 위반하면 분할무효의 소의 원인이 된다($\frac{\text{상 530의11}}{\text{①, 529}}$).

3.6.19.5.4 그 밖의 절차

회사분할 및 분할합병에 의하는 경우에도 출자받은 회사는 새로이 설립하거나 제3의 회사와 합병을 하면서 새로이 회사를 설립하는 경우에는 일반회사설립에 관한 절차를 밟아야 한다. 그러나 신설회사를 설립함에 있어 다른 주주를 모으지 아니하고 분할회사에서 분리되는 재산만으로 신설회사의 자본을 구성하는 경우에는 일반회사설립절차가 적용되지 아니한다($\frac{\text{상 530의4}}{\text{②}}$ 전단). 즉 단순분할에 의해 회사가 신설되는 경우(현물출자에 의한 신회사 설립)에도 일반회사 설립절차에서 요구되는 현물출자에 대한 검사인의 보고절차($_{의4}^{상~299}$ $_{②}^{변태}_{설립사항}$)가 요구되지 않는다($_{의4~②}^{상~530}$). 그러나 분할합병의 경우에는 분할된 부분이 다른 회사와의 합병을 하기 때문에 현물출자에 대한 조사인의 보고절차가 필요하게 된다. 즉 회사분할방식에 의해 지주회사를 설립하는 경우에는 기존 회사는 출자를 위하여 그 사업부문을 신설된 자회사에 현물출자, 재산인수나 영업양도 등의 방법으로 이전하게 되므로 자회사 설립경과에 대한 조사가 이루어져야 한다($_{이하}^{상~298}$). 회사분할에 따라 주식분할($_{의2}^{상~329}$), 주식병합($_{~442}^{상~440}$), 단주처리($_{~444}^{상~443}$)의 필요가 있는 경우에는 상법의 해당규정을 준용한다($_{의11~①}^{상~530}$).

3.6.19.5.5. 분할등기

회사가 분할을 한 경우 본점소재지에서는 2주간 내, 지점소재지에서는 3주간 내에 분할 후 존속하는 회사에 있어서는 변경등기, 분할로 인하여 소멸하는 회사에 있어서는 해산등기, 분할로 인하여 설립되는 회사에 있어서는 설립등기를 하여야 한다($_{①,~제528}^{상~530의11}$). 이때 이러한 등기기간의 기산일은 합병의 경우와 같다. 즉 분할합병의 경우에는 보고총회가 종결한 날(이러한 보고총회에 갈음하여 이사회가 공고하는 경우에는 공고일)이고, 단순분할의 경우에는 창립총회가 종결한 날(이러한 보고총회에 갈음하여 이사회가 공고하는 경우에는 공고일)이다($_{①,~528}^{상~530의11}$). 회사의 분할은 분할 후 회사가 그 본점소재지에서 위의 분할등기를 함으로써 그 효력이 생긴다($_{①,~234}^{상~530의11}$).

3.6.19.5.6. 분할공시

회사분할이 공정하고 투명하게 진행되도록 하기 위하여 분할계획서 또는 분할합병계약서 등의 사전공시(분할을 승인하기 위한 주주총회의 회일의 2주간 전부터 분할의 등기를 한 날 또는 분할합병을 한 날까지 공시하는 것) 외에 사후공시(분할의 등기를 한 날 또는 분할합병을 한 날 이후 6월간 공시하는 것)에 대하여 규정하고 있다($_{7~①·②}^{상~530의}$). 이 사후공시의 경우에도 주주 및 회사채권자는 영업시간 내에는 언제든지 이러한 서류의 열람을 청구하거나, 회사가 정한 비용을 지급하고 그 등본 또는 초본의 교부를 청구할 수 있다($_{522의2~②}^{상~530의7~③}$).

3.6.19.6. 분할의 효과

3.6.19.6.1. 권리의무의 포괄적 이전

분할로 인하여 설립되는 회사 또는 존속하는 회사는 분할 전 회사의 권리와 의무를 분할계획서 또는 분할합병계약서가 정하는 바에 따라 포괄적으로 승계한다(상530의10). 포괄적으로 이전된다는 점에서 회사의 분할은 재산이전절차가 개별적으로 행해지는 영업양도와 근본적으로 구별된다.

① 회사가 분할되면 분할로 인해 분할계획서 또는 분할합병계약서에서 특정된 분할회사의 권리와 의무가 신설회사 또는 흡수분할합병의 상대방 회사에 이전한다(상530의10). 분할회사의 채무도 분할계획서 또는 합병계약서에 기재된 바에 따라 신설회사 또는 분할합병상대회사에 이전된다.

② 회사분할을 하면 분할회사의 주주는 신설회사의 주식 또는 흡수분할합병의 상대방 회사의 주식을 취득한다. 그 내용은 분할계획서 또는 분할합병계약서에 정한 바에 따른다. 물적 분할의 경우에는 분할회사가 주식을 취득한다. 소멸분할을 하여 분할회사가 해산하면 주주는 분할회사의 주주권을 상실하고, 존속분할을 하되 자본감소를 하면 감소방법에 따라 주주권의 변동이 생긴다.

분할로 인하여 설립되는 회사 또는 존속하는 회사가 분할 전 회사의 주주에게 주식을 배정하는 경우에는(인적 분할)(상530의6 ① iii·②, 530 ① iv, 530) 사원의 이전이 있으나(원칙), 분할 전 회사가 분할로 인하여 설립되는 회사 또는 존속하는 회사의 주식의 총수를 취득하는(즉 자회사를 설립하는) 경우에는(물적 분할)(상530의12) 사원의 이전이 없다(예외).

3.6.19.6.2. 분할 후의 회사의 책임

(1) 연대책임

분할로 인하여 설립되는 회사 또는 존속하는 회사는 분할 전 회사의 모든 채무를 원칙적으로 연대하여 변제할 책임이 있다(상530 ①). 상법은 회사가 분할되고 분할되는 회사가 분할 후에도 존속하는 경우에, 특별한 사정이 없는 한 회사의 책임재산은 분할되는 회사와 신설회사의 소유로 분리되는 것이 일반적이므로 분할 전 회사의 채권자를 보호하기 위하여 분할되는 회사와 신설회사가 분할 전의 회사채무에 관하여 연대책임을 지는 것을 원칙으로 하고 있다.[245)]

(2) 연대책임에 대한 예외

연대책임에 대한 예외로 분할승인에 관한 주주총회의 결의로 분할 후 회사(단순분할의 경우에는 신설회사이고, 분할합병의 경우에는 존속회사)가 분할 전 회사의 채무 중에서 출자한 재산에 관한 채무만을 부담할 것을 정할 수 있는데, 이때에 분할 후 회사는 출자받은 재산에 관한 채무만을 부담하고(상 530의9 ② 본문, 단서 ③), 분할 전 회사는(존속하는 경우에 한함) 분할 후 회사가 부담하지 아니하는 채무만을 부담한다(상 530의9 ② 단서, 단서 ③). '출자한 재산'이라 함은 분할되는 회사의 특정재산을 의미하는 것이 아니라 조직적 일체성을 가진 영업, 즉 특정의 영업과 그 영업에 필요한 재산을 의미하는 것으로 해석된다.[246]

회사가 예외적으로 분할로 인하여 출자받은 재산에 관한 채무만을 부담하는 경우에는 분할 전 회사의 채권자를 보호하기 위하여 채권자이의제출권(439 ③, 527의5)을 단순분할 및 분할합병의 모두에 인정하고 있다(단순분할의 경우는 상법 제530조의9 제4항에 의하고, 분할합병의 경우는 제530조의11 제2항에 의함).

연대책임을 지는 경우에는 회사가 분할되더라도 채권자의 이익을 해할 우려가 없으므로 알고 있는 채권자에 대하여 따로 이를 최고할 필요가 없으나 만약 이러한 연대책임의 원칙을 엄격하게 고수한다면 회사분할제도의 활용을 가로막는 요소로 작용할 수 있으므로 연대책임의 원칙에 대한 예외를 인정하여 신설회사가 분할되는 회사의 채무 중에서 출자받은 재산에 관한 채무만을 부담할 것을 분할되는 회사의 주주총회의 특별결의로써 정할 수 있게 하면서, 그 경우에는 신설회사가 분할되는 회사의 채무 중에서 그 부분의 채무만을 부담하고, 분할되는 회사는 신설회사가 부담하지 아니하는 채무만을 부담하게 하여 채무관계가 분할채무관계로 바뀌도록 규정하였다고 해석된다.[247]

분할되는 회사와 신설회사가 분할 전 회사의 채무에 대하여 연대책임을 지지 않는 경우에는 채무자의 책임재산에 변동이 생기게 되어 채권자의 이해관계에 중대한 영향을 미치므로 채권자의 보호를 위하여 분할되는 회사가 알고 있는 채권자에게 개별적으로 이를 최고하도록 규정하고 있는 것이고, 따라서 분할되는 회사와 신설회사의 채무관계가 분할채무관계로 바뀌는 것은 분할되는 회사가 자신이 알고 있는 채권자에게 개별적인 최고절차를 제대로 거쳤을 것을 요건으로 하는 것이라고 보아야 하며, 만약 그러한 개별적인 최고를 누락한 경우에는 그 채권자에 대하여 분할채무관계의 효력이 발생할 수 없고 원칙으로 돌아가 신설회사와 분할되는 회사가 연대하여 변제할 책임을 지게 되는 것이라고

---

245) 大判 2004.08.30, 2003다25973.

246) 大判 2010.02.25, 2008다74963

247) 大判 2004.08.30, 2003다25973.

해석하는 것이 옳다.[248]

　분할 또는 분할합병으로 인하여 회사의 책임재산에 변동이 생기게 되는 채권자를 보호하기 위하여 상법이 채권자의 이의제출권을 인정하고 그 실효성을 확보하기 위하여 알고 있는 채권자에게 개별적으로 최고하도록 한 입법 취지를 고려하면, 개별 최고가 필요한 '회사가 알고 있는 채권자'란 채권자가 누구이고 채권이 어떠한 내용의 청구권인지가 대체로 회사에게 알려져 있는 채권자를 말하는 것이고, 회사에 알려져 있는지 여부는 개개의 경우에 제반 사정을 종합적으로 고려하여 판단하여야 할 것인데, 회사의 장부 기타 근거에 의하여 성명과 주소가 회사에 알려져 있는 자는 물론이고 회사 대표이사 개인이 알고 있는 채권자도 이에 포함된다고 봄이 타당하다.[249]

3.6.19.6.3. 회사분할에 관한 계산

　단순분할의 경우 설립되는 회사 또는 분할합병의 경우 분할합병의 상대방회사가 영업권을 취득한 경우에는 이는 잉여자산으로 계상된다. 따라서 신설회사 또는 흡수분할합병의 상대회사가 분할회사로부터 영업권을 취득한 경우에는 그 취득가액을 대차대조표의 자산의 부에 계상할 수 있다(이연자산). 이 경우에는 설립등기 또는 분할합병의 등기를 한 후 5년 내의 매 결산기에 균등액 이상을 상각하여야 한다.

　단순분할의 경우 설립되는 회사(분할 후 회사) 또는 분할합병의 경우 분할합병의 상대방 회사(분할 후 회사)가 영업권을 취득한 경우에는 이는 이연자산으로 계상되므로, 상법은 분할로 인하여 설립되는 회사 또는 분할합병의 상대방 회사는 그 취득가액을 대차대조표의 자산의 부에 계상하여, 설립등기 또는 분할합병의 등기를 한 후 5년 내의 매 결산기에 균등액 이상을 상각하도록 하고 있다(상법 530).

3.6.19.7. **분할의 무효**

3.6.19.7.1. 분할무효의 소의 절차

　분할무효의 소는 각 회사의 주주·검사·청산인·파산관재인 또는 분할을 승인하지 아니한 채권자에 한하여 분할등기가 있는 날로부터 6월 내에 소만으로 이를 주장할 수 있다(상법 530의11, ①529). 회사채권자가 분할무효의 소를 제기한 때에는 법원은 회사의 청구에 의하

---

248) 大判 2004.08.30, 2003다25973; 大判 2006.11.23., 2005두4731; 大判 2011.09.29, 2011다38516
249) 大判 2011.09.29, 2011다38516

여 채권자에게 상당한 담보를 제공할 것을 명할 수 있는데, 이때 회사는 채권자의 악의를 소명하여야 한다($\frac{상}{①, 237}^{530의11}$). 그 밖의 분할무효의 소의 절차는 설립무효의 소의 규정을 준용한다($\frac{상}{①, 240}^{530의11}$).

주주가 회사를 상대로 제기한 분할합병무효의 소에서 당사자 사이에 분할합병계약을 승인한 주주총회결의 자체가 있었는지 및 그 결의에 이를 부존재로 볼 만한 중대한 하자가 있는지 등 주주총회결의의 존부에 관하여 다툼이 있는 경우 주주총회결의 자체가 있었다는 점에 관해서는 회사가 증명책임을 부담하고 그 결의에 이를 부존재로 볼 만한 중대한 하자가 있다는 점에 관해서는 주주가 증명책임을 부담하는 것이 타당하다.[250]

3.6.19.7.2. 분할무효판결의 효과

분할무효판결이 확정된 때에는 본점과 지점의 소재지에서 존속회사는 변경등기, 신설회사는 해산등기, 소멸회사는 회복등기를 하여야 한다($\frac{상}{①, 238}^{530의11}$). 회사의 합병은 합병후 존속하는 회사 또는 합병으로 인하여 설립되는 회사가 그 본점소재지에서 전조의 등기를 함으로써 그 효력이 생긴다는 상법 제234조가 준용된다($\frac{상}{①, 234}^{530의11}$).

분할무효판결의 효력은 제3자에게도 그 효력이 미치며 기왕에 소급하지 않는다($\frac{상}{①, 190}^{530의11}$). 분할무효판결이 확정되면 1개 또는 수 개의 존립 중의 회사 또는 신설회사에 출자하였던 재산이 환원된다. 따라서 분할 후 무효판결확정 시까지 존립 중의 회사 또는 신설회사의 부담채무에 관해서는 분할당사회사의 연대채무로 하고, 취득재산에 관하여는 그 소유로 하고 있다($\frac{상}{①, 239 ① ②}^{530의11}$). 회사분할의 경우에도 합병에 관한 서류의 사후공시에 관한 규정이 준용된다($\frac{상}{①, 527의6}^{530의11}$).

---

250) 大判 2010.07.22, 2008다37193

3.6.20. 주식교환·주식이전

3.6.20.1. 주식교환

3.6.20.1.1. 주식교환의 개념

(1) 주식교환의 개념

주식교환(주식의 포괄적 교환)이란 완전모회사가 되는 (존속)회사가 완전자회사가 되는 회사의 발행주식의 총수와 자기회사의 주식을 교환함으로써 완전자회사가 되는 회사의 주식은 완전모회사가 되는 회사에 이전되고, 그 완전자회사가 되는 회사의 주주는 그 완전모회사가 되는 회사가 발행한 신주의 배정을 받아 그 회사의 주주로 되는 것을 말한다($\overset{360}{\underset{의2}{상}}$).

(2) 주식교환의 법적 성질

기업을 인적 조직과 물적 조직과의 유기적 결합체라고 한다면 주식교환은 기업을 구성하는 인적 조직과 물적 조직의 유기적인 결합을 분리하여 인적 조직을 별도의 법 주체에 이전·흡수시켜 그 별개의 법 주체끼리 완전모자회사라는 결합관계로 묶는 행위이다. 반면에 합병은 복수의 합병당사회사의 인적조직 및 물적 조직이 완전히 합체하는 것이고, 영업양도는 기존회사의 인적조직을 회사법인과 동시에 존속시키면서 물적 조직만을 양수회사에 이전하는 것이다.

3.6.20.1.2. 주식교환절차

(1) 주식교환계약서의 작성

1) 주식교환계약서의 작성의 필요성

주식교환은 쌍방의 회사의 주주에게 중대한 영향을 미치게 되기 때문에 회사는 주식교환계약서를 작성하여 주주총회의 특별결의에 의한 승인을 받도록 하고 있다($\overset{360의}{\underset{3①·②}{상}}$).

2) 주식교환계약서의 기재사항

주식교환계약서의 기재사항으로 9가지가 열거되고 있다($\frac{상}{의3}\frac{360}{③}$).

① 완전모회사가 되는 회사가 주식교환으로 인하여 정관을 변경하는 경우에는 그 규정

② 완전모회사가 되는 회사가 주식교환을 위하여 발행하는 신주의 총수, 종류와 종류별 주식의 수 및 완전자회사가 되는 회사의 주주에 대한 신주의 배정에 관한 사항

③ 완전모회사가 되는 회사의 증가할 자본금과 자본준비금에 관한 사항

④ 완전자회사가 되는 회사의 주주에게 지급할 금액(주식교환교부금)을 정한 때에는 그 규정

⑤ 각 회사가 결의를 할 주주총회의 기일

⑥ 주식교환을 할 날

⑦ 각 회사가 주식교환을 할 날까지 이익배당을 할 때에는 그 한도액

⑧ 신주발행에 갈음하여($\frac{상}{의6}\frac{360}{}$) 회사의 자기의 주식을 이전하는 경우에는 이전할 주식의 총수, 종류 및 종류별 주식의 수

⑨ 완전모회사가 되는 회사에 취임할 이사와 감사 또는 감사위원회의 위원을 정한 때에는 그 성명 및 주민등록번호

(2) 주식교환계약서의 승인

1) 주주총회의 소집통지의 기재사항

상법은 주주에 대하여 주식교환에 대해 명확히 하고 주주가 주주총회에서의 의결권 행사 등을 위해 관계서류의 열람 등을 하는 것을 가능하게 하기 위해서 주식교환계약서의 요령을 주주총회의 소집통지에 기재하도록 하였다. 이러한 기재사항에는 ① 주식교환계약서의 주요내용 ② 주식매수청구권의 내용 및 행사방법 ③ 일방회사의 정관에 주식의 양도에 관하여 이사회의 승인을 요한다는 뜻의 규정이 있고 다른 회사의 정관에 그 규정이 없는 경우 그 뜻 등이다($\frac{상}{3}\frac{360}{④}\frac{의}{, 363}$).

2) 주주총회의 결의요건 등

주식교환계약서의 승인은 특별결의에 의하여야 한다($\frac{상}{의3}\frac{360}{①}$). 주식교환은 합병이나 현물출자와 같이 주주의 이해에 중대한 영향을 미치게 되므로 특별결의요건으로 한 것이다. 주식교환으로 인해 종류주주에게 손해를 미칠 염려가 있는 경우에는 그 종류주주총회의 결

의를 얻어야 한다. 즉 주식교환으로 인하여 주식교환에 관련되는 각 회사의 주주의 부담이 가중되는 경우에는 주주총회 특별결의 및 종류주식의 결의 외에 그 주주 전원의 동의가 있어야 한다($\frac{상}{3}\frac{360}{⑤},\frac{의}{436}$).

3) 주식교환계약서 등의 사전공시

이사는 주주총회의 회일의 2주간 전부터 주식교환의 날 이후 6월이 경과하는 날까지 ① 주식교환계약서 ② 완전자회사가 되는 회사의 주주에 대한 주식의 배정에 관하여 그 이유를 기재한 서면 ③ 주주총회의 회일(소규모주식교환·간이주식교환의 경우에는 공고 또는 통지를 한 날; 360의10 ⑥) 전 6월 이내에 작성한 주식교환을 하는 각 회사의 최종의 대차대조표 및 손익계산서의 서류를 본점에 비치하여야 한다($\frac{상}{의4}^{360}$).

주주는 영업시간 내에는 언제든지 주식교환계약서 등 비치하여 놓은 서류의 열람 또는 등사를 청구할 수 있다($\frac{상}{391의3}\frac{360의4}{③}\frac{②}{}$). 그러나 주식교환은 각 회사의 주주구성에 변동을 생기게 할 뿐이고 각 회사의 재산상황에는 변동이 생기지 않기 때문에 채권자에게는 비치서류의 열람권 등이 인정되지 않는다.

4) 주권의 실효절차

완전자회사가 되는 회사는 주식교환의 승인결의를 하였을 때는 그 취지, 주식교환일의 전일까지 주권을 회사에 제출해야 할 취지 및 주식교환일에 주권은 무효로 된다는 취지를 그날의 1월 전에 공고하고, 주주명부에 기재되어 있는 주주 및 질권자에 대하여 따로 따로 그 통지를 하여야 한다($\frac{상}{의8}^{360}$).

주식교환일까지 제출되지 않은 주권은 완전모회사가 된 회사의 발행하는 신주권의 교부청구권을 표창하는 유가증권으로서의 효력을 갖는 것으로 해석된다. 구주권 또는 구단주권을 제출할 수 없는 자가 있는 때는 회사는 그 자의 청구에 의해 이해관계인에 대해 이의가 있으면 3월 이상의 기간을 정하여 이의를 할 것을 공고하고 그 기간경과 후에 신주권 또는 신단주권을 교부할 수 있다($\frac{상}{의8},\frac{360}{442}$). 그리고 단주에 관한 규정도 준용된다($\frac{상}{의8},\frac{360}{444}$).

5) 자기주식의 교부

완전모회사가 되는 회사는 주식교환 시 신주발행 대신 보유한 자기의 주식을 완전자회사가 되는 회사의 주주에게 이전할 수 있다. 즉 완전모회사가 되는 회사는 주식교환을 함에 있어서 신주발행에 갈음하여, 회사가 소유하는 자기의 주식으로서 상당한 시기에 처분하여야 할 주식($\frac{상}{342}$)을 완전자회사가 되는 회사의 주주에게 이전할 수 있다($\frac{상}{의6}^{360}$). 소규모 주식교환에 의하여 완전자회사가 되는 회사의 주주에게 이전하는 주식을 주식교환을 이하여 발행하는 신주로 본다($\frac{상}{의10}^{360}$ ②).

6) 주식교환에 관한 사항을 기재한 서면 등의 공시(사후공시)

이사는 ① 주식교환일 ② 주식교환일에 완전자회사가 되는 회사에 현존하는 순 자산액 ③ 주식교환으로 인하여 완전모회사에 이전한 완전자회사의 주식의 수 ④ 기타 주식교환에 관한 사항을 기재한 서면을 주식교환일로부터 6월간 본점에 비치하여야 한다($\frac{상}{의12}^{360}$ ①). 주주는 영업시간 내에는 언제든지 이 서면의 열람을 요구하거나 또는 등사를 청구할 수 있다($\frac{상}{②, 391의3}^{360 \ 의12}$ ③).

3.6.20.1.3. 간이주식교환

완전자회사가 되는 회사의 총주주의 동의가 있거나 그 회사의 발행주식총수의 100분의 90 이상을 완전모회사가 되는 회사가 소유하고 있는 때에는 완전자회사가 되는 회사의 주주총회의 승인은 이를 이사회의 승인으로 갈음할 수 있다($\frac{상}{의9}^{360}$ ①). 이 경우에 완전자회사가 되는 회사는 주식교환계약서를 작성한 날부터 2주 내에 주주총회의 승인을 얻지 아니하고 주식교환을 한다는 뜻을 공고하거나 주주에게 통지하여야 한다. 다만, 총주주의 동의가 있는 때에는 그러하지 아니하다($\frac{상}{의9}^{360}$ ②).

3.6.20.1.4. 소규모주식교환

완전모회사가 되는 회사가 규모가 작은 회사를 주식교환에 의해 완전자회사로 하는 경우에 완전모회사기 되는 회사의 주주에게 주는 영향이 경미한 때에는 주식교환절차의 간소화와 합리화를 꾀하기 위하여 주주총회의 승인을 얻지 않고서 주식교환을 할 수 있도록 하였다($\frac{상}{의10}^{360}$).

(1) 요건 등

완전모회사가 되는 회사가 주식교환을 위하여 발행하는 신주의 총수가 그 회사의 발행주식 총수의 100분의 5를 초과하지 아니하는 경우에는 그 회사는 주주총회의 특별결의 없이 이사회의 승인으로 주식교환을 할 수 있다. 그러나 완전자회사가 되는 회사의 주주에게 지급하여야 할 금액을 정한 경우에, 그 금액이 최종의 대차대조표에 의하여 완전모회사가 되는 회사에 현존하는 순 자산액의 100분의 2를 초과하는 때에는 주주총회의 승인을 얻어야 한다($\frac{\text{상}}{\text{의}10}\frac{360}{①}$).

(2) 주식교환계약서의 기재사항

소규모주식교환을 하는 경우에는 주식교환계약서에 완전모회사가 되는 회사에 관해서는 주주총회의 승인결의를 얻지 않고 주식교환을 한다는 취지를 적어야 하고, 이 경우에는 완전모회사가 되는 회사가 주식교환에 의해 정관변경을 하는 경우의 규정을 기재하지 못한다($\frac{\text{상}}{360\text{의}3}\frac{360}{①},\frac{\text{의}10}{③}\frac{③}{ⅰ}$).

(3) 공고 등

완전모회사가 되는 회사는 주식교환계약서를 작성한 날로부터 2주간 내에 완전자회사가 되는 회사의 상호와 본점, 주식교환을 할 날 및 주주총회의 승인을 얻지 않고 주식교환을 한다는 뜻을 공고하거나 주주에게 통지하여 한다($\frac{\text{상}}{\text{의}10}\frac{360}{④}$).

(4) 주식교환계약서 등의 사전공시

이사는 주주총회의 승인을 얻지 아니하고 주식교환을 한다는 뜻을 공고하거나 주주에게 통지의 날의 2주간 전부터 주식교환의 날 이후 6월이 경과하는 날까지 ① 주식교환계약서 ② 완전자회사가 되는 회사의 주주에 대한 주식의 배정에 관하여 그 이유를 기재한 서면 ③ 주주총회의 승인을 얻지 아니하고 주식교환을 한다는 뜻을 공고하거나 주주에게 통지하기 전 6월 이내에 주식교환을 하는 각 회사가 작성한 최종의 대차대조표 및 손익계산서의 서류를 본점에 비치하여야 한다($\frac{\text{상}}{\text{의}10}\frac{360}{⑥}$).

(5) 소규모주식교환을 할 수 없는 경우

완전모회사가 되는 회사의 발행주식총수의 100분의 20 이상에 해당하는 주식을 가지는 주주가 공고 또는 통지를 한 날부터 2주 내에 회사에 대하여 서면으로 주식교환에 반대하는 의사를 통지한 경우에는 소규모주식교환에 따른 주식교환을 할 수 없다($\frac{\text{상}}{\text{의}10}\frac{360}{⑤}$).

(6) 주식매수청구권

소규모 주식교환의 경우에는 주식매수청구권이 인정되지 않는다($\frac{\text{상}}{\text{의}10}\frac{360}{⑦}$).

3.6.20.1.5. 반대주주의 주식매수청구권

주식교환의 주주총회 승인사항에 관하여 이사회의 결의가 있는 때에 그 결의에 반대하는 주주는 주주총회전에 회사에 대하여 서면으로 그 결의에 반대하는 의사를 통지한 경우에는 그 총회의 결의일부터 20일 이내에 주식의 종류와 수를 기재한 서면으로 회사에 대하여 자기가 소유하고 있는 주식의 매수를 청구할 수 있다(상 360 의5 ①).

간이주식교환의 경우에 완전자회사가 되는 회사가 주식교환계약서를 작성한 날부터 2주 내에 주주총회의 승인을 얻지 아니하고 주식교환을 한다는 뜻을 공고하거나 주주에게 통지를 한 경우에 그날로부터 2주 내에 회사에 대하여 서면으로 주식교환에 반대하는 의사를 통지한 주주는 그 기간이 경과한 날부터 20일 이내에 주식의 종류와 수를 기재한 서면으로 회사에 대하여 자기가 소유하고 있는 주식의 매수를 청구할 수 있다(상 360 의5 ②).

주식교환의 반대주주의 주식매수청구권에 관한 절차 및 내용은 영업양도 등에 대한 반대주주의 주식매수청구권에 관한 규정이 준용된다(상 360 의2 의5 ③-⑤/374). 주식매수청구권이 행사된 경우에는 완전자회사가 되는 회사 또는 완전모회사가 되는 회사는 자기주식취득금지의 예외로서 자기주식을 취득하는 것이 인정된다(상 341). 취득한 자기주식은 상당한 기간 내에 처분을 하여야 한다(상 342).

3.6.20.1.6. 완전모회사가 되는 회사의 자본증가의 한도액

완전모회사가 되는 회사의 자본금은 주식교환의 날에 완전자회사가 되는 회사에 현존하는 순 자산액에서 ① 완전자회사가 되는 회사의 주주에게 지급할 금액 ② 신주발행에 갈음하여 자기주식을 이전하는 경우에는 완전자회사가 되는 회사의 주주에게 이전하는 주식의 회계장부가액의 합계액을 뺀 금액을 한도로 증가한다(상 360 의7 ①).

완전모회사가 되는 회사가 주식교환 이전에 완전자회사가 되는 회사의 주식을 이미 소유하고 있는 경우에는 완전모회사가 되는 회사의 자본금은 주식교환의 날에 완전자회사가 되는 회사에 현존하는 순 자산액에 그 회사의 발행주식총수에 대한 주식교환으로 인하여 완전모회사가 되는 회사에 이전하는 주식의 수의 비율을 곱한 금액으로부터 ① 완전자회사가 되는 회사의 주주에게 지급할 금액 ② 완전자회사가 되는 회사의 주주에게 이전하는 주식의 회계장부가액의 합계액을 뺀 금액을 한도로 한다(상 360 의7 ②).

3.6.20.1.7. 완전모회사가 되는 회사의 이사 등의 임기

주식교환에 의하여 완전모회사가 되는 회사의 이사 및 감사로서 주식교환 전에 취임한 자는 주식교환계약서에 다른 정함이 있는 경우를 제외하고는 주식교환 후 최초로 도래하는 결산기에 관한 정기총회가 종료하는 때에 퇴임한다($^{\text{상}\,360}_{\text{의}13}$). 이는 합병의 경우와 같다.

3.6.20.1.8. 주식교환무효의 소

(1) 주식교환무효의 소의 도입이유

주식교환절차 등에 하자가 있는 경우 그 주식교환을 사후에 무효로 하여야 하는 경우라도 주식교환이 유효한 것을 전제로 완전모회사가 된 회사 및 완전자회사가 된 회사에 관하여 새로운 법률관계가 형성되어 있는 이상, 그 이해관계인도 다수이기 때문에 주식교환무효의 소의 제도를 마련하여 법률관계의 획일적 확정, 소급효의 저지 및 무효주장을 제한하고 있다.

(2) 제소기간 등

주식교환의 무효는 주식교환일로부터 6월 내에 소에 의해서만 주장할 수 있다($^{\text{상}\,360}_{\text{의}14\,①}$). 주식교환무효의 원인으로는 주식교환계약 자체에 착오 등의 무효원인이 있는 경우, 주식교환계약서의 승인결의의 부존재 등의 절차위반이 있는 경우 등이다. 그 밖에도 주식교환계약서 기재사항의 흠결, 주식교환계약서의 비치 해태 등도 주식교환무효의 원인이 된다.

(3) 제소권자

주식교환무효의 소는 각 회사의 주주, 이사, 감사, 감사위원회 위원 또는 청산인에 한하여 제기할 수 있다($^{\text{상}\,360}_{\text{의}14\,①}$). 채권자는 주식교환계약무효의 소 등의 제소권자가 아니다.

(4) 관할법원

주식교환무효의 소는 완전모회사가 된 회사의 본점의 소재지의 지방법원의 전속관할에 속한다($^{\text{상}\,360}_{\text{의}14\,②}$).

(5) 무효판결의 효력

주식교환무효의 판결이 확정되면 완전모회사가 된 회사는 주식교환을 위하여 발행한 신주 또는 이것에 갈음하여 자기주식을 이전한 경우에는 현재의 주주에 대하여 완전자회사가 된 회사의 주식을 이전하여야 한다($^{\text{상}\,360}_{\text{의}14\,③}$).

(6) 준용규정

주식교환무효의 소의 경우에는 다음의 규정들이 준용된다($^{상\ 316}_{의14\ ④}$). 제187조(소제기의 공고), 제188조(병합심리), 제189조(하자의 보완등과 청구의 기각), 제190조(판결의 효력) 본문, 제191조(패소원고의 책임), 제192조(설립무효의 등기), 제377조(제소주주의 담보제공의무), 제431조(신주발행무효판결의 효력)의 규정은 주식교환무효의 소($^{상\ 360\ 의}_{14\ ④\ 전단}$)에, 제339조(질권의 물상대위) 및 제340조 제3항(질권자의 주권교부청구권)의 규정은 주식교환무효 판결의 결과로서 완전모회사에 이전된 자회사의 주식을 이전하는 경우에 이를 준용한다($^{상\ 360\ 의}_{14\ ③\ 후단}$). 자본감소가 없기 때문에 채권자보호절차에 관한 규정은 준용되지 않는다.

3.6.20.1.9. 단주 등의 처리

주식교환시 주식의 병합으로 인해 1주 미만의 단주가 생긴 때는 그 부분에 관해 새로이 발행한 주식을 경매하고 또 그 주수에 응해 그 대금을 종전의 주주에게 지급한다($^{상\ 360의11}_{①,\ 443}$).

주식의 소각, 병합, 분할, 전환이 있는 때는 종전의 주식을 목적으로 하는 질권은 소각, 병합, 분할, 전환으로 인해 주주가 받을 금전 또는 주식상에 존재한다는 질권의 물상대위 규정($^{상}_{339}$) 및 등록질권자의 권리에 관한 규정($^{상\ 340}_{③}$)은 주식을 병합하지 않은 경우에 있어서 완전자회사가 되는 회사의 주식을 목적으로 하는 질권에 준용한다($^{상\ 360의11\ ①}_{339,\ 340\ ③}$).

3.6.20.2. 주식이전

3.6.20.2.1. 주식이전의 의의

(1) 주식이전의 개념

주식이전(주식의 포괄적 이전)이란 완전모자회사관계를 창설하기 위하여 완전자회사가 되는 회사가 갖는 그 회사의 주식을 새로이 신설되는 완전모회사가 되는 회사에 이전시키고 완전자회사가 되는 회사의 주주에게는 완전모회사가 되는 회사가 주식이전에 있어서 발행하는 주식을 배정함으로써 완전모회사를 설립시키는 제도이다($^{상}_{의15}$).

(2) 주식이전제도와 구별

주식이전제도는 주식교환, 합병, 현물출자 등과 구별되는데 그 구별되는 점은 다음과 같다. 주식교환은 기존의 회사 사이에 완전모자회사관계를 신설하는 것이지만, 주식이전은 새로이 회사를 신설하는 점에서 차이가 있다. 뿐만 아니라 현물출자의 경우에는 검사인의 조사가 요구되는 점에서 주식교환이나 주식이전과 구별된다. 주식이전에 있어서는 주식교환과는 달리 소규모 주식이전이나 간이 주식이전제도가 개념상 있을 수 없다.

3.6.20.2.2. 주식이전절차

(1) 주주총회의 승인
주식이전은 주주의 지위에 중대한 영향을 미치게 되므로 일정한 사항에 관하여 주주총회 특별결의에 의한 승인을 받도록 하고 있다($\frac{상}{16}\frac{360의}{① ②}$).

1) 승인을 받아야 되는 사항
주주총회의 승인을 받아야 되는 주식이전계획서의 기재사항은 다음과 같다.

① 설립하는 완전모회사의 정관의 규정($\frac{상}{16}\frac{360의}{① i}$)

② 설립하는 완전모회사가 주식이전에 있어서 발행하는 주식의 종류와 수 및 완전자회사가 되는 회사의 주주에 대한 주식의 배정에 관한 사항($\frac{상}{16}\frac{360의}{① ii}$)

③ 설립하는 완전모회사의 자본금 및 자본준비금에 관한 사항($\frac{상}{16}\frac{360의}{① iii}$)

④ 완전자회사가 되는 회사의 주주에 대하여 지급할 금액을 정한 때에는 그 규정($\frac{상}{16}\frac{360의}{① iv}$)

⑤ 주식이전을 할 시기($\frac{상}{16}\frac{360의}{① v}$)

⑥ 완전자회사가 되는 회사가 주식이전의 날까지 이익배당 또는 금전배당($\frac{상}{의}\frac{462}{}$)을 하는 경우에는 그 한도액($\frac{상}{16}\frac{360의}{① vi}$)

⑦ 설립하는 완전모회사의 이사와 감사 또는 감사위원회의 위원의 성명 및 주민등록번호($\frac{상}{16}\frac{360의}{① vii}$)

⑧ 회사가 공동으로 주식이전에 의하여 완전모회사를 설립하는 때에는 그 뜻($\frac{상}{16}\frac{360의}{① viii}$)

2) 주주총회의 소집통지의 기재사항
주주에 대하여 어떠한 주식이전이 행하여질 것인가를 밝히고 주주가 주주총회에서의 의결권행사 등을 위해 관계서류의 열람 등을 하는 것을 가능하게 하기 위해서 주식이전의 의안의 요령을 주주총회의 소집통지서에 적어야 한다($\frac{상}{360의3}\frac{360의16}{④, 363}\frac{③}{}$). 즉 주식이전계약서의 주요내용, 주식매수청구권의 내용 및 행사방법, 주식의 양도에 이사회의 승인을 요하는 경우의 규정에 관한 내용 등이다($\frac{상}{의3}\frac{360}{④}$).

3) 주주총회의 결의요건 등

주식이전에 의해 완전자회사가 되는 회사의 주주는 완전모회사가 되는 회사의 주주가 되어 그 지위에 중대한 변경을 초래하기 때문에 그 의안의 승인은 특별결의에 의하여야 한다($\frac{상 360}{의16}$ ②).

주식이전으로 인하여 주식이전에 관련되는 각 회사의 주주의 부담이 가중되는 경우에는 주주총회 특별결의, 종류주주총회의 결의($\frac{상}{436}$)의 결의 외에 그 주주 전원의 동의가 있어야 한다($\frac{상 360}{의16}$ ④).

(2) 주식이전의 의안의 요령 등의 사전공시

1) 사전공시사항

이사는 주식이전의 의안의 승인결의를 하는 주주총회 회일의 2주 전부터 주식이전 후 6월을 경과하는 날까지 ① 주식이전계획서($\frac{상 360}{의16}$ ①) ② 완전자회사가 되는 회사의 주주에 대한 주식의 배정에 관하여 그 이유를 기재한 서면 ③ 주주총회의 회일의 이전 6월 내의 날에 작성한 완전자회사가 되는 회사의 최종의 대차대조표 및 손익계산서 등을 본점에 비치하여야 한다($\frac{상 360}{의17}$ ①).

2) 비치서류의 열람 등

주주는 영업시간 내에는 언제든지 위의 서류의 열람을 요구하거나 등사를 청구할 수 있다($\frac{상 360의17}{391의3}$ ②, ③).

(3) 주권의 실효절차

1) 주권의 제공공고

완전자회사가 되는 회사는 ① 주식이전의 승인결의를 하였을 때는 그 뜻 ② 1월을 초과하여 정한 기간 내에 주권을 회사에 제출하여야 한다는 뜻 ③ 주식이전일에 주권은 무효가 된다는 뜻 공고하고, 주주명부에 기재되어 있는 주주와 질권자에 대하여 따로따로 이것을 통지하여야 한다($\frac{상 360}{의19}$).

2) 주권을 제출할 수 없는 경우의 처리

구주권 또는 구단주권을 제출할 수 없는 자가 있는 때는 회사는 그 자의 청구에 의해 이해관계인에 대해 이의가 있으면 3월 이상의 기간을 정하여 이의를 할 것을 공고하고 그 기간 경과 후에 신주권 또는 신단주권을 교부할 수 있다(상 360의19 ②; 442 ②). 공고의 비용은 청구자의 부담으로 한다(상 360의19 ②; 442 ②).

(4) 주식이전등기

주식이전을 하였을 때는 설립한 회사의 본점의 소재지에서는 2주간, 그 지점의 소재지에서는 3주간 이내에 등기를 하여야 한다(상 360의20). 주식이전은 완전모회사가 그 본점소재지에서 주식이전등기를 한 때에 효력이 생긴다(상 360의21). 완전자회사가 되는 회사에 관해서는 주주가 종래의 주주로부터 설립되는 완전모회사로 변할 뿐이고 등기사항에 변경은 생기지 않기 때문에 변경등기는 필요 없다. 등기사항은 주식이전은 회사의 설립이므로 회사의 설립등기에 관한 규정인 제317조 제2항에서 정하는 사항을 등기하도록 하고 있다(상 360의20; 317 ②).

(5) 주식이전에 관한 사항을 기재한 서면 등의 사후공시

주식이전의 경우의 사후공시는 주식교환의 사후공시를 준용하고 있다(상 360의22; 360의12).

3.6.20.2.3. 반대주주의 주식매수청구권

주식이전에 반대하는 주주는 주식매수청구권을 행사할 수 있다(상 360의22; 360의5). 즉 주식이전의 주주총회 승인사항에 관하여 이사회의 결의가 있는 때에 그 결의에 반대하는 주주는 주주총회 전에 회사에 대하여 서면으로 그 결의에 반대하는 의사를 통지한 경우에는 그 총회의 결의일로부터 20일 이내에 주식의 종류와 수를 기재한 서면으로 회사에 대하여 자기가 소유하고 있는 주식의 매수를 청구할 수 있다(상 360의5 ①).

3.6.20.2.4. 설립하는 완전모회사의 자본의 한도액

(1) 자본의 한도액

주식이전에 의해 설립하는 완전모회사의 자본은 주식이전일에 완전자회사가 되는 회사에 현존하는 순 자산액으로부터 그 회사의 주주에게 지급해야 할 금액을 공제한 액을 한도로서 정한다(상 360의18). 새로이 신설되므로 자본증가를 의미하는 것은 아니다.

(2) 자본준비금의 액

설립하는 완전모회사의 자본의 액이 현실에 정해진 완전모회사의 자본의 한도액을 넘을 때는 그 초과액은 자본준비금으로서 적립하여야 한다(상 459①).

3.6.20.2.5. 주식이전무효의 소

(1) 주식이전무효의 소의 취지

주식이전절차 등에 하자가 있었기 때문에 그 주식이전을 사후에 무효로 하지 않으면 안 되는 경우에도 주식이전이 유효한 것을 전제로서 설립된 완전모회사 및 완전자회사가 된 회사에 관하여 새로운 법률관계가 형성되어 있고 그 이해관계인도 다수이기 때문에 주식이전무효의 소의 제도를 마련하여 법률관계의 획일적 확정, 소급효의 저지 및 무효 주장을 가급적 제한하고 있다(상 360의23).

1) 제소요건

주식이전의 무효는 주식이전일로부터 6월 내에 주장할 수 있다(상 360의23 ①). 이 경우에 있어서 완전자회사가 되는 회사의 주주총회결의취소의 소에 관한 관할법원은 그 회사의 본점 소재지의 지방법원이고 주식이전무효의 소의 관할법원은 완전모회사가 되는 회사의 본점 소재지의 지방법원이다(상 360의23 ②).

2) 제소권자 등

주식이전의 무효의 소는 주주, 이사, 감사, 감사위원회 위원 또는 청산인에 한하여 제기할 수가 있다(상 360의23 ①). 주식이전의 무효의 주장을 가급적 제한하고자 하는 관점에서 주식이전무효의 소를 제기할 수 있는 사람을 직접의 이해관계자로 한정한 것이다. 청산인은 청산절차 중에 회사의 대표권을 갖고 있으므로 제소권자로 하였다.

3) 무효판결의 효력

주식이전을 무효로 하는 판결이 확정되었을 때는 설립된 완전모회사는 주식이전에 있어서 발행한 주식에 관한 현재의 주주에 대하여 완전자회사가 된 회사의 주식을 이전하여야 한다(상 360의23 ③). 주식이전을 무효로 하는 판결이 확정되었을 때는 설립된 완전모회사는 해산의 경우에 준하여 청산절차가 진행된다(상 360의23 ④, 193).

주식이전무효 판결의 효력과 관련하여 준용되는 규정은 다음과 같다. 제187조(소제기의 공고), 제188조(병합심리), 189조(하자의 보완등과 청구의 기각), 제190조(판결의 효력), 제191조(패소원고의 책임), 제192조(설립무효의 등기), 제193조(설립무효, 취소판결의 효력), 제377조(제소주주의 담보제공의무)의 규정은 주식이전무효의 소(제1항)에, 제339조(질권의 물상대위) 및 제340조 제3항(질권자의 주권교부청구권)의 규정은 주식이전무효 판결의 결과로서 완전모회사에 이전된 자회사의 주식을 이전하는 경우(제3항)에 이를 준용한다($\frac{상}{23}\frac{360의}{④}$).

☞ **주식교환과 주식이전의 비교**

	주식교환	주식이전
1. 목적	완전모회사의 창설	완전모회사의 설립
2. 내용	완전모회사가 완전자회사의 발행주식의 총수와 자기회사의 주식을 교환함으로써 완전자회사의 주주에게 완전모회사의 신주배정을 하는 것($\frac{상}{의2}\frac{360}{}$).	완전자회사의 주식을 새로이 신설되는 완전모회사에 이전시키고 완전자회사가 되는 회사의 주주에게 완전모회사의 발행주식을 배정하여 완전모회사 설립($\frac{상}{의15}\frac{360}{}$).
3. 방법	주식교환계약서 – 주주총회의($\frac{상}{의3}\frac{360}{}$).	주식이전계약서 – 주주총회의($\frac{상}{16}\frac{360의}{① ②}$)
• 주주 총회	• 각 회사에서 주식교환계약서를 작성하여, 각각의 주주총회에서 승인(특별결의)을 얻는 것이 필요	• 완전자회사에서 주식이전에 관한 사항에 관해서 주주총회에서 승인(특별결의)을 얻는 것이 필요
• 승인 사항	① 완전모회사가 되는 회사가 주식교환으로 인하여 정관을 변경하는 경우에는 그 규정 ② 완전모회사가 되는 회사가 주식교환을 위하여 발행하는 신주의 총수, 종류와 종류별 주식의 수 및 완전자회사가 되는 회사의 주주에 대한 신주의 배정에 관한 사항 ③ 완전모회사가 되는 회사의 증가할 자본금과 자본준비금에 관한 사항 ④ 완전자회사가 되는 회사의 주주에게 지급할 금액을 정한 때에는 그 규정 ⑤ 각 회사가 결의를 할 주주총회의 기일 ⑥ 주식교환을 할 날 ⑦ 각 회사가 주식교환을 할 날까지 이익배당을 할 때에는 그 한도액 ⑧ 신주발행에 갈음하여 회사의 자기의 주식을 이전하는 경우에는 이전할 주식의 총수, 종류 및 종류별 주식의 수 ⑨ 완전모회사가 되는 회사에 취임할 이사와 감사 또는 감사위원회의 위원을 정한 때에는 그 성명 및 주민등록번호	① 완전모회사의 정관의 규정 ② 완전모회사가 발행하는 주식의 종류와 수 및 완전자회사 주주에 대한 주식배정 사항 ③ 완전모회사의 자본금 및 자본준비금에 관한 사항 ④ 완전자회사 주주에 대하여 지급할 금액 ⑤ 주식이전을 할 시기 ⑥ 완전자회사의 이익배당 또는 금전배당 한도액 ⑦ 완전모회사의 이사와 감사 또는 감사위원회의 위원의 성명 및 주민등록번호 ⑧ 회사가 공동으로 주식이전에 의하여 완전모회사를 설립하는 때에는 그 뜻

		주식교환	주식이전
사전 서류		주식교환계약서 등의 사전공시($\frac{상}{의4}$360)	주식이전 의안의 요령 등 사전공시($\frac{상}{의17}$360 ①)

· 내용		① 주식교환계약서
		② 주식의 배정에 관한 이유 기재 서면
		③ 주주총회의 회일 6월 이내 각 회사의 최
		    종 대차대조표 및 손익계산서
			① 주식이전계획서
			② 완전자회사가 되는 회사의 주주에 대한 주
			    식의 배정에 관하여 그 이유를 기재한 서면
			③ 완전자회사가 되는 회사의 최종의 대차
			    대조표 및 손익계산서

		주식교환	주식이전
·	기간	주주총회의 회일의 2주 전부터 주식교환의 날 후 6월을 경과하는 날까지	주주총회의 회일의 2주간 전부터 주식이 전의 날 후 6월을 경과하는 날까지
·	장소	각 회사의 본점	완전자회사의 본점
·	대상자	주주만(채권자는 불포함)	좌동
	주식 매수 청구권	주식교환에 관한 이사회 결의에 반대하는 주주는 주주총회 전에 회사에 대하여 서면 으로 반대후 총회 결의일부터 20일 이내에 회사에 대하여 주식매수를 청구($\frac{상}{의5}$360 ①).	좌동 상법 제360조의22
	무효의 소	주식교환 무효의 소(상법 제360조의14)	상법 제360조의23
·	제소 권자	무효의 소는 각 회사의 주주, 이사, 감사 또 는 청산인에게 한함	좌동
·	절차	주식교환 날로부터 6월 내에 완전모회사의 본점 소재지의 지방 재판소에 제기함	좌동

·	효과	· 판결 확정시, 완전모회사는 완전자회사의
		  주식을 주주에게 이전하여야 함
		· 주식교환에 의해서 발행된 신주는 장래에
		  향하여 그 효력이 부정됨
			좌동

	사후공시	(사후공시)($\frac{상}{의12}$360 ①)	상법 제360조의22

·	내용	① 주식교환일
		② 주식교환일에 완전자회사가 되는 회사에
		    현존하는 순 자산액
		③ 주식교환으로 인하여 완전모회사에 이전
		    한 완전자회사의 주식의 수
		④ 기타 주식교환에 관한 사항
			좌동

·	비치기간	주식교환의 날에서 6개월	좌동
·	비치장소	각 회사의 본점에 비치	좌동
·	열람자	주주만	좌동
간이주식교환제도			
·		완전자회사가 되는 회사의 총주주의 동의가 있거나 그 회사의 발행주식총수의 100분 의 90 이상을 완전모회사가 되는 회사가 소유하고 있는 때에는 완전자회사가 되는 회 사의 주주총회의 승인은 이를 이사회의 승인으로 갈음($\frac{상}{의9}$360 ①).	

소규모주식교환
완전모회사가 주식교환을 위하여 발행하는 신주의 총수가 그 회사의 발행주식 총수의 100분의 5를 초과하지 아니하는 경우에는 주주총회의 특별결의 없이 이사회의 승인으로 주식교환을 할 수 있음. 단 완전자회사의 주주에게 지급하여야 할 금액이 최종의 대차대조표에 의하여 완전모회사가 되는 회사에 현존하는 순 자산액의 100분의 2를 초과하는 때에는 주주총회의 승인을 얻어야 함($^{\text{상}}_{\text{의}10}\,^{360}_{①}$).

3.6.21. 지배주주에 의한 소수주식의 전부 취득

3.6.21.1. 지배주주의 매도청구권

3.6.21.1.1. 지배주주의 매도청구권의 요건

회사의 발행주식총수의 100분의 95 이상을 자기의 계산으로 보유하고 있는 주주(지배주주)는 회사의 경영상 목적을 달성하기 위하여 필요한 경우에는 회사의 다른 주주(소수주주)에게 그 보유하는 주식의 매도를 청구할 수 있다($^{\text{상}}_{24}\,^{360의}_{①}$). 보유주식의 수를 산정할 때에는 모회사와 자회사가 보유한 주식을 합산한다. 이 경우 회사가 아닌 주주가 발행주식 총수의 100분의 50을 초과하는 주식을 가진 회사가 보유하는 주식도 그 주주가 보유하는 주식과 합산한다($^{\text{상}}_{24}\,^{360의}_{②}$).

대주주가 매도청구를 할 때에는 미리 주주총회의 승인을 받아야 한다($^{\text{상}}_{24}\,^{360의}_{③}$). 이 주주총회의 소집을 통지할 때에는 다음에 관한 사항을 적어야 하고, 매도를 청구하는 지배주주는 주주총회에서 그 내용을 설명하여야 한다($^{\text{상}}_{24}\,^{360의}_{④}$).

① 지배주주의 회사 주식의 보유 현황

② 매도청구의 목적

③ 매매가액의 산정 근거와 적정성에 관한 공인된 감정인의 평가

④ 매매가액의 지급보증

지배주주는 매도청구의 날 1개월 전까지 다음의 사실을 공고하고, 주주명부에 적힌 주주와 질권자에게 따로 그 통지를 하여야 한다($^{\text{상}}_{24}\,^{360의}_{⑤}$).

① 소수주주는 매매가액의 수령과 동시에 주권을 지배주주에게 교부하여야 한다는 뜻

② 교부하지 아니할 경우 매매가액을 수령하거나 지배주주가 매매가액을 공탁(供託)한

날에 주권은 무효가 된다는 뜻

매도청구를 받은 소수주주는 매도청구를 받은 날부터 2개월 내에 지배주주에게 그 주식을 매도하여야 한다(상360의24 ⑥). 그 매매가액은 매도청구를 받은 소수주주와 매도를 청구한 지배주주 간의 협의로 결정한다(상360의24 ⑦). 매도청구를 받은 날부터 30일 내에 매매가액에 대한 협의가 이루어지지 아니한 경우에는 매도청구를 받은 소수주주 또는 매도청구를 한 지배주주는 법원에 매매가액의 결정을 청구할 수 있다(상360의24 ⑧). 법원이 주식의 매매가액을 결정하는 경우에는 회사의 재산상태와 그 밖의 사정을 고려하여 공정한 가액으로 산정하여야 한다(상360의24 ⑨).

3.6.21.2. 소수주주의 매수청구권

지배주주가 있는 회사의 소수주주는 언제든지 지배주주에게 그 보유주식의 매수를 청구할 수 있다(상360의25 ①). 매수청구를 받은 지배주주는 매수를 청구한 날을 기준으로 2개월 내에 매수를 청구한 주주로부터 그 주식을 매수하여야 한다(상360의25 ②).그 매매가액은 매수를 청구한 주주와 매수청구를 받은 지배주주 간의 협의로 결정한다(상360의25 ③). 매수청구를 받은 날부터 30일 내에 매매가액에 대한 협의가 이루어지지 아니한 경우에는 매수청구를 받은 지배주주 또는 매수청구를 한 소수주주는 법원에 대하여 매매가액의 결정을 청구할 수 있다(상360의25 ④). 법원이 주식의 매매가액을 결정하는 경우에는 회사의 재산상태와 그 밖의 사정을 고려하여 공정한 가액으로 산정하여야 한다(상360의25 ⑤).

3.6.21.3. 주식의 이전

지배주주의 매도청구권(상360의24)와 소수주주의 매수청구권(상360의25)에 따라 주식을 취득하는 지배주주가 매매가액을 소수주주에게 지급한 때에 주식이 이전된 것으로 본다(상360의26 ①). 매매가액을 지급할 소수주주를 알 수 없거나 소수주주가 수령을 거부할 경우에는 지배주주는 그 가액을 공탁할 수 있다. 이 경우 주식은 공탁한 날에 지배주주에게 이전된 것으로 본다(상360의26 ②).

3.6.22. 주식회사의 해산·청산

3.6.22.1. 주식회사의 해산

3.6.22.1.1. 해산사유

주식회사의 해산사유는 합명회사의 해산사유와 대체로 같다($^{상\,517}_{①}$). 즉 주식회사의 해산사유로는 존립기간의 만료 기타 정관으로 정한 사유의 발생, 합병, 파산, 법원의 해산명령 또는 해산판결, 회사의 분할 또는 분할합병 등이 있다($^{상}_{517}$).

다만 ① 합명회사의 경우에는 사원이 1인으로 된 때가 해산사유이나, 주식회사에서는 주주가 1인으로 되어도 해산사유가 아니다($^{상\,517}_{①}$). ② 합명회사의 경우에는 총사원의 동의가 있어야 해산할 수 있으나 주식회사는 주주총회의 특별결의에 의하여 해산할 수 있다($^{상\,517}_{①,\,518}$). ③ 휴면회사의 해산의제가 주식회사에서는 인정되고 있다($^{상\,520}_{②②}$). ④ 주식회사에 있어서는 회사의 분할도 해산사유가 된다.

회사는 해산에 의해서만 소멸하며, 그 밖의 사유로는 소멸하지 아니한다.[251] 회사 해산등기의 효력에 대하여는 상법상 회사 설립등기 등과 같은 특별한 규정이 없으므로 상법총칙의 규정에 의하여 회사 해산등기는 제3자에게 대한 대항요건에 불과하다고 해석하여야 할 것이므로 해산결의가 있고 청산인의 선임 결의가 있는 이상 그 해산등기가 없다 하여도 청산 중인 회사라고 해석하여야 할 것이다.[252]

3.6.22.1.2. 해산판결

회사의 업무가 현저한 정돈상태를 계속하여 회복할 수 없는 손해가 생기거나 생길 염려가 있을 때 또는 회사재산의 관리 또는 처분의 현저한 실당으로 인하여 회사의 존립을 위태롭게 한 때에는 발행주식총수의 100분의 10 이상에 해당하는 주식을 가진 주주는 회사의 해산을 법원에 청구할 수 있다($^{상\,520}_{①}$).

회사의 해산판결청구는 형성의 소에 해당하며 재판은 판결에 의한다. 이 소는 본점소

---

251) 大判 1985.6.25, 84다카1954.한편 주식회사의 최소자본은 회사의 성립요건일 뿐만 아니라 존속의 요건이므로 자본감소 등을 통해 최저자본에 미달하게 되면 해산사유가 된다. 회사는 위와 같은 해산사유의 발생으로 당연히 해산하고 해산등기는 그 요건이 아니다.

252) 大判 1964.05.05, 63마29.

재지를 관할하는 지방법원의 전속관할에 속한다($_{②, 186}^{상 520}$). 원고가 승소하여 해산판결이 확정되면 회사는 해산하여 청산절차를 밟아야 한다. 원고가 패소한 경우, 원고에게 악의 또는 중과실이 있으면 원고는 회사에 대하여 연대하여 손해배상할 책임을 부담한다($_{②, 191}^{상 520}$).

3.6.22.1.3. 휴면회사

주식회사가 폐업을 하고도 등기부상만 존속하는 회사를 휴면회사라고 하는데, 이러한 휴면회사가 법원이 정한 일정한 기간 내에 영업을 폐지하지 아니하였다는 뜻의 신고를 본점소재지를 관할하는 법원에 하지 않으면 해산한 것으로 본다($_{의2 ①}^{상 520}$). 즉 법원행정처장이 최후의 등기 후 5년을 경과한 회사는 본점의 소재지를 관할하는 법원에 아직 영업을 폐지하지 아니하였다는 뜻의 신고를 할 것을 관보로써 공고한 경우에, 그 공고한 날에 이미 최후의 등기 후 5년을 경과한 회사로써 공고한 날로부터 2월 이내에 대통령령이 정하는 바에 의하여 신고를 하지 아니한 때에는 그 회사는 그 신고기간이 만료된 때에 해산한 것으로 본다($_{의2 ①}^{상 520}$).

이때 법원은 휴면회사에 대하여 이러한 공고가 있었다는 뜻의 통지를 발송하여야 한다($_{의2 ②}^{상 520}$). 해산등기는 등기소가 직권으로 한다. 해산이 의제된 회사는 3년 이내에 주주총회의 특별결의에 의하여 회사를 계속할 수 있다($_{의2 ③}^{상 520}$). 해산이 의제된 회사가 3년 이내에 회사를 계속하지 아니한 경우에는 3년이 경과한 대해 청산이 종결된 것으로 본다($_{의2 ④}^{상 520}$).

주식회사가 해산되고 그 청산이 종결된 것으로 보게 되는 회사라도 어떤 권리관계가 남아 있어 현실적으로 정리할 필요가 있으면 그 범위 내에서는 아직 완전히 소멸하지 아니한다.[253] 이러한 경우 그 회사의 해산 당시의 이사는 정관에 다른 규정이 있거나 주주총회에서 따로 청산인을 선임하지 아니한 경우에 당연히 청산인이 되고, 그러한 청산인이 없는 때에는 이해관계인의 청구에 의하여 법원이 선임한 자가 청산인이 되므로, 이러한 청산인만이 청산 중인 회사의 청산사무를 집행하고 대표하는 기관이 된다.[254]

3.6.22.1.4. 주식회사의 계속

주식회사가 존립기간의 만료 기타 정관으로 정한 사유의 발생 또는 주주총회의 특별결의에 의하여 해산되는 경우에는 주주총회의 특별결의에 의하여 회사를 계속할 수 있다($_{519}^{상}$). 또한 주식회사가 해산한 것으로 의제된 휴면회사라도 신고기간 후 3년 이내에는 주

---

253) 大判 2001.07.13, 2000두5333.
254) 大判 1994.05.27, 94다7607.

주총회의 특별결의에 의하여 회사를 계속할 수 있다($\frac{상}{의2}\frac{520}{③}$).

3.6.22.1.5. 해산의 통지 등

회사가 해산한 때에는 파산의 경우 외에는 이사는 지체없이 주주에 대하여 그 통지를 하고 무기명식의 주권을 발행한 경우에는 이를 공고하여야 한다($\frac{상}{521}$).

회사가 해산된 때에는 합병과 파산의 경우 외에는 그 해산사유가 있은 날로부터 본점 소재지에서는 2주간 내, 지점소재지에서는 3주간 내에 해산등기를 하여야 한다($\frac{상}{2,}\frac{521의}{228}$). 회사를 계속하는 경우에는 회사의 해산등기를 하였을 때에는 본점소재지에서는 2주간 내, 지점소재지에서는 3주간 내에 회사의 계속등기를 하여야 한다($\frac{상}{229}\frac{521의2,}{③}$).

3.6.22.2. 회사의 청산

3.6.22.2.1. 서 설

주식회사에 있어서는 회사재산만이 회사채권자의 유일한 담보이고 또 이해관계인이 다수이고 그 기구가 복잡하기 때문에 그 청산방법을 회사에 임의로 맡길 수 없고 상법에서 강행법규로 규정할 필요가 있다. 따라서 주식회사의 청산에는 인적 회사와는 달리 임의 청산이 없고 법적 청산만이 있다.

3.6.22.2.2. 청산회사의 권리능력

청산회사의 권리능력은 청산의 목적범위 내로 한정되므로 청산의 목적 이외 행위를 한 경우에는 권리능력 없는 자의 행위가 되어 무효이다. 그러나 청산 중의 회사라도 민사소송에서의 당사자능력이 있고, 형사소송에서의 당사자능력도 있다.

3.6.22.3. 청산인

3.6.22.3.1. 의 의

청산인은 청산 중의 회사의 청산사무를 담당하는 자이다. 이러한 청산인은 원칙적으로 청산 중의 회사의 청산사무를 의결하는 청산인회의 구성원이며, 청산 중의 회사의 청산 사무를 집행하고 이를 대표하는 대표청산인이 될 수 있는 전제 자격이 된다.

주식회사의 청산인의 수에 대하여는 제한이 없으므로 1인이라도 상관없으며 그 경우에는 1인 청산인이 당연히 대표청산인이 된다.[255]

3.6.22.3.2. 선임·해임

주식회사의 청산인은 합병, 분할, 분할합병 또는 파산의 경우 외에는 원칙적으로 이사가 되지만, 예외적으로 정관에서 다른 정함을 하거나 주주총회의 보통결의로 이사 외의 자를 선임할 수 있다(상531①). 즉 해산 당시의 이사는 정관에 다른 규정이 있거나 주주총회에서 따로 청산인을 선임하지 아니한 경우에 당연히 청산인이 되고 해산 당시 또는 그 후에 새로 청산인이 선임되어 취임할 때까지는 청산인으로서 권리의무를 가진다.[256] 그리고 청산법인의 주주총회에서 청산인을 선임하지 아니하고 이사를 선임하였다 하여 그 선임결의가 그 자체로서 무효가 된다고 볼 수 없다.[257]

이와 같은 방법에 의한 청산인이 없는 때에는 법원이 이해관계인의 청구에 의하여 선임한다(상531②). 또 회사가 해산명령이나 해산판결에 의하여 해산한 때에도 법원이 주주 기타의 이해관계인이나 감사의 청구에 의하여 또는 직권으로 청산인을 선임하고(상542①, 252), 또 설립무효의 판결이 확정된 때에도 법원이 주주 기타의 이해관계인의 청구에 의하여 청산인을 선임한다(상193, 382②). 청산인과 회사와의 관계는 이사의 경우에 준하므로 위임관계이다(상542②, 382②).

청산인은 법원이 선임한 경우 외에는 언제든지 주주총회의 결의로 해임될 수 있다(상539①). 또 청산인이 그 업무를 집행함에 현저하게 부적임하거나 중대한 임무에 위반한 행위가 있는 때에는 법원은 100분의 3 이상의 소수주주의 청구에 의하여 그 선임의 방법 여하를 불문하고 청산인을 해임할 수 있다.

3.6.22.3.3. 직무권한

청산인의 직무는 현존사무의 종결, 채권의 추심과 채무의 변제, 재산의 환가처분, 잔여재산의 분배이다(상542①, 254①). 이러한 직무는 청산인회의 과반수의 결의로 정해지는데, 대표청산인은 이 직무에 관하여 모든 행위를 할 권한이 있다. 청산인은 이외에 존속 중의 회사의 이사의 직무도 수행한다.

청산인의 직무와 관련하여 청산인은 많은 의무를 부담한다. 즉 청산인은 법원에 대한

---

255) 大判 1989.09.12, 87다카2691.
256) 大判 1991.11.22, 91다22131.
257) 大判 1989.09.12, 87다카2691.

청산인의 취임신고의무($\frac{상}{532}$), 회사재산의 조사보고의무($\frac{상}{533}$), 감사에 대한 대차대조표 및 그
부속명세서와 사무보고서의 제출의무 및 본점비치와 열람제공의무($\frac{상}{③④}$ $\frac{534}{①}$), 정기총회에 대
한 대차대조표 및 사무보고서의 승인요구의무($\frac{상}{⑤}$ ^{534}), 파산원인을 발견한 경우 파산선고의
신청의무($\frac{상}{254}$ $\frac{542}{④}$, $\frac{①}{93}$) 등을 부담한다.

(1) 법원에 대한 청산인의 취임신고의무

청산인은 취임한 날로부터 2주간내에 ① 해산의 사유와 그 년월일 ② 청산인의 성명·
주민등록번호 및 주소를 법원에 신고하여야 한다($\frac{상}{532}$).

(2) 회사재산의 조사보고의무

청산인은 취임한 후 지체없이 회사의 재산상태를 조사하여 재산목록과 대차대조표를
작성하고 이를 주주총회에 제출하여 그 승인을 얻어야 한다($\frac{상}{①}$ ^{533}). 청산인은 전항의 승인
을 얻은 후 지체없이 재산목록과 대차대조표를 법원에 제출하여야 한다($\frac{상}{②}$ ^{533}).

(3) 대차대조표·사무보고서·부속명세서의 제출·감사·공시·승인

청산인은 정기총회회일로부터 4주간전에 대차대조표 및 그 부속명세서와 사무보고서를
작성하여 감사에게 제출하여야 한다($\frac{상}{①}$ ^{534}). 감사는 정기총회회일로부터 1주간전에 위 서류
에 관한 감사보고서를 청산인에게 제출하여야 한다($\frac{상}{②}$ ^{534}). 청산인은 정기총회회일의 1주간
전부터 위 서류와 감사보고서를 본점에 비치하여야 한다($\frac{상}{③}$ ^{534}). 주주와 회사채권자는 영업
시간 내에 언제든지 위 서류를 열람할 수 있으며 회사가 정한 비용을 지급하고 그 서류
의 등본이나 초본의 교부를 청구할 수 있다($\frac{상}{448}$ $\frac{534}{②}$ $\frac{④}{}$). 청산인은 대차대조표 및 사무보고서
를 정기총회에 제출하여 그 승인을 요구하여야 한다($\frac{상}{⑤}$ ^{534}).

(4) 회사채권자에의 최고·변제

청산인은 취임한 날로부터 2월내에 회사채권자에 대하여 일정한 기간 내에 그 채권을
신고할 것과 그 기간 내에 신고하지 아니하면 청산에서 제외될 뜻을 2회 이상 공고로써
최고하여야 한다. 그러나 그 기간은 2월이상이어야 한다($\frac{상}{①}$ ^{535}). 청산인은 알고 있는 채권
자에 대하여는 각별로 그 채권의 신고를 최고하여야 하며 그 채권자가 신고하지 아니한
경우에도 이를 청산에서 제외하지 못한다($\frac{상}{②}$ ^{535}).

청산인은 신고기간 내에는 채권자에 대하여 변제를 하지 못한다. 그러나 회사는 그 변제의 지연으로 인한 손해배상의 책임을 면하지 못한다(상536). 그럼에도 불구하고 청산인은 소액의 채권, 담보있는 채권 기타 변제로 인하여 다른 채권자를 해할 염려가 없는 채권에 대하여는 법원의 허가를 얻어 이를 변제할 수 있다(상535).

청산에서 제외된 채권자는 분배되지 아니한 잔여재산에 대하여서만 변제를 청구할 수 있다(상537). 일부의 주주에 대하여 재산의 분배를 한 경우에는 그와 동일한 비율로 다른 주주에게 분배할 재산은 전항의 잔여재산에서 공제한다(상537).

(5) 잔여재산의 분배

잔여재산은 각 주주가 가진 주식의 수에 따라 주주에게 분배하여야 한다. 그러나 종류주식에 관한 규정(상344)을 적용하는 경우에는 그러하지 아니하다(상538).

3.6.22.4. 청산의 종결

청산사무가 종결된 때에는 청산인은 지체 없이 결산보고서를 작성하고 이를 주주총회에 제출하여 승인을 얻은 후(상540), 이 승인이 있은 날로부터 본점소재지에서는 2주간 내, 지점소재지에서는 3주간 내에 청산종결의 등기를 하여야 한다. 주주총회의 결산보고서에 대한 승인이 있는 때에는, 회사는 청산인에 대하여 부정행위가 있는 경우를 제외하고는 그 책임을 해제한 것으로 본다(상540).

회사의 장부 기타 영업과 청산에 관한 중요한 서류는 본점소재지에서 청산종결의 등기를 한 후 10년간 이를 보존하여야 한다. 다만, 전표 또는 이와 유사한 서류는 5년간 이를 보존하여야 한다. 보존에 관하여는 청산인 기타의 이해관계인의 청구에 의하여 법원이 보존인과 보존방법을 정한다(상541).

3.6.23. 회사정리

3.6.23.1. 의 의

회사정리는 재정적 궁핍으로부터 파탄에 직면하였으나 경제적으로 갱생의 가치가 있는 주식회사에 관하여 채권자, 주주 기타 이해관계인의 이해를 조정하며 그 사업의 정리재건을 도모함을 목적으로 하는 절차이다(회정 1). 따라서 회사정리보다는 회사재건 또는 회사의 갱생이라고 하여야 할 것이다.

3.6.23.2. 정리절차의 개시

정리절차의 개시원인으로는 채무변제불능, 파산사유 등이다. 정리절차 개시신청은 원칙적으로 회사가 하며, 채권자나 주주도 신청할 수 있다.

법원은 정리절차개시결정을 하기 전에 이해관계인의 신청 또는 직권으로 회사의 업무와 재산에 관하여 가압류·가처분 기타 필요한 보전처분을 명할 수 있다.

법원은 신청회사가 경제적으로 갱생의 가치가 있다고 판단할 경우에는 개시결정을 하게 된다. 이러한 법원의 개시결정은 회사의 현존상태를 동결시키는 효력이 있다.

3.6.23.3. 정리회사의 기구

정리절차의 개시로 회사는 정리회사로 전환된다. 따라서 종전의 회사의 기관의 권한행사는 제한되고, 집행기관으로서 관리인, 의결기관으로서 관계인집회 및 감독기관으로서 관리위원회가 구성되어 기능한다.

3.6.23.4. 정리절차의 종료

정리계획에 따른 변제가 시작된 이후 정리계획의 수행에 지장이 없다고 인정되는 때에는 법원은 관리인, 신고한 정리채권자 또는 정리담보권자의 신청에 의하여 또는 직권으로 정리절차의 종결을 결정한다(회정 271).

☞ **주식회사의 각종 소의 비교**

	조 문	소의 원인	제소권자/피고	제소기간
설립무효의 소	328	객관적 무효사유, 주관적 사유는 없음	주주, 이사, 감사인/회사	성립일로부터 2년
결의취소의 소	376	소집절차·결의방법이 법령·정관에 위반하거나 현저하게 불공정, 결의내용이 정관위반	주주, 이사, 감사, 청산인	결의일로부터 2월
결의무효확인의 소	380	결의내용이 법령위반	제한 없음 (소익이 있는 자)	제한 없음
결의부존재 확인의 소	380	소집절차·결의방법의 중대한 하자	제한 없음(소익이 있는 자는 누구든지)	제한 없음
부당결의 취소, 변경의 소	381	① 특별이해관계인의 의결권행사 제한된 경우 ② 결의가 현저히 부당 ③ 의결권행사했더라면 제지할 수 있었을 경우	특별이해관계 때문에 의결권이 제한된 주주	결의의 날로부터 2월
이사·감사 해임의 소	385, 415	중대한 부정행위 또는 법령·정관 위반에 불구 주총에서 해임 부결한 때	소수주주(3/100)	총회결의의 날로부터 1월
대표소송 (발기인·이사·감사·불공정가액 주식인수자·주주권행사관련이익공여 받은 자, 청산인 책임추궁)	403 324 424의 2 467의 2 542 ②	회사에 대한 소제기 청구에도 불구하고 30일 이내에 회사가 소제기 않는 때	소수주주(1/100)	–
신주발행무효의 소	429	법령·정관에 위반	주주, 이사, 감사	발행일부터 6월
위법행위유지청구권 (이사·청산인에 대한)	402 542 ②	법령·정관에 위반한 행위로 회사에 회복할 수 없는 손해가 생길 염려	감사, 소수주주(3/100)	–
신주발행유지청구의 소	474	주주가 불이익을 받을 염려	단독주주	신주납입일까지
감자무효의 소	445	법령·정관위반	주주,이사,감사,청사인, 파산관재인,자본감소 불승인 채권자	변경등기 있은 날로부터 6월
사채발행회사의 부정 행위 취소의 소	511	어느 사채권자에 대한 변제, 화해 기타 행위가 현저하게 불공정한 때	사채관리회사	안때로부터 6월, 행위로부터 1년
	512		사채권자 집회결의 있는 때 그 대표자 또는 집행자	행위 있은 내로부터 1년
합병무효의 소	529	법령·정관위반	주주, 이사, 감사, 청산인, 파산관재인, 합병을 불승인 채권자	합병등기 있은 날로부터 6월
청산인 해임의 소	539 ②	현저하게 부적임 또는 중대한 임무위반	소수주주(5/100)	–

3.6.24. 상장회사에 대한 특례

3.6.24.1. 상장회사에 대한 특례 입법 취지

과거에는 상장회사에 대해서는 폐지된 증권거래법 등 관련 법에 의하여서 규정하고 있었으나, 2009년 2월 4일부터 시행되는 「자본시장과 금융투자업에 관한 법률」로 폐지되는 「증권거래법」의 내용을 상법에 반영한 것이다.

3.6.24.2. 적용범위

상장회사에 대한 특례는 대통령령으로 정하는 증권시장(증권의 매매를 위하여 개설된 시장을 말함)에 상장된 주권을 발행한 주식회사(상장회사)에 대하여 적용한다. 다만, 2인 이상에게 투자권유를 하여 모은 금전, 그 밖의 재산적 가치가 있는 재산을 취득·처분, 그 밖의 방법으로 운용하고 그 결과를 투자자에게 배분하여 귀속시키는 집합투자를 수행하기 위한 기구로서 대통령령으로 정하는 주식회사는 제외한다($^{상\,542}_{의2\,①}$). 상장회사에 대한 특례의 규정은 다른 규정에 우선하여 적용한다($^{상\,542}_{의2\,②}$).

3.6.24.3. 상장회사에 대한 특례의 규정의 내용

상장회사에 대한 특례로는 주식매수선택권(3.6.11.3. 주식매수선택권 참조)($^{상\,542}_{의3}$), 주주총회 소집공고($^{상\,542}_{의4}$), 이사·감사의 선임방법($^{상\,542}_{의5}$), 소수주주권($^{상\,542}_{의6}$), 집중투표에 관한 특례($^{상\,542}_{의7}$), 사외이사의 선임($^{상\,542}_{의8}$), 주요주주 등 이해관계자와의 거래($^{상\,542}_{의9}$), 상근감사($^{상\,542}_{의10}$), 감사위원회($^{상\,542}_{의11}$), 감사위원회의 구성 등($^{상\,542}_{의12}$), 준법통제기준 및 준법지원인($^{상\,542}_{의13}$) 등에 대해서 규정하고 있다.

3.7. 유한회사

3.7.1. 서 설

3.7.1.1. 유한회사의 의의

유한회사란 상행위 기타 영리를 목적으로 하는 사단법인이며, 사원의 균등액 단위의 출자로 구성된 자본을 가지고, 사원은 회사에 대하여 원칙적으로 출자의무만을 부담할 뿐 회사채권자에 대하여는 아무런 책임을 지지 않는 회사를 말한다.

3.7.1.2. 특 색

3.7.1.2.1. 유한회사의 자본

유한회사는 주식회사처럼 자본, 지분 및 사원의 유한책임으로 구성된다.[258] 유한회사는 출자 1좌의 금액은 100원 이상으로 균일하게 하여야 한다(상 546). 유한회사의 사원은 원칙적으로 회사에 대하여만 출자금액을 한도로 하는 간접유한책임을 부담하는데, 일정한 경우에는 이에 대한 예외로서 자본의 전보책임을 부담한다(상 550, 551, 593).

---

[258] 2011년 개정전 구상법상 유한회사의 자본은 1,000만 원 이상이었고(구상 546 ①), 지분은 5,000원 이상이었다(구상 546 ②).

3.7.1.2.2. 소규모 · 폐쇄성

유한회사는 주식회사와 같이 물적 회사이기는 하나, 주식회사가 대기업에 적합한 회사형태임에 반하여 유한회사는 중소기업에 적합한 회사형태라는 점에서 양자는 구별된다. 따라서 유한회사는 주식회사처럼 자본단체이긴 하나 인적 회사의 요소가 가미되어 소규모 · 폐쇄성을 가지고 있다. 예컨대, 자본에 관해서 주식회사는 수권자본제도이어서 자본증가가 이사회 결의에 의해서도 가능하나, 유한회사에 있어서는 자본을 정관의 절대적 기재사항으로(상543) 하여 확정자본제도를 채택하고 있으므로 자본의 증감은 정관변경의 절차에 의하여야 한다(상584이하). 뿐만 아니라 일반투자자를 대상으로 하는 공모가 인정되지 않고(상588), 사채발행도 인정되지 않는다(상600②). 따라서 사원 간의 유대관계가 주식회사에 비해 강하고, 기관구성에 있어서도 주식회사에 비해 덜 엄격하다.

3.7.2. 설 립

3.7.2.1. 설립의 특색

유한회사의 설립도 같은 물적 회사인 주식회사의 경우처럼 정관의 작성, 출자의 이행, 기관구성, 설립등기에 의하여 설립되는 점에서는 비슷하다. 그러나 유한회사는 주식회사에 비해 비교적 소규모이므로 설립절차가 간소화되어 있다. 따라서 유한회사의 설립에 있어서는 발기인이나 검사인에 의한 조사제도가 없고, 사원이 정관에 의하여 확정되고 기관도 정관에서 정할 수 있는 점, 사원과 이사에게 무거운 자본의 전보책임이 있는 점, 사원의 개성이 중시되므로 설립무효의 소 이외에 설립취소의 소가 인정되고 있는 점 등에서 특색이 있다.

3.7.2.2. 설립절차

3.7.2.2.1. 정관의 작성

유한회사를 설립함에는 사원이 정관을 작성하여야 한다(상543①). 이 정관은 주식회사의 경우와 같이 공증인의 인증을 받음으로써 그 효력이 생긴다(상543③, 292). 정관에는 다음의 사항을 기재하고 각 사원이 기명날인 또는 서명하여야 한다(상543②).

정관의 절대적 기재사항으로는 ① 목적 ② 상호 ③ 사원의 성명·주민등록번호 및 주소 ④ 자본금의 총액 ⑤ 출자일좌의 금액 ⑥ 각 사원의 출자좌수 ⑦ 본점의 소재지이다.

정관의 상대적 기재사항 즉 ① 현물출자를 하는 자의 성명과 그 목적인 재산의 종류, 수량, 가격과 이에 대하여 부여하는 출자좌수 ② 회사의 설립 후에 양수할 것을 약정한 재산의 종류, 수량, 가격과 그 양도인의 성명 ③ 회사가 부담할 설립비용은 정관에 기재함으로써 그 효력이 있다($\frac{상}{544}$).

임의적 기재사항은 유한회사의 본질 또는 강행법규에 반하지 않는 범위 내에서 필요한 사항을 기재할 수 있다.

3.7.2.2.2. 출자의 이행

이사는 사원으로 하여금 출자전액의 납입 또는 현물출자의 목적인 재산 전부의 급여를 시켜야 한다($\frac{상}{①}$ 548). 이 경우에 현물출자의 목적인 재산이 등기등록 등을 요하는 경우에는 이에 관한 서류를 갖추어 교부하여야 한다($\frac{상 548②}{295 \ ②}$). 유한회사의 경우에는 주식회사와는 달리 변태설립 시 검사인의 조사나 법원의 처분제도는 없는데, 이는 사원의 자본전보책임이 인정되고 있기 때문이다.

3.7.2.2.3. 이사·감사의 선임

정관으로 이사를 정하지 아니한 때에는 회사성립 전에 사원총회를 열어 이를 선임하여야 한다($\frac{상}{①}$ 547). 위의 사원총회는 각 사원이 소집할 수 있다($\frac{상}{②}$ 547). 유한회사에서는 감사가 주식회사와는 달리 임의기관이며, 유한회사의 이사·감사의 선임은 정관으로 정할 수 있다는 점에 특색이 있다. 정관에서 감사를 두기로 정한 경우에는 이러한 감사의 선임의 경우에도 같다($\frac{상}{②}$ 568).

3.7.2.2.4. 설립등기

유한회사의 설립등기는 납입 또는 현물출자의 이행이 있은 날로부터 2주간 내에 하여야 한다($\frac{상}{①}$ 549). 등기사항으로는 같은 사항이 있다($\frac{상}{②}$ 549).

① 목적

② 상호

③ 본점소재지

④ 지점을 둔 때에는 그 지점소재지

⑤ 자본금의 총액

⑥ 출자1좌의 금액

⑦ 이사의 성명·주민등록번호 및 주소(회사를 대표할 이사를 정한 경우에는 그 외의 이사의 주소는 제외)

⑧ 회사를 대표할 이사를 정한 경우에는 그 성명, 주소와 주민등록번호

⑨ 수인의 이사가 공동으로 회사를 대표할 것을 정한 경우에는 그 규정

⑩ 존립기간 기타의 해산사유를 정한 때에는 그 기간과 사유

⑪ 감사가 있는 때에는 그 성명 및 주민등록번호

유한회사의 지점설치 및 이전 시 지점소재지 또는 신지점 소재지에서 ① 이사의 성명·주민등록번호 및 주소(다만, 회사를 대표할 이사를 정한 때에는 그 외의 이사의 주소를 제외) ② 회사를 대표할 이사를 정한 경우에는 그 성명, 주소와 주민등록번호 ③ 수인의 이사가 공동으로 회사를 대표할 것을 정한 경우에는 그 규정 ④ 존립기간 기타의 해산사유를 정한 때에는 그 기간과 사유 ⑤ 목적 ⑥ 상호 ⑦ 본점의 소재지 등을 등기하여야 한다($\frac{상}{③}$ 549). 다만, 회사를 대표할 이사를 정한 때에는 그 외의 이사는 등기하지 아니한다($\frac{상}{③}$ 549 단서).

유한회사도 다른 회사와 같이 설립등기에 의하여 성립한다($\frac{상}{172}$). 그리고 지점설치의 등기, 본점·지점의 이전등기, 변경 등기에 관한 규정은 유한회사의 등기에 준용한다($\frac{상}{181}$ 549 ④ ~ 183).

3.7.2.3. 설립의 하자

회사의 설립의 무효는 그 사원·이사와 감사에 한하여, 설립의 취소는 그 취소권 있는 자에 한하여 회사설립의 날로부터 2년 내에 소만으로 이를 주장할 수 있다($\frac{상}{①}$ 552)주식회사와 달리 합명회사나 합자회사처럼 설립의 취소를 인정하고 있는 것은 설립 시의 사원은 모두 정관에 기명날인 또는 서명하여야 하고($\frac{상}{③}$ 543), 이들은 부족한 재산가액과 미필출자의 전보책임을 지며($\frac{상}{351}$ 550 ①), 사원의 원수와 지분의 양도가 제한되는 등과 같은 유한회사의 인적 회사성을 고려한 것이다.

유한회사의 설립무효·취소에 관한 소송은 합명회사의 설립무효·취소의 소에 관한 규정을 준용한다($\frac{상}{②}$ 552 ②, 184 185 ~ 193). 설립무효나 설립취소의 원인이 특정한 사원에 한한 경우에 그 사원을 배제하고 다른 사원 전원의 동의로써 회사를 계속할 수 없는 점($\frac{상}{}$ 552조는 194조 를 준용하지 않음)은 합명회사의 경우와 다르다.

3.7.2.4. 설립관여자의 책임

3.7.2.4.1. 서

유한회사의 설립경과에 대하여는 법원이 선임한 검사인에 의한 감독이 없는 대신에, 일정한 경우에는 사원·이사와 감사의 자본전보책임을 인정함으로써 자본의 충실을 기하고 있다.

3.7.2.4.2. 사원의 부족재산 가격전보 책임(설립전보책임)

현물출자 또는 재산인수의 목적인 재산의 회사성립 당시의 실가가 정관에 정한 가격에 현저하게 부족한 때에는, 회사성립 당시의 사원은 회사에 대하여 연대하여 그 부족액을 지급할 책임이 있다(상 550). 사원의 이러한 책임은 면제되지 못한다(상 550). 사원의 이러한 책임은 주식회사와는 달리 변태설립사항을 검사할 검사인이나 공증인 제도가 없기 때문에 인정되는 것이다.

3.7.2.4.3. 사원과 이사·감사의 미필출자전보책임

회사성립 후에 출자금액의 납입 또는 현물출자의 이행이 완료되지 아니하였음이 발견된 때에는 회사성립당시의 사원, 이사와 감사는 회사에 대하여 그 납입되지 아니한 금액 또는 이행되지 아니한 현물의 가액을 연대하여 지급할 책임이 있다(상 551). 사원의 책임은 면제하지 못하나(상 551), 이사와 감사의 책임은 총사원의 동의가 있으면 면제한다(상 551). 이사·감사는 자본단체인 유한회사의 수임자에 불과하고, 그 책임이 무과실책임이므로 총사원의 동의가 있으면 면제되도록 한 것이다.

3.7.3. 사원의 지위

3.7.3.1. 사원의 자격과 원수

3.7.3.1.1. 사원의 자격

유한회사의 사원의 자격에는 별다른 제한이 없으므로, 자연인뿐만 아니라 법인도 사원이 될 수 있다.

3.7.3.1.2. 사원의 원수

사원의 원수는 제한이 없으며[259], 사원의 성명·주소 및 출자좌수를 기재하기 위해 주주명부와 유사한 기능을 갖는 사원명부가 작성된다.

3.7.3.2. 사원의 권리·의무

3.7.3.2.1. 사원의 권리

유한회사의 사원의 자익권으로서는 이익배당청구권($\text{상}_{①, 462}^{583}$), 출자인수권(상_{588}), 잔여재산분배청구권(상_{612}) 등이 있다. 유한회사의 사원의 공익권으로서는 대표소송제기권(상_{565}), 이사의 위법행위유지청구권($\text{상}_{의2}^{564}$), 총회소집청구권(상_{572}), 의결권(상_{575}), 총회결의에 대한 소권(상_{376}^{578}), 회사의 업무·재산상태에 대한 경영감독권($\text{상}_{582, 566}^{581,}$), 회사의 설립무효·증자무효·감자무효·합병무효·설립취소의 소권(상_{613}), 등이 있다.

사원의 위 권리들 가운데 자익권 전부와 공익권 중 의결권, 총회결의의 하자를 다루는 소권, 설립의 무효·취소, 증자·감자 및 합병의 무효 등의 소권, 서류열람청구권 등은 단독사원권이고, 그 밖의 공익권은 소수사원권으로 그 지분요건은 100분의 3 이상에 해당하는 출자좌수이다.

(1) 대표소송권

자본금 총액의 100분의 3 이상에 해당하는 출자좌수를 가진 사원은 회사에 대하여 이사의 책임을 추궁할 소의 제기를 청구할 수 있다($\text{상}_{①}^{565}$). 유한회사의 대표소송은 주식회사의 대표소송에 관한 규정이 준용된다($\text{상}_{②\sim⑦, 404\sim406}^{565 \ ②, \ 403}$)

(2) 위법행위유지청구권

위법행위유지청구권은 이사가 법령 또는 정관에 위반한 행위를 하여 이로 인하여 회사에 회복할 수 없는 손해가 생길 염려가 있는 경우에는 감사 또는 자본금 총액의 100분

---

259) 2011년 개정전 상법은 사원의 수를 원칙적으로 1인 이상 50인 이하로 하고 있었다(구상 545 ①). 그러나 특별한 사정이 있는 경우로서 법원의 인가를 얻은 경우와, 상속이나 유증에 의하여 사원 수에 변경이 생긴 경우에는 예외적으로 50인을 초과할 수 있다(구상 545 ②).

의 3 이상에 해당하는 출자좌수를 가진 사원은 회사를 위하여 이사에 대하여 그 행위를 유지할 것을 청구할 수 있다($\frac{상}{564의2}$).

3.7.3.2.2. 사원의 의무

유한회사의 사원의 의무는 재산출자의 의무뿐이며 사원의 책임은 원칙적으로 출자금액을 한도로 한다($\frac{상}{553}$). 그러나 예외적으로 회사성립당시의 사원은 변태설립사항의 부족재산을 전보할 책임($\frac{상}{550}$)과 출자불이행분을 전보할 책임($\frac{상}{551}$)이 있으며, 증자에 동의한 사원은 변태성립사항의 부족재산을 전보할 책임($\frac{상}{593}$)이 있으며, 조직변경결의 당시의 사원은 현존하는 순재산액이 자본의 총액에 부족한 때에는 이를 전보할 책임($\frac{상}{605}$)이 있다. 그 밖에도 유한회사 사원 사이의 인적 신뢰관계상 사원의 충실의무가 인정된다고 할 것이다.

3.7.3.3. 사원의 지분

3.7.3.3.1. 지분의 의의

유한회사의 출자자인 사원의 법률상의 지위, 즉 사원이 회사에 대하여 갖는 권리의무의 총체를 지분이라고 한다($\frac{상}{554}$). 각 사원은 출자좌수에 따라 지분을 갖고($\frac{상}{554}$), 유한회사는 사원의 지분에 관하여 지시식 또는 무기명식의 유가증권을 발행하지 못한다($\frac{상}{555}$). 또한 유한회사의 사원은 지분을 공유할 수 있다($\frac{상}{333, 558}$).

3.7.3.3.2. 지분의 양도

사원은 그 지분의 전부 또는 일부를 양도하거나 상속할 수 있다. 다만, 정관에서 지분의 양도를 제한할 수 있다($\frac{상}{556}$).

사원총회의 결의를 얻어야만 지분의 전부 또는 일부를 타인에게 양도할 수 있도록 하는 취지는 소수의 사원으로 구성되고 사원의 개성이 중시되며 사원 상호 간의 긴밀한 신뢰관계를 기초로 하는 유한회사에 있어서 사원이 그 지분을 자유롭게 양도할 수 있도록 허용하게 되면 회사에 우호적이지 않은 자가 사원이 될 수 있어 경영의 원활과 사원 상호 간의 신뢰관계를 저해하게 되는 결과 유한회사가 가지는 폐쇄성·비공개성에 반하게 되므로 이를 방지하기 위한 것이다. 유한회사의 지분(사원권)에 관한 명의신탁 해지의 경우에도 사원총회의 특별결의가 있어야 그 효력이 생긴다.[260]

지분의 이전은 취득자의 성명, 주소와 그 목적이 되는 출자좌수를 사원명부에 기재하지 아니하면 이로써 회사와 제3자에게 대항하지 못한다($\frac{상}{557}$).

3.7.3.3.3. 지분의 입질

지분은 질권의 목적으로 할 수 있다($\frac{상}{①}$ ^{559}). 지분입질의 요건 및 방법은 지분양도의 경우와 같다($\frac{상}{②}$ ^{559}).

3.7.3.3.4. 자기지분의 취득 및 질취의 제한과 지분의 소각

이것은 모두 주식회사의 주식의 경우와 같다($^{상\ 560\ ①,\ 339,\ 340\ ①\ ②,\ 341,}_{341의2,\ 341의3,\ 342,\ 343\ ①.}$). 제353조(주주명부의 효력)의 규정은 사원에 대한 통지 또는 최고에 준용한다($\frac{상}{②}$ ^{560}).

3.7.4. 유한회사의 기관

3.7.4.1. 서 설

유한회사의 기관에는 의사기관인 사원총회와 업무집행기관인 이사가 있다. 따라서 주식회사와는 달리 이사회는 존재하지 않으며, 감사는 임의기관이다.

3.7.4.2. 사원총회

3.7.4.2.1. 의 의

사원총회란 사원에 의하여 구성되고 회사에 관한 모든 사항에 대하여 결의하는 최고의 필요상설기관이다. 유한회사의 사원총회는 법령이나 유한회사의 본질에 위반하지 않는 한 회사의 업무집행을 포함한 모든 사항에 관하여 의사결정을 할 수 있다.

---

260) 大判 1997.06.27, 95다20140.

3.7.4.2.2. 소 집

(1) 소집권자

유한회사 사원총회의 소집권자는 이사, 감사, 소수사원이다. 사원총회는 원칙적으로 이사가 소집한다. 이사가 수인인 경우에도 각자가 단독으로 소집할 수 있다(다수설). 예외적으로 임시총회는 감사도 소집할 수 있다($\frac{\text{상}}{①}$ 571). 그 밖에 자본금총액의 100분의 3 이상에 해당하는 출자좌수를 가진 사원은, 회의의 목적사항과 소집의 이유를 기재한 서면을 이사에게 제출하여 총회의 소집을 청구할 수 있으며($\frac{\text{상}}{}$ 572), 이 청구를 받은 이사가 지체 없이 총회소집의 절차를 밟지 아니한 때에는 청구한 사원은 법원의 허가를 얻어 총회를 소집할 수 있다($\frac{\text{상} 572}{366 ②}$ ③). 소수사원에 의한 총회소집청구에 관하여는 정관으로 다른 정함을 할 수 있다($\frac{\text{상}}{②}$ 572).

(2) 소집절차

사원총회를 소집할 때에는 사원총회일의 1주 전에 각 사원에게 서면으로 통지서를 발송하거나 각 사원의 동의를 받아 전자문서로 통지서를 발송하여야 한다($\frac{\text{상}}{②}$ 571). 통지서에는 회의의 목적사항을 적어야 하고, 소집지는 정관에 다른 정함이 없으면 본점소재지 또는 이에 인접한 지에 소집하여야 한다($\frac{\text{상} 571}{363 ②, 364}$ ③). 총사원의 동의가 있을 때에는 소집절차 없이 총회를 열 수 있다(전원출석총회)($\frac{\text{상}}{573}$).

(3) 소집시기

총회에는 매년 정기적으로 소집되는 정기총회($\frac{\text{상} 578}{365 ①}$)와 필요한 경우에 임시로 소집되는 임시총회($\frac{\text{상} 578}{365 ③}$)가 있다.

3.7.4.2.3. 의결권

각 사원은 출자1좌마다 1개의 의결권을 가진다. 그러나 정관으로 의결권의 수에 관하여 다른 정함을 할 수 있다($\frac{\text{상}}{575}$). 의결권의 대리행사, 특별이해관계인의 의결권행사의 제한, 회사의 자기지분의 의결권 휴지 등에 관하여는 주주총회의 경우와 같다($\frac{\text{상} 578, 368 ③·④}{369 ②, 371② 등}$). 그러나 지분의 상호보유의 경우에 의결권이 제한되지 않음은 주식회사의 경우와 다르다.

3.7.4.2.4. 의사·결의

(1) 의 사
의사의 진행과 의사록의 작성에 관하여는 주주총회의 경우와 같다($\frac{상}{373}$, ^{578,}).

(2) 결의요건
결의에는 보통결의·특별결의 및 총사원의 일치에 의한 결의가 있다.

1) 보통결의
보통결의는 정관에 다른 정함이 있는 경우를 제외하고는 총사원의 의결권의 과반수를 가지는 사원이 출석하고, 그 의결권의 과반수로써 한다($\frac{상}{574}$). 보통결의를 요하는 사항으로는 회사를 대표할 이사의 선정($\frac{상}{562}$②), 공동회사대표의 정함($\frac{상}{562}$③), 이사·감사·청산인의 선임($\frac{상 567,}{570}$), 이사와 회사 간의 소에 있어서 회사대표자의 선정($\frac{상}{563}$), 이사·감사·청산인 등의 보수의 결정($\frac{상 567,}{570}$), 검사인의 선임($\frac{상}{367}$, ^{578,}), 재무제표의 승인($\frac{상}{①}$ ^{583}), 감사가 없는 경우 이사의 자기거래의 승인($\frac{상}{564}$③), 이사의 경업의 승인($\frac{상}{567}$), 이사의 경업에 대한 개입권의 행사($\frac{상 567,}{397}$②), 청산의 승인($\frac{상}{①}$ ^{613}) 등이 있다.

2) 특별결의
특별결의는 의결권 행사가능한 총사원의 반수 이상이고, 총사원의 의결권의 4분의 3 이상을 가지는 자의 동의로 한다($\frac{상}{585}$). 특별결의를 요하는 사항으로는 지분의 양도($\frac{상}{①}$ ^{556}), 영업양도 등의 계약($\frac{상 576}{374}$ $\frac{①,}{①}$ $_{i\sim iii}$)261), 정관변경($\frac{상}{①}$ ^{585}), 증자에 있어서의 현물출자·재산인수·출자인수권의 부여($\frac{상}{587}$ ^{586,}), 사원의 법정출자인수권의 제한($\frac{상}{588}$), 사후설립($\frac{상}{②}$ ^{576})262), 사후증자($\frac{상}{596}$), 합병과 설립위원의 선임($\frac{상}{599}$ ^{598,}), 회사의 해산($\frac{상}{①.②}$ ^{609}), 회사의 계속($\frac{상}{①}$ ^{610}) 등이다.

주주총회의 특별결의가 있어야 하는 상법 제374조 제1호 소정의 '영업의 전부 또는 중

---

261) 1. 영업의 전부 또는 중요한 일부의 양도
    2. 영업 전부의 임대 또는 경영위임, 타인과 영업의 손익 전부를 같이 하는 계약, 그 밖에 이에 준하는 계약의 체결·변경 또는 해약
    3. 회사의 영업에 중대한 영향을 미치는 다른 회사의 영업 전부 또는 일부의 양수
262) 유한회사가 그 성립후 2년내에 성립전으로부터 존재하는 재산으로서 영업을 위하여 계속하여 사용할 것을 자본금의 20분의 1이상에 상당한 대가로 취득하는 계약을 체결하는 경우에 준용한다.

요한 일부의 양도'라 함은 일정한 영업목적을 위하여 조직되고 유기적 일체로 기능하는 재산의 전부 또는 중요한 일부를 총체적으로 양도하는 것을 의미하는 것으로서 이에는 양수회사에 의한 양도회사의 영업적 활동의 전부 또는 중요한 일부의 승계가 수반되어야 하는 것이므로 단순한 영업용재산의 양도는 이에 해당하지 않으나, 다만 영업용재산의 처분으로 말미암아 회사영업의 전부 또는 일부를 양도하거나 폐지하는 것과 같은 결과를 가져오는 경우에는 주주총회의 특별결의가 필요하다.[263] 그러나 주식회사가 회사 존속의 기초가 되는 중요한 재산을 처분할 당시에 이미 사실상 영업을 중단하고 있었던 상태라면 그 처분으로 인하여 비로소 영업의 전부 또는 일부가 폐지 또는 중단됨에 이른 것이라고는 할 수 없으므로 이러한 경우에는 주주총회의 특별결의가 없었다 하여 그 처분행위가 무효로 되는 것은 아니다.[264] 또한 회사의 주식을 그 소유자로부터 양수받아 양수인이 회사의 새로운 지배자로서 회사를 경영하는 경우에는 회사의 영업이나 재산은 아무런 변동이 없고 주식만이 양도될 뿐이므로 주주총회의 특별결의는 이를 거칠 필요가 없다.[265]

3) 총사원의 결의

총사원의 일치에 의한 총회의 결의를 요하는 사항은 유한회사의 주식회사로의 조직변경($\frac{상\ 607}{①}$), 이사와 감사의 책임면제($\frac{상\ 551}{607\ ④}$ ③)가 있다.

(3) 서면결의

총회의 결의를 하여야 할 경우에 총사원의 동의가 있는 때에는 서면에 의한 결의를 할 수 있다($\frac{상\ 577}{①}$). 결의의 목적사항에 대하여 총사원이 서면으로 동의를 한 때에는 서면에 의한 결의가 있는 것으로 본다($\frac{상\ 577}{②}$). 서면에 의한 결의는 총회의 결의와 동일한 효력이 있다($\frac{상\ 577}{③}$). 총회에 관한 규정은 서면에 의한 결의에 준용한다($\frac{상\ 577}{④}$).

3.7.4.2.5. 결의의 하자

사원총회의 결의의 하자에 관하여는 주주총회에 관한 규정이 준용된다($\frac{상\ 578}{376\sim381}$).

---

263) 大判 1987.06.09, 86다카2478.

264) 大判 1988.04.12, 87다카1662.

265) 大判 1999.04.23, 98다45546.

3.7.4.3. 이 사

3.7.4.3.1. 서

유한회사는 주식회사와 같이 전 사원의 유한책임제도를 취하면서 인적 회사의 특색인 소수의 사원을 전제로 하는 간소하고 폐쇄적인 성격을 가진 회사이다. 즉 회사의 사원의 수는 소수인으로 제한되어 있고, 유한회사에서는 이사의 수에 대한 제한이 없고 임기도 없다. 그리고 유한회사는 주식회사와는 달리 이사회 제도가 없고 대표이사도 반드시 선임할 필요도 없다.

3.7.4.3.2. 의 의

유한회사의 이사는 회사의 업무를 집행하고 또 회사를 대표하는 필요상설의 기관이다.

3.7.4.3.3. 선임·해임

(1) 선 임

이사의 선임은 회사설립의 경우에 정관으로 정한 경우($\frac{상}{①}$ 547)를 제외하고는 사원총회에서 선임한다($\frac{상}{382}$ $\frac{567,}{①}$). 이사의 자격·임기 및 원수에는 제한이 없다.

(2) 해 임

사원총회가 이사의 해임권을 갖고 또 일정한 경우에는 주식회사와 같이 소수사원에 의한 해임의 소가 인정된다($\frac{상}{385}$ $\frac{567,}{}$). 이사의 결원의 경우 등의 처리도 주식회사의 경우와 같다($\frac{상}{407,}$ $\frac{567,}{408}$ $\frac{386,}{}$).

3.7.4.3.4. 권 한

(1) 업무집행권

이사가 수인인 경우에 정관에 다른 정함이 없으면 회사의 업무집행, 지배인의 선임 또는 해임과 지점의 설치·이전 또는 폐지는 이사과반수의 결의에 의하여야 한다 ($\frac{상}{①}$ 564). 그럼에도 불구하고 사원총회는 지배인의 선임 또는 해임을 할 수 있다($\frac{상}{②}$ 564). 이사는 감사가 있는 때에는 그 승인이, 감사가 없는 때에는 사원총회의 승인이 있는 때에 한하여 자기 또는 제3자의 계산으로 회사와 거래를 할 수 있다. 이 경우에는 민법상 자기계약·쌍방대리의 규정은 적용되지 아니한다($\frac{상}{③}$ 564).

이사의 업무집행에 관한 권한은 회사의 영업에 관한 모든 행위이다($\frac{상}{209}$ 567,). 이사의 업무집행과 관련하여 법정된 중요한 업무는 정관·사원총회의 의사록·사원명부 등의 비치($\frac{상}{①}$ 566), 사원총회의 소집($\frac{상}{①}$ 571), 재무제표의 작성과 제출($\frac{상}{449 ①}$ 579, 583,) 등이다.

(2) 대표권

이사는 회사를 대표한다($\frac{상}{①}$ 562). 이사가 수인인 경우에 정관에 다른 정함이 없으면 사원총회에서 회사를 대표할 이사를 선정하여야 한다($\frac{상}{②}$ 562). 정관 또는 사원총회는 수인의 이사가 공동으로 회사를 대표할 것을 정할 수 있다($\frac{상}{③}$ 562).

대표권의 범위($\frac{상}{209}$) 및 이사의 손해배상책임($\frac{상}{210}$) 등은 합명회사의 대표사원의 그것과 같다($\frac{상}{567}$). 공동대표의 경우 제3자와의 대표행위에 관하여는 주식회사의 경우와 같다($\frac{상}{208 ②}$ 562 ④,). 회사가 이사에 대하여 또는 이사가 회사에 대하여 소를 제기하는 경우에는 이사가 대표권이 없으며, 사원총회에서 그 소에 관하여 회사를 대표할 자를 선정하여야 한다($\frac{상}{563}$). 표현대표이사에 관하여는 주식회사의 그것과 같다($\frac{상}{395}$ 567,).

3.7.4.3.5. 의 무

이사와 회사와의 관계는 위임관계이므로($\frac{상}{382 ②}$ 570,), 이사는 회사에 대하여 일반적인 선관주의의무($\frac{민}{681,}$)를 부담하는 외에도 경업피지의무($\frac{상}{397}$ 567,), 자기거래금지의무($\frac{상}{564}$) 등을 부담한다. 그 밖에도 정관 등의 비치의무($\frac{상}{①}$ 566), 재무제표의 작성·제출의무($\frac{상}{449 ①}$ 579, 583,) 등을 부담한다.

3.7.4.3.6. 책 임

(1) 손해배상책임

유한회사의 이사는 주식회사의 이사와 같이 회사 및 제3자에 대하여 법령위반 또는 임무해태로 인한 손해배상책임을 진다($\frac{상}{399~401}$ 567,).

(2) 자본전보책임

이사 및 감사는 회사성립 후에 금전 및 현물의 출자불이행이 있는 것에 대하여 이를 연대하여 전보할 책임이 있고($\frac{상}{①}$ ^{551}), 증자 시에 출자의 인수 및 납입담보책임이 있고($\frac{상}{594}$), 또한 조직변경 시에 현존하는 순재산액이 조직변경 시에 발행하는 주식의 발행가액 총액에 부족한 경우에는 이를 연대하여 전보할 책임이 있다($\frac{상}{④}$ ^{607}). 이사 및 감사의 이러한 책임은 총사원의 동의에 의하여 면제될 수 있다($\frac{상}{③, 607}$ $\frac{551 \ ③,}{④}$ ^{594}).

3.7.4.4. **감사와 검사인**

3.7.4.4.1. 감　사

(1) 선　임

유한회사는 정관에 의하여 1인 또는 수인의 감사를 둘 수 있다($\frac{상}{①}$ ^{568}). 정관으로 이사를 정하지 아니한 때에는 회사성립 전에 사원총회를 열어 이를 선임하여야 한다. 사원총회는 각 사원이 소집할 수 있다($\frac{상}{②, 547}$ ^{568}).

(2) 권　한

감사는 언제든지 회사의 업무와 재산상태를 조사할 수 있고 이사에 대하여 영업에 관한 보고를 요구할 수 있다($\frac{상}{569}$). 그 밖에 감사는 임시사원총회의 소집권($\frac{상}{①}$ ^{571}), 설립무효 및 증자무효의 소의 제기권($\frac{상}{595, 552,}$), 이사의 자기거래에 대한 승인권($\frac{상}{③}$ ^{564}) 등이 있다.

(3) 의무 · 책임

감사의 의무와 책임은 이사 및 주식회사의 감사의 경우와 유사하다($\frac{상}{551, 594, 607 \ 등}$ $^{570, \ 414, \ 565,}$). 그러나 유한회사의 감사의 경우 소수사원에 의한 해임의 소가 인정되지 않는 점($\frac{상}{를 \ 준용하지 \ 않음}$ $^{570; \ 385 \ ②}$), 임기의 제한이 없는 점($\frac{상}{415}$), 임시총회소집권이 있는 점($\frac{상}{582 \ ③}$ $^{571 \ ①,}$), 자본전보책임이 있는 점($\frac{상}{607 \ ④, \ 594,}$ ^{551,}) 등은 주식회사의 경우와 다르다.

3.7.4.4.2. 검사인

임시기관인 유한회사의 검사인은 사원총회나 법원에 의하여 선임된다($\frac{상}{367, \ 582}$ ^{578,}).

(1) 법원선임 검사인

회사의 업무집행에 관하여 부정행위 또는 법령이나 정관에 위반한 중대한 사유가 있는 때에는 자본총액의 100분의 3 이상에 해당하는 출자좌수를 가진 사원은 회사의 업무와 재산상태를 조사하게 하기 위하여 법원에 검사인의 선임을 청구할 수 있다($\frac{상}{3}$ 582). 검사인은 그 조사의 결과를 서면으로 법원에 보고하여야 한다($\frac{상}{3}$ 582). 법원은 보고서에 의하여 필요하다고 인정한 경우에는 감사가 있는 때에는 감사에게, 감사가 없는 때에는 이사에게 사원총회의 소집을 명할 수 있다($\frac{상}{3}$ 582).

(2) 사원총회선임 검사인

이사가 제출한 서류와 검사보고서를 조사하게 하기 위하여 사원총회의 결의로 검사인을 선임할 수 있다($\frac{상 578,}{367, 582}$).

3.7.4.5. 회사의 계산

3.7.4.5.1. 서 설

유한회사도 물적 회사이므로 회사채권자 등 이해관계인을 보호하기 위하여 주식회사처럼 회사계산에 관한 규제를 두고 있다($\frac{상}{583}$). 다만 유한회사는 소규모·폐쇄적이어서 이해관계자가 적으므로 대차대조표의 강제적인 공고가 없고($\frac{상}{3}$ 449) 회사정리제도가 없는 점은 주식회사의 경우와 다르다.

3.7.4.5.2. 재무제표

(1) 작성·제출

이사는 매 결산기에 대차대조표·손익계산서·그 밖에 회사의 재무상태와 경영성과를 표시하는 것으로서 제447조제1항제3호에 따른 서류와 그 부속명세서 및 영업보고서를 작성하여 감사가 있는 때에는 정기총회의 회일로부터 4주간 전에 이를 감사에게 제출한 후 총회에 제출하고, 감사가 없는 때에는 직접총회에 제출하여 재무제표 및 그 부속명세서의 승인을 얻어야 한다($\frac{상 579, 583}{①, 449 ①}$). 감사는 위의 서류를 이사로부터 받은 날로부터 3주간 내에 감사보고서를 이사에게 제출하여야 한다($\frac{상}{3}$ 579).

(2) 내 용

대차대조표에는 법정준비금을 적립 및 자본의 결손전보에만 충당하는($\frac{상}{458\sim460}\frac{583}{①}$) 등은 주식회사의 경우와 같다. 그러나 주식회사와는 달리 준비금의 자본전입이 인정되지 않는다($\frac{상}{461}$).

(3) 비치·공시

재무제표·영업보고서 및 감사보고서는 정기총회 회일의 1주간 전부터 5년간 회사의 본점에 비치하여야 한다($\frac{상}{3}\frac{579}{}$). 사원과 회사채권자는 영업시간 내에 언제든지 위 서류의 열람을 청구할 수 있으며, 회사가 정한 소정의 비용을 지급하고 그 등본이나 초본의 교부를 청구할 수 있다($\frac{상}{②,448②}\frac{579의3}{}$). 그러나 주식회사에서와는 달리 대차대조표의 공고가 강제되지 않는다.

3.7.4.5.3. 이익배당

이익배당의 요건은 주식회사의 경우와 같다($\frac{상}{462}\frac{583,}{}$). 이익배당의 기준은 원칙적으로 각 사원의 출자좌수에 따라 하여야 하지만, 정관으로 그 예외를 규정할 수 있는 점은 주식회사와 다르다($\frac{상}{580}$). 유한회사도 중간배당 제도가 있다($\frac{상}{462의3}\frac{583}{①}$).

3.7.4.5.4. 기타 문제

자본금의 3% 이상을 가진 소수사원은 회계의 장부와 서류의 열람 또는 등사를 청구할 수 있는 권리를 갖으며, 정관의 규정에 의하여 사원도 각자가 단독으로 청구할 수 있다($\frac{상}{①}\frac{581}{}$). 소수사원의 검사인선임청구권($\frac{상}{582}$)266), 회사피용자의 우선변제권도 주식회사의 경우와 같다($\frac{상}{②,468}\frac{583}{}$). 그러나 사원이 단독으로 회계장부의 열람이나 등사를 청구하는 경우에는 회사는 재무제표·부속명세서를 작성하지 아니하는 점이 주식회사의 경우와 다르다($\frac{상}{②,466}\frac{581}{}$).

---

266) 회사의 업무집행에 관하여 부정행위 또는 법령이나 정관에 위반한 중대한 사유가 있는 때에는 자본금 총액의 100분의 3 이상에 해당하는 출자좌수를 가진 사원은 회사의 업무와 재산상태를 조사하게 하기 위하여 법원에 검사인의 선임을 청구할 수 있다(1항).

3.7.5. 정관의 변경

3.7.5.1. 서 설

유한회사에서는 자본의 총액이 정관의 절대적 기재사항이므로 자본의 증감은 정관의 변경에 의해서 한다. 이는 확정자본주의를 채용한 결과이다. 이 점에서 주식회사와 다르다. 유한회사의 정관의 변경은 사원총회의 특별결의에 의한다($\frac{상}{585}584$,).

3.7.5.2. 자본증가

3.7.5.2.1. 의 의

자본증가란 정관에서 정한 자본의 총액을 증가하는 것으로 그 방법에는 출자1좌의 금액의 증가, 출자좌수의 증가 및 양자병용의 세 가지 방법이 있다. 그러나 출자1좌의 금액의 증가는 사원의 유한책임의 원칙에 반하므로 총사원의 동의가 있어야 가능하다.

3.7.5.2.2. 증자의 절차

(1) 사원총회의 특별결의

유한회사의 자본은 정관의 절대적 기재사항이므로($\frac{상}{②}\frac{543}{11}$), 자본의 증감은 정관을 변경하여야 한다. 즉 증자는 사원총회의 특별결의에 의하게 된다($\frac{상}{585}584$,). 또 유한회사가 특정한 제3자에 대하여 장래의 증자의 경우에 출자인수권을 부여할 것을 약속하는 경우에는 사원총회의 특별결의가 있어야 한다($\frac{상}{587}$). 그러나 ① 현물출자를 하는 자의 성명과 그 목적인 재산의 종류, 수량, 가격과 이에 대하여 부여할 출자좌수 ② 자본금의 증가 후에 양수할 것을 약정한 재산의 종류, 수량, 가격과 그 양도인의 성명 ③ 증가할 자본금에 대한 출자의 인수권을 부여할 자의 성명과 그 권리의 내용 등의 사항은 정관에 다른 정함이 없더라도 자본증가의 결의에서 이를 정할 수 있다($\frac{상}{586}$).

(2) 출자의 인수

사원은 증가할 자본금에 대하여 그 지분에 따라 출자를 인수할 권리가 있다. 그러나 예외적으로 사원총회에서 출자인수를 부여할 자를 정한 경우($^{\text{상}}_{\text{III}}$586) 또는 특정한 제3자에 대하여 출자인수권을 부여할 것을 약속한 경우($^{\text{상}}_{587}$)에는 사원은 출자인수권을 갖지 못한다($^{\text{상}}_{588}$).

자본금증가의 경우에 출자의 인수를 하고자 하는 자는 인수를 증명하는 서면에 그 인수할 출자의 좌수와 주소를 기재하고 기명날인 또는 서명하여야 한다($^{\text{상}}_{①}$589). 그러나 사원 또는 출자인수권이 부여된 제3자가 출자인수를 하지 않는 경우에는 회사는 다른 출자인수인을 구할 수는 있으나, 광고 기타의 방법에 의하여 출자인수인을 공모하지는 못한다($^{\text{상}}_{②}$589). 유한회사의 증자의 경우에는 정관상 자본의 총액이 이미 변경되어 있으므로, 증자액에 해당하는 출자전좌의 인수가 있어야 한다.

(3) 출자의 이행

증자액에 해당하는 출자전좌의 인수가 있으면 이사는 출자인수인으로 하여금 납입 또는 현물출자의 이행을 시켜야 하며, 출자인수인은 회사에 대하여 상계를 주장하지 못한다($^{\text{상}}_{596,}$548). 만일 이때 증자액에 해당하는 출자전좌의 이행이 없으면 증자는 효력이 없다.

(4) 증자의 등기

유한회사는 자본금 증가로 인한 출자 전액의 납입 또는 현물출자의 이행이 완료된 날부터 2주 내에 본점소재지에서 자본금 증가로 인한 변경등기를 하여야 한다($^{\text{상}}_{591}$). 자본금의 증가는 본점소재지에서 등기를 함으로써 효력이 생긴다($^{\text{상}}_{592}$).

출자인수인은 등기를 함으로써 사원이 되지만, 이익배당에 관하여는 납입 또는 현물출자의 이행의 기일로부터 사원과 동일한 권리를 갖는다($^{\text{상}}_{590}$).

3.7.5.2.3. 증자에 관한 책임

(1) 서

증자의 경우에 자본충실의 원칙상 상법은 사원에게 변태설립사항에 관한 부족재산가격전보책임($^{\text{상}}_{593}$)과 이사·감사에게 출자불이행에 관한 자본충실책임($^{\text{상}}_{594}$)을 인정하고 있다. 또한 사후증자의 경우에도 사원 및 이사·감사에게 동일한 책임을 인정하고 있다($^{\text{상}}_{576,}^{596}_{②}$).

(2) 사원의 재산가격전보책임

현물출자 또는 재산인수의 목적인 재산의 자본증가 당시의 실가가 자본증가의 결의에 의하여 정한 가격에 현저하게 부족한 때에는 그 결의에 동의한 사원은 회사에 대하여 그 부족액을 연대하여 지급할 책임이 있다($\frac{\text{상}}{①}$593). 이 책임은 무과실책임이며, 면제될 수도 없다($\frac{\text{상}}{②}$593 $\frac{②}{551}$ $\frac{②}{②}$550). 이는 현물출자나 재산인수에 관해서 검사인의 조사를 받지 않기 때문에 무거운 책임이 인정되는 것이다.

(3) 이사·감사의 자본충실책임

자본증가 후에 아직 인수되지 아니한 출자가 있는 때에는 이사와 감사가 공동으로 인수한 것으로 본다($\frac{\text{상}}{①}$593). 자본증가 후에 아직 출자전액의 납입 또는 현물출자의 목적인 재산의 급여가 미필된 출자가 있는 때에는 이사와 감사는 연대하여 그 납입 또는 급여미필 재산의 가액을 지급할 책임이 있다($\frac{\text{상}}{②}$593). 이사·감사의 자본충실책임도 무과실책임이나 총사원의 동의가 있으면 책임이 면제될 수 있다($\frac{\text{상}}{551}$594 $\frac{②}{③}$).

3.7.5.2.4. 사후증자

유한회사가 그 증자 후 2년 내에 증자 전부터 존재하는 재산으로서 영업을 위하여 계속하여 사용할 것을 자본의 20분의 1 이상에 상당한 대가로 취득하는 계약을 체결하는 경우는 사원총회의 특별결의가 있어야 한다($\frac{\text{상}}{576}$596 $\frac{②}{②}$).

3.7.5.2.5. 자본증가의 무효

자본금증가의 무효는 본점소재지에서 자본증가로 인한 변경등기를 한 날로부터 6월 내에 사원·이사 또는 감사에 한하여 소만으로 이를 주장할 수 있다($\frac{\text{상}}{①}$595). 이 소에 관하여는 신주발행무효의 소에 관한 규정을 준용한다($\frac{\text{상}}{430\sim432}$595 $\frac{②}{}$).

3.7.5.3. 자본감소

유한회사의 자본금감소의 방법은 출자 1좌의 금액을 감소하는 방법, 출자좌수를 감소시키는 방법, 그리고 양자를 병용하는 방법이 있다. 출자좌수의 감소는 지분을 소각 또는 병합하는 방법으로 한다. 자본금감소는 정관변경사항이므로 사원총회의 특별결의가 있어야 하며 이 결의에서는 자본금감소의 방법도 정하여야 한다($\frac{\text{상}}{439}$597 $\frac{①}{}$). 회사는 자본감소의 결의가 있은 날부터 2주 내에 회사채권자에 대하여 자본감소에 이의가 있으면 일정한 기간 내에 이를 제출할 것을 공고하고 알고 있는 채권자에 대하여 따로따로 이를 최고하여야 한다. 이 경우 그 기간은 1월 이상이어야 한다. 채권자가 기간 내에 이의를 제출하지 아니한 때에는 자본감소를 승인한 것으로 보며, 이의를 제출한 채권자가 있는 때에는 회사는 그 채권자에 대하여 변제 또는 상당한 담보를 제공하거나 이를 목적으로 하여 상당한 재산을 신탁회사에 신탁하여야 한다($\frac{\text{상}}{②}\,^{597,}_{232}\,^{439}$). 자본감소의 경우는 변경등기를 하여야 하지만($\frac{\text{상}}{③}\,^{549,}_{183}$), 이 경우에 등기는 증자 때와는 달리 감자의 효력발생요건이 아니다. 이 점은 주식회사의 경우와 같다. 자본금감소의 무효에 대하여는 주식회사에 관한 규정을 준용한다($\frac{\text{상}}{445,}\,^{597,}_{446}$).

3.7.6. 합병과 조직변경

3.7.6.1. 합 병

3.7.6.1.1. 유한회사의 합병의 제한

회사는 원칙적으로 어떠한 종류의 회사와도 합병을 할 수 있다($\frac{\text{상}}{①}\,^{174}$). 다만 합병을 하는 회사의 일방 또는 쌍방이 주식회사 또는 유한회사인 때에는 합병 후 존속하는 회사 또는 합병으로 인하여 설립되는 회사는 주식회사 또는 유한회사이어야 한다($\frac{\text{상}}{③}\,^{174}$).

유한회사가 주식회사와 합병하는 경우에 합병 후 존속하는 회사 또는 합병으로 인하여 설립되는 회사가 주식회사인 때에는 법원의 인가를 얻지 아니하면 합병의 효력이 없다($\frac{\text{상}}{①}\,^{600}$). 합병을 하는 회사의 일방이 사채의 상환을 완료하지 아니한 주식회사인 때에는 합병 후 존속하는 회사 또는 합병으로 인하여 설립되는 회사는 유한회사로 하지 못한다($\frac{\text{상}}{②}\,^{600}$).

3.7.6.1.2. 유한회사 합병의 절차

(1) 사원총회 특별결의

유한회사가 다른 회사와 합병을 함에는 사원총회의 특별결의가 있어야 한다($\frac{\text{상}}{585}\,^{598.}$). 또한 신설합병의 경우는 합병결의에서 설립위원을 선임하여야 하며($\frac{\text{상}}{599}$), 이들이 공동으로 정관의 작성 기타 설립에 관한 행위를 한다($\frac{상}{①}$ 175).

(2) 물상대위

유한회사가 주식회사와 합병하는 경우에 존속회사 또는 신설회사가 유한회사인 때에는 합병에 의하여 주식회사와 주식은 소멸하고 종전의 주주들은 유한회사의 지분 또는 합병교부금을 받게 된다. 그러므로 종전의 주식을 목적으로 하는 질권의 효력은 물상대위에 의하여 주주가 받는 지분 또는 합병교부금 위에 미치게 된다($\frac{상}{339}$ 601,). 그러나 질권으로 회사와 제3자에게 대항하려면 질권의 목적인 지분에 관하여 출자좌수와 질권자의 성명 및 주소를 사원명부에 적어야 한다($\frac{상}{②}$ 601).

(3) 등 기

유한회사가 합병을 한 때에는 사원총회(존속회사는 보고총회, 신설회사는 창립총회)가 종결한 날로부터 본점소재지에서는 2주간, 지점소재지에서는 3주간 내에 합병 후 존속하는 유한회사는 변경등기, 소멸되는 유한회사는 해산등기, 신설되는 유한회사에 있어서는 설립등기사항($\frac{상}{②}$ 549)을 등기하여야 한다($\frac{상}{602}$).

3.7.6.1.3. 합병의 효력

합병의 효력은 존속회사 또는 신설회사가 본점소재지에서 변경등기 또는 설립등기를 함으로써 발생한다($\frac{상}{234}$ 603,). 다만 유한회사는 주식회사와는 달리 폐쇄적인 회사이고, 이사회의 제도가 없고 대표이사도 반드시 선임할 필요도 없다. 따라서 주식회사에 흡수합병의 보고총회나 신설합병의 창립총회는 이사회의 공고로써 주주총회에 대한 보고에 갈음할 수 있도록 하고 있으나($\frac{상}{527}$ $\frac{526 ③}{④}$), 유한회사는 이사회 제도가 법정되어 있지 않기 때문에 이사회를 전제로 하는 주식회사의 규정을 준용하지 않았다($\frac{상}{603}$).

3.7.6.2. 조직변경: 유한회사 → 주식회사

3.7.6.2.1. 조직변경절차

유한회사는 총사원의 일치에 의한 총회의 결의로 주식회사로 조직변경을 할 수 있다($\frac{상}{①}$ 607). 이 결의에서는 정관 기타 조직변경에 필요한 사항을 정하여야 한다($\frac{상}{604}$ $\frac{607 ⑤}{③}$). 이 조직변경은 법원의 인가를 받아야 그 효력이 있다($\frac{상}{③}$ 607). 유한회사를 주식회사로 변경 시 다른 회사의 조직변경에는 없는 법원의 인가를 받도록 한 것은 엄격한 주식회사 설립절차를 탈법하는 것을 방지하기 위한 것이다.

이 조직변경을 하는 경우 유한회사에 현존하는 순재산액의 범위 내에서 조직변경 시에 발행하는 주식의 발행가액 총액이 정하여져야 하는데, 이에 위반하여 발행가액 총액을 정한 경우에는 조직변경의 결의 당시의 이사·감사와 사원은 회사에 대하여 연대하여 그 부족액을 지급할 책임이 있다($\frac{상}{④}$ 607). 이때 이사·감사의 책임은 총주주의 동의로 면제할 수 있으나, 사원의 책임은 면제할 수 없다($\frac{상}{②, 551 ②·③}$ 607 ④ 단서, 550).

또한 회사는 조직변경의 결의가 있은 날로부터 2주 내에 채권자보호를 위한 절차를 진행하여야 한다($\frac{상}{232}$ 608.). 종전의 유한회사의 지분에 대한 등록질권자는 회사에 대하여 주권교부 청구권이 있으며($\frac{상}{340 ③}$ 607 ⑤), 종전의 지분에 대하여 설정된 질권은 물상대위가 인정된다($\frac{상}{601 ①}$ 607 ⑤). 그 밖에도 주식회사의 유한회사에의 조직변경, 조직변경의 등기가 준용된다($\frac{상}{604, 606}$ 607 ⑤).

3.7.6.2.2. 등 기

유한회사를 주식회사로 조직변경을 한 경우의 등기에 대하여는 상법에 규정이 없으나 주식회사의 설립등기와 유한회사의 해산등기를 하여야 한다고 본다($\frac{상}{유추적용}$ 606). 즉 유한회사를 주식회사로 그 조직을 변경한 때에는 본점소재지에서는 2주간, 지점소재지에서는 3주간 내에 유한회사는 해산등기, 주식회사는 설립등기를 하여야 한다($\frac{상}{⑤, 606}$ 607).

3.7.6.2.3. 효력발생

조직변경의 효력이 언제 발생하느냐에 대하여 합병의 경우($\frac{상}{234}$)는 달리 상법에 규정이 없다. 합병의 경우와 같이 조직변경을 등기한 때에 그 효력이 발생하는 것으로 보아야 할 것이다.

3.7.6.2.4. 하 자

회사의 조직변경절차에 하자가 있는 경우, 이에 대한 처리에 관하여 합병의 경우와는 달리 상법에 규정이 없다. 그러나 조직변경의 절차에 중대한 하자가 있는 때에는 주식회사의 설립무효의 소에 관한 규정($\frac{상}{328}$)을 준용하여 조직변경 후의 회사의 주주, 이사 또는 감사는 조직변경무효의 소를 제기할 수 있다고 본다.

조직변경의 절차에 중대한 하자라 함은 총사원의 동의가 없거나 법원의 인가를 얻지 아니하고 조직변경을 한 경우이다. 그러나 채권자보호절차나 주식발행가액 초과액이 순재산액을 초과한 경우에는 무효사유는 아니다. 참고로 합병에 있어서는 채권자보호절차를 위반한 경우에는 합병무효의 소를 제기할 수 있다.

3.7.7. 해산과 청산

3.7.7.1. 해 산

3.7.7.1.1. 해 산
유한회사의 해산사유는 합명회사의 그것과 대체로 같다($\frac{상}{①}\frac{609}{vii}$). 즉 유한회사는 ① 존립기간의 만료 기타 정관으로 정한 사유의 발생 ② 합병 ③ 파산 ④ 법원의 해산명령 또는 해산판결 ⑤ 사원총회의 결의 등의 원인에 의하여 해산한다($\frac{상}{①}^{609}$). 다만 총사원의 동의가 있어야 해산할 수 있는 것이 아니라 사원총회의 특별결의만 있으면 해산할 수 있는 점($\frac{상}{①}\frac{609}{ii}②$)이 다르다($\frac{상}{②}^{609}$).

3.7.7.1.2. 회사의 계속
유한회사가 회사를 계속할 수 있는 사유는 주식회사의 그것과 같다($\frac{상}{①}^{610}$). 즉 존립기간의 만료 기타 정관으로 정한 사유의 발생 또는 사원총회의 특별결의로 회사가 해산한 경우에는 사원총회의 특별결의로 써 회사를 계속할 수 있다($\frac{상}{①,555}^{610}$). 이미 회사의 해산등기를 하였을 때에는 본점소재지에서는 2주간 내, 지점소재지에서는 3주간 내에 회사의 계속등기를 하여야 한다($\frac{상}{229}\frac{611}{③}$).

3.7.7.2. 청 산

유한회사에 있어서 청산은 그 절차가 법정되어 있으므로 임의청산은 인정되지 않는다. 청산절차는 대부분 주식회사와 같다($\frac{상}{613}$). 잔여재산은 정관에 다른 정함이 있는 경우 외에는 각 사원의 출자좌수에 따라 사원에게 분배하여야 한다($\frac{상}{612}$).

☞ 주식회사와 유한회사 비교

기 준	有限會社	株式會社
<공통점>		
○ 물적 회사: 신용의 기초: 회사재산 / 사원의 간접·유한책임 / 타인기관		
<차이점>		
1. 성질	인적 회사 성질을 가진 물적 회사	물적 회사
2. 기업형태	중소기업(소규모, 폐쇄성)	대기업(개방성, 공개성)
3. 자본제도	확정자본제도→ 자본증가: 정관변경	수권자본제도
4. 방법(설립절차)	단순설립	발기설립·모집설립
5. 발기인	불인정	인정
6. 법원의 감독	무	유
7. 검사인제도	무	유
8. 최저자본금	최저자본 제한 없음	최저자본 제한 없음(상329①폐지)
9. 1주의 최저금액	100원	100원
10. 자본총액의 정관기재 여부	절대적 기재사항	불요(발행예정주식총수 및 설립 시 발행주식 수만 기재)
11. 이사선임	정관규정·사원총회	− 발기설립: 발기인 의결권의 과반수 − 모집설립: 창립총회
12. 설립무효의 소사유	객관적 사유·주관적 사유	객관적 사유(주관적 사유 X)
13. 설립취소의 소	인정	불인정(설립무효의 소만 인정)
14. 설립관여자의 책임	성립의 경우만 규정	성립·불성립 시 모두 규정
15. 자본충실책임자	회사설립 시의 사원·이사·감사	발기인
16. 자본충실 책임면제	사원: 불가 이사·감사: 총사원의 동의시 가능	불가
17. 사원의 수	제한없음	1인− 무제한
18. 1인으로 된 때	해산사유	1인 주식회사 인정(해산사유 X)
19. 지분의 증권화	불인정	인정(주권발행 강제됨)
20. 지분의 양도·입질	제한(사원총회 특별결의) (타인− 정관으로 요건 가중 가능: 사원 간− 정관으로 요건 가중·완화 가능)	자유(정관으로 이사회 승인사항으로 할 수 있다)
21. 사원의자본충실책임	인정(550, 551, 593)	불인정
22. 이사의 임기	무제한	제한(3년 이하, 정관으로 연장가능)
23. 이사의 원수	무제한	제한(3인 이상, 소규모 1−2인)
24. 이사회제도	불인정(각 이사가 업무집행기관)	인정(업무집행기관)
25. 자기거래 승인	감사(감사가 없는 경우− 사원총회)	이사회
26. 업무집행결정,지배인선임·해임, 지점의 설치·이전·폐지	이사 과반수의 결의(지배인 선임·해임은 사원총회의 결의로 가능)	이사회
27. 감사	임의기관	필요기관

기 준	有限會社	株式會社
28. 감사의 선임	- 설립 시: 정관, 사원총회 - 성립 후: 사원총회	- 설립 시: 발기인 또는 창립총회 - 성립 후: 주주총회(3/100 초과하는 대주주 의결권 제한)
29. 감사의 임기	무제한	취임 후 3년 내의 최종결산기에 관한 정기총회 종결 시까지
30. 감사의 자본충실책임	유(551, 594)	무
31. 총회의 권한	무제한(사원총회 중심주의)	상법·정관에 규정된 것(이사회 중심)
32. 총회소집절차	이사, 소수사원(정관으로 배제 가능), 법원, 청산인, 감사(임시총회만)	이사회, 청산인회, 소수주주, 법원 감사
33. 총회소집통지기간	1주전 통지(정관으로 단축가능)	2주전 통지(무기명식 주권 발행 시 3주전 공고) * 이사회 소집통지기간: 1주전(정관으로 단축 가능)
34. 총회특별결의요건	총사원 1/2 이상 찬성+총의결권 3/4 이상 찬성	총의결권 1/3 이상 찬성+출석 2/3 이상 찬성
35. 대표기관	각 이사(대표이사 임의적 기관)	대표이사
36. 대표이사 선임	사원총회	이사회(정관: 주주총회)
37. 이사·회사 간 소의 대표	사원총회에서 선임한 자	감사
38. 증자무효의 소	인정	불인정
39. 현물출자에 대한 납입 담보책임	유	무
40. 이익배당 평등원칙 예외	정관으로 차등배당 인정가능	이익배당 우선주
41. 재무제표·영업보고서· 감사보고서 비치	본점에 5년간 등본 비치 불필요	본점에 5년간 그 등본 지점에 3년간
42. 재무제표·영업보고서 - 감사에게 제출 - 이사에게 교부	총회 4주간 전 총회 1주간 전	총회 6주간 전(해산 후: 4주간 전) 총회 2주간 전(해산 후: 1주간 전)
43. 회계장부열람청구권	소수사원권 (정관으로 각 사원에게 부여 가능)	소수주주권
44. 1주의결권의 원칙	임의법규(특정사원 복수의결권 부여 가)	강행법규
45. 총회의 서면결의	인정	인정
46. 유지청구권	100분의 3	100분의 1
47. 대표소송	100분의 3	100분의 2
48. 준비금의 자본전입	불인정	인정
49. 주식배당	불인정	인정

기　준	有限會社	株式會社
50. 이익잉여금지	없음	있음
51. 대차대조표 공고	강제 아님	강제됨
52. 건설이자배당	불인정	인정
53. 이익배당기준	임의법규	강행법규
54. 잔여재산분배기준	임의법규	강행법규
55. 자본의 증감	정관변경	정관변경불요
56. 사채발행	불인정	인정
57. 회사정리	불인정	인정

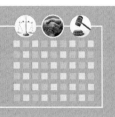

3.8. 외국회사

3.8.1. 외국회사의 의의

상법은 외국회사에 관한 규정(제6장)을 두고 있으나, 외국회사의 의의에 관하여는 아무런 규정을 두고 있지 않다. 외국회사와 내국회사의 구별표준에 관하여 학설은 나뉘어 있는데 통설은 설립준거법주의이다. 즉 외국회사는 회사설립의 준거법과 대한민국에서의 대표자의 성명과 그 주소를 등기하여야 한다($\frac{상}{614}$). 이러한 통설적 견해에 따르면 외국회사란 외국법에 의하여 설립된 회사를 말한다.

외국에서 설립된 회사라도 대한민국에 그 본점을 설치하거나 대한민국에서 영업할 것을 주된 목적으로 하는 때에는 대한민국에서 설립된 회사와 같은 규정에 따라야 한다($\frac{상}{617}$).

3.8.2. 외국회사의 권리능력

외국회사의 일반적 권리능력의 유무는 그 설립준거법(속인법)에 의하여 결정될 문제이다. 상법은 이에 관하여 외국회사는 다른 법률의 적용에 있어서는 법률에 다른 규정이 있는 경우 외에는 대한민국에서 성립된 동종 또는 가장 유사한 회사로 본다($\frac{상}{621}$)고 규정하고 있다. 이것은 자연인에 관한 평등주의에 입각하여 외국회사에 대하여도 내국회사와 동일한 권리능력을 인정한 것이다.

3.8.3. 외국회사에 대한 감독규정

외국회사에 대한 감독규정들은 외국회사가 한국에서 영업을 하는 경우 이를 감독하기 위한 것이며 그 회사가 외국법상 법인인가 아닌가를 불문한다.

3.8.3.1. 등 기

3.8.3.1.1. 영업소의 설정과 등기

외국회사가 대한민국에서 영업을 하려면 대한민국에서의 대표자를 정하고 대한민국 내에 영업소를 설치하거나 대표자 중 1명 이상이 대한민국에 그 주소를 두어야 한다(상 614). 이 경우에는 외국회사는 그 영업소의 설치에 관하여 대한민국에서 설립되는 동종의 회사 또는 가장 유사한 회사의 지점과 동일한 등기를 하여야 한다(상 614). 이 등기에서는 회사설립의 준거법과 대한민국에서의 대표자의 성명과 그 주소를 등기하여야 한다(상 614). 등기사항이 외국에서 생긴 때에는 등기기간은 그 통지가 도달한 날로부터 기산한다(상 615).

3.8.3.1.2. 대표사원의 권한과 책임

회사를 대표하는 사원은 회사의 영업에 관하여 재판상 또는 재판 외의 모든 행위를 할 권한이 있다(상 209). 대표사원의 권한에 대한 제한은 선의의 제3자에게 대항하지 못한다(상 209). 그리고 회사를 대표하는 사원이 그 업무집행으로 인하여 타인에게 손해를 가한 때에는 회사는 그 사원과 연대하여 배상할 책임이 있다(상 614 ④, 209, 210).

3.8.3.2. 등기 전의 계속거래의 금지

등기 전이라도 외국회사가 우발적으로 거래하는 것에 대하여는 별다른 제한이 없으나, 계속적 거래는 그 영업소의 소재지에서 위의 등기를 하기 전에는 금지된다(상 616). 이 규정에 위반하여 거래를 한 자는 그 거래에 대하여 회사와 연대하여 책임을 지고(상 616). 그 회사는 등록세의 배액에 상당한 제재를 받는다(상 636).

3.8.3.3. 대차대조표 또는 이에 상당하는 것의 공고

외국회사로서 이 법에 따라 등기를 한 외국회사(대한민국에서의 같은 종류의 회사 또는 가장 비슷한 회사가 주식회사인 것만 해당)는 재무제표등의 승인·공고($\frac{\text{상}}{449}$)에 따른 승인과 같은 종류의 절차 또는 이와 비슷한 절차가 종결된 후 지체 없이 대차대조표 또는 이에 상당하는 것으로서 대통령령으로 정하는 것을 대한민국에서 공고하여야 한다($\frac{\text{상}616}{\text{의2}}$①). 위 공고에 대하여는 정관의 작성 및 절대적 기재사항($\frac{\text{상}289}{③ ~ ⑥}$)의 규정을 준용한다($\frac{\text{상}616}{\text{의2}}$②).

3.8.3.4. 외국회사의 주권 또는 채권의 발행과 유통

한국 내에서의 외국회사의 주권 또는 채권의 발행·주식의 이전·입질과 사채의 이전 등에 관하여는, 그 유통시장이 한국인만큼 관계자의 이익을 보호하기 위하여 상법의 해당 규정이 많이 준용되고 있다($\frac{\text{상}}{618}$).

3.8.3.5. 영업소의 폐쇄와 청산

3.8.3.5.1. 영업소의 폐쇄

외국회사는 외국의 법에 의하여 설립된 것이므로 우리 상법에 의하여 그 회사의 법인격을 부인하지 못하므로 상법은 영업소 폐쇄명령의 제도를 두고 있다($\frac{\text{상}}{619}$).

외국회사가 대한민국에 영업소를 설치한 경우에 ① 영업소의 설치목적이 불법한 것인 때 ② 영업소의 설치등기를 한 후 정당한 사유 없이 1년 내에 영업을 개시하지 아니하거나 1년 이상 영업을 휴지한 때 또는 정당한 사유 없이 지급을 정지한 때 ③ 회사의 대표자 기타 업무를 집행하는 자가 법령 또는 선량한 풍속 기타 사회질서에 위반한 행위를 한 때에는 법원은 이해관계인 또는 검사의 청구에 의하여 그 영업소의 폐쇄를 명할 수 있다($\frac{\text{상}619}{①}$).

영업소의 폐쇄명령은 대체로 합명회사의 해산명령과 비슷하다($\frac{\text{상}619}{②, 176}$). 이해관계인이 영업소의 폐쇄를 청구하는 경우에는 회사는 이해관계인의 악의를 소명하여($\frac{\text{상}176}{④}$) 이해관계인에게 상당한 담보를 제공할 것을 법원에 청구할 수 있고, 법원은 이에 의하여 상당한 담보를 제공할 것을 명할 수 있다($\frac{\text{상}176}{③}$). 회사의 해산명령의 청구가 있는 때에는 법원은 회사의 해산을 명하기 전이라도, 이해관계인이나 검사의 청구에 의하여 또는 직권으로 관리인의 선임 기타 회사재산의 보전에 필요한 처분을 할 수 있다($\frac{\text{상}176}{②}$).

3.8.3.5.2. 한국에 있는 재산의 청산

영업소의 폐쇄를 명한 경우에 법원은 이해관계인의 신청에 의하여 또는 직권으로 대한민국에 있는 그 회사재산의 전부에 대한 청산의 개시를 명할 수 있다. 이 경우에는 법원은 청산인을 선임하여야 한다($상^{620}_①$). 그 청산절차는 주식회사의 청산에 관한 규정이 성질상 허용하는 범위 내에서 준용된다($상^{620 ②}_{535~537, 542}$). 따라서 회사채권자에의 최고($상_{535}$), 채권신고기간 내의 변제($상_{536}$), 제외된 채권자에 대한 변제($상_{537}$), 기타 준용규정($상_{542}$)이 적용된다. 이 청산에 관한 규정은 외국회사가 스스로 영업소를 폐쇄한 경우에 준용한다($상^{620}_③$).

3.9. 벌 칙

3.9.1. 서

회사제도를 남용하는 위반행위에 대하여는 민사책임 외에도 형벌이나 행정벌의 제재가 있다. 특히 중요한 것은 형벌을 받게 되는 위반행위인데, 이를 회사범죄라고 한다. 상법은 회사범죄와 형벌에 관하여 규정하고 있으며, 행정벌인 과태료에 관한 규정도 두고 있다($\frac{상\ 622}{\sim 637}$).

3.9.2. 벌칙 내용

3.9.2.1. 10년 이하의 징역 또는 3000만 원 이하의 벌금

3.9.2.1.1. 발기인, 이사 기타의 임원 등의 특별배임죄

(1) 배임죄에 관한 법률의 규정

회사의 발기인, 업무집행사원, 이사, 집행임원, 감사위원회 위원, 감사 또는 직무대행자($\frac{상\ 386\ ②,\ 407}{①,\ 415\ 또는\ 567}$), 지배인 기타 회사영업에 관한 어느 종류 또는 특정한 사항의 위임을 받은 사용인이 그 임무에 위배한 행위로서 재산상의 이익을 취득하거나 제3자로 하여금 이를 취득하게 하여 회사에 손해를 가한 때에는 10년 이하의 징역 또는 3천만 원 이하의 벌금에 처한다($\frac{\text{상}}{①}$ 622).

회사의 청산인 또는 직무대행자($\frac{\text{상}}{②}$ 542), 설립위원($\frac{\text{상}}{175}$)도 같다($\frac{\text{상}}{②}$ 622). 미수범은 처벌한다($\frac{\text{상}}{624}$). 징역과 벌금은 이를 병과할 수 있다($\frac{\text{상}}{632}$). 법인인 때에는 위의 벌칙은 그 행위를 한 이사, 집행임원, 감사 기타 업무를 집행한 사원 또는 지배인에게 적용한다($\frac{\text{상}}{637}$).

(2) 배임죄의 요건

1) 업 무

'업무'란 법령, 계약에 의한 것뿐만 아니라 관례를 좇거나 사실상의 것이거나를 묻지 않고 같은 행위를 반복할 지위에 따른 사무를 가리키는 것이다.[267]

2) 배임행위

배임행위란 사무의 내용, 성질 등 구체적 상황에 비추어 법률의 규정, 계약의 내용 혹은 신의칙상 당연히 할 것으로 기대되는 행위를 하지 않거나 당연히 하지 않아야 할 것으로 기대되는 행위를 함으로써 본인과 사이의 신임관계를 저버리는 행위를 말한다.[268] 구체적으로 임무에 위배하는 행위라 함은 처리하는 사무의 내용, 성질 등 구체적 상황에 비추어 법률의 규정, 계약의 내용 혹은 신의칙상 당연히 할 것으로 기대되는 행위를 하지 않거나 당연히 하지 않아야 할 것으로 기대하는 행위를 함으로써 본인과 사이의 신임관계를 저버리는 일체의 행위를 포함하는 것으로 그러한 행위가 법률상 유효한가 여부는 따져 볼 필요가 없고, 행위자가 가사 본인을 위한다는 의사를 가지고 행위를 하였다고 하더라도 그 목적과 취지가 법령이나 사회상규에 위반된 위법한 행위로서 용인할 수 없는 경우에는 그 행위의 결과가 일부 본인을 위하는 측면이 있다고 하더라도 이는 본인과의 신임관계를 저버리는 행위로서 배임죄가 성립한다.[269]

3) 손 해

'회사에 손해를 가한 때'라 함은 회사에 현실적으로 재산상의 손해가 발생한 경우뿐만 아니라 회사 재산 가치의 감소라고 볼 수 있는 재산상 손해의 위험이 발생한 경우도 포

---

267) 大判 2006.04.27, 2003도135.

268) 大判 1997.02.10, 96도2287.

269) 大判 2002.07.22, 2002도1696; 大判 2003.10.10, 2003도3516.

합되는 것이며, 일단 회사에 대하여 재산상 손해의 위험을 발생시킨 이상 사후에 피해가 회복되었다고 하더라도 특별배임죄의 성립에 영향을 주지 못한다.[270]

구체적으로는 '재산상의 손해를 가한 때'라 함은 현실적인 손해를 가한 경우뿐만 아니라 재산상 실해 발생의 위험을 초래한 경우도 포함되므로, 회사의 이사 등이 타인에게 회사자금을 대여함에 있어 그 타인이 이미 채무변제능력을 상실하여 그에게 자금을 대여할 경우 회사에 손해가 발생하리라는 점을 충분히 알면서 이에 나아갔거나, 충분한 담보를 제공받는 등 상당하고도 합리적인 채권회수조치를 취하지 아니한 채 만연히 대여해 주었다면, 그와 같은 자금대여는 타인에게 이익을 얻게 하고 회사에 손해를 가하는 행위로서 회사에 대하여 배임행위가 되고, 회사의 이사는 단순히 그것이 경영상의 판단이라는 이유만으로 배임죄의 죄책을 면할 수는 없으며, 이러한 이치는 그 타인이 자금지원 회사의 계열회사라 하여 달라지지 않는다.[271]

갑 주식회사 대표이사인 피고인이 주주총회 의사록을 허위로 작성하고 이를 근거로 피고인을 비롯한 임직원들과 주식매수선택권부여계약을 체결함으로써 갑 회사에 재산상 손해를 가하였다고 하며 특정경제범죄 가중처벌 등에 관한 법률 위반(배임)으로 기소된 사안에서, 상법과 정관에 위배되어 법률상 무효인 계약을 체결한 것만으로는 업무상배임죄 구성요건이 완성되거나 범행이 종료되었다고 볼 수 없고, 임직원들이 이후 계약에 기초하여 갑 회사에 주식매수선택권을 행사하고, 피고인이 이에 호응하여 주식의 실질가치에 미달하는 금액만을 받고 신주를 발행해 줌으로써 비로소 갑 회사에 현실적 손해가 발생하거나 그러한 실해 발생의 위험이 초래되었다고 볼 수 있으므로, 피고인에 대한 업무상배임죄는 피고인이 의도한 배임행위가 모두 실행된 때로서 최종적으로 주식매수선택권이 행사되고 그에 따라 신주가 발행된 시점에 종료되었다고 보아야 한다.[272]

(3) 배임죄의 주체

특별배임죄의 주체가 되는 회사 사용인은 적어도 회사의 영업의 어떤 종류 또는 특정한 사항에 관하여 대외적으로 회사를 대리할 수 있는 부분적이기는 하나 포괄대리권을 가진 자만을 말하므로 위임된 회사의 업무가 개별적 구체적 사항에 관한 것인 경우는 해당되지 아니한다.[273] 결론적으로 특별배임죄의 주체는 상법상 회사의 적법한 이사나 대

---

270) 大判 1998.02.24, 97도183.

271) 大判 2000.03.14. 선고 99도4923; 大判 2003.10.10, 2003도3516.

272) 大判 2011.11.24, 2010도11394

표이사의 지위에 있는 자라야 한다.[274] 특별배임죄의 주체는 상법상 회사의 적법한 이사나 대표이사의 지위에 있는 자에 한하고, 주주총회나 이사회가 적법하게 개최된 바도 없으면서 마치 결의한 사실이 있는 것처럼 결의록을 만들고 그에 기하여 이사나 대표이사의 선임등기를 마친 경우에도 그 결의는 부존재한 결의로서 효력을 발생할 수 없고 따라서 회사의 이사나 대표이사의 지위에 있는 자라고 인정할 수 없어 특별배임죄의 주체가 될 수 없다.[275]

주식회사의 주식이 사실상 1인 주주에 귀속하는 1인 회사에 있어서도 회사와 주주는 분명히 별개의 인격이어서 1인회사의 재산이 곧바로 그 1인주주의 소유라고 볼 수 없으므로 사실상 1인 주주라고 하더라도 회사의 금원을 임의로 처분한 소위는 횡령죄를 구성한다.[276]

횡령죄가 성립하기 위하여는 타인의 재물을 보관하는 자의 지위에 있어야 하고, 타인의 재물인가의 여부는 민법, 상법, 기타의 실체법에 의하여 결정되어야 하는바, 상법에 의하면 주식회사의 지점이나 합명회사의 분사무소는 주식회사나 합명회사와 독립된 별개의 법인격이나 권리주체가 아니라 주식회사나 합명회사에 소속된 하부조직에 불과하므로, 주식회사의 지점이나 합명회사의 분사무소가 주식회사의 본점이나 합명회사의 주사무소의 회계와는 별도의 독립채산제 방식으로 운영되고 있다고 하더라도 주식회사의 지점이나 합명회사의 분사무소가 보유한 재산은 그 주식회사 또는 합명회사의 소유일 뿐 법인격도 없고 권리주체도 아닌 주식회사의 지점이나 합명회사의 분사무소 구성원들 개인의 소유가 되는 것은 아니다. 따라서 감정평가법인 지사에서 근무하는 감정평가사들이 접대비 명목 등으로 임의로 나누어 사용할 목적으로 감정평가법인을 위하여 보관 중이던 돈의 일부를 비자금으로 조성한 사안에서, 피고인들이 위 지사를 독립채산제로 운영하기로 했다고 하더라도 그것은 지사가 처리한 감정평가업무로 인한 경제적 이익의 분배에 관하여 그와 같이 약정을 한 것에 불과한 것이므로 피고인들이 사용한 지사의 자금이 법률상으로는 위 법인의 자금이 아니라고 할 수는 없고, 당초의 비자금 조성 목적 등에 비추어 비자금 조성 당시 피고인들의 불법영득의사가 객관적으로 표시되었다고 할 것인 점 등에 비추어, 위 비자금 조성행위가 업무상횡령죄에 해당한다.[277]

---

273) 大判 1978.01.24, 77도1637; 大判 2006.06.02, 2005도3431.

274) 大判 1978.11.28, 78도1297.

275) 大判 1986.09.09, 85도218.

276) 大判 1989.05.23, 88도570.

277) 大判 2010.05.13, 2009도1373.

(4) 배임죄의 특수한 문제

대표이사는 이사회 또는 주주총회의 결의가 있더라도 그 결의내용이 회사채권자를 해하는 불법한 목적이 있는 경우에는 이에 맹종할 것이 아니라 회사를 위하여 성실한 직무수행을 할 의무가 있으므로 대표이사가 임무에 위배하는 행위를 함으로써 주주 또는 회사채권자에게 손해가 될 행위를 하였다면 그 회사의 이사회 또는 주주총회의 결의가 있었다고 하여 그 배임행위가 정당화될 수는 없다.[278]

회사의 임원이 그 임무에 위배되는 행위로 재산상 이익을 취득하거나 제3자로 하여금 이를 취득하게 하여 회사에 손해를 가한 때에는 이로써 배임죄가 성립하고, 그 임무위배행위에 대하여 사실상 대주주의 양해를 얻었다거나, 이사회의 결의가 있었다고 하여 배임죄의 성립에 어떠한 영향이 있는 것이 아니며, 배임죄에 있어서 재산상 손해의 유무에 대한 판단은 본인의 전 재산 상태와의 관계에서 경제적 관점에 따라 판단되어야 하므로 법률적 판단에 의하여 당해 배임행위가 무효라 하더라도 경제적 관점에서 파악하여 본인에게 현실적인 손해를 가하였거나 재산상 실해 발생의 위험을 초래한 경우에는 재산상의 손해를 가한 때에 해당하여 배임죄를 구성한다.[279]

3.9.2.2. 7년 이하의 징역 또는 2,000만 원 이하의 벌금

3.9.2.2.1. 사채권자집회의 대표자 등의 특별배임죄

사채권자집회의 대표자 또는 그 결의를 집행하는 자가 그 임무에 위배한 행위로써 재산상의 이익을 취득하거나 제3자로 하여금 이를 취득하게 하여 사채권자에게 손해를 가한 때에는 7년 이하의 징역 또는 2천만 원 이하의 벌금에 처한다($\frac{\text{상}}{623}$). 미수범은 처벌한다($\frac{\text{상}}{624}$). 징역과 벌금은 이를 병과할 수 있다($\frac{\text{상}}{632}$). 법인인 때에는 위의 벌칙은 그 행위를 한 이사, 집행임원, 감사 기타 업무를 집행한 사원 또는 지배인에게 적용한다($\frac{\text{상}}{637}$).

3.9.2.3. 5년 이하의 징역 또는 2억 원 이하의 벌금 및 양벌규정

주요주주 등 이해관계자와의 거래 위반의 죄($\frac{\text{상}\,542}{\text{의}9\,①}$)를 위반하여 신용공여를 한 자는 5년

---

278) 大判 1989.10.13, 89도1012.

279) 大判 2000.11.24, 99도822.

이하의 징역 또는 2억 원 이하의 벌금에 처한다($\frac{상}{의2}^{642}$).

회사의 대표자나 대리인, 사용인, 그 밖의 종업원이 그 회사의 업무에 관하여 주요주주 등 이해관계자와의 거래 위반의 죄($\frac{상}{의2}^{642}$)의 위반행위를 하면 그 행위자를 벌하는 외에 그 회사에게도 해당 조문의 벌금형을 과한다. 다만, 회사가 준법통제기준 및 준법지원인($\frac{상}{의13}^{542}$)에 따른 의무를 성실히 이행한 경우 등 회사가 그 위반행위를 방지하기 위하여 해당 업무에 관하여 상당한 주의와 감독을 게을리 하지 아니한 경우에는 그러하지 아니하다($\frac{상}{의3}^{634}$).

3.9.2.4. 5년 이하의 징역 또는 1,500만 원 이하의 벌금

3.9.2.4.1. 회사재산을 위태롭게 하는 죄

회사의 발기인, 업무집행사원, 이사, 집행임원, 감사위원회 위원, 감사 또는 직무대행자($\frac{상}{①, 415 \text{ 또는 } 567}^{386 \ ②, \ 407}$), 지배인 기타 회사영업에 관한 어느 종류 또는 특정한 사항의 위임을 받은 사용인, 검사인, 공증인($\frac{상}{②, \text{ 인가공증의 공증담당 변호사를 포함}}^{298 \ ③ \cdot 299의2 \cdot 310 \ ③ \text{ 또는 } 313}$)이나 감정인($\frac{상}{③ \text{ 또는 } 422 \ ①}^{299의2, \ 310}$)이 다음의 행위를 한 때에는 5년 이하의 징역 또는 1천500만 원 이하의 벌금에 처한다($\frac{상}{625}$). 징역과 벌금은 이를 병과할 수 있다($\frac{상}{632}$). 법인인 때에는 위의 벌칙은 그 행위를 한 이사, 집행임원, 감사 기타 업무를 집행한 사원 또는 지배인에게 적용한다($\frac{상}{637}$).

① 주식 또는 출자의 인수나 납입, 현물출자의 이행, 변태설립사항($\frac{상}{290}$), 현물출자($\frac{상}{iv}^{416}$) 또는 변태설립사항($\frac{상}{544}$)에 규정된 사항에 관하여 법원·총회 또는 발기인에게 부실한 보고를 하거나 사실을 은폐한 때

② 누구의 명의로 하거나를 불문하고 회사의 계산으로 부정하게 그 주식 또는 지분을 취득하거나 질권의 목적으로 이를 받은 때 ⇒ 자기주식취득행위를 처벌하는 가장 중요한 이유는 자사주를 유상취득하는 것은 실질적으로는 주주에 대한 출자의 환급이라는 결과를 가져와 자본충실의 원칙에 반하고 회사재산을 위태롭게 한다는데 있다.[280]

③ 법령 또는 정관에 위반하여 이익배당을 한 때

④ 회사의 영업범위 외에서 투기행위를 하기 위하여 회사재산을 처분한 때

3.9.2.4.2. 부실보고죄

회사의 이사, 집행임원, 감사위원회 위원, 감사 또는 직무대행자($\frac{상}{①, 415 \text{ 또는 } 567}^{386 \ ②, \ 407}$)가 주식회사

---

280) 大判 1993.02.23, 92도616.

의 유한회사로의 조직변경 또는 유한회사의 주식회사로의 조직변경($\substack{상 604 \\ 또는 607}$)의 경우에, 그 조직변경시의 순재산액($\substack{상 604 ② \\ 또는 607 ②}$)에 관하여 법원 또는 총회에 부실한 보고를 하거나 사실을 은폐한 때에는 5년 이하의 징역 또는 1천500만 원 이하의 벌금에 처한다($\substack{상 \\ 626}$). 징역과 벌금은 이를 병과할 수 있다($\substack{상 \\ 632}$).

3.9.2.4.3. 부실문서행사죄

회사의 발기인, 업무집행사원, 이사, 집행임원, 감사위원회 위원, 감사 또는 직무대행자 ($\substack{상 386 ②, 407 \\ ①, 415 또는 567}$), 지배인 기타 회사영업에 관한 어느 종류 또는 특정한 사항의 위임을 받은 사용인, 외국회사의 대표자, 주식 또는 사채의 모집의 위탁을 받은 자가 주식 또는 사채를 모집함에 있어서 중요한 사항에 관하여 부실한 기재가 있는 주식청약서, 사채청약서, 사업계획서, 주식 또는 사채의 모집에 관한 광고 기타의 문서를 행사한 때에는 5년 이하의 징역 또는 1천500만 원 이하의 벌금에 처한다($\substack{상 627 \\ ①}$). 주식 또는 사채를 매출하는 자가 그 매출에 관한 문서로서 중요한 사항에 관하여 부실한 기재가 있는 것을 행사한 때에도 같다($\substack{상 627 \\ ②}$). 징역과 벌금은 이를 병과할 수 있다($\substack{상 \\ 632}$). 법인인 때에는 위의 벌칙은 그 행위를 한 이사, 집행임원, 감사 기타 업무를 집행한 사원 또는 지배인에게 적용한다($\substack{상 \\ 637}$).

3.9.2.4.4. 납입가장죄 등

회사의 발기인, 업무집행사원, 이사, 집행임원, 감사위원회 위원, 감사 또는 직무대행자 ($\substack{상 386 ②, 407 \\ ①, 415 또는 567}$), 지배인 기타 회사영업에 관한 어느 종류 또는 특정한 사항의 위임을 받은 사용인이 납입 또는 현물출자의 이행을 가장하는 행위를 한 때에는 5년 이하의 징역 또는 1천500만 원 이하의 벌금에 처한다($\substack{상 628 \\ ①}$). 위 행위에 응하거나 이를 중개한 자도 같다 ($\substack{상 628 \\ ②}$). 징역과 벌금은 이를 병과할 수 있다($\substack{상 \\ 632}$). 법인인 때에는 위의 벌칙은 그 행위를 한 이사, 집행임원, 감사 기타 업무를 집행한 사원 또는 지배인에게 적용한다($\substack{상 \\ 637}$).

상법상 납입가장죄는 주식회사의 자본충실을 기하려는 데 그 목적을 두고 있으므로 설립등기된 다음날 납입주금 전액을 인출하였다 하더라도 회사를 위하여 그 돈을 썼다면 납입가장죄가 성립하지 아니한다.[281] 즉 회사설립등기가 된 다음에 바로 그 납입한 돈을 인출한 경우에는 이를 회사를 위하여 사용하였다는 특별한 사정이 없는 한 납입가장죄가 성립한다.[282]

---

281) 大判 1977.11.08, 77도2439.
282) 大判 1982.04.13, 80도537.

납입가장죄는 회사의 자본충실을 기하려는 법의 취지를 해치는 행위를 단속하려는 것이므로, 주식회사의 설립 또는 증자를 위하여 은행에 납입하였던 돈을 그 설립등기 내지 증자등기가 이루어진 후 바로 인출하였다 하더라도 그 인출금을 주식납입금 상당의 자산을 양수하는 대금으로 사용한 경우에는 납입가장죄가 성립하지 아니한다.[283]

주금납입취급기관의 임직원이 회사 측 행위자의 부탁을 받고 실제 처음부터 주금이 입금된 사실조차 없는데도 허위로 납입증명서를 발급해 주거나 주금 자체를 대출해 주는 경우뿐만 아니라 제3자로부터 차용한 돈으로 주금을 납입하여 주금납입증명서를 발급받은 다음 즉시 주금을 인출하여 차용금의 변제에 사용하는 방식으로 납입을 가장한다는 사정을 알면서 그 주금의 입출금 및 주금납입증명서 발급업무를 해주기로 회사 측 행위자와 통모한 경우에는 납입가장죄가 성립한다.[284]

납입가장죄는 회사의 자본충실을 기하려는 법의 취지를 해치는 행위를 단속하려는 것인바, 회사가 신주를 발행하여 증자를 함에 있어서 신주 발행의 절차적, 실체적 하자가 극히 중대한 경우, 즉 신주발행의 실체가 존재한다고 할 수 없고 신주발행으로 인한 변경등기만이 있는 경우와 같이 신주발행의 외관만이 존재하는 소위 신주발행의 부존재라고 볼 수밖에 없는 경우에는 처음부터 신주발행의 효력이 없고 신주인수인들의 주금납입의무도 발생하지 않으며 증자로 인한 자본 충실의 문제도 생기지 않는 것이어서 그 주금의 납입을 가장하였더라도 상법상의 납입가장죄가 성립하지 아니한다.[285]

납입가장죄는 회사의 자본에 충실을 기하려는 상법의 취지를 해치는 행위를 처벌하려는 것인데, 전환사채는 발행 당시에는 사채의 성질을 갖는 것으로서 사채권자가 전환권을 행사한 때 비로소 주식으로 전환되어 회사의 자본을 구성하게 될 뿐만 아니라, 전환권은 사채권자에게 부여된 권리이지 의무는 아니어서 사채권자로서는 전환권을 행사하지 아니할 수도 있으므로, 전환사채의 인수 과정에서 그 납입을 가장하였다고 하더라도 납입가장죄는 성립하지 아니한다.[286]

3.9.2.4.5. 초과발행의 죄

회사의 발기인, 이사, 집행임원 또는 직무대행자($\substack{\text{상 } 386 \, ② \\ \text{또는 } 407 \, ①}$)가 회사가 발행할 주식의 총수를 초과하여 주식을 발행한 때에는 5년 이하의 징역 또는 1천500만 원 이하의 벌금에

---

283) 大判 2005.04.29, 2005도856.
284) 大判 2004.12.10, 2003도3963.
285) 大判 2006.06.02, 2006도48.
286) 大判 2008.05.29, 2007도5206

처한다($\frac{상}{629}$). 징역과 벌금은 이를 병과할 수 있다($\frac{상}{632}$).

3.9.2.4.6. 발기인, 이사 기타의 임원의 독직죄

회사의 발기인, 업무집행사원, 이사, 집행임원, 감사위원회 위원, 감사 또는 직무대행자($\frac{상\ 386\ ②,\ 407}{①,\ 415\ 또는\ 567}$), 지배인 기타 회사영업에 관한 어느 종류 또는 특정한 사항의 위임을 받은 사용인, 사채권자집회의 대표자 또는 그 결의를 집행하는 자, 검사인, 공증인($\frac{상\ 298\ ③\cdot299의2\cdot}{310\ ③\ 또는\ 313\ ②}$)이나 감정인($\frac{상\ 299의2,\ 310}{③\ 또는\ 422\ ①}$)이 그 직무에 관하여 부정한 청탁을 받고 재산상의 이익을 수수, 요구 또는 약속한 때에는 5년 이하의 징역 또는 1천500만 원 이하의 벌금에 처한다($\frac{상\ 630}{①}$). 이와 관련하여 이익을 약속, 공여 또는 공여의 의사를 표시한 자도 같다($\frac{상\ 630}{②}$). 징역과 벌금은 이를 병과할 수 있다($\frac{상}{632}$). 범인이 수수한 이익은 이를 몰수한다. 그 전부 또는 일부를 몰수하기 불능한 때에는 그 가액을 추징한다($\frac{상}{633}$). 법인인 때에는 위의 벌칙은 그 행위를 한 이사, 집행임원, 감사 그 밖의 업무를 집행한 사원 또는 지배인에게 적용한다($\frac{상}{637}$).

주식회사의 발기인, 이사 기타 임원의 독직죄에 관한 규정은 그들 임원의 직무의 엄격성을 확보한다는 것보다 회사의 건전한 운영을 위하여 그들의 회사에 대한 충실성을 확보하고 회사에 재산상 손해를 끼칠 염려가 있는 직무위반 행위를 금하려는 데 그 취지가 있으므로 단지 감독청의 행정지시에 위반한다거나 사회상규에 반하는 것이라고 해서 부정한 청탁이라고 할 수 없다.[287]

3.9.2.5. 1년 이하의 징역 또는 300만 원 이하의 벌금

3.9.2.5.1. 권리행사방해등에 관한 증수뢰죄

다음의 사항에 관하여 부정한 청탁을 받고 재산상의 이익을 수수, 요구 또는 약속한 자는 1년 이하의 징역 또는 300만 원 이하의 벌금에 처한다($\frac{상\ 631}{①}$). 이익을 약속, 공어 또는 공여의 의사를 표시한 자도 같다($\frac{상\ 631}{②}$). 징역과 벌금은 이를 병과할 수 있다($\frac{상}{632}$). 범인이 수수한 이익은 이를 몰수한다. 그 전부 또는 일부를 몰수하기 불능한 때에는 그 가액을 추징한다($\frac{상}{633}$).

① 창립총회, 사원총회, 주주총회 또는 사채권자집회에서의 발언 또는 의결권의 행사
② 회사편에 정하는 소의 제기, 발행주식의 총수의 100분의 1 또는 100분의 3 이상에 해당하는 주주, 사채총액의 10분의 10 이상에 해당하는 사채권자 또는 자본금의 100분의 3 이상에 해당하는 출자좌수를 가진 사원의 권리의 행사

---

287) 大判 1980.02.12, 78도3111.

③ 유지청구권($\substack{상\\402}$) 또는 신주발행유지청구권($\substack{상\\424}$)에 정하는 권리의 행사

3.9.2.5.2. 납입책임면탈의 죄

납입의 책임을 면하기 위하여 타인 또는 가공인물의 명의로 주식 또는 출자를 인수한 자는 1년 이하의 징역 또는 300만 원 이하의 벌금에 처한다($\substack{상\\634}$).

3.9.2.5.3. 주주의 권리행사에 관한 이익공여의 죄

주식회사의 이사·집행임원·감사위원회위원·감사 또는 직무대행자($\substack{상\ 386\ ②,\ 407\\① 또는 415}$)·지배인 기타 사용인이 주주의 권리의 행사와 관련하여 회사의 계산으로 재산상의 이익을 공여한 때에는 1년 이하의 징역 또는 300만 원 이하의 벌금에 처한다($\substack{상\ 634\\의2\ ①}$). 이익을 수수하거나, 3자에게 이를 공여하게 한 자도 같다($\substack{상\ 634\\의2\ ②}$).

3.9.2.6. 2,000만 원 이하의 벌금

회사의 발기인, 설립위원, 업무집행사원, 이사, 감사, 감사위원회 위원, 외국회사의 대표자, 검사인, 공증인($\substack{상\ 298\ ③·299의2·\\310\ ③ 또는 313\ ②}$), 감정인($\substack{상\ 299의2,\ 310\\③ 또는 422\ ①}$), 지배인, 청산인, 명의개서대리인, 사채관리회사와 그 사무승계자 또는 직무대행자($\substack{상\ 386\ ②,\ 407\ ①,\\415,\ 542\ ② 또는 567}$)가 자회사에 의한 모회사주식의 취득($\substack{상\ 342\\의2\ ①}$) 및 6개월 이내의 처분($\substack{상\ 342\\의2\ ②}$)의 규정에 위반한 때에는 2천만 원 이하의 벌금에 처한다($\substack{상\ 625\\의2}$).

3.9.2.7. 과태료

3.9.2.7.1. 500만 원 이하의 과태료

회사의 발기인, 설립위원, 업무집행사원, 업무집행자, 이사, 집행임원, 감사, 감사위원회 위원, 외국회사의 대표자, 검사인, 공증인($\substack{상\ 298\ ③·299의2·\\310\ ③ 또는 313\ ②}$), 감정인($\substack{상\ 299의2,\ 310\\③ 또는 422\ ①}$), 지배인, 청산인, 명의개서대리인, 사채모집을 위탁받은 회사(사채관리회사)와 그 사무승계자 또는 직무대행자($\substack{상\ 386\ ②,\ 407\ ①,\\415,\ 542\ ② 또는 567}$)가 다음의 사항에 해당한 행위를 한 경우에는 500만 원 이하의 과태료를 부과한다. 다만, 그 행위에 대하여 형을 과할 때에는 그러하지 아니하다($\substack{상\ 635\\①}$).

1) 이 편에 정한 등기를 해태한 경우
2) 이 편에 정한 공고 또는 통지를 해태하거나 부정한 공고 또는 통지를 한 경우

3) 이 편에 정한 검사 또는 조사를 방해한 경우

4) 이 편의 규정에 위반하여 정당한 사유 없이 서류의 열람 또는 등사, 등본 또는 초본의 교부를 거부한 경우

5) 관청, 총회·사채권자집회 또는 발기인에게 부실한 보고를 하거나 또는 사실을 은폐한 경우

6) 주권·채권 또는 신주인수권증권에 기재할 사항을 기재하지 아니하거나 부실한 기재를 한 경우

7) 정당한 사유 없이 주권의 명의개서를 하지 아니한 경우

8) 법률 또는 정관에서 정한 이사 또는 감사의 인원수를 궐(闕)한 경우에 그 선임절차를 게을리한 경우

법률 또는 정관에 정한 이사 또는 감사의 원수를 궐한 경우에 그 선임절차를 해태한 때'에 그 선임을 위한 총회소집절차를 밟아야 할 지위에 있는 자에 대하여 과태료의 제재를 가하고 있지만, 여기서 선임의 대상이 되는 '이사'에 '대표이사'는 포함되지 아니하므로, 대표이사가 퇴임하여 법률 또는 정관에 정한 대표이사의 수를 채우지 못하여 퇴임한 대표이사에게 후임 대표이사가 취임할 때까지 대표이사로서의 권리의무가 있는 기간 동안에 후임 대표이사의 선임절차를 해태하였다고 하여 퇴임한 대표이사를 과태료에 처할 수는 없다.[288]

9) 정관·주주명부 또는 그 복본(複本), 사원명부·사채원부 또는 그 복본, 의사록, 감사록, 재산목록, 대차대조표, 영업보고서, 사무보고서, 손익계산서, 그 밖에 회사의 재무상태와 경영성과를 표시하는 것으로서 제287조의33 및 제447조제1항제3호에 따라 대통령령으로 정하는 서류, 결산보고서, 회계장부, 제447조·제534조·제579조제1항 또는 제613조제1항의 부속명세서 또는 감사보고서에 적을 사항을 적지 아니하거나 부실하게 적은 경우

10) 법원이 선임한 청산인에 대한 사무의 인계(引繼)를 게을리 하거나 거부한 경우

11) 청산의 종결을 늦출 목적으로 기간($\substack{상\ 247\ ③,\ 535 \\ ①\ 또는\ 613\ ①}$)을 부당하게 장기간으로 정한 경우

12) 규정($\substack{상\ 254\ ④,\ 542 \\ ①\ 또는\ 613\ ①}$)에 위반하여 파산선고의 청구를 게을리한 경우

13) 유한회사의 출자인수의 방법($\substack{상\ 589 \\ ②}$)의 규정에 위반하여 출자의 인수인을 공모한 경우

14) 규정($\substack{상\ 232,\ 247\ ③,\ 439\ ②,\ 527조의5,\ 530\ ②, \\ 530의9\ ④,\ 530의11\ ②,\ 597,\ 603\ 또는\ 608}$)에 위반하여 회사의 합병·분할·분할합병 또는 조직변경, 회사재산의 처분 또는 자본금의 감소를 한 경우

---

288) 大判 2007.06.19, 2007마311.

15) 규정($\frac{\text{상 }260,\ 542\ ①}{\text{또는 }613\ ①}$)에 위반하여 회사재산을 분배한 경우

16) 규정($\frac{\text{상 }302\ ②,\ 347,\ 420,\ 420}{\text{의}2,\ 474\ ②\ \text{또는 }514}$)에 위반하여 주식청약서·신주인수권증서 또는 사채청약서를 작성하지 아니하거나 이에 적을 사항을 적지 아니하거나 또는 부실하게 적은 경우

17) 규정($\frac{\text{상 }342\ \text{또}}{\text{는 }560\ ①}$)에 위반하여 주식 또는 지분의 실효절차, 주식 또는 지분의 질권의 처분을 게을리한 경우

18) 규정($\frac{\text{상 }343\ ①}{\text{또는 }560\ ①}$)에 위반하여 주식 또는 출자를 소각한 경우

19) 규정($\frac{\text{상 }355\ ①}{②\ \text{또는 }618}$)에 위반하여 주권을 발행한 경우

20) 주권불소지($\frac{\text{상 }358}{\text{의}2\ ②}$) 규정에 위반하여 주주명부에 기재를 하지 아니한 경우

21) 규정($\frac{\text{상 }363\text{의}2\ ①,\ 542}{②\ \text{또는 }542\text{의}6\ ②}$)에 위반하여 주주가 제안한 사항을 주주총회의 목적사항으로 하지 아니한 경우

22) 규정($\frac{\text{상 }365\ ①\ ②,\ 578\text{의}}{\text{또는 }467\ ③,\ 582\ ③}$)에 의한 법원의 명령에 위반하여 총회를 소집하지 아니하거나 정관에 정한 곳 이외의 곳에서 또는 규정($\frac{\text{상 }363,\ 364}{571\ ②\ ③}$)에 위반하여 총회를 소집한 경우

23) 규정($\frac{\text{상 }374\ ②,\ 530\ ②}{\text{또는 }530\text{의}11\ ②}$)에 위반하여 주식매수청구권의 내용과 행사방법을 통지 또는 공고하지 아니하거나 부실한 통지 또는 공고를 한 경우

24) 규정($\frac{\text{상 }396\ ①,\ 448\ ①,\ 510\ ②,\ 522\text{의}2\ ①,\ 527\text{의}6\ ①}{530\text{의}7,\ 534\ ③,\ 542\ ②,\ 566\ ①,\ 579\text{의}3,\ 603\ \text{또는 }613}$)에 위반하여 장부 또는 서류를 갖추어 두지 아니한 경우

25) 자회사의 조사권($\frac{\text{상 }412}{\text{의}4\ ③}$)의 규정에 위반하여 정당한 이유 없이 감사 또는 감사위원회의 조사를 거부한 경우

26) 규정($\frac{\text{상 }458\text{조 내지}}{460\ \text{또는 }583}$)에 위반하여 준비금을 적립하지 아니하거나 이를 사용한 경우

27) 배당금지급시기($\frac{\text{상 }464}{\text{의}2\ ①}$)의 기간에 배당금을 지급하지 아니한 경우

28) 사채금액의 납입이 완료하기 전($\frac{\text{상 }478}{①}$) 또는 외국법인의 사채발행($\frac{\text{상}}{618}$)의 규정에 위반하여 채권을 발행한 경우

29) 채권신고기간 내의 변제($\frac{\text{상}}{536}$) 또는 규정($\frac{\text{상 }613}{①}$)에 위반하여 채무의 변제를 한 경우

30) 상장회사의 이사·감사의 선임방법($\frac{\text{상}}{\text{의}5\ 542}$)을 위반하여 이사 또는 감사를 선임한 경우

31) 유한회사의 지분증권 발행금지($\frac{\text{상}}{555}$)에 위반하여 지분에 대한 지시식 또는 무기명식의 증권을 발행한 경우

32) 영업소폐쇄명령($\frac{\text{상 }619}{①}$)에 의한 법원의 명령에 위반한 경우

발기인 또는 이사가 주식의 인수로 인한 권리를 양도한 경우에도 같다($\frac{\text{상 }635}{②}$).

3.9.2.7.2. 5,000만 원 이하의 과태료

위 각 호 외의 부분에 규정된 자가 다음 각 호의 어느 하나에 해당하는 행위를 한 경우에는 5천만 원 이하의 과태료를 부과한다($\frac{상}{③}$ 635).

① 사외이사의 선임($\frac{상}{의8}$ 542 ①)의 규정을 위반하여 사외이사 선임의무를 이행하지 아니한 경우

② 사외이사의 선임($\frac{상}{의8}$ 542 ④)의 규정을 위반하여 사외이사 후보추천위원회를 설치하지 아니하거나 사외이사가 총위원의 2분의 1 이상이 되도록 사외이사 후보추천위원회를 구성하지 아니한 경우

③ 사외이사의 선임($\frac{상}{의8}$ 542 ⑤)의 규정에 따라 사외이사를 선임하지 아니한 경우

④ 주요주주 등 이해관계자와의 거래($\frac{상}{의9}$ 542 ③)의 규정을 위반하여 이사회 승인 없이 거래한 경우

⑤ 감사위원회($\frac{상}{의11}$ 542 ①)의 규정을 위반하여 감사위원회를 설치하지 아니한 경우

⑥ 감사위원회($\frac{상}{의11}$ 542 ②)의 규정을 위반하여 제415조의2제2항 및 제542조의11제2항 각 호의 감사위원회의 구성요건에 적합한 감사위원회를 설치하지 아니한 경우

⑦ 감사위원회($\frac{상}{11}$ $\frac{542}{의 ① 1.내}$)의 규정을 위반하여 감사위원회가 제415조의2제2항 및 제542조의11제2항 각 호의 감사위원회 구성요건에 적합하도록 하지 아니한 경우

⑧ 감사위원회의 구성 등의 규정($\frac{상}{의12}$ 542 ②)을 위반하여 감사위원회 위원의 선임절차를 준수하지 아니한 경우

3.9.2.7.3. 1,000만 원 이하의 과태료

위(제1항) 각 호 외의 부분에 규정된 자가 다음 각 호의 어느 하나에 해당하는 행위를 한 경우에는 1천만 원 이하의 과태료를 부과한다($\frac{상}{④}$ 635).

① 주주총회 소집의 통지·공고($\frac{상}{의4}$ 542)를 게을리 하거나 부정한 통지 또는 공고를 한 경우

② 집중투표의 경우($\frac{상}{의7}$ 542 ④) 또는 감사위원회 구성($\frac{상}{의12}$ 542 ⑤)을 위반하여 의안을 별도로 상정하여 의결하지 아니한 경우

3.9.2.7.4. 과태료의 부과·징수

과태료($\frac{상}{또는}$ 635 636)는 대통령령으로 정하는 바에 따라 법무부장관이 부과·징수한다($\frac{상}{의2}$ 637 ①). 위 과태료 처분에 불복이 있는 자는 그 처분의 고지를 받은 날부터 60일 이내에 법무부장관에게 이의를 제기할 수 있다($\frac{상}{의2}$ 637 ②). 과태료 처분을 받은 자가 이의를 제기한 경우에는

법무부장관은 지체 없이 관할 법원에 그 사실을 통보하여야 하며, 그 통보를 받은 관할 법원은 「비송사건절차법」에 따른 과태료 재판을 한다($\frac{상}{의2}\frac{637}{③}$). 기간 내에 이의를 제기하지 아니하고 과태료를 납부하지 아니한 경우에는 국세체납처분의 예에 따라 징수한다($\frac{상}{의2}\frac{637}{④}$).

3.9.2.7.5. 기 타

회사의 성립 전에 회사의 명의로 영업을 한 자는 회사설립의 등록세의 배액에 상당한 과태료에 처한다($\frac{상}{①}\frac{636}{}$). 등기 전의 계속거래의 금지($\frac{상}{①}\frac{616}{}$)의 규정에 위반한 자도 같다($\frac{상}{②}\frac{636}{}$).

찾아보기

나승성

高麗大學校 法科大學 法學科 卒業
高麗大學校 大學院 法學碩士·法學博士
美國 Louisiana State Univ.에서 研究
高大·明知大·光雲大·仁川大·호서대·강남대 등 講師 歷任
증권연수원·보험연수원·사법연수원 등에서 강의
法務部 專門委員 歷任
證券預託院 先任研究委員 歷任
金融監督院 調査役 歷任
하나金融經營研究所 首席研究員 歷任
서울사이버대학교 법무행정학과 교수 역임
원광디지털대학교 동양학과 졸업
원광대학교 동양학대학원 한국문화학과 박사과정 수료

『商法改正內容 解說』
『生活과 法律』
『各國의 會社支配構造』
『電子商去來國家戰略 樹立을 위한 分野別 政策研究』(共著)
『日本商法典』
『(개정판) 전자상거래법』
『조문별 상법판례 요지』
『금융지주회사법』
『증권거래법 개설』
『은행법 개설』
『전자거래법』
『생활과 법률』

전화: 010-3000-6788
카페: http://cafe.daum.net/bubseon
메일: ssna1@hanmail.net